中国古代经济史断代研究
国家哲学社会科学重点科研课题
前无古人的学术贡献

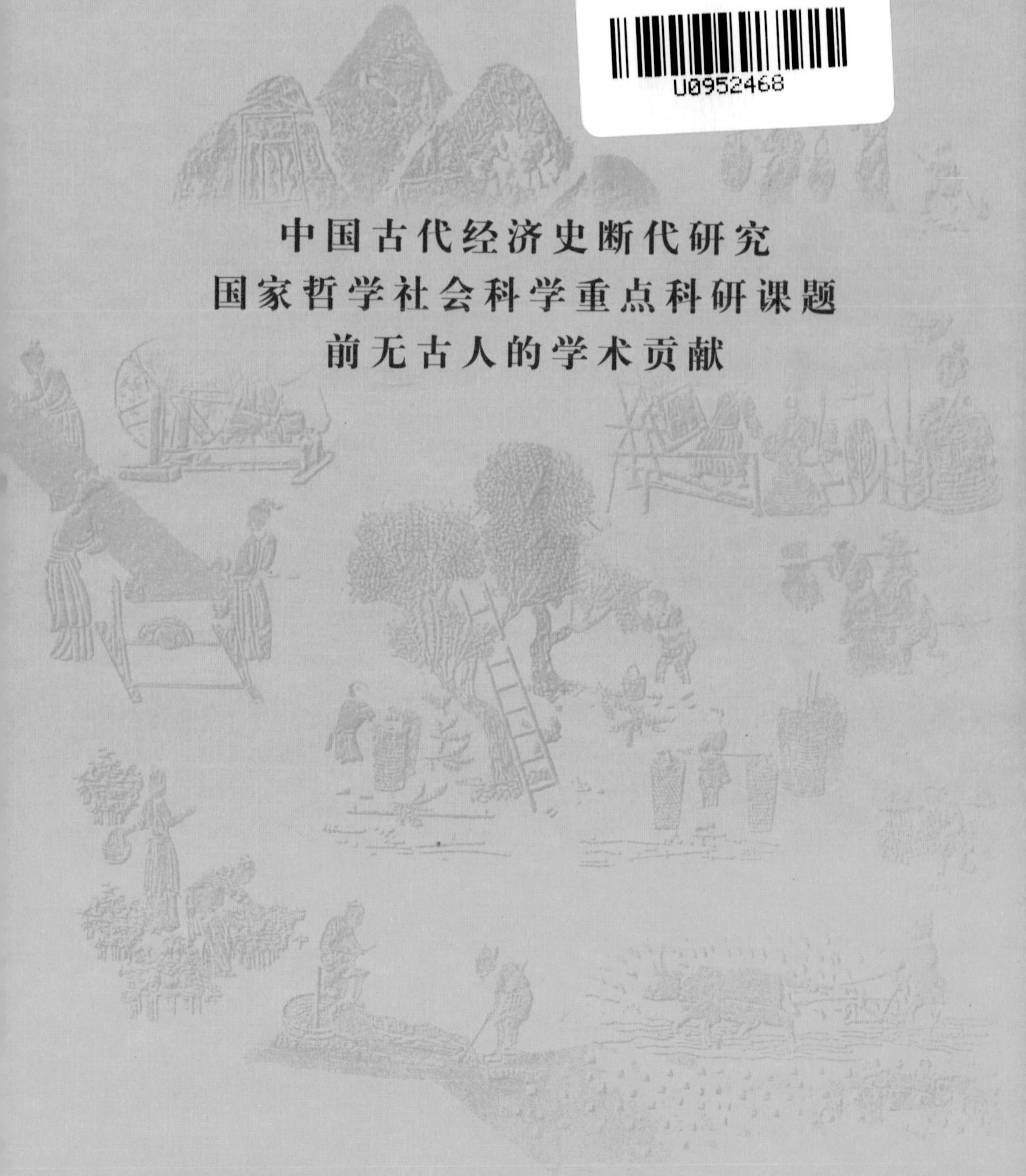

中國經濟通史

元

陈高华 史卫民 著

经济日报出版社

图书在版编目（CIP）数据

中国经济通史．元/陈高华，史卫民著．—2 版
北京：经济日报出版社，2007.1
ISBN 7-80180-610-7

Ⅰ．中…
Ⅱ．①陈…　②史…
Ⅲ．①经济史-中国-隋唐时期②经济史-中国-元代
Ⅳ．F129

中国版本图书馆 CIP 数据核字（2006）第 115039 号

书　　名：中国经济通史．元
本卷作者：陈高华　史卫民
责任编辑：赵润庭
责任校对：付　杰　石　丽　赵　钧
出版发行：经济日报出版社
地　　址：北京市宣武区白纸坊东街 2 号（邮编：100054）
电　　话：010－63568136 63567690 63567691（编辑部）63567687（邮购部）
010－63567683 63568621 63588445 63588447 83538863（发行部）
网　　址：www.edpbook.com.cn
E - mail：cehuabu@vip.sina.com
经　　销：全国新华书店
印　　刷：北京市耀华印刷有限公司
特种纸商：北京灵创魔丽商贸中心
开　　本：710×1000 1/16
本卷印张：36.75
本卷字数：480 千字
版　　次：2007 年 1 月第二版
印　　次：2007 年 1 月第一次印刷
书　　号：ISBN 7-80180-610-7/F.251
全套定价：1200.00 元（九卷十六册·精装）

目录

第一编 综论

第二编　部门生产和管理

第三编 货币与商品流通

第四编 赋役和财政

第一编

综　论

第一章　生态环境

经济发展与生态环境有密切的关系。元朝疆域内，按照居民的主要经济和生活方式，可以划分为牧业经济、农业经济和狩猎渔业经济三种区域。各区域的生态环境不同。

第一节　经济区域的划分

1206年，出身于蒙古乞颜部的成吉思汗统一漠北草原各部，建立了大蒙古国。成吉思汗及其后继者窝阔台汗、贵由汗、蒙哥汗东征西讨，扩大了蒙古国的疆域。1260年，成吉思汗的孙子忽必烈即位，效行“汉法”，按照中原王朝传统的统治模式确立了行政管理等系统。1271年，忽必烈将国号改为“大元”。1279年，忽必烈灭南宋统一全国，随后又对行政机构、军事组织、财政赋税等进行调整，加强了对全国的控制和管理。忽必烈于1294年去世，后继者有成宗、武宗、仁宗、英宗、泰定帝、天顺帝、明宗、文宗、宁宗、顺帝诸帝。1368年，顺帝率众逃出首都大都（今北京市），重返草原，明军随即占领大都，元朝的统治崩溃。从1206～1368年的160余年内，尤其是从1260～1368年的100余年中，在游牧文化和农耕文化的碰撞和交融中，出自游牧民族的统治者采取的各项政策，左右着在不同经济形态下生活的各族人民，营造了与前代有别的经济形势和生活内容。

按照元朝人的自述，自南宋灭亡之后，“四海混一”，“若夫北庭、回纥之部，白霫、高丽之族，吐蕃、河西之疆，天竺、大理之境，蜂屯蚁聚，俯伏内向，何可胜数。自古有国家者，未若我朝之盛大者矣”①。元朝的疆域，“北越阴山，西极流沙，东尽辽左，南越海表”，“东南所至不下汉、唐，而西北则过之”②，除了今天中国的疆土外，还包括今蒙古国全境和俄罗斯西伯利亚地区及泰国、缅甸北部的一些地方，面积大致相当于今天中国疆土的两倍。

为了有效地管理如此广袤的国土，元朝统治者以行省作为行政区划单位，“分天下为十一省，以山东西、河北之地为腹里，隶都省，余则行中书省治之”③。“腹里”即内地的意思，专指中书省直辖地区，辖境包括今山东、山西、河北三省及内蒙古自治区大部分地区。先后设置的行中书省（简称行省或省）有以下10个：

辽阳等处行中书省，省治辽阳（今属辽宁省），辖境包括今辽宁、吉林、黑龙江三省及黑龙江以北、乌苏里江以东地区。

河南江北等处行中书省，省治汴梁（今河南省开封市），辖境包括今河南省及湖北、安徽、江苏三省的长江以北地区。

陕西等处行中书省，省治京兆（今陕西省西安市），辖境包括今陕西省及内蒙古自治区、甘肃省部分地区。

四川等处行中书省，省治成都，辖境包括今四川省、重庆市大部及陕西、湖南两省部分地区。

甘肃等处行中书省，省治甘州（今甘肃省张掖市），辖境包括今甘肃省、宁夏回族自治区及内蒙古自治区部分地区。

云南等处行中书省，省治中庆（今云南省昆明市），辖境包括今云南省全境和四川、广西两省部分地区，以及泰国、缅甸北部的一些地方。

江浙等处行中书省，省治杭州，辖境包括今浙江、福建两省和江苏省南部地区，以及江西省部分地区。

江西等处行中书省，省治龙兴（今江西省南昌市），辖境包括今江西省大部和广东省大部。

---

① 《经世大典序录·帝号》，《国朝文类》卷40。
② 《元史》卷58，《地理志一》。
③ 《经世大典序录·都邑》。

湖广等处行中书省，省治鄂州（今湖北省武汉市），辖境包括今湖南、贵州、广西三省大部分地区、湖北省南部地区、广东省小部分地区及海南省。

岭北等处行中书省，省治和林（后改名和宁，今蒙古国后杭爱省厄尔得尼召北），辖境包括今蒙古国全境、中国内蒙古自治区、新疆维吾尔自治区部分地区以及俄罗斯西伯利亚地区。

除了上述10个行政区划外，元朝还在中央设置宣政院，直接管辖包括今西藏自治区全境及四川、青海部分地区的“吐蕃地区”，作为与行省平级的行政区划。

按照居民的主要经济生活方式，元朝的疆土可以划分成农业经济、牧业经济和狩猎经济三种区域。农业经济区域的面积约占全国疆土面积的三分之二，包括中原、江南、陕川、辽东、云南、吐蕃等地区。牧业经济区域约占全国疆土面积的六分之一，主要集中在漠北和漠南，即中书省北部和岭北行省南部地区。狩猎经济区域约占元代疆土的六分之一，主要是岭北行省和辽阳行省北部的森林地区；云南等地也有一些森林地区，属于狩猎经济区的范围。除了农业、牧业、狩猎业之外，元代还有一部分居民主要从事或兼营渔业。中国大陆东南的海洋和大陆上的江河湖泊，便是渔业活动的场所。

中原农业经济区与草原游牧经济区的分界线是很明显的，就是横断漠南草原南端的燕山山脉。由中原北上，穿山越岭，“登高南望，俯视太行诸山，晴岚可爱，北顾但寒烟衰草，中原之风自此隔绝矣”①；出峡谷则入平陆，“始见毳幕毡车，逐水草畜牧而已，非复中原之风土也”②。这是一条自秦汉以降早已形成的传统分界线。蒙古人对农业区和牧业区的区分是很清楚的，尽管有人曾建议“汉人无补于国，可悉空其人以为牧地”③，但作为游牧民族一份子的统治者采取的是基本维持农业区与牧业区传统分界线的做法，并没有将牧业区无限制地延伸到农业区。

农业区内，也有两条明显的分界线。中原麦作区与江南稻作区的分界线是

① 李志常：《长春真人西游记》，见王国维笺证：《蒙古史料四种》。
② 张德辉：《纪行》，载王恽：《秋涧先生大全集》卷100。
③ 《元史》卷149，《耶律楚材传》。

淮河与秦岭。淮河与秦岭既是中国暖温带地区与亚热带地区的自然分界线，也是南宋与金朝对峙的边界，在淮河与秦岭南北居住的虽然都是汉族，但是经济生活和社会风俗已有明显的差异。南岭是中国亚热带地区与热带地区的分界线，突出的标志是大庾岭上的同一梅花树，南北枝开花的时间不同，从汉代以来对此已有所认识，元人承袭前说，亦明确指出“大庾岭，又名东岭，白氏六帖云：大庾岭上梅，南枝落，北枝开”①。岭南的气候，“四时常是夏，一雨便成秋”，不但物产与南岭以北地区有明显的不同，民族成分也复杂得多，汉族与少数民族杂居，所以元人依然称“五岭之南，人杂夷僚”②。就元代经济区域划分而言，这两条自然分界线显然是不容忽视的。

第二节　农业区的自然生态环境

中原地区（中书省辖地南部、河南行省辖地北部）原有比较发达的农业、手工业和商业，但是在蒙金、宋元战争中受到了严重的破坏。蒙金战争爆发之后，“两河山东数千里，人民杀戮几尽，金帛子女、牛马牲畜皆席卷而去，房庐焚毁，城郭丘墟”③；元、宋对峙多年，战后两淮地区人烟断绝，“荒城残堡，蔓草颓垣，狐狸啸聚其间”④。为恢复中原地区的经济，元朝统治者采取了劝课农桑、兴办屯田、开渠浚河、整顿户籍、重振城市、安置流民等一系列措施。这些措施的推行取得了较好的效果，到元朝中期，中原的多数地方已经是“烟火相望”、“桑麻被野”和“丛蓁灌莽尽化膏沃”的景象了⑤。在水利灌溉条件较好的地方，如山西平阳，“田凡一岁三艺而三熟，少施以粪力，恒可以不竭；引汾水而灌，岁可以无旱”，上等土地“亩可以食一人”⑥。但也有

① 《元一统志》卷9，《江西行省·南雄路》，赵万里辑本，中华书局，1966年版。

② 《元一统志》卷9，《江西行省·广州路》。

③ 《两朝纲目备要》卷14，宁宗嘉定七年七月乙亥“金人告迁于南京”。

④ 陆文圭：《故武德将军吴侯墓志铭》，《墙东类稿》卷12。

⑤ 孛术鲁翀：《知许州刘侯爱民碑》，《国朝文类》卷17。

⑥ 余阙：《梯云庄记》，《青阳集》卷3。

不少地方，“土不加粪，耕不以时，耙不破块，种每后期，谷麦种子不精粹成熟，不锄不耘”，生产技术落后，耕作粗放，产量较低，一般每亩田收成为3~5斗，“每斗得米五升，半为糠秕”①。中原农业生产的水平，自唐朝后期开始落后于江南地区，元朝时期依然保持着这种格局。

江南地区（江浙、江西、湖广三行省辖地）的经济在战争中受破坏较少，恢复得很快，加之原来农业生产水平已高于其他地区，所以成为元代主要的粮食产区。长江以北，淮河、汉水以南地区（河南行省辖境南部），虽然在战争中农业受到不同程度的破坏，但到了元朝中期经济发展水平已基本与江南地区持平。当然地区差异还是有的，江南地区的三个行省比较起来，江浙行省农业最为发达，江西次之，湖广又次之。在江南的少数民族居住区域，农业生产往往十分落后，如畲、汉杂居的汀州地区，“山多田少，土瘠民贫”，“民产薄，故啬用”②。再如广州，虽然“山海皆有田，山田用力如中州田，潮汐一再至，不烦灌溉”，但有“一种蛮僚，多居山阿，刀耕火耨，不输赋调”③。苗、徭、仡佬等民族杂居的思州，也是“山箐险恶，则芟林布种，俗谓之刀耕火种”④。

陕西、四川以及甘肃等地的农业经济也经历了由破坏到恢复的过程。虽然关中等地的农业生产水平较高，恢复也较快，但其他地方多数是“地瘠民贫”，“地旷而人稀”，农业经济的整体水平大大低于中原地区。

辽东、云南和吐蕃地区，原来农业不很发达，元代时期农业都有所发展。尤其是云南，“山清水秀，田地膏腴”，多处可以见到“居民凑集，禾麻蔽野”的景象⑤；由于经济发展不平衡，依然有不少“山田薄少，刀耕火种”的地方⑥。

元朝的税粮征收情况亦可以说明各地农业生产水平的差异。元中期每年征收的税粮为1200万石左右，来自江南的近650万石，占53.5%，而江浙行省

① 胡祗遹：《论农桑水利》，《紫山大全集》卷22。

② 《元一统志》卷8，《福建行省·汀州路》。

③ 《元一统志》卷9，《江西行省·广州路》。

④ 《元一统志》卷10，《湖广行省·思州军民安抚司》。

⑤ 郭松年：《大理行纪》，《奇晋斋丛书》本。

⑥ 李京：《云南志略》，《说郛》本。

一省即为450万石，江西行省115万石，湖广行省84万石；来自中原的税粮486万石，占40.5%，其中腹里227万石，河南行省259万石；其他地区的税粮总计只有73万石，仅占全国税粮的6%，其中云南行省最多，为27万石，陕西行省22万石，四川行省11万石，辽阳行省和甘肃行省最少，仅有7万石和6万石。[1]

各地种植的粮食作物不同，中原、辽东、陕川等地主要种植麦和粟，麦又分大麦、小麦，以小麦为主，有的地区种植少量水稻。江南、云南主要种植水稻和旱稻，山区、旱地亦种植小麦和大麦。

农耕地区的蔬菜种类很多，北方常见菜有白菜、蔓青（大头菜）、赤根（菠菜）、葫芦、王瓜、青瓜（蛇皮瓜）、冬瓜、黄瓜、萝卜、藿（天青葵）、茄子、韭、韭黄、葱、回回葱等。南方蔬菜品种齐全，除了上述菜外，还有笋、芥、莴苣、茼蒿、芸苔、香菜、紫菜、苦葵等。有的菜是新从西域引进栽培的，如回回葱，“寻麻林最多（该地是西域阿儿浑人的聚居地），其状如匾蒜，层叠若水精葱，甚雅，味如葱等，腌藏生食俱佳”。除了这些“家园种莳之蔬”外，还有山药、苦菜、山葱、山韭等野生植物，亦可以采食。[2]

农耕地区果园很多，出产各种水果。受气候条件和地理环境的影响，水果的生产在各地亦不相同。中原、辽东盛产葡萄、西瓜、甜瓜、梨、杏、核桃、柿、樱桃、桃、石榴等水果；江南则盛产荔枝、龙眼、柑子、柚子、蕉子、人面子、菠萝蜜、橄榄、椰子等水果；云南出产木瓜、胡桃、李、桃等水果。有的瓜果，经过栽种技术的传播，已经能在各地生长结果。以西瓜为例，原来只在北方培植，元朝时期在江南的广州地区亦能出产，“广州自至元归附后，方有此种。其实圆碧而外坚，其子有三色：黄、红、黑。北客云：瓜凉可止烦渴，过食不为害。其仁甘温。今岭南在在有之，遂为土产”[3]。

栽种桑树，养蚕缫丝，是农业经济区内极其普遍的家庭副业。“勤农桑而俭衣食”；“人知重本，勤于耕织”，是人们经常提到的风俗。棉花栽种技术已

① 《元史》卷93，《食货志一·税粮》。

② 《析津志辑佚》，《物产》，第225~226、231~232页。北京古籍出版社，1983年版。

③ 陈大震：《大德南海志》卷6，《物产》。

在江南普及，并传向北方的两淮等地区。河南则大量种植麻，部分地区开始种植苎麻，沤麻织布也已成为重要的家庭副业。[①]

手工业和商业，在农耕地区早已比较发达，元代则更有所发展。冶炼业和制造业以及瓷窑、盐场、纸坊等生产的产品，由商人贩往全国各地，为人们采购基本生活用品提供了便利的条件。星罗棋布的大小城市，既是手工业产品的重要产地，也是各种商品的集散地，在调节经济生活方面起着重要的作用。

马、骡、驴、牛、羊、猪、鸡、鸭、鹅、犬、猫，是农业区内普遍饲养的家畜。世人的肉食需求，离不开家畜饲养的保障。马、骡、驴、牛在生产和交通运输中，亦有着不可忽视的作用。

水灾、旱灾、虫灾和地震，是影响农业区居民生活的主要灾害，在元代都曾频繁发生，中原和陕西地区受害最重。尤其是黄河，平均四个月决溢一次，为害甚大。元末虽曾对黄河进行大规模治理，但只解决了部分问题。[②] 因各种自然灾害而出现的大量饥民、流民，始终是困扰政府的严重问题，亦给社会带来了种种不安定因素。[③]

第三节　牧业区的自然生态环境

牧业经济区域内既有水草茂盛的辽阔草原，也有不毛之地的沙漠和荒无人烟的旷野。多数地区地势平缓，平均海拔在1000米之上，“四望平旷，荒芜际天，间有远山，初若崇峻，近前则坡阜而已”[④]；如果由南向北行进，始终给人以上坡的感觉。亘于岭北行省南部的大漠（戈壁，当时亦称为大沙陀），是漠北、漠南两地区的天然分界线。大漠的地表主要是粗砂、砾石，“无块石寸

① 马祖常：《淮南田歌十首》，《石田集》卷5。王祯：《农书》，《农器图谱集卷十九·木棉序》。《农桑辑要》卷2，《论苎麻木棉》。

② 邱树森：《元代河患与贾鲁治河》，《元史论丛》第3辑。

③ 陈高华：《元代的流民问题》，《元史论丛》第4辑。

④ 彭大雅、徐霆：《黑鞑事略》，见王国维笺证：《蒙古史料四种》。

壤，远而望之，若冈陵丘阜，然既至则皆积沙也”[①]。斡儿寒河（今鄂尔浑河）、土兀剌河（今土拉河）流域和杭海岭（今杭爱山）之间的广阔草原，是漠北地区的中心区域，也是天然形成的极好牧场。蒙古国时期的都城哈剌和林就建在这一区域内。东面的斡难河（今鄂嫩河）、怯绿连河（今克鲁伦河）、不儿罕山（今肯特山）之地及捕鱼儿海（今贝尔湖）周围，西面的按台山（今阿尔泰山）山区和薛良格河（今色楞格河）中下游，也都有广阔的草原牧场。

滦河上游的平缓草原，是漠南地区的中区地域，元代的陪都上都就建在这一地域内。东面的辽河（今西辽河）流域和西面的天山（今阴山）南北，都有辽阔的草原。

属于大陆性温带草原气候的牧业经济地区，冬季漫长、寒冷，在草原上经常可以看到因极度寒冷而冻掉脚趾或手指的人，有的人甚至被冻死。冬季下雪不多，间或有持续几天的暴风雪。通常风力较弱，入四月后，风力加强，常刮起寒冷刺骨的飓风，“这种飓风是如此猛烈，因此有的时候人们须付出巨大努力才能骑上马背”。由于漫天飞沙，使人们难以看清周围的东西，甚至不得不趴在地上躲避风势[②]。短暂多风的春季之后，有两至三个月的夏季。夏季昼夜温差很大，无霜期甚短，“六月亦冰霜”，七月的早晨也很凉，时而给人以“手足俱冻”的感觉。仲夏时分，草地常有强烈的雷击和闪电，并经常下雨，但降水量往往不大，“有时甚至连尘土和草根都没有润湿”。由于冷空气的作用，“凡遇雨多雹”，有的冰雹大如鸡卵。秋季时间也很短促，大多数地区气候温和，刮风较少，秋高气爽，乃是游牧民外出活动的良好季节。草原上的降雪，四季都可能发生，不但“四月、八月常雪”，“常年五、六月有雪”。

漠北、漠南的“原隰之地，无复寸木，四望惟白云黄草”；“其产野草，四月始青，六月始茂，八月又枯”。穿越草原的河流，“夹岸多丛柳”，高柳常被牧民取来制造庐帐的支架。草原的山、丘之地，“濒水则青杨丛柳”，“平地则松桦杂木”；山阴处“多松林”，“松栝森森，干云蔽日，多生山阴涧道间，

① 张德辉：《纪行》，载王恽：《秋涧先生大全集》卷100。

② 约翰·普兰诺·加宾尼：《蒙古史》，载道森编：《出使蒙古记》，吕浦、周良霄汉译本，第1~89页。

山阳极少”，有的松树高达十余丈。在峭壁之间，有时可见到三四尺高的“大葱”。大漠之中，“所宜之木，榆、柳而已，又皆樗散而丛生”；“其碛有矮榆，大者合抱，东北行千里外，无沙处绝无树木”①。

草原上的野生动物很多，有人列举了可被当地居民猎食的动物有八种，“曰兔，曰鹿，曰野彘，曰黄鼠，曰顽羊，曰黄羊，曰野马，曰河源之鱼”②。按照当时到过草原的西方传教士的说法，草原的兔子“长着长尾巴，像猫一般，尾巴尖端长着黑色和白色的毛”，数量不是很多；鹿和野猪较少见到，但围猎时能够捕到；老鼠很多，且有许多种类，游牧民不吃长尾巴老鼠，只吃睡鼠和各种长着短尾巴的老鼠，尤其是土拨鼠，夏季遍布于整个大草原，冬季二三十成群聚在一个地洞内，冬眠达六个月之久，是牧民捕捉的主要鼠类；顽羊即羱羊，身躯像公羊，有硕大弯曲的双角；野马即野驴，很像骡子，跑得极快，往往在围猎时才能被捕获。除了这些草食动物外，草原上还有狼、熊、狐狸、豹等食肉动物③。在河流和“海子”（湖泊）中，往往有“长可三四尺”的大鱼，水流湍急处“春、夏及秋捕之皆不能得，至冬可凿冰而捕也”。河流及海子也是飞禽的聚集地，天鹅和鹤是人们经常猎取的对象。鹤有黑、白、花、灰等种类。在草原边缘的山谷以及元代皇帝的御花园内，人工饲养着大群的鹧鸪、鹌鹑和各种鸟雀。

漠北、漠南的草原，“地丰水草”，人工牧养的牲畜有牛、马、犬、羊和橐驼。在草原地区生活的牧民，以“逐水草放牧”为主要经济活动，“大率遇夏则就高寒之地，至冬则趋阳暖薪木易得之处以避之，过以往则今日行而明日留，逐水草便畜牧而已”。夏季迁到山地，气候凉爽，既有充裕的水草，又可以避免马蝇和其他吸血的害虫侵扰畜群。冬季迁牧于比较温暖的草甸，自然是为了减轻严寒给畜群带来的危害。牧民们平时不断更换牧场，是因为“任何一块草甸的草料都不能够永远满足那么大群的牲畜的饲养需要”。羊和马是游牧经济的主要标志，也是草原生活必不可缺的生活资源。草原上的游牧民，

---

① 彭大雅、徐霆：《黑鞑事略》。李志常：《长春真人西游记》。张德辉：《纪行》。

② 彭大雅、徐霆：《黑鞑事略》。

③ 《鲁不鲁乞东游记》，载道森编：《出使蒙古记》，第105～257页。

“有一马必有六七羊，谓如有百马者，必有六七百羊群也”；“人以孳畜多寡为贫富”[①]。粗放自由的游牧生活，往往给来自中原、西域乃至欧洲的人们留下深刻的印象。

除了从事牧放牲畜外，牧民们还经常进行狩猎活动。狩猎既具有经济意义，猎获物可以作为食物的重要补充；又具有军事意义，通过大型围猎活动训练战士，使牧民熟悉弓马，培养吃苦耐劳的精神。

在游牧经济区，原来很少有耕种的土地。蒙古建国之后，“掠中国之人为奴婢，必米食而后饱”[②]。来自中原的人往往在水源充足的草原开辟小片耕地，“居人多事耕稼，悉引水灌之，间亦有蔬浦”[③]。入元之后，政府也在漠北、漠南有计划地开辟屯田，在游牧经济区的某些地区，出现了“入夏始种粟、黍”，“俗亦饲牛力穑，粟、麦不外求而力赡”的情况[④]。粟、黍和麦是草原农业的主要产品。从当时身历漠南草原的汉人文士留下的“荞麦花深野韭肥”[⑤]以及“荞麦花开草木枯”[⑥]的诗句，我们可以知道当时种植的麦主要是荞麦。

蒙古国时期在漠北建立了哈剌和林城，作为都城。忽必烈即位后，把他在漠南修建的开平城改为上都（今内蒙古正蓝旗东北），作为陪都，和林后来则成为岭北行省的治所。此外，在牧业区内还出现了称海等城市。草原都市的兴起，使商业有了长足的发展。原来草原上盛行比较简单的贸易形式，“大率鞑人止欲茔丝、铁鼎、色木，动使不过衣食之需；汉人及回回等贩入草地，鞑人以羊马博易之”[⑦]。入元之后，“自谷粟布帛以至纤靡奇异之物，皆自远至。宫府需用百端而吏得以取具无阙者，则商贾之资也”[⑧]。

影响草原地区游牧经济生活的自然灾害，主要是暴风雪和旱灾。如定宗贵

---

① 彭大雅、徐霆：《黑鞑事略》。李志常：《长春真人西游记》。张德辉：《纪行》。
② 赵珙：《蒙鞑备录》，见王国维笺证：《蒙古史料四种》。
③ 张德辉：《纪行》。
④ 《元史》卷136，《拜住传》。周伯琦：《扈从集》。
⑤ 贡师泰：《和胡士泰滦阳纳钵即事韵》，《玩斋集》卷5。
⑥ 胡助：《宿牛群头》，《纯白斋类稿》卷14。
⑦ 许有壬：《怯烈公神道碑铭》，《圭塘小稿》卷10。
⑧ 虞集：《贺丞相墓志铭》，《道园学古录》卷18。

由汗三年（1248）大旱，“河水尽涸，野草自焚，牛马十死八九，人不聊生”[①]；仁宗延祐四年（1317），“朔漠大风雪，羊马牲畜尽死，人民流散”，“蒙古诸部困乏，往往鬻子女于民家为婢仆”[②]。这是两次危害巨大的灾难。因短期暴风雪冻死大批牲畜，在草原上经常可以看到。政府虽然有一些救灾措施，但往往无力阻止丧失生产资料的“饥民”流出草原，“就食”于农耕地区。

第四节 渔猎区的自然生态环境

西起也儿的石河（今额尔齐斯河），东至海，是连亘不断的森林地带。多山地、丘陵，气候寒冷多雪，是森林地区的共同特征。东部森林区（辽阳行省北部及中书省东北部分）受海洋影响，气候条件要好一点。

鹿、鹰（海东青）、貂鼠、青鼠以及所谓山牛、山绵羊、岩羚等动物，是森林居民的主要捕猎对象。“无市井城郭，逐水草而居，以射猎为业”，是他们的基本生活方式。“他们认为，如果人们住在城镇、州郡里和平原上，那就是处于沉重的痛苦之中”；“他们视牧羊为一大恶习，以至于父母骂女儿时，只消说：‘我们把你嫁给一个让你去放羊的人！’她就会悲伤透顶，甚至悲伤得上吊”。在深山密林中，“土地旷阔，人民散居”，多数人坚守旧俗，一直住在森林中，“从不走出森林”[③]。

对捕猎到的动物，有一些要留下来驯化，为今后生活提供便利。不同地区的不同民族，驯化的动物不同。如住在大泽（今贝加尔湖）两侧和北山（今外兴安岭）的居民，以鹿作为主要驯化对象；大泽西边的森林兀良哈人，则驯养山牛、山绵羊和岩羚，供他们挤乳、食用和驮载物品；而混同江（今黑龙江）等地的居民，则主要驯养狗，有的还“养马弋猎为生”。但各地人大都

---

① 《元史》卷2，《定宗纪》。

② 《元史》卷26，《仁宗纪三》；卷136，《拜住传》。

③ 拉施特：《史集》，余大钧、周建奇译，第1卷第1分册，第202～204页。《元史》卷59，《地理志二》。

捕捉和驯养海冬青，并将一部分驯化的海东青作为贡品送缴元廷。“有俊禽曰海东青，由海外飞来，至奴儿干，土人罗之，以为土贡”①。大泽边亦有兀鹰栖息之地，当蒙古大汗需要海东青时，即派人来此捕捉或要求当地人进贡。驯化后的海东青，“善擒天鹅，飞放时旋风羊角而上，直入云际”，为狩猎活动增添色彩②。此外，还有一种所谓的“鹰背狗”，亦是驯化之物，“北方凡皂雕作巢所在，官司必令人穷巢探卵，较其多寡。如一巢而三卵者，置卒守护，日觇视之。及其成壳，一乃狗耳。取以饲养，进之于朝。其状与狗无异，但耳尾上多毛羽数根而已。田猎之际，雕则戾天，狗则走陆，所逐同至，名曰鹰背狗”③。

除狩猎外，采集森林果实也是森林居民很重要的生活内容。“当他们割开白桦树时，其中流出一种类似甜乳之汁，他们经常用来代替水喝”④。

比游牧生活更为艰苦的“习尚射猎”的北方森林生活，虽因元朝政府在某些狩猎地区内开辟屯田和大量征索海东青、貂鼠皮等受到一些冲击，但统治者允许森林居民“各仍旧俗”，“故设官牧民，随俗而治”⑤，所以依然能够保留原有的生活方式。

云南密林中，亦有一些居民，“散居岩谷”或“巢居山林”，“不事农亩，入山林采草木及动物而食”⑥。在湖广行省的播州境内，亦有一些人“俗以射猎山伐为业”⑦。但总的说来，南方受农耕文化影响较大，仍坚持在山林中以狩猎、采集为生的民族已不是很多。

渔业可以分为海洋渔业和淡水渔业两大门类。从事海洋渔业的，主要是沿海地区和海上的居民。浙东的庆元（今浙江宁波）“郡居海陬，民趋渔业。……土产庶物，惟海错居多”⑧。温州“濒海民以渔为业”。昌国州（今浙江定海）

① 《元史》卷59，《地理志二》。
② 叶子奇：《草木子》卷4下，《杂俎篇》。
③ 陶宗仪：《鹰背狗》，《南村辍耕录》卷7。
④ 拉施特：《史集》第1卷第2分册，第203页。
⑤ 《元史》卷59，《地理志二》。
⑥ 《云南志略》。
⑦ 《元一统志》卷10，《湖广行省·播州军民安抚司》。
⑧ 《至正四明续志》卷5，《土产》。

“止是小小山岛，并无膏腴田土，其间百姓止靠捕鱼为活，别无买卖生理”[①]。海洋渔业以近海作业居多，但在某些地区已经开始前往离陆地较远的鱼类集中的渔场进行捕捞，昌国州的洋山渔场，就是比较著名的一处。海洋渔业的产品，有各种海洋鱼类、虾蟹类和软体类。沿海渔民还利用海滩养殖蚶、江珧等水产品。广海（今广东、广西）的海中还以出产珍珠著名。元朝政府设立采珠提举司，下辖采珠户最多时有数万人。

大陆上分布许多江河湖泊，盛产各种淡水鱼类、蟹虾类和软体类。在江河湖泊捕捞的，主要是周围的居民。黄河、长江、太湖、洞庭湖等都有相当发达的渔业。有的记载说：沔阳“以网罟之利甲天下”[②]，主要应指沔阳境内洪湖的渔业生产。东北辽阳行省的河流中出产大鱼，有的重达数百斤甚至千斤[③]，也是当地居民捕捞的对象。

---

① 王祎：《胡公行述》，《王忠文公集》卷18。《大德昌国州志》卷1，《叙赋》。

② 苏天爵：《韩公神道碑》，《滋溪文稿》卷12。

③ 《元史》卷169，《刘哈剌八都鲁传》。

第二章　人口、民族和阶级

元朝的人口数字，达到6000余万，但并非经过精确的统计。人口分布呈现南密北疏的格局。今天中国境内各民族大杂居、小聚居的格局，在元朝时已经基本形成。大一统的政治局面，为各民族之间的经济交流和文化交流提供了有利的条件。元代实行“四等人制”的民族等级制度，但元代的阶级并不是按照民族划分，而是与其他中原王朝一样，以剥削和被剥削者来划分。

第一节　元代的人口统计数字

从蒙古国到元朝，曾进行过多次“括户”、“籍户”、“验户”，对户口进行普查，显示出统治者对户口问题的关心。在特定历史环境下，户口统计采取累加的方法，即在每次“籍户”之后，将籍户所得数额加上未籍户地区原有的户口数额，就得出了所谓的“天下户数”。这样的户口统计方法，自然会与当时全国实际的人口数量有很大出入①，但我们欲了解元代的人口状况，终究离不开官方的这些统计数字。

蒙古统治者进入中原之后，要求降附者“献户口”，最著名的例子就是盘踞山东的汉人地方武装头目严实“籍彰德、大名、磁、洺、恩、博、滑、濬等州户三十万”降于蒙古②。在窝阔台即位前的戊子年（1228），还曾有过

① 详见邱树森、王頲：《元代户口问题刍议》，《元史论丛》第2辑。

② 《元史》卷1，《太祖纪》；卷148，《严实传》。

"诸将献户口"的举动，就是依附蒙古政权的各地汉人武装头目向蒙古汗廷自报属下的户籍状况。①

窝阔台即位后即展开了大规模"括户"，"太宗五年（癸巳，1233）八月，以阿同葛等充宣差断事官，括中州户，得户七十三万余"。所谓"括户"，就是"抄籍汉民"，主要应是对各地所献户口的查验。②

1234年金朝灭亡，次年即开始"括户"。"乙未岁（1235）……朝廷命断事官耶律买奴公括诸道户口"③；"［太宗］七年乙未，下诏籍民，自燕京、顺天等三十六路，户八十七万三千七百八十一，口四百七十五万四千九百七十五"④。次年六月，"复括中州户口，得续户一百一十余万"。这次括户是由中州断事官忽都虎主持的，"新籍民户三十七万二千九百七十二人"⑤。新增民户显然包括了前一年耶律买奴括户时增加的户数，加上原有的七十三万余户，就得出了一百一十余万的数字。但是后来肯定下来的户口数字为一百余万。"戊戌（1238），初籍天下户，得一百四万"⑥。太宗十三年（1241），在向窝阔台的奏报中，有人更明确地说"忽都虎等元籍诸路民户一百万四千六百五十六户"⑦。后来刘秉忠在向忽必烈的上书中亦称"天下户过百万"⑧。

如何统计户口，在蒙古汗廷中曾展开争论，争论的焦点是以户还是以丁作为统计的标准。多数人要求"以丁为户"，理由是"我朝及西域诸国莫不以丁为户，岂可舍大朝之法，而从亡国政耶？"只有耶律楚材持反对意见："自古有中原者，未尝以丁为户，若果行之，可输一年之赋，随即逃散矣。"最终窝阔台还是采纳了耶律楚材的意见。⑨

贵由即位后的第二年（丁未，1247），又曾"括人户"，但没有留下具体

① 《元史》卷148，《董俊传》。
② 《元史》卷2，《太宗纪》。《圣武亲征录》。
③ 王恽：《南鄘王氏家传》，《秋涧先生大全集》卷49。
④ 《元史》卷58，《地理志一》。《经世大典序录·版籍》（《国朝文类》卷40）亦记为得户八十余万。
⑤ 《元史》卷2，《太宗纪》；卷98，《兵志一》。
⑥ 宋子贞：《中书令耶律公神道碑》，《国朝文类》卷57。
⑦ 《元史》卷98《兵志一》。
⑧ 《元史》卷157《刘秉忠传》。
⑨ 宋子贞：《中书令耶律公神道碑》，《国朝文类》卷57。

数字[①]。宪宗蒙哥即位后第二年（壬子，1252），“籍汉地民户”；“欲验户口登耗，复下诏籍之，视乙未之数增十余万户”[②]。“宪宗初年，括户余百万”[③]，这次括户后所得的户口总数与窝阔台时确定的户口数字大体相同。

除了在中原地区括户外，壬子年还在吐蕃地区括户，次年又“括斡罗思户口”。宪宗六年（1256），“抄数辽东户计”。八年，“括兴元户口”[④]。括户之后的具体数额，没有保存下来，所以无法确知当时蒙古政权辖地的户口总额。

忽必烈即位后，新设立的中书省“定夺诸路户口等事”[⑤]，每年汇总天下户口数字，于是有了中统二年至至元十二年连续15年的户口数额：

中统二年（1261）	1418499户
中统三年（1262）	1476146户
中统四年（1263）	1579110户
至元元年（1264）	1588195户
至元二年（1265）	1597601户
至元三年（1266）	1609903户
至元四年（1267）	1644030户
至元五年（1268）	1650286户
至元六年（1269）	1684157户
至元七年（1270）	1939449户
至元八年（1271）	1946270户
至元九年（1272）	1955880户
至元十年（1273）	1962795户

---

① 《元史》卷2，《定宗纪》。

② 《元史》卷3，《宪宗纪》。《经世大典序录·版籍》。

③ 王恽：《中书左丞相忠武史公家传》，《秋涧先生大全集》卷48。

④ 《元史》卷3，《宪宗纪》。关于在吐蕃括户的情况，参见陈庆英、史卫民：《蒙哥汗时期的蒙藏关系》，《蒙古史研究》第1辑。

⑤ 王恽：《中堂事记》中，《秋涧先生大全集》卷81。

至元十一年（1274）　　1967898 户

至元十二年（1275）　　4764077 户[①]

需要特别注意的是至元七年和十二年的户口数字。至元七年曾进行过大规模的籍户，按照《经世大典序典·版籍》的记载，这一年“有司请大比民户，复增三十余万户”。但是实际上，“至元七年新括协济合并户，为数凡二十万五千一百八十”[②]。至元十二年，元军渡过长江，占领南宋江东路、荆湖北路及江西诸郡，得江南降民268 万余户，另外云南行省新得降户 10 万，所以户口数字猛增至 476 万。[③]

至元十三年（1276），元军占领宋都临安后，“江淮及浙东西、湖南北等路，得府三十七、州一百二十八、关一、监一、县七百三十三，户九百三十七万四百七十二，口千九百七十二万一千一十五”[④]。此后十余年内，虽有局部地区的括户，但都没有留下全国的户口总数。至元二十七年（1290），“再新亡宋版籍，又得一千一百八十四万八百余户，南北之户总书于册者计一千三百一十九万六千二百有六，口五千八百八十三万四千七百一十有一，而其山泽溪洞之氓又不与焉”[⑤]。次年，“户部上天下户数，内郡百九十九万九千四百四十四，江淮、四川一千一百四十三万八百七十八，口五千九百八十四万八千九百六十四，游食者四十二万九千一百一十八”；“宣政院上天下寺宇四万二千三百一十八区，僧、尼二十一万三千一百四十八人”[⑥]；共计 13430322 户，60491230 人。至元三十年，“户一千四百万二千七百六十”，比前又稍有增加。[⑦]

世祖朝之后，极少见到元代政府的统计户口数字，只有文宗至顺元年

① 《元史》卷4~8，《世祖纪一至五》。
② 《元史》卷9，《世祖纪六》。
③ 《元史》卷8，《世祖纪五》。
④ 《元史》卷9，《世祖纪六》。
⑤ 《经世大典序录·版籍》。
⑥ 《元史》卷16，《世祖纪十三》。
⑦ 《元史》卷17，《世祖纪十四》。

（1330）“户部钱粮户数一千三百四十万六百九十九”见于记载①。

壬子年、至元七年、至元二十七年的籍户数字和至顺元年的户部钱粮数，实际上是元代官方掌握的户口定额。我们现在看到的登录在《元史·地理志》中各地的户口数额，就是这几个年份“籍户”的抄录数字：辽阳行省、陕西行省和河南行省的汴梁、南阳、河南等路，是壬子年的户口数额；中书省所辖各路、州，是至元七年的户口数额；江南各省、四川行省、甘肃行省以及河南行省其他路、州，则是至元二十七年登记的户口数额；云南行省和岭北行省的户口数额缺载。还有少数地区，缺上述三年的户口数字，即补以至顺元年的“钱粮户数”。用这种累加的方法统计户口，简便易行，但是显然不能真实反映各地户口的变化情况。从现存的元代官方统计数字，我们很难对元代的实际人口数字做出接近实际的估计。

第二节　人口分布状况

《元史·地理志》登录的户口数字，尽管与实际人口有较大出入，但还是能够反映出当时人口分布的基本状况，我们不妨将各省的户口数字计算出来，按人口多少列序如下：

江浙行省	5882112 户	28736947 人
江西行省	2332811 户	11664542 人
湖广行省	2770451 户	9421625 人
河南行省	800410 户	4065673 人
中书省	1355354 户	3691516 人
陕西行省	87690 户	750220 人
四川行省	98538 户	615772 人
辽阳行省	49714 户	481424 人

① 《元史》卷58，《地理志一》。

甘肃行省　　4691 户　　52044 人

《元史·地理志》没有登录岭北行省、云南行省及吐蕃地区的人口数字。岭北行省的人口情况应该和辽阳行省差不多，大约有几十万人。云南行省"见户百二十八万七千七百五十三"[①]，与中书省辖地的人口相差不多。壬子年(1252)在吐蕃地区清查户口后，又于至元五年和至元二十四年在该地核查户口，所得户口数字"共计三万六千四百五十三户"[②]。

从这些数字我们可以看出，全国五分之四的人口集中在江南的江浙、江西、湖广三省；余下的近五分之一人口的一半以上居住在中原地区，陕川、辽东、云南和吐蕃等地人口稀少，这就是元代人口分布的基本格局。根据《元史·地理志》所记各路户口数字，我们知道长江中下游当时已经是人口最密集的地区。自唐朝中叶中国经济重心从中原移向江南后，江南人口持续增长，尤其是宋廷南迁后，长江下游已成为全国人口最稠密的地区，元朝建立和统一全国后，江南人口超过中原人口的人口分布总格局没有发生变化。

城市及其周围地区，是人口相对集中的地方。城镇人口在全国人口中所占的比例，由于资料缺乏，已经无从统计，我们只能列出一些与重要城市相关的人口数字。

元代都城大都所在地的大都路（今北京市）的户口统计数字为147590户，401350人，人们通常用"都城十万家"来描述首都居民[③]。陪都上都（今内蒙古自治区正蓝旗境内）所在地上都路的户口统计数字为410624户，118191人，其中应有一半人住在城区内，其他人则住在上都路属下的州、县中。

北方、西北乃至四川，除大都以外，重要城市所在路人口超过20万人的，只有奉元（西安，27万）、巩昌（陇西，36万）、成都（21万）三路。人口在10万人以上的路有保定、真定、顺德（邢台）、大名、怀庆、卫辉、东昌、曹州、德州、益都、济南、大同、冀宁（太原）、晋宁（临汾）、汴梁（开封）

① 程钜夫：《平云南碑》，《雪楼集》卷5。

② 达仓宗巴·班觉桑布：《汉藏史集》，陈庆英汉译，第185～187页，西藏人民出版社，1986年版。

③ 王恽：《日蚀诗》，《秋涧先生大全集》卷8。

等，人口将近10万人的，有重庆、延安等路。

江南地区人口密集，城市人口相对集中，人口在100万以上的路有杭州（183万）、嘉兴（223万）、扬州（147万）、平江（苏州，243万）、常州（102万）、婺州（金华，107万）、台州（临海，100万）、宁国（宣城，116万）、集庆（南京，107万）、饶州（波阳，403万）、福州（387万）、龙兴（南昌，148万）、吉安（222万）、袁州（宜春，100万）、抚州（109万）、常德（102万）、澧州（澧县，111万）、天临（长沙，108万）、静江（桂林，135万）、广州（102万）等。

人口在50万上下的路有淮安、中兴（江陵）、建德、庆元（宁波）、绍兴、衢州（衢县）、温州、处州（丽水）、徽州（歙县）、信州（上饶）、建宁（建瓯）、泉州、瑞州（高安）、临江（清江）、江州（九江）、潮州（潮安），武昌、岳州等。

30万人上下的路有庐州（合肥）、安庆、赣州、衡州（衡阳）等。

北方能够容纳20万人以上的路就算是大路了，南方则要100万人以上的路才能算作大路。10万人以上的北方路，就可视为中等路，而南方则50万人才能算作中等路。人口分布的不平衡性亦造成了南北城市规模的不平衡。

需要注意的是，金朝末年的战乱，曾造成中国北方城区人口锐减。元朝统一全国后，随着社会的安定和经济复苏、发展，全国实际人口数始呈上升趋势。但是到了元朝末年，在严重自然灾害和战乱的连续打击下，全国人口又呈下降趋势。

与户口增减有密切关系的是人口流徙问题。金朝末年，北方地区流徙的人户经常占全体户数的三分之一甚至更多。元朝统一全国之后，流民始终是困扰朝廷的严重问题，不仅北方百姓大量向江南流徙，草原上的游牧民也加入了流民的行列。①

因自然灾害、战乱等造成的人口减少和大量流民的存在，使我们对元代人口实际情况的评估更为困难。但有一点可以肯定的是，元代固化了中国人口南密北疏的基本格局。

---

① 详见陈高华：《元代的流民问题》，《元史论丛》第4辑。

第三节 民族分布状况

今天中国境内各民族大杂居、小聚居的格局，在元朝时已经基本形成。大一统的政治局面，为各民族之间的文化交流和生活方式的相互影响，提供了有利的条件。

元朝的几十个民族，大多都有一定范围的聚居区，现将蒙古族、汉族、西北地区各民族、东北地区各民族、西南及南方各民族的主要聚居情况简述于下。

成吉思汗兼并草原各部建立大蒙古国后，原来具有不同特征的各部草原游牧民，逐步形成了共同以蒙古为名并一致使用蒙古语的蒙古民族。建国前的蒙古部，是唐代蒙兀室韦的后裔，10~11 世纪由额尔古纳河西迁到斡难河（今鄂嫩河）中上游和不儿罕山（今肯特山）驻牧。蒙古部落分成两大类，一类称为尼鲁温蒙古，意为出身纯洁的蒙古人，包括乞颜、泰赤乌、合答斤、珊竹、那牙勤、兀鲁兀、忙兀、八邻、八鲁剌思、照列、别速惕等氏族，成吉思汗即出身于乞颜氏族；另一类称为迭列列斤蒙古人，意为一般的蒙古人，包括兀良合、弘吉剌（分支有亦乞列思、斡罗忽纳、火鲁剌思等）、许慎、逊都思、伯牙乌、不古纳惕、别勒古纳惕等氏族。两类蒙古部落合起来为合木黑蒙古——一切蒙古人。

建国之后，成吉思汗家族被称为“黄金家族”，成为蒙古族的核心，其他氏族的名称也大多保留了下来。原来驻牧在捕鱼儿海子（今贝尔湖）的塔塔尔部（辽、金时称为阻卜），在杭海岭（今杭爱山）和斡儿寒河（今鄂尔浑河）、土兀剌河（今土拉河）一带活动的克烈部（九姓达旦的后裔），怯绿连河（今克鲁伦河）中上游的札剌儿部（原来室韦的一部），薛良格河的蔑儿乞部（亦为室韦——达旦的后裔），金山（今阿尔泰山）南北的乃蛮部（唐代黠戛斯的后裔），漠南阴山地区的汪古部（突厥人后裔），以及生活在漠北森林地区的斡亦剌、八剌忽、豁里、秃麻、帖良古、森林兀良合等“林木中百姓”，在成吉思汗建国后多数成了蒙古族的成员，但他们在自称蒙古人的同时，仍然不忘他们原来的部族，所以我们常能见到“蒙古札剌儿部人”、“蒙古克烈部人”一类的记载。

从蒙古国建立到忽必烈改建国号（1206～1271），经过几次大的调整，蒙古各族的驻地大致确定了下来，并由此形成了蒙古族在漠北、漠南的两大聚居区。漠北的东部地区，是成吉思汗诸弟所属各部的驻地，西部地区是成吉思汗诸子所属各部的驻地，斡亦剌等林木中百姓的驻地变化不大，八邻、逊都思等部迁到了与林木中百姓毗邻的地区驻牧。漠南的聚居区包括中书省北部和辽阳行省南部地区，东边是札剌儿、兀鲁兀、忙兀、亦乞列思、弘吉剌五部的驻地，西边的阴山以北仍然是汪古部的驻地。[1] 漠北和漠南的中心区域，乃是忽必烈兄弟及其子孙的主要驻地。

从元代文献记载和留下来的元人画卷中，我们大致可以勾划出蒙古人外形特征。蒙古人多中等身材，“大抵鞑人身不甚长，最长不过五尺二三，亦无肥厚。其面横阔而上下促，有颧骨，眼无上纹，髯须绝少”[2]。来自西方的欧洲人是这样描述蒙古人的：“他们两眼之间和两个颧骨之间较其他民族为宽。他们的面颊也相当突出在他们的嘴上面；他们有一个扁平的和小的鼻子，他们的眼睛是小的，他们的眼皮向上朝向眉毛。他们中的绝大部分腰部是细的，但也有少数例外。他们的身高几乎都是中等。他们几乎没有任何人长胡子，虽然有些人在上唇和下巴上有一些髯须，而这些髯须他们不加修剪。”[3] 蒙古妇女一般比较肥胖，但弘吉剌部妇女素以容貌秀丽和肤色光洁而著名，所以蒙古黄金家族成员始终与弘吉剌部人保持婚姻关系。

汉族是元朝各民族中人数最多、居住面积也最广的民族，包括原金、宋统治区内的绝大多数居民。辽、金时期迁入中原汉地居住的契丹人、女真人等，大多已被“汉化”，在元代成为汉族的组成部分。中书省南部、辽阳行省南部以及河南、江浙、江西、湖广、陕西、四川行省的大部分地区，是汉族的主要居住区和活动区，当然其中还杂居着其他民族的人，详情见后述。

---

① 危素：《送札剌儿国王诗序》，《危太朴集》续集卷1。《元史》卷118，《特薛禅传》《孛秃传》。

② 赵珙：《蒙鞑备录》。

③ 道森编：《出使蒙古记》，第7、19、102页。

欧洲人习惯于称中国为“Cathay”（契丹），把中国的传统居民称为“塞雷斯人”（Seres）。按照西方人的记载，“契丹的居民身材短小……同一切东方人相同，他们的眼睛是小的”；“他们没有胡子，他们的相貌很像蒙古人，虽然他们的面孔没有蒙古人那样宽”。[①]

从蒙古国到元朝，被蒙古统治者用战争手段征服的西北各族人和前来经商的西域人大量东迁，并且逐渐在漠南、中原、江南等地形成了一些聚居区。当时比较有影响的来自西北的民族有畏兀儿、哈剌鲁、钦察、康里、阿速、唐兀、阿儿浑及回回等民族。

畏兀儿即高昌回鹘，9 世纪下半叶由漠北迁徙至高昌（今新疆维吾尔自治区吐鲁番高昌故城，元代又称哈剌火州）、北庭（今新疆维吾尔自治区吉木萨尔，元代又称别失八里）地区居住。臣服蒙古后，畏兀儿仍以哈剌火州、别失八里为主要聚居区。受西北蒙古诸王叛乱的影响，畏兀儿统治者亦都护纽林的斤率部分畏兀儿人东迁到甘肃永昌，形成新的聚居区。世祖至元二十二年（1285），“遣雪雪的斤领畏兀儿户一千戍合剌章”[②]。合剌章即云南，这些人后来长期在云南戍守，亦有了一个聚居区。

哈剌鲁是唐代葛逻禄的后裔，原来聚居在巴尔喀什湖以东的海押立和伊犁河流域的阿力麻里。13 世纪中叶以后，海押立和阿力麻里成为蒙古察合台汗国的一部分，居住在该地的哈剌鲁人逐渐被中亚其他民族所同化。不少哈剌鲁人因战争的需要而东迁，后来聚居在龙庆州（今北京市延庆县）、大名路（今属河北）、南阳府（今属河南）、庆元路（今浙江省宁波市）等地区。[③]

钦察是突厥的一支，13 世纪时驻于里海以北的伏尔加河和乌拉尔河流域一带。蒙古西征后裹胁大量钦察人东来，分散在漠北、漠南及辽东的蒙古各部中。至元二十三年（1286），元廷建立钦察卫亲军都指挥使司，以清州（今河北省青县）为该卫的屯田地点，散居各地的钦察人大量加入钦察卫，清州乃

---

① 道森编：《出使蒙古记》，第 160 ~ 162 页。
② 《元史》卷 13，《世祖纪十》。
③ 详见陈高华：《元代的哈剌鲁人》，《西北民族研究》，1988 年第 1 期。

成为钦察人的主要聚居区。[①]

康里是古代高车人的后裔，也是突厥人的一支，居于乌拉尔河以东、咸海以北地区。被蒙古征服后，亦有大批康里人东来，分居于蒙古各部中。元中期曾一度设立康里卫亲军都指挥使司，以永平路（今河北省滦县）为屯田地点，该地很快成为康里人的主要聚居区。[②]

阿速是汉代奄蔡人的后裔，原居高加索以北、顿河下游一带。随蒙古人东来的阿速人入元之后亦有一部分被集中起来，编成了阿速卫军，聚居在大都北面古北口内的潮河川以及云中（今山西省大同市）等地。[③]

唐兀或河西，是蒙古人对西夏人的称谓，主要是指党项人。西夏被蒙古灭亡之后，不少唐兀人仍留在河西地区居住。元廷于至元十六年（1279）设立唐兀卫，一批唐兀人被迁到大都北面居住，形成一个新的聚居区。[④] 同样因为驻军的缘故，在庐州（今安徽省合肥市）亦有唐兀人的一个聚居区。[⑤]

阿儿浑亦为中亚民族，东迁后的阿儿浑人聚居在兴和路（今河北省张北县）的寻麻林（今河北省张家口市西洗马林）和丰州（今内蒙古自治区呼和浩特市东）等地，元廷后来设立了西域卫亲军都指挥使司管领阿儿浑人。[⑥]

回回在元代主要指信奉伊斯兰教的中亚突厥人、波斯人和阿拉伯人，即今天中国回族的先民。元代回回人在东来的西北民族中分布最广，人数也较多，几乎在全国的重要城镇都有回回人居住。[⑦]

元文宗时，还曾设立斡罗思扈卫亲军都指挥使司，收聚东来后散居各地的斡罗思（即俄罗斯）人，在大都北面立营居住，于是在大都以北又出现了一个斡罗思人的聚居区。[⑧]

---

① 《元史》卷99，《兵志二·宿卫》；卷100，《兵志三·屯田》。虞集：《句容郡王世绩碑》，《道园学古录》卷23。

② 黄溍：《康里氏先茔碑》，《金华黄先生文集》卷28。

③ 《元史》卷132，《杭忽思传》；卷99，《兵志二·宿卫》。袁凯：《病阿速》，《袁海叟诗集》卷2。

④ 《元史》卷98，《兵志一·兵制》。

⑤ 余阙：《送归彦温赴河西廉使序》，《青阳集》卷6。

⑥ 详见杨志玖：《元代的阿儿浑人》，《元史三论》，第226~236页，人民出版社，1985年版。

⑦ 详见杨志玖：《元代回回人的政治地位》，《元史三论》，第245~282页。

⑧ 《元史》卷34、35，《文宗纪三、四》。

西北各族在当时被通称为色目人。色目人的外形特征一般比较明显。唐兀人身材高大，皮肤黝黑。① 畏兀儿人多为中等身材，高鼻深目②。钦察人"高鼻黄髯"，阿速人绿眼睛，都是很明显的特征，所以有人用"黄头称国士，碧眼佩天弧"的诗句来形容钦察、阿速卫兵。③

元代的东北地区，即辽阳行省辖地之内，除了居住着部分蒙古人和大量的汉族居民之外，还居住着契丹、高丽、女真、水达达、兀者野人、吉里迷等族人。

在金朝统治下留在辽河流域的契丹遗民，蒙古国时期曾以临潢府（今内蒙古自治区巴林左旗）为主要聚居地，后来徙至广宁（今辽宁省北镇县）等地居住，并逐渐融合到其他民族中。渤海人的名称有时还能见到，但多数渤海遗族已融入汉族、女真族之中。

元朝境内的高丽族聚居在元与高丽的交界地带，在辽阳和沈阳等地也长期集中居住着不少高丽人。

辽阳以南至辽东半岛以及长白山两麓、松花江上中游和牡丹、绥芬二水流域，仍然是女真人的聚居地区。这些女真人大多已习惯于农耕生活。在他们北面的黑龙江下游和乌苏里江流域，分布着以渔猎为业的女真各部落，被称为"水达达"或"女真水达达"、"打鱼水达达女真"等。

兀者野人即分布在深山老林中以射猎为生的民族。辽阳行省北部的山林地区是他们主要的活动场所。在库页岛上的居民，被称为骨嵬人，即唐代窟悦靺鞨的后裔。与水达达、兀者野人、骨嵬人交织居住的，还有吉里迷人，亦为渔猎民族，但语言有所不同。水达达、兀者野人、骨嵬人的语言均属于通古斯语族，吉里迷的语言则属古亚语族。④

元朝宣政院所辖"吐蕃"之地，是吐蕃人（今藏族先民）的聚居地区。但是该地的东境，即当时人所说的"朵甘思之地"（今西藏自治区昌都地区东

---

① 余阙：《送归彦温赴河西廉使序》，《青阳集》卷6。

② 《出使蒙古记》，第160~162页。

③ 吴澄：《述感十五首》，《吴文正公集》外集《学言稿》卷4。柯九思：《宫词十首》，《草堂雅集》卷1。

④ 详见姚大力：《元辽阳行省各族的分布》，《元史及北方民族史研究集刊》第8集。

部、四川省甘孜藏族自治州和青海西南部一带）和“朵思麻地”（今青海、甘肃两省的藏族聚居区），实际上是吐蕃人、汉人和其他民族杂居的地区。吐蕃腹地的乌思（前藏）、藏（后藏）和西境的纳里速古鲁孙（阿里三围），乃是吐蕃人最重要的聚居地。①

云南行省境内，分布着白人、罗罗、金齿、百夷、么些、斡泥、蒲人等民族。

白人是今白族的先民，又称为僰人，即原来的所谓“白蛮”。白人在元代的聚居地区，以中庆（今云南省昆明市）、威楚（今云南省楚雄）、大理、永昌（今云南省保山）为主，东至普安、曲靖，北至丽江，南及元江。白人多居坝区，以农耕为生。②

罗罗即所谓“乌蛮”，是现代彝族的先民。蒙古人在罗罗后加上复数后缀－s，汉语音译为罗罗斯，专指居住在今四川省凉山彝族自治州和西昌地区的罗罗人，元廷建罗罗斯宣慰司于其地。乌撒（今贵州省威宁）、乌蒙（今云南省昭通）等地，也是罗罗人的重要聚居区。罗罗人或耕或牧，但农业落后于白人。

金齿、百夷都是今傣族的先民，分布在云南行省西南及东南地区，尤以车里（今云南省德宏）、永昌、八百（今泰国清迈）等地为重要聚居区。金齿、百夷诸部多从事农业生产。

么些即今纳西族先民，以丽江为聚居中心，习于农耕生活。在么些人的聚居区内，还分布着峨昌（今阿昌族）、撬（今独龙族）、庐（今傈僳族）等族人。

斡泥亦作和泥、禾泥等，即今哈尼族，主要分布在临安（今云南省通海）、元江一带的山林中，与河谷平坝地区的金齿、百夷及山居的其他民族错落杂处。

澜沧江上游以西的中、下游东西两岸地带，是蒲人与百夷等族的杂居区。蒲人又称蒲蛮、朴子蛮，是今天布朗族的先民。

除了上述民族外，云南行省南部和湖广行省南部，还分布着土僚、僮人

① 详见韩儒林：《元朝政府是怎样管理西藏地方的》，《穹庐集》，第425～434页。

② 《云南志略》。尤中：《中国古代的西南民族》，云南人民出版社，1980年版。

等，均为今壮族的先民，特别是广西两江道宣慰司所辖地区（包括今广西壮族自治区大部分地区），乃为僮人的主要聚居区。该地区南面的海北海南道宣慰司辖境（包括雷州半岛、海南岛）内，有黎民（今黎族先民）的聚居区。

湖广、四川、江西及云南行省境内，还有僪（今苗族先民）、猺（今瑶族先民）等民族。湖广行省西北境八番顺元宣慰司和思州、播州辖地（今贵州省大部地区），是僪民的主要聚居区。在这一地区内，还有葛蛮（又称仡佬，今仡佬族）的聚居地。八番顺元、静江（今广西壮族自治区桂林）、大理、威楚等地都有猺民居住，但更重要的猺民聚居区在江西行省南部。

江浙行省南部的汀州（今福建省长汀）、建宁（今福建省建瓯）、漳州等地，是畲民（今畲族先民）的聚居地。①

元代各民族虽然都有主要的聚居区，但当时更明显的民族分布特点是形成了各民族杂错相处的局面。

元代的各民族杂居共处，首先反映在蒙古宫廷之中。蒙古皇室成员与其他民族人通婚，嫔妃中自然不乏蒙古人和色目人，也有汉人和高丽人等。宫女中更是各族之人俱备，在元人宫词中可以得到证明："宫锦裁衣锡圣恩，朝来金榜揭天门；老娥元是江南女，私喜南人擢状元"；"梨花素脸髻盘龙，南国娇娃乍入宫；无奈胡姬皆笑倒，乱将脂粉与添红"，说的就是来自江南的宫女的情况。"北狩和林幄殿宽，句骊女侍婕妤宫"；"进得女真千户妹，十三娇小唤茶茶"，指的是来自高丽、女真的宫女。"西方舞女皆天人，玉手昙花满把清"；"河西女子年十八，宽着长衫左掩衣；前向拢头高一尺，入宫先被众人讥"，表明了在宫中有不少来自吐蕃、唐兀的宫女②。服侍皇室成员和后妃的侍从，也是各族人杂处。此外，蒙古皇帝的"帝师"吐蕃高僧、道教领袖人物以及"备经筵"的儒士，亦经常出入宫廷。

都市也是各民族人共同居住的地方。大都城内及其周围地区，既有来自各民族的官员、宗教人士和士兵、仆从，也有操持各种生业的手工业者，更有来

① 《元一统志》卷8，《江浙行省·汀州路》。

② 杨维桢：《宫辞十二首》，《铁崖先生古乐府》卷14。朱有燉：《元宫词一百首》，《宫词小纂》卷7。张昱：《辇下曲》，《张光弼诗集》卷2。

自不同地区、不同民族甚至来自外国的商人。在经商活动中，最能看出各民族杂居共处的特点，“贩夫追微末，泥巷穿幽深，负载日呼叫，百种闻异音”①，就是一个极好的例证。上都的情况也是如此，“诸部与汉人杂处，颇类市井”②；在上都商业区内，亦可见到“方言互欺诋”的情况③。如前所述，在大都北面，聚居着不少来自西北的民族，再加上蒙古人和汉人，两都及两都之间实际上已经是全国民族最集中的地区。

其他城市的情况和两都大致相同。当然，越往南行，城市中来自北方的蒙古人和色目人越少。我们不妨拿镇江和广州两个城市做一下比较。

镇江地区，按照元朝官方的户口统计数字，当地人有 160065 户，613578 人；来自外地的“侨寓”人有 3845 户，10555 人，其中包括：蒙古人 29 户，163 人；畏兀儿人 14 户，93 人；回回人 59 户，374 人；也里可温 23 户，106 人；唐兀人（河西人）3 户，35 人；契丹人 21 户，116 人；女真人 25 户，261 人；汉人 3671 户，9407 人。此外，还有来自不同民族的驱口 2948 人：蒙古人 429 人，畏兀儿人 107 人，回回人 310 人，也里可温 109 人，唐兀人 19 人，契丹人 75 人，女真人 224 人，汉人 1675 人。④

广州地区，成宗大德八年（1304）上报的户口数字为 180873 户，其中南人户为 180323 户，北人户仅有 550 户。广州城内，有北人 372 户；番禺县有北人 151 户，东莞县有北人 4 户，增城县有北人 2 户，香山县有北人 21 户；南海、新会、清远等县内则没有北人户。⑤

农耕地区的民族杂居，中原、陕川甚于江南。蒙古灭金之后，派遣探马赤军分戍中原要地；全国统一之后，元廷设置了山东、河南、陕西、四川四个蒙古军都万户府和左右翊蒙古侍卫亲军都指挥使司、隆福宫右都威卫等机构，管领分布在中原、陕川驻守的探马赤军人。探马赤军人中，除有蒙古人（包括克烈、乃蛮、塔塔儿、札剌儿等部人），还有大量的色目人，如哈剌鲁人、唐

---

① 胡助：《京华杂兴诗》，《纯白斋类稿》卷 2。
② 周伯琦：《扈从集后序》，载《近光集》。
③ 袁桷：《开平十咏》，《清容居士集》卷 16。
④ 《至顺镇江志》卷 3，《户口》。
⑤ 陈大震：《大德南海志》卷 6，《户口》。

兀人等。[①] 此外，蒙古国时期将中原的州县与民户分封给蒙古诸王、功臣，作为他们的投下封地和投下户，不少蒙古贵族派人管理投下，后来甚至有人搬到中原封地来居住，亦为这些地区增加了不同的民族成分。

全国统一之后，元朝政府禁止北方民户随意迁居南方；在江南地区的驻军，则大多是来自北方的汉人；当时江南人把从长江以北南下的人统称为北人，其中既包括蒙古人、色目人，也包括来自北方的汉人，并且是汉人居多。长江中、下游经济繁荣地区，特别是农村，新增民族成分不多，大致保持着原来的状况。

在少数民族的主要聚居区内，一方面是各民族聚居区犬牙交错，实际上构成了民族杂居的格局，辽阳行省和云南、湖广行省这种情况最为突出；另一方面汉人北迁南徙、蒙古人南下西出以及色目商人等四处活动，大大增加了少数民族聚居区的民族成分。蒙古族的主要聚居区漠北和漠南，早在蒙古国时期就有汉人农民、工匠和回回商人定居；在蒙古各部中，还散居着来自各民族的人，所以有人说草原上的牧马者，"回回居其三，汉人居其七"[②]。进入元朝之后，这种状况并无多大改变。辽东和岭北的森林地带，亦经常有各族商人，尤其是色目商人涉足[③]。在吐蕃乌思藏纳里速古鲁孙之地，则有1200余名蒙古军人长期戍守[④]。"云南土著之民，不独僰人而已，有曰罗罗、曰达达（蒙古人)、曰色目，及各方之为商贾、军旅、移徙曰汉人者杂处焉"[⑤]。湖广行省的思州地区，"汉民尚朴"，"蛮有佯、犷、仡佬、木猺、僙、僙数种"[⑥]。江西行省"五岭之南，人杂夷僚"[⑦]。像这样的例子还能举出不少，说明了当时少数民族聚居区内都一定程度地存在着民族杂居的情况。

元代各民族杂居共处，不同的文化相互影响和交流，在语言和文字方面表

---

① 详见史卫民：《蒙古汗国时期的探马赤军》，《中国民族史研究》第2辑；《元代蒙古军都万户府的建置及其作用》，《甘肃民族研究》，1988年3~4期合刊。

② 彭大雅、徐霆：《黑鞑事略》。

③ 《元典章》卷57，《刑部十九·诸禁·禁回回抹杀羊做速纳》。

④ 《汉藏史集》，第180~181页。

⑤ 《景泰云南图经志书》卷1，《云南府风俗》。

⑥ 《元一统志》卷10，《湖广行省·思州军民安抚司》。

⑦ 《元一统志》卷9，《江西行省·广州路》。

现得尤为突出。

蒙古族使用的蒙古语，在蒙古国乃至元朝时期均被视为“国语”。蒙古人“本无字书”，习于刻木记事。成吉思汗建国后，命畏兀儿人塔塔统阿“教太子诸王以畏兀字书国言”，由此产生了蒙古畏兀字①。不久，又“因金国叛亡降附之臣无地容身，愿为彼用，始教之文书”，于是在蒙古国内并行使用三种文字，“行于鞑人本国者，则只用小木，长三、四寸，刻之四角；且如差十马，则刻十刻，大率只刻其数也”；“行于回回者，则用回回字”；“回回字只有二十一个字母，其余只就偏旁上凑成”；“文书中自用于他国者，皆用回鹘字”，所谓回鹘字，即蒙古畏兀字；“行于汉人、契丹、女真诸亡国者，只用汉字”②。

西北各族人语言、文字差异颇大。唐兀人的语言属汉藏语系藏缅语族，使用西夏建国后创制的西夏文字。入元之后，唐兀人多用汉语和汉文。畏兀儿、哈剌鲁、钦察、康里等民族的语言，均为突厥语的分支，畏兀儿人还有自己的文字。回回人原用波斯语或阿拉伯语及“回回文字”，东来后大多使用汉语或蒙古语。

吐蕃人亦有自己传统的语言和文字。云南、湖广行省境内的少数民族，多属于汉藏语系的藏缅语族和壮傣语族的不同语支，各有特点，互不相通。就是一个民族的语言，亦有各种方言。如湖广行省的邕州路（治今广西南宁市）境内，“俚僚有四色语，各别译而方通”③。

元世祖忽必烈即位后，命吐蕃萨斯迦僧人八思巴制作蒙古字。八思巴依据藏文字母改制成蒙古字，“其字仅千余，其母凡四十有一；其相关纽而成字者，则有韵关之法；其以二合三合四合而成字者，则有语韵之法；而大要则以谐声为宗也”④。至元六年（1269）二月，忽必烈下诏颁行新制蒙古字，规定以新字“译写一切文字”，“凡有玺书颁降者，并用蒙古新字，仍各以其国字

① 《元史》卷124，《塔塔统阿传》。道森编：《出使蒙古记》，第21页。
② 赵珙：《蒙鞑备录》、彭大雅：徐霆：《黑鞑事略》。
③ 《元一统志》卷10，《湖广行省·邕州路》。
④ 《元史》卷202，《释老传》。

副之"[①]。很快忽必烈又将蒙古新字改称为"蒙古国字"，并禁止称其为新字，此种文字乃成为官方法定的文字。尽管如此，蒙古畏兀字在蒙古民间依然通用。

汉字和西北民族使用的"畏兀儿字"等仍然被元廷视为通行文字。有人指出："元朝行移文字，其正书（汉字——引者）则自前而后，蒙古书则自后而前，畏兀儿字则横书。"[②] 在大都北面的居庸关，顺帝时修建了"过街三塔"，塔下设门以通往来，门洞壁面上刻有梵文、藏文、八思巴文、畏兀儿文、西夏文、汉文六种文字的经咒语，就是当时各种文字并存的鲜明写照。[③]

南方一些民族在元代也创制了自己的文字。如仁宗延祐元年（1314），元廷使者至八百媳妇国，其国主"手书白夷字奏章，献二象"[④]。据今人研究，这种白夷字就是四种老傣文中的一种傣仂文。另一种老傣文傣哪文，创制于14世纪，亦与元朝有关。[⑤]

全国统一之后，蒙古统治者推行民族等级制度，将臣民按民族划分成以下四等人：

第一等是元朝的"国族"蒙古人。有人称蒙古人有72种[⑥]，实际上可能没有这么多。我们在前面列举的蒙古各氏族的塔塔儿、蔑儿乞、札剌儿、斡亦剌等部，都属于蒙古人的范围。

第二等为色目人，包括西北各民族、西域以及欧洲人，主要有我们前面列举的畏兀儿、哈剌鲁、钦察、康里、阿速、唐兀、阿儿浑、回回以及吐蕃、乃蛮、汪古等族。"色目"一词源于唐代，意为"各色各目"，元人使用色目人之名，就是指其种类繁多，有时亦概称为"诸国人"。

第三等是汉人，又称"汉儿"，概指原金朝境内的各族人，包括汉族、女真、契丹、渤海及高丽人。云南、四川两行省的大部分居民附元较早，也算在

---

① 《元典章》卷1，《诏令一·行蒙古字》。
② 叶子奇：《草木子》卷4上，《谈薮篇》。
③ 详见宿白：《居庸关过街塔考稿》，《文物》，1964年第4期。
④ 《经世大典序录·招捕》，《国朝文类》卷41。
⑤ 详见张公瑾：《傣族文化》，第37~43页，吉林教育出版社，1986年版。
⑥ 陶宗仪：《氏族》，《南村辍耕录》卷1。

第三等人之内。

第四等称为南人，概指原南宋境内的各族人，被称为“蛮子”、“囊加歹”和“新附人”等。“囊加”就是“南家”。南人则把前三种人统称为“北人”。

统治者人为地将汉族划分为两个等级，并规定了四等人不同的政治地位和待遇，推行民族歧视和民族压迫政策。在仕进、科举等方面，蒙古人和色目人受到优待；在法律地位上，蒙古人和色目人也受到一定的保护；同时，严禁汉人、南人持把兵器，并对其他行动加以种种限制。[①]

需要说明的是，元朝的民族等级制度，既不是社会阶层的划分，更不是阶级的划分，所以在注意元朝民族关系的同时，还要注意元朝的阶级和阶级关系。

第四节　阶级和阶级关系

元代的社会，贫富差别是很明显的。而且“贫者愈贫，富者愈富，”[②] 日益悬殊。贫富差别是阶级对立的一种表现。依据生产资料和产品占有的不同，可以分为统治阶级和被统治阶级两大阵营。

元代的统治阶级包括贵族官僚地主、民间地主和寺院地主几个部分。民间地主和寺院地主中都有大、小之分。他们占有了全国大部分土地和其他生产资料，同时也就占有了大部分生产物。元代的贵族官僚地主主要是蒙古人和色目人，其次是汉人，南人只占极少数。他们在蒙古对金、蒙古（元朝）对宋战争中掠夺了大量的财富。元朝皇帝不断赐给他们以土地和其他财物。他们还凭借权势，以“投献”或其他名义，强行霸占民间的田土。元朝政府多次下令“禁诸王、驸马并权豪毋夺民田，”说明这种现象达到十分严重的地步。[③] 元代的各种宗教寺院有大有小，大的寺院（特别是宫廷出资修建或明令保护的寺

① 详见蒙思明：《元代社会阶级制度》，中华书局，1980年版。

② 危素：《书张承基传后》，《危太朴集续集》卷9。

③ 《元史》卷19，《成宗纪二》。

院）享有种种特权，占有大量土地。这些寺院中的上层僧侣，掌握着寺院财产的支配权，实际上就是大地主。大都的大护国仁王寺田土在10万顷以上①，大承天护圣寺田土亦达十余万顷②。这些土地，有些由国家赐予，有的则来自民间的"捐施"，还有相当一部分则是兼并或掠夺所得。忽必烈时代江南释教总统杨琏真伽夺取民田23000亩③，元代中期白云宗总摄沈明仁强夺民田竟达2万顷。④ 由此二例，可见其余。在占有土地和其他生产资料的同时，这些贵族官僚和大寺院都控制大量劳动人手。蒙古贵族都有大量封户，除了交纳包银、丝料以外，还要承担各种义务。封户以外，又有数量多少不等的驱口、怯怜口等，直接为使长（投下主）服役。色目官僚如忽必烈宠臣阿合马，有家口七千。⑤ 汉人将领如张柔，亦有奴婢数千⑥。大寺院如大护国仁王寺，所属有各种依附关系的劳动者达一万八千余。除此之外，有些贵族官僚和大寺院还掌握了许多山林、矿冶、湖泊，经营质铺（当铺）、酒坊、商店、浴堂，有的还插手海外贸易，发放高利贷。他们又是大商人和大高利贷者。

元代还有一个奇特的社会集团，那便是回回商人。他们大多以经营国际贸易和发放高利贷为生，和蒙古、色目贵族官僚有着密切的关系。他们常以贵族官僚代理人的面目出现，这便是所谓"斡脱"商人。有些回回商人，更成为政府中的官员，官商一体。

民间地主亦有大、小之分。所谓民间地主，主要是汉人和南人，也有蒙古人和色目人。民间地主的土地占有和地租收取，得到元朝政府的承认和保护。元代土地高度集中，如浙西地区："豪右兼并之家连阡互陌，所收动计万石。"⑦ 这些民间的大地主，"无爵邑而有封君之贵，无印节而有官府之权"，欺压百姓，无所不为。他们中有的人用种种手段，"营干了受宣敕的名分"，得到一官半职，"恰似虎生两翼的一般。"地方官府为他们把持，百姓任他们

① 程钜夫：《大护国仁王寺恒产之碑》，《雪楼集》卷9。
② 《元史》卷34，《文宗纪三》。
③ 《元史》卷17，《世祖纪十四》。
④ 《元史》卷26，《仁宗纪三》。
⑤ 郑思肖：《心史》卷下，《大义略叙》。
⑥ 苏天爵：《元朝名臣事略》卷6，《万户张忠武王》。
⑦ 《至顺镇江志》卷2，《地理·乡都》。

欺凌①。这些民间大地主往往兼营商业和高利贷。元代杂剧在描写那些占有“鸦飞不过的田宅”的地主时，总是说他们开着解典铺、油坊、磨坊和各种铺面。民间同样是大地主与商人、高利贷者三位一体。民间地主中有相当数量的小地主，他们占有部分土地，以收租为生，但在政治上不受重视。一些规模较小的寺院，其情形亦相似。

属于被统治阶级的，是以农民为主体的广大劳动人民。农民包括自耕农和佃农。其他劳动人民有驱口、手工业者、个体商贩等。他们都处于被剥削的地位。

关于元代的自耕农和佃农的土地状况及南北的区别，请参看本书第六章的有关论述。自耕农占有小量的土地，自行耕种，往往入不敷出。他们要承担封建国家规定的沉重赋役，又是地主阶级剥削和掠夺的对象。豪强地主田跨州县，家财无数，又与官府勾结，“赋役常不及己，而中、下户反代之供输。”②他们利用种种手段，侵吞农民的土地。特别是发生水旱灾荒时，更是他们兼并的大好机会：“甑生尘老弱饥，米如珠少壮荒，……贱卖了些家业田庄。”“有钱的贩米谷置田庄添生放，无钱的少过活分骨肉无承望。有钱的纳宠妾买人口偏兴旺，无钱的受饥馁填沟壑遭灾障。小民好苦也么哥，小民好苦也么哥，便秋收鬻妻卖子家私丧。”③ 在封建国家和地主阶级的沉重压迫下，元代自耕农不断丧失土地，不得不流亡他乡。他们原来承担的赋役，官府便“分洒”到见在人户头上，勒令他们代为交纳，这样就迫使更多的自耕农破产流亡。这些破产的自耕农，有的分耕人田，成为佃户，有的走投无路，沦为奴隶。佃户主要租种地主的土地，交纳地租。地租以实物为主，租额一般为收获物的一半。但实际上地主并不以此为满足，常常强迫佃户承担其他义务，或交纳别的物件，或服劳役。“主家科派，其害甚于官府差发。”④ 元朝统治者下诏：“私租太重，以致小民重困”，要求“以十分为率，普减二分。”⑤ 可见佃户受剥削之

---

① 《元典章新集》，《吏部·官制·重惜名爵》。

② 虞集：《户部尚书马公墓碑》，《道园学古录》卷15。

③ 刘致：《正宫·端正好（上高监司）》，《全元散曲》，第669～671页。

④ 《元典章》卷57，《刑部十九·禁典雇·禁主户典卖佃户老小》。

⑤ 《元典章》卷3，《圣政二·减私租》。

重，连统治者也为之忧虑。而“普减”之令，从未兑现，不过是一句空话。佃户生活困苦，每遇天灾人祸，不得不求助于高利贷。元朝政府屡次命令地主借贷钱物给佃户，帮助佃户渡过困难，维持社会的稳定。而地主们在借贷时，或则“勒令多取利息，才方应付”；或则“立约之时，便行添答数目，以利作本”；以致秋收时佃户全部收入，“尽数偿还本利，更有不敷”，因而“抵当人口，准折物件。以致佃户逃移，田土荒废。”[①] 佃户交不出地租，地主或将其扭送官府，或私设公堂，拷打追征。江南有些地区，“地客（即佃户——引者）生男，便供役使；若有女子，便为婢使，或为妻妾。”“又有佃客男女婚姻，主户常行拦当，需求钞贯布帛礼数，方许成亲。”峡州路（路治今湖北宜昌）“管下民户，辄敢将佃客计其口数立契，或典或卖，不立年份，与买卖驱口无异。”[②] 这里所说的是部分地区的现象，但从中亦可看出佃户地位之低了。

元代称奴隶为驱口，意为“被俘获驱使之人”[③]。蒙古兴起后在战争中俘获了大量人口，便成为奴隶，因此有“驱口”之称[④]。后来，一切奴隶均被称为“驱口”。官府拘留的逃亡无主奴隶，则称为“阑遗”或“不兰奚”。“阑者，遮也。路有遗物，官遮止之，伺主至而给与，否则举没于官”[⑤]。“阑遗”可以指人，亦可指物。至于“不兰奚”则是蒙语无主奴隶的音译。驱口的来源，主要有三个方面。一是战争中的俘虏；二是农民和其他劳动人民因生活极端困难，被迫出卖子女，或自己卖身为奴；三是权豪地主利用高利贷，迫使无力还债的债务人为奴。从蒙古国时期，直到统一战争中，俘获平民为奴，是很普遍的。统一以后，在局部性的战争（如镇压各地人民反抗等）中，此类事件仍时有发生。但总的说来，由于大规模军事活动的基本结束，以及忽必烈推行“汉法”的影响，这方面的奴隶来源急剧减少，代之而起的，是后两个方面的来源。大都有人市，便是买卖人口的地方[⑥]。元代杂剧中描写豪强地主

---

① 《元典章》卷19，《户部五·种佃·佃户不给田主借贷》。

② 《元典章》卷57，《刑部十九·禁典雇·禁主户典卖佃户老小》。

③ 徐元瑞：《习吏幼学指南》。

④ “驱口”一词，金代已存在，元代沿袭了前代的名词。一说起于辽代。

⑤ 徐元瑞：《习吏幼学指南》。

⑥ 《析津志辑佚》，《城池街市》，第6页。

们，“要女儿着钱赎个婢，要厮儿着钱买一个驱”①。还描写因借钱过期还不清本息，富户就将“宅院良人，生扭做酒店里驱丁”②。元代驱口数量相当多，一个中等官员往往就有数十甚至上百人。有的以“货殖为业”的大商人，也拥有“家僮千有余指”③。至于皇帝、贵族、大寺院拥有的驱口，数量更是惊人。驱口在北方较为普遍，南方的官僚和大地主占有奴隶亦相当可观，如以经营海外贸易闻名并在政府中任职的浙西澉浦杨氏，就有“僮奴千指”④。

驱口用于家内服役，但在农业、手工业生产和商业活动使用的，亦不在少数，女奴“纺绩织纴”，男驱“耕稼畜牧”。不少地主“生产家事，悉任奴隶”，自己过着不劳而食的生活⑤。驱口处于社会最低层，被视为“贱民”，使长（驱口主人）对驱口有人身占有权利，可以任意转卖驱口及其子女，或以驱口作陪嫁。驱口逃亡，官府代为追查，捉获的要重罚。驱口告发使长者处死，使长杀死无罪驱奴杖八十七，如果死者有“罪”（任何反抗行动或不满都会被认为有“罪”），使长便可免予处分。驱口女儿的婚姻要由使长作主。法律上严禁“良”“贱”通婚，但是“主奸奴妻难议坐罪”⑥。有的驱口经使主许可成家，自己有一些家业，使长可以任意找一些理由，“杖而锢之，席卷而去，名曰抄估”⑦。使长杀了人，叫驱口去抵命。驱口的女子，称为家生孩儿，世代为奴。驱口只有通过赎身，得到使长的“放良文书”，才能改变身份。但是，即使如此，仍与“良民”有所区别，例如军户的驱口“放良”后，就要成为贴军户，津助“本户”（使长家）的费用。

驱口的大量存在，严重地束缚着社会生产力的发展。有元一代，驱口反抗之事层出不穷。元成宗统治时期，在一个和尚的倡导下，许多从南方被掳到北方的驱口，带着自己的妻子儿女，纷纷逃走。“被他使长每根赶上呵，迎敌着去了也有。”他们有的在各处隐藏，有的“用船筏偷渡过黄河、大江”，“纵有

---

① 《施仁义刘弘嫁碑》，《元曲选外编》第813页。
② 《玉清庵错送鸳鸯被》，《元曲选》第63页。
③ 王恽：《故云中高君墓碣铭》，《秋涧先生大全集》卷61。
④ 姚桐寿：《乐郊私语》。
⑤ 黄溍：《屏山处士王君墓志铭》，《金华黄先生文集》卷37。
⑥ 《元典章》卷45，《刑部七·主奴奸·主奸奴妻》。
⑦ 陶宗仪：《南村辍耕录》卷17，《奴婢》。

败获，鼓众夺去”。这次大规模的驱口反抗斗争，使元朝政府为之震动[1]。元朝末年，全国爆发农民战争，徽州（路治今安徽歙县）地区曾爆发奴隶暴动，“谋尽铲其主家以自便。”[2]

与驱口相近的，有怯怜口和雇身奴婢。怯怜口是蒙语家内人口的意思，有的译作“自家人”[3]，有的说“私属人也”[4]。元朝皇室和贵族都拥有大量怯怜口，有专门的机构加以管理。例如，“掌中宫财赋营造供给并番卫之士，汤沐之邑”的中政院，下属便有管领六盘山等处怯怜口民匠都提举司，又有翊正司，“掌怯怜口民匠五千余户，岁办钱粮造作，以供公上”。又有海西辽东哈思罕等处鹰房诸色人匠怯怜口万户府，管领诸色人匠四千户；以及管领本位下怯怜口随路诸色民匠打捕鹰房都总管府，“掌怯怜口二万九千户，田万五千余顷，出赋以备供奉营缮之事”[5]。关于怯怜口的状况，由于资料有限，尚难作清楚的说明。但可以确定的是，怯怜口人数甚多，隶属于皇室或贵族，从事各种劳动（手工业、农业等），交纳贡赋。雇身奴婢是由典雇关系产生的。有的百姓因天灾人祸向地主借贷，以人身作抵押，定期赎取，这种情况叫做“典身”。有的人因丧失土地及其他生产资料，无法谋生，只好为地主劳动，谋取衣食，这种情况称为“受雇使唤”。被“典”“雇”的人，在法律上称为雇身人或雇身奴婢。在被典雇期间，他们与使主之间有严格的依附关系。典雇的契约上写明，他们“须用小心伏事，听候使令，不敢违慢，抗对无礼”；使长可以任意打骂，被典雇者即使死了，也不许家属追究[6]。他们的地位，比驱口好不了多少。事实上，豪强地主们也常常在典雇期满之后，将他们抑逼为奴。元代大剧作家关汉卿在他的一出杂剧中，就描述了一个原约典身三年的妇女，被狡狠的地主“倒换过文书”，“强赖做他家里的买身躯”[7]。这种典雇关系，南北都是存在的。

---

① 陶宗仪：《南村辍耕录》卷17，《奴婢》。
② 李祁：《刘纶刘琚传》，《云阳集》（10卷本）卷8。
③ 徐元瑞：《习吏幼学指南》。
④ 郑麟趾：《高丽史》卷123，《印侯传》。
⑤ 《元史》卷87，《百官志三》。
⑥ 《新编事文类聚启札金钱》外集卷一，《雇小厮格式》。
⑦ 《刘夫人庆赏五侯宴》，《元曲选外编》第109～110页。

元代的许多个体手工业者，亦属于被统治阶级。关于他们的状况，请参看本书第七章。个体手工业者的地位，实际上和自耕农类似。还有一些受雇于他人的佣工，则与佃户相近。

尖锐的阶级对立，存在于元朝政府划分的四个等级之中。无论蒙古、色目，或是汉人、南人，内部都有不同的阶级。由于繁重的军役、站役和其他封建义务，蒙古、色目中的许多劳动人民生活困苦，有的甚至沦为奴婢。从忽必烈时代起，元朝统治者多次下令收赎被典卖为驱口的蒙古子女，并禁止贩运蒙古子女到海外，说明这种情况是很普遍的。元英宗时，专门设立宗仁卫，收养赎回的蒙古子女，不到一年即达万人之多。色目劳动者的遭遇也差不多，例如河西的色目站户，因站役繁重，“破家荡产，无可展免，致将亲属男女于权豪势要富实之家，典卖驱使”①。元朝政府推行民族歧视的政策，但掩盖不了阶级分化的事实。

---

① 《元典章》卷57，《刑部十九·禁诱略·站户消乏转卖亲属》。

第三章　经济管理机构

蒙古国时期的经济管理，就汗廷而言，总管者名义上是也可札鲁忽赤，实际操作者是被授权的札鲁忽赤和必阇赤；地方上的经济管理机构，是窝阔台汗在位时设立的各路征收课税所。忽必烈即位后，经济管理逐步制度化，中书省和各种中央专设经济管理部门，与行省、路、府、州、县各级地方行政机构以及乡、都、坊、社，构成了控制全国的经济管理网络。

第一节　蒙古国时期的经济管理机构

成吉思汗于1206年建国时，任命养弟失吉忽秃忽为"也可札鲁忽赤"（大断事官），并规定"如今初定了，普百姓你与我做耳目，但凡你的言语，任谁不许违了。如有盗贼诈伪的事，你惩诫着，可杀的杀，可罚的罚。百姓每分家财的事，你科断着，凡断了的事，写在青册上，已后不许诸人更改"①。也就是说，大断事官的职责主要是两项，一是审刑断狱，掌握司法权；二是掌管民户的分配等，实施经济管理权。在官制简朴的蒙古国时期，大断事官实际上就是全国最高行政长官。后来窝阔台汗又以失吉忽秃忽为中州断事官，主持清查汉地户口和征收赋税，在人们眼中他相当于汉人官制中的丞相，所以有人直称他为丞相②。在大断事官之下，置有若干札鲁忽赤（断事官），分管国政。

---

① 《元朝秘史》，第203节。

② 彭大雅、徐霆：《黑鞑事略》。

在蒙古宗王、贵戚和功臣的分地里，也各置断事官管理本部的百姓。

汗廷政令的下达，通过使者来完成。使者称为宣差，“自皇帝或国王处来者，所过州县及管兵头目处，悉来尊敬，不问官之高卑，皆分庭抗礼，穿戟门坐于州郡设厅之上，太守亲跪以郊劳；宿于黄堂厅事之内，鼓吹、旗帜、妓乐郊外送迎之”。札鲁忽赤处理各地事务，亦可派出使者，即所谓“遣发临民者，曰宣差”，又可称“宣差勘事官”①。

蒙古国家的疆土不断扩大，文书往来日益频繁，行政事务越来越多，只靠札鲁忽赤的“断事”和宣差的“传旨”，显然不足以保证汗廷的利益，于是汗廷怯薛组织中主掌文书的必阇赤的作用逐渐突出。汗廷使用畏兀字蒙古文、波斯文（回回字）、汉文三种文字，克烈部人镇海和契丹人耶律楚材等，都是汗廷的必阇赤，文书“行于回回者，则用回回字，镇海主之”；“行于汉人、契丹、女真诸亡国者，只用汉字，移剌（耶律）楚材主之；却又于后面年月之前镇海亲写回回字，云付与某人，此盖专防楚材故，必以回回字为验，无此则不成文书”。汗廷大印“宣命之宝”，也由镇海掌管。利用接近大汗、掌管文书和印章等便利条件，必阇赤可以一定程度地参预朝政，并行使一定的行政权力，所以有人称蒙古汗廷“生杀予夺之权已移于弄印者之手”②。

窝阔台汗即位后，“命河北汉民以户计，出赋调，耶律楚材主之；西域人以丁计，出赋调，麻合没的滑剌西迷（牙老瓦赤）主之”③。这项任命出于耶律楚材在中原定额征税、供给国用的建议。“自太祖西征之后，仓廪府库无斗粟尺帛，而中使别迭等佥言：‘虽得汉人，亦无所用，不若尽去之，使草木畅茂，以为牧地。’”耶律楚材向窝阔台进言：“夫以天下之广，四海之富，何求而不得，但不为耳，何名无用哉？”按照耶律楚材的建议，“地税、商税、酒、醋、盐、铁、山泽之利，周岁可得银五十万两，绢八万匹，粟四十万石”。窝阔台同意耶律楚材在中原各路试行，于太宗二年（1230）正月，“定各路课税”；十一月，正式设立十路征收课税所，“设使、副使二员，皆以儒者为之”。

① 赵珙：《蒙鞑备录》。

② 彭大雅、徐霆：《黑鞑事略》。

③ 《元史》卷2，《太宗纪》。

十路征收课税所的具体设置如下[①]:

(1) 燕京路征收课税所，课税使陈时可，副使赵昉。

(2) 山西东路征收课税所，设司于宣德，课税使刘中（字用之），副使刘恒[②]。

(3) 西京路征收课税所，课税使周立和，副使王贞。

(4) 太原路征收课税所，课税使吕振，副使刘子振。太宗九年（1237），二人以贪赃罪罢职，后继人不详。

(5) 平阳府征收课税所，课税使杨简，副使高廷英。

(6) 河北东西路征收课税所，又称真定河间等路课程所、河间课程所，置司真定[③]，课税使（又称河间税课达鲁花赤）王晋，副使贾从。

(7) 益都路征收课税所，课税使张瑜，副使王锐[④]。

(8) 北京路征收课税所，课税使王德亨，副使侯显。

(9) 平州路征收课税所，课税使夹谷永，副使程泰。

(10) 济南路征收课税所，课税使田木西，副使李天翼。

需要说明的是，在十路征收课税所设立之前，并不是无人问津中原的课程征收，如燕京路，就有管领工匠的宣德人刘敏（赐名玉出干）“兼提举燕京路征收课税、漕运、盐场及僧、道、司天等事”[⑤]。十路征收课税所的设立，只不过是为了加强税收管理，统一课税征收于汗廷。

征税工作迅速取得成效，窝阔台大为高兴，于次年任耶律楚材为中书令，镇海、粘合重山为右、左丞相。但是实际上蒙古汗廷当时并没有中书省的建置，“鞑主亦不晓官称之义为何也”，“诸国亡俘或曰中书丞相……随所自欲而盗其名，初无宣麻制诰之事”；“若宰相，即是楚材辈自称中书相公，初非鞑

---

① 宋子贞：《中书令耶律公神道碑》，《国朝文类》卷57。《元史》卷2，《太宗纪》；卷85，《百官志一》；卷94，《食货志二·盐法》。

② 《元史》卷81，《选举志一·科目》；卷153，《杨奂传》。

③ 《元史》卷163，《马亨传》。

④ 《元史》卷2，《太宗纪》作“张瑜、王锐使东平”，《元史·食货志》和《元史·百官志》均记为益都路置征收课税所。

⑤ 元好问：《大元丞相刘氏先茔神道碑》，《遗山先生文集》卷28。

主除授也"[①]。耶律楚材、镇海等人，还是蒙古汗廷的必阇赤，不过是多了一个汉人易于接受的尊崇官号而已，当然在名义上也多了一个掌管中原汉地财赋的权力。

由于课税的主要部分是盐税，辖区内有产盐区的课税所或者专领盐课，或者在所下专设管理盐课的机构。如平阳课税所掌管解州池盐榷课，即专设盐使，由姚从简担任。河北东西路课税所掌管清州、沧州等地盐场，下设清沧盐使所；太宗六年（甲午，1234），改清沧盐使所为盐运司，十二年（庚子，1240）又改为提举盐榷所，再改为提举沧清盐课使所（1243），到乃马真皇后监国时，干脆将真定河间等路课程所改名为提举盐榷沧清盐使所（1249）。益都课税所"管领山东盐场，以总盐课"，亦在太宗六年分设了山东盐运司。[②]

酒醋课和商税也设有专门人员管领。"太宗辛卯年（1231），立酒醋务坊场官，榷沽为课，仍以各州府司县长官充提点官，隶征收课税所，其课额验民户多寡定之"[③]。商税则从太宗六年开始，"凡仓库院务官并合干人等，命各处官司选有产有行之人充之。其所办课程，每月赴所（征收课税所）输纳"[④]。

十路征收课税所除了主管征收课税外，还兼管刑名等务，一定时间内还要向蒙古大汗奏报民情。太宗八年七月，"命陈时可阅刑名、科差、课税等案，赴阙磨照"。"十年八月，陈时可、高庆民等言诸路旱蝗，诏免今年田租，仍停旧未输纳者，俟丰岁议之"[⑤]，即为例证。

十路征收课税使大多出自儒士，自然努力选拔其他儒士为其同僚。太宗九年八月，"下诏命断事官术虎罐（术虎乃）与山西东路课税所长官刘中，历诸路考试"，"试诸路儒士，中选者除本贯议事官，得四千三十人"[⑥]。所谓本贯

---

① 彭大雅、徐霆：《黑鞑事略》。

② 《元史》卷94，《食货志二·盐法》。

③ 《元史》卷94，《食货志二·酒醋课》。《经世大典序录·酒醋》（《国朝文类》卷40）亦记载："国初有征收课税所，而州县酒醋悉隶。"

④ 《元史》卷94，《食货志二·商税》。《经世大典序录·商税》（《国朝文类》卷40）亦记载："国家始得中原，赋诸民者未有定制。岁甲午，始立征收课税所，以征商贾之税。"

⑤ 《元史》卷2，《太宗纪》。

⑥ 《圣武亲征录》。《元史》卷98，《选举志一》。

议事官，又称本贯参佐，“与各处长官同署共事”，帮助长官处理公务。有人还被提拔为征收课税使，如乾州奉天人杨奂在东平“两中赋论第一，刘公因委君考试云、燕，俄从监试官北上，谒领中书省耶律公（楚材），一见大蒙赏异，力奏荐之，宣授河南路征收课税所长官”①。河南路征收课税所，全名应是河南、怀孟、顺德三路税课所②，是金亡之后在十路征收课税所之外增设的一处课税所③。各路征收课税使还可以不经考试自辟僚属，如河北东西路课税使王晋辟邢州人马亨为所掾，河南路征收课税使杨奂以金进士杨果为经历，都没有考试。④

设立十路征收课税所，是恢复中原统治秩序的措施，对蒙古政权有利，但却影响了蒙古诸王、贵族的利益，多少限制了他们在中原随意征收钱粮的行为。“先是诸路长吏兼领军民钱谷，往往恃其富强，肆为不法”，耶律楚材向窝阔台建议“长吏专理民事，万户府总军政，课税所掌钱谷，各不相统摄”，显然又触犯了各地官长和权贵的利益，所以初设十路课税所时，即有人勾联蒙古东道宗王“以国朝所忌，诬构百端”。由于各路课税及时交纳，得到窝阔台欢心，课税所的建置得以维持，“中书令”亦号称有“分郡邑、定课赋、通漕运、足国用”的职掌。⑤

耶律楚材“自庚申年定课税所额，每岁银一万定（定即锭，每锭五十两）。及河南既下，户口滋息，增至二万二千定”。课税的顺利征收，引起汗廷内商人和权贵的贪欲，“燕京刘忽笃马者，阴结权贵，以银五十万两扑买天下差发。涉猎发丁者，以银二十五万两扑买天下系官厩房、地基、水利、猪鸡。刘庭玉者，以银五万两扑买燕京酒课。又有回鹘以银一百万两扑买天下盐课，至有扑买天下河泊、桥梁者”。太宗十一年（1239），回回商人奥都剌合蛮扑买中原银课二万二千锭，不但扑买了中原课税收入的总额，且增加一倍，“以四万四千锭为额”，得到窝阔台的同意。所谓“扑买”，就是用钱向官府买

---

① 元好问：《故河南路课税所长官兼廉访使杨公神道之碑》，《遗山先生文集》卷23。

② 《元史》卷6，《世祖纪三》。

③ 《元史》卷164，《杨果传》。

④ 《元史》卷163，《马亨传》；卷164，《杨果传》。

⑤ 宋子贞：《中书令耶律公神道碑》，《国朝文类》卷57。《元史》卷146，《粘合重山传》。

得赋税征收权，扑买之后，可以任意盘剥，加倍增收，牟取暴利。次年正月，窝阔台任命奥都剌合蛮为提领诸路课税所长官，“主汉民财赋”，取代了耶律楚材掌管财赋的地位。其后，花剌子模人牙老瓦赤被任命为中州大断事官，“主管汉民公事”，并以牙老瓦赤、奥都剌合蛮、刘敏等人为首建立燕京行尚书省，实际取代耶律楚材的“中书令”的位置，成为总管中原财赋的最高机构[①]。这一变化，造成了中原课赋征收的混乱。耶律楚材创立的各路征收课税所，自然变成了商人和权贵掊克百姓的工具。

宪宗蒙哥即位（1251），“以忙哥撒儿为断事官，以孛鲁合掌宣发号令、朝觐贡献及内外闻奏诸事”，后者即必阇赤长，亦被人称为中书右丞相。蒙哥还以弟弟忽必烈掌管漠南汉地军国庶事，但国家行政权，包括汉地的管理，还是操在也可札鲁忽赤的手中。牙老瓦赤和蒙古人布智儿等还被任命为“大都行天下诸路也可札鲁忽赤”，总天下财赋于燕京。必阇赤依然因掌文书之便而过问财赋、任官、户籍等务，如孛鲁合即掌“写发宣诏及诸色目官职”；蒙哥还曾派遣必阇赤别儿哥“括斡罗思户口”[②]。

掌管漠南汉地军国庶事的忽必烈，“思大有为于天下”，先后在陕西、河南等地均定赋税、改行钞法，并建立了一些相应机构。宪宗七年（1257），蒙哥派遣亲信阿蓝答儿等人“会计京兆、河南财赋，大加钩考”，忽必烈不得不撤消所设机构。[③]

综上所述，蒙古国时期的经济管理，就汗廷而言，总管者名义上是也可札鲁忽赤，实际操作者是被授权的札鲁忽赤和必阇赤。地方上的经济管理机构，是窝阔台汗在位时设立的各路课税所，但是并没有形成固定的税收管理制度。从机构设置层面看，十路征收课税所亦非创新之举，而是中原旧有机构的延续，不过是将金朝的各路转运司恢复起来，变了个名称，“以军国大计，举近世转运司例，经理十路课税，易司为所，黜使称长，相丰欠，察息耗，以平岁

---

① 《中书令耶律公神道碑》。《元史》卷2，《太宗纪》。

② 《元史》卷3，《宪宗纪》。

③ 详见陈得芝、王颋：《忽必烈与蒙哥的一场斗争——试论阿蓝答儿勾考的前因后果》，《元史论丛》第1辑。

入"[①]。经济管理的制度化，是在忽必烈即位后才得以逐步完成的。

第二节　元朝中央行政机构中的经济管理部门

1260 年，忽必烈即位，"内立都省，以总宏纲，外设总司，以平庶政"[②]，很快建立了中央和地方的正式行政机构，并用宰辅制度取代了以前的札鲁忽赤制度。

一、中书省的设立与尚书省的置废

都省即中书省，设于中统元年（1260）四月[③]。七月，设行中书省于燕京。中书省因随忽必烈活动而设在开平，燕京行省等于中书省的同级派出机构，实际负责汉地政务的处理，"札付各道宣抚司，取儒士吏员通钱谷者各一人，仍令所在津遣乘驿赴省"，作为燕京行省官员的下属人员。在燕京行省之下，设置了交钞提举司、榷货司等专掌财赋的机构[④]。

次年二月，忽必烈命行省官和下属人员等全部北上开平，会决朝政要务，行省官和中书省官，即所谓"诸相"，共同在中书省衙议事。五月，忽必烈调整宰辅人员，设右、左丞相各二人，平章政事增为四人，右、左丞各一人，参知政事二人，宰辅仍然分在两省。皇子真金被封为燕王，兼中书令。皇太子兼中书令，只是中书省名义上的最高长官；太子位缺，中书令则为虚衔。这种制度一直沿用到元末。

燕京行省官员南返后，处理公务均咨报中书省。右丞相史天泽认为："虽分两省，其实一也。若非关利害者，不宜有阻挠，使王事成就可也。今后凡行省所咨，须三日内咨报。"[⑤] 中统三年（1262），燕京行省与中书省合并，不再

---

① 《元朝名臣事略》卷 13，《杨奂事略》。
② 王鹗：《中统建元诏》，《国朝文类》卷 9。
③ 《元史》卷 4，《世祖纪一》。
④ 王恽：《中堂事记上》，《秋涧先生大全集》卷 80。
⑤ 王恽：《中堂事记上》，《秋涧先生大全集》卷 80。

分立二省。

中书省是元朝的最高行政机构，但曾三次设立的尚书省，与中书省并立，大大削弱了中书省的权力。

尚书省本是专为“理财”设立的中央机构，它的前身是至元三年（1266）正月设立的制国用使司。制国用使司“专职财赋”，“通漕运，谨出纳，充府库，实仓廪，百姓富饶，国用丰备，此制国用之职也”[①]。至元七年（1270）正月，改制国用使司为尚书省，设平章尚书省事二人，参知尚书省事三人；中书省设丞相三人，不设平章、参知政事，只置左、右丞[②]。两省并置，主政权实际归于尚书省。有人建议尚书省专领金谷百工之事，铨选归中书，仍是把该省作为财政机构看待。但是忽必烈急于富国，把铨选官员的权力也交给了尚书省，“凡铨选各官，吏部拟定资品，呈尚书省，由尚书省咨中书闻奏”。掌管尚书省的阿合马“擢用私人，不由部拟，不咨中书”，引起中书省右丞相安童的非议，阿合马则声称“事无大小，皆委之臣，所用之人，臣宜自责”。安童则不得不表示：“自今唯重刑及迁上路总管，始属之臣，余事并付阿合马，庶事体明白。”[③] 中书省本是掌管全国朝政的中枢机构，职能是“条举纲维，著明纪律；总百揆，平万机；求贤审官，献可替否；内亲同姓，外抚四夷；绥之以利，镇之以静；涵养人材，变化风俗；立经国之远图，建长世之大议”[④]。尚书省分走中书省的理财权和用人权，中书省乃被架空，无法正常行使权力。甚至还有人提出了建立三省的建议，以解决“中书、枢密事多壅滞”的弊病，侍御史高鸣上书反对，他指出：“臣闻三省，设自近古，其法由中书出政，移门下，议不合，则有驳正，或封还诏书；议合，则还移中书；中书移尚书，尚书乃下六部、郡国。方今天下大于古而事益繁，取决一省，犹曰有壅，况三省乎！且多置官者，求免失政也，但使贤俊萃于一堂，连署参决，自免失政，岂必别官异坐，而后无失政乎！故曰：政贵得人，不贵多官。不如一省便。”[⑤]

---

① 陈佑：《三本书》，《国朝文类》卷14。

② 《元史》卷7，《世祖纪四》；卷85，《百官志一》。

③ 《元史》卷205，《阿合马传》。

④ 陈佑：《三本书》，《国朝文类》卷14。

⑤ 《元史》卷160，《高鸣传》。

由于朝内大臣反对分省的人居多，所以第一次尚书省分立时间较短。至元九年正月，尚书省并入中书省。

至元二十四年（1287）闰二月，忽必烈用桑哥理财，再次分立尚书省。两省各设官六员，中书省设丞相二员，平章政事二员，参知政事二员；尚书省设平章政事二员，左、右丞各一员，参知政事二员。十一月，增设尚书省右丞相。二十八年五月，罢尚书省。

武宗至大二年（1309）八月，又设尚书省，置右、左丞相各一人，平章政事二人，左、右丞各一人，参知政事二人，另设左丞、商议尚书省事一人。至大四年正月，武宗死，尚书省罢。

第二、三次分设尚书省，矛盾依然集中在财政权和用人权上，如桑哥领尚书省时，“凡铨调内外官，皆由于己，而其宣敕，尚由中书。桑哥以为言，世祖乃命自今宣敕并付尚书省”[①]。武宗时欲再立尚书省，即有人指出：“顷又闻为总理财用立尚书省，如是则必增置所司，滥设官吏，殆非益民之事也。且综理财用，在人为之，若止命中书整饬，未见不可。”[②] 尚书省分立，实际上无所谓与中书省的行政分工，完全由尚书省操纵朝政，中书省形同虚设，中书宰辅也失去了实际意义。此次撤罢尚书省后，元廷没有再设尚书省之举。

二、宰相的职掌及其僚属

从仁宗朝到顺帝朝，中书省所设宰相员数基本固定。按照文宗至顺元年（1330）的定制，右丞相、左丞相各一人，平章政事四人，右、左丞各一人，参知政事二人[③]。但有时只设右丞相，不设左丞相，形成“独相”局面。

中书省右、左丞相品秩相同，但右丞相尊于左丞相，实居首相地位，所以当时人常称右丞相为“大丞相”。到元代中、后期，右丞相皆带有监修国史头衔，左丞相则只能带“同监修国史”的头衔。右、左丞相往往还带有“录军国重事”等荣誉性称号。中书省平章政事虽设多员，地位也不相同，有较严

---

① 《元史》卷205，《桑哥传》。
② 《元史》卷22，《武宗纪一》。
③ 《元史》卷85，《百官志一》。

格的先后次序。诸平章中有“位居第一”或“位同列上”的首席平章，其下则为第二至第四平章等。

元代中书省主要官员的职掌有较笼统的规定。中书令“典领百官，会决庶务”，但实际上是虚衔，中书省的实际最高长官是右、左丞相。中书省的右丞相和左丞相，“统六官，率百司，居令之次。令缺，则总省事，佐天子，理万机”。平章政事“掌机务，贰宰相，凡军国重事，无不由之”。右丞和左丞“副宰相裁成庶务，号左右辖”；参知政事“副宰相以参大政”[①]。丞相和平章习惯上被称为宰相，左、右丞和参知政事习惯上称为执政，合称宰执。

中书省宰执的职能，主要体现在议政和施政两个方面。

议政包括向皇帝奏禀政事，省内讨论各种政务，主持集议和接受咨询、谏诤封驳等内容。中书省宰相奏事的内容，有明确的规定。“诸大小机务，必由中书，惟枢密院、御史台、徽政、宣政诸院许自言所职”；“内外大小诸衙门除奉行本管职事外，一应干系军、民、站、金场、银冶、茶、盐、铁户、课程、宝钞、刑名、粮储、造作、差役等事，毋得隔越中书省辄便闻奏，从而搅扰。事有必须奏闻者，亦须计禀中书省，然后奏闻”；“诸中书机务，有泄其议者，量所泄事，闻奏论罪”[②]。中书省议政奏事，一般应是用人、理财等大事，但自成宗以降，各行省“不详事体轻重，无问巨细，往往作疑咨禀，文繁事弊”，给中书省议政奏事增加了极大的负担。针对“行省、六部诸衙门应处决而不处决，往往作疑咨呈都省”的现象，朝廷不断重申中书省“总弘纲”的职能，责令首领官等分拣文书，严格把关，要求各大小衙门自司其职，不要事无巨细都呈报中书省[③]。

施政主要表现在发布命令、监督命令执行情况和亲自处理政务等方面。朝廷颁发的制诏、玺书、符节、驿卷等，都必须通过中书省。在中书省下发的各种诏令、文件中，关于人事任命的文书占了很大比重，由此凸显出中书省辟官用人的重要地位。中书省宰相“总持纲维，不屑细务”[④]，把握朝政大纲并监

---

① 《元史》卷85，《百官志一》。

② 《元典章》卷2，《圣政一·振朝纲》。

③ 《元典章》卷4，《朝纲一·政纪》。

④ 《元史》卷137，《察罕传》。

督各级官府执行朝廷决议。但有时宰执也要具体分管“庶务”。“中书大政所出，细而金谷铨选”[①]，钱谷、铨选等“细务”，有时要指定宰相专管。“天下庶务虽统于中书，而旧制，省臣亦分领之”。大致是丞相总持纲维，平章以下分领庶务。延祐二年（1315），以平章李孟、左丞阿卜海牙、参政赵世延领钱帛、钞法、刑名，平章张驴、右丞萧拜住、参政曹从革领粮储、选法、造作、驿传，就是宰执分工的极好例子。[②]

“相臣擎其纲于上，参佐理其务于下”[③]。宰相理政，少不了僚属的具体操作。在中书省内设有参议府、左右司、断事官厅、检校厅等机构，左右司和检校厅与国家的经济管理关系最为密切。

中统元年（1260）设立中书省时，即设立了提领左右司，置郎中、员外郎、都事等职。至元十五年（1278），分立左司和右司，后来有过两次短期合并[④]。左、右司的职能是“参赞宰臣，决理政务”[⑤]，“董正六曹，弥纶省咨，纪纲百司，举正文书之稽失”[⑥]。

左、右司分房、科治事。左司设六房三十一科：吏礼房辖南吏、北吏、贴黄、保举、礼、时政纪、封赠、牌印、好事九科。知除房辖资品、常选、台院选、见阙选、别里哥选五科。户杂房辖定俸、衣装、羊马、置计、田土、太府监、会总七科。科粮房辖海运、攒运、边远、赈济、事故、军匠六科。银钞房辖钞法、课程二科。应办房辖饮膳、草料二科。右司设三房十七科：兵房辖边关、站赤、铺马、屯田、牧地五科。刑房辖法令、弭盗、功赏、禁治、枉勘、斗讼六科。工房辖横造军器、常课段匹、岁赐、营造、应办、河道六科。[⑦]

从房科的设置不难看出，左司实掌吏、户、礼三部之事，“凡陶冶四海之

---

① 阎复：《太师淇阳忠武王碑》，《国朝文类》卷23。

② 《元史》卷205，《铁木迭儿传》。

③ 苏天爵：《中书省参议府左右司题名记》，《滋溪文稿》卷2。

④ 《中堂事记》上。欧阳玄：《中书省左司题名记》，《金华黄先生文集》卷8。《析津志辑佚》《朝堂公宇》，第12~13页。

⑤ 苏天爵：《章疏·灾异建白十事》，《滋溪文稿》卷26。

⑥ 许有壬：《河南省左右赞治堂记》，《圭塘小稿》卷8。

⑦ 《元史》卷85，《百官志一》。

官，与夫经国之赋，议礼制者，皆出乎手”[①]。右司实掌兵、刑、工三部之事，“右司所掌，付受兵、刑之政，最号雄紧，而百工之事，尤为丛剧”[②]。这样的分工，与金代及以前的朝代基本相同。在左、右司中办理具体事务的吏员称为省掾，分为蒙古、回回、汉人三部分。蒙古、回回省掾多称为蒙古、回回必阇赤，所以狭义的省掾专指汉人省掾。

设立检校厅的动议来自尚书省。“至元二十八年（1291），尚书省以户、工二部营缮出纳之繁，奏设是官，以核其程书。官二员、吏四人，其署在省之东偏。三十年，奏增为四员，吏六人，分督省左右司、六部及架阁仓库文字之稽滞乖违者而纠正之。其官吏从东西曹阅公牍还，就署决事”。检校官专为检查行政文书而设，“掌检校左右司、六部公事程期、文牍稽失之事”，“诸检校官勾检中书、六曹之务，其有稽违，省掾呈省论罚，部吏就录罪名开呈”。检校官虽然官秩为正七品，但位置重要，正如当时人所说：“夫宰相上承天子，以出令于天下，其属多矣。官有其事，职有其分，不得相越也。于文史无不得察视者，唯检校官然。其于宰相，有寄乎耳目之明，有托于心膂之密，而望高职清，又有若宾客之优游者焉，盖他官莫之及也。”[③]

三、六部中的户、兵、工三部

中统二年（1261）六月，中书省正式设立左三部（吏户礼）和右三部（兵刑工）两部，每部设尚书二员，侍郎二员，郎中四员，员外郎六员[④]。至元二年（1265）二月，左、右两部分为吏礼、户、兵刑、工四部。三年，四部又合为左三部和右三部。五年，再分为四部，吏礼部、兵刑部各设尚书二员，户部、工部各设尚书一员。七年正月，设尚书省，中书省四部改为尚书省六部。次年，又合为四部。十三年（1276），四部分为吏、礼、户、兵、刑、工六部，并成为定制。[⑤]

---

① 姚燧：《布色君神道碑》，《牧庵集》卷17。
② 黄溍：《中书省右司题名记》，《金华黄先生文集》卷8。
③ 虞集：《中书省检校官厅壁记》，《道园学古录》卷8。
④ 王恽：《中堂事纪上》，《秋涧先生大全集》卷80。
⑤ 《元史》卷6、13、14，《世祖纪三、十、十一》。

六部中，与经济管理关系密切的是户部、兵部和工部。

户部掌管全国户口、钱粮、土地，“凡贡赋出纳之经，金币转通之法，府藏委积之实，物货贵贱之直，敛散准驳之宜，悉以任之”。户部的工作直接关系着国计民生，所以有人说它“凡天下万物、籍帐、府库、仓廪、宝货、钱粟、布帛，委输出纳、登耗饶乏之数咸隶焉，其任重也”①。

户部下辖机构颇多，主要有以下机构：

（1）都提举万亿宝源、广源、绮源、赋源四库，分管宝钞玉器、香药纸札、诸色段匹和丝绵布帛。

（2）诸路宝钞都提举司，掌管钞币发行等务。中统元年（1260）七月，下诏印造“中统元宝交钞”，十月正式发行中统宝钞，并在燕京行中书省下设诸路交钞提举司，后以户部官兼提举交钞事。至元三年（1267）设立制国用使司总领钱谷，下辖诸路交钞都提举司；八年十一月，罢诸路交钞都提举司，以户部辖各交钞提举司。至元十七年三月，在畏兀儿境内设交钞提举司。二十四年八月，设江南四省交钞都提举司；十月，立陕西宝钞提举司，并因发行至元通行宝钞设诸路宝钞都提举司。都提举司下设宝钞总库、印造宝钞库、烧钞东西库等衙署。②

（3）都漕运使司，掌运送储存粮草等务。中统二年（1261）七月，设立军储都转运使司，置都转运使和副使，负责军需粮草的征发调用。三年十月，罢军储都转运使司，改诸路监榷课税所为诸路转运司。至元五年（1268），设漕运司。十二年，改为都漕运司。十九年十月，由大都至中滦，中滦至瓜洲，设南北两漕运司，每年令江淮漕运司运粮至中滦，京畿漕运司自中滦运至大都。内河漕运因河道淤塞困难重重，元廷遂改以海运为主，二十四年十一月，命京畿、济宁两漕司分掌漕事，京畿都漕运使司被视为内司，“止领在京诸仓出纳粮斛及新运粮提举司站车攒运公事”；济宁都漕运使司被视为外司，“领接运海道粮事”，“掌御河上下至直沽、河西务、李二寺、通州等处攒运粮斛”，在河西务设立总司，分司于临清，通管海运和河漕。京畿运司下辖京城

---

① 曾坚：《中书省户部题名记》，《析津志辑佚》《朝堂公宇》，第24～25页。

② 《元史》卷6、7、11、14，《世祖纪三、四、八、十一》。

内的22仓，济宁运司下辖河西务14仓，通州13仓、河漕17仓等。[①]

（4）税课提举司、转运司等，专掌课税征调，如大都宣课提举司（原名大都税课提举司）、大都酒课提举司、印造盐茶等引局，等等。

按照六部的分工，兵部应掌全国驿站、屯田、牧业、鹰坊等务，“凡城池废置之故，山川险易之图，兵站屯田之籍，远方归化之人，官私刍牧之地，驼马、牛羊、鹰隼、羽毛、皮革之征，驿乘、邮运、祗应、公廨、皂隶之制，悉以任之”。当时人亦认为：“今之兵曹虽不古，若其职所专，则邮置驿传递，屯田经正，畜牧征取，通朝廷之政令，定州郡之废置，此其大概尔。”[②]

兵部管理交通、畜牧、屯田的职能常被中央其他专设机构分去。如驿站之务，至元七年（1270）设立诸站都统领司，掌管全国驿站，十三年改为通政院。至大四年（1311）撤消通政院，驿站事务归兵部管理。同年，又在两都复设通政院，掌蒙古站赤，兵部只掌汉地站赤。延祐七年（1320），通政院又兼领汉地站赤。再如屯田事宜，军屯隶于枢密院，民屯则分隶于大司农司和宣徽院。[③]其他如马匹牧养等有太仆寺专管，鹰坊则设有鹰坊都总管府等机构，大多数隶于宣徽院之下。兵部实际掌管的只是山川城池图册、屯田户籍册等以及直属于兵部的几个打捕鹰房民匠等户都总管府。

工部掌管全国的工役造作，“凡城池之修浚，土木之缮葺，材物之给受，工匠之程式，铨注局院司匠之官，悉以任之”。如果工役繁重，有时设行工部于营建之地，建设上都城时就曾设过行工部。直属工部的有提举右八作司、提举左八作司和各路人匠总管府及各种营造提举司、局等。[④]

六部作为中书省的具体办事机构，各部职掌明确，工作量却明显不同。正如有人所说：“朝廷设立六部，其官吏品秩相同，而职掌繁简有异。如礼、兵二部，礼以祭祀为大而有太常寺，兵以军旅为重而有枢密院。今者钱谷、造作一切等事尽归户、工，至其繁剧。”[⑤]财政钱粮、工役造作是“庶务”中的重

---

① 《元史》卷4、12、14，《世祖纪一、九、十一》；卷93，《食货志一》。

② 廉惠山海涯：《中书省兵部题名记》，《析津志辑佚》《朝堂公宇》，第26～27页。

③ 《元史》卷88，《百官志四》。《经世大典序录·屯田》，《国朝文类》卷41。

④ 《元史》卷85，《百官志一》。

⑤ 王恽：《论六部职掌繁简状》，《秋涧先生大全集》卷89。

头戏，户、工二部的具体事务当然要繁杂得多，所以在分建四部的时候，就专有这二部的建置。

由于宰相经常分工负责某一方面的工作，或者有意插手具体事务的处理，造成了宰相与六部之间的权限划分不严格，并影响了工作效率。至元初年，孟攀鳞曾向忽必烈建议："百司庶府统于六部，纪纲制度悉由中书，是为长久之计"[①]。胡祗遹也曾指出："大臣当决大政，不可烦劳，困以细事"，"事有定例者，当各归之六部与各属有司"[②]。但是实际上，"中书亲细务而宰相失体"的现象时有发生[③]。有人就曾指出，阿合马任相时，"接受司县职分所掌之辞状，亲米盐之细务，今日点仓，明日点库，外示公勤，内蓄奸贪，失大臣之体，辱朝廷之尊"[④]。成宗即位后，王约特别上奏，"请中书去繁文，一取信于行省，一责成于六部"[⑤]。大德七年（1303）四月，"以中书文移太繁，其二品诸司当呈省者，命止关六部"[⑥]。不久刘敏中即指出："中书省，宰相之府，所以临百司、统万机、定谋画、出政令，佐天子以安天下者也。其地不为不崇，其责不为不重。……至元初年，丞相到省，诸人无故不敢入外门，外门不敢入得入省房者少矣，不敢入省房得入都堂者绝少矣。是时诸房省掾所掌惟一钧旨薄，控制六曹而天下之事井井有办，省中廓然，望如神明，得简肃之道也。厥后一二十年之间，巨奸继作，相踵一途，群小乘时蚁聚蝇附，莫不苟缘公事，以济私权。如胥吏管库之免除，匹帛筋丝之出纳，皆须琐碎呈禀，驳勘往来，竟以生事为能，号称用心出力，文随事具，日积日繁，由是检举困于两司，判署疲于八府，终日倥偬，特一繁剧大有司耳。……宜令六部各具所掌事务名件及施行体制，委官分间，凡有定例及涉细碎重复不必呈禀者，悉皆剔去，一取至元十年以前典故，遵依施行。"[⑦] 刘敏中的建议并未被认真采纳。仁宗皇庆二年(1313)，张珪任平章政事，"请减烦冗，还有司，以清中书之务，得专修宰相

① 《元史》卷164，《孟攀鳞传》。
② 胡祗遹：《即今弊政》，《紫山大全集》卷22。
③ 黄溍：《徐毅神道碑》，《金华黄先生文集》卷27。
④ 胡祗遹：《论臣道》，《紫山大全集》卷21。
⑤ 《元史》卷178，《王约传》。
⑥ 《元史》卷21，《成宗纪四》。
⑦ 《九事》，《中庵集》卷15。

之职”，二月，仁宗“诏以钱粮、造作、诉讼等事悉归有司，以清中书之务”①。尽管如此，这类问题还是没有彻底解决。

四、其他中央专设经济管理机构

中书省及其下属的六部之外，元廷中央还设有专管农业、水利、牧业的机构大司农司、都水监、太仆寺、将作院等。

至元七年（1270）二月，立司农司，置官五员，拟定劝农条画，设立四道巡行劝农司，每道派出劝农使和副使各一人，检查农业生产和兴办水利等事务。同时命令各路、府、州、县管民官兼理农事，用心劝课，年终考较成绩，申报司农司和中书省户部，作为考核官吏治绩优劣的依据之一。同年十二月，升司农司为大司农司，增设各道劝农使、副使为四员。十四年五月，罢大司农司，以各道提刑按察司兼劝农事。十八年十月，设立农政院，置官六员，专领涿州、保定等地六屯事务。二十年，改农政院为务农司，不久又改为司农寺。二十三年二月，复立大司农司，“专掌农桑”。同年十二月，在诸路分设六道劝农司。二十四年二月，设江淮行大司农司。二十七年三月，罢行司农司和各道劝农营田司，仍由提刑按察司总劝农事，有关农桑事上报大司农司，纠察事申报御史台。三十年四月，又置江南行大司农司于扬州，元贞元年（1295）五月撤消。大司农司的下属机构有屯田府、籍田署、供膳司等。②

大司农司作为中央劝农机构，主要是管理官府开办的屯田和推广农业技术，《农桑辑要》等农书，就是由大司农司刊行的，具体农业赋税的管理，还是由中书省户部负责。

中统四年（1263）九月，立漕运河渠司，置河渠使、副河渠使等职，提调各地的水利工程。至元二年（1265）改置都水监，七年，划隶大司农司之下。十三年，都水监并入中书省工部。至元二十八年（1291）十二月，复设都水监，直隶于中书省。至大三年（1310）十一月，因黄河决滥，连年为害，中书省命都水监分监官专治河患，设汴梁分监。延祐元年（1314），又以都

① 《元史》卷24，《仁宗纪一》。虞集：《张珪墓志铭》，《道园学古录》卷18。
② 《元史》卷87，《百官志三》。宋褧：《司农司题名记》，《燕石集》卷12。

水监隶大司农司。七年，复隶于中书省。大都河道提举司为都水监下属机构①。

至正六年（1346）五月，因黄河连年决口，设河南山东都水监；八年二月，又在济宁路郓城立行都水监，以贾鲁为行都水监事，考察河患。十一年二月，设河防提举司，隶于行都水监之下，掌巡视河道之责。当年四月，元廷展开大规模的治理黄河工程，贾鲁以工部尚书兼总治河防使，总领工程。②

中统元年（1260）十二月设立群牧所，后改为尚牧监、太仆院、卫尉院等。至元二十四年（1287）十一月，改卫尉院为太仆寺，隶于宣徽院之下。次年，太仆寺划隶中书省之下。太仆寺专门管理系官马匹的牧养及供应朝廷用马等事务。③

将作院设于至元三十年（1293），"掌成造金玉珠翠犀象宝贝冠佩器皿，织造刺绣段匹纱罗，异样百色造作"，下属机构有诸路金玉人匠总管府、异样局总管府、大都等路民匠总管府等。④

都水监和太仆寺作为专门的水利和牧业管理机构，大多数时间直接隶于中书省之下，成为六部之外的职能机构。

第三节　元朝地方行政管理机构及其经济管理功能

成吉思汗建国之后，大规模编组千户，将全蒙古的百姓均纳入了严密的组织系统之内，以千户取代了过去的部落、氏族组织，作为大蒙古国的基本军事单位和地方行政单位。千户那颜（千户长）由大汗册封，在本管范围内，掌握着分配牧场、征收赋税、差派徭役和统领军队的权力。千户那颜下置百户和十户那颜。各千户都有自己的草原领地，各千户所管百姓不许变动，私投其他

---

① 《元史》卷90，《百官志六》。宋本：《都水监事记》，《国朝文类》卷31。

② 《元史》卷41、42，《顺帝纪四、五》。

③ 《元史》卷14，《世祖纪十一》；卷90，《百官志六》。

④ 《元史》卷88，《百官志四》。

单位的人要受到严厉的责罚。对草原地区的管理，这样的组织形式是行之有效的。①

蒙古大汗以所谓“六事”来控制新占领的地区，即：（一）君长亲朝，（二）子弟入质，（三）编民数，（四）出军役，（五）输纳税赋，（六）置达鲁花赤②。只要这些条件能够得到保证，降人即能从蒙古统治者手中取得专治一方的特权。“国家自开创已来，凡纳土及始命之臣，咸令世守”；“国初方事进取，所降下者，因以与之，自一社一民，各有所主，不相统属”③。地方行政建制混乱，难以调度，官名更是混杂，“既取中原定四方，豪杰之来归者，或因其旧而命官，若行省、领省、大元帅、副元帅之属者也；或以上旨命之，或诸王、大臣总兵政者承制以命之，若郡县兵民赋税之事外，诸侯亦得自辟用，盖随事创立，未有定制”④。

达鲁花赤是蒙古语 daruqaci 的音译，意为“镇守者”，设在新占领的地区，位于当地长官之上，享有最后裁定军民政务的权力。达鲁花赤多由蒙古大汗信任的蒙古人和色目人充任，代表蒙古统治者监视汉人世侯和地方官员。⑤

蒙古汗廷以札鲁忽赤掌管行政、司法的制度，不久即被推行到地方，在中原、别失八里、阿母河等地都先后设置了札鲁忽赤，掌管当地的政务。汉人因金朝旧制，习惯上称札鲁忽赤为行省，如所谓燕京行尚书省，又称“行台”，实际上就是汗廷断事官的办事机构，“朝廷置断事官于燕，曰司琼林囚之人，人则曰行台”⑥。此外，还有别失八里等处行尚书省和阿母河等处行尚书省的称谓。将札鲁忽赤与行省的称谓联系在一起，实际上是元朝行省制度的开端。蒙古汗廷又“分城邑以封功臣”，投下领地遍布于中原汉地，使中原地区的行

---

① 亦邻真：《成吉思汗与蒙古民族共同体的形成》，《内蒙古大学学报》，1962 年第 1 期。

② 《元史》卷 209，《外夷传二·安南》。此六事又被记为入觐、纳质、献户口、助军、纳贡赋、置达鲁花赤，后又加了“设驿”。详见到何之（梁太济）：《关于金末元初的汉人地主武装问题》，《内蒙古大学学报》，1978 年第 1 期。

③ 《元史》卷 126，《廉希宪传》。宋子贞：《中书令耶律公神道碑》，《国朝文类》卷 57。

④ 《经世大典序录·官制》，《国朝文类》卷 40。

⑤ 详见 Elizabeth Endicott-West：Mongolian Rule in China，Local Administration in the Yuan Dynasty（《蒙古在中国的统治——元朝的地方行政管理》），第 25 ~ 26 页。

⑥ 姚燧：《谭公神道碑》，《牧庵集》卷 24。

政管理更无法步入正轨。

忽必烈即位后，马上着手于地方行政机构的建设，使经济管理走上了制度化的道路。

一、地方“总司”的演变及其经济管理职能

中统元年（1260）五月，设立燕京、益都济南、河南、北京、平阳太原、真定、东平、大名彰德、西京、京兆十路（道）宣抚司，任命原王府幕僚等充任各路宣抚使、副使。[①] 宣抚司的职掌，包括签发士兵、输送军需物资、征收赋税等。宣抚司由燕京行中书省掌管。当年年底，行省置司，“集诸路计吏类校一岁薄账，时相领务者退食后日一至，有未便即改”。中统二年正月，“省府议所有合行事理，札付各宣抚司榜谕”，内容包括征收军需物品的具体规定，命令各路宣抚司验灾情减免租税、限制军马践踏农田，要求宣抚司官员劝农桑、抑游惰、礼高年、问民疾苦、举茂才、平盗贼、审刑狱等，并特别宣布：“州县之治，俱在官吏。若得其人，百姓安集，差发均平；苟非其人，定是差发不均，民被其害，不有黜陟责罚，何由激劝惩戒。据本路见任官吏，如有赃污事者，国有常典；其才能异众廉干可称者，仰宣抚司开坐事迹保申来，以凭闻奏，超擢任用。”[②] 忽必烈由上至下地建立地方行政管理系统，在燕京行中书省下设宣抚司，对州县进行管理，在百废待兴的情况下，这种办法是可行的，但世侯、投下专治一方的问题，并没有得到解决。

中统二年二月，各道宣抚使与燕京行省官员一同北上开平。四月，中书省和燕京行省诸宰相“圆坐雠校九道宣抚使”，“户口增，差发办方为称职”。同时，颁发了宣抚司“条画”。这个条画包括各路总管府要验实本管地面现住人户、从实征收科差和各路管民官以民户安、差发办为称职等内容。[③]

为限制投下领主的权力，中统二年六月，忽必烈下诏禁止诸投下擅遣使者招收入户和取索钱债，规定“今后遇有各投下拘刷起移民匠、取索钱债，先

① 《元史》卷4，《世祖纪一》。
② 王恽：《中堂事记上》，《秋涧先生大全集》卷80。
③ 王恽：《中堂事记中》，《秋涧先生大全集》卷81。

须经由本路宣抚司，行下达鲁花赤、管民官”，“不得似前径直于州县一同骚扰”。同时命十路宣抚司与管民官定盐酒税课等法。同年十一月，罢十路宣抚司，召各路宣抚司官员赴都。①

忽必烈即位时宣布“内立都省，以总宏纲；外设总司，以平庶政”，宣抚司只是地方总司的一种短暂的过渡形式。

宣抚司的撤消与行省的增设有关。中统元年八月，立秦蜀行中书省；二年九月，立中兴等路行中书省。行省与宣抚司并置，机构重叠，不宜于管理。行省“因事设官，官不必备，皆以省官出领其事”②。

中统三年二月，设行宣慰司于大名。三月，置平阳太原行宣慰司和北京行宣慰司。四月，“命行中书省、宣慰司、诸路达鲁花赤、管民官，劝诱百姓，开垦田土，种植桑枣，不得擅兴不急之役，妨夺农时”。十二月，设十路宣慰司和十路转运司，地方官府开始实行军民分治，规定“各路总管兼万户者，止理民事，军政勿预。其州县官兼千户、百户者仍其旧”；“诸路管民总管子弟，有分管州、府、司、县及鹰坊、人匠诸色事务者，罢之”；“诸路管民官理民事，管军官掌兵戎，各有所司，不相统摄”③。宣慰司由此成为地方行政管理总司，并在相当一段时间里保持了这种模式。④

与宣慰司同一级别的军政管理机构是统军司。为明确两者的职掌，中统四年正月特别规定“军民官各从统军司及宣慰司选举”。至元元年（1264）八月，颁发新条格，内容包括“省并州县，定官吏员数，分品从官职，给俸禄，颁公田，计月日以考殿最；均赋役，招流移；禁勿擅用官物，勿以官物进献，勿借易官钱，勿擅科差役；凡军马不得停泊村坊，词讼不得隔越陈诉；恤鳏寡，劝农桑，验雨泽，平物价；具盗贼、囚徒起数，月申省部”。同时，还颁发了陕西四川、西夏中兴、北京三处行中书省条格。⑤

元朝灭宋之后，很快将中原的地方行政管理制度用于江南地区，先后建立

① 《元史》卷4，《世祖纪一》。
② 《经世大典序录·各行省》，《国朝文类》卷8。
③ 《元史》卷5，《世祖纪二》。
④ 关于宣慰司的建置，详见史卫民：《元朝前期的宣抚司与宣慰司》，《元史论丛》第5辑。
⑤ 《元史》卷5、6，《世祖纪二、三》。

了一批行中书省和宣慰司。至元十三年六月，更明确规定“设各路宣慰司，以行省官为之，并带相衔，其立行省者，不立宣慰司”。十二月，定江南所设官府，并且任命了浙西、浙东、江西、江东、湖北五道宣慰使。此后，又有广西、江西、黄州、福建、广东、海南等宣慰司的设置。[①] 由于行中书省与宣慰司并置，造成了官冗事繁的现象。至元十五年六月，“诏汰江南冗官。江南元设淮东、湖南、隆兴、福建四省，以隆兴并入福建。其宣慰司十一道，除额设员数外，余并罢去。仍削去各官旧带相衔。罢茶运司及营田司，以其事隶本道宣慰司。罢漕运司，以其事隶行中书省”[②]。至元十九年六月，江南设置的宣慰司达十五道，有四道与行中书省并置，命罢宣慰司。至元二十年三月，罢福建宣慰司。七月，减江南十道宣慰司官一百四十员为九十三员。二十一年二月，浙西宣慰司从杭州迁往平江，黄州宣慰司并入淮西宣慰司。二十二年正月，罢福建行中书省，设福建宣慰司，隶江西行中书省之下。[③]

以宣慰司作为地方行政机构的作法，也适用于四川和云南。至元十六年正月，分川蜀为四道，“以成都等路为四川西道，庆元等路为四川北道，重庆等路为四川南道，顺庆等路为四川东道，并立宣慰司”。四川行中书省并未撤消，六月，“诏谕王相府及四川行中书省、四道宣慰司抚治播川、务川西南诸蛮夷”，为其明证。至元十九年十月，“以四川民仅十二万户，所设官府二百五十余，令四川行省议减之”。结果是将四川西道宣慰司从成都移至碉门，撤消四川北道和东道宣慰司。二十五年五月，四川行中书省迁至重庆，四川西道宣慰司迁回成都[④]。至元十二年正月，设云南宣慰司，兼行元帅府事，并听云南行中书省节制。至元十九年九月，以官府重叠，撤消了云南宣慰司[⑤]。

至元二十三年裁减内外官员，十二月，规定诸道宣慰司在内地者设官四员，在江南的宣慰司设官六员。[⑥]

---

① 《元史》卷9,《世祖纪六》。
② 《元史》卷10,《世祖纪七》。
③ 《元史》卷12、13,《世祖纪九、十》。
④ 《元史》卷10、12、13,《世祖纪七、九、十》。
⑤ 《元史》卷8、12,《世祖纪五、九》。
⑥ 《元史》卷14,《世祖纪十一》。

对宣慰司的职责，又有了一些新的规定。至元十五年四月，“以江南土寇窃发，人心未安，命行中书省左丞夏贵等，分道抚治军民，检核钱谷；察郡县被旱灾甚者、吏廉能者，举以闻；其贪残不胜任者，劾罢之”。所谓分道抚治，就是派行中书省官员到各宣慰司巡视，督促宣慰司官员恪勤职守。又规定“淮、浙盐课直隶行省，宣慰司官勿预”，对宣慰司的经济管理权限做了限定。[①]

忽必烈在位期间，行省的建置经常变化，相比之下，各道宣慰司是比较固定的地方行政管理机构，但大多数宣慰司已被置于行省的管辖之下。有人指出：“国家自平江南以来，内而省部、密院等衙门，外而行省、行院、宣慰司、总管府、州县官”，就是对当时的组织系统的极好说明[②]。尽管有人对行中书省的行政管理功能有所怀疑，但它作为地方行政总司的趋势已不可逆转。至元二十四年（1287）设立辽阳行省之后，全国已有江淮、江西、福建、四川、云南、湖广、甘肃、安西、辽阳等9个行省的建置。从至元二十五年开始，行省的行政权力日益明确。至元二十八年设立河南行省之后，行中书省的建置渐趋固定。成宗、武宗两朝，相继撤消各道宣慰司，行省下统路、府、州、县的管理体制走向定型。

经过多次改易后固定设置的行中书省有以下十个：（1）辽阳等处行中书省，治辽阳（今属辽宁省）。（2）河南江北等处行中书省，治汴梁（今河南省开封市）。（3）陕西等处行中书省，治京兆（今陕西省西安市）。（4）四川等处行中书省，治成都。（5）甘肃等处行中书省，治甘州（今甘肃省张掖市）。（6）云南等处行中书省，治中庆（今云南省昆明市）。（7）江浙等处行中书省，治杭州。（8）江西等处行中书省，治龙兴（今江西省南昌市）。（9）湖广等处行中书省，治鄂州（今湖北省武汉市）。（10）岭北等处行中书省，治和林。这十个行中书省的管区，实际上成为元廷的十大行政区划。除此之外，还有两个单列的行政区域，一个是中书省直辖地区，一个是宣政院管辖地区。中书省“统山东西、河北之地”，当时称为“腹里”。宣政院辖吐蕃之地，分由

① 《元史》卷10，《世祖纪七》。

② 程钜夫：《公选》，《雪楼集》卷10。

三道宣慰司等领。

行中书省的品秩是从一品，宣慰（使）司的品秩是从二品。原各行省往往有丞相的设置，至元二十三年（1286）七月，罢各行省所设丞相，定制为行中书省设平章政事二员，左、右丞各一员，参知政事、佥行省事各二员。后来，又有行省恢复了丞相的设置①。至文宗时定制，各行省设丞相一员，平章政事二员，右丞一员，左丞一员，参知政事二员②。

行省丞相、平章政事的地位十分重要，“凡钱粮、兵甲、屯种、漕运、军国重事，无不领之”，兼掌民政和军政③。行省左、右丞和参知政事，主要处理管区内的具体行政事务。

行省的办事机构为左右司。“在行省曰郎中，曰员外郎，曰都事，官称命秩悉视中朝宰士，而恩数无内外之异。合左、右为一司，以兼总乎六曹而公守，无彼此之殊。位序已崇而职务尤剧，委任之重复绝前比，非清方敦实闳敏周通之材，莫宜居之。由是而历从班登政地者，踵武相望，号为宰相之储，诚要官之高选也”④。行省左右司既然具有负责操办地方事务包括经济事务的职权，地位自然重要。“行省得画地统民，其职制眇内中书，而合左、右曹为一，司官号宰属，署郎中、员外郎员四，都事员三，率用省台名臣。凡外廷之谋议，庶府之禀承，兵民之号令，财赋之简稽，左右司实费其决，而宰相质其成焉重其任，故隆其选也”⑤。

各行省参照中书省的制度，还下设一些机构，如检校所、照磨所、架阁库、理问所等。

二、路、府、州、县的设置

行省之下的行政建置，既有宣慰司，也有路、府、州、县。

行省建制固定之后，多数宣慰司被陆续撤消，但有些宣慰司依然保留下

① 《元史》卷14、5，《世祖纪十一、十二》。
② 《元史》卷91，《百官志七》。
③ 《元史》卷91，《百官志七》。
④ 黄溍：《江浙行中书省左右司题名记》，《金华黄先生文集》卷8。
⑤ 柳贯：《江浙行省左右司题名序》，《柳待制文集》卷17。

来，成为行省的下属机构，并形成了一种新的制度。"郡县又远于省，若有边徼之事者，则置宣慰司以达之"[①]；"宣慰司掌军民之务，分道以总郡县，行省有政令则布于下，郡县有请则为达于省。有边陲军旅之事，则兼都元帅府，其次则止为元帅府"[②]。与元朝前期所不同的，是宣慰司失去了独立的地方"总司"的地位。如元贞元年（1295）十月，御史台官员建议："乞自今监察御史、廉访司有所按核，州县官与本路同鞫，路官与宣慰司同鞫，宣慰司官与行省同鞫。"这个建议被成宗所采纳，说明地方行政机构的上下关系已很清楚[③]。在给地方官员的诏令中，亦是行省与宣慰司并提，把宣慰司作为一级行政机构处理。

路、府、州、县的地方行政建制，在中原王朝早已制度化。大蒙古国时期，在对金朝的地方行政建制认可的前提下，将路、府、州、县的民户分封给了诸王、功臣，并由此造成了地方行政管理体制的混乱。忽必烈即位之后，对路、府、州、县的建制也进行了调整。至元元年（1264）新颁条格要求省并州县，二年闰五月规定："诸路州府，若自古名郡，户数繁庶，且当冲要者，不须改并。其户不满千者，可并则并之。各投下者，并入所隶州城。其散府州郡户少者，不须更设录事司及司候司。附郭县只令州府官兼领。"当年，省并州县220余所[④]。这一次省并州县，实际上是为了解决诸王、功臣的"投下"封地的问题，采取分设、新立、改置及维持原状等方式，众建路州，划一食邑，尽可能使拥有较多封户的诸王、贵族独占一路一州，或在该路州中占主导作用，尽可能减少在一路或一州内有数个投下封君而导致领民纷杂交织的现象。这样做的结果，使路的数目大大增加，各路的辖区相应缩小。金朝时一路往往管辖十几个府州，经过这次调整之后，许多路之下只有一至三个州的建制。由于元廷多注重投下封君的划一，而不甚顾及路州辖区在地域、空间上的集中，使中原地区出现了不少附属于大路大州而又遥处于其他路州之间的大小

① 《经世大典序录·官制》，《国朝文类》卷80。
② 《元史》卷91，《百官志七》。
③ 《元史》卷18，《成宗纪一》。
④ 《元史》卷6，《世祖纪三》。

不等的“飞地”，客观上造成了路州与个别属县相距遥远，不好管理的弊病[1]。

平定江南之后，对原南宋的地方建制也进行了一些调整，如至元十五年六月，“诏汰江南冗官”，“各路总管府依验户数多寡，以上、中、下三等设官”[2]。

至元二年（1265）二月，规定“以蒙古人充各路达鲁花赤，汉人充总管，回回人充同知，永为定制”[3]。至元二十年（1283），确定路分为上、下两等，“定十万户之上者为上路，十万户之下者为下路。当冲要者，虽不及十万户亦为上路。”[4] 各路设总管府。“元路、州、县各立长官曰达鲁花赤，掌印信，以总一府一县之治”[5]。各路设达鲁花赤、总管各一员，兼管内劝农事。

至元八年（1271）二月，“罢诸路转运司入总管府”。十年十二月，有人认为各路总管府权过重，建议复置转运司。中书省右丞相安童指出：“臣以今之民官，循例迁徙，保无邪谋，别立官府，于民未便。”忽必烈同意安童的意见[6]。元军大举攻宋时，复置转运司，至元十四年四月又罢转运司，事入总管府。十六年五月，各路设提举、同提举、副提举各一人，专管课税征收。后改为设税务提领、大使、副使各一员。各路还设有平准行用库，置提领、大使、副使各一员。成宗大德元年（1297）五月规定：“各路平准行用库，旧制选部民富有力者为副，命自今以常调官为之”[7]。各路还有府仓，置大使一员，副使一员；织染局，置局使一员，副使一员；杂造局，置大使、副使各一员。

路以下的散府，“所在有隶诸路及宣慰司、行省者，有直隶省部者；有统州、县者，有不统县者，其制各有差等”。府设达鲁花赤一员，知府或府尹一员，领劝农等与路达鲁花赤、总管相同；同知散府事一员。散府下还设判官、推官、知事、提控案牍等职。

至元元年省并州县的时候，并没有就州的等级做出规定。至元三年

---

① 详见李治安：《元代中原投下封地置路州发微》，《蒙古史研究》，第3期。
② 《元史》卷10，《世祖纪七》。
③ 《元史》卷6，《世祖纪三》。
④ 《元史》卷91《百官志七》。
⑤ 叶子奇：《草木子》卷3下，《杂制篇》。
⑥ 《元史》卷8，《世祖纪五》。
⑦ 《元史》卷19，《成宗纪二》。

(1266)，确定将州分为上、中、下三等，“定一万五千户之上者为上州，六千户之上者为中州，六千户之下者为下州”。这是北方州郡的标准。全国统一之后，又对江南地区的州的等级做出了规定。至元二十年，确定“五万户之上者为上州，三万户之上者为中州，不及三万户者为下州”。元贞元年（1295）五月，对上、中、下州的户数做了一点修正，“户至四万五万者为下州，五万至十万者为中州。下州官五员，中州官六员”①。州官为达鲁花赤、州尹等。

至元三年将中原等地的县也划为上、中、下三等，六千户以上为上县，二千户以上为中县，不到二千户的为下县。江南地区的标准，于至元二十年确定，三万户以上为上县，一万户以上为中县，一万户以下为下县。县官为达鲁花赤和县尹等。

根据至元三十年（1293）的统计，“天下路、府、州、县等二千三十八：路一百六十九，府四十三，州三百九十八，县千一百六十五，宣抚司十五，安抚司一，寨十一，镇抚所一，堡一，各甸部管军民官七十三，长官司五十一，录事司百三，巡院三。官府大小二千七百三十三处，随朝二百二十一；员万六千四百二十五，随朝千六百八十四”。因为后来又有一些增减，所以在《元史·地理志》中登录的是“路一百八十五，府三十三，州三百五十九，军四，安抚司十五，县一千一百二十七”②。

路、府、州、县，是地方行政管理的具体实施者，自然受到当政者的重视。元廷除了注意路、府、州、县官员参用各民族人和规定路、府、州、县官员的录用程序外，特别确定了路、府、州、县官吏的职能和考绩标准。元廷以“户口增，田野辟，词讼简，盗贼息，赋役平”所谓“五事”作为地方行政官员称职的标准，并规定“五事备者为上选，内三事成者为中选，五事俱不举者黜”；“每岁终考课管民官，五事备具，内外诸司官职任内各有成效者为中考。第一考对官品加妻封号，第二考令子弟承荫叙仕，第三考封赠祖父母。品格不及封赠者，量迁官品。其有政绩殊异者，不次升擢”③。路、府、州、县

① 《元史》卷18，《成宗纪一》。

② 《元史》卷17，《世祖纪十四》；卷58，《地理志一》。

③ 《元典章》卷2，《圣政一·饬官吏》。

官吏俱在监察机构的监督之下，并有一套相应的制度。大司农司等机构亦可对州县官的工作起督促作用。如至元二十五年正月，规定“行大司农司、各道劝农营田司，巡行劝课，举察勤惰，岁具府、州、县劝农官实迹，以为殿最。路经历官、县尹以下并听裁决”①。

三、地方官府管理的经济事务

地方官府的行政事务，包括“应断驱良、诸色户计，定夺差发、税粮、课程、盐法诸项钱谷，祗应军马盐粮草料，理断婚姻、地土、公私债负”等内容②。对具体事务的处理，朝廷往往做出详细的规定。如至元二十八年颁布的《至元新格》中，对征收赋税和科派差役的程序做了如下规定：“诸科差税，皆司县正官监视人吏，置局科摊，务要均平，不致偏重。据科定数目，依例出给花名印押由帖，仍于村坊各置粉壁，使民通知。其比上年元科分数有增损不同者，须称元因，明立案验，准备照勘”；“差科户役，先富强后贫弱，贫富等者先多丁后少丁。开具花户姓名，自上而下置簿挨次。遇有差役，皆须正官当面点定该当人数，出给印押文引，验数勾差……其差科簿仍须长官封收”；“差科皆用印押公文，其口传言语科敛者，不得应副”③。上缴、上报的钱粮数目，为计算方便，采取“以零就整”（四舍五入）的方法：至元钞计算到厘，5毫以上进为1厘，5毫以下不计；至大钞计算到毫；粮食计算到合，5勺以上进为1合，5勺以下不计；重量单位用斤、两、分计算，分以下四舍五入；长度单位用丈、尺、寸，寸以下四舍五入，等等。

地方官府需要的职能随时增加。如至元二十四年，发行至元宝钞，即规定“随路设立官库，买卖金银，平准钞法”；“委各路总管并各处管民长官，上下半月计点平准钞库应有见在金银、宝钞，若有移易、借贷、私己买卖、营运利息，取问明白，申部呈省定罪。长官公出，次官承行。仰各道宣慰司、提刑按察司常切体察”④。

---

① 《元史》卷15，《世祖纪十二》。
② 《元典章》卷4，《朝纲一·庶务》。
③ 《元典章》卷3，《圣政二·均赋役》。
④ 《元典章》卷201，《户部六·钞法》。

各地方官府还需每月向省部申报当地物价。“街市货物皆令行人每月一平其直，其必前申有甚增减者，各须称说增减缘由，自司县申府州，由本路申户部，必要体变是实，保结申报”①。

对各级地方官府的文书管理，亦有一系列的规定，如至元三十一年三月明确规定“各路、府、州、县将自前至今抄数到诸色户籍、地亩若干，照文册取勘见数，补写完备，如法架阁。正官、首领官相沿交割解由，依式开写，许令察官检举，不完者究治”。已处理过的公事文书，亦需分类编号保存，以备日后察用。经手文书的吏员更换，需要认真交割所管文书。凡官府文书，官吏不得私家收放。②

为保证地方官员尽职尽责，除了由监察机构进行监督外，元廷还采取了省臣互迁和奉使宣抚的方法。大德七年（1306）十月，因御史台奏称“行省官久任，与新隶编氓联姻，害政”，成宗乃下诏互迁省官。但是这种作法没有坚持下去。由皇帝派人到各地巡察政务得失，称为奉使宣抚。奉使宣抚不常实施，只有过两次。开始实施时震动较大，并收到了一定的效果。如大德七年（1303）成宗遣人巡行诸道，即罢免脏污官吏18473人，查出赃款45865锭，审理冤狱5176事③。到了后来，奉使宣抚也同其他官僚一同危害地方了。

第四节　元朝的基层行政编制与村社制度

元代的基层行政编制，农村为乡都制，城市为隅坊制。此外，还普遍设立一种旨在“劝农”的社，个别地方还实行甲制。

乡都与隅坊制度承自金朝和宋朝而略有变化。金朝后期，“五家为邻，五邻为保，以相检察。京府州县郭下则置坊正，村社则随户众寡为乡置里正，以按比户口，催督赋役，劝课农桑。村社三百户以上则设主首四人，二百户以上

① 《元典章》卷26，《户部十二·物价》。

② 《元典章》卷18，《吏部八·公规二》。

③ 《元史》卷21，《成宗纪四》。

三人，五十户以上二人，以下一人，以佐里正禁察非违。”[①] 南宋乡村一般实行乡、都、保、甲制，每一都下设若干保，保以下设甲，每五家为一甲。元代将乡、都作为农村的基层行政设施，一般分设乡、都为两级，少数地方乡、都属于同一层次。“每乡所辖都分不等，其中为里、为村、为坊、为保、皆据其土俗之所呼以书”[②]。

乡、都的负责者是里正和主首。乡设里正，都设主首，主要负责催办差税和维持地方治安。有的地方只设里正，或者只设主首。至元二十八年六月颁发的《至元新格》规定：“诸理民之务，禁其扰民者，此为最先。凡里正、公使人等，从各路总管府拟定合设人数，其令司县选留廉干无过之人，多者罢去。仍需每事设法关防，毋致似前侵害百姓”；“诸村主首，使佐里正催督差税，禁止违法。其坊村人户邻居人家，照依旧例以相检察，勿造非违”；“今后凡催差办集，自有里正、主首”[③]。但是有时候，为里正辅佐的主首往往成为差税的主办人，正如有人所记：“里正、主首同役于官，第务力有高下之不同。其旧俗事悉取具于主首，而里正坐视其成。”[④]

城市中的行政区划，有的在录事司下设隅、坊两级，有的仅有隅一级。隅设隅正，坊设坊正，“凡官府排办造作、祗应杂务、羁管罪人、递运官物、闭纳酒课、催办地钱”等等，都由隅正、坊正负责[⑤]。

里正、主首、隅正、坊正的数目，各地不同，任期各地也不一样，有的一年一换，有的半年一更，也有的一季更换一次。

里正、主首、隅正、坊正等行使的是基层政权的职能，他们本身就是基层政权的职事人员。但是，里正、主首、隅正、坊正都不是官职，而是职役。里正、主首、隅正、坊正按照田地资产多寡摊派，依制应由上户充当。对于一些富豪大家来说，承当里正、主首、隅正、坊正之类差役，是他们把持地方、鱼肉乡里的大好机会，可以利用职权，为所欲为。还有一些人则希望依仗豪强，

---

① 《金史》卷46，《食货志一》。
② 《至顺镇江志》卷2，《地理·丹徒县》。
③ 《通制条格》卷16，《田令》。
④ 黄溍：《王都中墓志铭》，《金华黄先生文集》卷31。
⑤ 《至顺镇江志》卷2，《地理》。

仗势欺人，愿意充任里正、主首。如浙江宁海一带，“大家以资结长吏，天子租税俾小民、佃者代输，里正因而渔利”，就是很典型的例子。[①] 但是由于政府摊派的赋税太重，官吏还要从中取利，承当里正、主首、坊正、隅正有时不仅无利可图，弄得不好还要赔补，因此许多富户不再愿意充任里正等差役，并想方设法逃避差役，元廷不得不申严规定，以保证基层组织工作的运转。尽管如此，里正、主首等缺乏合适人选的问题，还是不能很好地解决。[②]

至元七年（1270）二月，元廷颁布了劝农立社法令15款，对村社的建置和作用做出了具体的规定。这15款的大致内容如下：

（1）立社和社长。社的基本组织是“诸县所属村幢，凡五十家立为一社，不以是何诸色人等，并行入社。令社众推举年高、通晓农事、有兼丁者，立为社长。如一村五十家以上，只为一社；增至百家者，另设社长一员。如不及五十家者，与附近村分相并为一社。若地远人稀不能相并者，斟酌各处地面，各村自为一社者听，或三村或五村并为一社，仍于酌中村内选立社长”。社长的职责是“专一照管教劝本社之人务勤农桑，不致惰废。如有不肯听从教劝之人，籍记姓名，候提点官到彼，对社众责罚。所立社长，与免本身杂役。年终考较，有成者优赏，怠废者责罚”。

（2）劝农措施。社长要“各随风土所宜，须管趁时农作”；“仍于地头道边各立牌橛，书写某社某人地段，仰社长时时往来点视，奖劝诫谕，不致荒芜”。

（3）广栽桑枣树或榆柳树，各社还要广种苜蓿。

（4）兴修水利，利国便民。

（5）近水之家应得鱼鸭水产水利。

（6）社众之间和社与社之间在生产上互相协助。

（7）开垦荒地。

（8）各社立义仓，社长主之。

（9）奖勤措施。“本社内若有勤务农桑、增置家产、孝友之人，从社长保

---

① 方孝孺：《童贤母传》，《逊志斋集》卷21。

② 详见本书第十八章。

举官司，体究得实，申覆上司，量加优恤”。

（10）罚懒措施。“若有不务本业、游手好闲、不遵父母兄长教令、凶徒恶党之人，先从社长叮咛教训，如是不改，籍记姓名，候提点官到日，对社众审问是实，于门首大字粉壁书写不务本业、游惰、凶恶等名称。如本人知耻改过，从社长保明申官，毁去粉壁”。

（11）每社设立学校一所，于农闲时令子弟入学。

（12）共同消灭虫蝗灾害。

（13）过去颁发的条画作废，按现颁条例施行。

（14）量力推行有益于农桑水利、防治灾害的措施。

（15）社长接受当地提点官的督促和考察。①

按照这个规定在自然村基础上编立的社，便成为严密的地方基层组织。由于社长设于村社，里正设于乡都，里正与社长的关系实际上便成为上下级的关系。

农村社制先行于北方，全国统一之后，又推行到江南地区。虽然社制普遍推行，但是既有未立社的村庄，如各投下所属村庄，也有不入社的人户，如蒙古、探马赤军户等。

正是出于恢复农业生产的需要，元廷才在保留金代的里正、主首制的同时，建立了社的组织，选立专务“劝务”的社长。从上引立社令文来看，大部分是发展农业生产的具体办法。这些办法应是由府及县，层层下达，最终至社，由社长贯彻执行。②

在“劝农”的名义之下，元朝政府将社众置于社长的管理之下，使社成为治理农村的机构，既是征调赋役的工具，又是防范和压制人民反抗的手段。元廷后来又颁发了一些法令，扩大社长的权力和职责。如至元二十八年宣布：“诸论诉婚姻、家财、田宅、债务，若不系违法重事，并听社长以理谕解，免使妨废农务，烦扰官司。”③ 据此，社众的一般诉讼纷争，都应在社内听凭社

① 《通制条格》卷16，《田令》。

② 详见杨讷：《元代农村社制研究》，《历史研究》，1965年第4期。

③ 《通制条格》卷16，《田令》。

长解决。政府之所以给社长这样的权力，是因为它可以减省官府的事务。尽管如此，社的职权范围毕竟是有限的，仅限于处理村社的日常事务。

社长和里正、主首一样，都是职役，不同的是社长不依资产条件摊派，但是在具体推举社长时，往往会考虑其资产情况，因为官府还是愿意由有资产“抵保”的人出任社长。在通常情况下，社长多半是由地方官吏或当地有势人家指派有点资产而又乐于为官府和势家效力的户家充任。

元朝中后期，由于里正、主首逃役严重，在役的里正、主首等又常将本身应承担的科差等转派给社长，造成了社长大量逃役的现象。尽管政府三令五申，要求选立社长，专一劝课农桑，村社组织形式涣散的趋势却无可逆转。

第二编

部门生产和管理

第四章　农业生产概况

元代的粮食作物有稻、麦、粟、荞麦、黍等，经济作物有桑、麻、棉、芝麻、茶、蔗等。北方粮食作物以麦为主，粟次之；南方粮食作物以稻为主，麦次之。经济作物中桑、麻遍及南北各地，棉花自境外传来，在元代迅速传播开来。元代的农业生产技术基本上沿袭前代，亦有所改进。在生产经验总结方面，颇为突出。粮食亩产量南北差异颇大，南方估计平均在 1 ~1 石半之间，北方估计应为 1 ~5 斗不等。

第一节　粮食作物[①]

元代的粮食作物，有稻、麦、粟、荞麦、黍、穄秫、豆等，其中稻、麦、粟最为重要。大体说来，江、淮以北，以麦为主，粟次之，稻又次之。江、淮以南，以稻为主，麦次之，粟又次之。

一、稻

“稻有粳、秫之别，粳性疏而可炊饭，秫性粘而可酿酒。”[②] 粳在有的记载中也作秔。另有一些记载，将粳米（不粘的稻米）分为秔、籼，早稻为籼，

① 关于元代粮食作物和经济作物的分布情况，缺乏系统的记载，只有零星的分散的资料。吴宏岐的《元代农业地理》（西安地图出版社 1997 年版）在这方面作了认真的探索，请参看。

② 王祯：《农书》，《百谷谱集之一·谷属》。

晚稻为秔。镇江路（路治今江苏镇江）地方志记载，“秔之种又有大、小之分，土人谓大稻秔，小稻籼。”[①]“大稻”就是晚稻。至于“性粘”的秫米，就是糯米。元代的农学著作既说稻分粳、糯，又说：“南方水稻，其名不一，大概为类有三。早熟而紧细者曰籼，晚熟而香润者曰粳，早晚适中、米白而粘者曰糯。”[②] 则把粳、秫等同起来。稻的品种很多，以镇江为例，大稻秔有 16 种，小稻籼有 6 种，糯米有 9 种，“江南稻种甚多，不可枚举，然兹土之所宜者，大率不过此数种也。”[③] 可知江南其他地区稻米品种尚多。

北方水稻种植相当普遍，这和水利的兴修有密切的关系。在大都郊区，常发生偷决通惠河堤堰浇灌稻田之事[④]。大都路属下的蓟州（今天津蓟县）有稻户，显然以种稻为业[⑤]。涿州范阳县（河北涿县）“土风宜麦与稻。”[⑥] 元朝末年，江南海运不继，元朝政府在大都周围开垦农田，从“江浙、淮东等处召募能种水田及修筑之人各一千名为农师，教农耕播。”[⑦] 种植的无疑是稻。大都以南的顺德路（路治今河北邢台），下属邢台、南和等县濒澧河乡村，“分引沟渠浇灌稻田”[⑧]。怀孟路（路治河内，今河南沁阳）有广济渠，有灌溉之利。元文宗天历三年（1330），因堤堰颓圮，渠口淤塞，地方官建议加以浚治，“遇旱”时“禁治不得截水置碾磨，栽种稻田”[⑨]，则其平时“栽种稻田”无疑。卫辉路（路治，今河南汲县）“川原衍沃，泉流交贯”，“厥田宜稻与麻”[⑩]。济南城郊小清河沿岸，“悉为稻畦。”[⑪] 益都沂州（今山东临沂）有泄水东分一支入芙蓉湖，可溉稻田数千顷，“香粳锺亩。”[⑫] 滕州（今山东滕县）

---

① 《至顺镇江志》卷 4，《土产 · 谷》。

② 王祯：《农书》，《农桑通诀集二 · 播种篇》。按，《至正四明续志》卷 5《土产》分为粳、糯，《至元嘉禾志》卷 6《物产》则作秔、糯。

③ 《至顺镇江志》卷 4，《土产 · 谷》。

④ 《元史》卷 64，《河渠志一 · 通惠河》。

⑤ 《元史》卷 64，《河渠志一 · 通惠河》。

⑥ 王恽：《论范阳种麦事状》，《秋涧先生大全集》卷 86。

⑦ 《元史》卷 43，《顺帝纪》。参见郑元祐：《送徐元度序》，《侨吴集》卷 8。

⑧ 王结：《善俗要义》，《文忠集》卷 6。

⑨ 《元史》卷 65，《河渠志二 · 广济渠》。

⑩ 王恽：《博望侯庙辨记》，《秋涧先生大全集》卷 36。

⑪ 王恽：《游华不注》，《秋涧先生大全集》卷 38。

⑫ 于钦：《齐乘》卷 2，《益都水》。

有“稻堰”，显然是调节河水供灌溉稻田之用[①]。晋宁路（路治临汾，今山西临汾）属下的绛州（今山西绛县）有“稻地”[②]，居民种植的作物中有稻[③]。太原路治所在地城郊“稻塍莲荡，延袤百余里。”[④] 以上所说是腹里地区种稻的情况。

陕西行省种稻之地颇多。关中平原历史上最重要的水利工程是郑白渠，利用泾水灌溉。元朝政府设置屯田，每年征收粮食，以麦为主，但也有一定数量的白米、粳米、糯米[⑤]。“绛南涝谷之水……延二百余里。”水边有“蔬圃稻畦，潇然有江乡风景。”[⑥] 兴元路（路治今陕西南郑）土产有“秔米”[⑦]。西夏立国，“其地饶五谷，尤宜稻、麦”，主要依靠水利灌溉[⑧]。忽必烈登基后，命张文谦、郭守敬重修西夏水渠，恢复农业生产。可以想见，原西夏统治中心所在的宁夏府路（治今宁夏银川）一带应有可观的稻。

元代的河南行省，包括今天河南和湖北、安徽、江苏三省的北部，大体上以长江为界。这是北方最重要的稻产区。元、宋对峙时，忽必烈大力在河南南部屯田，支援前线。其中一年收到“稻谷又马料粟通计约四十余万石。”[⑨] 可见当时稻的种植已有相当规模，而且已成为当地的主要农作物。元朝统一以后，“黄河两岸，多有退滩闲地，有塔察大王位下头目人等，冒占作投下稻田”[⑩]。可见黄河附近亦种稻。元朝设崇祥总管府，管理皇家寺院大承华普庆寺的财产，下辖有汴梁稻田提举司[⑪]。元代汴梁路治开封，即今河南开封，位于黄河以南，可知当地有稻田。“炊烟绕茅屋，秋稻上陇丘”。这是诗人描写

---

① 《元史》卷64，《河渠志一·兖州闸》。
② 《西禅院产业铭》，《山右石刻丛编》卷28。
③ 赵友正：《重修孚惠宫记》，《山右石刻丛编》卷36。
④ 元好问：《惠远庙新建外门记》，《遗山文集》卷33。
⑤ 李好文：《长安志图·设立屯田》。这里的“白米”何所指，有待进一步研究。
⑥ 《栖玄王夫人开涝水记》，《陕西金石志》卷27。
⑦ 《元一统志》卷4，《陕西行省》。
⑧ 《宋史》卷486《夏国传下》。
⑨ 王恽：《论河南行省屯田子粒不实分收与民事状》，《秋涧先生大全集》卷84。
⑩ 王恽：《定夺黄河退滩地》，《秋涧先生大全集》卷91。
⑪ 《元史》卷87，《百官志三》。

黄河边景色的诗句[①]。至于两淮地区，位于长江和淮河之间，历来都大面积种稻。宋、元战争中，两淮残破。全国统一后，元朝在两淮大兴屯田，芍陂屯田规模很大，仅至元二十一年（1284），便得“粳、糯二万五千石有奇”[②]。没有提到其他粮食，说明所种的作物主要是稻。元朝光禄寺下属有安丰、怀远等处稻田提领所，“掌稻田布种，岁收子粒，转输醴源仓”[③]。安丰、怀远均属安丰路，在当时的淮西范围之内。至于长江中游以北的黄州（路治今湖北黄冈）、蕲州（路治今湖北蕲春）、中兴（路治今湖北江陵）、襄阳（路治今湖北襄樊）等路，历史上都以种稻为主。13世纪中叶，郝经随忽必烈出征，在黄陂（今湖北黄陂，元代属黄州路）看见“稻畦残水入方塘”，“稻糯今年分外成”。[④]

长江以南，历来是稻作区。“大抵稻，谷之美种，江、淮以南，直彻海外，皆宜此稼”[⑤]。从现存的几种元代江浙地区的方志看，稻米是税粮的主要部分。江浙行省属下的浙西地区，以太湖为中心，是稻的主要生产区。浙东、江东，也盛产稻米。元朝每年由海道北运漕粮，主要便是江浙行省出产的稻米。江浙行省所属的福建，多丘陵山地，稻是当地主要粮食作物，“今闽中有得占城稻种，高仰处皆宜种之，谓之旱占，其米粒大且甘，为旱稻种甚佳”[⑥]。占城稻是北宋时传入中国的，元代在福建普遍栽种。江浙之外，江西、湖广、四川、云南诸省，粮食作物亦以稻为主。江西北部的鄱阳湖地区，历来出产稻米。江西东部的南丰州（今江西南丰）多山，“山深地寒，止宜晚禾，惟有近郭乡村略种早稻”。“通计十分之内，早稻止有三分”[⑦]。虽有早、晚之分，但都是稻。袁州路（路治今江西宜春，在江西西部）“石田秔稌秋风熟”[⑧]，秔即晚稻，稌即稻，一说指粳，亦有说指糯。但由此句可知当地种稻是没有问题

① 萨都剌：《早发黄河即事》，《雁门集》卷14。上海古籍出版社，1982年版。

② 《元史》卷13，《世祖纪十》。同卷至元二十二年正月的一条记载也说芍陂“去年已收米二万余石。”

③ 《元史》卷87，《百官志三》。

④ 《宿黄陂县南》，《陵川文集》卷15。

⑤ 王祯：《农书》，《百谷谱集一·谷属·水稻、旱稻》。

⑥ 王祯：《农书》，《百谷谱集一·谷属·水稻、旱稻》。

⑦ 刘埙：《呈州转申廉访分司救荒状》，《水云村泯稿》卷14。

⑧ 王逢：《送蔡君美推官之袁州》，《梧溪集》卷1。

的。江西行省的南部是广东道宣慰司辖地。广州路（治今广州）有“粳、糯”[①]。潮州路（治今广东潮安）亦同[②]。13 世纪后期，广州军民于乡村粜米百、千、万石，运往海外出售[③]，可见广东沿海产稻米之盛。湖广行省北部洞庭湖周围，也是历史上盛产稻米的地区。成宗大德五年至六年（1301～1302），元军征“西南夷”，“湖北、湖南大起丁夫，运送军粮”，运的都是米，显然是两湖地区生产的。出征的元军屡败，有人建议，改为驻兵近境，“使其水路远近得通，或用盐引茶引，或用实钞，多增米价，和市军粮。但法令严明，官不失信，可使米船蔽江而上，军自足食，民亦不扰”[④]。当时的“西南夷”指湖广西部的八番地区（今属贵州），上引文中的“江”应指沅江而言，和市的米只可能是湖广本省所产。湖广行省的南部是广西两江道宣慰司辖地，元代中期马祖常诗《湖北驿中偶成》，叙述他在湖北旅途中所见，有“江田稻花露始零”和“身是扬州贩盐客，明年载米入长安，妻封县君身有官”之句[⑤]。此诗似描写盐商运米到边境或灾区以换取盐引，但可作为湖北产米之例证。13 世纪末，广西两江道宣慰副使在边境立屯田，“陂水垦田，筑八堨以节潴泄，得稻田若干亩，岁收谷若干石为军储，边民赖之”[⑥]。后来乌古孙泽又在雷州（路治今广西海康）兴修水利，“计得良田数千顷”。“民歌之曰：……渠之泱泱兮，长我秔稻”。四川历史上是产米区。蒙哥汗攻四川时，将领汪忠臣建议“舟米数千石”随行，原因是“此去多稻而求粟无有，宜虞以廪病者”[⑦]。云南也以种稻为主。刘秉忠追随忽必烈征云南，赋诗记行，描写云南西北部风情，有“是岁秋成粳稻多”、“纵横水入稻畦流”等句[⑧]。云南西北部的丽江路（治巨津州，今属云南丽江）出产“粳糯”[⑨]。云南中部的大理（路

① 陈大震：《大德南海志》卷 7，《物产》。
② 《元一统志》卷 9，《江西行省·潮州路》。
③ 《通制条格》卷 18，《关市·下番》。
④ 《元史》卷 168，《陈天祥传》。
⑤ 《石田先生文集》卷 2。
⑥ 《元史》卷 163，《乌古孙泽传》。
⑦ 姚燧：《汪公神道碑》，《牧庵集》卷 16。
⑧ 《峡西》、《鹤州南川》，见《藏春诗集》卷 1。鹤州即今云南鹤庆，峡西待考。
⑨ 《元一统志》卷 7，《云南行省》。

治太和，今云南大理）、中庆（路治今云南昆明）等处，是白人（今白族的祖先）聚居的地区，“白夷有田，皆种稻。其佃作三人，使二牛前牵，中压而后驱之”[1]。云南南部是“金齿百夷”的聚居区，他们是傣族的先民，“其土宜稻”[2]。云南东北乌蒙（今昭通、会泽一带）与四川叙州路（路治今四川宜宾）之间居住着土僚（秃剌、秃老、土老）蛮，他们是仡佬族和僮族的先人。土僚蛮“山田薄少，刀耕火种，所收稻谷，悬于竹棚之下，日旋捣而食”[3]。

二、大小麦

麦有小麦、大麦，以小麦为主。江、淮以北粮食作物，以麦为主。“夫大、小麦，北方所种极广”[4]。无论腹里或是陕西、甘肃、河南，到处都可看到麦的栽种。以中书省直辖的腹里地区来说，北边的上都路境内亦有麦。上都路境内的鸳鸯泺（今河北张北安固里淖）“俗亦饲牛力穑，稻、粟、麦不外求而赡”。诗人描写这里的风光是：“原隰多种艺，农奚犬牙错，涤场盈粟麦，力穑喜秋获”[5]。但这一带气候寒冷，麦的种植应是有限的[6]。东北辽阳行省的大宁路（今辽宁南部和河北东北部）所属“诸县出麦”[7]。由上都向北，漠北草原上，驴驹河（怯绿连河，今称克鲁伦河）两岸，“濒河之民，杂以蕃、汉，……亦颇有种艺，麻、麦而已。”和林（今蒙古国西南额尔德尼昭所在地）“居人多事耕稼，悉引水灌之，……时孟秋下旬，糜、麦皆槁”[8]。草原上种植的应是春小麦和糜子。上都以南的大同路（路治今山西北部大同市），麦的种植较为普遍，“至治元年三月，大同路大风，走沙土，壅没麦田一百余顷”[9]。至正二十七年（1367）五月辛巳，“大同陨霜杀麦”[10]。这两条灾荒的

---

① 陶宗仪：《南村辍耕录》卷29，《称地为双》。
② 王恽：《中堂事记中》，《秋涧先生大全集》卷81。
③ 李京：《云南志略》。
④ 王祯：《农书》，《百谷谱集一・谷属・大小麦》。
⑤ 周伯琦：《纪行诗后序》、《鸳鸯泺》，见《扈从集》。
⑥ 近代张北以莜麦为主，其次是春小麦，见新编《张北县志》第7章《农业》，1994年版。
⑦ 《元一统志》卷2，《辽阳行省》。
⑧ 张德辉：《纪行》，《秋涧先生大全集》卷100。
⑨ 《元史》卷50，《五行志一》。
⑩ 《元史》卷50，《五行志二・水不润石》。

记载足以说明，在大同的粮食作物中，麦占有重要地位。忽必烈时，监察御史王恽有一次报告各地灾荒情况：“今体访得自彰德迤北至都，去冬无雪，经春不雨，二麦已枯，春种不下。至于大兴部内，虽雨降数次，多者不及二寸”[①]。“都”应指都城，可见自彰德（今河南彰德，元代亦在“腹里”范围之内，位于黄河以北）至大都的“腹里”广大地面，到处种麦。汤阴（今河南汤阴）属彰德路，诗人经过当地农村，写道：“一湾流水麦青青”[②]。说明彰德产麦。大德七年（1303）五月，“济南、东昌、般阳、益都等路虫食麦”[③]。至元七年（1270）夏，“东平府进瑞麦，一茎五穗”[④]。济南路治历城（今山东济南），东昌路治聊城（今山东聊城），般阳路治淄川（今山东淄博），东平府治须成（今山东东平），在今天的山东境内，当时都是中书省直辖的“腹里”地区东南部，麦是这些地区的主要粮食作物。至元二十四年（1287）春，“平阳旱，二麦枯死”[⑤]。平阳路治临汾（今山西临汾）。平阳和前述大同位于今天山西的北部和南部，是当时“腹里”的西南部。诗人王恽经过曲沃（今山西曲沃）“与老农语”，作诗有“人家种麦秋社前”之句[⑥]。曲沃属平阳路。这些说明“腹里”的西南今山西地区以产麦为主。

陕西行省历史上一直是重要的产麦区。在蒙（元）宋战争中，陕西是蒙古（元）军进攻四川的后勤基地。丙辰（1256）夏，蒙古军“征南，诏京兆布万疋、米三千石、帛三千段，械器称是，输平凉为军需。军期迫甚，郡人大恐。公（关中宣抚司郎中商挺）曰：‘它易集也，运米千里，妨我蚕麦’”。他请求当地大姓帮助，解决了运米的问题[⑦]。这一记载中的“米”，指的是粟米。前已述及，入川的蒙古军吃不惯稻米，用船载粟米随军而行。从运米“妨我蚕麦”可知京兆（路治即今陕西西安）所在关中平原，以产麦为主。陕西屯田总管府所辖屯田，主要分布在关中平原。至正二年（1342），总管府“实办

---

① 《春旱请祈雨事状》，《秋涧先生大全集》卷86。
② 王恽：《过汤阴东周留村》，《秋涧先生大全集》卷24。
③ 王恽：《过汤阴东周留村》，《秋涧先生大全集》卷50，《五行志一》。
④ 王恽：《过汤阴东周留村》，《秋涧先生大全集》卷50，《五行志一》。
⑤ 王恽：《过汤阴东周留村》，《秋涧先生大全集》卷50，《五行志一》。
⑥ 《曲沃道中与老农语》，《秋涧先生大全集》卷7。
⑦ 苏天爵：《元朝名臣事略》卷11，《参政商文定公》。

粮数”为72659石强，内大麦、小麦均为26000余石，差不多要占总数的四分之三，粟17000余石，其余白米、粳米、糯米、糜子等，总共不过2000石左右[①]。可以认为，各种粮食的数量不等，大体上反映了关中平原粮食作物的不同比重。大德五年（1301）五月，“商州霜杀麦”[②]。商州即今陕西商县，位于陕西东南，是多山地区，当地亦种麦。陕西行省南部的兴元路（路治南郑，今陕西汉中），出产“小麦、大麦”[③]。至元十一年（1274），“兴元凤州进麦，一茎七穗”[④]。凤州即今陕西凤县，当时属兴元路。元代中期，畏兀儿人燕立帖木儿为兴元路西乡县达鲁花赤，“创碾磨二所，岁课秔米或麦五十余斛，代民应官用，于是人得更生矣”[⑤]。可知当地粮食作物有稻米有麦。另据记载，“元贞元年五月，巩昌金州、会州、西和州雨雹大，无麦禾”[⑥]。金州即今甘肃榆中，会州今甘肃会宁，西和州今甘肃西和，都在陕西行省的西部。在陕西行省之西，是甘肃行省。亦集乃路（今内蒙额济纳旗）位于甘肃行省北部，从当地出土的文书可以看到，出产的粮食有“大小二麦”[⑦]。至元十八年（1281）八月，“瓜州屯田进瑞麦，一茎五穗”[⑧]。瓜州今甘肃安西。甘肃行省以西，是成吉思汗第二子察合台的子孙封地。成吉思汗西征时，召长春真人邱处机前往中亚。邱处机途经和州（今新疆土鲁番）与鳖思马（今新疆吉木萨尔）时，看见沿途“禾麦初熟，皆赖泉水灌溉”[⑨]。而在邱处机以前随同成吉思汗西征的耶律楚材说，阿里马城（在今新疆霍城县境内）“播种五谷，一如中原”[⑩]。麦一定也有种植。蒙哥汗九年（1259），常德奉命前往旭烈兀大王处（今伊朗），“又西南行，过孛罗城，所种皆麦、稻”[⑪]。孛罗在今新疆博尔塔拉自治

① 李好文：《长安志图·设立屯田》。
② 《元史》卷50，《五行志一》。
③ 《元一统志》卷4《陕西行省》。
④ 《元史》卷50，《五行志一》。
⑤ 蒲道源：《西乡宣差燕立帖木儿遗爱碣》，《闲居丛稿》卷16。
⑥ 《元史》卷50，《五行志一》。
⑦ 李逸友：《黑城出土文书〈汉文文书卷〉》第20页。科学出版社，1991年版。
⑧ 《元史》卷50，《五行志一》。
⑨ 李志常：《长春真人西游记》卷上。
⑩ 《西游录》。
⑪ 刘郁：《西使记》，《秋涧先生大全集》卷94。

州境内。由这些记载可以看出，察合台后王封地东部，即今新疆，种麦也是相当普遍的。

河南行省产麦，行省南部则稻、麦并重。至正四年（1344），“汴梁兰阳县，许州长葛、郾城、襄城，睢州，归德府亳州之鹿邑”等处，“淫雨害蚕麦，禾皆不登”。至正五年夏秋，“汴梁祥符、尉氏、洧川，郑州、钧州、亳州，久雨害稼，二麦禾豆俱不登。”八年五月“钧州新郑县淫雨害麦”①。以上各地，都在河南行省的北部。元代诗人迺贤有《颍州老翁歌》②，诗中描述的颍州老翁，原是城东“大户”，有“腴田十顷桑阴围”，但因连年旱灾，“赤地千里黄尘飞，麦禾槁死粟不熟”。可见麦和粟是当地主要粮食作物。颍州今安徽阜阳，当时属汝宁府，在河南行省中部。至正十五年（1355），淮南行省太平“总制诸军，驻于济宁。时诸军久出，粮饷苦不继。太平命有司给牛具以种麦，自济宁达于海州，民不扰而兵赖以济”③。济宁属“腹里”，海州（即海宁州，今江苏东海）则属河南行省的淮东地区。位于淮东的高邮湖“秀麦莑莑翠织茸”④。诗人描写高邮城的景象：“高邮城，城何长，城下种麦城上桑”⑤。诗人马臻作《瓜洲渡书怀》：“船到瓜洲麦正黄”⑥。瓜洲是长江北岸的重要渡口，属扬州路。淮西地区的庐州路（路治今安徽合肥），小麦与粳米一起充作税粮⑦。河南行省西南的襄阳路（路治今湖北襄樊）有“禾麻菽麦”⑧。

江南的粮食作物，以稻米为主，但大、小麦亦占有相当比重。由于实行稻、麦轮作，因此大、小麦分布很广。以江浙行省来说，浙西、浙东、江东、福建各地，都可以看到二麦的存在。浙西镇江路的地方志中关于麦有清楚的记载，它说：“麦有大、小之分。大麦之种有二。曰春，自十月至正月皆可种，然又早熟；曰黄杆，后熟。小麦之种有三，曰赤壳，曰白壳，曰宣州。……小

① 《元史》卷51，《五行志二》。
② 《金台集》卷1。
③ 《元史》卷140《太平传》。
④ 袁桷：《过高邮湖》，《清容居士集》卷7。
⑤ 揭傒斯：《高邮城》，《揭傒斯全集》诗集卷3，上海古籍出版社，1985年版。
⑥ 《霞外诗集》卷3。
⑦ 《元典章》卷21，《户部七·仓库·仓粮对色准算》。
⑧ 虞集：《襄阳路南平楼记》，《道园学古录》卷37。

麦秋种夏熟，受四时气足，兼有寒温”[①]。镇江路的夏税，除绵、钞外，还有大麦 8658 石强，小麦 12272 石强，秋粮则以米为主。大、小麦在税粮总额中占 10% 弱[②]。江东集庆路（路治今江苏南京）各州县税粮中有麦 3000 余石，而稻米则有 31000 余石[③]。需要说明的是，税粮中麦、米的比重并不反映各地麦、稻种植的面积或产量的比例，因为元朝政府征收江南税粮时，秋粮一般以稻米为主，夏税则收一部分大、小麦或豆。只有少数地方经过中央批准，才能将秋粮所收的米改为麦、豆。松江府上海县（今上海市）便是一个例子。上海“地濒海，潮沙荡激，挟沙土于畎浍，于是卤瘠之壤日积以亢，……谷不宜稻，稔岁农惟仰食豆、麦，遇旱年则莽为不毛之墟”。但是政府却“概科秔粮，与沃壤等”，以致“邑民重困”。经过一些官员的反复申请，“始于泰定二年，听以豆、麦准秋粮”。以（后）至元三年（1337）为例，“二税实征二十九万二千二百石有奇，粮二十万一千六百七十石有奇，豆、麦八万九千石有奇”[④] 从镇江、集庆的税粮征收，可以看出大、小麦在当地粮食生产中占有一定的地位，但各地夏税折收实物的方式各有差异，难以据此得出更多的结论。而上海的情况，则显然麦的种植比重很大，超过了稻米。也就是说，即使是江南最富饶的浙西地区，总体来说以种稻为主，但也有个别地区因土壤、水利的关系，以种麦为主。

浙东的庆元路（路治鄞县，今浙江宁波）有小麦、大麦[⑤]。“君不见四明山下寒无粮，九月种麦五月尝。”[⑥] 四明山在庆元境内。但当地秋税纳米，夏税纳钞，都不纳二麦[⑦]。庆元路属下的昌国州（今浙江定海）是个海岛，也产大麦、小麦。学校田土、贡士庄田、义庄田所收租粮中都有部分小麦。但是秋粮纳米，夏税纳钱，没有麦[⑧]。诗人萨都剌经过浙东衢州路常山（今浙江常

---

① 《至顺镇江志》卷 4，《土产》。
② 《至顺镇江志》卷 6，《赋税》。
③ 《至正金陵新志》卷 7，《田赋志》。
④ 《正德松江府志》卷 6，《田赋志上》。
⑤ 《至正四明续志》卷 5，《土产》。
⑥ 戴表元：《采藤行》，《剡源文集》卷 28。
⑦ 《至正四明续志》卷 5，《土产》；卷 6，《赋役》。
⑧ 《大德昌国州志》志 2，《叙州》；卷 3，《叙赋》。

山）时，写道：“行人五月不知倦，喜听农家打麦声。”[1] 台州路（路治今浙江临海）黄岩人潘伯修作有《麦青青》诗，有“大麦青青三月中”之句[2]；台州宁海（今浙江宁海）人舒岳祥诗：“种麦谁家妇，青裙皁角冠”[3]。又有“麦青农作暇”之句[4]。描写的都是本路风光。温州路（路治永嘉，今浙江温州）属下的楚门，邻近黄岩，当地“半陇石田都种麦”[5]。诗人李孝光写道：“草舍炊茆留客饭，麦田焚棘断人蹊”[6]。李孝光是温州乐清（今浙江乐清）人，他所描写的是温州风光。浙东多丘陵，这是种麦较多的原因。福建也是多山地区，到处可以看到麦的种植。“山驿水流花落尽，石田云暖麦抽齐”[7]；“业儒不及为农好，麦已登场蚕又眠”[8]。

江西许多地区产麦。名诗人虞集有“黄鸟隔溪鸣麦秋”之句。虞集是临川（今江西抚州）人，此句所描述的即是临川风光[9]。庐陵（今江西吉安）人刘诜的诗篇中，常常提到麦，如：“秋稻既无及，蔬麦就可耕”[10]。“回首西冈麦，十里绿如雨”[11]。“五更负秧栽南田，黄昏刈麦渡东船；我家麦田硬如石，他家秧田青如烟”[12]。刘诜一生未出仕，他所描写的都是本地风光。前者似说明麦、稻轮作，后二者似说山冈丘陵土地贫瘠之处多种麦。江西行省南部的广州路、潮州路都有小麦、大麦[13]。湖广行省缺乏记载，应与江西相近。

宋、元战争时，四川达州（今达县）有麦，是双方争夺的对象[14]。至元二

---

① 萨都剌：《常山纪行五首》，《雁门集》卷12。
② 《元诗选二集》，第889页，中华书局，1987年版。
③ 舒岳祥：《喜食新麦》，《阆风集》卷3。
④ 舒岳祥：《春日山居好十首》，《阆风集》卷4。
⑤ 李士瞻：《抵楚门即船主戴廷玉家也》，《经济文集》卷6。
⑥ 李孝光：《苦竹村》，《元诗选二集》上册，第626页。
⑦ 黄镇成：《春日东行》，《元诗选初集》第1804页。黄邵武（今福建邵武）人。
⑧ 洪希文：《客中遇寒食二首》，《元诗选初集》第1703页。洪莆田（今福建甫田）人。
⑨ 虞集：《甲戌四月十七日至临州冲云寺……》，《道园学古录》卷29。
⑩ 刘诜：《八月四夜闻微雨》，《桂隐诗集》卷1。
⑪ 刘诜：《山家阻雨得晴出郊》，《桂隐诗集》卷1。
⑫ 刘诜：《秧老歌三首》，《桂隐诗集》卷2。
⑬ 《大德南海志》卷7，《物产》。《元一统志》卷9，《江西行省》。
⑭ 《元史》卷161，《杨大渊附杨文安传》。

十三年（1286）五月，“广元路阆中麦秀两岐”[①]。阆中即今四川阆中。这些记载说明四川以稻米为主，但亦有麦。13 世纪中期，忽必烈征云南，刘秉忠随行，作诗记事，有“棕花堆白麦苗青”之句[②]。丽江路除粳、糯外，也产麦[③]。白人聚居区“麻、麦、蔬、果，颇类中国”[④]。

三、粟

元代，粟在粮食作物中的地位仅次于稻、麦。“夫粟者，五谷之长，中原土地平旷，惟宜种粟”[⑤]。元朝政府在北方征收的税粮，从品种来说，指定要粟。早在窝阔台汗初定税制时，便规定“每户科粟二石”。丙申年（1236）改为“每丁岁科粟一石”。以后一直如此[⑥]。政府在农村立社（50 家为一社）。社立义仓，各家按人口数每口留粟一斗，作备荒之用[⑦]。元代前期有人计算北方农民家庭生活时说：“父母妻子身，计家五口，人口食米一升，是周岁食粟三十余石；……一切杂费略与食粟相当”[⑧]。这些记载都说明，粟在北方粮食作物中占有特殊的地位。但是，尽管缺乏全面的统计数字，从种种迹象看来，大、小麦在北方的种植面积和产量，都已跃居粮食作物的首位，粟的种植相当普遍，应在稻米之上，居第二位。前面所说陕西屯田上交各种粮食的数额，粟仅次于大、小麦，便是一个例证。至元二十年（1283）郑州（治今河南郑州）达鲁花赤“令各户供送讫小麦二十七石一斗，粟十九石八斗，白米五升，大麦一石，稻谷一石”。管城（今河南郑州）县尹收到属下人户“供送讫小麦六石六斗，粟六石，白米一石，黑豆一石”[⑨]。元代郑州辖四县，治所在管城县。说明当地种植大小麦、粟、稻米。而地方官员勒索各种

① 《元史》卷 50，《五行志一》。
② 刘秉忠：《山寺》，《藏春诗集》卷 1。
③ 《元一统志》卷 7，《云南行省》。
④ 李京：《云南志略》。
⑤ 王祯：《农书》，《百谷谱集一·谷属·粟》。
⑥ 《元史》卷 93，《食货志一·税粮》。
⑦ 《通制条格》卷 16，《田令·农桑》。
⑧ 胡祗遹：《匹夫岁费》，《紫山大全集》卷 23。
⑨ 《元典章》卷 54，《刑部十六·擅科·民官影占民户》。

粮食的数量多少不等，大体上应反映了当地粮食生产的情况。为什么蒙古（元）征收税粮时指定要粟而不要麦，这可能是沿袭过去的传统做法。唐代行租庸调，每丁租粟二石。宋代岁赋之物中“谷之品七”，粟占第一位①。金代，租税“输送粟麦”，金世宗时“天下仓廪贮粟二千七十万余石。”猛安谋克户输牛具税，“每牛一具赋粟五斗”②。可见以粟为主。元代的记载说：“古今谷禄，皆以是（指粟—引者）为差等，出纳之司，皆以是为准则”③。尽管元代北方大、小麦已普遍种植，但蒙古国和元朝政府，遵循以前各朝的习惯，征收税粮时仍然以粟为准。当然，这也说明了粟的种植在北方仍是相当普遍的。

腹里的中部和南部、河南、陕西等地，种粟是很普遍的，文献记载亦多，不一一列举。腹里的北部，上都及其周围地区，因天气寒冷，粟成为主要的粮食作物。上都城外，“卧龙冈外有人家，不识江南早稻花。种出碛中新粟卖，晨炊顿顿饭连沙”④。上都附近的察罕脑儿（今河北沽源境内），“此地苦寒，入夏始种粟、麦。”鸳鸯泺（在河北张北境内），亦种粟、麦⑤。元朝政府在漠北称海（蒙古国西部）治屯田，“岁得米二十余万”⑥。所得之“米”，应是粟米。在西北，至元十六年（1279），刘恩率军征斡端（今新疆和田），“师次甘州，奉诏留屯田，得粟二万余石”⑦。甘州即今甘肃张掖。耶律楚材说阿里麻（在今新疆霍城境内）“播种五谷”，应亦包括粟在内⑧。

根据几种元代地方志的记载，浙西嘉兴（今名同）、江东集庆（今南京）、浙东庆元（今宁波）物产中都有粟⑨，但镇江路农作物中却没有⑩，可见江浙

① 《宋史》卷174，《食货上三·赋税》。

② 《金史》卷47，《食货志二》。

③ 《农书》，《百谷谱集一·谷属·粟》。

④ 宋本：《上都杂诗》，见《永乐大典》卷7702。

⑤ 周伯琦：《纪行诗后序》，《扈从集》。

⑥ 《元史》卷136，《哈剌哈孙传》。

⑦ 《元史》卷166，《刘恩传》。

⑧ 《西游录》。

⑨ 《至元嘉禾志》卷6，《物产》；《至正金陵新志》卷7，《物产》；《至正四明续志》卷5，《土产》。

⑩ 《至顺镇江志》卷4，《土产》。

行省境内各地情况不一，而以有粟者居多。广东的广州路、潮州路都有粟[①]。但是蒙古军出征四川时，因当地盛产稻米，缺少粟，这使来自北方的蒙古（元）军感到困难，要以船载粟随军前进，已见前述。湖广行省属下的湖南地区也有同样情况：“［至元］十三年，诏以湖南戍军多疾，恐坐不习食稻。俾公（襄阳总管府判官王均—引者）舟粟若干万斛如湖南故丞相阿尔哈雅（阿里海牙—引者）所”[②]。这些粟应产自河南行省的襄阳（今湖北襄樊）及其周围地区。云南有部分地区种粟，建昌路（路治今四川西昌）“谷粟丰盈”，丽江路（路治今四川丽江）也出产粟[③]。总起来说，粟在江南粮食作物中的地位，应在稻米、大小麦之后。

还有一种粱，“其禾茎叶似粟，其叶比粟差大，……与粟同时熟。……炊之，香美胜于粟米，世谓之‘膏粱’，居食饭之上品也。”[④] 粱米有青粱米、白粱米、黄粱米之分[⑤]。实际上，粱是粟的特别好的品种。元朝管理宫廷饮食的宣徽院，下设龙庆栽种提举司，其职责之一是“管领缙山岁输粱米，……以奉上供。”[⑥] 缙山是金代县名，元改龙庆州，即今河北怀来。但是其他地区未见有粱米的记载，说明它的种植是很有限的。

四、其他作物

稻米、大小麦、粟是元代粮食作物的三个主要品种，在粮食作物中所占比例极大。在稻、麦、粟之外比较重要的粮食作物，还有荞麦、黍、蜀黍（高粱）、穄等。

荞麦“北方、山后诸郡多种。……中土、南方农家亦种”[⑦]。可见是相当普遍的。“北方”应指大漠南北的草原地带，“山后”则指今山西、河北两省北部长城内外地区。其他文献亦可证明。诗人描述上都及其周围地区风光，有

---

① 《太德南海志》卷7，《物产》；《元一统志》卷9，《江西行省》。

② 姚燧：《王公神道碑》，《牧庵集》卷21。

③ 《元一统志》卷7，《云南行省》。

④ 王祯：《农书》，《百谷谱集二·谷属·粱秫》。

⑤ 忽思慧：《饮膳正要》卷3，《米谷品》。

⑥ 《元史》卷87，《百官志三》。

⑦ 王祯：《农书》《百谷谱集二·谷属·荞麦》。

“荞麦花开野韭肥”[①]、“荞麦花开草木枯”[②] 之句，可知这一带种植荞麦颇多。另一诗人的《上京十咏》，其中之一“穇面”，即是荞麦面[③]。“穇子即荞麦，初观疑识真。脱麸圆似米，落磨细于尘。岁岁川原熟，家家饼饵新。江南米为贵，塞北始为珍”[④]。可知荞麦又称为穇子，在草原上受到珍视，是很流行的食物。上都靠近“山后”，足以证明“山后”多种确是事实。明初诗人刘崧北游，写道：“顺承门外斜阳里，荞麦花开似故乡。”[⑤] 顺承门是大都城南面的一个城门，后代宣武门的前身。刘崧洪武六年癸丑（1373）前后在当时的北平(大都改名)，元代亦应如此。蒲道源“食苦荞糕”作诗：“谷中偏早熟，济歉未渠厌。农舍勤相馈，盘餐得共霑。羊肝堪比色，蜂蜜已输甜。苦尽甘来语，于兹亦可占。”[⑥] 蒲是兴元（今陕西汉中）人。元代北方民间以荞麦加工制作食品颇为流行，其方法是：“治去皮壳，磨而为面，摊作煎饼，配蒜而食。或作汤饼，谓之‘河漏’，滑细如粉，亚于麦面，风俗所尚，供为常食”[⑦]。“河漏”又作“合落”、“饸饹”。元代杂剧中有“穇子面合落儿带葱韭”之句[⑧]，散曲中提到“荞麦面的饸饹”[⑨]。荞麦面食品的流行反映了荞麦种植的普遍。刘敏中诗：“鲜红两树杜梨叶，雪白一川荞麦花”[⑩]。这是“禹城道中”所作，禹城今名同，属山东。元代后期诗人成廷珪的一首诗写道：“荞麦花开如白烟，并催农事了霜前。晚禾未割豆先熟，双髻女儿齐下田”[⑪]。成廷珪是扬州人，他描写的是扬州风光，可见淮东亦产荞麦。

南方荞麦亦相当普遍。刘崧是江西太和（今泰和）人。他说北平的“荞麦花开似故乡”，可知江西有些地方亦产此物。浙西镇江路“又有荞麦，秋花

---

① 贡师泰：《和胡士恭滦阳纳钵即事韵》，《玩斋集》卷5。
② 胡助：《宿牛群头》，《纯白斋类稿》卷5。
③ 许有壬作，见《至正集》卷13。
④ 程以文：《穇面》，《诗渊》第1册，第109页。
⑤ 刘崧：《送别叔铭佥宪出顺承门》，《槎翁诗集》卷8。
⑥ 蒲道源：《时且禁酿，食苦荞糕》，《闲居丛稿》卷3。荞麦有甜、苦两种。
⑦ 王祯：《农书》《百谷谱集二·谷属·荞麦》。
⑧ 杨景贤：《西游记》第二本第六折，见《元曲选外编》第648页，中华书局，1959年版。
⑨ 无名氏：《粉蝶儿·悭吝》，《雍熙乐府》卷6。
⑩ 刘敏中：《禹城道中》，《中庵集》卷18。
⑪ 成廷珪：《竹枝歌》之二，《居竹轩诗集》卷4。

冬实，亦堪作面”[①]。杭州路昌化县是多山地区，水稻不多，间种荞麦。[②] 浙东庆元路亦有荞麦。[③] 至于其他地区是否种植，则不是清楚的。

黍有多种，“今有赤黍，米黄而粘，可蒸食。白黍酿酒，亚于糯秫”。“又北地远处，惟黍可生，所谓当暑而种，当暑而收”[④]。穄与黍是同种谷物，只是穄的米质粘性弱，不如黍强，穗形亦有别[⑤]。薥黍又作秫黍，就是高粱，“宜下地”，有耐涝、耐旱、耐盐碱的特点[⑥]。“其子可食，秸秆可夹篱寨，又作柴烧。城郭间货卖，多得济益也”[⑦]。这几种作物在江南北均见踪迹，适宜于寒冷和贫瘠的土地。大都路产“糯黍，即黄黍，米宜酿酒。小黍，宜食”[⑧]。亦集乃路各种文书中所见粮食名称，除大、小麦外，便是黄米和糜子，黄米即黍，糜子应即穄[⑨]。蒙古初起时，漠北草原上“亦有一二处出黑黍米”[⑩]。1247年，张德辉应忽必烈之召北上，到达蒙古国都城和林，时孟秋下旬，“糜、麦皆槁”[⑪]。可见当地种有糜子。上都附近的察罕脑儿，“苦寒，入夏始种粟、黍”[⑫]。东北辽阳行省大宁路（路治大宁，在今内蒙宁城境内）除谷、麦外，产“稷、黍”[⑬]。“稷米，味甘无毒，……关西谓之糜子，亦谓穄米，古者取其香可爱，故以供祭祀”。可知稷就是穄[⑭]。陕西屯田所收粮食近7万石，其中糜子155石，可知当地亦种糜子，但数量显然有限[⑮]。在南方，嘉兴路有黍、

---

① 《至顺镇江志》卷4，《土产》。
② 方回：《戏咏昌化县土风二首》，《桐江续集》卷10。
③ 《至正四明续志》卷5，《土产》。
④ 王祯：《农书》，《百谷谱集二·谷属·黍》。
⑤ 缪启愉：《东鲁王氏农书译注》，第94页，上海古籍出版社，1994年版。
⑥ 《农桑辑要》卷2，《播种》。
⑦ 鲁明善：《农桑衣食辑要》。
⑧ 《析津志辑佚》，《物产》，第229页。
⑨ 《黑城出土文书（汉文文书卷）》，第20页。
⑩ 赵珙：《蒙鞑备录》。
⑪ 张德辉：《纪行》，《秋涧先生大全集》卷100。
⑫ 《元史》卷136，《拜住传》。
⑬ 《元一统志》卷2，《辽阳行省》。
⑭ 忽思慧：《饮膳正要》卷3，《米谷品》。
⑮ 《长安志图·设立屯田》。

穄[①]。庆元路也有黍[②]。介于浙东与福建之间的仙霞岭，“火种饶黍、稷”[③]。其他还有一些零星记载。总之，黍、穄的种植地区和产量不仅比不上稻米、麦、粟，比起荞麦来也要差一些。至于蕌黍，还没有看到具体在哪些地区栽种的记载。

在元代的农学著作中，豆类被列于“谷属”，亦即粮食作物。豆类作物颇多，主要有大豆、小豆、豌豆。“大豆有白、黑、黄三种。……其大豆之黑者，食而充饥，可备凶年，丰年可供牛马料食。黄豆可作豆腐，可作酱料。白豆，粥饭皆可拌食”。“小豆有菉豆，赤豆、白豆、豇豆、萱豆，皆小豆类也。……北方惟用菉豆最多，农家种之亦广。人俱作豆粥、豆饭，或作饵为炙，或磨而为粉，或作曲材。……南方亦间种之。”豌豆“又谓之蚕豆，以其蚕时熟也，百谷之中，实为先登。蒸煮皆可便食，是用接新，代饭充饥。……今山西人用豆多麦少磨面，可作饼饵而食。此豆五谷中最宜耐陈，不问凶丰，皆可食用，实济饥之宝也”[④]。还有一种回回豆，应是随着回回人进入中原而得到传播的：“出在回回地面，苗似豆，今田野中处处有之”[⑤]。宫廷饮食中常见此物，显然在回回、蒙古饮食中普遍使用。李时珍说回回豆即豌豆。[⑥] 实际上回回豆应是豌豆的一种，又称鹰嘴豆。从以上所述可知，豆类作物在大江南北分布很广，种类繁多。北方可以大都路为代表，当地“豆之品”有“黑豆、小豆、绿豆、白豆、赤豆、红小豆、豌豆、板豆、羊眼豆、十八豆”[⑦]。南方可以镇江路为代表，当地豆“有大、小之分。大豆其色有青、黄、黑、紫、褐之异，……小豆亦有赤、绿、白、黑四种。又有江豆、豌豆、佛指豆、十六粒豆、蚕豆（隔岁种之，蚕熟时可采）、黑白扁豆（蔓生篱落间，采其荚蒸食甚美，白者可入药”[⑧]。豆类既可作粮食，又可作蔬菜，有的豆还可榨油，用途

① 《至元嘉禾志》卷6，《物产》。
② 《至正四明续志》卷5，《土产》。
③ 贡师泰：《过仙霞岭》，《玩斋集》卷1。
④ 王祯：《农书》，《百谷谱集二·谷属》。
⑤ 忽思慧：《饮膳正要》卷3，《米谷品》。
⑥ 李时珍：《本草纲目》卷24，《谷部·豌豆》。
⑦ 《析津志辑佚》，《物产》，第229页。
⑧ 《至顺镇江志》卷4，《土产》。

很广；而且不论土地肥瘠，均可种植，这是它在南北普遍传播的原因。

第二节 经济作物

元代的经济作物，主要有桑、麻、棉、芝麻、茶、蔬菜、果品等。

一、桑

“民生济用，莫先于桑”[①]。养蚕缫丝是中国农村最重要的副业。养蚕要用桑叶，必需栽种桑树。中国古代常以“农桑”并提，就是这个原因。蒙古人“起朔方，其俗不待蚕而衣，不待耕而食，初无所事焉”[②]。在战争过程中，北方农业区的桑树遭到了很大的破坏。在蒙古国统治北方农业区以后，蒙古贵族和军队士兵砍伐或纵放牲畜伤害桑树，是屡见不鲜的。这种情况在忽必烈即位后有所改变。至元七年（1270），忽必烈立司农司，“颁农桑之制一十四条”，其中之一是规定“每丁周岁须要创栽桑枣二十株，或附宅栽种地桑二十株，早供蚁蚕食用”[③]。至元十年（1273），司农司颁行《农桑辑要》一书，指导农业生产，卷三“栽桑”，卷四“养蚕”，占全书的三分之一，反映出对桑蚕的重视。元朝政府还多次发表命令，禁止军队及势家损坏桑树及其他果木。这些政府行为都有利于桑树种植的恢复和发展。至元二十一年（1286），“大司农司上诸路……植桑枣杂果诸树二千三百九万六百七十二株”[④]。二十八年（1297）“司农司上诸路……植桑枣诸树二千二百五十二万七千七百余株”[⑤]。这些数字不尽可信，但可以说明元朝政府一直把推广桑树的种植作为自己的一

① 王祯：《农书》，《农桑通诀集五·种植篇》。
② 《元史》卷93，《食货志一·农桑》。
③ 《通制条格》卷16，《田令·农桑》。
④ 《元史》卷14，《世祖纪十一》。
⑤ 《元史》卷16，《世祖纪十三》。

项重要工作。到后来，这种统计实际上完全流于形式①。

从蒙古国到元朝，均在北方农业区征收丝料（见本书第十五章“科差制度”）。至元四年（1267）共征 109 万余斤，至元代中期大体保持这个水平。丝料正式作为一项赋税名目，反映出北方农业区养蚕事业有着相当的规模，同时也说明这一地区桑树栽植必然相当普遍。《元史·五行志》中有不少关于桑树被灾的记载：“至元十七年二月，真定七郡桑有虫食之”。“二十一年三月，山东陨霜杀桑，蚕尽死，被灾者三万余家”。“二十九年三月，济南、般阳等郡及恩州属县霜杀桑”。“二十九年五月，沧州、潍州、中山、元氏、无棣等县桑虫食叶，蚕不成”。“元贞元年四月，真定中山、灵寿二县桑有虫食之。”“大德五年四月，彰德、广平、真定、顺德、大名等郡虫食桑。”“八年三月，济阳、滦城二县霜杀桑”。“九年三月，河间、益都、般阳三郡属县陨霜杀桑。清、莫、沧、献四州霜杀桑二百四十一万七千余本，坏蚕一万二千七百余箔。”“至大元年五月，大名、广平、真定三郡虫食桑。”“皇庆二年三月，济宁霜杀桑。”“延祐元年三月，东平、般阳等郡，泰安、曹、濮等州大雨雪三日，陨霜杀桑。闰三月，济宁、汴梁等路及陇州、开州、青城、渭源诸县霜杀桑，无蚕。”“致和元年六月，河南德安屯蝗食桑。”“天历二年三月，沧州、高唐州及南皮、盐山、武城等县桑，虫食之如枯株”。“至顺二年三月，冠州虫食桑四万株。晋、冀、深、蠡等州及郓城、延津二县虫夜食桑，昼匿土中，人莫捕之。五月，曹州禹城、保定博野、东昌封丘等县虫食桑，皆既。”②“[至正] 二十三年三月，东平路须城、东阿、阳谷三县陨霜杀桑，废蚕事”③。从以上记载可以看出，桑害主要集中在腹里地区的中部和东南部，有真定路、保定路、河间路、彰德路、广平路、顺德路、大名路、东昌路、益都路、东平

---

① 元代后期许有壬说：“农桑所以养民，今反扰之，文册所以核实，今实废之。各道比及年终，令按治地面，依式攒造，路府行之社长乡胥，社长乡胥则家至户到，取勘数目。幸而及额，则责报答之需，一或不完，则持其有罪者，恣其所求，鸡豚尽于供给，生计疲于奔走，一切费用，首会箕敛，率以为常。”（《农桑文册》，《至正集》卷 74）刘基有《畦桑词》：“编竹为篱更栽刺，高门大书畦桑字。县官要备六事忙，村村巷巷催畦桑。桑畦有增不可减，准备上司来计点。新官下马旧官行，牌上却改新官名。”（《诚意伯文集》卷 10）

② 《元史》卷 50，《五行志一》。

③ 《元史》卷 51，《五行志二》。

路、济宁路、济南路、般阳路等，也就是后来的河北、山东地面。其次有河南（汴梁路等）、陕西（陇州、渭源等）等。其中真定、河间、益都、般阳等路出现次数较多。似可认为，这一带便是元代种植桑树较多的地区。

其他一些记载亦反映出腹里某些地区桑树栽种的发达。邢秉仁为广平路（路治今河北邯郸）总管，“课树桑亿万计，丝纩以饶”[①]。忽必烈即位之初，姜彧为滨州（今山东滨县）知州，“滨民罹苛政久，……有桑枣者，又纵军马践食之，殊不聊生。”姜彧“设赏罚，课民栽桑，岁余新桑遍野，人呼曰‘太守桑’”[②]。庆都（河北望都）县尹尚恕，“躬行垅亩而敦喻之，又为训诫之诗，家传而人诵之，四郊之桑皆郁然成列矣”[③]。这几个例子说明在元朝提倡种桑的政策影响下，一些地方官积极推广桑树的种植，取得了明显的效果。但就在腹里地区，情况亦不尽相同。元仁宗（1311～1320）时，顺德路总管王结在《善俗要义》（这是向百姓宣讲的材料）中说：“古人云：‘十年之计，种之以木’。若栽桑或地桑，何必十年，三、五年后便可享其利也。……本路官司虽频劝课，至今不见成效，盖人民不为远虑，或又托以地不宜桑，往往废其蚕织，所以民之殷富不及齐、鲁。……苟能按其成法，多广栽种，则数年之间丝绢繁盛亦如齐、鲁矣”[④]。前已述及，根据《元史·五行志》记载，顺德路应是有桑的。但据王结所述，顺德路的桑树栽种，显然并不普遍，原因是当地百姓对此不很积极。因此，当地的“蚕织”之利、“民之殷富”都比不上“齐、鲁”，亦即山东地区。蒙古国时期，郝经说：“河东土产，菜多于桑，而地宜麻”[⑤]。但到元代后期，余阙说：“晋地土厚而气深，……民又勤生力业，当耕之时，虚里无闲人，野树禾，墙下树桑，庭有隙地即以树菜茹麻枲，无尺寸废者”[⑥]。可以认为，二条记载反映了元代河东（今山西）桑树种植有较大的发展。在元代后期，植桑已是河东农民家庭不可缺少的副业。

---

① 马祖常：《邢公神道碑》，《石田文集》卷12。
② 赵孟頫：《姜公墓志铭》，《松雪斋文集》卷8。
③ 苏天爵：《尚侯惠政碑》，《滋溪文稿》卷18。
④ 《文忠集》卷6。
⑤ 《河东罪言》，《陵川文集》卷32。
⑥ 《梯云庄记》，《青阳集》卷3。

河南行省北部汴梁路有桑，见前述。诗人迺贤作《颍州老翁歌》，诗中的“老翁”原是“城东”“大户”，家有“腴田十顷桑阴围”①。颍州（今安徽阜阳）属汝宁府，在淮河以北。诗人宋褧在沙市看见：“紫椹累累桑柘浓，野人生计尽从容”②。沙市元代驿站名，今湖北沙市，当时属河南行省中兴路。河南行省蕲州路属下的蕲春县（今湖北蕲春），县学“之闲田，悉以种桑，岁集之，以补赡学之费”③。显然，蕲春县学所种之桑，是为了出售以补经费之不足的。淮东高邮城，“城下种麦城上桑”④。如皋（今江苏如皋）“泻卤尽桑麻”；上乐（在泰州附近，泰州，今江苏泰州）“有地尽蚕桑，无人不冠履”⑤。从这些记载中可以看出，河南行省种桑的地方是很多的。但也有例外，如：“南阳在宋末为边鄙，桑柘未成，而岁赋丝，民甚苦之”⑥。这是说全国统一之初，南阳地区因战乱的原因，是缺乏桑树的。但这种情况在后来应有所改变。

在大江以南，江浙行省的浙西、浙东、江东、福建，从来都是重要的丝绸产地，桑树栽种的普遍，是很自然的事情。元代有不少诗篇对此有所描述。“陌上采桑桑叶稀，家中看蚕怕蚕饥”⑦。这是杭州西湖的风光。“宿麦青已郁，稚桑黄已稠”⑧。这是庆元的景色。“华亭东有蟠龙塘，塘上姓钱人种桑，就阳避湿浅布子，畦分疃列如针秧”⑨。这是松江华亭种桑的情景。“蚕事忙时三月中，苍苔门径少人踪。抱篮知是谁家子，偶向柔桑陌上逢”⑩。这是诗人在苕溪（属湖州）隐居时的见闻。“商溪溪上日初晴，艳妆彩服踏春明。桑树叶圆蚕出大，布谷夜啼即起耕。”诗人是昆山（今江苏太仓）人。他描写当地上巳

---

① 《金台集》卷10。
② 《沙市道中二站》，《燕石集》卷9。
③ 危素：《蕲春县兴学颂》，《危太朴文集》卷1。
④ 揭傒斯：《高邮城》，《揭傒斯诗集》卷3。
⑤ 陈基：《如皋县》《上乐》，《夷白斋稿》卷3。
⑥ 《元史》卷178，《梁曾传》。
⑦ 顾瑛：《西湖竹枝词二首》，《元诗选初集·玉山璞稿》。
⑧ 戴表元：《丙午二月十五日以府檄出宿了岩》，《剡源文集》卷27。
⑨ 王逢：《题钱庆余绫锦墩》，《梧溪集》卷4下。
⑩ 凌云翰：《晚春》，《柘轩集》卷1。

时节的景物[①]。“泉作溪声石作桥，桑麻成垅接东饶”。诗人经过建德（路治建德，今浙江建德）时写下了自己的观感[②]。“蚕妇携筐入蚕柘，野猿抱子挂松萝”[③]。这是浙东衢州常山的风光。“流水三椽舍，桑阴五亩田”。这是邵武（今福建邵武）诗人黄镇成写他家乡的情景[④]。但是，就是盛产桑蚕的江浙行省，也有一些地区不种或很少种桑树。例如，庆元路的昌国州（今浙江定海）是“斥卤之地，桑麻皆非所宜，民户间有高阜之地，始能种植，可以株计，故丝枲之利绝少[⑤]。”台州路（治今浙江临海）“土不宜桑，岁征丝纩于民，民转市于他所。公（总管朱霁——引者）请正输其直，民甚便之”[⑥]。当然，这样情况是不多的。

江南其他各省种桑也相当普遍。“南州织锦天下奇，家家女儿上锦机。……君不见郭门十里桑柘树，蚕妇朝朝踏风雨”[⑦]。这是庐陵（今江西吉安）刘诜的诗。刘诜一生未出仕，他所描述的显然是江西风光。江西、湖广、四川等省都以出产丝织品闻名，其中四川尤盛，反映出这些地区桑树栽种的发达。云南少数民族亦种桑养蚕。“爨僰之人虽知蚕桑，而未得其法，［张］立道始教之饲养，收利十倍于旧”[⑧]。“爨”即罗罗，今天彝族的先民。“僰”即白人，今天白族的先民。云南边境的“金齿百夷”是今天傣族的先民，“地多桑柘，四时皆蚕”[⑨]。可见在云南桑树栽种是相当普遍的。

二、麻

麻是我国古代传统的纺织作物。元代的麻有大麻和苎麻两种。镇江的地方志说：“大麻，俗名火麻，皮可绩布”。“苎，麻属，……绩其皮可为细布”[⑩]。

---

① 袁华：《上巳日晚步商墓西村》，《耕学斋诗集》卷12。
② 萨都剌：《元统乙亥奉命入闽过建德道中》，《雁门集》卷9。
③ 萨都剌：《常山纪行五首》，《雁门集》卷12。
④ 黄镇成：《春雨南田书事》，《元诗选初集·秋声集》。
⑤ 《大德昌国州志》卷4，《叙物产》。
⑥ 苏天爵：《朱公神道碑》，《滋溪文稿》卷17。
⑦ 刘诜：《织锦歌》，《桂隐诗集》卷3。
⑧ 《元史》卷167，《张立道传》。
⑨ 李京：《云南志略》。
⑩ 《至顺镇江志》卷4，《土产·草》。

苎麻织布，“其布柔韧洁白，比之常布（指大麻织成的布——引者），又价高一、二倍”。“目今陈、蔡间［苎麻］每斤价钞三百文，已过常麻数倍”[①]。所以苎麻的经济价值在大麻之上。苎麻是喜温喜湿的作物，在长江长势好，但在元朝政府编撰、至元十年（1273）刊行的《农桑辑要》中说：“近岁以来，苎麻艺于河南，……滋茂繁盛，与本土无异。”[②] 可见至迟在13世纪中期，苎麻已引进到河南。上述“陈、蔡”都属于河南，便是具体的例证。此后，农学家王祯也说：“苎麻有二种，一种紫麻，一种白苎。……本南方之物，近河南亦多艺之，不可以风土所宜例论也。皮可以织布”[③]。

元代的记载说：“我中原平野沃壤，桑麻万里。”[④] “反思中原好，桑麻展平镜”[⑤]。在北方农业区和桑树一样到处栽种的，是大麻。大都路的宝坻县（今河北宝坻）产麻[⑥]。怀孟路的河阳（今河南孟县）、济源（今河南济源）出麻[⑦]。从现有记载来看，今天的山西地区在元代产麻之地颇多。太原路忻州（今山西忻州）“赋麻布”，保德州（今山西保德）产“麻布”，崞州（今山西原平）产麻，盂州（今山西盂县）产麻布。坚州（今山西繁峙）“纯俭勤农，治麻布为生”[⑧]。平阳路辽山（今山西左权）、榆杜（今山西榆杜）、和顺（今山西和顺）俱出麻布[⑨]。河南嵩州（今河南嵩县）出麻布[⑩]。陕西肤施（今陕西延安）出麻布[⑪]。以上是见自现存《元一统志》残篇的一些记载，很不完备，但亦可看出北方植麻的普遍。

其他文献中亦有不少记载可和《元一统志》相互印证。“河东……地宜

① 《农桑辑要》卷2，《播种·苎麻》。
② 《农桑辑要》卷2，《播种·苎麻木绵》。
③ 王祯：《农书》，《百谷谱集十·杂类》。
④ 胡祗遹：《论司农司》，《紫山大全集》卷22。
⑤ 郝经：《石门》，《陵川文集》卷3。
⑥ 《元一统志》卷1，《中书省·大都路》。
⑦ 《元一统志》卷1，《中书省·怀孟路》。
⑧ 《元一统志》卷1，《中书省·太原路》。
⑨ 《元一统志》卷1，《中书省·平阳路》。
⑩ 《元一统志》卷4，《河南行省·南阳府》。
⑪ 《元一统志》卷4，《陕西行省·延安路》。

麻，专纺绩织布，故有大布、卷布、板布等”①。“晋地土厚而气深，……民又勤生力业，……庭有隙地，即以树莱茹麻枲，无尺寸废者”②。可见山西种麻之盛。汲县（今河南汲县，元代属卫辉路）农村，“宜稻与麻”③。著名理学家许衡写道：“五亩桑麻舍前后，两行花竹路西东”；“百亩桑麻负城邑，一轩花竹对烟岚”④。前者似是赠友人之作，后者写自己的生活，都应是描写苏门（许衡居处，在卫辉路，今属河南辉县）一带风光。顺德路（治邢台，今河北邢台）总管王结“训诲”百姓，要“植禾艺麦”，“更宜种麻，以备纺织”。可见当地产麻，以麻为纺织原料⑤。陕西种麻亦多，当地修筑水渠，引泾水灌溉，订立章程，“三月浇麻白地及秋白地，四月止浇一色麻苗一遍”。五月“麻正仰浇，为苗亦渴”，允许用水人户在“合得水限”内分用⑥。襄阳路农作物中亦有麻⑦。淮东的如皋（今江苏如皋）“泻卤尽桑麻”⑧。13 世纪 40 年代，张德辉应忽必烈之召北上，在漠北驴驹河（今克鲁伦河）看到河畔居民“杂以蕃、汉”，所种之物有麻、麦⑨。这应是现在所知元代种麻最北的地方。

在江南，大麻和苎麻的栽植相当普遍。江浙行省镇江路有大麻（火麻）、苎麻，已见前述⑩。嘉兴路出产麻⑪。平江路昆山州（今江苏太仓）出产苎布⑫。昌国州（今浙江定海）处于海中，“斥卤之地，桑麻皆非所宜”，但在“高阜之地”仍有一些“苎麻”，可以织成“麻布”⑬。浙东的绍兴路种麻大概

---

① 郝经：《河东罪言》，《陵川文集》卷 32。
② 余阙：《梯云庄记》，《青阳文集》卷 3。“枲”，不结子的麻。
③ 王恽：《博望侯庙辨记》，《秋涧先生大全集》卷 36。
④ 许衡：《吴行甫韵》《偶成》，《鲁斋遗书》卷 11。
⑤ 王结：《善俗要义》，《文忠集》卷 6。
⑥ 李好文：《长安志图》卷下，《用水则例》。
⑦ 虞集：《襄阳路南平楼记》，《道园学古录》卷 37。
⑧ 陈基：《如皋县》，《夷白斋稿》卷 3。
⑨ 王恽：《纪行》，《秋涧先生大全集》卷 100。
⑩ 《至顺镇江志》卷 4，《土产·草》。
⑪ 《至元嘉禾志》卷 6，《物产》。
⑫ 《至正昆山郡志》卷 6，《土产》。
⑬ 《大德昌国州志》卷 4，《布帛》。

很少，所以当时有人说“麻非越土所产”[①]。昌国州所属的庆元路可能也差不多[②]。而建德（今浙江建德）则是“桑麻成垅”[③]。福建汀州路（路治，今福建长汀）“蚕业不宜，丝绵罕得，惟以麻枲为业”[④]。诗人刘诜写道：“野人家，……逘屋桐树绕屋麻”[⑤]。所述应是其家乡（江西庐陵，今江西吉安）风光。广州路土产有苎布，潮州路土产麻布，可见当地都种麻[⑥]。湖广行省的宣化县（今广西永福）产“苎麻”，“妇巧习工织，疏而可衣”[⑦]。云南的丽江路巨津州（今属丽江纳西族自治县）也出麻布。[⑧]

在江南很多地方，织麻是农民家庭的一项重要副业。“松灯明，茅屋小，山妻稚子坐团团，长夜缉（绩）麻几至晓”[⑨]。“江南妇，何辛苦，……日间力田随夫郎，夜间缉（绩）麻不上床。缉（绩）麻成布抵官税，力田得米归官仓”[⑩]。

三、棉花

我国古代没有棉花，是从境外传入的。棉花传入有两条途径，一由西北，一由南方。西北一路由中亚传入今天的新疆，再传入内地。这一路传来的棉花是非洲棉（草棉）。南方一路先传入海南、福建、广东，再传到江浙一带。这一路传来的棉花是亚洲棉（中棉）。[⑪] 至元十年（1273）由政府正式刊行指导北方农业生产的《农桑辑要》，专门列有“木绵”一目，这是以前农书中没有的。在该目中详细叙述了栽种“木绵”和取子之法。该书又有关于“苎麻木绵”的专论，其中指出：“木绵亦西域所产。近岁以来，……木绵种于陕右，

① 《元史》卷177，《张升传》。
② 《至正四明续志》卷5《土产》中没有提到麻。
③ 萨都剌：《元统乙亥奉命入闽过建德道中》，《雁门集》卷9。
④ 《元一统志》卷8，《江浙行省·汀州路》。
⑤ 刘诜：《野人家》，《桂隐诗集》卷2。
⑥ 《元一统志》卷9，《江西行省·广州路、潮州路》。
⑦ 《元一统志》卷10，《湖广行省·邕州路》。
⑧ 《元一统志》卷7，《云南行省·丽江路》。
⑨ 曹文晦：《夜织麻行》，《元诗选二集》，第983页。
⑩ 王冕：《江南妇》，《竹斋诗集》卷2。
⑪ 缪启愉：《元刻农桑辑要校释》，第137页。

滋茂繁盛，与本土无异”[①]。可知来自中亚的棉花，至迟在13世纪中叶，已经传入关中平原。英宗至治三年（1323）畏兀儿人燕立帖木儿为西乡（今陕西西乡）达鲁花赤，“又以邑民不知种木棉之利，自兴元求子给社户，且教以种之之法，至今民得其利，而生理稍裕”[②]。原来居住在哈剌火州（今新疆土鲁番）和别失八里（今新疆吉木萨尔）的畏兀儿人，早就熟悉种棉织布之法。西乡隶属于兴元路，兴元路在陕西行省西南部，治南郑，今陕西汉中。可见在此以前棉花已传到南郑（文中兴元即指南郑），至此又由燕立帖木儿引进到西乡。

王祯撰写的农学著作《农书》，完成于13世纪初，书中亦有“木绵”一目，说：“其种本南海诸国所产，后福建诸县皆有，近江东、陕右亦多种，滋茂繁盛，与本土无异”[③]。王祯是北方人，但长期在江南做官。他了解的是南方一路棉花传播的情况，指出这是“南海诸国所产”，先传入福建，又传到江东。王祯写作时曾参考《农桑辑要》，所以又加上“陕右”。他所说南方一路传播的情况是大体符合事实的，但不够全面。宋代文献中已有不少关于棉花的记载，可以看出，当时在琼州（今海南省）、广南西路（今广西）、广南东路（今广东）、福建路的很多地方，都种植棉花[④]。宋、元之际，棉花已经传播到浙西的嘉兴、松江一带。[⑤] 但是同属江浙行省的江东地区（包括今江苏西南部及江西东部）却是不多见棉花的。[⑥]

元平江南以后，在至元二十六年（1289）四月“置浙东、江东、江西、湖广、福建木绵提举司，责民岁输木绵十万匹，以都提举司总之”[⑦]。但到二十八年五月，便下令“罢江南六提举司岁输木绵”[⑧]。有的论者认为这是我国

---

① 《农桑辑要》卷2，《播种·木绵》、《论九谷风土时月及苎麻木绵》。

② 蒲道源：《西乡宣差燕立帖木儿遗爱碣》，《闲居丛稿》卷16。

③ 王祯：《农书》，《百谷谱集十·杂类·木绵》。

④ 漆侠：《宋代经济史》上册。第139～145页，上海人民出版社，1988年版。

⑤ 《至元嘉禾志》卷6，《物产》。

⑥ 谢枋得《谢刘纯父惠木棉布》云“嘉树种木绵，天何厚八闽”，“所以木绵利，不畀江东人”。见《叠山集》卷2。谢主要活动于南宋末年到元代前期。

⑦ 《元史》卷15，《世祖纪十二》。

⑧ 《元史》卷16，《世祖纪十三》。

封建政府向人民榨取棉布实物贡赋之始，这种说法是值得商榷的。元朝惯例，凡设提举司一类机构，通常都是管辖若干人户，从事某种农业或手工业生产，以所获之物上交政府或宫廷。木绵提举司亦应如此，并非在以上地区普遍征收木绵布为实物贡赋。木绵提举司的设立，说明棉花在江南的上述几个地区，都有种植。至于为什么在两年以后又撤消此事，则是不清楚的。[①] 至元二十八年（1291），江西"于课程地税内折收木绵白布"，并规定"已后年例必须收纳"[②]。成宗元贞二年（1296）"始定征江南夏税之制。于是秋税止命输租，夏税则输以木绵布、绢、丝、绵等物"[③]。实际上江南夏税不少地方直接输钱，输实物的只是部分地区。但由此时起，木绵布正式作为江南税粮的一种。这种情况，反映了江南种棉的扩大。成宗大德三年（1299），中央万亿赋源库称，"由本库每年收受各处行省木绵布匹不下五十余万"[④]。万亿赋源库"掌丝绵、布帛诸物"[⑤]，它"收受"的木绵布匹部分来自江南税粮，部分则应来自江南各地的和买。例如，大德十年（1306）江西吉州路、临江路便曾和买木绵布匹[⑥]，至大三年（1310）在江西建昌路折收木绵布七千匹[⑦]，同年在江西和买木绵八万匹，双线单线四万匹，共十二万匹[⑧]。可见和买木绵布匹已成惯例，而且数量很大。如果不是棉花种植范围扩大，元朝政府每年收入如此大量的木绵布匹是不可能的。

上面几年和买的例子都发生在江西。元代江西的棉花种植是很突出的。元代的江西行省包括今江西省和广东省的大部。广东地区早在宋代已是植棉之地，江西行省北部（今江西省）的棉花种植应自广东传入的。上面所说吉州路（治庐陵，今江西吉安）、临江路（治清江，今江西清江）、建昌路（治南

① 从一些记载来看，元朝政府后来以"和买"方式大量征收木绵布。可能因此之故，就没有必要设置木绵提举司组织生产了。

② 《元典章》卷26，《户部十二·和买诸物对物估体支价》。

③ 《元史》卷93，《食货志一·税粮》。

④ 《元典章》卷58，《工部一·关防起纳匹帛》。

⑤ 《元史》卷85，《百官志一》。

⑥ 《元典章》卷22，《户部八·和买诸物税钱》。

⑦ 《元典章》卷22，《户部八·折收物色难议收税》。

⑧ 《元典章》卷26，《户部十二·和买诸物对物估体支价》。

城，今江西南城）显然都是产棉较多的地方。庐陵人刘诜诗：“野人家，瓦少茅半遮。……月色夜夜照纺车，木绵纺尽白雪纱”[①]。可以作为吉州种棉纺棉的证据。农学家王祯曾任吉州路永丰县尹，他重视木棉的推广，对于吉州路一带棉花的栽种，肯定起了有益的作用[②]。但江西也有一些地区不种或很少种棉。元代中期，邢秉仁为抚州路（治临川，今江西抚州）总管，“抚境地税，户部赋木绵织布，民病非所产，即令输直，吏不得舞手取贿，公私俱便之”[③]。

关于浙东棉花种植的记载甚少。元代后期诗人陈高的诗中说：“炎南有橦树，衣被代蚕桑，舍西得闲园，种之漫成行”[④]。陈高是温州平阳（今浙江平阳）人，可知至迟在元代后期，棉花已在当地栽植。大德十一年（1307）瑞安州（今浙江瑞安）“民户吴瑞状告本州王同知下乡体覆折收木绵，取受钞锭”[⑤]。“体覆”“谓究覆虚实也”[⑥]。“折收”应指夏税折收实物。瑞安州在元代中期已实行夏税折收木绵，则其地种植木绵可知。瑞安州也属温州路。但是，浙东其他地区是否普遍种植棉花，不是很清楚的。以庆元路（路治鄞县，今浙江宁波）来说，元朝后期，当地港口从海外进口的物品中有“吉贝花”、“吉贝布”、“吉贝纱”等与棉花有关的物品，但本地物产中却没有关于棉花的记载[⑦]。有关浙西棉花种植的记载较多。松江府在元代已成为棉布的重要产地。黄道婆从海南为松江一带居民带来了比较先进的技术，促进了当地棉布生产的发展，也带来了棉花种植的扩大[⑧]。元末诗人沈梦麟作《黄浦水》，其中说：“黄浦之水不育蚕，什什伍伍种木棉”。“男丁采花如采茧，女媪织花如织绢。”“官帖昨夜下县急，官科木棉四万匹”[⑨]。“黄浦水”即长江下游松江府境内的黄浦江，松江府（包括上海、华亭二县）已成为江南重要的产棉区。

---

① 刘诜：《野人家》，《桂隐诗集》卷2。
② 戴表元：《王伯善农书序》，《剡源文集》卷7。
③ 马祖常：《广平路总管邢公神道碑》，《石田集》卷12。
④ 陈高：《种橦花》，《不系舟渔集》卷3。
⑤ 《元典章》卷16，《户部一·枉被赃诬停职俸例》。
⑥ 徐元瑞：《习吏幼学指南·体量》。
⑦ 《至正四明续志》卷5，《土产》。
⑧ 关于黄道婆引进棉纺技术，详见本书第七章。
⑨ 《花溪集》卷2。

元代镇江路的地方志载：“近土人亦有织木绵为布者”[①] 可见种棉织布在镇江地区已流行开来。

元朝在江东一度设木绵提举司，前引王祯的话说：“近江东……亦多种。”都说明江东在元代棉花栽种已相当普遍。元代中期诗人马祖常诗：“江东木绵树，移向淮南去，秋生紫萼花，结绵暖如絮”[②]。淮南指长江与淮河之间广大地区，即两淮（淮东、淮西）。可知由南方一路传入的棉花，至迟在元代中期已经到达两淮一带。王祯说：“夫木绵产自海南，诸种艺制作之法骎骎北来，江淮川蜀既获其利，至南北混一之后，商贩于北，服被渐广，名曰吉布，又曰棉布”[③]。则“川蜀”亦应有棉花种植。云南有莎罗树，“出金齿及元江地面。树大者高三、五丈，叶似木槿，花初开黄色，结子变白。……破其壳，中如柳绵，纺为线，白氎、兜罗锦皆此为之，即汉地之木棉也”[④]。云南的莎罗树与闽、广的木棉大概不是一个品种。

在黄河以北号称“中原”的农业区，棉花传播的情况，是不很清楚的。诗人迺贤在14世纪中叶由南方前往大都（今北京），根据见闻写下不少诗篇，其中之一是《新乡媪》：“蓬头赤脚新乡媪，青裙百结村中老。日间炊黍饷夫耕，夜纺棉花到天晓。棉花织布供军线，借人辗谷输公田”[⑤]。新乡属卫辉路，在“腹里”范围之内。这是现在文献中关于“腹里”地区种棉纺织的明确记载。但这是“腹里”的特殊例子，还是普遍的现象，却难以下结论。新乡的棉花，是由西北路线传入，还是东南路线的传播，也是不清楚的。

中国古代的纺织原料，主要是丝和麻。从宋代起，棉花开始成为一种重要纺织原料，在丝、麻之后，居第三位。棉花向大江南北的广泛传播，则是元代的事情。从种种迹象看来，棉花的种植和纺制成布，在元代已很普遍，出现了与麻并驾齐驱的势头。可以认为，元代的纺织原料，丝、麻、棉鼎足而三，到了明代，棉花的重要性就超过了麻。也就是说，在棉花的传播发展历程中，元

---

① 《至顺镇江志》卷4，《地产·布帛》。

② 《淮南田歌十首》，《石田集》卷5。

③ 王祯：《农书》，《农器图谱集十九·纩絮门，木绵附》。

④ 李京：《云南志略》。

⑤ 《金台集》卷1。

代是一个重要的转折点。

四、芝麻

芝麻，又作胡麻、脂麻、油麻，是一种油料作物。农学家王祯说：胡麻有乌、白两种，“乌者良，白者劣”。“取其油可以煎烹，可以燃点，其麻又可以为饭”①。元代宫廷饮食著作则将芝麻分为白芝麻与胡麻②，显然认为胡麻就是乌（黑）芝麻。镇江的地方志说：“麻有二种，曰胡麻，曰白麻。胡麻可饭，白麻可压油”③。另一种民间饮食著作也认为，“胡麻，味甘，性平，即黑脂麻”。还有一种白脂麻。④

芝麻种植在南北都相当普遍。在南方，除了上述镇江以外，同属江东的集庆路（路治集庆，今江苏南京）有油麻。⑤ 嘉兴路同。⑥ 浙东庆元路（路治今浙江宁波）有芝麻。⑦ 江西行省的广州路（路治今广州）亦产脂麻。⑧ 王祯总结当时垦荒的经验，指出：“耕荒毕，以铁齿镉锛过，漫种黍稷或脂麻、绿豆，耙劳再遍，明年乃中为谷田。今汉沔淮颍上率多创开荒地，当年多种脂麻等种，有收至盈溢仓箱速富者”⑨。“汉沔淮颍上”指的主要是长江中下游与淮河之间的土地，约当河南行省的南部。这是元、宋长期交战之地，土地荒芜。王祯的意思是，开垦荒地，第一年须种脂麻等物，第二年才能种谷。河南行省南部在全国统一以后曾大规模开垦荒地，第一年种脂麻的很多，有些人因此致富。元末，邳州（今江苏邳县）人李二，有芝麻一仓，荒年用来赈济贫民，因而号称芝麻李，后来成为农民起义的领袖。⑩ 邳州属河南行省归德府，邻近淮东。他的事例与王祯所述可以相印证。

---

① 王祯：《农书》，《百谷谱集二·胡麻》。
② 忽思慧：《饮膳正要》卷3，《米谷品》。
③ 《至顺镇江志》卷4，《土产·谷》。
④ 贾铭：《饮食须知》卷2，《谷类》。
⑤ 《至正金陵新志》卷7，《田赋志·物产》。
⑥ 《至元嘉禾志》卷6，《物产》。
⑦ 《至正四明续志》卷5，《土产》。
⑧ 《大德南海志》卷7，《物产》。
⑨ 王祯：《农书》，《农桑通诀二·垦耕篇》。
⑩ 权衡：《庚申外史》卷上。

有关北方地区芝麻种植的记载不多。陕西延安路宜君县（今陕西宜君）产胡麻。[①] 辽阳大宁路兴中州（今辽宁朝阳）出芝麻[②]。“腹里”地区亦应出产芝麻，可惜缺乏记载。

五、蔬菜

蔬菜对于农业区的居民来说，是饮食中必不可少的组成部分。“夫养生必以谷食，配谷必以蔬茹，此日用之常理，而贫富不可阙者”[③]。元代南北比较普遍栽种的蔬菜有萝卜、茄子、黄瓜、冬瓜、瓠、芥、菠稜（赤根）、莴苣、苋菜、芋、韭、姜、葱、蒜、薤、菘（白菜）、竹笋、茭白、葵菜、菌子（蘑菇）、蔓菁等[④]。萝卜“可广种，成功速而为利倍”，因而“在在有之。”“美者生熟皆可食，腌藏腊豉，以助时馔。凶年亦可济饥。功用甚广，不可具述”。茄子有不同品种，紫茄“在在有之”，青茄、白茄等“中土颇多，南方罕得。”“茄视他菜为最耐久，供膳之作，糟腌豉腊，无不宜者。”菠稜就是现在的菠菜，是“可用之菜”，遍布南北。黄瓜“生熟皆可食，烹饪随宜，实夏秋之嘉蔬也。”冬瓜“今在处园圃皆莳之，”“此瓜耐久，经霜乃熟，又可藏之弥年不坏。今人亦用为蜜煎，其犀用于茶果，则兼蔬果之用矣”。瓠“有甘、苦二种，甘者供食，苦惟充器耳。……累然而生，食之无穷，最为佳蔬，烹饪无不宜者”。韭“至春其芽早出，长可二、三寸，以为尝新韭。城府士庶之家，造为馔食，互相邀请，以为嘉味。剪而复生，久而不乏，故谓之长生。实蔬菜中易而多利，食而温补，贵贱之家，不可阙也。”[⑤] 其他各种蔬菜，也各有特色。

元代蔬菜中有两种是应该特别提及的。一种是胡萝卜。明代李时珍说，胡萝卜“元代始自胡地来，气味微似萝卜，故名”[⑥]。但是在南宋的地方志中已

---

① 《元一统志》卷4，《陕西行省·延安路》。

② 《元一统志》卷2，《辽阳行省·大宁路》。

③ 王祯：《农书》，《农桑通诀集二·播种篇》。

④ 关于元代蔬菜的品种，在王祯《农书》、忽思慧《饮膳正要》、贾铭《饮食须知》等书中记载较详。

⑤ 王祯：《农书》，《百谷谱三、四、五》。

⑥ 李时珍：《本草纲目》卷26，《菜部·胡萝卜》。

见有关此物的记载[①]，可见李时珍所说并不确切。但可以肯定的是，胡萝卜以“胡”为名，确自“胡地”也就是外国传来，而且正是在元代无论南、北，均有种植，在食用菜蔬中占有重要的地位。另一种回回葱，“其形如扁蒜，层叠若水精葱，甚雅，味如葱等，腌藏生食俱佳”[②]。从有关文字记载及图像看来，回回葱应该就是现在的洋葱。它显然是由“回回地面”（伊斯兰地区）传入的，所以有此名称。

元代中期曾任彰德路总管的王结劝导百姓说：“今农民虽务耕桑，亦当于近宅隙地种艺蔬菜，省钱转卖。且韭之为物，一种即生，力省味美，尤宜多种。其余瓜、茄、葱、蒜等物，随宜栽种，少则自用，多则货卖。如地亩稍多，人力有余，更宜种芋及蔓菁、苜蓿，此物收数甚多，不惟滋助饮食，又可以救饥馑度凶年也”[③]。

元代农村居民，大多种植蔬菜，供自己食用。不少城市居民，亦在庭院中种菜，例如曾在政府中历任各种官职的马祖常，便曾在自己居处“治方一畛地，横纵为小畦者二十一塍，……杂芦菔、蔓菁、葱、薤诸种，布分其间。”“菜熟芼羹，以侑廪米之馈馏”[④]。但是更多的城市居民，则需要市场上的蔬菜供应。元代大都有菜市多处，分别在“丽正门三桥，哈达门，丁字街”以及和义门外[⑤]。江西人聂以道，“为县尹，有一卖菜人，早往市中买菜”，拾到遗钞，引起纠纷，聂以道加以公正处理[⑥]。聂任职的地方江华县[⑦]，属湖广行省道州路（今属湖南），是比较偏僻的地方，尚有菜市，其他地方可以想见。有些郊区，出现了以种植蔬菜为生的专业户：“凡近城郭园圃之家，种［韭］三十余畦，一月可割两次，所易之物，足供家费。……至冬，移根藏于地屋荫中，培以马粪，暖而即长，高可尺许，不见风日，其叶黄嫩，谓之韭黄，比常

---

① 《绍定澉水志·物产门·菜》。
② 《析津志辑佚》，《物产》，第226页。
③ 王结：《善俗要义》，《文忠集》卷6。
④ 马祖常：《小圃记》，《石田文集》卷8。
⑤ 《析津志辑佚》，《城市街市》，第5页。
⑥ 杨瑀：《山居新话》。
⑦ 刘岳申：《聂以道墓志铭》，《申斋文集》卷8。

韭易利数倍，北方甚珍之”[①]。韭黄的栽培，完全为了市场的需要。“都人卖韭黄，腊月破春光。土室方根暖，冰盘嫩叶香。十金酬好价，一筋惬初尝。何以江南种，青春雪里长”[②]。山区居民采集菌子，“新采趁生煮食，香美。曝干则为干香蕈。今深山穷谷之民，以此代耕，殆天茁此品，以遗其利也”。这些干香蕈，就是在市场上出售的，山区居民以此获利，可以“代耕”。山区居民还用朽木培植香蕈，“虽逾年而获利，利则甚博”[③]。

六、果品

元代常见的果品有梨、桃、李、梅、樱桃、柰、林檎、杏、枣、栗、柿、西瓜、葡萄、花生、桑椹、甜瓜等。还有一些果品只生长于南方，有杨梅、甘蔗、桔、柑、柚、宜母（柠檬）、橄榄、香蕉、龙眼、荔枝、橙等。还有“出回回田地”的八檐仁、必思答等[④]。花生原系海外产物，分小粒型和大粒型两种。小粒型花生在元代已传入，被当时人视为“果类”：“近出一种落花生，诡名长生果，味辛苦甘，性冷，形似豆荚，子如莲肉”[⑤]。至于大粒型花生，则是明末清初传入的。甘蔗原是南方的果品，特别是两广、福建一带，百姓以甘蔗汁煎糖。但元代在大都周围地区亦曾种植甘蔗，官修农书《农桑辑要》中专门列有“甘蔗”一条：“如大都天气，宜三月内下种，迤南喧热，二月内亦得”[⑥]。

果品在城乡均有种植。元朝政府鼓励农民种植桑枣树，目的显然为了备荒[⑦]。彰德路总管王结说：“其附近城郭去处，当种植杂果货卖，亦资助生理之一端也”[⑧]。种栽果品，固然供平时食用和备荒，但更多是为了货卖。大都

---

① 王祯：《农书》《百谷谱集五·蔬属》。

② 刘崧：《北平十二咏》，《槎翁诗集》卷4。刘崧是在明朝初年到北平（大都改名）的，所述情况应与元代相同。

③ 王祯：《农书》，《百谷谱集四·蔬属》。

④ 《饮膳正要》卷3，《果品》。

⑤ 贾铭：《饮食须知》卷4，《果类》。

⑥ 《农桑辑要》卷6，《药草》。

⑦ 《通制条格》卷16，《田令·农桑》。

⑧ 王结：《善俗要义》，《文忠集》卷6。

有果市，在和义门外、顺承门外、安贞门外[①]。湖州有果行，显然是从事买卖果品的行业组织[②]。果品还可以用曝晒、蜜渍等方法进行加工，长期保存；也可以制作各种饮料；然后再进入市场。也就是说，果品的商品化程度，超过了蔬菜。

七、茶

元代，饮茶成为全国各族、各阶层的普遍嗜好。农学家王祯说："夫茶，灵草也。种之则利溥，饮之则神清，上而王公贵人之所尚，下而小夫贱隶之所不可阙，诚民生日用之所资，国家课利之一助也"[③]。元代民间谚语："早晨起来七件事，柴米油盐酱醋茶"[④]。茶已是人们日常生活中不可缺少的物品。

早期生活于草原的蒙古人，并不知道饮茶。进入中原以后，才有可能接触到茶。在现存文献中，没有13世纪末以前蒙古人饮茶的明确记载。但是，元朝平定江南以后，立即成立福建北苑武夷茶场提举所和常湖等处茶园都提举司，职责是"采摘茶芽，以贡内府"；"岁贡茶芽，直隶宣徽"。宣徽院"掌供玉食"，也就是宫廷饮食。[⑤] 可见宫廷中已有茶的需要。至元十六年（1278），江浙行省平章高兴经过福建武夷山，制"石乳"数斤上献宫廷。后来高兴之子高久住任邵武路总管，就近在武夷督造贡茶，创设焙局，称为御茶园[⑥]。由这些事例，可以推知，忽必烈时代，宫廷中已开始饮茶。宫廷中饮茶的明确记载，则自武宗海山始。"自至大初，武宗皇帝幸柳林飞放，请皇太后同往观焉。由是道经邹店，因渴思茶"。臣属"选水，惟一井水味颇清甘，汲取煎茶以进，上称其茶味特异。内府常进之，茶味色两绝。……自后御用之水日必取焉，所造汤茶比诸水殊胜，邻左有井皆不及也"[⑦]。"至大"是武宗的年号

---

① 《析津志辑佚》，《城池街市》，第7页。

② 《重修东岳行宫记》，《吴兴金石记》卷13。

③ 王祯：《农书》，《百谷谱集十·杂类·茶》。

④ 元代杂剧中常有此语，如武汉臣《李素兰风月玉壶春》、佚名《月明和尚度柳翠》，见《元曲选》，第474、1335页。

⑤ 《元史》卷87，《百官志三》。

⑥ 《武夷山志》卷9下，《溪南·御茶园》。

⑦ 《饮膳正要》卷2，《诸般汤煎》。

(1308～1311)。由这则记载，可知武宗海山有饮茶的习惯，而且他所饮的应是不加其他物料的清茶，所以才会讲究水的品质。元代中期诗人马祖常写道："太官汤羊厌肥腻，玉瓯初进江南茶"[①]。"太官"即负责宫廷饮食的官员，皇帝在饱食肥腻的食物以后，已习惯用茶来帮助消化。元朝的末代皇帝顺帝妥欢帖睦尔对饮茶亦有很大的兴趣，他身边有"主供茗饮"的侍女，高丽女子奇氏便因担任这一职务而得以和皇帝亲近，成为元朝唯一非蒙古血统的皇后[②]。顺帝在内殿与宠臣哈麻"以双陆为戏，一日，哈麻服新衣侍侧，帝方啜茶，即噀茶于其衣。"[③] 宫廷中饮茶成风，必然对蒙古族贵族以至平民产生影响。蒙古族之外，吐蕃地区、云南金齿地区的居民以及两广地区的少数民族，也都有饮茶的。

农学家王祯说，茶的生产，"闽、浙、蜀、荆、江湖、淮南皆有之"[④]。这段话是从前代有关著作中引用的，但对元代大体是适用的。元朝在江州设榷茶运司（后改都转运司），"仍于各路出茶之地设立提举司七处"[⑤]，后来提举的数目有所增加，据记载有16处，按行省加以区分，它们是[⑥]：

江浙行省：杭州、宁国、建宁、常州、湖州、平江、古田建安等处。

江西行省：龙兴、临江。

湖广行省：鄂州、岳州、兴国、潭州、静江、常德。

河南行省：庐州。

元代茶司机构设置屡有变化，实际上设置过茶司的地方可能不止此数。但从以上记载，可以看出，元代产茶以江浙、江西、湖广最盛，江南其他地方和河南行省所属的两淮地区次之。

江浙行省是元代最重要的产茶区，遍布浙西、浙东、江东、福建各地。其中最重要的产茶区有浙西的湖州、常州，浙东的庆元，福建的建宁等。元朝在

① 马祖常：《和王左司竹枝词十首》，《石田文集》卷5。
② 《元史》卷114，《后妃传一》。
③ 《元史》卷205，《哈麻传》。
④ 王祯：《农书》，《百谷谱集十·杂类·茶》。
⑤ 《元史》卷97，《食货志五》。
⑥ 《元典章》卷7，《吏部一·职品·内外文武职品》。榷茶提举司提举从五品。

湖、常地区设常湖等处茶园都提举司，“秩正四品，掌常、湖二路茶园户二万三千有奇。”都提举司下辖乌程、武康德清、长兴、安吉、归安、湖汶、宜兴七提领所”[1]。可知常、湖二路茶园分布很广。当地最有名的是顾渚茶。顾渚是山名，元代属湖州路长兴州（今浙江长兴）。唐代顾渚茶便是贡品，但宋代因当地的金沙泉水枯竭而停止制作。入元以后，金沙泉水重溢，顾渚茶重新生产，成为贡品。[2] 又有阳羡茶，产于宜兴，“阳羡贡茶传四方”[3]。浙东的名茶是日铸茶和范殿帅茶。宋代文献记载说绍兴“日铸岭产茶奇绝。”“日铸岭下有寺名资寿，其阳坡名油车，朝暮常有日，产茶奇绝”[4]。元代诗人柯九思写道：“旋拆黄封日铸茶，玉泉新汲味幽嘉。殿中今日无宣唤，闲卷珠帘看柳花”[5]。柯九思在宫中任奎章阁鉴书博士，因而能喝到进贡的日铸茶。范殿帅茶“系江浙庆元路造进茶芽，味色绝胜诸茶”[6]。另据庆元方志记载，“茶，出慈溪县民山，在资国寺冈山者为第一，开寿寺则次之。每取化安寺水蒸造，精择如雀舌细者入贡”[7]。明代的方志则指明这就是范殿帅茶：“造茶局：宋殿帅范文虎贡茶，元因之，就开寿寺置局”[8]。范文虎曾任南宋殿前副指挥使，领禁军，故有殿帅之称。他投降元朝，以此茶入贡，故得名。福建建宁路出产的北苑茶在五代南唐时得名，宋代是贡品，产地在建瓯县的凤凰山。元代仍是贡品，称为“御茶”[9]。还有武夷茶，产于建宁路的崇安县。元朝政府设立建宁北苑武夷茶场提举所进行管理。元代杂剧中有诗：“龙凤团饼不寻常，百草前头早占芳。采处未消峰顶雪，烹时犹带建溪香”[10]。说的是北苑茶。诗人胡助写道：“武夷亲采绿茸茸，满屋春香日正融”。说的是武夷茶[11]。可见福建出产

---

① 《元史》卷87，《百官志三》。
② 陶宗仪：《南村辍耕录》卷26，《瑞应泉》。牟巘：《吴信之茶提举序》，《陵阳文集》卷12。
③ 吴克恭：《阳羡茶》，《元诗选三集·寅夫集》。
④ 《嘉泰会稽志》卷17，《日铸茶》。
⑤ 柯九思：《春直奎章阁二首》，《草堂雅集》卷1。
⑥ 《饮膳正要》卷2，《诸般汤煎》。
⑦ 《至正四明续志》卷5，《草木》。
⑧ 《天启慈溪县志》卷5，《县治》。
⑨ 叶子奇：《草木子》卷3下，《杂制篇》。
⑩ 马致远：《吕洞宾三醉岳阳楼》，《元曲选》，第618页。
⑪ 胡助：《茶屋》，《纯白斋类稿》卷9。

的这两种茶在当时是享有盛名的。元朝的官方文书说：“福建等八路民户采造茶货，私与客旅成交，侵衬官课”[①]。可见除建宁外，福建其余地区也都有茶的生产。

元朝在江州（今江西九江）设榷茶运司，“总江淮、荆湖、福广之税”[②]。这一方面因为江州地处长江中、下游之交，是茶流通的枢纽之地；另一方面则因为江西茶叶生产普遍。江州庐山太平兴国宫在宫前后种植“松杉柏茗，皆摘实掇子，畦而苗之，移置其地。”“茗”就是茶树。又“创茶磨四所，凡四十二盘于德化”[③]。道观如此，民间种茶更不在少数。当时有人说：“民间止用江西末茶，各处叶茶”[④]。可见江西产茶之盛。江西的名茶是双井茶，诗人柳贯写道：“旧闻双井龙团美，近爱麻姑乳酒香。不到洪都领佳绝，吟诗真负九回肠”[⑤]。洪都即指今江西南昌。江西行省属下的广州路，“茶诸县并出”[⑥]。湖广行省设榷茶提举司之地颇多，说明产茶相当普遍。大德四年（1300），永州路（路治今湖南零陵）水站户唐子谠等“在家将梯己米石博换到茶货共计二百”[⑦]，可见永州亦是产茶之地。出产于潭州路的湘潭茶是当时名茶之一[⑧]。湖广行省南部还出产一种苦薆茶，“生宣化县大林中，岁春首发秀，季月采摘叶苗蒸熟，制磨成镲，其味最奇。俗传邕乃南州，盛暑炎热，又兼烟瘴之地，苦薆草叶相合，日食之如常，以避炎暑，稍压瘴气”[⑨]。宣化县属邕州路（路治今广西南宁），苦薆茶比普通茶叶约大三倍，茶味苦涩，是一种产于两广地区与我国一般茶种不同的大叶茶。[⑩]

世祖至元五年（1268），“榷成都茶，于京兆、巩昌置局发卖”[⑪]。可见全

---

① 《元典章》卷22，《户部八·茶课·私茶罪例》。
② 《元史》卷94，《食货志二》。
③ 姚燧：《太平宫新庄记》，《牧庵集》卷9。
④ 《草木子》卷3下，《杂制篇》。
⑤ 柳贯：《洪州歌十五首》，《柳待制文集》卷6。
⑥ 《元一统志》卷9，《江西行省》。
⑦ 《元典章》卷22，《户部八·茶课·茶法》。
⑧ 贾铭：《饮食须知》卷5，《味类》。
⑨ 《元一统志》卷10，《湖广行省·邕州路》。
⑩ 李璠：《云南大叶茶与茶的起源》，《农业考古（中国茶文化专号）》，1993年第4期。
⑪ 《元史》卷94，《食货志二》。

国统一以前，四川茶已运销到陕西等地。元朝统一以后，在四川设盐、茶运司，兼管盐、茶的产销。碉门（今四川天全，在雅安西北）是汉、藏交易的场所，当地“民岁摘茗，官收籴之，为局自鬻”。后来“变其法，听民入券，自与羌市”[①]。元代宫廷饮食著作中列有“西番茶”，“出本土，味苦涩，煎用酥油”[②]。这与其他文献中提到的“西番大叶茶”应是一回事[③]，很可能就是碉门一带所产，因为“羌”（指藏族及周围邻近民族）地所产，故以“西番”命名。既称之为“大叶茶”，很可能与上述苦萲茶属于同一类。而“煎用酥油”，显然是藏族的习惯。宫廷饮食著作中又记，“川茶、藤茶、夸茶，皆出四川”[④]。“川茶”应是产于四川其他地区茶叶的通称。“夸茶”的“夸”，应与“銙”、“胯”通，应是茶叶容器的名称。“藤茶”在元代其他记载中未见，但浙江临海近代有藤茶，是从野生茶树中选出培植的，叶片狭长似柳叶，枝条柔软似藤，因而得名。它生于高山之上，产量高，品质优良，既是饮料，又可治病。[⑤] 上述四川藤茶，可能亦因此得名。四川产茶的地区甚多，例如达州（今四川达州）“州南西山产茶”[⑥]。四川雅州（今四川雅安）出产的蒙山茶历来享有盛名，元人的记载中有“蒙茶性温”之说。[⑦] 但雅州后来划归土蕃等处宣慰司都元帅府。云南一些地区亦产茶，“金齿百夷”（傣族先民居地）“交易五日一集，以毡、布、茶、盐互相贸易”[⑧]。四川西南与云南交界处居住着土僚蛮，“常以采荔枝、贩茶为业”[⑨]。可能因为地处边远，产量有限，元朝政府没有在云南设置茶叶产销的管理机构。云南茶在内地亦无影响。

河南行省属下的庐州路（治今安徽合肥）设有榷茶提举司，可见当地亦产茶。庐州路六安州（今安徽六安）出产的六安茶，是当时名茶之一。[⑩] 但大

---

① 姚燧：《张公神道碑》，《牧庵集》卷2。
② 《饮膳正要》卷2，《诸般汤煎》。
③ 《元史》卷94，《食货志二》。
④ 《饮膳正要》卷2，《诸般汤煎》。
⑤ 何达兴：《兰田藤茶》，《农业考古（中国茶文化专号）》，1996年第4期。
⑥ 《元一统志》卷5，《四川行省》。
⑦ 《饮食须知》卷5，《味类》。
⑧ 《云南志略》。
⑨ 《云南志略》。
⑩ 《饮食须知》卷5，《味类》。

德八年（1304）三月“罢庐州路榷茶提举司”[1]，说明当地产量有限。光州（今河南潢川）亦有茶，“光人采茶山中以为饮”[2]。陕西行省金州石泉县（今陕西石泉）有“茶园”[3]。但总的来说，长江以北茶叶的种植是很有限的。

见于宫廷饮食著作的有一种“温桑茶”，“出黑峪”[4]。元代诗人宋本在《上京杂诗》中写道：“塞垣蔬茹黑谷茶，芸桑叶子芍药芽”[5]。黑谷应即黑峪，黑谷茶应即温桑茶。元代由大都（今北京）至上都（今内蒙正蓝旗境内）道路有三条，东道经过黑谷，在缙山县（今北京延庆县）东北，今名黑峪口[6]。此地应即温桑茶产地。这一地区气候寒冷，不宜于茶树成长，温桑茶应是一种茶的代用品。[7] 同样见于宫廷饮食著作还有“孩儿茶”，“出广南”[8]。这一记载曾引起不少误会，实际上孩儿茶是一种药物，与茶无关。

从制作方法来说，当时的茶可以分为茗茶（又作草茶、叶茶）和末茶两大类。茗茶（草茶、叶茶）就是现在通行的散条形茶，摘取嫩叶，锅炒杀青而成。末茶则是将茶叶采摘以后，蒸过捣碎，印制成饼。又有蜡茶，则是末茶中的精品：“蜡茶最贵，而制作亦不凡。择上等嫩芽，细碾入罗，杂脑子诸香膏油，调剂如法，印作饼子，制择精巧。候干，仍以香膏油润饰之，其制有大小龙团带胯之异。此品惟充贡献，民间罕见之”[9]。之所以称为蜡茶，是因为茶饼表面润饰香膏油，光滑如蜡。茗茶一般在水沸后投入，略煎片刻，然后饮用。末茶（蜡茶）则将茶饼碾成末，然后用沸水冲泡饮用。元代茗茶（草茶、叶茶）与末茶（蜡茶）并行，“煎茶”与“点茶”齐用，可以说是中国饮茶史上的一个过渡时期。到了明代，末茶渐衰，茗茶占上风，后来又发展为点泡

---

① 《元史》卷21，《成宗纪四》。

② 虞集：《相乡阡碑》，《道园学古录》卷15。

③ 《元一统志》卷4，《陕西行省》。

④ 《饮膳正要》卷2，《诸般汤煎》。

⑤ 《永乐大典》卷7702。

⑥ 陈高华、史卫民：《元上都》，第42页。吉林教育出版社，1988年版。

⑦ 北宋雍熙二年（985），“民造温桑伪茶，比犯真茶计直十分论二分之罪。”（《宋史》卷183，《食货志五·茶上》。）金章宗时，在河南设官制茶，前去视察的官员回来报告，“谓如温桑，实非茶也”。（《金史》卷49，《食货志四·茶》。）可见温桑早已有之，是“伪茶”。究竟为何物，待考。

⑧ 《饮膳正要》卷2，《诸般汤煎》。

⑨ 王祯：《农书》，《百谷谱集十·杂类·茶》。

散条形茶。

第三节 农业生产工具、技术和粮食产量

元代的农业生产工具，名目繁多。农学家王祯撰写的《农书》，分为《农桑通诀》、《百谷谱》和《农器图谱》三部分。其中《农器图谱》分为20集，261目，有图有说，图文并茂，对于研究我国古代农业生产工具，具有极其重要的价值。所述农具，包括耕作农具（犁、耙、耖、耮、铁搭、铲、耘荡、耧锄等），播种工具（耧车、砘车、瓠种等），中耕除草工具（耧锄、耘荡、耘爪、耘耙等），收割工具（镰、推镰、竹杷、禾钩、搭爪、连枷、麦笼等），加工工具（连磨、油榨、水磨、水碾、水砻、水转连磨等），储藏设备（仓、囷、筐、畚等），灌溉工具（水转翻车、高转筒车、风车），劳动保护工具（蓑、笠、臂篝、秧马、薅马等）以及各种辅助工具（秧弹、耕索、斧、锯等），不下百种。这些工具中的大多数是从前代延续下来的，只有少数可以算是元代创造或稍前时代创造，但见于元代记载的，如耕作用的铁搭、砘车，中耕除草用的耘荡、耘锄，收割用的推镰、麦笼，以及灌溉用的水转翻车、高转筒车等。

“铁搭四齿或六齿，其齿锐而微钩，似耙非耙，斸土如搭，是名铁搭。……柄长四尺。南方农家或乏牛犁，举此种地，以代耕垦，取其疏利”。这种农具“始见于江浙”①。它是适合于土壤粘重的水田农作的高效率工具，有利于深耕，也可作碎土、平田之用。② 砘车，“砘，石碢也，以木轴架碢为轮，故名砘车。……凿石为圆，径可尺许，窍其中以受机栝，畜力挽之，随耧种所过沟垅碾之，使种土相著，易为生发”③。这是一种将种子和土壤紧实，使其易于出苗的工具。耘荡，“江浙之间新制也，形如木屐而实，长尺余，阔约三寸，

① 王祯：《农书》，《农器图谱集二·镢臿门》。
② 参看李伯重：《宋末至明初江南农业技术的变化》，《中国农史》，1998年第1期。
③ 王祯：《农书》，《农器图谱集二·耒耜门》。碢，石砣子。

底列短钉二十余枚，簨其上，以贯木柄。柄长五尺余。耘田之际，农人执之，推荡禾垅间草泥，使之溷溺，则田可精熟，既胜耙锄，又代手足，况所耘田数，日复兼倍”。比起原来农民“皆以两手耘田，匍匐禾间，膝行而前，日曝于上，泥浸于下”来[①]，不但减轻了劳动强度，而且提高了效率。这种工具既是“新制”，应创自元代无疑。耧锄，是一种用于旱地的牛耕农具，用驴牵引，“入土二、三寸，其深痛过锄力三倍，所办之田日不啻二十亩。今燕、赵多用之，名曰劐子”。它的出现应在金、元之际。[②] 推镰是一种收割器具，“形如偃月，用木柄，长可七尺，首作两股短叉，架以横木，约二尺许，两端各穿小轮圆转，中嵌镰，刃前向，仍在右加以斜杖，谓之蛾眉杖，以聚所劐之物。”使用时“执柄就地推去”，“子既不损，又速于刀刈数倍，此推镰体用之效也”[③]。麦笼，“盛芟麦器也。”是用竹制成的容器，“载以木座，座带四碢”，“芟麦者腰系钩绳牵之，且行且曳。”配合使用的是麦钐（“芟麦刀”）和麦绰（“抄麦器”）。麦钐装在麦绰上。割麦时，农民挥动麦绰，麦穗便被麦钐割断，落入绰内，然后再倒在农民身后的麦笼里。麦钐唐代已见使用，但麦笼、麦钐、麦绰联合收割则是元代的创造。以上这些工具的创制使用，对于农业生产都有一定的积极作用。至于灌溉工具方面的创新，更是元代的特色，在本书第五章中有所说明，这里不再叙述。

总的来看，元代的农业生产工具，分工很细，每个生产环节，都有专门的工具。而且因地制宜，同样的工具，南北东西往往有所不同。例如下种的耧车，“今燕、赵、齐、鲁之间多有两脚耧，关以西有四脚耧，但添一牛，功又速也”[④]。北方旱地用曲颈的耧锄，南方则用“直项锄头”，叫做镬锄。[⑤] 中国古代农业生产工具，发展到元代，可以说是一个高峰，以后再没有重要的创造。

---

① 王祯：《农书》，《农器图谱集二・钱镈门》。

② 《农桑辑要》卷2《播种・种谷》引《种莳直说》。按，《种莳直说》一般认为是蒙古国时代的作品。

③ 王祯：《农书》，《农器图谱集五・铚艾门》。

④ 王祯：《农书》，《农器图谱集二・耒耜门》。

⑤ 王祯：《农书》，《农器图谱集四・钱镈门》。

在土地利用方面，元代也在前代基础上，有所进展。王祯的《农书》中记载了当时几种土地利用的方式。(1）围田，“筑土作围，以绕田也。盖江淮之间，地多薮泽，或濒水，不时淹没，妨于耕种。其有力之家，筑土作堤，环而不断，内容顷亩千百，皆为稼地。后值诸将屯戍，因令兵众分工起土，亦仿此制，故官民异属。复有圩田，谓叠为圩岸，捍护外水，与此相类，虽有水旱，皆可救御。凡一熟之余，不惟本境足食，又可赡及邻郡。……富国富民无越于此”①。围田与圩田，都是筑围（圩）挡水，开辟农田。这种做法由来已久，宋代有很大的发展。元代的围田，主要在江淮之间和浙西地区。“蟠互参淮甸，纡回际海壖，官民皆纪号，远近不相缘”②。是当地军民根据自然环境采取的办法，对于土地的开垦起了重要的作用。至元二十四年（1287），刘济“以二千人与十将之士屯田芍陂，收谷二十余万，筑堤二百二十里，建水门水闸二十余所，以备蓄泄”③。所筑之“堤”，就是围田之围。浙西围田在宋代已很流行，元朝统一之后，水利专家任仁发说：“浙西之地低于天下，而苏、湖又低于浙西，淀山湖又低于苏、湖，彼中富户数千家，每岁种植茭芦，编钉桩筱，围筑埂岸”，“尽成膏腴之田”④。其他如练湖，亦多有围湖造田之事。元朝的官员说：“浙西水乡，农事为重，河道、田围，必常修浚，二事可以兼行，而不可偏废。”“修围一事，有司已有定式”⑤。所谓“定式”，是指元朝的水利机构都水庸田司规定的围岸体式，以水为平，分为五等。⑥围田有“系官围田”，也有私人占有的围田。“系官围田”一般由人承佃。“其抛荒积水田土，……劝谕当乡富上人户自备工本，修筑成围，听令本户佃种为主”⑦。私人占有的围田，一般都是“权豪”凭借势力，“围裹成田”⑧。据地方志记载，

---

① 王祯：《农书》，《农器图谱集一·田制》。又见同书《农桑通诀集三·灌溉篇》。

② 王祯：《农书》，《农器图谱集一·田制》。又见同书《农桑通诀集三·灌溉篇》。

③ 虞集：《福州总管刘侯墓碑》，《道园学古录》卷13。

④ 姚文灏：《浙西水利书·任都水〈水利议答〉》。

⑤ 《浙西水利书·吴执中言顺导水势》。

⑥ 按，《浙西水利书·至大初督治田围》条云，围田“俱照庸田司五等围岸体式修筑。”浙西不少地方志对此均有记载。

⑦ 《浙西水利书·至大初督治田围》。

⑧ 《浙西水利书·吴执中言顺导水势》。

平江路（路治今江苏苏州）“元则有田围，二县四州共计八千八百二十九围”[①]。（2）柜田。柜田实际上是在围田基础上形成的。“筑土护田，似围而小，四面俱置瀽穴，如柜形制，顺置田段，便于耕莳。若遇水荒，田制既小，坚筑高峻，外水难入，内水则车之易涸”。柜田“大至连顷或百亩，内少塍埂殊宽平。牛犁展用易为力，不妨陆耕及水耕”[②]。柜田“似围而小”，是相对于围田（圩田）的小围（圩），它有利于排水防涝，使农田干燥化，将低湿土地改造为可以种植冬季旱地作物的良田。[③]（3）架田，“架犹筏也，亦名葑田。《集韵》云：葑，菰根也。……江东有葑田，又淮东、二广皆有之。”“以木缚为田丘，浮系水面，以葑泥附木架上而种艺之。其木架田丘，随水高下浮泛，自不淹浸。”葑田是在水面上流动的，“从人牵引或去留，任水浅深随上下”[④]。这是一种前代已有的土地利用方式，元代相当普遍，除了王祯所说的江东、淮东、二广之外，浙东上虞县（今浙江上虞）有“白马湖葑田八十五亩”[⑤]。云南，“南诏海中积葑成淤而浮游水上，夷僚耕稼之，号曰葑田。田如不系舟，西东无定，人交相为盗。君（大理金齿宣慰司令史罗文节—引者）命纪字为号，疏其步亩及四畔所属上于官，官为给券，使有所凭。复植木筏海岸，严其畛域，不相淆乱”[⑥]。可见葑田为数亦相当可观。（4）涂田、淤田。涂田是将海滩开辟成田。在淤积沙泥的海滩，“初种水稗，斥卤既尽，可为稼田。……沿边海岸筑壁，或树立椿橛，以抵潮泛。田边开沟，以注雨潦，旱则灌溉，谓之甜水沟。其稼收比常田，利可十倍，民多以为永业”[⑦]。庆元路（路治今浙江宁波）儒学“有涂田三百一十亩有奇，隶鄞（鄞县—引者）之东鄙”[⑧]。余姚州（今浙江余姚）“开元、孝义二乡有海涨涂田，每岁亭民据之，以专菽麦

① 《洪武苏州府志》卷10，《税赋》。
② 王祯：《农书》，《农器图谱集一・田制》。
③ 李伯重：《宋末至明初江南人口与耕地的变化》，《中国农史》，1997年第3期。
④ 王祯：《农书》，《农器图谱集一・田制》。
⑤ 陈恬：《上虞县五乡水利本末・元佃湖田》。
⑥ 宋濂：《罗君墓志铭》，《宋文宪公集》卷11。
⑦ 王祯：《农书》，《农器图谱集一・田制》。
⑧ 虞师道：《庆元路儒学涂田记》，《两浙金石志》卷16。

瓜蔬之利，……计二百四十有一亩”[①]。昌国州（今浙江定海）因为四面环海，涂田颇多。“涂田者，乃海滨涂泛之地，有力之家累土石为堤，以捍潮水，月日滋久，涂泥遂干，始得为田。或遇风潮暴作，土石有一罅之决，咸水冲入，则田复涂矣”[②]。当地“诸色田土”共计2922顷余，另有涂田498顷余，可见涂田比重是相当可观的。南宋时昌国州涂田为276顷余，到元代有很大的增加。“归附后至元十八年方计亩起租，每亩征米二升，为俭于产米，以钞折焉，每升准中统钞六分半”。也就是说，从元代起，涂田已成为纳税的土地。据昌国州官员说，“海涂田亩，各各州县地势高低不等，元科租额不同。”可见浙东沿海一带涂田为数甚多[③]。与涂田相似的是淤田。“又中土大河之侧，及淮湾水汇之地，与所在陂泽之曲，凡潢汙洄互，壅积泥滓，[水]退皆成淤滩，亦可种艺。秋后泥干地裂，布扫麦种于上，此所谓淤田之效也。”淤田主要指北方及两淮河流湾曲之处壅积的泥滩地。“夫涂田、淤田，各因潮涨而成，以地法观之，虽若不同，其收获之利则无异也”[④]。（5）沙田。“南方江淮间沙淤之田也，或滨大江，或峙中洲，四围芦苇骈密，以护堤岸，其地常润泽，可保丰熟。普为塍埂，可种稻秫，间为聚落，可艺桑麻。或中贯潮沟，旱则频溉，或旁绕大港，涝则泄水，所以无水旱之忧，故胜他田也。旧所谓坍江之田，废复不常，故亩无常数，税无定额，正谓此也。”“今国家平定江南，以江淮旧为用兵之地，最加优恤，租税甚轻，至于沙田，听民耕垦自便，今为乐土”[⑤]。诗人马臻作《清河舟中二首》，第一首说：“长淮渺渺接风沙”，清河显然是淮河的支流。第二首说：“岁旱沙田久废钼，萧条民屋尽桑枢”[⑥]。所说的正是淮河边的沙田，因天旱，沙田无法耕种。看来王祯所说“无水旱之忧”，是有些夸大的。此外，“黄河两岸，多有退滩闲地”，“河水走卧不常，

---

① 孙元蒙：《余姚州儒学核田记》，《越中金石记》卷10。
② 《大德昌国州志》卷3，《叙赋》。
③ 《大德昌国州志》卷3，《涂田》。
④ 王祯：《农书》，《农器图谱集一·田制》。
⑤ 王祯：《农书》，《农器图谱集一·田制》。
⑥ 《霞外诗集》卷4。

今日河槽明日退滩”[①]。“河水迁流无常，民讼退滩，连岁不绝”[②]。可见黄河边的退滩地是不稳定的，和淮河边的沙田是很相近的。

以上所说几种土地利用方式，都是与水争地，江淮以南最盛，中原地区亦有。此外还有梯田，“谓梯山为田也。夫山多地少之处，除磊石及峭壁例同不毛，其余所在土山，下自横麓，上至危巅，一体之间，裁作重磴，即可种艺。如土石相半，则必叠石相次，包土成田。又有山势峻极，不可展足，播殖之际，人则伛偻蚁沿而上，耨土而种，蹑坎而耘。此山田不等，自下登陟，俱若梯磴，故总曰梯田。上有水源，则可种秔秫，如止陆种，亦宜粟麦。盖田尽而地，地尽而山，山乡细民必求垦佃，犹胜不稼。其人力所致，雨露所养，不无少获”[③]。开辟梯田，要付出艰辛的劳动，但收获则是有限的。梯田主要见于大江以南。

无论是与水争地的围田、圩田、架田（葑田）、涂田、淤田、沙田，或是在山上开辟的梯田，都是前代已经存在的土地利用方式。元朝继续采用这些方式，扩大耕地的面积，增加粮食的产量，取得了明显的效果。至于柜田，则应是元代的首创，对于低湿土地的改造具有重要的意义。当然，河湖落湾地区过度围垦，会引起水道堵塞，河湖面积缩小，导致蓄水量减少，水系混乱。这种情况在浙西特别明显。元代不断有人要求禁止浙西“军民官势侵占水面为田”[④]，便可见这种现象之严重，但元朝政府并未就此采取有力的措施。

与前代相比较，元代的农业生产技术有几个方面是很突出的。

在宋代，江南地区稻麦二熟制已经相当普遍。稻后种麦，一年二熟，提高了土地使用率，而且由于土地水旱交替使用，也使土壤得以熟化和培肥。为了实现稻麦两熟，需要整地排水，元代在这方面已有成熟的经验。“高田早熟，八月燥耕而熯之，以种二麦。其法：起坺为疄，两疄之间自成一甽，一段耕毕，以锄横截其沟，泄利其水，谓之腰沟。二麦既熟，然后平沟甽，蓄水深

① 王恽：《定夺黄河退滩地》，《秋涧先生大全集》卷91。

② 姚燧：《忙兀公神道碑》，《国朝文类》卷59。

③ 王祯：《农书》，《农器图谱集一·田制》。

④ 《浙西水利书·泰定初开江》。

耕，俗谓之再熟田也”[1]。这种开沟起塍，沟沟相通的整地排水技术，解决了稻麦二熟制的关键问题，对于江南稻麦二熟制的推广，是有力的促进。在水稻栽培方面，无论育秧技术和大田管理技术都已有系统的相当完善的经验。水稻插秧通常一人插一行，每行插六株，株距五六寸。我国传统的插秧方式，至此已经定型[2]。在北方旱地耕作技术方面，元代总结出了秋耕为主、春耕为辅以及秋耕宜早、春耕宜迟等经验，较之前代也是明显的进步[3]。

栽桑养蚕，是南北农村通行的副业。元代的栽桑养蚕技术已有完整的严密的体系。官修农书《农桑辑要》中“栽桑”、“养蚕”两卷，篇幅约占全书的三分之一，内容详尽，为以前农书所不及。从此书可以看出，在栽桑技术方面有几个突出的进步：(1) 将鲁桑、荆桑[4]二者嫁接，发挥杂交优势，育成条叶茂盛而又树龄长的新品种；(2) 采用压条法以间接延长鲁桑的寿命；(3) 由乔木桑（树桑）为主改为地桑与乔木桑并举[5]。(4) 注意及时剪伐及桑园管理。在养蚕方面，也有系统的完整的经验[6]。

棉花传入以后，传播很快，栽培棉花的技术，经过探索，逐步形成。《农桑辑要》中记载，种植棉花要选择适当的土地，精细整地作畦，播前对种子进行处理，出苗后要浇溉锄治，苗长高后采用整枝打顶技术等等。整枝打顶的具体办法是：“苗长二尺以上，打去冲天心，旁条长尺半，亦打去心，叶叶不空，开花结实”[7]。这项技术是通过“打去冲天心”亦即人工摘除主茎顶尖的办法，来改变棉株体内营养物质的运输方向，使营养物质更多地集中于果枝以减少蕾铃脱落，增加铃重，是一项有利于棉花增产的措施。

---

① 王祯：《农书》，《农桑通诀集二·垦耕篇》。“塍”，高出地面的垅。“垡”同垡，耕地起土。

② 《农桑衣食撮要》。

③ 《农桑辑要》卷2《耕垦·耕地》引《韩氏直说》。

④ 当时北方桑树分为鲁桑、荆桑两大类。“荆桑多椹，鲁桑少椹”，二者在叶、枝干、根几方面都有区别，见《农桑辑要》卷3《栽桑》引《士农必用》。参见王祯：《农书》，《农桑通诀集五·种植篇》。

⑤ 乔木桑高大，地桑主干贴地，或由四、五条盘枝扦插的苗干丛聚在一起，枝条不多，俨然枝从地出。

⑥ 缪启愉：《〈农桑辑要〉标志着农学发展的新阶段》，《元刻农桑辑要校释》，第522～533页。

⑦ 《农桑辑要》卷2《播种·木绵》。按，王祯《农书》中有关木棉栽培的叙述，摘自《农桑辑要》，个别文字有改动。

元代的农业生产，从总体上说，是一家一户为单位的个体生产。每家农户，便是基本的生产单位。但是，在北方，当时存在自发的农业生产互助形式。“其北方村落之间，多结为锄社，以十家为率，先锄一家之田，本家供有饮食，其余次之。旬日之间，各家皆锄治。自相率领，乐事趋功，无有偷惰。间有病患之家，共力助之。故田无荒秽，岁皆丰熟。秋成之后，豚蹄盂酒，递相犒劳，名为锄社，甚可效也”①。元朝政府颁布的《劝农立社事理》，其中规定：“本社内遇有病患凶丧之家不能种莳者，仰令社众各备粮饭器具，并力耕种，锄治收刈，俱要依时办集，无致荒废。其养蚕者亦如之。一社之中灾病多者，两社并助。外据社众使用牛只，若有倒伤，亦仰照依乡原例均助补买”②。显然，这是依据民间自发的互助制定的条文。这种农业生产中的互助方式，是很可贵的。

元代农业生产工具和生产技术的进步，为农业生产的精耕细作创造了条件。元代的农学家提倡精耕细作，反对粗放耕作，如王祯说：“凡人家营田，皆当量力，宁可少好，不可多恶”。“深耕易耨，而岁可常稔”③。但由于客观自然条件和其他种种原因，元代各地区耕作方式的差别是很大的。大体说来，在北方，地广人稀，耕作总的来说比较粗放。忽必烈时期，胡祗遹《论农桑水利》，谈及当时北方农业生产的种种弊病。其中有：“人无余力而贪畎亩之多。……贪多而不量力，一夫而兼三、四人之劳，加以公私事故废夺其时，使不得深耕易耨，不顺天时，不尽地力，膏腴之地，人力不至，十种而九不收，良以此也”。“种植以卤莽灭裂而望丰穰。土不加粪，耕不以时，耙不破块，种每后期，谷麦种子不精粹成熟，不锄不耘。虽地力膏腴，亩可收两石者，亦不得四之一。傥不幸雨泽不时，所得不偿所费。”“不遵古法，怠惰不敏。……今日农家人力弱，贪多种谷，苗高三四寸才撮苗，苗为野草荒芜，不能滋旺丛茂，每科独茎小穗，勤者再锄，怠惰者遂废，所收亩不三、五斗，每斗得米五升，半为糠秕”④。胡祗遹所说，应是当时北方相当普遍的情况。当然，北方

---

① 王祯：《农书》《农桑通诀集三·锄治篇》。
② 《通制条格》卷16《田令》。
③ 王祯：《农书》，《农桑通诀集二·垦耕篇》。
④ 胡祗遹：《紫山大全集》卷22。

也有一些地区，如山西，则大不相同。“晋地土厚而气深，田凡一岁三艺而三熟，少施以粪力，恒可以不竭。引汾水而溉，岁可以无旱。其地之上者亩可以食一人，民又勤生力业，当耕之时虚里无闲人，野树禾，墙下树桑，庭有隙地即以树菜茹麻枲，无尺寸废者，故其民皆足于衣食，无甚贫乏。家皆安于田里，无外慕之好”①。王祯说：“尝闻山西汾、晋之俗，居常积谷，俭以足用，虽间有饥歉之岁，庶免夫流离之患也”②。可见山西的富庶在当时是很有名的，而山西的富庶（主要是中部和南部），除了土地的肥沃外，更得力于耕作者的勤劳和土地的充分利用。和北方相比，南方总的来说比较重视土地的精耕细作，以江浙行省为最。江浙行省中以浙西地区突出。江浙行省之外，其他地区亦有精耕细作的例子，例如江西永丰（今名同）余湘，“躬耕五亩之田以为生，终三时无一隙。其法以深耕胜广亩，亩常收二亩半。其后田愈益多，垦愈益勤，又以率同社人以为常”③。江西行省北部亦是重要产粮区，这里出现精耕细作的农户不是偶然的。但是南方还有不少地区，如江浙行省辖下福建地区的南部，江西行省的中部，湖广行省的西南部，以及四川、云南的不少地方，大多是“土广人稀”、“土旷人稀，山深林密”之地④，耕作粗放。湖广行省的八番顺元地区（今贵州省西部）、四川行省的西部以及云南行省的东北部和西北部，都有比较发达的畜牧业。有些地区的农业还处于刀耕火种的阶段，例如思州（今贵州凤冈）“山菁险恶，则芟林布种，俗谓之刀耕火种”⑤。清远（今广东清远）“无旷原沃壤，刀耕火种，最为辛勤”⑥。总之，南方各地区农业生产是很不平衡的，地区差别是很大的，不能一概而论。

土地的单位面积产量，是衡量农业发展水平的重要标志。元代北方的情况，如上述胡祗遹所说，原来膏腴的土地，“亩可收两石”，现在不到四分之一。他在另一处又说，农民耕种百亩土地，“好收则七八十石，薄收则不及其

① 余阙：《梯云庄记》，《青阳文集》卷3。
② 王祯：《农书》，《农桑通决集四·蓄积篇》。
③ 刘岳申：《余士南墓志铭》，《申斋集》卷8。
④ 《元一统志》卷7，《云南行省·建昌路》；卷8，《江浙行省·汀州路》。
⑤ 《元一统志》卷10，《湖广行省·思州军民安抚司》。
⑥ 《元一统志》卷9，《湖广行省·广州路》。

半”。按此推算，北方每亩粟产量，应在三斗、四斗到七斗、八斗之间，如果去掉糠秕，加工为成品粮，每亩所产粟米，应是一二斗至三四斗不等。其他一些记载可以和胡祗遹所说互相印证。元武宗时，真定（今河北正定）龙兴寺“有赐田盈五千亩，率以夏秋，入止一石，当为谷五千。姑大其耗，糠秕四之，犹得精凿三千”①。则每亩所产平均为一石，去糠秕以后，得成品粮六斗。元朝末年，周伯琦往返上都，途中经过鸳鸯泺（在今河北张北境内），看见当地农民“耕地五、六顷，收粟可二百斛”②。元制二斛一石③，五六顷可收粟百石，则每亩所收不到二斗。鸳鸯泺地势高寒，产量无疑要低一些。综上所述，北方种粟，以原粮来说，每亩低的三斗、四斗，高的可达一石，但经加工为成品粮，则要打对折，或是六折，也就是每亩一斗多到五斗不等。

金代的记载说，河南“上田可收一石二斗，中田一石，下田八斗”④。经过金元之际战争的破坏，劳动力和畜力锐减，耕作方式粗放，土地亩产量必然下降。过去的“中田”产量，现在成为“上田”的产量，是很自然的。当然，像上面所说山西中南部一些地区，粮食亩产量肯定高得多，但这样的地区是不多的。

元代南方的粮食亩产量，由于土地肥瘠和种植者投入的不同，而有很大的差别。由于资料的限制，下面主要就浙西、浙东的情况作一些讨论。需要说明的是，只有少数资料是直接记载亩产量的，较多的资料记载的是地租量，元代地租通常是对半分成（见本书第六章），根据每亩的地租可以大体推知每亩的粮食产量。

先讨论浙西地区。据方回说：“吴中田一亩丰年得米三石，山田好处或一亩收大小谷二十秤，得米两石，皆百合斗”。“予往在秀之魏塘王文政家，望吴侬之野，茅屋炊烟无穷无极，皆佃户也。一农可耕今田三十亩，假如亩收米三石或二石，姑以二石为中，亩以一石还主家，……佃户自得三十石”⑤。方

① 姚燧：《储宫赐龙兴寺永业田记》，《牧庵集》卷9。
② 《扈从集·后序》。
③ 宋代行用五斗斛，元代更普遍。见郭正忠：《中国的权衡度量》，第386～412页。
④ 《金史》卷47，《食货志二·田制》。
⑤ 《续古今考》卷18，《附论班固计井田百亩岁入岁出》。

回（1227～1307）由宋入元，他的著作中提到“大元更革”，应完成于元代。“秀”即秀州，元代称嘉兴路。据他所说，可知浙西稻米亩产高的可达三石，一般为二石。元代后期诗人朱德润诗《官买田》，其中说：“要买膏腴最上阡，不问凶荒水旱岁，岁纳亩粮须石半”①。纳租石半，则其产量应为三石，和方回所说相同。权臣塔剌海得赐江南田万亩，他自己说：“万亩之田，岁入万石”②。则每亩地租为一石，亩产量应为二石。湖州路光孝禅寺，“其田每亩租米一石”③。亩产量亦应为二石。以这些记载相互参证，可以认为，元代浙西上等和较好的田土每亩产米三石或二石。

但是，并非浙西田土亩产量均是如此。试看以下几个例子。（1）“嘉定为吴都属州，庙学……廪粟不继。至顺改元，梅岩瞿先生懋乐捐己田一百余亩入于学，岁计租米五十余石，以充养士”④。（2）“嘉定自宋始创学宫，旧有田租，岁入养士不继。邑士东祁王先生子昭……遂捐己田二十七顷有奇，岁收租米一千一百一十余石”⑤。（3）“泰定丁卯［之明年］，重修庙学。［林氏兄弟］田五十亩，岁收米二十石”⑥。（4）杭州西湖书院，“松江瞿运使尝再助田，合四百五十三亩四十六步，岁得米一百三十石。……续置杭之仁和田六十八亩一角，收米五十四石六斗。……遂置湖州乌程、平江、昆山二庄，共田十一顷二十九亩三十五步有零，岁除优放，实收米七百五十二石一斗一升五合。”⑦（5）松江农民“种官田三十亩”，要纳“十石官粮”⑧。以上几个例子折算，一是每亩租米五斗左右，二是每亩四斗左右，三是每亩四斗，四是有三处土地，分别为每亩三斗弱，每亩八斗左右，每亩六斗六升左右。五是官田每亩纳粮（地租）三斗余。折算每亩产量，则分别是一石左右、八斗左右、八斗、六斗弱，一石六斗左右、一石三斗左右和六斗余。总之，都不到二石。

---

① 《存复斋文集》卷10。
② 元明善：《太师淇阳忠武王碑》，《国朝文类》卷23。
③ 《湖州路报恩光孝禅寺置田山碑》，《两浙金石志》卷14。
④ 薛元德：《梅岩瞿先生作兴学校记》，《江苏通志稿》金石卷23。
⑤ 薛元德：《东祁王先生归田兴学记》，《江苏通志稿》金石卷23。
⑥ 智玉成：《嘉定州重建庙学记》，《江苏通志稿》金石卷22。
⑦ 《西湖书院增置田记》，《两浙金石志》卷15。
⑧ 陶宗仪：《南村辍耕录》卷23，《检田吏》。

另一个可以参证的数字是，浙西镇江路金坛县的官田，每亩要输纳“正米五斗之上”，加上其他费用，“得米一石上下”。地方政府说：“本县田土硗瘠，水旱易灾，车救费工，所收微薄，佃户终岁勤苦，尽田内所得子粒，输官不敷，拖欠无纳”。要求“每亩减作二斗五升”①。显然，当地亩平均产量最多在一石上下。

元代的记载说，“浙右之地，若苏、湖、常诸郡，土壤肥沃，民务细作”②。浙西地区以太湖为中心，建立了较好的水利灌溉系统，实行精耕细作，因而亩产量较高。但是，浙西亦有相当多的土地，或因土壤贫瘠，或因水利不畅，产量较低。如果要大体估计一个平均数的话，那么，将方回所说的“肥沃”土地的中田产量作为上限，而以其他田土产量平均数为下限，每亩产量平均应在一石至二石之间，或者可作高一点估计，即每亩一石半至二石。

元代的浙东，包括婺州、绍兴、温州、台州、处州、庆元、衢州7路，有平原，亦有大面积的山区丘陵，因而土地肥瘠相差很大。浙东地租，有的收米，有的收谷。现举例如下。

（1）绍兴路南镇庙，“将钞二百零七锭置买到后项湖水田一百十八亩一角五步，该租米七十一石三斗五升八合四勺”。这些田土“每亩上租米”有七斗、六斗、五斗五升、五斗、四斗五升等区别③。既称为“湖水田”，应是较好的可以灌溉的田土。折算亩产量应为米九斗至一石四斗不等。

（2）绍兴路义田④，如下表。

田　数	租　额	平均亩租额
1顷77亩1角	113石5斗	6.4斗⁺
1顷32亩2角	86石3斗	6.5斗⁺
44亩2角	27石1斗	6斗⁺

① 《至顺镇江志》卷6，《秋租》。
② 苏天爵：《常州路新修庙学记》，《滋溪文稿》卷3。
③ 韩性：《南镇庙置田记》，《越中金石记》卷8。
④ 《绍兴路增置义田记》，《越中金石记》卷7。

按以上数额推算，义田平均亩产量自一石二斗余到一石三斗余。

（3）余姚州（今浙江余姚，元代属绍兴路）普济寺僧人“舍田归之常住”，即向寺院捐献土地，其土地租额，见下表①：

记载中没有说明田租是米还是谷，但租额如此之高，无疑应是谷。按照浙东庆元的折算标准，谷三石折米一石（见下），则余姚州普济寺这批田土租额应是0.8~1.1石左右，也就是说，亩产量应在1.6~2.2石之间。

田　数	租　额	平均亩租额
3亩1角7步	9石	3石⁻
4亩2角	14石8斗	3石⁺
2亩31步	6石	3石⁻
9亩2角14步	26石5斗	2石7斗⁺
5亩2角12步	13石	2石3斗⁺
1亩1角	4石	3石⁺

（4）余姚州儒学的土地，有“旧管”、“新收”之别。“旧管”指儒学原有的土地，其租有米有谷有钞，比较复杂。“新收”指后来居民捐献之地，其地租情况如下：

田　数	租　额	平均亩租额
56亩3角40步	38石7斗	6.8斗⁻
52亩3角30步	35石9斗	6.8⁻
3亩10步	2石8斗	9斗⁺
241亩1角10步	麦36石1斗5升	（海涂地）

按此折算，儒学“新收”土地（原来都是民田）的亩产量应是1石3斗至1石8斗余。

（5）庆元路（路治今浙江宁波）儒学赡学田土13981亩余，收租米2015石余，谷1571石余，钞1锭28两。钞数甚少，可略去不计。谷“折纳米”

① 岑良卿：《余姚普济寺舍产净发记》，《越中金石记》卷9。

512 石 4 斗余[①]。折纳以后，应为租米 2527 石余。以此计算，学田平均每亩地租不到 2 斗米，和其他土地的租额相差太远。这是因为学田常为地方豪民租佃，他们有意压低租额，和一般土地的地租额有别，当然也难以据此推算出每亩的平均产量（上举嘉定州、余姚州学田是新捐献的，其地租实际上是普通民田的地租）。

值得注意的是上述稻谷与米的比例。前面说过，北方原粮与成品粮一般为十与五之比，或十与六之比。而在南方庆元则是 3:1。庆元路下属各州县儒学田土，所收田租，亦都按这一比例折算，有的还略高一些[②]。可见这一比例在当地应是固定的，对于浙东其他地区的租谷，也可用同样的折合比例折算。

（6）庆元路医学的赡学田土有“田六亩三角二十七步，上米六石五斗”[③]。每亩租米 1 石余，折算亩产量在 2 石以上。

（7）处州路龙泉（今浙江龙泉）汤镛“乃置义田以赡同族，其为田二百亩，岁可得谷四百石”[④]。按上述比例，则每亩租谷二石，折米应为 7 斗左右，亩产应为 1.4 石左右。

（8）上虞县（今浙江上虞）西北五乡官田税粮，高下不等，其中第七都分三等，“上等二斗六升，中等二斗，下等一斗”。其余各种都官田，低的二斗五升，高的三斗四升，多数是二斗八升。[⑤] 官田税粮实即地租，按此计算，则每亩产量应为二斗至七斗之间，而以五斗六斗为多数。

根据以上列举的一些例子，可以看出，浙东地区粮食产量高的可达米二石甚至更多一些，低的则仅二三斗，就多数而言，应在一石至一石五斗之间。从南方的农业生产情况来说，浙西应是上等，浙东应是中等。也就是说，浙东的平均亩产量，大体上代表南方的平均产量。有的研究者认为“江南平均每亩产米约在二三石之间”，应该说估计太高了。

---

① 《至正四明续志》卷 7，《学校·赡学田土》。

② 《至正四明续志》卷 7，《学校·赡学田土》。

③ 《至正四明续志》卷 8，《学校·本路医学》。

④ 黄溍：《汤氏义田记》，《金华黄先生文集》卷 10。

⑤ 《上虞县五乡水利本末》“科粮等则”。另有“万年庄田，上等四斗五升，下等三斗五升。”疑亦是官田，待考。

元代江南有文思院斛，有省斛，两者有几种不同的比例（见本书第十四章“税粮制度”），一般来说，宋文思院斛相当于元省斛七斗左右。因此，如果考察宋、元亩产量的差别，必须将这一变化考虑在内，不能单凭文献记载的数额得出增加或减少的结论。

第五章　农业政策与管理

金朝末年，北方农业区遭到很大破坏。蒙古统治中原以后，在相当一段时间内恢复缓慢。1260年，忽必烈即汗位，采取了一系列发展农业生产的政策，积极组织垦荒，兴修水利，对北方农业区社会经济的恢复，起了有力的推动作用。在全国统一以后，忽必烈继续推行重农的措施。忽必烈以后的诸帝，大体沿袭了他的做法。但是由于政治腐败及其他原因，这些政策推行不力，日益流于形式，社会弊端增多，加上天灾接连发生，到14世纪中叶，出现了全国性农业衰退的局面。

土地管理是农业政策的重要方面。元代北方没有进行过专门的土地调查，只是在户口登记时同时进行资产登记，仁宗时“延祐经理”则是专门进行土地登记，这是元代南方唯一一次全面的土地登记。元代后期，江南有不少地方进行“核田”，建立起系统的土地籍册，对后代有很大影响。

第一节　农业政策的变化

蒙古族主要经营畜牧业，过着游牧的生活。蒙古国的统治者以弓马之利取天下，因此对农业并不重视。在进攻金朝的初期，所到之处，惟事掳掠，对农业生产造成了极大的破坏。后来，在降附的汉人将领、官僚劝说下，蒙古国上层人物逐渐认识到农业生产可以提供物资，便多少改变了原来的做法。乙亥年(1215)，金中都（今北京）降，王檝（金降官）建议：“田野人荒，而兵后无牛，宜差官卢沟桥索军回所驱牛，十取其一，以给农民。”“用其说，得数千头，分给近县，民大悦，复业者众。”[①] 在成吉思汗时代，这样的事例是不多见的[②]。窝阔台汗即位后，农业生产受到较多的注意。“庚寅（1230），太宗南伐，道平阳，见田野不治，以问守贤（知平阳府事李守贤——引者）。对曰：‘民贫窘，乏耕具致然’。诏给牛万头，仍徙关中生口垦地河东。”[③] 太宗就是窝阔台汗。当时有的蒙古人主张：“虽得汉人，亦无所用，不若尽去之，使草木畅茂，以为牧地。”[④] 这种主张是和他们原有的畜牧生产相适应的，因为大片无人居住的地带是游牧生活的前提条件。但是这种主张并未为窝阔台汗所采取，相反，他信用耶律楚材，推行征收赋税的办法，实际上认可了农业生产的存在。在蒙金战争时期，北方农业区人口锐减，死于兵刃疾病者极多，侥幸活命者到处流亡，“人不地著”，农业生产难以进行。金朝灭亡后，蒙古国调查登记户口，使百姓生活逐渐安定下来。这一时期还采取了一些兴修水利的措施。正是在蒙古国这些措施的影响下，各地“世侯”（割据一方的军阀）为了壮大自己的势力，积极招抚流亡，“以劝耕稼，以委丰积”[⑤]。尽管如此，对于在战争中遭受巨大破坏的北方“汉地”农业来说，这些措施的作用是很有限的。而在进入贵田汗、蒙哥汗时代以后，农业仍不受重视。蒙古贵族、将领占地为牧场成风，如山东登、莱（今胶东半岛）一带便有“广袤千里”的牧场[⑥]。蒙古军行军时任意践踏庄稼，砍伐树木。蒙古奥鲁（军人家属）进入中原后，“营帐所在，大致绎骚，伐桑蹂稼，生意悴然”[⑦]。蒙古国各级政府和各投下苛政暴敛，使百姓连简单再生产都难以为继。“地广民微，赋敛繁重，民不聊生，何力耕耨以厚产业。”[⑧] 在13世纪中叶，“汉地”农业仍处于凋敝的状态。

---

① 《元史》卷153，《王檝传》。

② 至元二十九年（1292）七月初五日圣旨：“太祖成吉思皇帝圣旨里，教头口吃了田禾的每，教踏践了田禾的每，专一禁治断罪过有来。”（《通制条格》卷16，《田令·司农事例》）但此诏不见他处记载，是否属实，待考。

③ 《元史》卷150，《李守贤传》。

④ 宋子贞：《中书令耶律公神道碑》，《国朝文类》卷57。

⑤ 元好问：《严公神道碑》，《遗山先生文集》卷26。

⑥ 许时献：《胶州知州董公神道碑》，《山左金石志》卷22。

⑦ 王恽：《忠武史公家传》，《秋涧先生大全集》卷48。

⑧ 这是蒙哥汗时期刘秉忠上忽必烈书中的话。见《元史》卷157，《刘秉忠传》。

忽必烈在即位以前，对“汉地”的情况已有相当的了解。他所尊信的谋士如刘秉忠、姚枢等人都提出“务农桑”、“重农桑”的问题，作为“治国平天下之大经”①。即位之初，忽必烈接连发布诏令，强调要除“旧弊”，立“新政”②。“新政”的重要内容之一，便是“重农桑”：“首诏天下，国以民为本，民以衣食为本，衣食以农桑为本。”③ 接着他就此采取了多种措施。

首先，忽必烈明确管理农业是政府的一项职能，并为此建立了专门的机构。中统元年（1260）四月，忽必烈登上汗位。五月，立十路宣抚司，作为地方一级行政机构。接着“命各路宣抚司择通晓农事者，充随处劝农官”④。中统二年（1261）正月，忽必烈下旨，宣布对争夺汗位的阿里不哥（忽必烈之弟）战争取得胜利，要“军民安业务农者”。中书省为此发布榜文，其中说：“钦奉诏书，农桑衣食之本，勤谨则可致有余，慵惰则决至不足。正赖有司岁时劝课。省府照得，即今春首农作时分，仰宣抚司令已委劝农官员，钦依所奉诏书，于所管地面依上劝课勾当，务要田畴开辟，桑麻增盛，无得慢易，仍于岁终考较勤惰，明行赏罚，以劝将来。”⑤ 可知劝农官员已经委任，并进行工作。同年八月，“初立劝农司，以陈邃、崔斌、成仲宽、粘合从中为滨棣、平阳、济南、河间劝农使，李士勉、陈天锡、陈膺武、忙古带为邢洺、河南、东平、涿州劝农使”⑥。原来由各路宣抚使委派劝农官员，现在成立专门机构，并由中央政府委派劝农官员，说明这一工作受到更多的重视。中统三年（1262）四月，“命行中书省、宣慰司、诸路达鲁花赤、管民官，劝诱百姓，开垦田土，种植桑枣，不得擅兴不急之役，妨夺农时”⑦。至元元年（1264）八月，“诏新立条格”⑧。其中之一是“以五事考较”县尹：“户口增，田野

---

① 《元史》卷158，《姚枢传》。
② 《元典章》卷3，《圣政二・均赋役》。
③ 《元史》卷93，《食货志一・农桑》。
④ 《元史》卷93，《食货志一・农桑》。
⑤ 王恽：《中堂事记上》，《秋涧先生大全集》卷80。
⑥ 《元史》卷4，《世祖纪一》。
⑦ 《元史》卷5，《世祖纪二》。
⑧ 《元史》卷5，《世祖纪二》。

辟，词讼简，盗贼息，赋役平。”① 农业生产状况成为县级机构工作好坏的重要考核内容。

至元六年（1269）二月，忽必烈下令成立诸道提刑按察司，作为地方监察机构。在有关《条画》中规定：“劝课农桑事，钦依圣旨，已委各处长官兼勾当，如不尽心，终无实效，仰究治施行。”② 地方政府是否认真劝课农桑，成为监察部门的工作内容之一。同年八月，“诏诸路劝课农桑，命中书省采农桑事，列为条目，仍令提刑按察司与州、县官相风土之所宜，讲究可否，别颁行之”③。到了至元七年（1270）二月，忽必烈下令“立司农司，以参知政事张文谦为卿，设四道巡行劝农司”④。这四道是“中都山北东西道，河北河南道，河东陕西道，山东东西道”。涵盖了北方所有农业区。“每道官二员，使佩金牌，副使佩银牌。”后增至四员⑤。金朝曾设劝农使司，掌劝课天下力田之事，后改立司农司⑥。忽必烈先立劝农司，后改司农司，显然受金朝制度的影响。同年十二月，“改司农司为大司农司，添设巡行劝农使、副各四员，以御史中丞孛罗兼大司农卿。安童言孛罗以台臣兼领，前无此例。有旨：‘司农非细事，朕深谕此，其令孛罗总之。’”⑦ 司农司改为大司农司，表明其地位有所提高。张文谦以参知政事（从二品）为司农卿，孛罗以御史中丞（正二品）兼大司农卿，足以说明这个机构升级。从忽必烈的话，可以看出他对农业的重视。

司农司成立后，发布《劝农立社事理条画》，全文共14条⑧。其中规定农村五十家立一社，推举年高通晓农事者为社长，“专一照管教劝本社之人务勤农业，不致惰废”。一社之内或两社之间遇有困难，要互相帮助，“并牛助

---

① 《元典章》卷2，《圣政一·饬官吏》。

② 《元典章》卷6，《台纲二·察司体察等例》。

③ 《元史》卷6，《世祖纪三》。

④ 《元史》卷7，《世祖纪四》。

⑤ 《大元官制杂记》。

⑥ 《金史》卷55，《百官志一》。

⑦ 《元史》卷7，《世祖纪四》。

⑧ 《通制条格》卷16，《田令》。《元典章》卷23，《户部九·农桑·劝农立社事理》所载为15条，多出的一条是：“先降去询问条画并行革去，止依今降条画施行。”疑因无具体内容，故为《条格》删去。

工”。每社立义仓，以备歉岁之用。对勤务农业之人，“量加优恤”；对游手好闲之人，“于门首大字粉壁书写不务本业、游惰、凶恶等名称。”农民每丁周岁需种植桑枣或其他树木20株。随路应有水利“许民量力开引”，“官司添力开挑”。应有荒地“给付附近无地之家耕种为主，先给贫民，次及余户”。州、县官员负责消灭虫蝗遗子。《条画》最后说：“前项农桑水利等事，专委府州司县长官，不妨本职提点勾当，若有事故差出，以次官提点。”“据各县年终比附到各社长农事成否等第，开申本管上司通行考较，其本管上司却行开坐所属州县提点官勾当成否，编类等第，申覆司农司及申户部照验。才候任满，于解由内分明写排年考较到提点农事功勤惰废事迹，赴部照勘呈省，钦依见降圣旨比附以为殿最。提刑按察司更为体察。”这件《条画》，对农业生产的各个方面都作了具体规定，可以说是元朝政府管理农业的纲领性文件，后来曾一再重申。

金朝农村有社，但金朝的社似与村是相同的概念，乡设里正，“村社”户数不等，设主首一至四人，协助里正催督赋役，劝课农桑，禁察非违。乡、村社起基层政权的作用。元代的社在初建立时，完全为了农业生产的需要，农村立社，使劝农的活动一直落实到基层，并且在农村中提倡生产互助，这对于北方农业生产的恢复，是起了积极作用的。全国统一后，又在南方农村立社。全国农村普遍立社，这是元朝政府农业政策的一大特色[①]。

在进攻南宋的过程中，忽必烈一改过去蒙古军事活动以劫掠为目的的做法，注意保护南方的农业生产。至元十二年（1275）五月，忽必烈诏谕南宋降臣高达（湖北制置副使）说：“昔我国家出征，所获城邑，即委而去之，未尝置兵戍守，以此连年征伐不息。夫争国家者，取其土地人民而已，虽得其地而无民，其谁与居。今欲保守新附城壁，使百姓安业力农，蒙古人未之知也。尔熟知其事，宜加勉旃。湖南州郡皆汝旧部典，未归附者何以招怀？生民何以安业？听汝为之。”[②] 可见，忽必烈在进行对宋战争期间，注意到了“百姓安业力农”的问题，这在蒙古以往历史上是未曾有过的。元朝灭南宋统一全国

① 杨讷：《元代农村社制研究》，《历史研究》，1965年第4期。
② 《元史》卷8，《世祖纪五》。

以后，将北方推行的劝农措施陆续推行到南方。至元十四年（1277）七月，置江南行御史台和八道提刑按察司，在《立行御史台条画》中规定："大兵渡江以来，田野之民，不无扰动。今已抚定，宜安本业。仰各处正官岁时劝课，如无成效者纠察。"① 在《立江南提刑按察司条画》中规定："提刑按察司官所至之处，劝课农桑，省察风俗，问民疾苦，勉励学校，宣明教化。"②"劝课农桑"在各项职责中占首位。至元二十二年（1285），北方的巡行劝农官并入按察司，大司农司依旧保留。二十三年十二月，北方"诸路分置六道劝农司"③。江南在至元二十四年（1287）设行大司农司和劝农营田司④。二十七年（1290）三月，"罢行司农司及各道劝农营田司，增提刑按察司佥事二员，总劝农事"⑤。显然，由于劝课农桑已成为地方政府和监察部门的重要职责，独立的地方劝农、司农机构已无必要。至元三十年（1293）在扬州重设行大司农司，但其工作重点是"追寻豪右之家隐藏土地"。成宗元贞元年（1295）撤消⑥。

第二，忽必烈多次下令，禁止军队和蒙古牧民破坏农桑，保护农业生产。军队和蒙古牧民任意践踏农田，以农作物为牲畜饲料，放纵牲畜啮咬桑树，这类现象极其普遍，习以为常，严重地影响了农民的生产积极性。忽必烈深知这种做法的危害性，多次下令禁止。中统二年（1261）正月中书省的榜文申明："钦奉诏书：'今后各处应有久远安屯并时暂经过军马合用粮食，于官仓内验数支给，却不得骚扰人民，仰各处管军官、管民官递互相照'。省府照得即今春首，正及二麦滋荣、桑果生发、布种五谷时分，切恐经过军马并屯住营寨人等牧放头匹，食践田禾，咽咬桑果树木，及强要酒食，欺夺物件，骚扰不安，失误农民岁计，阻碍通行客旅。仰宣抚司行下各管官司，钦依已奉诏书事理，

① 《元典章》卷5，《台纲·行台体察等例》。

② 《南台备要》，《立江南提刑按察司条画》。

③ 《元史》卷14，《世祖纪十一》。

④ 按，《元史》卷14《世祖纪十一》载："［至元二十四年二月］升江淮行大司农司事秩二品，设劝农营田司六，秩四品，使、副各二员，隶行大司农司。"则行大司农司设立应在此以前。《至顺镇江志》卷13《待公廨》载："行大司农司，至元二十四年置，以今府治为之。"

⑤ 《元史》卷16，《世祖纪十三》。《大元官制杂记》。

⑥ 《大元官制杂记》。

依上照管禁治。若有不能断遣者，开具缘由申来，以凭究治施行。”① 这是现在知道的忽必烈首次颁发的禁止军马食践田禾的文件。自此以后，有关的禁令接连不断。同年十一月，忽必烈亲自率军北上，抗击争夺汗位的阿里不哥，“敕官给刍粮，毋扰居民”②。三年正月，“禁诸道戍兵及势家纵畜牧犯桑枣禾稼者”③。四月，“禁征戍军士及势官毋纵畜牧伤其禾稼桑枣”④。数月之间，颁发了两道内容完全相同的命令。六月，又“申严军官及兵伍扰民之禁”⑤。四月，“以东平为军行蹂践，赈给之”⑥。至元六年（1264）八月，忽必烈下诏“新立条格”，也就是定立各种制度，在颁布的命令中，其一是：“诸军马营寨，及达鲁花赤、管民官、权豪势要人等，不得恣纵头匹，损坏桑枣，踏践田禾，骚扰百姓。如有违犯之人，除军马营寨约会所管头目断遣，余者即仰本处官司就便治罪施行，并勒验所损田禾桑果，分数赔偿。”⑦ 数年之内，忽必烈发布如此众多的同一内容的禁令，既反映出当时这种现象之严重，同时也说明忽必烈确实认识到蒙古军任意践踏田禾对农业生产的巨大破坏作用，决心加以改正。在此以后，类似的禁令有所减少，说明取得了一定的效果。平定南宋过程中，忽必烈在至元十五年（1278）三月发布《省谕军人条画》，其中一款是：“管军官员严切禁治各管军马屯驻并出征经过去处，除近里地面先有圣旨禁治外，但系新附地面，不得牧放头匹，踏践田禾，咽咬花果桑树，不得于百姓家取要酒食，宰杀猪鸡鹅鸭，夺百姓一切诸物。”⑧ 这一禁令的重申，是为了安定“新附地面”（原南宋统治的南方）的农业生产。

第三，忽必烈颁发《农桑辑要》，推广当时先进的农业技术，推动农业生产的发展。大司农司成立后，“虑夫田里之人虽能勤身从事，而播殖之宜，蚕缫之节，或未得其术，则力劳而功寡，获约而不丰矣。于是遍求古今所有农家

---

① 王恽：《中堂事记上》，《秋涧先生大全集》卷80。
② 《元史》卷4，《世祖纪一》。
③ 《元史》卷4，《世祖纪一》。
④ 《元史》卷5，《世祖纪二》。
⑤ 《元史》卷5，《世祖纪二》。
⑥ 《元史》卷5，《世祖纪二》。
⑦ 《通制条格》卷16，《田令·司农事例》。
⑧ 《元典章》卷34，《兵部一·正军·省谕军人条画》。

之书，披阅参考，删其繁重，摭其切要。”纂成后，“镂为版本，进呈毕”，“颁行天下”[①]。可见是得到忽必烈同意颁发的。《农桑辑要》是我国现存最早的官撰农书，成书颁行于至元十年（1273）。全书大部分内容引录以前的农学著作（其中多数已失传），小部分则为编撰者“新添”，叙述平易翔实，通俗易懂，说理透彻，实用价值很高。书中强调精耕细作，提倡在北方推广苎麻和棉花，详细记述栽桑和养蚕技术，都是当时农业生产各方面先进水平的总结。至元十年“刊行四方，灼有明效”[②]。对北方的农业生产发生了积极的作用。至元二十三年（1286）六月，忽必烈又下诏“以大司农司所定《农桑辑要》书颁诸路”[③]。可见对此书的重视。元代中、后期，《农桑辑要》曾由政府多次重印，如仁宗延祐二年（1315）八月“诏江浙行省印《农桑辑要》万部，颁降有司遵守劝课”[④]。有些地方官还自行翻刻，认为“使民家有是书，则耕者尽其利，蚕者富茧丝，不待春秋巡督而劝课之效已具目前矣”[⑤]。在《农桑辑要》的影响下，元代还出现了《农书》（王祯撰）、《农桑衣食撮要》（鲁明善撰）等农学著作。

除了以上几个方面以外，忽必烈还积极提倡开荒屯田，兴修水利，这些对于农业生产都有直接的推动作用。有关情况，将在以下各节中作专门叙述。

忽必烈推行的农业政策和管理措施，对于北方农业生产的恢复起了很大的作用。在成立大司农司后不久，便有人说：“民间垦辟种艺之业，增前数倍。”[⑥] 南方的农业生产，在大规模战争之中没有遭到大的破坏，亦应归功于此。忽必烈以后的元朝诸帝，基本上沿袭了这些政策和措施。忽必烈死后，嗣位的成宗铁穆耳在即位诏书中说：“国用民财，皆本于农，所在官司，钦奉先皇帝累降圣旨，岁时劝课，当耕作时，不急之役一切停罢，无致妨农。公吏人等，非必须差遣者，不得辄令下乡。仍禁约军马，不以是何诸色人等，毋得纵

---

① 《农桑辑要》，王磐序。
② 蔡文渊：《农桑辑要序》，《国朝文类》卷36。
③ 《元史》卷14，《世祖纪十一》。
④ 《元史》卷25，《仁宗纪二》。
⑤ 蒲道源：《农桑辑要序》，《顺斋先生闲居丛稿》卷20。
⑥ 《农桑辑要》，王磐序。

放头匹食践损坏桑果田禾，违者断罪倍还。”[①] 类似的诏令，几乎每代皇帝，都曾郑重发布。总之，在忽必烈当政的时代，实现了由轻视农业向重视农业的转变。《元史》赞扬忽必烈的重农政策时说：“其睿见英识，与古先帝王无异，岂辽、金所能比哉。”[②] 就重视农业、推行劝课农桑的诸多措施而言，忽必烈与中原历代以农业立国的各皇朝著名统治者简直没有什么区别。

但是，国家的政策是通过各级政府机构的官员去执行的。忽必烈当政以后，尽管在政治上采取了一些改革的措施，但由于种种条件的限制，官员素质就总体来说是相当低的，文化素养、办事能力普遍很差，贿赂公行。以劝农一事为例，常常是徒具形式。至元二十八年（1291）十二月，元朝政府因“骚扰百姓”而停止江南各路官员下乡劝农。[③] 元代中期，张养浩说：“常见世之劝农者，先期以告，鸠酒食，候郊原，将迎奔走，络绎无宁，盖数日骚然也。至则胥吏、童卒杂然而生威，赂遗征取，下及鸡豚。名为劝之，其实扰之，名为优之，其实劳之。”[④] 张养浩曾为县尹、御史，廉正有操守，故有此感慨。由此亦可推知其他农业政策和措施的执行，肯定也是大大打了折扣的。这是影响农业政策的措施难以很好实行的一个重要原因。另一个原因是蒙古贵族和军队等的特权。元代人分四等，蒙古最上，蒙古贵族更享有种种特权。他们恣为种种不法之事，皇帝虽加以限制，但常常不得不加以宽容。忽必烈晚年，东平（今山东东平）布衣赵天麟上《太平金镜策》，其中说：“今王公大人之家，或占民田近于千顷，不耕不稼，谓之草场，专用牧放孳畜。”[⑤] “王公大人”即指蒙古贵族，可见尽管忽必烈三令五申，而占民地为牧场的情况仍严重存在。至于军队及其他人员破坏农业生产之事，仍然时有发生。至元二十九年（1292）七月，因“八忽歹管着的探马赤每，不好生的整治，交头口吃了踏践了田禾，损坏树木有”；忽必烈重申，“从今以后，依在先圣旨体例里，不拣是谁，休教吃了田禾，休教踏践了田禾，休教损坏了树木，他每刈下的田禾，休教夺要

① 《元典章》卷2，《圣政一·劝农桑》。
② 《元史》卷93，《食货志一·农桑》。
③ 《通制条格》卷16，《田令·农桑》。
④ 《牧民忠告》卷上，《宣化·劝农》。
⑤ 《历代名臣奏议》卷112，《田制》。

者，休教骚扰百姓者。”“这般宣谕了，却有别了圣旨，教吃了田禾的每，教踏践了田禾的每，教陪偿了田禾呵，如有俺每认得的人每呵，咱每根底奏将来者。不认得的人每有呵，那里有的廉访司官人每、监察每、城子里达鲁花赤官人每，各投下的头目每，一处打断者。”① “探马赤”就是蒙古军的一种。可见终忽必烈之世，此类事件并未绝迹。而在忽必烈去世以后，历代皇帝的诏书中仍常涉及此事。如至大二年（1309）二月，武宗“上尊号诏书内一款”：“围猎飞放，喂养马驼，及各色过往屯戍军马，出使人员，自有合得分例。又复欺凌官府，扰害百姓，多取饮食钱物，纵放头匹，踏践田禾，咽咬树木，事非一端，民受要害。前诏累尝戒饬，今闻仍习前弊，罔有悛心。仰有司再行禁戢，其不为申理者一体断罪。监察御史、廉访司依期分诣各处严加体察。”② 从“仍习前弊，罔有悛心”，可知皇帝的“戒饬”作用是有限的。终元之世，军队及使臣、昔宝赤（为皇帝和贵族养鹰供围猎之用）等损坏田禾的现象，虽然比蒙古国时期有所收敛，但始终存在，对农业生产破坏仍是很大的。元朝统治者对军队（特别是蒙古军）采取纵容的态度，军纪松弛，可以胡作非为。其他人员（使臣、昔宝赤等）也享有种种特权。总之，对于忽必烈及以后元朝诸帝奉行的重农政策，既要充分认识其积极作用和历史意义，同时也要看到在执行过程中的种种局限性，不能作过高的估计。

还必须看到，14世纪上半期，大江南北，多次发生各种灾荒。元成宗统治时期（1294～1307），“旱暵霖雨之灾迭见，饥毁荐至，民之流移失业者亦已多矣”③。武宗至大元年（1308）九月，“中书省臣言：夏、秋之间巩昌地震，归德暴风雨，泰安、济宁、真定大水，庐舍荡析，人畜俱被其灾。江浙饥荒之余，疫疠大作，死者相枕籍。父卖其子，夫鬻其妻，哭声震野，有不忍闻。”④ 文宗天历年间（1328～1329），“陕西、河东、燕南、河北、河南诸路流民十数万，自嵩、汝至淮南，死亡相籍”。“大名、真定、河间诸属县及湖、

---

① 《通制条格》卷16，《田令·司农事例》。

② 《元典章》卷2，《圣政一·安黎庶》。

③ 《元史》卷93，《食货志一·农桑》。

④ 《元史》卷22，《武宗纪一》。

池、饶诸路旱。”① 顺帝至正四年（1344），黄河决口，沿河郡县遭受严重水灾，“民老弱昏垫，壮者流离四方”②。“河南、北大饥。”“明年，又疫，民之死者半。……民罹此大困，田莱尽荒，蒿藜没人，狐兔之迹满道。”③ 政策执行上的种种弊端，加上接连不断的灾荒，使元代中期的农业生产处于徘徊不前的境地，至14世纪中叶，更趋于衰落。这种情况，加剧了社会矛盾。元朝之所以历时短暂，和农业生产的状况是有很大关系的。

第二节　屯田与垦荒

成吉思汗时期，小规模的屯田已经出现。成吉思汗九年（1214），蒙古首次攻金，金朝求和，献公主、童男女和金帛、马匹。成吉思汗退回草原，命镇海在按台山（今阿尔泰山）东麓阿鲁欢筑城安置金朝公主及“所俘万口”。这些俘虏便在当地“屯田”④。该城因此被命名为镇海城。成吉思汗十六年（1221），道教全真派领袖邱处机应成吉思汗之召前往中亚，途经镇海，看到“秋稼”已经成熟，“城中有仓廪”；“八月初降霜，居人促收麦。”可见屯田颇有成效⑤。这是利用俘虏的人口在草原上屯田，类似的情况可能还有。而在被征服的原金朝统治区，一些依附于蒙古的地方军阀，为了自身生存的需要，也推行屯田之法。例如，被蒙古授予霸州等路元帅的石抹孛迭儿，镇守固安水寨。“既至，令兵士屯田，且耕且战，披荆棘，立庐舍，数年之间，城市悉完，为燕京外蔽。”⑥ 山东东平严实，在成吉思汗十六年（1221）命部下信亨祚“招降石城，为屯田经久之计”⑦。但总的来说，成吉思汗时期蒙古国的屯

① 《元史》卷33，《文宗纪二》。

② 《元史》卷66，《河渠志三·黄河》。

③ 余阙：《书合鲁易之作颍川老翁歌后》，《青阳集》卷8。

④ 许有壬：《怯烈公神道碑》，《圭塘小稿》卷10；《元史》卷120，《镇海传》。镇海城又作称海城，其地应在今蒙古国科布多之东，见陈得芝：《元称海城考》，《元史及北方民族史研究集刊》第4辑。

⑤ 李志常：《长春真人西游记》卷上。

⑥ 《元史》卷151，《石抹孛迭儿传》。

⑦ 元好问：《五翼都总领豪士信公之碑并引》，《遗山先生文集》卷30。

田是极其有限的。

窝阔台汗时期和贵由汗时期，屯田规模有所扩大。这一方面因为蒙古灭金，统一了北方，社会秩序相对有所稳定，国家对劳动力控制加强，为组织屯田提供了较为有利的条件；另一方面则是因为北方统一以后，蒙宋战争随之而起，边境上战争连年不绝，需要大量粮食供应军需，屯田便因此而兴。这一时期的屯田可以分为民屯和军屯两类。陕西三白渠屯田是民屯的一个例子。窝阔台汗十二年（1240），“梁泰奏：‘请差拨人户牛具一切种莳等物，修成渠堰，比之旱地，其收数倍，所得粮米，可以供军’。太宗（即窝阔台汗—引者）准奏，就令梁泰佩元降金牌，充宣差规措三白渠使，郭时中副之，直隶朝廷，置司于云阳县。……是月，敕喻塔海绀不：‘近梁泰奏修三白渠事，可于汝军前所获有妻少壮新民，量拨二千户，及木工二十人，官牛内选肥腯齿少者一千头，内乳牛三百，以畀梁泰等。如不敷，于各千户、百户内贴补，限今岁十一月内交付数足，趁十二月入工。其耕种之人，所收之米，正为接济军粮。如发遣人户之时，或阙少衣装，于各千户、百户内约量支给，差军护送出境，沿途经过之处，亦为防送，毋致在逃走逸。验路程给以行粮，大口一升，少者半之。”[①] 三白渠屯田“直隶朝廷。屯田所用耕牛、农具、种子，都由政府支付。而屯田所得则用来“供军”。类似情况的还有凤翔屯田。窝阔台汗七年（1235），“发平阳、河中、京兆民二千屯田凤翔。”到第二年，屯田有成，“师旅去来，馆馈之须，十以率之，屯供亿七，凤翔才三。后凤翔民稍集，资屯犹六焉。”[②] 在军屯方面，顺天（今河北保定）军阀张柔参与灭金之役后，“以兵千人俾公（部将王汝明—引者）屯襄之皇王度而田焉，所以省馈饷遏南寇也。”[③] “南寇”指的是南宋，襄指襄城（今属湖北）。窝阔台汗十二年（1204），张柔率军在淮西作战，粮饷不继，王汝明装运襄城屯田粮食千斛前来接济。此外有军屯、民屯并举的情况。窝阔台汗时，夹谷龙古带从征四川，回师时上言：“兴元形势，西控巴蜀，东扼荆襄，山南诸城，无要此者。”他

① 《元史》卷65，《河渠志二·三白渠》。
② 姚燧：《知弘州程公神道碑》，《牧庵集》卷24。
③ 魏初：《故总管王公神道碑》，《青崖集》卷5。

主张："留兵戍守，招徕未降，……为择良腴便水之田，授以耕耒，假以种牛，俟秋谷收，杂税四三。储之于庾，守之以吏，征蜀之师朝至而夕廪焉。校之资粮关中，荷担千里，十石不能致一者，劳费大省，实制蜀一奇也。"他的主张得到朝廷认可，"诏都元帅量留汉军，其新至之民及田事可无时籍数具效以闻"。贵由汗时，夹谷龙古带"行省兴元"，"垦田数千顷，灌以龙江之水，收皆亩钟，敖庾盈衍矣"[①]。兴元（今陕西汉中）邻近四川，是由北方入川必经之地，蒙古国在这里驻屯军队，招徕流民，组织屯田，主要出于军事的需要。由以上可以看出，这一时期的屯田，无论军屯、民屯，主要为了满足军队的需要，大多设置在邻近南宋的边境地区，为数是有限的。

从蒙哥汗即位到忽必烈统一全国，屯田有显著的发展，这既是蒙古国加紧对南宋作战这一形势的需要，也是忽必烈重视和提倡的结果。蒙哥汗即位的前一年（1250），忽必烈延揽汉人儒士姚枢入幕府，姚枢向他提出一系列建议，其中之一是"布屯田以实边"。蒙哥汗即位（1251），命忽必烈管理"汉地"，姚枢又建议，连年对南宋用兵，"城无居民，野皆榛莽。何若以是秋去春来之兵，分屯要地，寇至则战，寇去则耕，积谷高廪，边备既实，俟时大举，则宋可平"[②]。其他谋士亦有类似的意见。忽必烈于是便在邻接南宋的河南和关中、四川地区积极组织屯田。1260 年，忽必烈登上汗位，对于屯田更加积极，除了邻接南宋的沿边地区之外，腹里（中书省直辖的地区，包括今天的河北、山东、山西及内蒙的部分地区）、西北、漠北等地的屯田也发展起来。

蒙哥汗二年（1252），忽必烈报请蒙哥汗同意，"立经略司于汴（河南开封），……俾屯田唐、邓等州，授之兵、牛，敌至则御，敌去则耕，仍置屯田万户于邓，完城以备之"[③]。这是蒙古国首次正式设置屯田机构。经略司设立后，以史权为屯田万户，将兵二万屯田邓州（今河南邓县）。在此之前，1235～1236 年间蒙古对宋用兵，曾将边境一带邓、唐（唐州，今河南唐河）、均（均州，今湖北均县）和襄、樊（襄阳、樊城，今湖北襄樊）五地居民到洛阳一

---

① 姚燧：《兴元行省瓜尔佳氏神道碑》，《牧庵集》卷 16。

② 姚燧：《姚文献公神道碑》，《牧庵集》卷 15。

③ 《元史》卷 4《世祖纪一》。

带安置，此时均迁回唐、邓一带，“战外耕内”，屯田戍边，“四年之内，积谷七十余万”[①]。但是忽必烈在“汉地”的措施引起蒙哥汗的不安，他所设置的包括经略司在内的各种机构均被撤除，边境屯田因而废弛。忽必烈登上汗位后，重新组织河南屯田。至元二年（1265）正月，“诏孟州之东，黄河以北，南至八柳树、枯河、徐州等处，凡荒闲田土，可令阿术、阿剌罕等部所领士卒，立屯耕种，并摘各万户所管汉军屯田”[②]。这是在黄河沿岸组织军屯。“事成，期年皆获其利。”[③] 至元六年（1269），发南京（今河南开封）、河南（今河南洛阳）、归德（今河南商丘）诸路百姓二万余户到唐、邓、申（今河南南阳）、裕（今河南方城）等处立屯。但这次大规模民屯因管理不善宣告失败。[④]后改立南阳屯田总管府，以当地居民屯田。[⑤] 以上是河南屯田的情况。

蒙哥汗时期，蒙古国派驻四川的将领汪德臣建议“屯田为长久计”，得到忽必烈的支持。[⑥] 汪德臣“修利州（今四川广元），且屯田，蜀人莫敢侵轶”[⑦]。忽必烈登汗位后，四川屯田更有发展。中统二年（1261），南宋泸州（今四川泸州）守将刘整来降。中统四年八月，“给钞付刘整市牛屯田”[⑧]。接着，夔州路（路治今四川奉节）、保宁府（府治今四川阆中）等处先后设立军屯。至元十一年（1274）正月，元朝政府设置西蜀四川屯田经略司，统一领导四川屯田事宜。作为四川直接后方的关中地区，屯田进一步扩大，凤翔、兴元、绥德（今陕西绥德）、商州都是屯田的地点。至元九、十年间（1272～1273）元朝政府还“募民”在京兆（路治今陕西西安）之西屯田，但目的不是为了军需，而是“给王府（安西王府—引者）之需”[⑨]。

腹里屯田以军屯为主。忽必烈即位后，组建侍卫亲军，分布大都（今北

---

① 姚燧：《邓州长官赵公神道碑》，《牧庵集》卷18。
② 《元史》卷100，《兵志三·屯田》。
③ 《元史》卷152，《张晋亨传》。
④ 王恽：《论河南行省屯田子粒不实分收与民事状》，《秋涧先生大全集》卷84。
⑤ 《元史》卷100，《兵志三·屯田》。
⑥ 《元史》卷155，《汪德臣传》。
⑦ 《元史》卷3，《宪宗纪》。
⑧ 《元史》卷5，《世祖纪二》。
⑨ 《元史》卷191，《许楫传》。

京）周围。最初建立左、中、右三卫亲军，分别在永清（今河北永清）、益津（今河北霸县）、武清（今天津武清）、香河（今河北香河）等处屯垦，三卫屯田军六千名，屯田共三千余顷[①]。此外，清州（今河北青县）还有民屯。漠北是草原放牧地区，也开始小规模的屯田。至元九年（1272）五月，“敕拔都军于怯鹿难之地开渠耕田。”六月，“减乞里吉思屯田所入租，仍遣南人百名，给牛具以往。”[②]怯鹿难即今克鲁伦河，拔都军则是蒙古军中由罪人组成的敢死队。乞里吉思地区在今俄国境内叶尼塞河上游，至元七年（1270），元朝政府任命刘好礼为乞里吉思等五部断事官，在那里组织农业和手工业生产，屯田便是有关措施之一。至元九年减乞里吉思屯田租，说明在此以前屯田已具规模，派遣“南人”前去，显然为了加强对屯田的技术指导。至元十一年（1272）七月，元朝政府“徙生券军八十一人屯田和林。”[③]生券军是投降的南宋军队，和林是原蒙古国都城，此时忽必烈以大都为都城，但和林仍为漠北重镇。此外，中兴（原西夏故地，今宁夏地区）、云南等地亦有军屯、民屯。

屯田对于元朝的统一起了重要的作用。元朝官修的政书说：“国家平中原，下江南，遇坚城大敌，旷日不能下，则困兵屯田，耕且战，为居久计。”[④]这段话说明了屯田和统一战争的关系，屯田所得，为军队的行动提供了物质保证。另一方面，屯田对于北方农业生产以至整个社会经济的恢复，也是有力的推动。

全国统一以后，忽必烈仍把恢复和发展农业生产作为一项重要的工作。这时，无论北方或是南方，由于战争的破坏，都有大量荒闲的田土存在。元朝政府为此采取两方面的措施。一是募民垦荒，一是继续组织军民屯田。

至元十四年（1277），大规模对宋战争已基本结束。淮南道宣慰使昂吉儿上奏说：“淮西庐州地面，为咱军马多年征进，百姓每撇下的空闲田地多有。”他建议采取募民耕种和军队屯田。元朝政府为此下诏：“圣旨到日，田地的主人限半年出来。经由官司，若委实是他田地，无争差呵，分付主人教依旧种

① 《元史》卷100，《兵志三·屯田》。
② 《元史》卷7，《世祖纪四》。
③ 《元史》卷8，《世祖纪五》。
④ 《经世大典序录·政典·屯田》，《国朝文类》卷41。

者。若限次里头不来呵，不拣什么人自愿的教种者。更军民根底斟酌与牛具、农器、种子，教做屯田者。种了的后头主人出来道是俺的田地来，么道，休争要者。”[①] 凡是无主的荒闲田土，或由他人认领耕种，或组织军民屯田。后来元朝政府对于荒闲田土，大体上都照此办理。认领耕种便是募民垦荒。两者的区别是，屯田由政府出面组织，一般是集中在指定地区从事生产，政府提供部分或全部生产物资（农具、耕牛、种子），收获物采取政府与耕作者分成的办法；募民垦荒则是政府招募人员（通常是流亡人户）认领土地，从事生产，给予一定年限的减免赋税的优待，然后按规定承担赋役。

元朝政府规定：“诸应系官荒地，贫民欲愿开种者，许赴所在官司入状请射，每丁给田百亩。官豪势要人等不请官司，毋得冒占。”[②] 原来规定开耕荒闲田土免税三年，并且“蠲免一切杂泛差役”[③]。至元二十五年（1288）规定，耕种江南荒闲田土的，“第一年不要地税，第二年要一半”，第三年“三停内交纳二停”，“种的百姓每根底不交当别个杂泛差发。”[④] 也就是说，原来免地税三年，此时改为第一年全免，第二年交一半，第三年交三分之二，第四年全征。杂泛差役的减免也以三年为限。这亦是专门就江南地区而言的。至元二十八年，“募民耕江南旷土”，“三年后征租”[⑤]。成宗大德四年（1300）诏书：“江北系官荒田许给人耕种者，元拟第三年收税，或恐贫民力有不及，并展限一年，永为定例。”[⑥] 可见江北曾一度拟改为免税二年，但很快便恢复三年之制。凡是经过官方认可正式拨给的荒闲田土，“官授之券，俾为永业”[⑦]。也就是所有权归认领者所有，成了私有的土地。募民垦荒取得一定效果，至元二十五年（1288）“大司农言耕旷地三千五百七十顷”[⑧]。二十八年，“司农司上诸

---

① 《元典章》卷19，《户部五·荒田·荒闲田土无主的做屯田》。

② 《至元新格》，见《元典章》卷19，《户部五·荒田》。

③ 《元典章》卷19，《户部五·荒田·荒田开耕三年收税、荒田开耕限满纳米》。

④ 《元黄章》卷19，《户部五·种佃·开种公田》。按《元史》卷15，《世祖纪十二》载，至元二十五年正月，“募民能耕江南旷土及公田者，免其差役三年，其输租免三分之一。”与诏令原文有出入。

⑤ 《元史》卷16，《世祖纪十三》。

⑥ 《元典章》卷19，《户部五·荒田·开荒展限收税》。

⑦ 《元史》卷16，《世祖纪十三》。

⑧ 《元史》卷15，《世祖纪十二》。

路……垦地千九百八十三顷有奇”[1]。其他年份亦应如此，但史书漏载。在世祖以后，募民垦荒之事就逐渐减少了。

元朝官修的政书说：“既一海内，［屯田］举行不废。内则枢密院各卫皆随营地立屯，军食悉仰足焉。外则行省州郡，亦以便利置屯。甘肃瓜、沙，河南之芍陂、洪泽，皆因古制，以尽地利。云南八番，海南海北，本非立屯之地，欲因之置军旅于蛮夷腹心，以控扼之也。其和林、陕西、四川等，或为地所宜，或为边计，虑至周密，法甚美矣。”[2] 这段话概括地说明了元代屯田的规模。元朝的屯田，可以分为内、外两大系统。内指中央各机构所属各机构管辖的屯田，外指地方各行省所管辖的屯田。下面分别作一些说明。

中央机构管理的屯田，以枢密院下属侍卫亲军屯田最为重要。前已说过，最先建立的左、中、右三卫都有屯田的任务，后来陆续建立的各卫，有的以屯田为主，多数则以其任务（宿卫城禁、徼巡盗贼、修治城隍及京师内外工役等）为主，但也兼事屯田。据有关记载统计，枢密院所辖侍卫亲军屯田16000余顷，屯军在27000人以上[3]。这个数字是不完全的，实际数字应该更多一些。侍卫亲军屯田大部分布在大都的东南和西南；忠翊侍卫和宗仁卫屯田地点较远，在今内蒙境内；另有阿速卫和镇守海口屯储亲军则在直沽（今天津）沿海一带屯种。侍卫新军中从事屯田的主要是汉军和新附军人。此外，大司农司和宣徽院属下都有屯田机构。大司农司下属屯田3处，都在大都附近，与侍卫亲军屯田犬牙交错，共有屯田人户7000左右，屯田27000余顷。这些屯田人户主要是民户、析居户、放良的奴隶，也有军人，总的来说，应属于民屯。宣徽院是管理宫廷饮食的部门，下属机构甚多，其中与屯田有关的是淮东淮西屯田打捕总管府、丰闰署、宝坻屯和尚珍署。淮东淮西屯田打捕总管府有屯户11000余户，屯田15000余顷，分布两淮地区以及腹里的沂州（今山东临沂）等地。丰闰署屯田设在蓟州丰闰（今河北丰润），有户800余，田340余顷。宝坻屯有户300，在宝坻（今天津宝坻）。尚珍署有户450余，田9700余顷，

---

① 《元史》卷16，《世祖纪十三》。

② 《经世大典序录·政典·屯田》，《国朝文类》卷41。

③ 《元史》卷100，《兵志三·屯田》。

在兖州（今山东兖州）[1]。这些屯田机构下属屯户大都由召募或签发而来。宣徽院系统的屯田主要满足宫廷饮食及其他需要，与别的机构屯田有所不同。

元代各行省都实行屯田，但多少各不相同。

元代设岭北行省，管理漠北草原之地。全国统一以前，漠北已有小规模的屯田，见前述。全国统一以后，窝阔台系和察合台系的宗王不断起兵，反对忽必烈及其继任者，战争主要在北方进行。元朝政府经常在北边派驻重兵，粮食供应成了严重的问题，"因屯田以给军储"，便成为元朝政府特别重视的一项措施。岭北屯田主要集中在和林、称海（镇海）、五条河等处。和林是蒙古国的都城，后来成为岭北行省的首府。至元十五年（1278），南方已基本平定，忽必烈命刘国杰率侍卫亲军万人屯戍和林，不少人即从事屯田[2]。至元二十年（1283），"令西京宣慰司送牛一千，赴和林屯田。"[3] 但此后一度废弛。大德十一年（1307），武宗即位。十二月，"发汉军万人屯田和林"[4]。称海屯田始于成吉思汗时，基础较好。成宗元贞元年（1295）"于六卫汉军内拨一千人赴称海屯田"[5]。武宗时，哈剌哈孙为岭北行省左丞相，"称海屯田废弛，重为经理，岁得米二十余万斛"[6]。仁宗延祐三年（1316），称海屯田罢，但不久又恢复。延祐六年（1319）十一月，"敕晋王部贫民二千居称海屯田"[7]。同年还"分拣蒙古军五千人，复屯田称海"[8]。可知此时称海屯田以蒙古人为主。五条河屯田至迟在至元二十一年（1284）已存在，后一度并入称海，仁宗延祐三年（1316）罢称海屯田，在五条河立屯。七年，称海、五条河均立屯田。此外，还有海剌秃屯田，也有一定规模。"英宗时，立屯田万户府，为户四千六百四十八，为田六千四百余顷。"[9] 这应是当时岭北行省全部屯田的数字。总

---

① 《元史》卷100，《兵志三·屯田》。
② 《元史》卷162，《刘国杰传》。
③ 《元史》卷58，《地理志一》。
④ 《元史》卷22，《武宗纪一》。
⑤ 《元史》卷58，《地理志一》。
⑥ 刘敏中：《丞相顺德忠献王神道碑》，《中庵集》卷4。
⑦ 《元史》卷26，《仁宗纪三》。
⑧ 《元史》卷100，《兵志三·屯田》。
⑨ 《元史》卷100，《兵志三·屯田》。

的来说，岭北行省屯田数量是有限的，而且兴废不常，但是能在漠北高寒地区经营农耕，这件事本身就具有重要意义。

元朝东北地区设辽阳行省，面积宽广。中统三年（1262）六月，忽必烈“命婆娑府屯田军移驻鸭绿江之西”①。婆娑府在今辽宁丹东境内，可见在此以前辽阳行省已有军屯。但屯田的较多设置，则在全国统一以后。主要机构有大宁路海阳等处打捕屯田所，立屯于瑞州（今河北秦皇岛境内）之西濒海荒地；浦峪路屯田万户府，立屯于咸平府（府治今辽宁开原）；金复州万户府，“屯田哈思罕关东荒地”，哈思罕在今辽宁大连境内；肇州屯田万户府，“于肇州旁近地开耕”，肇州即今黑龙江肇州。以上有民屯，也有军屯，还有军民混合屯。屯军主要是“新附军”、“蛮军”和“归附军”，其实三者都指南宋降军而言。屯民可以分为两类，一类是辽阳行省各路“拘刷漏籍、放良、孛兰奚人户，及僧、道之还俗者”；一类是当地少数民族水达达、女真人。② 孛兰奚指无主逃奴。此外肇州屯田还有一些流刑罪人。以上四个机构共有屯户4870，屯田2627顷。主要分布在辽阳行省南部，只有肇州在中部，北部“黑龙江之东北边”亦曾一度设置，但很快就停止了。③ 元朝的甘肃行省大体包括现在甘肃省的西北部，宁夏回族自治区的大部和内蒙古自治区的西部。甘肃行省是元朝与“西北诸王”交锋的前线，为了供应军队粮饷，设置于较多的屯田，主要集中在宁夏府路（路治今宁夏银川）和甘、肃、瓜、沙（今甘肃的张掖、酒泉、安西、敦煌）以及亦集乃路（今内蒙额济纳旗）。蒙古灭西夏时，宁夏府路一带遭到很大破坏，人烟稀少。忽必烈先后在当地设立宁夏等处新附万户府和宁夏营田司，负责屯田事宜④。前者管理新附军，后者管理南宋降民。甘、肃、瓜、沙的屯田规模颇大，仅瓜州屯田军即达万人之多。⑤ 元武宗至大二年（1309）中书省臣说：“沙、瓜州摘军屯田，岁入粮二万五千石。”⑥ 亦集

① 《元史》卷5，《世祖纪二》。

② 《元史》卷100，《兵志三·屯田》；《经世大典序录·政典·屯田》。

③ 张克敬：《管军上百户张成墓碑》，《满洲金石志》卷5。

④ 《元史》卷100，《兵志三·屯田》。

⑤ 《元史》卷19，《成宗纪二》。

⑥ 《元史》卷23，《武宗纪二》。

乃路屯田以新附军为主，规模较小。在甘肃行省之西，即今新疆地区，是元朝与窝阔台系、察合台系后王争夺之地。元朝曾在别石八里（今新疆吉木萨）、阇鄽（今且末）、斡端（今和田）、合迷里（今哈密）等处屯田，但由于军事活动频繁，这些地方屯田收效有限，而且随着元朝军事的失利，很快都停止了。与甘肃行省比邻的是陕西行省，大体包括今陕西省和甘肃的东南部，以及内蒙和宁夏的一部分。蒙古国早就在陕西经营屯田，已见前述。全国统一后，元朝政府在至元二十四年（1287）立陕西屯田总管府，所辖“凤翔、镇原、栎阳、泾阳、彭原、安西、平凉、终南、渭南，共七千五百户，田五千八百顷”[①]。又设陕西等处万户府，在周至、宁州（今甘肃宁县）、德顺州（今甘肃静宁）等处，共“二千六百户，田八百一十顷”[②]。前者是民屯，后者为军屯。此外，六盘山、延安路、开成路（路治今宁夏固原）等处亦曾设屯田机构，但为时不久。

元朝的河南行省大体包括今天的河南省和湖北、安徽、江苏三省的北部，可以说是全国的腹心地带。河南屯田在蒙（元）宋战争中已有相当规模。全国统一以后，有很大发展，其规模为全国之冠。河南行省屯田以两淮地区最为重要。两淮即淮东、淮西（今江苏、安徽北部）先是宋金、后是蒙宋交战之地，“兵革之余，荆榛蔽野”[③]。元朝政府设立洪泽、芍陂两处屯田万户府，前者在淮安路（路治今江苏淮安）境内，用洪泽湖水灌溉，故以此为名；后者在安丰路（路治今安徽寿县）境内，以芍陂（今名安丰塘，在寿县南部，面积较过去缩小）为主要水源，故以之为名。前者屯户约16000，屯田35000余顷，后者屯户在14000以上，屯田数不详，料亦应在20000～30000顷之间。两处均为军屯，有汉军，也有新附军和蒙古军，还有不少盐徒（私盐贩）及“盗贼”，被强制安置在屯田场所劳动。在南阳（路治今河南南阳）地区设有南阳屯田总管府，有屯户6000余，屯田10000余顷。后来总管府撤消，归地方政府管理。这是民屯。在南阳屯田的还有来自西北的合剌鲁军和畏吾儿人。

① 《经世大典序录·政典·屯田》，《国朝文类》卷41。
② 《经世大典序录·政典·屯田》，《国朝文类》卷41。
③ 《元史》卷132，《昂吉儿传》。

德安府（府治今湖北安陆）设有军民屯田总管府，有民9300余，军5900余，田8800余顷，共分十屯①。

南方的四川行省，蒙宋战争期间屯田已有相当规模，已见前述。统一以后，又陆续签发民户和军人屯田。最盛时全省共有屯田29处，其中军屯20处，民屯9处。各处屯田大小悬殊，多的有屯户5000户，少的只有几十户或十几户。其中成都一路便有15处，内军屯14处。全省共有屯户33000余户，屯军有蒙古军、汉军和新附军。民户大多是在地方上签发的。根据元代中期统计，云南行省共有屯田12处，共有屯户31000户左右。9处屯田91500双，1处屯田1250顷，另有2处无数字②。91500双折合田土4575顷。12处屯田中，军屯3处，民屯1处，其余均为军民混合屯。屯军有汉军、新附军、畏吾儿军，还有很多是从本地爨僰军中签发的，爨僰是今天云南彝族和白族的祖先，爨僰军又称寸白军，属于“不出戍他方”的“乡兵”，也就是在本地驻扎的队伍③。屯民有的签本地“编民”，有的“拘刷漏籍人户。”云南屯田的一个特点是无论军、民都有一部分是“自备己业田”的④。湖广行省包括今湖北省南部，湖南、广西两省以及广东和贵州的一部。共有屯田3处。海北海南道宣慰司都元帅府民屯，广西两江道宣慰司都元帅府撞兵屯田和湖南道宣慰司衡州等处屯田，分布地面很分散，但规模不大，共有军、民屯户14600余户，屯田1600余顷⑤。江浙行省大体包括今江苏的南部、浙江和福建。当时的两浙（浙东、浙西，即今浙江和苏南）是全国经济最富庶的地区，地狭人稠，而福建则比较落后，荒地甚多。元朝政府在汀州（路治今福建长汀）、漳州（路治今福建漳州）设置军屯，屯军是新附军3000人，屯田400余顷⑥。“汀漳与溪洞接境，故立屯种”，目的是防备当地少数民族闹事。江西行省大体包括今江西和广东一部。大德二年（1298）正月，“以赣州路所辖信丰、会昌、龙南、安

① 《元史》卷100,《兵志三·屯田》。
② 《元史》卷100,《兵志三·屯田》。
③ 《元史》卷98,《兵志一》。
④ 《元史》卷100,《兵志三·屯田》。
⑤ 《元史》卷100,《兵志三·屯田》。
⑥ 《元史》卷19,《成宗纪二》。《元史》卷100,《兵志三·屯田》。

远等处，贼人出没，发寨兵及宋旧役弓手，与抄数漏籍人户，立屯耕守，以镇遏之。为户三千二百六十五，为田五百二十四顷六十八亩"①。

上面简略介绍了各地区屯田的情况。根据元代中期官方文书的记载，全国有屯田军、民22万余户（人），屯田174800余顷。在屯田中，军屯约占47%，民屯约占44%，军民混合约占9%②。但这个记载不是很准确的，只是大致可供参考的数字。可以认为，元朝统一以后，屯田获得很大的发展，遍及腹里和各行省，这在中国历史上是前所未有的。元朝政府大力经营屯田，一是为了加强统治，防止各族人民的反抗；二是为了巩固边防；三是为了减少养军的费用。屯田对于很多因战乱遭受破坏地区的经济恢复，起了很大的作用，其中以两淮地区最为明显。屯田对于边疆的开发贡献极大，大批汉族军人实际上就是农民和手工业工人，他们到边疆屯田，带去了中原地区比较先进的生产工具和生产技术，改变了这些地区的生产面貌，也促进了这些兄弟民族地区经济、文化的提高。但是，屯田是由政府设官管理的，效率低下，贪污成风，劳动者受到严酷的剥削和压迫，大量逃亡。武宗至大元年（1308）十一月，中书省臣言："天下屯田百二十余所，由所用者多非其人，以致废弛。"③ 元朝政府虽然采取了不少改进的措施，但收效甚微。

顺帝至正十一年（1351），全国规模的农民战争爆发。原有的屯田在战争影响下大多遭到破坏。但是，战争造成的经济衰退，又迫使元朝政府和新建立的地方政权都以兴建屯田作为解决粮食供应的重要手段。至正十二年（1325），元朝政府在河南置屯田8处，在汴梁设都水庸田使司进行管理。④ 至正十三年在大都周围大规模开展屯垦。十五年"以各卫军人屯田京畿，人给钞五锭"，"本管万户督其勤惰。"同年又下令："凡有水田之处，设大兵农司，招集人夫，有警乘机进讨，无事栽植播种。"⑤ 为此设立了保定、河间、武清和景蓟等处大兵农使司，都在大都附近。元朝大都的粮食供应主要依靠海运江

---

① 《元史》卷100，《兵志三·屯田》。

② 梁方仲：《中国历代户口田地田赋统计》，乙表26《元代屯军屯民人户数及屯田亩数》。

③ 《元史》卷22，《武宗纪一》。

④ 《元史》卷92，《百官志八》。

⑤ 《元史》卷44，《顺帝纪七》。

南的粮食，此时海运不至，只能依靠大都周围的屯垦。后来仍不断在大都周围组织屯种，直至灭亡。元朝一些地方官员，也以屯田来维持自己的生存，比较著名的如太平、崔敬在济宁（路治今山东济宁），余阙在安庆（路治今安徽安庆）。在农民起义军方面，宋政权的将领毛贵在山东莱州（今掖县）"立三百六十屯田，每屯相去三十里"①。规模很大。但毛贵不久被杀，屯田未能继续下去。原是农民起义后来投降元朝割据一方的张士诚，"广屯洪泽、芍陂之田，以佐其兵费"②。但很快两淮成为朱元璋、张士诚争夺之地，屯田又再次荒废了。起义军中屯田最有成绩的是朱元璋，他早就提出："兴国之本，在于强兵足食。昔汉武以屯田定西戎，魏武以务农足军食，定伯兴王，莫不由此。……诸将宜督军士及时开垦，以收地利，庶几兵食充足，国有所赖。"③ 朱元璋原来势力微弱，后来日益壮大，战胜群雄，这和他重视屯田是分不开的。

第三节　水利灌溉工程的修建

元代农学家王祯说："灌溉之事，为农务之大本，国家之厚利也。"④ 发展农业生产，必须兴修水利灌溉工程。窝阔台汗十二年（1240），蒙古国下令修京兆三白渠，这应是元代兴修水利灌溉工程的最早记载。但总的来说，蒙古国前四汗对此是不重视的。忽必烈即汗位后，重视农业，对水利灌溉工程也很注意。中统三年（1262），中书左丞张文谦荐郭守敬"习知水利，且巧思绝人"，忽必烈召见。郭守敬"面陈水利六事"，除第一事浚中都旧漕河外，其余五事均为修治灌溉工程。"每奏一事，上辄曰：'当务者，此人真不为素餐矣'。即授提举诸路河渠。"⑤ 郭守敬的进用，首先因为提出以灌溉为主的水利工程的建议。由此也反映出忽必烈对水利灌溉事业的兴趣。不久，郭守敬追随张文

① 《元史》卷45，《顺帝纪八》。
② 戴良：《送戴参政诗序》，《九灵山房集》卷13。
③ 《洪武实录》卷12。
④ 王祯：《农书》，《农桑通诀集三 · 灌溉篇第九》。
⑤ 齐履谦：《知太史院事郭公行状》，《国朝文类》卷50。

谦，修复中兴（今宁夏银川）水利灌溉渠道有功，至元二年（1265），被提升为都水少监。至元七年（1270）二月，忽必烈下令设司农司。司农司发布《劝农立社事理条画》，其中一款专门谈水利灌溉问题："随路皆有水利，有渠已开而水利未尽其地者，有全未曾开种并创可挑撅者。委本处正官一员，选知水利人员一同相视，中间别无违碍，许民量力开引。如民力不能者，申覆上司，差提举河渠官相验过，有司添力开挑。外据安置水碾磨去处，如遇浇田时月，停住碾磨，浇溉田禾。若是水田浇毕，方许碾磨依旧引水用度，务要各得其用。虽有河渠泉脉，如是地形高阜不能开引者，仰成造水车，官为应副人匠，验地里远近，人户多寡，分置使用。富家能自置材木者，令自置，如贫无材木，官为买给，已后收成之日，验使水之家均补还官。若有不知造水车去处，仰申覆上司关样成造。所据运盐运粮河道，仰各路从长讲究可否，申覆合干部分定夺，利国便民，两不相妨。"① 这一款对农田水利灌溉的种种情况作出了具体规定。一是允许百姓开引水渠，力量不足者，"有司添力开挑"。一是浇田时月停住碾磨，这是因为碾磨用水力推动，影响灌溉。一是鼓励使用水车。一是调整运盐河道与灌溉用水的关系。运盐河道往往是人工开凿的，大量引水必然影响灌溉。这些规定实际上就是元代的水利灌溉法规。

至元九年（1272）二月，"诏诸路开浚水利"②。诏旨的全文是：

谕各路达鲁花赤、管民官、管站、打捕鹰房、僧、道、医、儒、也里可温、答失蛮头目诸色人等：近为随路可兴水利，遣官分道相视见数，特命中书省、枢密院、大司农司集议得，于民便益，皆可兴开。为此，今降圣旨，仰大司农定立先后兴举去处，委巡行农官于春首农事未忙，秋暮农工闲慢时分，分布监督本路正官一同开挑。所用人工，先尽附近不以是何人户，如不敷，许于其余诸色人内差补。外据修堰渠闸一切物件，必须破用官钱者，仰各路于系官差发内从实应付。具申省部，务要成功。先从本路定立使水法度，须管均得其利。据该开渠地面，诸人不得遮当，亦不得中间沮坏。如所引河水干碍漕

① 《通制条格》卷16，《田令·农桑》。
② 《元史》卷7，《世祖纪四》。

运粮、盐，及动碾磨使水之家，照依中书省已奏准条画定夺，两不相妨。若已兴水利未尽其地，或别有可以开引去处，画图开申大司农司定夺举行，劝农官并本处开渠官却不得因而取受，非理骚扰。①

这是元朝政府就水利灌溉事业颁布的专门诏令，其中对工程的举办季节，工程动用人工的办法，以及工程经费，作出了具体的规定，同时还要求工程建成后“定立使水法度”。从诏令还可看出，元朝政府为了兴修水利，还曾“遣官分道”进行调查，并且由中书省、枢密院、大司农司共同进行研究部署。这些规定是对《劝农立社条画》中有关水利灌溉条款的进一步补充。在如此相近的时间内，接连发布有关水利灌溉的诏令，说明元朝政府对这一事业的重视，而诏令中的各项规定，也是比较切实可行的。

元朝政府中设有都水监，“秩从三品，掌治河渠并堤防水利桥梁闸堰之事”②。水利灌溉工程的兴修，是都水监工作的一个重要方面。如前所述，郭守敬因修治中兴水渠有功提升为都水少监，可知这一机构的设立应在至元二年（1265）或以前。郭守敬在任都水少监以前曾提举诸路河渠、副河渠使。都水监一度废除，至元二十八年（1291）重新设立，从此成为政府的常设机构。重设的都水监以当时已任太史令的郭守敬兼领监事。后来出任都水监的有以开辟海运闻名的罗璧③。著名水利专家任仁发在元代中期曾任都水少监④。成宗大德八年（1304）五月，为了浚治吴松江，曾在平江（今江苏苏州）立行都水监，“以董其程”⑤。这是一个临时性的机构，工程结束后即撤消⑥。都水监之外，又有都水庸田司。成宗大德二年（1298）二月，“立浙西都水庸田司，专主水利”⑦。设司的地点是平江，“专一修筑田围，疏浚河道”⑧。七年（1303）

---

① 《元典章》卷23，《户部九·农桑·兴举水利》。

② 《元史》卷90，《百官志六》。

③ 《元史》卷166，《罗璧传》。

④ 王逢：《谒浙东宣慰副使致仕任公及其子台州判官墓》，《梧溪集》卷1。

⑤ 《元史》卷21，《成宗纪四》。

⑥ 武宗至大元年（1308）正月，“从江浙行省请，罢行都水监，以其事隶有司。”（《元史》卷22，《武宗纪一》）。

⑦ 《元史》卷19，《成宗纪二》。

⑧ 姚文灏：《浙西水利书》，《元书·复立都水庸田司》。

二月撤销。[1] 泰定三年（1326）正月，“置都水庸田司于松江，掌江南河渠水利”[2]。文宗天历元年（1328）九月，因“殊无实效”而革罢。顺帝至正元年（1341）复立。[3] 浙西是当时经济最发达的地区，浙西的粮食生产对国家来说至关紧要，而浙西的农业生产与以太湖为中心的水利灌溉关系非常密切，所以元朝政府设置行都水监、都水庸田司专门进行管理。此外，关中等地还设有河渠司，负责水利。

元代水利灌溉事业以陕西、宁夏、浙西、四川较为突出，其他地区亦有不少建设。

关中地区历史上最重要的水利灌溉工程是郑白渠。郑渠（郑国渠）修于秦始皇时，白渠修于西汉，都是利用泾水灌溉。郑渠、白渠都起自瓠口（今陕西泾阳西北），向东行，白渠在郑渠以南。郑渠注入洛水，白渠南入渭水，二渠灌区相连，后人合称为郑白渠。郑白渠对关中的粮食的生产，起过巨大的作用。唐代郑渠作用不大，白渠下分三支，即太白渠、中白渠和南白渠，故又有三白渠之称。宋、金二代，都对三白渠进行治理。“自元伐金以来，渠堰缺坏，土地荒芜。陕西之人虽欲种莳，不获水利，赋税不足，军兴乏用。”[4] 窝阔台汗十二年（1240），命梁泰充宣差规措三白渠使，拨2000户及木工20人，牛1000头，进行修治，并就地屯田。后来又屡次治理，另开新口，可灌田9000余顷[5]。至正二十年（1360），“陕西行省左丞相帖里帖木儿遣都事杨钦修治，凡溉农田四万五千余顷。”[6] 这时元末农民战争仍在进行，关中地区连年处于动乱之中，能否顺利修治并取得效果，是颇为可疑的。

泾水灌区有比较严密的管理制度。在工程维修方面，主要有：设专人看管渠堰，“若有微损，即便补修”；分水时各县正官一员亲诣监督分用；“开斗（斗门，出水口——引者）浇田”时，“［河］渠司差人随逐使水”；“凡修渠

① 《元史》卷21，《成宗纪四》。
② 《元史》卷30，《泰定帝纪二》。
③ 《大元官制杂记》。
④ 《元史》卷65，《河渠志二·三白渠》。
⑤ 李好文：《长安志图》卷下，《用水则例》。
⑥ 《元史》卷66，《河渠志三·泾渠》。

堰，自八月兴工，九月工毕，春首则植榆柳以坚堤岸”；“凡水广尺深尺为一徼，以百二十徼为准，守者以度量水日具尺寸申报，所司凭以布水，各有差等”。“水广尺深尺”即一平方尺，这是一种过水量的计算单位。在用水制度方面，主要是：“凡用水先令斗吏入状，官给申贴，方许开斗”；“自十月一日放水，至六月遇涨水歇渠，七月住罢”；“每夫一名溉夏秋田二顷六十亩，仍验其工给水”；“行水之序，须自下而上，昼夜相继，不以公田越次，霖潦辍功。”对于违反规定的，“断罚有差。”[①] 这里所说的“夫”指修渠时出工的人夫。这些规定都是长期实践的经验总结，很有价值，代表了当时的管理水平。

西夏立国，重视水利。“其地饶五谷，尤宜稻、麦。甘（今甘肃张掖）、凉（今甘肃武威）之间则以诸河为溉。兴（今宁夏银川）、灵（今宁夏灵武）则有古渠曰唐来，曰汉源，皆支引黄河。故灌溉之利，岁无旱涝之虞。”[②] 西夏灭亡，渠道荒废。至元元年（1264），张文谦“以中书左丞行省西夏中兴等路”[③]。郭守敬随之前往。“先是，西夏濒河五州，皆有古渠。其在中兴州者，一名唐来，长袤四百里；一名汉延，长袤二百五十里。其余四州，又有正渠十，长袤各二百里，支渠大小共六十八。计溉田九万余顷。兵乱以来，废坏淤浅，公（郭守敬—引者）为之因旧谋新，更立闸堰，役不逾时，而渠皆通利。”[④]“汉延”即“汉源”。这些水渠的修复对于当地农业生产起了重要的作用。明人王邦瑞说：“唐来诸渠，前人之绩伟矣。……今所治者，皆元人郭守敬遗法。大约导河为首渠，又导为支渠，又播为沟浍，达于畎亩，首尾绵亘，至二三百里。条分缕析，至千万派而后家至户到，公私沾足。”[⑤] 可见郭守敬修治之后，明代亦蒙受其利。

浙西水利灌溉，以太湖为中心。太湖水利最突出的问题是由于水系的混乱造成的排水不畅，引起各种灾害。在统一以后一段时间内，元朝政府没有重视太湖水系的治理。“国家收附江南三十余［年］，浙西河港、围岸、闸窦，无

---

① 李好文：《长安志图》卷下，《洪堰制度》、《用水则例》。

② 《宋史》卷486，《夏国传下》。

③ 《元史》卷157，《张文谦传》。

④ 齐履谦：《知太史院事郭公行状》，《国朝文类》卷50。

⑤ 《宁夏图略序》，《明经世文编》卷228。

官整治，遂致废坏。一遇水旱，小则小害，大则大害。”“以致苏、湖、常、秀之良田，多弃为荒芜之地。”其中太湖的主要排水道吴松江“日就淤塞”，成为最突出的问题。[①] 造成湖、河淤塞废坏的原因是多方面的，但最主要的是权势之家围湖造田所致。“此湖（指太湖—引者）在宋时委官差军守之，湖旁余地，不许侵占，常疏其壅塞，以泄水势。今既无人管领，遂为势豪绝水筑堤，绕湖为田，湖狭不足潴蓄，每遇霖潦，泛溢为害。”[②] 世祖忽必烈末年，曾动用民夫二十万疏掘“太湖、练湖、淀山湖等处并通江达海河港，又加以修筑围岸，自此岁获丰收”。但由于管理不善，“大盈等浦涨塞如旧，吴松江面淤淀愈增。”[③]“江浙税粮甲天下，平江、嘉兴、湖州三郡当江浙十六七，而其地极下，水锺为震泽。震泽之注，由吴松江入海。岁久，江淤塞，豪民利之，封土为田，水道淤塞，由是浸淫泛滥，败诸郡禾稼。”[④] 成宗大德八年（1304）五月，“中书省臣言：‘吴江、松江实海口故道，潮水久淤，凡湮塞良田百有余里，况海运亦由是而出，宜于租户役万五千人浚治，岁免租人十五石，仍设行都水监以董其程。’从之”。[⑤] 这次浚治吴松江，出于著名水利专家任仁发的建议[⑥]。行都水监即为此设置，说明元朝政府对此事的重视。这一工程动用民工万五千人，自大德八年十一月始，到九年二月结束，“西自上海县界吴松旧江，东抵嘉定石桥洪，迤逦入海，长三十八里一百八十一三尺步，深一丈五尺，阔二十五丈”。工程名义上由行省平章彻里主持，实际负责人是任仁发[⑦]。这次疏浚以后，浙西“稍得丰稔”。但不到 20 年，“又壅闭，势家愈加阻占，虽得征赋，实失人利。”“旧有河港联络官民田土之间藉以灌溉者今皆填塞。”至治三年（1323），元朝政府对太湖排水问题作了全面的调查，泰定元年（1324）动用民工四万余人，仍由任仁发负责施工，在次年正月完成。

---

① 姚文灏：《浙西水利书》，《元书·任都水〈水利议答〉、任都水言开江》。

② 《元史》卷 65，《河渠志二·淀山湖》。

③ 《浙西水利书》，《元书·吴执中言顺导水势》。

④ 《元史》卷 130，《彻里传》。

⑤ 《元史》卷 21，《成宗纪四》。

⑥ 王逢：《谒浙东宣慰副使致仕任公及其子台州判官墓》，《梧溪集》集 6。

⑦ 苏天爵：《元朝名臣事略》卷 4，《平章武宁正宪王》。中华书局，1962 年影印元刻本。

“计创石闸六，筑塍围八千，浚沟汊千有奇，太湖众水东入于海。”[①] 又过了十余年，顺帝至正元年（1341），江浙行省上奏：“浙西水利，近年有司失于举行，堤防废弛，沟港湮塞，水失故道，民受重困。”于是又动员十余万人，“撩漉吴松江沙泥”，浚治河渠及诸塘[②]。有元一代最后一次大规模浚治太湖排水工程是由张士诚主持的。至正十一年（1351），元末农民战争爆发。不久，张士诚崛起于淮东，进取浙西，名义上归附元朝，实际上割据一方。至正二十四年（1364），张士诚动员兵、民十万（一说二十万），浚治河渠，重点是治理常熟（今江苏常熟）以东的白茆港。明太祖洪武九年（1376），“长洲县民俞宁仁等诣县，状诉：‘苏州之东，松江之西，皆水乡，地形洿下。上流之水迅发，虽有刘家港，难泄众流之横溃。张氏开白茅港，与刘家港分杀水势。自归附以来，十余年间，并无水害’”[③]。“张太尉庙，在白茆市，洪武四年建。相传张士诚浚浦有功，民祀之。”[④] 张士诚为朱元璋所灭，入明以后，当地百姓还为他说好话，建庙奉祀，可见这一工程确有成效。

以排水为中心的太湖水利工程，每隔一二十年就要大规模举行，其原因有二。一是势豪侵占水面造田的现象始终未能遏止，二是有关部门管理不善。在所有水利灌溉工程中，元朝政府对太湖水利工程最为重视，耗费的人力物力最大，也取得了一定的成效，但是并没有能从根本上解决问题。

两浙地区濒海，常有海潮为害，因而有海塘的修筑。成宗大德三年（1299）盐官州（今浙江海宁）的塘岸崩。仁宗延祐六、七年（1319～1320），“海汛失度，累坏民居，陷地三十余里”。都因沙涨，未能修治。泰定四年（1327）二月，风潮大作，冲坏了盐官州的城郭。八月，秋潮汹涌，水势越大，元朝政府不得不进行修治，建造大石塘，“作竹籧篨，内实以石，鳞次垒叠以御潮势”。先筑石囤二十九里余，后又接垒石囤十里，在天历元年（1328）八月完成。石塘修成后，“水息民安”。元朝政府因此改盐官州为海宁

① 王逢：《谒浙东宣慰副使致仕任公及其子台州判官墓》，《梧溪集》卷6。

② 《浙西水利书》，《元书·复立都水庸田司浚江河》。

③ 《姑苏志》卷12，《水利下》。

④ 《嘉靖常熟县志》卷4，《祠祀志》。

州[①]。以上说的是钱塘江北岸的海塘，亦即浙西海塘。钱塘江南岸亦有海塘。上虞（今浙江上虞）“负海为邑，其北为潮汐上下之地，旧垒土为堤以障之”。“自大德以来，水暴溢则堤岸时有冲溃，既治辄坏。至元又元之六年六月，风涛大作，其地曰莲花池等处，啮入六里许，横亘二千余尺，并堤之田莽为斥卤。岁加缮完，民罢于筑堤之役。”余姚州“濒海诸乡同受其病”。余姚州先“以石易土”，上虞县在至正七年（1347）也采取同样的办法，到至正九年完成。“其为制则错直坚木以为杙，入土八尺，卧护侧石以为防，高与杙等，然后叠巨石其上，纵横密比穹厚键固，复实刚土杂石而筑平之，重覆以石。堤之崇卑视海堧为高下焉。既成，度计之，凡为一万九千二百四十尺。又即浚沟，上筑土堤，以为内备，高广过之，隐然若重城之捍蔽矣。”[②] 也就是说，这次修筑的海塘是二重的，一重为石塘，一重为土塘。两浙海塘的特点是以石塘代替土塘，对于当地的农业生产起了保护的作用。

淮西的芍陂（今名安丰塘，在安徽寿县南部），是创始于汉代的著名水利灌溉工程，历代都曾加以修治。宋、元战争中，两淮是双方激烈交战之地，芍陂也遭到破坏。元朝统一全国以后，在芍陂设立屯田。至元二十四年（1287）千户刘济“以二千人与十将之士屯田芍陂，取谷二十余万，筑堤三百二十里，建水门、水闸二十余所，以备蓄泄。凿大渠自南塘抵正阳，凡四十余里，以通转输。”[③] 刘济死于至元二十八年，在他死后芍陂屯田进一步扩大，屯户近一万五千，水利工程亦应有所扩充。元朝又在淮东淮安路（路治今江苏淮安）立屯田，利用洪泽湖水灌溉。董守义曾任洪泽屯田万户，“初屯之陂塘多仍其旧，隘不足以容水，公渐开之，广袤四十五里。作木岸二百五十丈于塘口，御风浪之冲，而水利无复遗患。然地势卑下，行潦时至，庐舍岁忧漂流。公乃循堤置闸，闸有驿以容守者，凡十二所，皆有名。”[④] 芍陂、洪泽的屯田，是与水利兴修分不开的。

在西南方面，元代有两项重要的灌溉工程。一是整治都江堰。秦朝李冰修

---

① 《元史》卷65，《河渠志二·盐官州海塘》。
② 夏泰亨：《重建海堤水闸记》，《上虞县五乡水利本末》卷上。
③ 虞集：《福州总管刘侯墓碑》，《道园学古录》卷13。
④ 虞集：《万户董公神道碑》，《常山贞石志》卷23。

都江堰，灌溉四川平原，“民用以饶”。但“历千数百年，所过冲薄荡啮，又大为民患”。后至元元年（1335）十一月，四川肃政廉访司佥事吉当普经过充分调查研究以后，对都江堰灌溉工程全面进行整治。都江堰的主要工程鱼嘴分水堤建筑在岷江江心，其作用是分流引水，自李冰至元代，一直用竹笼垒砌。此次整修，采用条石圬工砌鱼嘴，条石之间用铸铁锭扣联，并用桐油麻丝拌以石灰嵌缝。在鱼嘴首部“以铁万六千斤铸为大龟，贯以铁柱，而镇其源”，用来抵抗水流的冲击和木筏的碰撞。对易崩坏的堤岸，则砌大卵石保护。并在堤上种植杨柳和蔓荆以加固。“所至或疏旧渠而导其流，以节民力，或凿新渠而杀其势，以益民用。遇水之会，则为石门，以时启闭而蓄之。”这次工程是都江堰建成后一次大修，在技术上有重大改革。修成以后，对当地农业用水有很好的作用，“常岁获水之用仅数月，堰辄坏，今虽缘渠所置碓硙纺绩之处以千万数，四时流转而无穷”①。另一项是云南昆明池水利工程。元代，云南成为中央政府管辖下的一个行政区域。至元十年（1274），元朝以张立道为大理等处巡行劝农使，“其地有昆明池，介碧鸡、金马之间，环五百余里，夏潦暴至，必冒城郭。立道求泉源所自出，役丁夫二千人治之，泄其水，得壤地万余顷，皆为良田”②。昆明池即滇池，位于善阐（今云南昆明）南，金马山与碧鸡关之间。当时“昆明池口塞”，所以“水及城市，大田废弃”，张立道浚治昆明池西南海口河，降低昆明池水位，露出池滨大片陆地垦为农田。但海口河两岸高山，水流平缓，泥沙淤积，河床逐渐加高，因此后来仍有疏浚之事。成宗大德五年（1301）六月，“开中庆路昆阳州海口”③。元代中庆路治昆明，昆阳州属中庆路，在昆明池南，即今晋宁县。这条记载便是海口河继续治理一例。④

以上所说是元代规模较大的几项水利灌溉工程。两浙海塘并非水利灌溉工程，但对保障农业生产有直接关系，所以一并述及。元代其他水利灌溉尚有不少，如：怀孟路的广济渠，“引沁水以达于河”。它是中统二年（1261）修治

---

① 揭傒斯：《大元敕赐修堰碑》，《揭傒斯全集·文集》卷7。

② 《元史》卷167，《张立道传》。

③ 《元史》卷20，《成宗纪三》。

④ 参见方国瑜：《滇池水域的变迁》，《滇史论丛》第1辑。

的，“济源、河内、河阳、温、武陟五县民田三千余顷咸受其赐”。二十余年后“渠口淤塞，堤堰颓圮”，天历三年（1330）重新加以浚治①。成宗时，乌古孙泽为海北海南道廉访使，“雷州（路治今广东海康—引者）地近海，潮汐啮其东南，陂塘碱，农病焉。而西北广衍平衺，宜为陂塘。泽……教民浚故湖，筑大堤，竭三溪潴之，为斗门七，堤堨六，以制其赢耗，酾为渠二十有四，以达其注输。渠皆支别为闸，设守视者，时其启闭，计得良田数千顷，濒海广潟并为膏土”②。

总的说来，元代的水利灌溉工程以修复前代已有的工程为主。前代修建的灌溉工程，大多是经过精心筹划而且发挥过巨大效益的，加以适当的维修，便有事半功倍之利。元代农学家王祯说：“天下农田灌溉之利，大抵多古人之遗迹。……皆能灌溉民田，为百世利，兴废修坏，存乎其人。夫言水利者多矣，然不必他求别访，但能修复故迹，足为兴利。”他的话应该说反映了当时一些农学家、水利学家的共同想法，而且元朝政府也是按照这一想法办事的。元朝的水利灌溉工程建设，从总体来说，规模并不太大，作用自然也是有限的。王祯又说：“天时不如地利，地利不如人事，此水田灌溉之利也。方今农政未尽兴，土地有遗利。夫海内江淮河汉之外，复有名水万数，枝分派别，大难悉数。内而京师，外而列郡，至于边境，脉络贯通，俱可利泽。或通为沟渠，或蓄为陂塘，以资灌溉，安有旱暵之忧哉！”③ 元代中期起，水旱灾荒，连年不断，遍及全国多数地区。这种情况，从反面说明了这个时期水利灌溉事业的滞后。也就是说，既要看到元朝政府兴办水利的成绩，但不能估计过高。

一般的水利灌溉工程，通常由受益人户出劳动力修治，如广济渠由五县“使水人户，自备工力”赴工④。陕西利用泾水新开石渠分流浇溉民田七万余顷，“验田出夫千六百人，自八月一日修堰，至十月放水溉田，以为年例”⑤。也有一些工程，规模较大，则由政府拨给钱、粮，如泰定年间修吴松江，“常

---

① 《元史》卷65，《河渠志二·广济渠》。
② 《元史》卷163，《乌古孙泽传》。
③ 《农书》，《农桑通诀集三·灌溉篇第九》。
④ 《元史》卷65，《河渠志二·广济渠》。
⑤ 《元史》卷66，《河渠志二·洪口渠》。

州、湖州、嘉州、平江与本府（松江府——引者）不分是何人户，实有纳苗田一顷五十亩差夫一名，计名四万有奇，每名日支口粮三升，中统钞一两”①。元代修建的水利灌溉工程，多数使用年限不长，十余年或二十余年即须大修，上述太湖浚治是最有代表性的例子。造成这种情况有多种多样的原因，但权豪绝水造田和立碾磨是很重要的因素。太湖系统多次修浚，主要是权豪围湖造田导致的后果。而广济渠则“因豪家截河起堰，立碾磨，壅遏水势”，以致“堤堰颓圯”②。元朝各级政府对于权豪的此类行为，或则纵容，或则束手无策，这便使水利灌溉工程不能充分发挥作用。

上面所说的是政府举办的大、中型水利灌溉工程。元代小型水利灌溉设施有相当的发展，是值得注意的现象。至元七年的《劝农立社事理条画》中有“许民量力开引”和“成造水车”的规定，都是鼓励建造小型水利设施。顺德路（路治今河北邢台）总管王结告谕属下百姓说：“仰濒河有地之家，果然水势可及，当计会通晓水利之人，凿渠引水，改种稻田。若独水难成，或无知水利者，可采画地形水势，陈说堪以兴修事理，申告上司，添力开挑。如地高，泉脉不能上流，仰成造水车，设机汲引，浇灌田苗。有不解制造者，亦听申覆上司，开样颁降。此皆江淮已验良法，《条画》许令举行，虽南北风土不同，亦有可为之处。农民慎勿乐因循，惮改作，视为迂阔而不之信也。”③ 王结所说，实际上是具体阐明《劝农立社事理条画》的规定，故称为“《条画》许令举行”。而从“此皆江淮已验良法”可知，江淮地区推行小型水利灌溉设施，已经取得成效，北方则显然差一些。

水利灌溉，“或设机械而就假其力，或用挑浚而永赖其功”。根据王祯记载，元代水利灌溉的设施多种多样，有“排水障水”的水栅，“开闭水门”的水闸，蓄水的陂塘、水塘，溉田的翻车（龙骨车）、简车、筒车、水转翻车、牛转翻车、驴转翻车、高转筒车、水转高车、连筒、戽斗、刮车、桔槔、辘轳、瓦窦、石笼、渠、阴沟（行水暗沟）、井、竹箕等多种名目④。其中如水

① 《浙西水利书》，《元书·泰定初开江》。
② 《元史》卷65，《河渠志二·广济渠》。
③ 王结：《善俗要义·兴水利》，《文忠集》卷6。
④ 王祯：《农书》，《农器图谱集十三·灌溉门》。

转翻车、高转筒车都是首次见于记载。多种水车的出现，和上述《条画》关于“造成水车”的规定，亦可证明王结所说“设机汲引”浇灌高地不是空话。

第四节 土地登记和土地籍册

元代，就全国来说，农业是最重要的生产部门，而土地则是农业的基本生产资料。“有地则有税。”[①] 中国历代封建王朝都重视土地的登记造册，作为征发赋税的依据。

金、元之际，北方农业区人口锐减，土地荒芜。蒙古国在北方农业区征收赋税，主要以丁或户为计算单位。科差（丝料、仓银）以户计。税粮“仿唐之租庸调”，唐代租庸调以人丁为本，蒙古窝阔台汗时，“每户科粟二石，后以兵食不足，增为四石。至丙申年（1236），乃定科征之法，令诸路验民户成丁之数，每丁岁科粟一石，驱丁五升（斗?），新户丁、驱各半之，老幼不与”[②]。后来有所调整，民户交丁税，“僧、道、也里可温、答失蛮、儒人凡种田者，白地每亩输税三升，水地每亩五升。军、站户除地四顷免税，余悉征之”[③]。在全体居民中，民户无疑占有比重最大，也就是说，税粮应是以丁粮为主的。这一时期，蒙古国重视的是户口登记，土地登记只是户口登记的一个项目，没有单独进行过。

世祖中统五年（1264），下诏：“仰中书省将人户验事产多寡，以三等九甲为差，品答高下，类攒鼠尾文簿。”[④] 鼠尾簿的全名是丁口产业鼠尾簿，上面登记的内容除丁口之外，还有产业，“凡丁口死亡，或成丁，或产业孳畜增添消乏，社长随即报官，于各户下，令掌簿吏人即便标注”。土地作为产业的重要部分，无疑便登记在鼠尾簿上，所以税粮的征发，土田的词讼，“一一凭

① 王结：《善俗要义》，《文忠集》卷6。
② 《元史》卷93，《食货志一·税粮》。
③ 《元史》卷93，《食货志一·税粮》。
④ 《通制条格》卷17，《赋役·地税》。

籍照勘"[1]。鼠尾簿之外，没有专门的土地籍册。而鼠尾簿中的"产业"，应是在户口调查时"自实"或社长、里正代为申报的，并非政府专门调查的结果。鼠尾簿中的土田登记，实际上是很混乱的，一是"自实"或社长、里正申报时，往往营私舞弊，任意增减；二是土地买卖盛行带来的混乱。常见的是军田、民田的纠纷。如上所述，民田按丁纳税，军田除四顷外按亩纳税，前者是丁税，后者是地税。但军买民田，或民买军田，因而"破坏格例，既纳丁粮，因买得地税之地而并当地税，或地税之家，买得丁粮之地而并纳丁粮。如此重并，府司屡申，终不开除，反致取招问罪，不惟案牍繁乱，名实混淆，军民重并，使国家号令不一，前后失信"[2]。就是军户之间、民户之间的土地买卖，往往也不能及时在鼠尾簿上添除。胡祗遹作为监察官员"巡按"过程中写诗道："年深岁久不通推，贫富高低几变移；官员坐观恬不问，妄增擅减在乡司。"[3] 便是指这种混乱情况而言的。尽管不时有人以此为言，但元朝政府一贯采取因循苟且的态度，不愿认真进行土地登记。至元十七年（1280）正月，元朝政府"又定诸路差税课程，增益者即上报，隐漏者罪之，不须履亩增税，以摇百姓"[4]。所谓"履亩增税"就是核实登记田亩，按登记数增加赋税。显然，这道命令是禁止地方政府对土地进行调查登记。

元朝平定江南以后，原则上沿用南宋原来的地亩登记。"宋南渡后，金华县诸名额田体量于绍兴辛酉，检踏于嘉定甲申，覆量于咸淳丙寅，立法详而为制密，户有恒征，地无遗利，犹不失有田斯有赋焉。元之下江南，因之以收赋税，以诏力役。"[5] 浦江县在元代与金华县同属婺州路，元代后期核实田亩时"用宋咸淳册为之根柢"[6]。可见当地长期沿用南宋土地登记的数字。这种情况应该是很普遍的。也有一些地方，在宋、元交替之际，各种籍册损失殆尽，于是便由地方职事人员申报。例如南丰（今江西南丰），"咸淳中，南丰行自实

① 胡祗遹：《县政要式》，《紫山大全集》卷23。
② 胡祗遹：《丁粮地粮详文》，《紫山大全集》卷23。
③ 胡祗遹：《又巡按即事口号》，《紫山大全集》卷7。
④ 《元史》卷11《世祖纪八》。
⑤ 苏伯衡：《核田记》，《苏平仲文集》卷6。
⑥ 胡助：《廉侯遗爱碑》，《纯白斋类稿》卷18。

法，凡有田者各书其户之顷亩租收实数，悉上于官，以为版籍。……归附初，兵毁交至，簿书煨烬”[①]。松江（今上海松江），“归附之后，亡宋科征文册散失殆尽，至元二十四年催纳税粮，止凭乡司草册数目”[②]。上述南丰亦应如此。兵火之余，土地占有状况一定会有很大变化，沿用南宋籍册已不合适；至于籍册数失听凭职事人员申报，必然造成混乱，以上情况为权豪势家侵占土地、隐匿租税大开方便之门。江淮以南与北方不同，江淮以南的税粮按地亩征收，地亩不实必然带来税粮的减少，元朝政府不能不重视江淮以南的土地问题，采取新的有别于北方的对策。具体来说，就是重新核实土地数额，这就叫做“经理”：“经界废而后有经理，鲁之履亩，汉之核田，皆其制也。”[③]

至元二十六年（1289）二月，元朝政府下“诏籍江南户口”[④]。这次籍户的一个重要内容，是包括土地在内的“事产”，“漏报事产［杖］七十七下”[⑤]。这一年闰二月，江南行大司农司就清查江南官田提出意见：“先奉《条画》内一款：亡宋各项系官田土，每岁各有额定子粒，折收物色。归附以来，多被权豪势要之家影占，以为己业佃种，或卖与他人作主。立限一百日，若限内自行赴行大司农司并劝农营田司出首，与免本罪，其地还官，止令出首人种佃，依例纳租。据在前应收子粒，并行免征。若限外不首，有人告发到官，自影占耕作年份至今应收子粒，尽数追征。职官解见任，退闲官军民诸色人等，验影占地亩多寡，就便约量断罪。仍于征到子粒内，一半付告人充赏。钦此。行大司农司议得，犯人十亩以下杖五十七下，一百亩以下杖六十七下，三百亩以下杖七十七下，五百亩以下杖八十七下，一千亩以下杖九十七下，已上田亩虽多，罪止一百七下”[⑥]。同年三月，“行大司农司参照议拟到元钦奉《圣旨条画》内一款：‘富豪兼并之家，多有田土，不行尽实报官，或以熟作荒，诈冒供数。许限内出首改正。如限外不首，有人告发到官，其地一半没官，于没官

① 刘埙：《南丰郡志序目》，《水云村泯稿》卷5。
② 余卓：《松江府助役田粮记》，《正德松江府志》卷6。
③ 《元史》卷93，《食货志一·经理》。
④ 《元史》卷15，《世祖纪十二》。
⑤ 《元典章》卷17，《户部三·籍册·抄数户计事产》。
⑥ 《元典章》卷19，《户部五·官田·影占系官田土》。

地内一半付告人充赏，仍验地亩多少，约量断罪。’钦此。行大司农司议得，犯人十亩以下笞四十七下，一百亩以下杖五十七下，三百亩以下杖六十七下，五百亩以下杖七十七下，一千亩以下杖八十七下，二千亩以下杖九十七下，已上地亩虽多，罪止一百七下。”[①] 与此同时，“行大司农司参照议拟到元钦奉《条画》内一款：‘田多之家，多有诡名分作数家名姓纳税，以避差役，因而靠损贫难下户。许令依限出首，与免本罪，依理改正。限外不首，有人告发到官，验诡名地亩多寡断罪，仍于犯人名下量征宝钞，付告人充赏’。钦此。行大司农司议得，犯人十亩以下笞三十七下，六百亩以下笞四十七下，三百亩以下杖五十七下，五百亩以下杖六十七下，一千亩以下杖七十七下，二千亩以下杖八十七下，三千亩以下杖九十七下，已上地亩虽多，罪止一百七下。”[②] 以上三项均是行大司农司根据《条画》（《圣旨条画》）的条文提出具体的处理办法。所说《条画》名目及颁布的具体时间没有记载，应是与江南籍户的诏令同时发布的，否则其中“立限一百日”就难以理解了（其余两件中“限内”、“依限”应同）。可以认为，此次籍户，除户口外，并进行包括土地在内的“事产”登记。与此同时，元朝政府对富豪兼并之家隐占官田、田土不尽实报官和诡名纳税现象进行清理，实际上也是为了做好籍户时的“事产”登记工作。

此次籍户时，庐州路（路治今安徽合肥）同知马煦“令其民家以纸疏丁口产业之实揭门外，为之期，遣吏行取之，即日成书”[③]。这就是“自实”，其他地方料亦采取类似的登记方法。但是，这次籍户的重点显然在于户口，对于土地并不重视。前引金华、浦江的例子说明，在至元二十六、七年抄数以后，起作用的还是南宋咸淳年间的土地籍册。又如丽水（今浙江丽水），元代后期查勘学田归属时，还是“查照本都亡宋咸淳二年推排核实田亩，及至元十七年讲究取勘田亩流水簿”[④]，后一种流水簿应是入元之初根据咸淳二年籍册编造的。却没有提到至元二十六、七年土地籍册。文宗至顺年间编纂的镇江地方

---

① 《元典章》卷19，《户部五·民田·漏报自己田土》。
② 《元典章》卷19，《户部五·民田·田多诡名避差》。
③ 虞集：《户部尚书马公墓碑》，《道园学古录》卷15。
④ 刘基：《丽水县学归田碑》，《括苍金石志》卷12。

志，专门有“田土”一卷，其中说：“《嘉定志》不载亩数，惟载夏、秋二料(科)。……其后又益以公田，及拘没丁府田。至于民田数，则阙而不载。归附之后，尚稽检核。延祐乙卯，然后立法经理。”① 根本没有提到至元二十七年籍户时的土地登记。凡此种种，都可以说明此次籍户时土地登记并未认真进行。对于富豪兼并之家隐占官田、田土不实和诡名纳税等现象，显然也没有取得多少成果。这里需要说明的是，从行司农司的规定可以看出，隐占官田处罚最重，其次是田土不实，再次是诡名纳税。早在至元二十一年（1284），元朝政府就决定江南清查官田：“十二月甲辰朔，中书省臣言：‘江南官田为权豪寺观欺隐者多，宜免其积年收入，限以日期，听人首实。逾限为人所告者，征以其半给告者。’从之”。② 至元二十七年的《条画》和行大司农司规定，实际上是二十一年决定的延伸。政府从官田得到的是地租，比民田的税粮要重得多，所以重视官田的清查，隐占官田的处罚也重。

至元三十年（1293）三月，元朝政府重立行大司农司，管理农田水利，但实际上主要是为了“追寻豪右之家隐藏田地”。“赛因囊加台燕公楠言：‘蛮子地方富豪之家隐藏官田地多，立行司农司衙门，隐匿田地我寻觅出来。’”忽必烈同意他的建议。③ 赛因囊加台（带）是忽必烈赐给燕公楠的名字，燕公楠为大司农，“得藏匿公私田六万九千八百六十二顷，岁出粟十五万一千一百斛、钞二千六百贯、帛千五百匹、麻丝二千七百斤”④。陈思济为池州路总管，“时又有括田之令，公令有田互相根括，增田三千顷以应命，而反复苛横之苦，视他而少息矣”⑤。陈思济为池州路总管在出任岭北湖南道肃政廉访使之后，元朝在至元二十八年（1291）改提刑按察司为肃政廉访司，可知“括田

① 《至顺镇江志》卷5，《田土》。

② 《元史》卷13，《世祖纪十》。

③ 《大元官制杂记》。

④ 《元史》卷173，《燕公楠传》。按，大德二年（1298）“完泽丞相等奏：‘去年也速达儿、明里不花等江浙行省官遣使来言：收附江南之后，亡宋田地为有富户影占，寻出四万顷田地，每年出产四十万石粮，丝绵等物。……’”。（《大元官制杂记》）与本传数字不符。或四万顷全指官田而言，而六万九千余顷则既有官田（公田），又有私田。

⑤ 虞集：《通议大夫陈公神道碑》，《道园学古录》卷42。

之命”是至元二十八年以后的事，应即行大司农司重立后的措施[①]。所谓“有田互相根括”，应是命田多之家互相检举。重立行大司农司专门从事官田的搜括，说明在此以前清理隐占官田并未见效。此次检括有一定效果，但至元三十一年忽必烈死，成宗铁穆耳嗣位，次年（元贞元年）“以究藏不多，无济于事”，又将行大司农司撤消。[②]

至元二十七年籍户和至元三十年成立行大司农司，都与土地的调查登记有关，但前一次并未认真进行，后一次规模有限，影响都不大。真正大规模的经理，是在元仁宗（1312～1320）时进行的。延祐元年（1314），“平章章闾言：‘经理大事，世祖已尝行之，但其间欺隐尚多，未能尽实。以熟田为荒地者有之，惧差而析户者有之，富民买贫民田而仍其旧名输税者有之。由是税入不增，小民告病。若行经理之法，俾有田之家，及各位下、寺观、学校、财赋等田，一切从实自首，庶几税入无隐，差徭亦均。’于是遣官经理。以章闾等往江浙，尚书你咱马丁等往江西，左丞陈士英等往河南，仍命行御史台分台镇遏，枢密院以军防护焉。”[③] 章闾又作张驴，系同名异译。此事的实际发动者是当时的右丞相铁木迭儿，他以此作为解决“经用不给”的一项措施，章闾不过奉命行事而已[④]。上奏所说“经理大事，世祖已尝行之”，无疑指至元二十七年籍户和至元三十年追寻官田而言。此次经理的范围，限于江浙、江西、河南三省[⑤]，是全国最富庶的地方。

此次经理的具体办法是：“先期揭榜示民，限四十日，以其家所有田，自实于官。或以熟为荒，以田为荡，或隐占逃亡之产，或盗官田为民田，指民田为官田，及僧道以田作弊者，并许诸人首告。十亩以下，其田主及管干佃户皆杖七十七；二十亩以下，加一等。一百亩以下，一百七；以上，流窜北边，所隐田没官。郡县正官不为查勘，致有脱漏者，量事论罪，重者除名”[⑥]。除了

---

① 参见植松正：《元初江南的征税体制》，[日本]《东洋史研究》，第33卷第1号。

② 《大元官制杂记》。

③ 《元史》卷93，《食货志一·经理》。

④ 《元史》卷205，《奸臣·铁木迭儿传》。

⑤ 《至正金陵新志》卷3下，《金陵表》载：“[延祐元年]，十一月，经理江西、江浙、湖广田粮。”但其他有关文献无涉及湖广，疑有误。

⑥ 《元史》卷93，《食货志一·经理》。

民间的土地以外，“诸王、驸马、学校、寺观亦令如之”①。将这次的规定与至元二十六年的有关规定相比较，可以看出：（1）限期短促。至元二十六年规定限百日，此次限四十日。（2）处罚较重。至元二十六年处罚隐占、虚报十亩以下最重为杖五十七下，此次为七十七下；至元二十六年隐占、虚报田亩虽多，罪止一百七下；此次一百亩以上“流窜北边，所隐田没官。”显然，元朝政府力求在短时期内用严刑苛法来实现对三省土地的清查。

延祐元年开始的经理，其结果是：“河南省总计官民荒熟田一百一十八万七百六十九顷，江西省总计官民荒熟田四十七万四千六百九十三顷，江浙省总计官民荒熟田九十九万五千八十一顷”②。三省总计2650543顷。在此以前三省土地数缺乏记载，因此对此次经理所增田亩数难以作出说明。可以肯定的是，此次经理期间，承办的官吏多方设法增加田土数目，“寸畦尺畛，咸入版图”。经理所得田亩，都要登记入册，称为“经理册”。在经理登记时，分别土地总属（田、地、山、荡、池塘、杂产）、官民、荒熟、输复（纳粮、免粮）等多种项目，是相当细致的。③

这次经理是延祐元年（1314）发起的。但实际施行则是在第二年。“延祐二年正月初三日，钦奉圣旨，立限经理田粮。”经理时先由百姓、寺院、学校、机构“自实供报”，然后“官司复验，归类造册，作数在官”④。在实施过程中，“期限猝迫，贪刻用事，富民黠吏，并缘为奸，以无为有，虚具于籍者，往往有之”⑤。“世祖时，淮北内地，惟输丁税。铁木迭儿为相，专务聚敛，遣使括勘两淮河南田土，重并输粮。又以两淮、荆襄沙碛作熟收征，徼名兴利，农民流徙。”⑥ 元代的河南行省范围很广，包括今天的河南省和湖北北部、安徽北部（淮西）、江苏北部（淮东）。淮河以北地区，原来就是元朝的属地，居民交纳税粮以丁税为主，只有几种特定的人户纳地税。现在行经理之

---

① 《元史》卷205，《奸臣·铁木迭儿传》。

② 《元史》卷93，《食货志一·经理》。

③ 《至顺镇江志》卷5，《田土》。

④ 《镇江路儒学复田记》，《江苏通志》金石卷20。

⑤ 《元史》卷93，《食货志一·经理》。

⑥ 《元史》卷175，《张珪传》。

法，在括勘田土之后，又要按地亩数交地税，所以称之为“重并科粮”。“荆襄”在今湖北北部，亦属河南行省。荆襄、两淮，在江、淮之间，由于宋元战争的破坏，土地荒芜现象很严重，虽经开垦，仍有大量荒地存在，此次括勘便将这一带的“沙碛作熟收征”。这是河南行省的情况。江西“信丰一县，撤民庐千九百区，夷墓扬骨，虚张顷亩，流毒居民”[①]。江浙行省管辖下的饶州路乐平州（今江西乐平），“延祐经理，官吏务增民粮，以希功赏。君（叶芳—引者）所居寄产户粮多，土著户粮少，外处浮寄之粮敷派其数于本处实有之田，增加不啻三倍。君百计根索旧籍粮石可凭者辨明于官，仍自捐重贿赂吏。本土之民免受虚增之粮，君之惠也”[②]。本来当地居民因经理要增加税粮三倍，叶芳给官吏送了厚礼，才得免除，其他地区就不见得有如此幸运。后来，张驴“以括田逼死九人”受到审查，张驴正是在江浙行省负责此事的[③]。

延祐二年（1315）四月，“赣州土贼蔡五九聚众作乱”[④]。蔡五九是宁都州（今江西宁都）人，起事的原因是“宁都官吏经理田粮，残虐启衅”[⑤]。八月，元朝监察机构御史台的官员上奏：“蔡五九之变，皆由昵匝马丁经理田粮，与郡县横加酷暴，逼抑至此。……乞罢经理及冒括田租。”仁宗同意[⑥]。九月，蔡五九被元军所杀，起事失败。但是元朝政府并未真正取消经理及“冒括田租”。这一年十一月“以星变赦天下，减免各种差税有差”[⑦]。其中规定：“河南、江浙、江西三省，经理自实出隐漏官民田土，合该租税，自延祐三年为始，与免三年。”[⑧] 这就是说，经理仍然有效，只是括勘出来的“隐漏官民田土”，可以免税三年。延祐五年（1318）六月，“御史台臣言：‘昔遣张驴等经理江浙、江西、河南田粮，虚增粮数，流毒生民，已尝奉旨俟三年征租。今及

---

① 《元史》卷25,《仁宗纪二》。

② 吴澄:《知茂州事叶君墓志铭》,《吴文正公集》卷42。

③ 《元史》卷25,《仁宗纪二》。

④ 《元史》卷25,《仁宗纪二》记于七月条下。《经世大典·招捕》作“四月”（《国朝文类》卷41)。《同治赣州府志》卷32《经政志·武事》同。

⑤ 吴澄:《江西行省平章政事李公墓志铭》,《吴文正公集》卷42。

⑥ 《元史》卷25,《仁宗纪二》。

⑦ 《元史》卷25,《仁宗纪二》。

⑧ 《元典章》卷3,《圣政二·复租赋》。

其期，若江浙、江西当如例输之，其河南请视乡例减半征之'。制曰可"[①]。既承认“虚增粮数”，但又要“如例输之”，充分暴露了元朝政府的蛮横和无耻。河南“减半征之”是出于地方官的要求：“二年，时汴梁路总管塔海亦言其弊，于是命河南自实田，自延祐五年为始，每亩止科其半，汴梁路凡减二十二万余石。”[②] 另有记载说：“先是，朝廷令民自实田土，有司绳以峻法，民多虚报以塞命，其后差税无所于征，民多有逃窜流移者。塔海以其弊言于朝，由是省民间虚粮二十二万，民赖以安。”[③] 两种记载差别很大，前者是每亩减半，后者是省虚粮。从政府的诏令来看，显然正确的是前者，也就是说，凡河南此次经理增加的田土，一律采取每亩减半征收的办法，不管是虚是实。元朝政府为什么对河南采取不同于江浙、江西的办法？道理很简单。如前所述河南的税粮原来已纳丁税，现在经理出来的土地，又要纳地税，等于重复征收，所以不得不稍示优待。从此可以看出，汴梁一路经理所得田粮在减半以后尚有二十二万石，河南一省肯定是一个很大的数字，加上江浙、江西，可想而知。

延祐五年六月征收括田税粮的命令下达后，引发了新的动乱。十月，“赣州路雩都县里胥刘景周，以有司征括田新租，聚众作乱。敕免征新租，招谕之”[④]。赣州路是蔡五九起事的地方。元朝政府此次“免收新租”是指所有经理地区而言，还是仅限于动乱地区，是不清楚的。但可以肯定的是，这次“免收”一定和延祐二年的“罢经理及冒括田租”一样，不过是应付动乱的权宜之计，一旦被镇压下去，便会依旧征收。

泰定元年（1324）六月，中书平章政事张珪等因灾异上言，“极论当世得失”，其中之一便是要求改正延祐经理的弊政，“两淮河南田土……宜如旧制，止征丁税，其括勘重并之粮，及沙碛不可田亩之税，悉除之”。这一建议和其他建议一起均遭到泰定帝的否定。[⑤] 由此亦可看出，延祐经理虚增的田粮，后来一直是征收的。元朝政府通过经理“以益赋税”的目的，是实现了的。有

① 《元史》卷26，《仁宗纪三》。
② 《元史》卷93，《食货志一·经理》。
③ 《元史》卷122，《铁迈赤附塔海传》。
④ 《元史》卷26，《仁宗纪三》。
⑤ 《元史》卷175，《张珪传》。

的记载说："至泰定、天历之初，又尽革虚增之数，民始获安。"[①] 恐怕是不符合事实的。

元朝政府加在编户齐民身上的义务，主要有税粮、科差和杂泛差役、和雇和买几项。科差主要行于北方。就江南地区来说，税粮一般是按亩征收的，杂泛差役、和雇和买的摊派以户等为据，户等是按丁力资产划分的，土地在资产中占很大比重，有不少地方直接以土地多少作为摊派的标准。因此，土地登记的情况，不仅与税粮交纳有密切的关系，而且必然影响到杂泛差役与和雇和买的摊派是否公平。有元一代，杂泛差役的负担，较之税粮，更为沉重，"科役繁重，破家荡产，往往有之"[②]。元朝末年危素说："嗟乎，赋役之难均也久矣。大抵江淮之北，赋役求诸户口，其田（南）则取诸土田。户口之贫富无恒业，土田之贸易无恒主，由是虽欲其均，卒莫能均。"[③] 危素指出江南赋役决定于土田是对的，但他分析"不均"时只讲了一方面的情况，即土地的买卖引起的混乱。这种情况确是普遍存在的，"夫民力不齐，大者三十年，少者十年，强弱异矣。官据籍不知变，……不亦误耶"[④]。但是还有另一方面的情况，那便是权豪势家与官吏相勾结，"为郡者于民间徭役，不尽校田亩以为则，吏得并缘高下其手，富民或优有余力，而贫弱不能胜者，多至破产失业"[⑤]。"田政久不理，大家与吏胥并缘为奸利，诡匿其税额，以避徭役，而受役者多闾左之民。"[⑥] 田土不实导致赋役不均，加剧了社会的矛盾，也给赋役的征收和摊派带来很多的困难。因此，江南的不少地方行政官员，为了"均赋役"，便在自己管辖的地区内进行核实田亩的工作。

从现存的记载来看，早在世祖至元、成宗大德年间，已经有人着手核实田亩。危素说："予尝求能核其有田无税、有税无田以定力役者，盖得三人焉。

---

① 《元史》卷93，《食货志一·经理》。按，《至顺镇江志》卷6，有"宽赋"一门，其中记载"延祐二年十一月，夏税免三分，经理自实租税免三年。""泰定二年正月，革包银。天历元年九月，免夏税三分。"如果泰定天历之初确有"尽革虚增之数"之事，是不会不记的。

② 《至顺镇江志》卷2，《地理·乡都》。

③ 危素：《休宁县尹唐君核田记》，《危太朴文集》卷2。

④ 吴海：《美监郡编役序》，《闻过斋集》卷1。

⑤ 《元史》卷192，《良吏·白景亮传》。

⑥ 王祎：《王公行状》，《王忠文公集》卷18。

其一至元间绍兴新昌县尹李君，其一大德间金溪县尹赵君，其一同知余姚州事刘君。"[①] "刘君"事迹下面将会说到。但在元代前、中期，是个别的。到了元代后期，核实田亩的地方官多了起来。从现存的记载来看，元代后期江南的不少地区，都有核田之举，其中以浙东最为突出。浙东有两次规模较大的核田行动。一次在顺帝至正二、三年（1342～1343）间。至正元年（1351），泰不华除绍兴路（路治今浙江绍兴）总管，到任后，"令民自实田，以均赋役"[②]。绍兴路辖下的余姚州（今浙江余姚），核实田亩成绩突出，"自陈者五万人，或无粮今自实有至三、五百亩者，至于消积年之争讼者七千余事。"核田以建立各种土地簿册告结束[③]。绍兴路属下的其他州县亦应有此类举动，但缺乏记载。第二次在至正十、十一年间（1350～1351）。董守悫为浙东廉访使，由于廉访司佥事余阙的推动，他在婺州路所属六县一州全面推行的核田定役，"先期一月，令民及浮图、道士各以田自占，其或蔽匿及占不以实者没其田。令既浃，乃保以一正属民履亩而书之。"履亩的结果是建立各种土地籍册，"册成，一留县，一藏府，一上宪司。"[④] 此次核田，有很多记载。如浦江"赋役不均，吏并缘为奸，是故贫益贫而富益富。……会宪司行随产当差之法，他州县皆别遴官，独浦江就委侯（浦江县达鲁花赤廉阿年八哈—引者）行之，盖知侯廉明正直，足以登厥事。侯亦感激，益行素志。集耆老于庭，备询其详，令民自实其业，用宋咸淳册为之根柢，命里长履亩而推正之，及命邻都覆核，侯躬校簿书，正其是非，斥其隐蔽，更造册籍，灿然明白，积年之弊不可去者，一旦尽除之。然后依粮定役，咸服平允"[⑤]。义乌，"至正十年，浙东部使者言：民役不均由民田有不实，乃俾属郡括其实以赋役，且命有田者随其田之所在而受役。真定范侯公琇遂被檄来莅其事于义乌。……凡民有田，俾其自陈，里胥载核，徂隰徂畛。且稽故籍，质其伪真，钩隐弗遗，增崇弗逾。既括而实，乃籍乃图，图籍既完，弗缪弗汙。按籍以役，庳高用敷。豪民大家，徭兼役重，单

① 《休宁县尹唐君核田记》。
② 《元史》卷143，《泰不华传》。
③ 危素：《余姚州核田记》，《危太朴文集》卷2。
④ 余阙：《宪使董公均役记》，《青阳集》卷7。
⑤ 胡助：《廉侯遗爱碑》，《纯白斋类稿》卷18。

夫窭人，获免于佣。富既弗病，贫将终丰”①。“田政久废，民或无田而被役，而多田者其役顾与下户同。公（义乌县达鲁花赤亦怜真—引者）奉宪府令，尽括其实，定著于籍。由是民田苗米莫得飞寄诡匿，多田者则随其田所在，验米之数以受役，而下户细家役徭俱免，民皆服其均平。”② 核田还在处州路（路治今浙江丽水）进行。庆元、龙泉都是处州的属县。“会分宪余公阙以括赋役不均，举行核实，各县皆择人往董之，推庆元就以属公（庆元县尹孔暘——引者）。乃令民以多寡自占，即不实，罪及邻保。立法周而用法严，民自占，无敢不以实。赋以田制，役以赋定，富者幸免，贫者重困之患遂除。”③“部使者余公阙……复命侯（处州路青田县尹叶琛——引者）垦田龙泉，召有田之家履亩而实之，验民粮多以定科徭。……事成，移婺之武义，侯垦田定赋一如龙泉。”④ 此外，白景亮在衢州⑤，雷机在福建兴化⑥，王文彪在湘乡⑦，唐棣在休宁⑧，也都推行过核田定役的措施。

总起来说，核田的主要目的在于定役。核田的方法大体上仍是自实与举报相结合，个别地方还有“履亩”之举。值得注意的是，这些地方的核田，并非中央政府的统一命令，而是地方监察或行政官员的行为。凡是举行此事的官员，一般是比较廉正、有所作为的，正如当时有人所说：“核田均税，最善政也。”⑨ 此事被视为有利于改善人民生活、缓和社会矛盾的最佳行为。在元末全国农民战争爆发以后，在方国珍、张士诚、朱元璋辖区内，仍有人做核田定役的工作。

核田的结果是建立各种土地籍册。余姚州核田，“田一区，印署盈尺之纸以给田主，为（谓?）之乌由，凡四十八万余枚。田后易主，有质剂无乌由不

---

① 王袆：《义乌括田诗》，《王忠文公集》卷1。
② 王袆：《义乌县去思碑》，《王忠文公集》卷16。
③ 苏伯衡：《孔公墓志铭》，《苏平仲文集》卷13。
④ 宋濂：《叶治中历官记》，《宋文宪公全集》卷43。
⑤《元史》卷192，《良吏二·白景亮传》。
⑥ 宋濂：《雷府君墓志铭》，《宋文宪公集》卷5。
⑦ 王袆：《王公行状》，《王忠文公集》卷22。
⑧ 危素：《休宁县尹唐君核田记》，《危太朴文集》卷2。
⑨ 危素：《与唐休宁书》，《危太朴文续集》卷8。

信也。……其画田之形计其多寡，以定其赋，谓之流水不越之簿，又画图谓之鱼鳞才次之图，其各都田亩则又有所谓兜簿者焉。至于分其等第，以备差科，则又有所谓鼠尾簿者焉”①。上虞县核田，“其法，每田一区署由一纸，载田形地方亩数与凡执事者其上，俾执之以为券，而图以鱼鳞，册以鼠尾，分以兜率，总以归类，然后奸欺屏息，田赋正，徭役均，而庭无纷争之讼矣”②。婺州路核田，“其以田之图相次，而疏其号名亩税粮之数与得业之人下者曰流水，亦曰鱼鳞。以人之姓相类而著其粮之数于后者曰类姓，以税粮之数相比而分多寡为后先者曰鼠尾”③。可知浙东核田后建立的土地籍册有乌由、流水、鱼鳞、兜率、类姓、鼠尾等名目。乌由是各家的土地凭证，每块连接的土地，都有乌由一张，上画土地的形状、大小并业主的姓名。土地买卖时一定要在契约后面附上乌由才有效。流水簿（册）和鱼鳞图都是绘写土地形状的。鱼鳞图在宋代已出现，“鱼鳞”指土地形状而言：“齐鲁多平原，江浙田高下，戢戢如鱼鳞，土籍谁主者!”④ 江浙多丘陵，土地形状不规则，有如鱼鳞，这便是鱼鳞图一名的由来。而乌由实际上便是鱼鳞图册的副本。鱼鳞图由政府保存，乌由则发给业主。流水簿的名称也起于宋代。流水簿与鱼鳞图的区别不很清楚，很可能，流水簿是某一地区的自然土地图形，而鱼鳞图则是各户占有的土地图形。类姓簿、兜率簿应是以田从人的籍册，即将一定行政区划（乡、都）内登录的各块田土，应纳税粮，按人户姓氏归并在一起，明代浦江（今浙江浦江）的记载说：“田土类姓文册，共三百四十册，随流水编选，如一都一保田土，不拘另籍，或张姓，李姓，选作一处，以便参考。”⑤ 元代应亦相同。

梁方仲先生指出，“自汉迄唐，八九百年间，政府最看重的是户籍的编制。户籍是当时的基本册籍。关于土地的情况，只是作为附带项目而登记于户籍册中，当时的户籍实具有地籍和税册的作用。”唐、宋以后，“私有土地日

---

① 危素：《余姚州核田记》，《危太朴文集》卷2。

② 贡师泰：《上虞县核田记》，《玩斋集》卷7。

③ 王袆：《婺州路均役记》，《王忠文公集》卷9。

④ 陆文圭：《送杨伯可》，《墙东类稿》卷15。

⑤ 《嘉靖浦江志略》卷3，《官守志·册籍》。

益发达，土地分配日益不均，因而土地这个因素对于编排户等高下的作用愈形重要，……于是各地单行的地籍，如方帐、庄帐、鱼鳞册、砧基簿、流水簿、兜簿等便相继逐渐设立起来了。”“这时，地籍已逐渐取得了和户籍并行的地位。”① 就元代而言，可以说仍是一个过渡时期。北方的土地仍登记在户籍册中，南方始则在户口登记同时进行包括土地在内的资产登记，继则进行了专门的土地登记（延祐经理）。元朝末年，江南不少地方举行核田定役，建立多种土地籍册（其中有的应沿袭自宋代）。元代的核田定籍，对于明代的土地管理制度，产生了很大的影响。

① 梁方仲：《中国历代户口、田地、田赋统计》，第10～11页。

第六章　土地制度

元代的土地，分为官、民两大系统。官田即属国家所有的土地，民田则是私有的土地。元代的官田，是在前代基础上发展起来的，数量有所增多。江南官田租赋，是元朝政府财政收入的重要来源。官田一般采取租佃形式。民田有的由所有者自己经营，有的也采用租佃的形式。无论官、民田，地租均以实物租为主，存在货币租，但不普遍。实物租一般采用对半分成的办法。无论官田、民田，兑佃现象已相当普遍。

第一节　官田的来源、数量和地租

官田就是国家所有的土地，元代文献中常见此名，有时也称为“系官田土”[①]。元代的官田来源自几个方面。

一是由前代延续下来的官田。金朝统治下，官田所占比重很大。13世纪初金朝南迁，有人说：“河南官民地相半”[②]，由此不难想见当时官田之多。金朝灭亡以后，北方地广人稀，原有官田大多荒废，有的则被承租者或有势力者占有。随着社会经济的逐步恢复，元朝政府逐步清查原有的官田，并以屯田、赐田、职田等名义，分别加以开发利用。南宋拥有大量的官田。南宋末年，推

① 《元典章》卷19，《户部五·田宅·影占系官田土》。
② 《金史》卷47，《食货志二·田制》。

行“公田法”，用强制的手段将浙西的许多民田变成了官田①。元灭南宋，南方的官田就成了元朝政府掌握的土地。南宋收买的“公田”，也成为官田的组成部分②。但是，朝代的更换引起管理的混乱，使得地主豪强、寺院有机可乘，他们用各种手段侵吞官田，造成官田的大量流失。至元二十一年（1284），中书省因“江南官田为权豪寺观欺隐者多”，提出处理办法，限期自实，逾期许人首告，“征以其半给告者”。忽必烈接受了这一建议③。至元二十三年（1286）“以江南隶官之田多为强豪所据，立营田总管府，其所据田仍履亩计之”④。为此还拟定了“影占系官田土”的惩治办法，“验影占地亩多寡，就便约量断罪”⑤。至元三十年（1293）又因“蛮子地方（指原南宋统治下的南方——引者）富豪之家，隐藏官田地多”，专门设立江南行司农司，“专以追寻豪右之家隐藏田地”⑥。成宗元贞元年（1295）五月，“罢行大司农司”⑦。大德二年（1297）二月，中书省臣上奏时引用江浙行省的报告说：“亡宋田地为有富户影占，寻出四万顷田地，每年出产四十万石粮、丝绵等物。”⑧ 可见清理亡宋官田是颇有成效的。总之，金、宋原有的官田，是元代官田中的重要组成部分。

在清理前代官田中，常有将民田强行检括为官田之事发生。有的农户在南宋时开荒种地，“官界之为世业”。“终宋之世，田属李氏。大元营田司立，乃夺而归之官。”⑨ 便是一个有代表性的例子。

相继发生的蒙金战争和蒙（元）宋战争，延续了大半个世纪，造成南北许多地区土地荒芜，人口稀少，例如是“南北边徼”的两淮地区，便是如此。这些荒芜的田土，有的原来是官田，有的则是民田，都成了无主之物。元朝统

① 漆侠：《宋代经济史》上册，第311～328页。
② 《至顺镇江志》卷6，《赋税》。
③ 《元史》卷13，《世祖纪十》。
④ 《元史》卷14，《世祖纪十一》。
⑤ 《元典章》卷19，《户部五·田宅·营田》。
⑥ 《大元官制杂记·行大司农司》。
⑦ 《元史》卷18，《成宗纪一》。
⑧ 《大元官制杂记·初立都水庸田使司条画》。
⑨ 吴澄：《题李氏世田业碑后》，《吴文正公集》卷32。

一后，推行垦荒。有关垦荒的政策规定，原来是官田的，仍归国家所有，原来是民田的，在半年之内无人前来认领，也归国家所有，成为“系官荒田”①。这也是元代官田的一个来源。

元朝政府对于宋朝权贵和犯有重大罪行的人采取没收财产的惩罚措施。没收来的土地，便成为官田，通常称为“没官田”。平定江南以后，元朝政府曾没收一部分南宋权贵和反抗者的财产，前者如谢太后的田产籍隶江淮财赋总管府②，福王赵与芮的田地被“籍入皇太后宫”③；后者如：“至元十三年收附江南附分，一个姓毛的、一个姓柴的人不伏归附谋叛逃窜了的上头，将他每的家私物业断没入官来。”④ 此后，籍没土地为官田之事仍时有发生，最有名的是成宗大德年间籍没以海运起家、富可敌国的朱清、张瑄两家田产，为此设立江浙财赋总管府⑤。元顺帝后至元年间籍没上海豪民朱、管二家的田产，设置稻田提领所⑥。此外，有些没有合法继承人的土地，在户主死后，也要“尽数拘收入官”，称为“户绝地”⑦。“没官田”和“户绝地”也是元代官田的来源。

元朝政府还购买一部分民田，使之转变为官田。世祖至元二十二年(1285)，曾“回买江南民土田”⑧。但具体情况不清楚。文宗天历二年(1329)，“市故宋后全氏田为大承天护圣寺永业。”⑨ 至顺元年（1330），“市故瀛国赵㬎田为龙翔集庆寺永业。御史台臣言不必予其直，帝曰：吾建寺为子孙黎民计，若取人田而不予直，非朕志也。”⑩ 文宗在位时南宋亡已半个世纪以上，这些原南宋帝、后的土地实际上已成为民田，仍被政府强行征买。虽说寺院“永业”，但从性质上说，都是先成为官田，再由皇帝拨赐的。元代后期诗人朱德润写道：“官买田，买田忆从延祐年。官出缗钱输里正，要买膏腴最

---

① 《元典章》卷19，《户部五・田宅・开荒展限收税》。
② 《元史》卷89，《百官志五》。
③ 贡师泰：《上虞县核田记》，《玩斋集》卷7。
④ 《通制条格》卷16，《田令・拨赐田土还官》。
⑤ 《元史》卷22，《武宗纪一》。
⑥ 郑元祐：《白云漫士陶君墓碣》，《侨吴集》卷12。
⑦ 《元典章》卷19，《户部五・田宅・家财》。
⑧ 《元史》卷13，《世祖纪十》。
⑨ 《元史》卷34，《文宗纪三》。
⑩ 《元史》卷34，《文宗纪三》。

上阡。”“每岁征粮差好官，米价官收仍助钱。不是军储与官俸，长宁寺内供斋宴。”[①]“延祐”是元仁宗的年号，此次官买田，也是为了赏赐僧寺之用。

总起来说，元代的官田是以前代官田为基础的，但通过没入无主荒地、没收罪人土地及官买田等途径，元代的官田比起前代来，有明显的增长。遗憾的是，现存文献中对此缺乏全面的统计。现存能看到的，只是江南部分地区的统计数字，现列表如下：

地　点	田土总计（亩）	官田数量（亩）	官田所占比例
集庆路	7752831	519465	8.7%
录事司	7612	7612	100%
江宁县	995821	182039	18%
上元县	1997085	176950	9%
句容县	1282753	44535	3%
溧水州	1698596	107、549	6%
溧阳州	1770962		（缺官田数额）
庆元路	2116930	270004	13%
鄞县	437381	52661	12%
奉化州	494831	63017	13%
昌国州	150119	31308	21%
慈溪县	461644	19644	4%
定海县	383901	41462	11%
象山县	189052	61896	33%
镇江路	3661127	939959	26%
录事司	4221	3326	79%
丹徒县	1202446	407064	34%
丹阳县	1294457	242394	19%
金坛县	1160001	287174	25%

上述统计，集庆路数字据《至正金陵新志》卷7《田赋志》。但该书溧阳州缺官田数，因而在计算“官田所占比例”时，在“田土总计”中减去溧阳州的田土数。镇江路数字据《至顺镇江志》卷5《田土》。庆元路数字据《延祐四明志》卷12《赋役考》。又据《至正四明续志》卷6《赋役》载，至正年间庆元路田土总数为23475顷余，内官田土3745顷余，占全部田土的16%左

① 《存复斋文集》卷10。

右，较之延祐期间有所增长。

元代江南官田集中于江浙行省，江浙行省的官田又以浙西最盛，这和上面所说南宋末的公田、没收南宋权贵和朱清、张瑄的土地有密切关系，因为这几项土地都集中在浙西。当时有人说：“官田浙西为甚。”① “公田……浙右居诸路三之二。”② “浙右”即浙西，这里的“诸路”应指江浙行省而言。在浙西的七路（平江、杭州、湖州、嘉兴、常州、镇江、建德）一府（松江）中，平江、松江的官田，又为浙西各路之冠。元代松江的田土无记载可考。至于元代平江的土田数和官田数，则有明初的记载可以考订。据《洪武苏州府志》记载，“洪武初本府所辖六县及崇明新隶共田土六万七千四百九十顷一分八毫七丝八忽。内官田土二万九千九百六顷七亩六分七厘五毫七丝七忽，民田土二万九千九百四十五顷五十一亩六分九厘八毫二丝三忽，抄没田土一万六千六百三十八顷四十亩七分四厘四毫七丝八忽。”所谓“抄没田”指朱元璋灭张士诚后没收了张氏集团占有的土地，而官田土便应是元代原有的官田数。但所记田土总数和官田、民田、抄没田相加数不符③。该书另有各县田土详细分类数目，现列表如下（崇明县元代属扬州路，明初改属苏州府，故不列入）④：

县名	总额	官田	民田	抄没田
吴县	4383 顷+	2274 顷+	1468 顷+	640 顷+
长洲县	11138 顷+	5039 顷+	3645 顷+	2453 顷+
吴江县	11253 顷+	4509 顷+	5307 顷+	1437 顷+
昆山县	12541 顷+	6878 顷+	1952 顷+	3709 顷+
常熟县	11725 顷+	3629 顷+	3705 顷+	4390 顷+
嘉定县	14186 顷+	6380 顷+	3855 顷+	3950 顷+
总计	65226 顷+	28709 顷+	19932 顷+	16579 顷+

① 吴师道：《国学策问四十通》，《吴礼部集》卷19。

② 邓文原：《刑部尚书高公行状》，《巴西文集》卷。

③ 《乾隆苏州府志》卷12《田赋一》已指出“卢志”（即《洪武苏州府志》，卢熊纂修）数字有错，“殆传写有误”。

④ 现存《嘉靖常熟县志》、《万历嘉定县志》、《弘治吴江志》所载“国朝吴元年”或“本朝洪武初”田土数均与《洪武苏州府志》相同。

根据以上统计，元代平江路官田应在28000顷以上，占全部田土的44%强。元朝皇帝多次大量以平江官田赏赐权贵，例如至大二年（1309）武宗以平江稻田1500顷赐鲁国大长公主①，文宗在至顺元年（1330）又赐平江等处官田500顷②。文宗在即位之初，便赐燕铁木儿“平江官地五百顷”③。如果在平江路没有巨额的官田，元朝皇帝是不可能如此慷慨赏赐的。

浙西共七府一路，根据上面所述，有数字可考的有镇江路（9399顷余）和平江路（28709顷），两路合计已达38108顷以上。其余各路府官田的总额，至少亦应与此两路相等，因此估计浙西官田在8万顷以上，应是没有问题的。以上述浙西官田“居诸路三之二”推算，江浙行省的官田应不少于12万顷。南方其他行省亦有不少官田，例如交趾贵族陈益稷降元后定居武昌，“当成宗朝，赐田二百顷”④。可知湖广官田亦相当可观。北方各行省荒闲土地甚多，官田应不在少数。

元朝政府掌握的大量官田，主要用作赐田、职田、屯田，也有一部分由政府自行管理。关于屯田的经营方式，在本章第三节中有专门的论述。其余官田，一般均采用租佃的形式，即出租与佃户，收取地租。官田佃户，有的是政府招募的。至元二十三年（1286）中书省一件文书中说：“江南系官公围沙荡营屯诸色田粮，诸路俱有荒芜田土，并合招募农民开垦耕种。”⑤ 至元二十八年（1291）颁布的《至元新格》中规定：“诸应系官荒地，贫民欲愿开种者，许赴所官司入状请射，每丁给四百亩。”⑥ 即为招募农民自愿承佃官田。但是，在很多地方，由于官田租税过重，又有种种额外负担，一般农民不愿承佃，政府便动用权力，强迫农民接受。例如镇江路的官田中，有的是“行大司农司、劝农营田司，将实荒公田，逼令人户开耕，抱荒作熟，科征粮米”。有的是原南宋“公田”，原有佃户“消乏逃亡”，地方官府“因租粮无所归着，挨究得

① 《元史》卷118，《特薛禅传》。
② 《元史》卷34，《文宗纪三》。
③ 《元史》卷32，《文宗纪一》。
④ 《元史》卷209，《外夷二·安南》。
⑤ 《元典章》卷19，《户部五·荒田·荒田开耕限满纳米》。
⑥ 《元典章》卷19，《户部五·荒地许赴官请射》。

此人，或见种其田，或元种其田，或曾受其田，或典卖其田，勾追到官，置局监禁，日夜拷打，逼勒承认”①。官田不但佃税粮重，而且有种种额外的剥削，非一般农民所能忍受，所以自愿者少，强迫的情况是普遍的。这是说“农田细民”承佃官田的情况。官田租佃中还有另一种情况，那便是权豪富户和官吏承佃官田。最著名的例子是元文宗时，权臣燕铁木儿上言：“平江、松江淀山湖圩田方五百顷有奇，当入官粮七千七百石。其总佃者死，颇为人占耕。今臣愿增粮为万石入官，令人佃种，以所得余米赡弟撒敦。”② 又如松江瞿霆发，有田2700顷，又佃官田，将及万顷③。大德五年（1301）中书省的一件文书中说，“诸衙门见勾当大小官吏，于内一等不愿廉洁奉公营利之徒，于任所恃势诡名佃种官田，还纳官课，占夺百姓见佃官田，自行种佃，或转与他人，分要子粒。”④ 可见这种现象是相当普遍的。权豪富户和官吏之所以承佃官田，都是因为可以利用权势，少交甚至不交税粮，而他们将承佃的官田再行出租给农民，从中可以牟利。

“其在官之田，许民佃种输租。”⑤ 官田的税粮，实际上就是地租，一般采用实物地租的形式。从现存文献看来，以定额租为主。江淮营田提举司有熟田2240顷余，每年固定收租小麦、米26950石余。⑥ 上虞县西北五乡各都官田，官田有的分三等，有的不分等，都有固定数额。⑦ 松江农民李福五种官田30亩，要纳官粮10石⑧；前引朱德润“官买田”，“岁纳亩粮须石半”；都是定额实物租的例证。官田中也有货币租。昌国州（今浙江定海）“系官地山荡计二顷六十七亩四分”，“租钱中统钞九锭六两三钱五分五厘”⑨。江淮营田提举司管下的“地”，分为“办课地”和“不办课地”，“办课地”共计340顷余，

---

① 《至顺镇江志》卷6，《赋税》。
② 《元史》卷36，《文宗纪五》。
③ 杨瑀：《山居新话》。
④ 《元典章》卷19，《户部五·官田·转佃官田》。
⑤ 《元史》卷93，《食货志一》。
⑥ 《江淮营田提举司钱粮碑》，见王勤金：《元江淮营田提举司钱粮碑》，《考古》，1987年第7期。
⑦ 《上虞县五乡水利本末》卷上“科粮等则。”
⑧ 《辍耕录》卷23，《检田吏》。
⑨ 《大德昌国州志》卷3，《叙赋》。

“岁办中统钞”286锭余。又有湖泊49处，亦收钞[①]。但从这些例子看，征收货币地租的主要是地、山、荡，数额是有限的。田土一般均征收粮食。

官田的地租额，与民田相比，孰轻孰重，缺乏明确的记载。但可以肯定的是，当时人都以官田租重为言。著名学者吴澄说：“惟豪民私占田取其十五以上，甚矣，其不仁也。而近世公田因之，亦十五以上。”[②] 吴师道说，官田“输纳之重，民所不堪”[③]。虞集说，抚州属县宜黄、乐安，“常租之外，带耕没官之田，田薄而租重，……民甚苦之”[④]。从这些记载看来，官田的地租，至少亦与民田相等。而官田地租的征收，则常由政府出面，动用政权的力量。或额外增加种种名目的负担，如镇江“得米一石上下，方可输纳正米五斗”[⑤]；或遇灾荒而不减免[⑥]。而佃户无力交纳时，便“枷扒拷打，抑遍追征”，以致佃户“卖子鬻妻”[⑦]。

从宋代起，出现了土地租佃权转让的现象，称为“兑佃”或“转佃”。“兑佃”时转让者要向接受者收取一定数量的货币。元代江南官田中仍然有“兑佃”现象的存在。嘉兴芦沥场灶户张浩“用工本钱二千七百余锭兑佃到崇德州濮八提领等原佃系官围田二千三百余亩”[⑧]，便是一例。松江“拨属财赋府营围沙职等田”，亦有人“以己钞过佃，经官给据纳租”[⑨]。“过佃”也就是兑佃。大德五年（1301）的一件官方文书说[⑩]：

> 中书省咨，御史台呈，备山南廉访司申：体知得一等农民，将见种官地，私下受钱，书立私约，吐退转佃。佃地之家，又不赴官告据，改立户名。……都省议得……佃种官田人户，欲转行兑佃与人，须要具兑佃情由，赴本处官司陈告，勘当别无违碍，开写是何名色官

① 《江淮营田提举司钱粮碑》。
② 《题进贤县学增租碑阴》，《吴文正公集》卷28。
③ 《国学策问四十道》，《吴礼部集》卷19。
④ 《天水郡侯秦公神道碑》，《道园类稿》卷43。
⑤ 《至顺镇江志》卷6《赋税》。
⑥ 朱德润：《官买田》，《存复斋文集》卷10。陶宗仪：《南村辍耕录》卷23，《检田吏》。
⑦ 《至顺镇江志》卷6《赋税》。
⑧ 王艮：《议免增科田粮案》，《正德松江府志》卷6，《田赋上》。
⑨ 《元典章》新集，《户部·契本·买卖契券本管务司投税》。
⑩ 《元典章》卷19，《户部五·官田·转佃官田》。

田顷亩，合纳官租，明白附簿，许立私约兑佃，随即过割，承佃人依数纳租，违者断罪。

农民私下立约转佃，引起廉访司的注意，并由中书省做出具体规定，说明这种现象已相当普遍。山南廉访司设于中兴路（路治今湖北江陵），可知官田兑佃现象不仅存在于长江下游的浙西，而且也存在于长江中游地区。兑佃现象的普遍化，反映出佃户的土地租佃权趋于稳固。都省（中书省）就此做出的决定，是要佃户在兑佃时向官司申请，得到批准，并将应纳税粮“过割”（转到新的承佃人户上），保证税粮不因此流失。这些决定并不反对兑佃，而是承认官田佃户有兑佃的权利。可以认为，开端于宋代的租佃关系中的兑佃现象，在元代进一步普遍，这实际上为后代的永佃权准备了条件。

第二节　赐田和职田

赐田就是皇帝赐给贵族官僚、寺院道观的田土。拨赐的田土都是所有权属于国家的土地，也就是官田。

蒙古族原来在草原上从事游牧，对于农业很不了解，因而也不懂得土地的价值。蒙古灭金，统治中原农业区后，曾有人向窝阔台建议：“虽得汉人，亦无所用，不若尽去之，使草木畅茂，以为牧地。”[①] 这种主张是和他们的生活方式相适应的，因为大片无人居住的荒地，正是游牧生活的前提条件。尽管窝阔台汗没有接受这一建议，但由于战争中造成的地广人稀现象，以及蒙古军队在中原地区的来往活动，许多原来的农田都成了牧场。窝阔台汗为了表示“共享富贵”，向贵族、功臣颁发的赏赐，主要是分封能提供一定贡赋的民户和银、缎，而不是田地。蒙哥汗继续了分封民户的做法。但是在分封民户的同时也有一些赏赐田土的例子。太宗（窝阔台汗）赐汉人焦德裕“井陉北障城田”[②]。庄圣太后（拖雷妻唆鲁忽帖尼）赐畏兀儿人布鲁海牙“中山庐舍园田，

① 宋子贞：《中书令耶律公神道碑》，《国朝文类》卷57。

② 《元史》卷153，《焦德裕传》。

民户二十”[①]。蒙哥汗赐给西夏人察罕“诸处草地合一万四千五百余顷”[②]，又赐不怜吉带归德路亳州地一千余顷[③]。这类事例在窝阔台汗、贵由汗时代很少，而且所赐土地中很可能以牧地为主。只有到了忽必烈时代，才有明显的变化。

1260年，忽必烈登上蒙古大汗的宝座。不久建国号大元，成为元朝的皇帝。忽必烈推行“汉法”，重视农业。他对贵族、功臣的赏赐，除了传统的分封户口、银、缎之外，农田占有很大比重。现存文献中有关忽必烈赐给贵族、功臣田土的记载，有十余起。最早是中统二年（1261年，忽必烈即位的次年）赐谋士子聪（刘秉忠）怀孟、邢州田百顷[④]；次年，赐功臣撒吉思益都田千顷[⑤]。以后陆续不断。总的来看，忽必烈赐田对象以汉人功臣为主，蒙古、色目人是少数。赐田一般为数十顷，上述撒吉思千顷是特例。所赐土地有些在北方，也有一些在南方。与此同时，忽必烈也给寺观赐田，一般数额较大。如中统二年赐庆寿、海云二寺田500顷[⑥]，至元十六年（1279）赐大圣寿万安寺土地150顷[⑦]。

从元成宗（1294~1307）即位以后，赐田的情况发生了新的变化。主要表现为：（1）赐田的对象主要是蒙古贵族、权臣和色目官僚，汉人、南人受赐者极少。（2）所赐田土南北均有，江南集中于浙西地区。（3）赐田的数量比过去增大，动辄在百顷以上，多的达千顷甚至数千顷。比较突出的例子如，鲁国大长公主祥哥剌吉在武宗至大二年（1309）受赐平江稻田1500顷[⑧]，文宗至顺元年（1330）又赐平江等处官田500顷[⑨]。权臣燕铁木儿为文宗夺取皇位立下大功，天历元年（1328）得赐平江官地500顷；至顺二年（1331）又

① 《元史》卷125，《布鲁海牙传》。
② 《元史》卷120，《察罕传》。
③ 《元史》卷24，《成宗纪一》。
④ 《元史》卷4，《世祖纪一》。
⑤ 《元史》卷134，《撒吉思传》。
⑥ 《元史》卷4，《世祖纪一》。
⑦ 程钜夫：《凉国敏慧公神道碑》，《雪楼集》卷7。
⑧ 《元史》卷118，《特薛禅传》。
⑨ 《元史》卷34，《文宗纪三》。

"赐龙庆州之流杯园池水硙土田，又赐平江、松江、江阴芦场、荡、山、沙涂、沙田等地"。燕铁木儿还提出：租佃"平江、松江圩田五百顷有奇"，已见前述。也就是说，他除了受赐浙西大量官田之外，还要求承佃官田。[①] 受赐田土最多的大概是元代后期的权臣伯颜，他在武宗、仁宗、英宗、泰定帝四朝历任要职，曾受赐河南田五千顷。[②] 后来支持文宗夺取皇位。燕铁木儿死后，伯颜权倾朝野。后至元元年（1335），"以蓟州宝坻县稻田提举司所辖田土赐伯颜"[③]。二年六月，"以汴梁、大名诸路脱别台地土赐伯颜"。七月，"诏以公主奴伦引者思之地五千顷赐伯颜"[④]。寺观赐田相继不绝，一般均在百顷以上，最多的是文宗所建大承天护圣寺，曾受赐山东益都、般阳等处田土十六万余顷。[⑤]

从成宗朝开始的新变化表明，元朝统治集团的观念发生了很大的改变。随着时间的推移，他们中越来越多的人认识到耕地的可贵，知道在土地上可以榨取更多的财富，因而竞相追逐。元朝皇帝把赐予土地作为恩宠的表示，而贵族、权臣也千方百计通过受赐方式来获得土地。前面说过，元朝平南宋后，曾采取多种办法括勘原南宋的官田，到成宗初年，这一工作大体结束，这也为大规模赐田创造了条件。

元代有相当数量的官田是分拨给皇太后、皇后和皇太子的，均设有专门机构进行管理。元平南宋后，"以宋谢太后、福王所献事产，及贾似道地土、刘坚等田，立总管府以治之"。这就是江淮等处财赋都总管府[⑥]。起初它"隶中宫"，亦即归皇后支配。世祖去世以后，则隶属于皇太后宫，"以备宫壶之奉，而天子得以致养焉"[⑦]。元成宗时，没收起家海盗，以漕运得以封官进爵的朱清、张瑄财产。武宗至大元年（1308），"以没入朱清、张瑄田产隶中宫，立

① 《元史》卷138，《燕铁木儿传》。
② 《元史》卷38，《顺帝纪一》。
③ 《元史》卷39，《顺帝纪二》。
④ 《元史》卷39，《顺帝纪二》。
⑤ 《元史》卷34，《文宗纪三》。
⑥ 《元史》卷89，《百官志五》。
⑦ 陈旅：《江淮等处财赋都总管府题名记》，《安雅堂集》卷9。

江浙财赋总管府、提举司。”[1] 江淮、江浙两财赋总管府，是南方最大的官田管理机构。隶属于中宫的还有管领本投下怯怜口随路诸色民匠打捕鹰房都总管府，“掌怯怜口二万九千户，田万五千余顷，出赋以备供奉营缮之事”[2]。怯怜口原意为“私属人”[3]，也就是蒙古贵族的私属人口，类似奴仆，他们耕作的田土无疑也是官田。但大量使用怯怜口从事生产劳动的现象一般均发生于北方，这个总管府掌管的一万五千余顷官田亦应在北方。隶属于皇太子的有鄂州处民户水陆事产提举司，“掌太子位下江南园囿、地土、庄宅、人户”[4]。但具体数额不详。所掌“江南园囿、地土”无疑是官田。以上只是几个比较重要的管理皇太后、皇后、太子赐田的机构，其他还有一些，不再一一列举。应该指出的是，由于皇位的不断更迭，太后、皇后、太子也必然相应变动，上述机构的隶属关系亦会调整，但总是在皇室范围之内。

属于皇室的赐田，其数量是很大的。除了上述管领本投下怯怜口随路诸色民匠打捕鹰房都总管府的田土数量有明确记载外，其他机构如江淮、江浙财赋府都缺乏记载，但可推知其大概。江淮、江浙两府占有浙西、浙东、江东的大片土地。以镇江路为例，田地共计3661127亩，内官田地共939959亩。而江淮财赋府所管为410418亩，江浙财赋府为1212亩，有司管辖528329亩。[5] 两府仅在镇江所占官田即达4000顷以上，占当地官田的43%强，占全路田土的11%强。江淮财赋府夏秋二税收入粮62336石强，江浙财赋府收入332石强。[6]前者平均亩纳1.5斗左右，后者平均亩纳2.7斗左右。镇江两财赋府官田平均亩税较低，一是因为上述官田土数额中不仅有田，而且包括地、山、荡，二是因为镇江一带“田土硗瘠，水旱易灾”所致。[7] 与镇江同属浙西的松江府，“大德七年断没朱清、张瑄田土，秋、夏二税共该粮十余万石，官田私租，粮额亦重”。当地至元二十四年“括勘该四十五万六千九百三石有奇”，而“延

---

① 《元史》卷22，《武宗纪一》。

② 《元史》卷88，《百官志四》。

③ 郑麟趾：《高丽史》卷123，《印侯传》。

④ 《元史》卷89，《百官志五》。

⑤ 《至顺镇江志》卷5，《田土》；卷6，《赋税》。

⑥ 《至顺镇江志》卷5，《田土》；卷6，《赋税》。

⑦ 《至顺镇江志》卷6，《赋税》。

祐元年元科秋粮夏税六十五万三千九百余石”，二者差额近二十万石，主要便是籍没朱、张田土造成的。[①] 由此可知江浙财赋府在松江所收粮食，要高出镇江两府一倍甚至更多。松江亩平均产量无疑高于镇江，官田平均租额亦应高于镇江，即使以平均亩纳 5 或 6 斗计，江浙财赋府在当地的土地亦应在 3000 顷以上。

据记载，江淮财赋府每年征收的粮食达“百余万石”[②]。即使以平均亩纳 5 斗计，“百余万石”亦应在 2 万顷以上。如从镇江的情况来看，则江淮财赋府的土地还不止此数。江淮、江浙两财赋府是权贵赐田中的典型事例。

寺院的赐田可以大护国仁王寺为例。这是由忽必烈皇后察必在大都城西建造的一所佛寺。“中宫乃斥妆奁营产业以丰殖之，已而效地献利者随方而至。”[③] 它有大量的土地、房屋，还有矿藏、森林、河泊、酒馆。以土地而言，水陆地总数达 76000 顷之多，遍布大江南北。这些土地有一部分来自上层和民间的捐献，但主要部分，则是拨赐的官田。这从江淮营田提举司可以看得很清楚。为了管理大护国仁王寺的资产，元朝政府专门建立了会福总管府（一度又称会福院），江淮营田提举司便是其下属机构。淮东地区（淮安路、扬州路）有一部分田土宋代属于“中宫”，元朝统一以后，便以之“隶大护国仁王寺，世其业，岁其入”。元仁宗时，经过清查，有田地 3922 顷余。[④] 这些田地无疑都属于拨赐的官田。

严格来说，赐田是国家赐予受赐者以占有地租的权利，即使赐予了，这部分土地所有权仍属于国家。皇帝可以下令要受赐者将赐田还官，某些赐田在受赐者死后要还官[⑤]，等等，都足以说明赐田的官田性质在拨赐以后并不发生变化。文献中常常提到“拨赐田租”，“拨赐田粮”，就说得很清楚。拨赐的实际上是租粮。赐田因此也不能自由转让和买卖。可能正是因为这种原因，受赐者

---

① 王艮：《议免增科田粮案》，《正德松江府志》卷 6，《田赋上》。

② 陈旅：《江淮等处财赋都总管府题名记》，《安雅堂集》卷 9。

③ 程钜夫：《大护国仁王寺恒产之碑》，《雪楼集》卷 9。

④ 王勤金：《元〈江淮营田提举司钱粮碑〉》，《考古》，1987 年第 7 期。

⑤ 权臣燕铁木儿死后，顺帝“以燕铁木儿平江所赐田五百顷，复赐其子唐其势。”（《元史》卷 38，《顺帝纪一》）可知赐田是不能世袭的。

对赐田佃户的剥削特别残酷，希望在受赐期间尽可能从赐田上得到最大的收益。会福院所属襄阳路营田提举司的官吏“恣意做无体例的勾当，要肚皮，好生害百姓有。”[①] 松江等处稻田提领所“征民无艺，岁有羡粮以斛计者万余，上下共利之，习以为常”[②]。长宁寺（“掌英宗速哥八剌皇后位下钱粮营缮等事”[③]）“不问凶荒水旱岁，岁纳亩粮须石半。”[④] 如此等等。元朝政府中官员也常以赐田“教百姓每生受”为言（见下）。赐田的管理，大体上有三种形式。一种是政府设立专门机构进行管理，如上述江淮财赋府、江浙财赋府、江淮营田提举司等。一种由地方官府进行管理，如镇江路有“镇南王府四十二顷九十六亩六分二厘”，是“至元二十九年拨赐断没纳速剌丁灭里等家产，俱系有司”[⑤]。上述月赤察儿赐田由行省平章“领其岁入”（见下）亦属此类。还有一种是由受赐者设立田庄，委派头目，进行管理。

官田是国家的财产，官田收入是国家财政收入的一个重要来源。官田大量拨赐，必然意味着国家财政收入的减少。对于中央政府的管理来说，是很不利的。因此，元朝政府高层不时提出限制官田拨赐的措施。元成宗时赐田开始形成高潮。成宗大德七年（1303）十二月，“中书省奏：江南浙西等处系官田土内出的子粒，每年海运将来有。余剩的，本处省官做军粮等名项支持有。近年以来，那田土各寺里并官员人等根底多与了有。不合与。么道。行省官每、台官每并抚安百姓去来的奉使每题说，与将文书来有。……俺商量来，每年这里怯薛歹每、各枝儿里多人每根底，并工役军匠阙食的人每根底，多于江南运来的米粮内支与有。他每题说的是，不合与有。这田土出产多是国家必用之物，难比其余钱物。”[⑥] 这里指出，江南官田田粮主要供海运需要，余下则供应本处军粮，关系重大。大量赏赐必然带来严重问题。尽管皇帝表示同意这一意见，但赐田之风并未因此中止。武宗即位之后立即下令要“诸王、公主、驸

① 《宪台通记》，《永乐大典》卷2608。
② 宋濂：《郑府君墓志铭》，《宋文宪公全集》卷42。
③ 《元史》卷90，《百官志六》。
④ 朱德润：《官买田》，《存复斋文集》卷10。
⑤ 《至顺镇江志》卷5，《田土》。
⑥ 《通制条格》卷16，《田令·官田》。

马赐田还官”[①]。但他自己很快便向贵族、百官大量赐田。大德十一年（1307）九月，右丞相“塔剌海言：‘比蒙圣恩，赐臣江南田百顷。今诸王、公主、驸马赐田还官，臣等请还所赐’。从之。”[②]“臣等”云云，可见武宗上台后赐田者不止塔剌海一人。同年十一月，“赐太师月赤察儿江南田四十顷。时赐田悉夺还官，中书省为言，有旨：‘月赤察儿自世祖时积有勋劳，非余人比，宜以前后所赐，合百顷与之。’仍敕行省平章别不花领其岁入。”[③] 至大元年（1308）六月，“以没入朱清、张瑄田产隶中宫，立江浙财赋总管府、提举司”[④]。这是正式向皇室成员赐田。至大二年（1309）六月，“从皇太子言，禁诸赐田者驰驿征租扰民”[⑤]。显然赐田已经普遍恢复，政府所要限制的只是“驰驿征租扰民”了。

在此以后，元朝政府还曾打算清理赐田，理由是受赐者骚扰百姓。

皇庆二年（1313）四月，中书省奏：

台官人每与俺文书，“江南平江等处有的系官地内，拨赐与了诸王、驸马并寺观、诸官员每的地土，他每自委付着管庄的人每，比官司恣意多取要粮斛分例骚扰，教百姓每生受有。合追复还官，供给国家”。么道，说有。杭州行省也这般与文书来。俺与御史台、集贤、翰林院老的每一同商量来，除与了诸王、公主、驸马、寺观的田地，依已了的圣旨，与他每佃户合纳的租粮，官仓里收了，各枝儿却于仓里验着纳来的数目关支。这般呵，百姓每不被扰。其余官员诸人每根底与来的田地，都教还官呵，怎生？奏呵。“那般者。”么道，圣旨了也。

同年十月，中书省奏：

今春众人商量了，诸王、驸马根底并各寺观里与来的，将合纳的租米官仓里纳了，似阿合探马儿一般，各投下于官仓里拨与。奏了，

---

① 《元史》卷22，《武宗纪一》。
② 《元史》卷22，《武宗纪一》。
③ 《元史》卷22，《武宗纪一》。
④ 《元史》卷22，《武宗纪一》。
⑤ 《元史》卷23，《武宗纪二》。

各处行了文书来。前者崇祥院官人每“将普庆寺里江南拨与来的田地内出产的子粒，不教其余的指例，崇祥院管辖的提举司收着”么道，奏了，与俺文书来。俺商量来，将那粮他每收呵，止是那里粜卖。依已了的圣旨，官仓里收了，取勘了数目，验本处开仓时估拨与价钱呵，怎生？么道，奏呵。

“那般者。”么道，圣旨了也。①

这两件文书说明，受赐官田者自行委付头目，向百姓（官田佃户）任意勒索，百姓困苦。为此元朝政府决定：一是所有赐田由官府征收租粮，受赐者到官仓支取。这种办法与“二五户丝”之法相似，可能即是受了后者的启发。这样，受赐者就不能与百姓（佃户）直接发生关系。二是保留诸王、公主、驸马、寺观的赐田，其余官员等人的赐田收回。三是崇祥院（管理大承华普庆寺的财产，该寺是武宗建造的）要求自行管理江南赐田的租粮，“不教其余的指例”。这时在位的仁宗是武宗的弟弟，不能不予照顾，但又不好破例，于是采取“验本处开仓时估拨与价钱”的办法。

以上规定，是赐田管理的一大改变，表明元朝政府要加强对赐田的管理，减少赐田的数量。但是其实际效果又是如何呢？十年以后，泰定元年（1324）六月，泰定帝“以灾异，诏百官集议”。中书平章政事张珪与有关官员商讨“当世得失”，上奏说：

天下官田岁入，所以赡卫士，给戍卒。自至元三十一年以后，累朝以是田分赐诸王、公主、驸马，及百官、宦者、寺观之属，遂令中书酬直海漕，虚耗国储。其受田之家，各任土著奸吏为庄官，催甲斗级，巧名多取，又且驱迫邮传，征求饩廪，折辱州县，闭偿逋负，至仓之日，变鬻以归。官司交忿，农民窘窜。臣等议：惟诸王、公主、驸马、寺观，如所与公主桑哥剌吉及普安三寺之制，输之公廪，计月直折支以钞，令有司兼令输之省部，给之大都。其所赐百官及宦者之田，悉拘还官，著为令。②

① 《通制条格》卷16，《田令·拨赐田土》。
② 《元史》卷175，《张珪传》。

可见，受赐之家完全无视于皇庆二年的决定，仍然自行委派头目，直接管理赐田，巧立名目，任意勒索，而且给驿站和地方政府都造成了很大的负担。张珪等人的建议，一是赐田租粮全部“输之公廪”，受赐者都在大都按直支钞。一是重申除诸王、公主、驸马、寺观以外，“所赐百官及宦者之田，悉拘还官”。对于张珪的上奏，“帝不从”，有关赐田的建议自然也没有能实行。

文宗天历二年（1329）十月，“诸王、公主、官府、寺观拨赐田租，除鲁国大长公主听遣人征收外，其余悉输于官，给钞酬直”[①]。张珪等人的建议，到此时为元朝政府付诸实施。顺帝至正十四年（1354）十一月诏：“江浙应有诸王、公主、后妃、寺观、官员拨赐田粮，及江淮财赋、稻田、营田各提举司粮，尽数赴仓，听候海运，价钱依本处十月时估给之。”[②] 十五年六月，江浙省臣言：“……户部定拟本年税粮，除免之外，其寺观并拨赐田粮，十月开仓，尽行拘收，……以听拨运”[③]。元朝末年，经济凋敝，社会动荡，海运粮难以保证，这应是元朝政府下决心征收赐田田粮折价支给受赐者的根本原因。

职田是官员俸禄的组成部分。元朝的官吏俸禄分货币、实物两部分，按品级支给。货币部分是钞，实物部分分为俸米、职田两种，一般来说，中央机构和行省机构的官吏给俸米，路、府、州、县和地方监察机构、运司、盐司官员给职田。至元三年（1266）定北方路、府、州、县官职田；十四年（1277）定按察司官职田；二十一年（1284）定江南官员职田。北方地方政府官员最高（上路达鲁花赤，三品）16 顷，依次递减。南方因为“水浇好田地有”，“其数减腹里之半”，同是上路达鲁花赤在江南只有 8 顷职田[④]。职田规定“于无违碍系官荒闲地内”拨付。“如是不敷，于邻近州郡积荒地内贴拨。若无荒地，照勘曾经廉访司体覆过无违碍户绝地内拨付。”[⑤] “积荒田”、“户绝地”实际上也都是官田。所谓“无违碍”就是未曾分配其他用途、不会引起纠纷的官田。

---

① 《元史》卷 33，《文宗纪二》。

② 《元史》卷 43，《顺帝纪六》。

③ 《元史》卷 44，《顺帝纪七》。

④ 《元史》卷 96，《食货志四 · 俸秩》。《通制条格》卷 13，《禄令 · 俸禄职田》。

⑤ 《通制条格》卷 13，《禄令 · 俸禄职田》。

元朝地方官员数目有限，因此各地职田的数额是很小的。镇江路职田44顷98亩余，相当于该路官田土（9399顷余）的0.47%强。[①] 庆元路职田99顷39亩余，相当于该路官田土（3745顷71亩余）的2.6%强。[②] 昌国州（今浙江定海）“职田田土四十一亩四厘，以荒闲田土分拨州官充圭租之余”。当地“系官田土五百一十三顷八亩七分三厘”，职田仅占千分之一弱。[③] 但该州职田没有达到规定的标准。由以上几个例子，不难想见其他路、州情况。但元代全国有路185，府33，州359，县1127，大多数路府州县都有职田，加在一起亦应是相当可观的。

职田虽然分拨作俸禄之用，但其官田性质不变，仍是国家所有的土地，拨到职田的官员只能收到职田的租米。职田不能转让和买卖。这些都和赐田有相同之处。但赐田是赐予个人或寺观的，可以长期享受收取租粮的权利，职田是分拨给地方政府官员职位的，在职才能收取租粮，离职就意味着这一权利的丧失。因此之故，职田占有者对于佃户的剥削往往是特别严重的，职田田租的征取和其他名目的榨取，常在一般官田之上。最突出的例子是，“闽宪职田，每亩岁输米三石，民率破产偿之”[④]。“三石”是当时南方最高的亩产量，一般农田根本达不到。更有甚者，“部内实无田，随民所输租取之，户无大小皆出公田租，虽水旱不免”[⑤]。有的则在分拨到荒地后，“督勒附近百姓认种，无问年岁丰歉，征收本色粟草，销用不尽者折收价钞”[⑥]。元武宗时，成立尚书省，一度“将外任职官员每的公田拘收了，验着品级与禄米”。武宗死，弟仁宗即位，立即以“变乱旧章，流毒百姓”为理由废尚书省，宣布“外任职官公田、俸钞并复旧制，毋得椿配贫民，影占富户。”[⑦] 武宗时收职田，意在增加政府收入。仁宗恢复旧制，意在收买人心。但也可看出，职田“椿配贫民，影占

① 《至顺镇江志》卷5，《田土》。按，据同书卷13《廪禄》记载，该路职田共计41顷62亩余。两处有出入。

② 《至正四明续志》卷6，《赋役·田土》。

③ 《大德昌国州志》卷3，《叙赋·田粮》。

④ 苏天爵：《齐公神道碑》，《滋溪文稿》卷9。

⑤ 《通制条格》卷13，《禄令·俸禄职田》。

⑥ 《元史》卷120，《察罕传》。

⑦ 《通制条格》卷13，《禄令·俸禄职田》。

富户”的现象普遍存在，诏令中亦以此为戒。

第三节 屯田的经营和管理

元代的屯田，是建立在官田基础之上的。元朝屯田，规模很大，遍及全国，这在本书第五章中已有所论述。

元代屯田，无论军屯、民屯，都是由政府设置机构加以管理的。中央枢密院所辖各卫的屯田，是在各卫内设立专门负责屯田的千户所，如最初的五卫屯田，每卫二千人，分置左右手屯田千户所，后来其他各卫屯田大体仿此，有的还分置汉军、新附军千户所。地方军屯，大多设立专门的屯田万户府管理，也有少数归当地驻军万户府管理。民屯的情况可以分为几类。一类是成立专门的屯田管理机构，如大司农司下辖的永平屯田总管府、营田提举司；一类是归有关机构直接管理，如大司农司下辖的丰闰署屯田、尚珍署屯田等。还有一类是归地方有司管理，如前述河南南阳府民屯等。凡属军屯，在各卫或万户府下设千户所作为一级管理机构。凡属民屯，则在总管府或其他机构下设提举司或提领所作为一级管理机构。在千户所和提举司（提领所）下一般分屯管理。屯大概是根据地理条件划分的，没有固定的标准。属于民屯的陕西屯田总管府下有终南、渭南、泾阳、栎阳四所，分四十八屯，共有屯户4800余，平均每屯百户。[①] 而属于军屯的陕西等处万户府所立各屯，则自200余至900户不等。[②] 元代军队组织系统是万户—千户—百户—牌子头。军屯的组织与此相应，屯田军官有万户、千户以及“百户、弹压、牌子头”等名目。[③] 屯军就是在各级军官监督下从事生产的。民屯在提举司（提领所）下亦应设有官吏，但具体情况不清楚。

屯田军和其他军人一样，均来自军户。元代汉军军户承发军役，一户或数

---

① 李好文：《长安志图·屯田》。

② 《元史》卷100，《兵志三·屯田》。

③ 《元典章新集》，《兵部·军中不便事件》。

户承当一军，但家属仍在原籍。因此汉军屯田，一般只是个人在军屯中服役，可以定期回家。例如侍卫新军中的屯田军人一般在收成以后“十月还家”，甚至还要把“牛牵赶回家”①。但新附军中有很多没有土地，“全家老小请口粮”，他们被指派屯田，往往全家入屯（当然新附军也有个人在屯的情况，不能一概而论）。这就是为什么军屯中有以户计和以人计两种情况的主要原因。据不完全统计，元代军屯中有28946户85166人。一般来说，全家在屯的，可以家庭为单位生产，而只身在屯的，有可能组成一定的生产单位。福建汀州地区以三人为一组，耕种土地四十五亩，使用耕牛一头，配备相应农具②，便是一个例子。民屯亦应有全家和个人在屯的区别。军屯屯户（丁）一般是在现役军人中调拨，包括新附军、汉军、蒙古军和其他民族的士兵。根据《元史》中有关资料的统计，新附军屯田记载有三十余起，时间从中统四年（1263）起，这一年付钞给南宋降将刘整市牛屯田，虽未见新附军的名称，但应划入新附军的行列。终止于仁宗延祐三年（1316），这一年发新附军与汉军、畏吾儿在云南乌蒙立屯。时间延续约半个世纪，其中多数发生在忽必烈统治时期。新附军屯田的地点遍及全国，北起岭北行省、辽阳行省，南到云南、海南，西抵别失八里等地。《元史》中关于汉军屯田的记载亦不少，集中在腹里，其次是河南、岭北、四川，其他地区不多。蒙古军屯田为数较少，也集中在腹里、河南、岭北、四川等地。色目士兵有些是侍卫新军的组成部分（如康里、钦察等），就在腹里屯田。有的则分布在全国各地，如哈剌鲁在河南南阳，畏兀儿在云南。云南、湖广等地的军屯吸收了当地的少数民族组成的乡兵，有黎、僮等。民屯一般就在当地民户中强行签发，也有部分由招募而来，以汉人、南人居多，也有其他各民族成员。

屯田军都由政府统一分拨。那么，在军人中分拨屯田军是按什么原则进行的呢？至元五年（1268）十一月，“签山东、河南沿边州城民户为军，遇征进，则选有力之家同元守边城汉军一体出征，其无力之家代守边城及屯田勾

① 《元典章》卷34，《兵部一·正军·省谕军人条画》。

② 《临汀志》，《永乐大典》卷7892，《汀字》门。

当”[①]。元朝的汉军军户是从民户中签发的，“有力”“无力”主要指资产而言，“有力”的就是家中富裕的军户，能够自行装备马匹、武器和其他军需品，可以随同出征，而那些“无力”的贫困的军户，便只好代守边城和屯田了。至元十四年（1277），分拣新附军，“堪当军役者，收系充军，依旧例月支钱粮。其生券不堪当军者，官给牛具、粮食，屯田收养”[②]。“生券”指原南宋戍边官兵。其中“堪”与“不堪”主要应指身体状况而言。例如，至元十八年（1281），福建置立屯田，“发镇守士卒年老不堪备征战者”[③]。也就是说，从汉军、新附军中挑选分拨屯田军的标准是不一样的。

但是，随着全国的统一和屯田的广泛开展，被分拨屯田的已不限于“无力”、“不堪当军者”。出征、斡端（今新疆和田）、别十八里（今新疆吉木萨尔）“回还汉军”，当然是能征惯战的部队，却被编入左右翼屯田万户府屯田[④]。又如，新附军被分遣全国各地屯田，数量很大，其中固有“不堪当军者”，但亦有很多能作战的士兵，这是很清楚的。可以认为，在统一以后，元朝政府分拨屯田军时，已不再强调“无力”、“不堪当军”，而是着眼于：(1) 将尽可能多的新附军分散到各地屯田。这主要出于政治上的考虑，用以防止新附军的反抗，当然也可以发挥他们在劳动生产上的作用。(2) 根据军事或经济的需要设置屯田点，然后根据需要调拨适当的军队。

一般来说，屯田军与其他军人是分离的。屯田军的职责是“务耕屯以给军饷。”[⑤] 忽必烈初建五卫，每卫万人，其中屯田者二千人，屯田军与其他军人为二与八之比。“京师六卫每军抽步士二人屯田，以供兵士八人之食。”[⑥] 也就是说，十分之二的军人屯田可以满足其余十分之八的军人粮食供应。应该注意的是，屯田军和其他军人之间的界限是相对的，元朝政府可以抽调出征或戍守军人前去屯田，也可以根据需要随时调拨屯田军人出征。侍卫亲军中的一部

① 《元史》卷100《兵志三·屯田》。
② 《元史》卷100《兵志三·屯田》。
③ 《元史》卷100《兵志三·屯田》。
④ 《元史》卷86，《百官志二》。
⑤ 《元史》卷4，《世祖纪一》。
⑥ 苏天爵：《郭敬简侯神道碑》，《滋溪文稿》卷11。

曾出征南宋，宋亡后屯田中兴、六盘山，继而出征西域，屯田别十八里。后与西北叛王交战失败退回，又被安排屯田[①]。可以说是一个有代表性的例子。还有一些屯田军，经过几年劳作以后，被调回本翼（千户所）；有的屯田军因为贫乏，改由其他部队顶替。如成宗元贞元年（1295）七月，“减海南屯田军之半，还其元翼”[②]。大德元年（1297）闰十二月，“瓜州屯田军万人贫乏，命减一千，以张万户所领兵补之”[③]。元朝主管军政的枢密院于至元二十六年（1289）发布《禁约诸军例》，其中专门规定：“内外诸军所役屯田军人，自来且耕且战。恐本管官吏不以王事为念，止于农夫一例滥收老幼或躯丁应当，如遇调遣，点觑得但有不堪执役之人，定将当该官吏治罪施行。”[④]“调遣”即指调派屯田军出征。屯田军既然“且耕且战”，他们与镇守、出征军人就很难有严格的界限。彼此是分离的，又是可以互相转换的。但是，由于战斗和生产都需要相对的专业化，再加上难以从事战斗的老弱以及政治上不可信任分子必然被安排于生产，因而分离又是一种不断加强的趋势。

无论军屯户（丁）还是民屯户，都由国家分配一定数额的土地，只有云南军民屯户中均有“自备己业田”的情况。[⑤]土地之外，还要配给耕牛、农具和种子。收获以后则按定额或分成的办法向国家交纳粮食。各地屯田户（丁）分得的土地数额各不相同。侍卫新军五卫屯田，每卫屯田军二千名，屯田自一千顷至一千四百余顷不等，则每人受田应为五十亩至七十亩左右。大同路太和岭屯田，“人给地五十亩”[⑥]。河南南阳哈剌鲁军“户受田百五十亩”[⑦]。从其他各处屯田来看，有的多达每户十顷（如大司农司所辖广济署屯田），有的每户不到十亩（如陕西等处万户府所属孝子林屯），但绝大多数则在五十亩至一百五十亩之间[⑧]。这应与各地屯田面积多寡以及土地经营方式有关，全国并无

① 《元史》卷154，《李进传》。
② 《元史》卷18，《成宗纪一》。
③ 《元史》卷19，《成宗纪二》。
④ 《通制条格》卷7，《军防·屯田》。
⑤ 《元史》卷100，《兵志三·屯田》。
⑥ 《元史》卷21，《成宗纪四》。
⑦ 《元史》卷19，《成宗纪二》。
⑧ 《元史》卷100，《兵志三·屯田》。

统一的定额。

军屯和民屯的土地，主要是荒闲的田土。侍卫亲军在大都周围屯田，所耕种的大多是“荒土”、“荒闲田土”。陕西军屯是“系官荒地”[1]。但是负责屯田的官吏往往倚仗势力，侵占民田。例如，至元二年（1265），“阿海万户下屯田军人”在武清县北乡等处，“于上司元拨屯田地段四至外，强将诸人庄子及开耕作熟桑枣地土侵夺讫二十余顷”[2]。耕牛是农业生产必不可少的工具。无论军屯或民屯，耕牛大多是由政府供给的，也有一些是自备的。侍卫亲军五卫屯田，每卫屯军二千，地千顷，有耕牛二千头。据此则平均每名屯军配备牛一头，耕地五十亩。其他各卫屯田耕牛多少不等。左翼屯田万户府屯田军二千，田一千四百顷左右，有牛一千六百头，平均四名军人有三头，每头牛耕地一顷左右。右翼屯田万户府屯军一千五百人，田七百顷左右，只有牛三百七十，平均四名屯军一头牛，每头牛耕地二顷左右。左、右屯田万户府同时置立，耕牛的配置如此不同，可见并无统一的标准。这是中央机构屯田的情况。地方屯田可以汀州为例。该处屯田“每军三名，耕地四十五亩。……共使牛一只。”该屯共有“屯田军一千五百名，耕田二百二十五顷，耕牛一百一只[3]。”按此计算，则四十五亩土地为一分，分配耕牛一只。这与北方侍卫新军屯田相近。屯田的耕牛都有专门的簿籍加以登记，称为“官牛”。分配给屯田户后，即由该户负责管理。“官牛”如因故死亡，要交纳牛皮、牛角，才能在簿籍上除名，但需买新牛替补。购买新牛有两种情况。一种是政府出钱补买，这大概是死亡的牛在允许的数额之内，或耕牛老病需要淘汰。当时的记载叙述屯田官吏作弊时说：“官给钞市牛耕，实未尝有牛也。年输皮给市数，谓以劳死，田未尝收而牛数市无已也。”[4] 可见按规定牛“劳死”、“输皮”是可以由官府出钱补购的。另一种则由屯田军、民出钱补购。有件文书说：“如屯军缺少牛只，有等贪饕千户、百户、弹压自行贩卖，每牛一只可直钞五锭者，便行椿配作十锭，聘卖与军人……及有一等当役军人，十月还家，不将元置牛

① 《元史》卷100，《兵志三·屯田》。

② 王恽：《弹阿海万户屯田军人侵占民田事状》，《秋涧先生大全集》卷89。

③ 《临汀志》，《永乐大典》卷7892，《汀字》门。

④ 任士林：《临淮府君王君墓志铭》，《松乡先生文集》卷3。

只牵赶回家，亦不令同户人等知会，却行暗地减价货卖，己身费用，虚称倒死，影瞒户长。来年又复户下重科，从新补买倒换。”① 这件文书前面说的是军官强行添价将耕牛卖给屯田军，后半则说的是屯田军买牛作弊的情况。元代实行军户制，一户出军，称正军户，其余军户出钱资助，称为贴军户，正军与贴军同出一军，称为“同户当军”。屯田军也是一样。有的屯田军不经“同户”（即贴军户）同意，私卖耕牛，虚报死亡，然后再在“户下重科”，即向“同户当军”的贴户收钱买牛，这样做是违法的。但亦说明补买耕牛是由屯田军户出钱的。元朝政府对于屯田耕牛是很重视的，“军中屯田官吏和屯田百户”每到年终进行考核，耕牛管理是一个重要项目。如“牛只倒死瘦弱数多”“定是责罚”。如果“牛只肥盛，不曾倒死，……约量给赏”②。

军屯中农具一般由政府配置，分拨给屯田军使用。据汀州屯田的记载，“斧头、镰刀、锄头、铁爬四色，每名各使一件。犁、爬二色，每军三名共使一色”。屯田军一千五百人，共“计农具七千件：斧头一千五百件，镰刀一千五百件，锄头一千五百件，铁爬五百件，犁五百件，木爬五百件”③。铁爬（耙）是一种手持农具，平整土地用。木爬（耙）有方耙、人字耙之分，以牛为动力，松土用，属于比较大型的农具④。也就是说，小型农具（锄、镰、斧、铁爬，每人一件。较大型的农具犁、木爬三人共用一套。其他军屯或民屯的农具配置应该差不多。但民屯如有损耗，如何补充，则是不清楚的。屯田的种子一般亦由国家配给。汀州屯田的标准是“每田一亩，用种谷六升”。各地田土和其他自然条件不同，每亩种子的标准也应有所差别。

政府为屯田户提供土地、耕牛、农具和种子，屯田户则必须向政府交纳粮食。交纳的粮食实质上是地租。屯田租就征收方式而言有定额、分成两种，以定额为主。大同路太和岭屯田，每人五十亩，“岁输粮三十石”。平均每亩六斗⑤。南方汀州屯田，“每亩纳米六斗”，正好与太和岭相同，但汀州每军十五

① 《元典章新集》，《兵部·军中不便事件》。
② 《元典章》卷34，《兵部一·正军·省谕军人条画》。
③ 《临汀志》，《永乐大典》卷7892，《汀字》门。
④ 王祯：《农书》，《农器图谱集二·耒耜门》，《六·杷朳门》。
⑤ 《元史》卷21，《成宗纪四》。

亩，所纳总额为九石，要比太和岭低得多。可能前者所纳是原粮。值得注意的是，汀州屯田每亩租额正好是种子的十倍。以上是军屯的例子。民屯可以陕西屯田总管府为例，“拨地二顷，纳粟、麦五十石，内大麦二十石，小麦二十石，粟一石，草一百束”①。折合每亩二斗五升。当然，从这些例子很难得出租额轻重的结论。分成租见于淮东淮西屯田打捕总管府。“种者有牛，官给种，税十四；牛，种皆官，税其半。”② 自备耕牛的屯田户得到一点优待。这种分成的比例可能是带有普遍性的。

元代编户齐民的封建义务，在租赋之外，还有差役和力役。军户承担出军的义务，可免差役和力役。屯田军也不例外。民屯屯户也可享受同样的待遇，纳租以后“皆复其家”③。

以上是政府规定的屯田户应承担的义务，但实际上屯田户的负担远不止此。以差役力役论，政府经常抽调屯田军、民承担各种杂役，如至元十三年（1276）以“泸州屯田军四千转漕重庆”④。十六年（1279）以“襄阳屯田户四百代军当驿役”⑤。元贞二年（1296）“以洪泽、芍陂屯田军万人修大都城”⑥，等等。“户役已重，有司复科”⑦，屯田户是政府可以随时任意调动的劳动队伍。至于屯田军吏欺压剥削屯田军、民，更是常见的事。见于元代官方文献的如：官吏“差倩屯田军人并牛只、车辆耕种私己田禾，般运己物”⑧。“飞放鹰犬”“恣意田猎，践踏田禾”⑨。“各卫屯田官地，多与军官自己田土相靠。倘遇灾伤，军官将被灾者冒作官田，收成者妄为己地。”⑩ 等等。“董治者侵渔百端”⑪，以致屯田军、民生活困苦，往往被迫逃亡。以福建汀州屯田

---

① 李好文：《长安志图·屯田》。
② 许有壬：《两淮屯田打捕都总管记》，《至正集》卷37。
③ 许有壬：《两淮屯田打捕都总管记》。
④ 《元史》卷9，《世祖纪六》。
⑤ 《元史》卷10，《世祖纪七》。
⑥ 《元史》卷19，《成宗纪二》。
⑦ 许有壬：《两淮屯田打捕都总管记》。
⑧ 《元典章》卷34，《兵部一·军役·禁军齐敛钱物》。
⑨ 《元典章新集》，《兵部·军制·军中不便事件》。
⑩ 《临汀志》，《永乐大典》卷7892。
⑪ 许有壬：《两淮屯田打捕都总管记》。

为例，原拨军人1500名，该粮13500石。“本屯节该逃亡军人各弈未曾补拨，延祐七年终，合有见在种田军人实办粮米五千五百一十石。”[①] 以此推算，延祐七年（1320）该屯逃亡的屯田军人已占总数的一半以上，这距立屯的元贞二年（1296）不过二十余年。民屯的情况也相差不多。后至元丙子（1336），清理两淮屯田打捕都总管府所属屯田人户，逃亡的达6700余户，占总户数的一半以上。

国家和各级官吏的剥削和压迫，造成屯田户的破产和逃亡，是屯田的一大危机。屯田还有另一方面的严重问题，那便是权豪之家对屯田土地的侵吞。成宗大德九年（1305）十月，“诏芍陂、洪泽等屯田为豪右占据者，悉令输租”[②]。也就在大德年间，张士杰任德安军民屯田总管，“得豪右隐田三百余顷，增粮二千余石。”[③] 可见成宗时豪右占据屯田土地的情况已相当严重。至元顺帝时，两淮屯田打捕都总管府被隐占的土地达3500余顷，为全部田土的五分之一以上。元代土地兼并剧烈，豪强地主（特别是贵族官僚地主和大寺院地主）想方设法扩大土地占有，不管民田、官田，都在他们觊觎之列。在某种意义上，侵吞官田比民田要容易一些，因为官田是国家财产，有关的官吏一般不会认真管理，相反倒是以此作为谋利的工具。因此，豪强地主或凭借权势，强取豪夺，屯田官吏不敢过问；或与屯田官吏互相勾结，损公肥私。屯田土地于是便大批落入他们手里。

以上种种弊病，严重地影响了军民屯田的运行，当然也就减少了政府的收入。武宗至大元年（1308）十一月，中书省奏：“天下屯田百二十余所，由所用多非其人，以致废弛。”[④] 可见问题已很严重。元朝政府为此采取种种措施，主要有：（1）“经理”也叫“钩考”，即对各处屯田的经济状况进行调查核实。（2）交换屯田官吏，以免年久滋生弊端。（3）对贫苦的屯田军、民加以赈济。这些措施在个别地区一定时间内发生了效果，但时间一长，弊病依旧。到元代后期，多数屯田已陷于完全废弛或基本废弛的状态。

---

① 《临汀志》，《永乐大典》卷7892。

② 《元史》卷21，《成宗纪四》。

③ 许有壬：《张公神道碑》，《至正集》卷57。

④ 《元史》卷22，《武宗纪一》。

第四节 民田、寺观田、学田

元朝的土地，就所有制形式来说，可以分为官田、民田两大系统。官田是国有的土地，民田是私有的土地。官田有的出租、有的由国家组织劳动者耕作(如屯田)。凡租种或耕作官田者，都要向国家交纳税粮，但官田税粮实质上是地租。民田归地主或自耕农所有，民田所有者要向国家交纳税粮，民田税粮是国家征收的赋税，比官田税粮要轻得多。官田是不能买卖的，民田是可以买卖的。这是民田与官田最主要的区别。

元朝关于土地的种类缺乏全面的统计。但从种种迹象看来，民田在全部田土中所占比重要比官田来得多。镇江路田土总计 36611 顷余，内官田 9399 顷余，占 26% 左右；民田 27211 顷强，占 74% 左右①。庆元路在元代后期田土总数为 23475 顷余，内官田 3745 顷余，占田土总数的 16% 左右，民田 19729 顷余，占 84% 左右②。集庆路田土总数 77528 顷余，内官田 5194 顷余（缺溧阳州数)，约占田土总额的 9% 弱；民田（溧阳州不分官民，都以民田计）则为 90% 强③。如本章第二节所述，江南官田以浙西最多，当地官田有可能占有更大的比例，但这只是个别的局部的现象。

元代划分诸色户计，因而土地名目繁多，有“民地、军地”④，“驿户民田、僧道民田、灶户田”⑤ 等。这是指各种户占有的土地，“民地”即民户的土地，“军地”即军户占有的土地，余可类推。一般来说，诸色户计中各种户的土地，凡是私有的土地，都属于民田。当然他们也可能租种官田。土地的所有制性质与诸色户计的划分，没有关系。需要注意的是，一般来说，民田都要纳税粮，但诸色户计中若干种户，却因种种关系，可以免纳或部分免纳税粮。

① 《至顺镇江志》卷 5,《田土》。
② 《至正四明续志》卷 6,《赋役 · 田土》。
③ 《至正金陵新志》卷 7,《田赋志》。
④ 胡祗遹《丁粮地粮详文》,《紫山大全集》卷 23。
⑤ 《至正四明续志》卷 6,《赋役 · 田土》。

这种免纳或部分免纳是用来作为承当各种劳役为补偿，因而并不影响其土地私有的性质。

民田的占有情况是很不均衡的。总的来说，可以分为地主和自耕农两类。地主占有多少不等的土地，主要用租佃的方式，出租土地，收取地租，也有一些自己经营。自耕农一般占有少量的土地，自己耕种。地主中占有土地的状况也有很多差别。无论南北，都有一些占地数百顷甚至上千顷，收粮数千石甚至上万石的大地主。在北方，大地主有几种类型。一种是蒙古色目权贵，他们凭藉权势，占有大量土地。忽必烈时期，赵天麟上奏说："今王公大人之家，或占民田，近于千顷，不耕不稼，谓之草场，专放孳畜。"[①] 一当他们认识到土地耕作的经济价值后，这些原来的民田便会用来出租或自行经营，重新耕种。一类是金、元之际涌现的依附于蒙古的汉人军阀，如真定史民、顺天张氏、东平严氏等，他们在战乱之中"取货财，兼土田"[②]，"断阡陌占屋宅跨连州郡以为己业"[③]，都成为新兴的大地主。还有一类是民间的豪富。军户中有"田亩连阡陌，家赀累巨万"者[④]。蒙哥汗六年（1256），征京兆米三千石，"输平凉军。期迫甚，郡人大恐"。平凉大姓王氏"家有积粟，请以代输"，解决了这一难题[⑤]。可以想见其家土地之多。这些民间的大地主，有些是前代的遗留，有些则是新政权下的暴发户。南方亦有一批大地主。元朝统一江南过程中，对于南方的土地关系，采取保护的政策。南宋大地主中的一些人"不惟保守先畴，又能有所恢拓"[⑥]。原南宋的官员，摇身一变，成为新朝的显贵，依然横行乡里，"强占百姓田宅产业"[⑦]。元朝的贵族官僚，也利用各种手段，在南方兼并土地。成宗元贞二年（1296）六月，下令"括伯颜、阿术、阿里海牙等所据田及权豪匿隐者，令输租。"[⑧] 伯颜、阿术、阿里海牙都是攻打南宋时元

① 《太平金镜策》。
② 《元史》卷146，《耶律楚材传》。
③ 郝经：《万卷楼记》，《陵川文集》卷25。
④ 王恽：《上世祖星帝论政事书》，《秋涧先生大全集》卷35。
⑤ 《元史》卷159，《商挺传》。
⑥ 吴澄：《黄君墓志铭》，《吴文正公集》卷41。
⑦ 《元典章》卷19，《户部五·民田·强占民田回付本主》。
⑧ 《元史》卷19，《成宗纪二》。

军的统帅，他们在出征期间强占了许多土地，而且不纳税。元朝政府的这道命令只要求土地交纳租税，实际上承认了他们强占土地的所有权[①]。起家海盗、降元后以海运发迹的朱清、张瑄，“势倾朝野，江淮之间，田园屋宅鬻者必售于二家。”[②]“田园宅馆遍天下。”[③]他们的田宅中很多亦由强占而来。江南贵族、官僚以及民间豪强恣意兼并土地，引起了元朝政府的注意。大德六年(1302)，成宗“语台臣曰：‘朕闻江南富户侵占民田，以致贫者流离转徙，卿等尝闻之否?’台臣言曰‘富民多乞护持玺书，依倚以欺贫民，官府不能诘治，宜悉追收便。’命即行之，毋越三日。”[④]这些能得到“护持玺书”的“富民”，主要应是贵族、官僚，当然也可能有民间富豪。由成宗与御史台官的问答，可以想见江南土地兼并已很严重，成为风气，才会引起朝廷如此的重视。但是，“追收”护持玺书并不能抑制兼并的趋势。兼并导致土地的高度集中，这是元代江南土地关系的一个特点。江南“田多富户每，一年有收三、二十万石租子的”[⑤]，即以平均5斗计，所占田土应40万至60万亩，亦即4000至6000顷。具体的例子如松江瞿霆发，“有民田二千七百顷”，又佃官田，将及万顷[⑥]。松江曹梦炎，“积粟百万，豪横甲一方，……北人目之曰富蛮子。”[⑦]又如江西吉安贺良权，“有田入稻岁万石”[⑧]。虽比不上浙西富豪，亦足以惊人。这些大地主，加上为数甚多的中小地主，占有了大部分土地。福建崇安每年税粮共计6000石，大家50户负担5000石。如按税粮每亩5升计算，应有土地10万亩，平均每户2000亩。另有农民400家共当税粮1000石，应有土地2万亩，平均每户50亩[⑨]。地主与农民土地占有差别之大，由此

---

① 大德六年（1302）有人告阿里海牙攻打潭州时“占住柑橘园地”，经裁决，断定是“阿里海牙平章当时乘势夺据民田。”（《元典章》卷19，《户部五·典卖·赵若震争柑园》）这便是元军将领强夺民田之例。

② 长谷真逸：《农田余话》卷下。

③ 陶宗仪：《南村辍耕录》卷15，《朱张》。

④ 《元史》卷20，《成宗纪三》。

⑤ 《元典章》卷24，《户部十·租税·科添二分税粮》。

⑥ 杨瑀：《山居新话》。

⑦ 长谷真逸：《农田余话》。

⑧ 陈旅：《东斋记》，《安雅堂集》卷7。

⑨ 虞集：《崇安县尹邹君去思碑》，《道园学古录》卷41。

可见。

元代自耕农一般占有为数不多的土地，供自己耕种。南北自耕农民占有土地的数量有些差别，北方略多，南方较少。元代前期胡祗遹作《匹夫岁费》，描述北方农民的生活状况。他说："父母妻子身，计家五口，人口食米一升，是周岁食粟三十余石，布帛各人岁二端，计十端。絮二斤，计十斤。盐醯醯油一切杂费略与食粟相当。百亩之田所出仅不能赡，又输官者丝绢、包银、税粮、酒醋课、俸钞之类。农家别无所出，皆出于百亩所收之子粒，好收则七八十石，薄收则不及其半，欲无冻馁，得乎！"[①] 每户耕田百亩，这应是北方自耕农比较典型的例子。南方的记载说："一农可耕今田三十亩"[②]；又有记载说，"今畀以田五百亩，则十家之产也。"[③] 当时南方的自耕农，一般有土地三五十亩。海昌张世荣便是一例。"有田三十亩，有桑数百林在城东之野，外耕内织，昼夜不辍，仅给公上，荜门蓬户，菽水常不足，而姐妹之或归或留者皆贫无以养。"[④] 终年辛苦，只能交纳租税，家庭的基本生活需要都难以保证。江西永丰余湘，"躬耕五亩之田以为生，终三时，无一隙"。田土很少，但他能"以深耕胜广亩，亩常收二亩半"，不仅能维持生活，而且逐渐发家[⑤]。有人写诗道："田夫有话向谁言，麦饭稀稀野菜羹。半顷薄田忧户役，如今贱卖与人家。"[⑥] 有50亩土地的农民，在官府赋役的重压下，生活困苦，不得不出卖土地。这显然也是一个自耕农的形象。可以认为，南方的自耕农一般占地三五十亩，有的更少。南、北自耕农民占有土地数量的差别，主要是由南、北土地状况不同决定的，北方地广人稀，南方地狭人稠。其次和南、北种植技术的不同亦有一定的关系。

元朝政府的一件文书说："蛮子百姓每，不似汉儿百姓每，富户每有田地，其余的百姓每无田地，种着富户每的田地。"[⑦] 将蛮子（南人）和汉儿

---

① 胡祗遹：《紫山大全集》卷23。
② 方回：《续古今考》卷18，《附论班固计井田百亩岁入岁出》。
③ 黄溍：《戴氏义塾记》，《金华黄先生文集》卷10。
④ 贡师泰：《娱亲堂记》，《玩斋集》卷7。
⑤ 刘岳申：《余士南墓志铭》，《申斋集》卷8。
⑥ 元淮：《农家》，《水镜元公诗集》。
⑦ 《元典章》卷2，《圣政二·减私租》。

（汉人）对比。所说蛮子百姓的情况，显然是讲佃农租种地主的土地。那么，其言下之意，应是说："汉儿百姓"有田地。从这件文书可以认为，南方租佃制盛行，佃户数多，而北方则是自耕农居多。

元代有两种土地，情况比较复杂，既有官田，又包括农田，不能一概而论。

一种是寺观田。其土地来源有如下几个方面。一是前代遗留下来的土地。二是皇室赏赐的土地，即赐田，已见前述。三是信徒捐献的土地。例如上面提到的大地主瞿霆发（曾任两浙运使）为名僧原妙高峰在天目山建大觉正等寺，"乃割巨庄，先后凡二百顷有奇，及买山田若干"[①]。海道漕运万户杨梓施舍杭州崇宁禅寺庄屋一区，田六千亩，每年可收租四千石[②]。还有一些地主，为了逃避差役，便把"合纳钱粮的田土根底""寺院里布施与了"，自己甘心在寺院势力庇护下当二地主[③]。四是寺院购买民间的土地。如禅宗僧侣法照，住持林州玉泉禅院时，"百废俱举，增置田土二十余顷，庄园、耕具并皆周备"。不久，转到新城云居寺，又"置地三顷余"[④]。寺院添置田地之风极盛，元朝政府担心国家赋役无人负担，对此加以限制，规定："民间田宅，僧、道不得为邻。"[⑤] 元代土地买卖，先问房亲，后问地邻，"不得为邻"就是不许购买邻人的土地。后来还一度明确规定："禁僧道买民田，违者坐罪，没其直。"[⑥] 这些规定反映出当时寺观买田现象之烈。从以上几个方面来看，只有赐田是官田，其余三个方面的土地都属于民田。得到皇室赏赐的寺观是少数，多数寺观的土地是由其余几个方面构成的。

另一种是学田。元代各级地方官学和书院大都有学田，以供孔庙祭祀和师生廪膳之用。学田的数量多少不等，少的一二百亩，多的则达数万亩，如集庆

① 赵孟頫：《天目山大觉正等禅寺记》，《松雪斋文集·补遗》。
② 胡长孺：《崇宁万寿禅寺杨氏施田记》，《珊瑚木难》卷4。
③ 《元典章》卷24，《户部十·僧道税·僧道影避田粮》。
④ 邵元：《照公和尚塔铭》，见《文物》1973年第6期所刊拓片。
⑤ 欧阳玄：《分宜县学复田记》，《圭斋文集》卷6。
⑥ 《元史》卷30，《泰定帝纪二》。

路学田土总计20859亩[①]，镇江路学田地山荡将近3万亩[②]，扬州路学田更多达“十万三千三百六十亩”[③]。为现在已知地方学田之冠。学田的来源是：(一)前代旧有学田。至元二十三年（1286）二月，忽必烈“诏江南学校旧有学田，复给之以养士”[④]。“旧有学田”即南宋时学校的田地。(二)地方政府拨给官田。元朝政府规定：“其无学田去处，量拨荒闲田土给赡生徒。”[⑤]地方政府常有此举，如平阳州（今浙江平阳）“拨在官之田若干亩归诸学”[⑥]。长治州（今山西长治）“四周官壖地尽付于学。”[⑦]（三）私人捐献。如赵良弼将土地三千亩“六与怀州，四与孟州，皆永隶庙学，以赡生徒”[⑧]。东祁王先生子昭为嘉定州学捐田27顷[⑨]。（四）购置民田。如元统元年（1333）新昌县学“购置碑塘田一十八亩。”[⑩]但这种情况不多[⑪]。

分析一下以上几种情况，可以看出，学田中有政府拨给的官田，而前代遗留的学田，有关人士捐献，以及学校自行购买的土地，都应属于民田之列。在各地学田中，前代遗留的学田和捐献的土地占有比重较大，地方政府拨给的官田并不很多，学校自行购买的更少。拨给学校的官田，应和赐田、职田一样，学校只有使用权，但没有所有权。

民田中地主的土地，就经营方式来说，可以简单分为两类。一类是自己经营，一类是出租。自己经营一般以奴仆（驱口）为劳动力。这种情况在北方相当普遍。真定（今河北正定）刘成曾为百户，回乡后，“屏迹田野，谭僮种树，畜牧耕桑，衣食自给”[⑫]。临颍（今河南临颍）人卢元，“理恒业，课僮

---

① 《至正金陵新志》卷9，《学校志》。
② 《至顺镇江志》卷11，《学校》。
③ 苏天爵：《扬州路学田记》，《滋溪文稿》卷2。
④ 《元史》卷14，《世祖纪十一》。
⑤ 《江苏通志·金石稿》卷19，《学校拨田地诏书碑》。
⑥ 陈高：《平阳州儒学增田记》，《不系舟渔集》卷12。
⑦ 刘友谅：《长治重建文庙记》，《山右石刻丛编》卷30。
⑧ 《元史》卷159，《赵良弼传》。
⑨ 《东祁王先生归田兴学记》，《江苏通志稿》金石卷23。
⑩ 《新昌县学续置田记》，《越中金石记》卷9。
⑪ 本段参见孟繁清：《元代的学田》，《北京大学学报》，1981年第6期。
⑫ 马祖常：《征行百户刘君墓碣铭》，《石田集》卷13。

仆，各得其宜，故能上下戮力，农事修整”①。钦察人都岱“家曹之定陶”（今山东定陶），自军中归，“课僮奴耕稼畜牧”②。著名画家色目人高克恭，曾任刑部尚书，清廉自持，房山（今北京房山）人。“有田二顷，课僮奴耕作，岁入不能供。”③ 以上都是北方的例子。南方亦有类似的情况。奉化（今浙江奉化）人赵与葺，“善生殖，世墓在州东白水村，买山及陆地，开田堰水，课僮丁某所种禾菽，某所种枣栗，高卑位置，具给绳度”④。除了使用僮仆（驱奴）之外，自行经营土地的地主还使用雇身人作为劳动者。⑤

出租土地收取地租，是元代地主经营土地的主要方式。元代中期，顺德路（路治今河北邢台）总管王结作《善俗要义》，教育百姓，第一条是“务农桑”：“今后仰社长劝社众常观农桑之书，父兄率其子弟，主户督其客，趁时深耕匀种，频并锄耨，植禾艺麦，最为上计。”⑥ “田客”指的是佃户，“主户”指的是地主。至元十五年（1278）大都路“王德用告嫂阿震，自兄王德坚身故之后，抛下田土尽数一面租与他人，更将桑枣果树木卖讫”⑦。可见北方是存在租佃关系的。但是，北方的租佃关系，大概不如南方普遍，所以元朝官方有前引“蛮子百姓每，不似汉儿百姓每”的说法。

南方民田中，租佃关系盛行。方回说：“予往在秀之魏塘王文政家，望吴侬之野茅屋炊烟，无穷无极，皆佃户也。”⑧ 方回由宋入元，他的著作完成于入元之后。秀即嘉兴路。由他的话，可以想见浙西佃农之多。佃户的来源，一是招募。忽必烈诏书中说：“江南有地土之家，召募佃客。”⑨ 佃户与地主之间要订立契约，租地契约形式如下⑩：

某里某都姓某

---

① 王恽：《卢公神道碑》，《秋涧先生大全集》卷52。
② 姚燧：《坤都岱公神道碑》，《牧庵集》卷17。
③ 邓文原：《刑部尚书高公行状》，《巴西文集》。
④ 戴表元：《赵君理墓志铭》，《剡源文集》卷16。
⑤ 周良霄：《明律“雇工人”研究》，《文史》，第15辑。
⑥ 《文忠集》4卷。
⑦ 《元典章》卷19，《户部五·家财·兄弟另籍承继》。
⑧ 方回：《续古今考》卷18，《附论班固计井田百亩岁人岁出》。
⑨ 《元典章》卷3，《圣政二·减私租》。
⑩ 《新编事文类聚启札青钱》外集卷11，《公私必用·当何田地约式》。

右其今得某人保委就某处

某人宅当何得田若干段，总计几亩零几步坐落某都土名某处，东至西至南至北至，前去耕作，候到冬收成了毕，备一色干净圆米若干送至某处仓所交纳，即不敢冒称水旱，以熟作荒，故行坐欠。如有此色，且保人自用知当，某伏代还不词。谨约。

年　　月　　日佃人姓某　　号　　约

保人姓某　　号

佃户的另一种来源是投靠。“国初溧阳之民，有以田土妄献于朱、张二豪者，遂为户计，一切科役无所预焉。是时朱、张首以海运为贡道，至于极品。天子又以特旨谕其户计，彼无敢挠之者，权豪奢侈可谓穷于天下。或两争之田，或吏胥之虐者，皆往充户计，则争者可息，虐者可免，由是民皆乐而从之也。不数年，朱、张皆搆祸，籍其户口财产以数百万计，后立朱张提举司以掌之，向者附势之人皆受搆祸，而投户计者隶为佃籍，增租重赋，倍于常民，受害不浅，虽悔无及矣。”① 投靠者一般是有一定数量土地的自耕农和地主，为了逃避政府的差役和其他剥削，投靠权贵势家以求免役，因此也就变成了佃户，要向主人交纳地租。

还有一种佃户是完全被迫的。成宗大德三年（1299），中书省的一件文书中说：福建“那里的官人每，富户有势的人每，将百姓每田地占着，教百姓每佃户，不教当杂泛差役有”②。官人、富户不仅强占百姓的田地，而且将田地上的百姓都抑逼为佃户。

民田的地租一般采取实物形态。实物地租有两种形式，一种是分成租，一种是定额租。元代民田的地租，既有分成租，亦有定额租。分成租一般是地主、佃户各得其半。元朝政府的文书说：“江南佃民，多无己产，皆于富家佃种田土，分收子粒，以充岁计。”③ “分收子粒”就是分成制。宋濂说：“东阳多宋贵臣族，民艺其田者，既入粟半，复亩征其丝。”④ 东阳属婺州路。浦江

---

① 孔齐：《至正直记》卷3，《势不可倚》。

② 《通制条格》卷2，《户令·官豪影占》。

③ 《元典章》卷19，《户部五·佃户不给田主借贷》。

④ 《蒋元墓铭》，《宋文宪公全集》卷34。

(今浙江浦江)“窭人无田，艺富民之田而中分其粟”[①]。浦江亦属婺州路。元末农民战争爆发后，徽州路黟县（今安徽黟县）屡经战事，“里无居人，田皆荒秽不治”。县尹周君儒为了恢复生产，“乃下令远近之民有能耕吾废田者，比秋成十分其入，耕者取其六，田主收其四”。果然发生了效果。[②] 显然，这个地区原来采用五五分成制，现在改为四六分成，对于生产积极性有一定的刺激作用。定额租就是有固定的租额。上面所举租契约实际上就是一件定额地租契约的样本。元代南方常以租计田，不言亩数，这是定额租在民田中得到发展的反映。例如休宁（今安徽休宁）汪士龙抚妻侄成立，“畀之田以租计百有五十”[③]。泰和（今江西泰和）萧如愚“尝捐田三百石助里人役费”[④]。某些田租碑也只刻租额不刻步，如《汤氏义田碑》、《思孝庵田租碑》等。至于具体记载征收一定数额地租的资料，为数甚多。例如杭州西湖书院所得捐赠之田及自行置买民田，既有田亩数又有租米数，其中在湖州乌程县购买民田 2 顷 57 亩余，租米 202 石 2 升[⑤]。王子昭捐给嘉定州学田 27 顷余，岁收租米 1110 石余[⑥]。很难从现有资料中作出判断，分成租与定额租在元代南方租佃关系中何者占优势。但可以肯定的是，定额租已很流行，至少可以说它和分成租占有同等的地位。此外，民田中已出现货币地租的情况。浦江（今浙江浦江）大姓郑氏家规说：“佃人有用钱货折租者，新管当逐项收贮，别附于簿，每日纳家长。”[⑦] 这应是将实物折合成货币征收，并非普遍现象。

定额租是在分成租基础上形成的。定额租使地租数额固定化，能够刺激佃户的生产积极性，有助于单位面积产量的提高。定额租的流行，是元代江南民田生产关系的一个特色，是租佃关系发展中的进步现象。由于各地土地肥瘠不同，生产条件有别，单位面积产量千差万别，因此民田定额租也各不相同，难以一概而论。

---

① 《王澄墓志铭》，《宋文宪公全集》卷 31。
② 赵汸：《黟令周侯政绩记》，《东山存稿》卷 3。
③ 陈栎：《汪公墓志铭》，《定宇集》卷 9。
④ 刘岳申：《萧明熙墓志铭》，《申斋集》卷 11。
⑤ 《西湖书院增置田记》，《两浙金石志》卷 15。
⑥ 薛元德：《东祁王先生归田兴学记》，《江苏通志稿》金石卷 22。
⑦ 郑涛：《旌义编》卷 1。

元代南方民田租佃关系中还有一种值得注意的现象，那便是兑佃制的出现。本章第一节中已就官田的兑佃作过说明。民田的兑佃请看下面的记载①：

> 扬州嘉兴县马驼沙农夫司大者，其里中富人陈氏之佃家也。家贫，不能出租以输主，乃以所佃田转质于他姓陈氏。田旁有李庆田者，亦业佃种，潜赂主家儿，约能夺田与我而不以与陈氏者，以所酬钱十倍之一分之。家儿素用事，因以利□其主，主听，夺田归李氏，司固无可奈何。既以谷田不相侔，轻其直十之一，司愈不平。……[司]不复乏绝，更自有余，而李日益贫。更十年，李复出所佃田质陈氏，司还用李计复其田，过种之钱此前又损其一。为券悉值前人，相视惊叹。……此在至元初元间。

佃户可以将所佃田“转质于”他人，说明佃户已有永佃权或田面权。这和官田中的兑佃是一样的。但是，地主可以干预田土的“转质”，这说明当时的永佃权或田面权还是不稳固的。永佃权或田面权的真正发展，则是在明、清二代。

寺观田和学校田一般均采取租佃制。从现有记载看来，寺观田和学校田均以定额租为主，但也有分成租，例如昌国州翁洲书院，其“涂田租谷，每岁与佃户两平抽分，丰歉不等”②。涂田是海滩田，产量不稳定，可能因此采取分成制。福州路儒学中部分田土“岁皆分其收之半”③。但这类事例很少。此外还有“貌租”，如镇江淮海书院有田135顷70亩余，内定租115顷余，“貌租”20顷余④。顾名思义，“貌租”应是学校与佃户根据每年农作物生长情况而定的地租，与分成租相近。值得注意的是，学田和寺观田中都存在货币形式的地租。福州路学田，“在闽县，得南州田三百亩奇，银租若干两；鱼荡数百顷，银租三十两”。在其他地方的田土，也都有“银租”不等⑤。两浙地区不少学田征收部分货币地租，但主要见于不种粮食作物而有其他经济收益的山荡

---

① 陶宗仪：《南村辍耕录》卷13，《释怨结姻》。

② 《大德昌国州志》卷2，《学校》。

③ 贡师泰：《福州路儒学核田记》，《玩斋集》卷7。

④ 《至顺镇江志》卷11，《学校》。

⑤ 贡师泰：《福州路儒学核田记》。

等。如镇江路儒学官沙庄有“未栽芦滩地二百余亩，内二十五亩生长芦苗，佃户徐得贵等承办，租钱中统钞三十贯”。金坛县登荣庄，“每岁夏初，验田中所种菜麦，起征租钱，俱纳中统钞”[①]。浙东庆元路，除山荡池塘纳货币外，某些河涂田、海涂田也纳货币租。海河涂田251亩3角，租钞19锭30两，每亩平均3两8钱9分。海涂田312亩3角，年纳钞16锭36两，平均每亩租钞2两6钱7分[②]。滁州（今安徽滁县）学田中，水田、陆地纳一定数额的米、麦，但柴山、鱼潭、白地均纳钞。白地是盖房用的土地[③]。总起来说，在浙西、浙东、福建、淮西等地的学田中都出现了货币形式的地租，但就多数情况而言，元代的货币形式的地租限于种植经济作物的土地和贫瘠的土地。

学田中还有一种值得注意的现象，那就是包佃制的盛行。宋代江南学田已存在这种现象，元代更加普遍。嘉兴路学田中“华亭仙山管田三百五十亩，有杨副使者□五十余石包佃归己，多催少纳，积逋尤夥”[④]。这是见于记载的“包佃”。有的文献中则称之为“扑佃”。“吴县阊关外有附城学地数百丈，每年地钱系李提控包纳。”至顺庚午（元年，1330），有人“告言李按牍轻租扑佃事”[⑤]。铅山州知州李荣祖，“革豪户之扑佃者”[⑥]。“扑”实际上就是承包。“包佃”者都是权豪、官吏和富户，他们将“包佃”的土地，再出租给农民，从中牟利。元代著名文学家姚燧说：“江南学田，……又有身为教官，自诡佃民，一庄之田，连亘阡陌，每岁入租，学得其一，己取其九。”[⑦] 学田管理不善，是个普遍的问题。“教官”如此，“包佃”的权豪、官吏和富户也是如此。学田中“包佃”的盛行，主要便因为可以从中获取厚利。

① 《至顺镇江志》卷11，《学校》。
② 《至正四明续志》卷7，《学校》。
③ 《滁州学田记》，《安徽通志稿·金石古物考五》。
④ 《元嘉兴路学田复租碑》，《两浙金石志》卷14。
⑤ 《府学付地经界碑》，《江苏通志稿》金石卷22。
⑥ 程端学：《铅山州修学记》，《畏斋集》卷5。
⑦ 《崇阳学记》，《牧庵集》卷50。

第七章　手工业

元代手工业门类众多，其中纺织业、制瓷业、制盐业最为发达，其次为矿冶、造船、军器制造等。这一时期，不少手工业部门采用新的工艺，促进了生产的发展。根据生产资料所有制和劳动者身份的不同，元代手工业可以分为官府手工业和民间手工业两大系统。官府手工业规模很大，其生产主要满足宫廷、贵族和政府各部门的需要，但有些部门产品主要投入市场。民间手工业以个体为多，亦有雇工经营，其生产主要满足市场的需要。元朝政府从官府、民间手工业处征得大量实物和货币，是政府收入的重要组成部分。

第一节　手工业的一般情况

元代的手工业，是前代手工业的继续和发展。主要生产部门有：纺织、陶瓷、制盐、矿冶、造船、军器制造、印刷、造纸、食品加工等。其中以纺织、陶瓷、制盐最为重要。纺织、陶瓷在国内外市场上销路很大，制盐则为国家创造巨额的收入。其他一些行业，亦与国计民生有着程度不等的关系。

元代手工业在前代基础上有不少新的进展。例如，在纺织业中，棉纺织的兴起和迅速普及；在制瓷业中，青花瓷的制作；在制盐业中，晒盐法的推行；在军器制造方面，火器的制造；在食品加工方面，蒸馏酒的引进和推广，白沙糖的提炼；在印刷术方面，木活字和转轮排字架的使用；等等。有些是前代没有的新事物，有的则前代虽已出现，但只有到了元代才得到推广。这些新的进展，使元代手工业的许多部门得到了发展。但是，从总体来说，元代手工业仍是前代的继续，没有发生重大的变化。

依据生产资料所有制和劳动者身份的不同，可以把元代手工业分为官府手工业和民间手工业两个部分。

官府手工业的生产资料归国家所有。生产所需的原料，一是依靠政府的赋税征收而来（主要是纺织局、院所需的丝），一是依靠政府向百姓“和买”而来。“和买”实质上也是一种赋税（参见本书第十九章）。官府手工业的劳动者主要有两类。一类是俘获或收容的怯怜口、阑遗人口和驱奴；另一类是政府在百姓中签发的匠户、冶户和盐户。政府还不时将判处徒刑的罪犯，发配到某些官府手工业部门（如盐场、矿冶）带镣居役。被签发来在官府的局院、矿冶和盐场上从事生产的匠户、冶户和盐户，都在官吏的层层监督之下，使用官府的生产工具和原料，完成规定的数额产品，然后可以得到微薄的口粮或工本。在完成定额之余，可以回家生产或就近耕种土地。匠户、盐户、冶户都是世代相继的，不经政府批准，不能脱离。怯怜口、阑遗人口和驱奴的身份是不自由的，其待遇比起匠户、冶户和盐户来，还要差得多。

元代官府手工业的建立，经历了一个很长的过程。它始建于成吉思汗向外扩张时期，到忽必烈统治时期才大体确定了下来。兴起于漠北的蒙古族，原来过着游牧生活，手工业是不发达的。在向外扩张过程中，蒙古国政府特别注意搜罗各民族的工匠，组织他们进行生产，弥补本民族的不足。13 世纪 40 年代访问蒙古的南宋使臣徐霆说①：

> 鞑人始初草昧，百工之事无一而有。其国除孳畜外，更无所产，其人椎朴，安有所能，止用白木为鞍桥鞔以羊皮，鐙亦刳木为之，箭镞则以骨，无从得铁。后来灭回回，始有物产，始有工匠，始有器械。盖回回百工技艺极精，攻城之具尤精。后灭金虏，百工之事于是大备。

徐霆的话有的地方是不确切的，例如他说蒙古人兴起时“无从得铁”。王国维已指出，金代漠北鞑靼人从中原得到大量铁钱，北方得之大作军器②。据

① 彭大雅、徐霆：《黑鞑事略》，王国维笺证本。
② 彭大雅、徐霆：《黑鞑事略》，王国维笺证本。

蒙古史籍记载，铁木真结婚后不久，有一位名叫札儿赤兀歹的老人“背着打铁的风匣”，送自己的儿子来，为铁木真服役[①]。可见早在12世纪末13世纪初蒙古已有一定的冶铁业，尽管规模有限。徐霆所说，在灭回回（指中亚花剌子模）及金朝以后，“百工之事于是大备”，则是符合事实的。无论在西征中亚或是灭金过程中，蒙古人都注意搜集工匠，将他们集中安置。在中亚，蒙古军攻下撒麻耳干（今乌兹别克萨马尔罕）以后，“清点刀下余生者，三万有手艺的人被挑选出来，成吉思汗把他们分给他的诸子和族人”[②]；玉龙杰赤（今乌兹别克库尼亚乌尔坚奇）陷落后，蒙古人“把为数超过十万的工匠艺人跟其余的人分开来，……再把居民中的工匠瓜分，送往东方诸国”[③]。在原金朝统治区，蒙古军所攻克的城市，“惟工匠得免”；这些得免于死的工匠，大多被集中转移到他处，设局生产[④]。这样便出现了最早的官府手工业。随着战争的开展，俘获的工匠日益增多，蒙古国的官府手工业的规模不断扩大。后来，蒙古国又在“汉地”（原金朝统治下的农业区）的居民中签发匠户、盐户、冶户，要他们到政府设立的手工业局院场中服役，从而进一步增强了官府手工业的生产能力。在灭宋过程中，俘获工匠的情况已大为减少，但在江南推行签发匠户制度，一次便确定十万户左右[⑤]。后来又有所增加。此外还签发了盐户、冶户。

全国统一以后，元朝的官府手工业，主要分属工部、户部、将作院、中政院、大都留守司、武备寺诸系统。工部的职责是“掌天下营造百工之政令”[⑥]，但下属有许多生产性机构。其中为数最多的是与“织染”有关的局、院，亦即从事纺织生产的机构，分布在大都及“腹里”的各地。其次是宫廷和都城服务的一些生产性机构，如银局、镔铁局、石局、木局、窑场等。户部“掌天下户口、钱粮、田土之政令”。但在其下属机构中有檀景等处采金铁冶都提

① 《元朝秘史》卷2。
② 志费尼：《世界征服者史》上册，第140页，何高济译，内蒙古人民出版社，1981年版。
③ 《世界征服者史》上册，第147～148页。
④ 《元史》卷163，《张雄飞传》。
⑤ 《元史》卷13，《世祖纪十》；卷167，《张惠传》。
⑥ 《元史》卷85，《百官志一》。

举司，“掌各冶采金炼铁，榷货以资国用”。除了景州（今河北景县）、檀州（今北京密云）两处提举司外，还管领河东山西及济南、莱芜、益都、般阳等处的铁冶和冶金机构。户部下属还有大都河间、河东陕西、山东三处盐运司，它们的职责是“掌场灶，榷办盐货，以资国用”①。盐业生产是官府手工业的一个重要部门。将作院“掌成造金玉珠翠犀象宝贝冠佩器皿，织造刺绣段匹纱罗，异样百色造作”。下设多种局、院，制作玉器、金银器盒、玛瑙、瓷器、玳瑁、漆纱冠冕、雕木等物，主要满足宫廷的需要。这些局、院，主要设在大都，少数在上都及大都上都周围地区，在江南有浮梁瓷局和行诸路金玉人匠总管府②。中政院“掌中宫财赋营造供给，并番卫之士，汤沐之邑”。所属机构多而复杂，有的经营农业，有的从事“营缮杂作”，有的“酝造酒醴”，还有部分矿冶管理机构，包括辽阳等处金银铁冶都提举司，以及七处金银场提领所、两处铁冶管勾所③。大都留守司的一个重要职责是掌管宫廷和都城的修缮、管理，下属有许多修建营造、制作器物的局、院，分布在大都内外及周围各处④。武备寺（原名军器监）“掌缮治戎器，兼典受给”。下辖提举司、局多处，制作甲、箭等军器，分布在大都、上都以及腹里、河南、辽阳等处。⑤除了以上几个系统以外，元朝中央政府一些机构（利用监、宣徽院等）也有一些局院，从事手工业生产。还设有各种名目的人匠、民匠总管府，但不属于以上几个系统，大多直接隶属于宫廷。又有管理历朝斡耳朵⑥事务的长信寺、长秋寺、长庆寺以及各种总管府，这些总管府下都设有若干生产性局院。

总起来说，元代中央政府直接管辖的官府手工业中，“织染”类亦即与纺织有关的局、院，为数最多，其中又以丝织为主，其次是毛织。“织染”之后，是军器制造、食品加工、建筑、矿冶、器物制作等。规模庞大，拥有众多的劳动力。这些官府手工业局、院，分别属于中央政府的不同系统。它们的设

---

① 《元史》卷85，《百官志一》。

② 《元史》卷88，《百官志四》。

③ 《元史》卷88，《百官志四》。

④ 《元史》卷90，《百官志六》。

⑤ 《元史》卷90，《百官志六》。

⑥ 斡耳朵有营帐、宫殿之意，元代列朝皇帝的皇后都有斡耳朵，不仅有营帐，而且有人口和局、院，为之服务。皇帝死后，斡耳朵依旧保留。

置，并不是有计划地全面安排的结果，通常都是以战争中俘获的人口或招集来的流亡人户为基础，根据这些人的技能或宫廷、政府的当时需要，安排从事某种器物的生产。时间一长，便形成了机构重叠、管理混乱的局面。但是，对于庞大的官府手工业机构，元朝政府一贯是采取迁就现状的态度，没有认真加以整理。

在平定南宋以后，元朝曾在江南设行工部，“籍人匠四十二万，立局、院七十余所，每岁定造币缟、弓矢、甲胄等物。”[①]“四十二万”之说大概是不确切的，元平南宋后曾籍民为匠三十万户，后来留下十万余户，其余近二十万户放罢。“立局、院七十余所”应指分散各地的局、院。如镇江路（路治今江苏镇江）便有织染局和生帛局、杂造局，织染局、生帛局制作各种丝织品，杂造局则生产各种军器，包括甲、弓、箭等。[②] 庆元路（路治今浙江宁波）亦设有织染局、杂造局，其职能与镇江同类机构相同。[③] 集庆路（路治今江苏南京）设有东、西织染局和军器局。[④]

江南的这些局、院和上述中央各官府手工业系统没有直接的隶属关系。平定南宋后，元朝政府立即建立盐业管理机构，开展盐的生产。在南方先后设置了两淮、两浙、福建、广东、广海盐运司（有的称提举司）和四川茶盐转运司。这些盐业管理机构既管生产，又管销售。每个盐司下辖若干盐场，组织生产。和北方同类机构不同的是，它们隶属于所在的行省，而不是直接隶属于户部。元代官府手工业管理的混乱，这可以算是个突出的例子。如前所述，中央各系统的官府手工业局院，绝大多数都在北方，基本上都是全国统一以前建置的，只有少数在南方。元朝平定南方以后建立的局院、盐场，一般都归地方管辖，与中央各系统没有隶属关系，当然也有少数例外。

官府手工业的产品，均归国家所有。其中一般局、院的产品，主要供宫廷、贵族、政府部门、军队消费之用，不进入市场。但盐场、矿冶的产品，一

---

① 王恽：《行工部尚书孙公神道碑》，《秋涧先生大全集》卷58。关于江南行工部，可参见陈旅：《韩总管神道碑》，《安雅堂集》卷9。

② 《至顺镇江志》卷6，《土贡》，卷13，《局》。

③ 《至正四明续志》卷3，《公宇》；卷6，《赋役》。

④ 《至正金陵新志》卷6上，《官守志》。

部分供宫廷等消费，或进入国库（如金、银），还有很大一部分则投入市场，换成货币，成为国库的收入。

官府手工业集中了全国最好的人力物力，能够生产出高水平的精品。元朝官方文献说："国家初定中夏，制作有程，乃鸠天下之工，聚之京师，分类置局，以考其程度。而给之食，复其户，使得以专于其艺。故我朝诸工，制作精巧，咸胜往昔矣。"例如纺织行业，"其染夏之工，织造之制，刺绣之文，咸极其精致焉"[①]。但是，官府手工业采取行政管理的模式，由政府选派官员管理，因而也便有了官僚机构的种种弊病：贪污、腐败，不讲效率，不计成本，肆意挥霍，惊人的浪费。例如，杭州砂糖局的糖价，竟要高出民间十倍。[②] 又如，兴和路（路治今河北张北）共有26处局、院，每年支口粮24000余石，但是审核"他每造作的工程"，只应支4080余石，其余2万余石都是贪污、冒支、挥霍掉了[③]。官府手工业局、院的官吏，对于应役的匠户和其他劳动者，常常采取克扣工粮、延长劳动时间等手段，进行剥削和压迫。郑介夫说，匠户"所得衣粮，又多为官司揩除。随处滥设局官三员，典史、司吏、库子、祗候人等，各官吏又有老小及带行人，一局之内，不下一二百人，并无俸给，止是捕风捉影，蚕食匠户，以供衣膳"[④]。杭州局、院的工匠，"类多单人细户，或内府需器用，急工集局，昼夜并作，而有寒饿色"[⑤]。从事盐业生产的盐户，所受压迫更重："课额日以增，官吏日以酷。不为公所干，惟务私所欲。田园供给尽，鹾数屡不足。前夜总催骂，昨日场胥督。今朝分运来，鞭笞更残毒。灶下无尺草，瓮中无粒粟。"[⑥]

与官府手工业不同，民间手工业不是政府组织的，一般是以私有的生产资料进行生产，也有使用国家的生产资料进行生产，但要交付租税。民间手工业的产品归私人所有，一般都送到市场上出售。民间手工业中，个体手工业者占

---

① 《经世大典序录·工典·诸匠、丝枲之工》，《国朝文类》卷42。
② 杨瑀：《山居新话》。
③ 《通制条格》卷13，《禄令·工粮》。
④ 《太平策》，见《历代名臣奏议》卷67，《治道》。
⑤ 徐一夔：《夏君墓志铭》，《始丰稿》卷9。
⑥ 王冕：《伤亭户》，《竹斋诗集》卷1。

多数。元朝政府签发的匠户，主要便是个体手工业者。成宗大德年间，郑介夫上书说，在京师的匠户，“月给家口衣粮盐菜等钱，又就开铺席买卖。应役之暇，自可还家工作，皆是本色匠人供应本役，虽无事产可也”[①]。也就是说，这些“无事产”的匠户，既在官府的局院中服役，又自行开铺席买卖。他们是官府局院的劳动者，又是民间的个体手工业者。郑介夫又说，“外路所签匠户，尽是贫民，俱无底业”。有些人居住在城市，“与局院附近，依靠家生，尚堪存活”。这些居住在外地城市的匠户，情况与京师匠户差不多。还有大批居住在乡村的匠户，“与局院相隔数十百里，前迫工程，后顾妻子，往来奔驰，实为狼狈”。“人匠既无寸田尺土，全藉工作营生，亲身当役之后，老幼何所供给”[②]。他们的生活状况比都城和其他城市中的匠户差得多，但是回家以后仍可自行生产买卖则无不同。还有一批个体手工业者，他们不在匠籍之中，但仍从事手工业劳动。镇江路的织染局、生帛局、“工多匠少”[③]，所谓“匠”即匠户，所谓“工”即临时雇佣的个体手工业者。郑介夫说，匠户被签入局、院应役，往往不是他熟悉的技艺，“非系本色，只得雇工”。他建议大力推广雇工之法[④]。雇工的存在，正好说明不在匠籍的个体手工业者的存在。匠户在应役之余生产的物品，以及不在匠籍的个体手工业者生产的物品，都是为了出售，投向市场。

在元代农村中，农民家庭在经营农业的同时，往往兼营手工业，作为家庭的副业。农村的家庭手工业，以纺织麻、棉为主，这在本书第四章中已有所论述。农民家庭手工业的产品，一部分供农民家庭消费，另一部分则或直接用来纳税，或在市场上出售，换取货币，以贴补家用、交纳赋税。蒙古国时期，河东（今山西）“地宜麻”，农民织成各种布，“自衣被外，折损价值，贸易白银，以供官赋”[⑤]。元朝统一以后，江南妇女“织麻成布抵官税”[⑥]，河南新乡

① 《太平策》。
② 《太平策》。
③ 《至顺镇江志》卷6，《赋役》。
④ 《太平策》。
⑤ 郝经：《河东罪言》，《陵川文集》卷32。
⑥ 王冕：《江南妇》，《竹斋诗集》卷2。

妇女“绵花织布供军钱”[①]。实际上，在农村中，即使是专门的手工业者往往也与土地有一定的联系，他们与农民的区别在于以何者为主。松江乌泥泾的居民，经黄道婆传授棉织技术以后，“仰食者千余家”[②]。其中有以棉织为生的手工业者，也有以棉织为副业的农民家庭。不仅农民如此，不少官僚地主亦兼营手工业。万户耶律忙古歹的夫人“躬自蚕织，家僮数十人称工艺廪食之，无惰游者，以故资用丰裕”[③]。其生产物必有大量送往市场出售，才有可能“资用丰裕”。浏阳（今湖南浏阳）陈氏“家规”中规定，妇女“织麻十二斤”，“女子未嫁者取其半”[④]。这种情况显然是相当普遍的。

元代矿冶业、纺织业中都出现了雇佣工人进行生产的现象。矿冶业原来由国家垄断经营，后因效率低下，陆续改为“听民煽炼，官为抽分”的办法[⑤]。有人在承包矿冶后，便招募工人，开采冶炼。社会上的大量流民，便是工人的主要来源。江西人刘宗海，在金牛（今安徽庐江境内）经营铁冶，“煽役者常千人”[⑥]。林虑（今河南林县）人李玉，“鼓铁煮矾”，“所居城市，凡能佣力而无恒产者，鱼聚水而鸟投林，相率来归”[⑦]。纺织业中亦有类似的情况。元末徐一夔记[⑧]：

> 余僦居钱塘之相安里，有饶于财者，率居工以织。每夜至二鼓，一唱众和，其声欢然，盖织工也。余叹曰：乐哉。旦过其处，见老屋将压，杼机四、五具，南北相列，工十数人，手提足蹴，皆苍然无神色。进工问之曰：以余观若所为，其劳也亦甚矣，而乐何也？对曰：此在人心，心苟无贪，虽贫，乐也。……吾业虽贱，日佣为钱二百缗，吾衣食于主人，而以日之所入，养吾父母妻子，虽食无甘美，而亦不甚饥寒。余自度以为常，以故无他思，于凡织作咸极精致，为时

① 迺贤：《新乡媪》，《金台集》卷1。
② 陶宗仪：《南村辍耕录》卷24，《黄道婆》。
③ 同恕：《耶律濮国威愍公墓志铭》，《榘庵集》卷12。
④ 危素：《陈氏尚德堂记》，《危太朴文集》卷2。
⑤ 《元史》卷93，《食货志二·岁课》。
⑥ 王礼：《刘宗海行状》，《麟原前集》卷3。
⑦ 胡祗遹：《李公墓志铭》，《紫山大全集》卷18。
⑧ 《织工对》，《始丰稿》卷1。

所尚，故主之聚易以售而佣之直亦易以入，所图如此，是以发乎情者出口而成声，同然而一音，不自知其为劳也。顷见有业同吾者，佣于他家，受直略相似。久之，乃曰：吾艺固过于人，而受直与众工等，当求倍直者而为之佣。已而他家果倍其直。佣之主者阅其织，果异于人，他工见其艺精，亦颇难之。主者退而喜曰：得一工胜十工，倍其直不吝也（下略）。

这是一篇关于元代纺织业的著名文献。可以看出，当时杭州（钱塘）的民间纺织业（应是丝织业）中，流行雇佣工人的办法，工人亦可选择雇主，技艺好的织工可以得到较多的报酬，有助于调动工人的生产积极性。和官府手工业相比，显然这是一种比较进步的制度。

民间手工业门类众多，占主要地位的是纺织，其次是陶瓷、食品加工、造纸、印刷、器物制作、造船等。元代制盐、军器制造由国家垄断，民间不能从事。矿冶最初由国家经营，后来由于亏损过多，陆续开放，由民间承包，交纳租税，或按产物分成，或交钱。这样的矿冶经营，实际上也成为民间手工业的组成部分。

第二节 纺织业

元代的纺织业，可以分为丝织业、棉织业、麻织业和毛织业等。

丝织在中国起源很早，在传统纺织业中占有特殊重要的地位。有元一代，江淮南北的大多数地区，种桑养蚕相当发达，在本书第四章中已有叙述。这便为丝织业的兴旺提供了很好的条件。元代丝织业生产的品种甚多，常见的有绢、纱、罗、绮、绫、锦、紬、绝、纻丝（缎）、绰丝、纳失失、撒答剌欺等。官府从中央到地方设置许多局、院，从事丝织品生产，民间亦有众多的丝织品生产者。

元朝中央机构和各位下均有以“织染”命名的司、局、院，一般均生产丝织品，为数甚多。其中工部下属有纹锦总院，又有涿州罗局，“掌造纱、罗段匹”。又有真定路纱罗兼杂造局、永平路纹锦等局提举司。[1] 将作院下属有绫锦织染提举司、纱罗提举司。[2] 昭功万户都总使司（“凡文宗潜邸扈从之臣，皆领于是府”）下属有绫锦局、纹锦局。[3] 由这些机构名称可以想见，它们的产品是纱、罗、绫、锦。天历元年（1328），政府收绢 350530 疋。[4] 镇江路（路治今江苏镇江）的物产，有罗、绫、绢、纱、细纻丝等。“今所织者名杜绫，又撚绵为缕织之，名绵绫，用白丝织之，名大绫”。“今土人所织者名土绢”。“纱出丹徒县洞仙、高平二乡，浙人贵重之”。“土人所织名南䌷，撚绵为之，名绵䌷。”当地设有织染局和生帛局，每年生产“纻丝一千九百四”，“丝绸三千九百九十七”[5]。大都东安州（今河北廊坊）出产罗、绢。[6] 辽阳行省的“大宁路龙山县、利州、兴中州、建州皆土产丝䌷”[7]。大宁路位于今辽宁南部和河北北部。湖广行省常德路沅江县（今湖南沅江）“居民务本，勤于耕织。盖自崇观以来，制锦绣为业，其色鲜明，不在成都锦官下”[8]。广州路（路治今广东广州）出产絁、䌷、纱。[9] 从以上一些片断的记载，可以看出，一是出产丝织品的地方分布南北，相当普遍，二是各地出产的丝织品种类很不相同。总的来说，锦、罗是最贵重的丝织品，绫、纱、绮、绢等次之，絁、䌷又次之。当然，每一种丝织品中亦有高低好坏之分。

丝织品种类的不同，一是由于制作方法（平纹、斜纹、缎纹等）的差异；二是由于用丝量的区别，例如官府工业规定：“一疋纱十两丝，一疋罗一斤丝。”[10]“纻丝六托每用正丝四十两，得生净丝三十六两，八托用正丝五十三两，得生净丝四十七两七钱。”[11] 托指一个人双手伸开的长度。由于棉花的普

---

① 《元史》卷 85，《百官志一》。
② 《元史》卷 88，《百官志四》。
③ 《元史》卷 89，《百官志五》。
④ 《元史》卷 93，《食货志一 · 科差》。
⑤ 《至顺镇江志》卷 5，《土产》；卷 6，《造作》。
⑥ 《元一统志》卷 1，《大都路》。
⑦ 《元一统志》卷 2，《辽阳行省》。
⑧ 《元一统志》卷 10，《湖广行省》。
⑨ 《大德南海志》卷 7，《物产》。
⑩ 《元典章》卷 58，《工部一 · 造作 · 讲究织造段疋》。
⑪ 《元典章》卷 58，《工部一 · 造作 · 段疋折耗准除》。

及，出现了丝织品中将蚕丝和绵织在一起的工艺，如上面所引镇江的绵绫、绵䌷。还有一种工艺，是将金线或金箔和丝织在一起，产生光彩夺目的效果。这种工艺在中国由来已久，在元代得到特别的发展。元代文献中的“销金日月龙凤段疋纱罗”①，“金段子”②，便是指加有金线或金箔的丝织品。在元贞二年（1296）七月颁发的圣旨中，还明确规定：“多人穿的段疋，绫上交织金，纻丝上休交织金者”③。

缂丝是一种比较特殊的丝织品，是以彩色纬丝显花的工艺美术织物，通常织成书画供装饰或其他用。缂丝唐代开始盛行，宋代有很大的发展，元代缂丝工艺仍保持很高的水平。每年端午节，“中书礼部办进上位御扇，扇面用刻丝作诸般花样，人物、故事、花木、翎毛、山水、界画，极其工致，妙绝古今，若退晕，淡染如生成，比诸画者反不及矣”④。即是一例。

纳失失（nasich）和撒答剌欺（Zandanichi）是两种外来的丝织品名称。纳失失是源自波斯的金丝织物，撒答剌欺原是中亚不花剌（今译布哈拉，属乌兹别克）以北十四里的撒答剌（Zandana）地方出产的一种衣料。⑤ 这两种织品深受蒙古、色目上层的欢迎。元朝工部下设撒答剌欺提举司，秩正五品，“至元二十四年，以札马剌丁率人匠成造撒答剌欺”，成立此司。工部下又有别失八里局，秩从七品，“掌织造御用领袖纳失失等段”；纳失失毛段二局，亦应生产纳失失。⑥ 昭功万户都总使司下辖弘州、荨麻林纳失失局，秩从七品。⑦ 按，弘州（今河北阳原）在蒙古国时期即是官府纺织业的一个中心，“先是，收天下童男童女及工匠，置局弘州。既而得西域织金绮纹工三百余

---

① 《元典章》卷58，《工部一·造作·禁军民段疋服色等第》。

② 《元典章》卷58，《工部一·杂造·禁治诸色销金》。

③ 《元典章》卷58，《工部一·造作·织造金段疋例》。

④ 《析津志辑佚》，《岁纪》，第218页。

⑤ 成吉思汗兴起后，中亚忽毡（Khojend，今塔吉克斯坦列宁纳巴德）商人贩运“织金料子、棉织品、撒答剌欺及其他种种”商品，前来贸易，成吉思汗给每件织金料子付一个金巴里失，每两件棉织品和撒答剌欺付一个银巴里失。见《世界征服者史》上册，第90～91页，第93页注②。巴里失是一种金锭或银锭。

⑥ 《元史》卷85，《百官志一》。

⑦ 《元史》卷89，《百官志五》。

户，及汴京织毛褐工三百户，皆分隶弘州，命镇海世掌焉”[①]。“西域织金绮纹工”应是来自中亚的织造纳失失的工人，窝阔台汗时，命哈散纳“仍领哈儿浑军，并回回人匠三千户驻于荨麻林”[②]。波斯史家记载说，在涿州（今河北涿县）附近“有另一城，名为荨麻林；此城大多数居民为撒麻耳干人，他们按撒麻耳干的习俗，建起了很多花园”[③]。显然，荨麻林的回回人匠来自中亚撒麻耳干（今译撒马尔罕，属乌兹别克）。

这就是说，弘州和荨麻林两处早在蒙古国时期已有来自中亚的工匠。“至元十五年，招收析居、放良等户，教习人匠织造纳失失，于弘州、荨麻林二处置局。十六年，并为一局。三十一年，徽政院以两局相去一百余里，管办非便，后为二局。”[④] 13世纪欧洲旅行家马可·波罗记述道，在前往上都（今内蒙古正蓝旗）途中有不少城堡，其中居民崇信伊斯兰教，“以商工为业，制造金锦，其名曰纳石失、毛里新、纳克，并织其他种种绸绢”[⑤]。弘州、荨麻林即在他所说的城堡之列。可见，进入元朝以后，弘州、荨麻林仍是重要的生产金锦的地方，从事这项工作的除了回回工匠之外，应增加了不少汉族和其他民族的匠人（“析居、放良等户”）。

元代丝织品的生产规模，缺乏正确的数字。至元三十一年（1294）的一件文书中说：“江南在先七万疋六托的常课段子织造有来”，后来改为“一万疋交依旧织造，六万疋交做五托半和买，纻丝可增余二万疋段子”[⑥]。和买指官府出钱在民间购买，实际上是强行摊派的（参见本书第十九章）。这段话的意思是由江南官府局院依旧织造一万疋，六万疋在民间购买，另加二万疋纻丝段子显然由官府局院生产。由此可知元朝政府每年从江南官府局院和民间手工业得到丝织品七万疋。在北方得到的，应不下于此数。民间丝织业生产品除了供应官府外，还有大量用来满足市场的需要。因此，元代丝织品的产量是很可

① 《元史》卷120，《镇海传》。
② 《元史》卷122，《哈散纳传》。
③ 拉施特：《史集》第2卷，第324页。
④ 《元史》卷85，《百官志一》。
⑤ 《马可·波罗行记》上册，第266页，冯承钧译本，中华书局，1954年版。
⑥ 《元典章》卷58，《工部一·造作·讲究织造段疋》。

观的。

元朝政府很重视丝织品的质量，至元十八年（1281）的一件圣旨中规定："随路织造段疋布绢之家，今后选拣堪中丝绵，须要清水夹密，并无药绵，方许货卖，如是成造低歹物货及买卖之家，一体断罪"[①]。这一命令以后曾多次重申，并规定段疋要"长五托半之上，依官尺阔一尺六寸。"[②] 如果不合规格，违犯之人杖五十七下，段疋没官。对于局、院的产品，要求更加严格。此外，除"系官段疋外"，"街市诸色人等不得织造日月龙凤段疋"[③]。丝织品主要满足上层社会的需要，有一部分用来外销，这是元朝政府注意其质量的原因所在。至于禁止织造某些图案，则是为了维护等级的尊严。对于其他纺织品，便没有这些规定。

和丝织业一样，麻织业也是古老的纺织行业。元代的麻可以分为大麻、苎麻两种，南北种麻相当普遍（见本书第四章第二节）。大麻、苎麻均可织布，苎麻织布，"柔韧洁白，比之常布，又价高一、二倍"[④]。用苎麻织成的布一般称为苎布，用大麻织成的布则称为大布，麻布等。上文中的"常布"，指的也是麻布。此外，"以苎皮兼丝缉而成者，谓之丝布"[⑤]。精细的苎麻布称为练（疏子）。宋代"邕州左右江溪洞，地产苎麻洁白细薄而长。土人择其尤细者为练子"[⑥]。邕州，今广西桂林。元代的邕州路仍出苎麻、疎（疏）布。[⑦]

与大麻、苎麻的分布相应，麻布生产遍及全国的多数地区，苎布则似南方为主，北方限于河南之地。原来南、北种植大麻、苎麻的技术有所不同。元代农学家王祯说："麻、苎之有用具，南北不无异同。民俗岂能通变，如南人不解刈麻，北人不知治苎。……大凡北方治麻，刈倒即棄之，卧置池内。水要寒暖得宜，麻亦生熟有节，须人体测得法，则麻布洁白柔韧，可织细布。南方但连根拔麻，遇用则旋浸旋剥，其麻片黄皮粗厚，不任细织。虽南北习尚不同，

① 《元典章》卷58，《工部一·造作·禁军民段疋服色等第》。
② 《元典章》，《工部一·造作·禁治纰薄段帛》。
③ 《元典章》，《工部一·造作·禁织龙凤段疋》。
④ 《元典章》，《工部一·造作·禁治纰薄段帛》。
⑤ 《元典章》，《工部一·造作·禁织龙凤段疋》。
⑥ 周去非：《岭外代答》卷6《服用门》。
⑦ 《元一统志》卷10，《湖广行省·邕州路》。

然北方随刈即沤于池，可为上法”。南方治苎，将已纺过的麻纱先用干石灰拌和数日，抖去石灰后再用石灰水煮熟，洗净，目的在于脱去麻纤维中的杂质，使之洁白柔软，然后再上织机。“北人未之省也”。又如大纺车，“昼夜纺织百斤”，“中原麻布之乡皆用之”，其他地方则未普及。王祯历举麻、苎制作上南、北之不同，“庶使南北互相为法云”①。全国的统一，对于南北织麻技术的交流，起了有益的作用。

这一时期，还出现了毛绝布、铁勒布、麻铁黎布等新品种。毛绝布用“一色白苎麻”制成。这是高丽国出产的一种苎布。毛绝亦作毛施、毸丝，原来从高丽输入，因为质地良好，被称为“洗白复生高丽毸丝布”②，为中国百姓所喜爱，进而自行仿制。铁勒布是用“染色苎麻”制成的。“铁勒”是南北朝隋唐时期对北方突厥语系各游牧民族的泛称，这种布的制作方法可能来自北方民族。麻铁黎布是用“杂色老火麻”制作的，火麻即大麻。这种布的制作技术很可能也是从少数民族地区传入的。

由于棉织业的兴起，麻织业的重要性已大为降低，但是还占有一定的地位。苎布是一些富裕人家的衣着材料；“大布可以衣”，主要是普通和贫困人家的衣服③。麻可以制作绳索、袋、鞋，用途相当广泛。从现有一些记载来看，从沤麻到纺织，一般都是个体家庭的副业。官府局、院中没有制造苎麻布的机构。

棉花自宋代起逐渐传播，元代发展迅速，几乎遍及全国各地（见本书第四章第二节）。棉织业随之发展起来。正是在元代，棉织生产工具有很大的改进。松江乌泥泾（上海旧城西南）的妇女黄道婆在这方面起了重要的作用。原来棉纺工具比较简陋，她“教以做造捍弹纺织之具”④。到元代中期棉纺工具有明显变化。

---

① 王祯：《农书》，《农器图谱集二十·麻苎门》

② 《朱太守风雪渔樵记》，《元曲选》第265页。

③ 王祯：《农书》，《农器图谱集二十·麻苎门》。

④ 陶宗仪：《南村辍耕录》卷24，《黄道婆》。

以取籽来说，原来，北方用铁杖捍[1]，南方则“用手剖去子”[2]，经过改革，采取搅机轧棉取籽，效率大大提高。以弹棉来说，原来用线弦小弓，经过改革，改用绳弦大弓，功效明显增强。其他纺织工具亦有所改进，从取籽到织布各种工具系列化[3]。棉织技术亦有显著的进步，黄道婆在乌泥泾“教他姓妇不少倦”，“至于错纱配色，综线挈花，各有其法，以故织成被褥带帨，其上折枝团凤棋局字样，粲然若写”[4]。黄道婆是乌泥泾人，“少沦落崖州，元贞间始遇海舶以归”。“崖州”即今天的海南，当地主要居民是黎族。崖州种植棉花较早，当地居民在织造棉布方面亦有比较丰富的经验。黄道婆显然在那里学会制作棉纺工具的方法和有关的生产技术，回到家乡以后，传授给乡人，为当地的棉纺生产作出了贡献，而这些先进的工具和技术很快便传播开来[5]。

木棉织布，“其幅疋之制，特为长阔，茸密轻暖，可抵缯帛，又为毳服毯段，足代本物。……且比之桑蚕，无采养之劳，有必收之效；埒之枲苎，免绩缉之工，得御寒之益。可谓不麻而布，不茧而絮”[6]。比起以往的丝、麻织品来，棉织品有很大的优越性，生产成本低，耗费的劳动相对少一些，而性能则不低于麻、丝织品，因此棉织业发展很快。至元二十六年（1289）四月，元朝政府设置浙东等五处木绵提举司，“责民岁输木绵十万匹”[7]。所说“木绵”，实际上是棉布，政府在江南这些地方每年要收棉布十万匹，民间生产自用及投入市场的应该是更大的数字。成宗大德三年（1297）中央万亿赋源库每年从各省收到的“木绵布匹不下五十余万”[8]。可以想见全国生产棉布数量之大。国库中的棉布主要供应宫廷、官员和军队的需要。

从现存的文献记载来看，元朝政府屡次从江西和买木绵布，最多一年达十

---

① 《农桑辑要》卷2，《播种·木绵》。

② 陶宗仪：《南村辍耕录》卷24，《黄道婆》。

③ 王祯：《农书》，《农器图谱集十九·木绵》。海南棉织业发展较早，见宋代周去非：《岭外代答》卷6，《服用门·吉贝》。

④ 陶宗仪：《南村辍耕录》卷24，《黄道婆》。

⑤ 王逢《黄道婆祠》，《梧溪集》卷3。

⑥ 王祯：《农书》，《农器图谱集十九·木绵》。

⑦ 《元史》卷15，《世祖纪十二》。

⑧ 《元典章》卷58，《工部一·造作·关防起纳疋帛》。

二万匹（见本书第四章第二节），说明江西是当时出产棉布较多的地区。浙西的松江，由于黄道婆引进先进的工具和技术，很快便成为棉布生产的中心，不仅数量多，而且质量好。松江乌泥泾，“土田硗瘠，民食不给”，全靠织造棉布，“转货他郡，家既就殷”①。实际上棉纺业已成为当地经济的支柱。这种专业性的市镇的形成，可以说是浙西棉织业兴旺的一个重要标志。

元代毛织业比较发达，元朝皇室和贵族留恋游牧生活方式，对于毛织品（毡、毯等）需要量很大。在政府系统和投下系统中，都设置有若干从事毛织的局、院。如户部下辖诸司局人匠总管府，所属有大都毡局、上都毡局、隆兴毡局、剪毛花毯蜡布局等，又有茶迭儿总管府，“管领诸色人匠造作等事”②。“茶迭儿”是蒙语庐帐之意，这个总管府的工作显然就是制造庐帐，这也是毛织业的重要产品。此外，有的以“织染”为名的司、局、院，亦从事毛织生产。中统三年（1262），燕京从事毛织的局、院每年“造羊毛毡大小三千二百五十段”，使用羊毛、羊绒十四万余斤。③ 为数相当可观。除了官府司、局、院以外，过着游牧生活的蒙古族百姓，常以毛织为家庭副业，织造毡、毯等。到过草原的欧洲传教士说：“他们用粗造的羊毛制成毛毡，用以覆盖他们的帐幕和箱子，并用以制成寝具。他们也用羊毛搀合三分之一的马毛制成绳子。他们也用毛毡制成鞍垫、鞍布和雨衣，这就意味着，他们利用大量的羊毛。”④这种传统在蒙古族中一直保存了下来。西南的一些少数民族亦有毛织业。吐蕃的贡物有“氆氇”，即是一种毛毡。⑤ 罗罗（彝族的先民）“男女无贵贱皆披毡”。⑥ 末些（今纳西族先民）地区土产有毡⑦。金齿百夷（今傣族先民）贸易的物品中有毡。⑧

---

① 陶宗仪：《南村辍耕录》卷24，《黄道婆》。
② 《元史》卷85，《百官志一》。
③ 《大元毡罽工物记》。
④ 《鲁不鲁乞东游记》，见《出使蒙古记》，第119页。
⑤ 李京：《云南志略》。《经世大典·站赤》，《永乐大典》卷19418。
⑥ 李京：《云南志略》。
⑦ 《元一统志》卷7，《云南行省·丽江路军民安抚司》。
⑧ 李京：《云南志略》。

元代还有几种特殊的纺织品。广州路出产蕉布、葛布、竹鲜布[①]。横州（路治今广西横县）、郁林州（今广西玉林）产蕉布[②]。藤州镡津县（今广西藤县）出产竹子布[③]。葛在古代是一种重要的纺织材料，葛织物挺括、凉爽，是很好的夏季衣料。但它逐渐为麻取代，元代已很少见。蕉类植物中有不少品种其茎纤维可作纺织用，如芭蕉、甘蕉，统称为蕉麻，可用以织成蕉布，唐代曾是南方地区的贡品，到了元代，蕉布仍存在。竹鲜布、竹子布应是用竹纤维加工制成的。

元代各种纺织品，大部分是用来满足宫廷、官府和家庭的需要，投入市场的，只是一部分。值得注意的是，纺织品在当时的出口货物中占有重要地位，从有关文献可以看出，当时的南海贸易中，出口的物品有绫罗匹帛、红绢、龙缎、建宁锦、青缎、诸色绢、花色宣绢、水绫、五色缎、南北丝、丝布、青布、五色布等[④]。真腊（今柬埔寨）“欲得唐（指中国——引者）货，……以唐人金银为第一，五色轻缣帛次之”，此外有麻布、黄草布等[⑤]。在与高丽的贸易中，纺织品可以说是最重要的商品。高丽本土的纺织品，以麻布为主。成书于14世纪中叶的高丽汉语教科书《老乞大》，记载高丽商人将携带来中国的商品脱手后，便购买“回去的货物”，纺织品占很大比重，包括粗木绵、织锦缎子、素缎子、花样缎子等[⑥]。高丽忠谊王三年（1391）有人上书说：“我朝只用土宜细纻麻布，而能多历年所，上下饶足。今也无贵无贱，争贸异土之物，路多帝服之奴，巷遍后饰之婢。愿自今土庶工商贱隶，一禁纱罗绫缎之服，金银珠玉之饰，以弛奢风，以严贵贱”[⑦]。同年五月，又有人上书说，“今无赖之徒，皆利远方之物货，不事本业。……愿自今土庶工商贱隶，一禁纱罗缎子，敦尚俭素，以绝商贩。”[⑧] 这时元朝已亡，明朝建立，高丽王朝也已面

---

① 《大德南海志》卷7，《物产》。
② 《元一统志》卷10，《湖广行省·横州路、郁林州》。
③ 《元一统志》卷10，《湖广行省·藤州》。
④ 汪大渊：《岛夷志略》。
⑤ 周达观：《真腊风土记》。
⑥ 《老乞大谚解》卷下。
⑦ 郑麟趾：《高丽史》卷85，《刑法志二》。
⑧ 《高丽史》卷46，《恭谊王二》。

临灭亡的前夕，社会奢靡成风，贵贱上下都以穿着来自“远方”、“异土”（均指中国）的丝织品为荣。这种风气由来已久，并非一朝一夕所能发生，完全可以追溯到元代。丝织品之外，棉花在14世纪中叶也就是元朝末年才从中国传到高丽，所以在元代高丽需要中国的棉布。纺织品的大量出口对于元朝丝织业、棉织业和麻织业生产，都是有力的推动。

由于丝织业的发展，宋代已经出现了专门从事丝织生产的手工业者，称为机户，他们中有的开作坊，雇佣工人进行劳动，有的则是个体劳动者。元代把“随路织造段疋布绢之家”称为机户[①]，与前代涵义是相同的。但这种“机户”是习惯的称呼，并非国家户籍上的正式名称。机户可能被签充为匠户，当役之余，在家中仍可从事丝织生产。机户也可能不是匠户，那就应在民户之列，专门从事丝织生产。机户可以是作坊主，雇佣工人劳动，如同本章第一节中所引徐一夔描述杭州作坊一样，也可以是个体生产者。至于其他纺织门类的生产者，并没有专门的名称。

第三节　制瓷、制盐和矿冶业

一、制瓷业

制瓷是中国传统的重要手工业生产部门。元代制瓷业分不同窑系，遍布南北各地。和前代相比较，有的窑系（如钧窑、耀州窑）逐渐衰落，但有的窑系则有新的发展，烧造技术进步，生产规模扩大，其中景德镇窑最为突出。

元代北方主要窑系有钧窑、磁州窑、霍窑、耀州窑等。钧窑系窑址以钧州（今河南禹县）为主，遍布河南的鹤壁、安阳、浚县等许多地方，以及山西、河北的部分地区。钧窑生产的瓷器以日常用品为主，如碗、盘、罐等。元代钧窑分布很广，亦不乏精品，但总的来说胎质粗松，光泽较差，烧造技术比起前代来有所退步。磁州窑以磁州（今河北磁县）为主，分布河北、河南、山西各地。磁州窑以烧造白釉黑花器为主，主要器型有白地黑花大罐、大瓷盆、白

① 《元典章》卷58，《工部一·造作·禁军民段疋服色等第》。

地黑花瓷枕等。它的产品具有硕大、浑圆、厚重的特色。霍窑主要生产地是晋宁路霍州（今山西霍县）陈村为主，主要生产白瓷，有“新定器”之称。[①] 耀州窑主要集中于今陕西省铜川市黄堡镇一带，黄堡镇宋代属耀州同官县治，元代同，故有此名。陕西其他地方和河南、甘肃亦有耀州窑址。耀州窑主要生产青釉刻花瓷器，也烧造黑釉、月白色青釉及白釉黑彩等瓷器。产品以碗、盘、盒、罐、壶等生活用具为主。但元代耀州窑已趋于衰落，不及宋代。

南方主要有龙泉窑、建窑、吉州窑、德化窑和景德镇窑等。龙泉窑的中心在处州路龙泉县（今浙江龙泉），以此得名，亦称“处瓷”。龙泉窑兴起于北宋，南宋至元是其全盛时期，窑址遍布瓯江两岸，已发现的元代龙泉窑址已达二百处以上。龙泉窑产品以青瓷为主，器型有碗、盘、杯、瓶和佛像等。元代龙泉窑特点是器型增多，胎体厚重，装饰花纹精美。若干大型器物的烧成说明龙泉窑的烧造技术有新的进步。龙泉窑的产品大量用于出口（见下）。建窑中心在今福建省建阳县境内，以生产黑釉茶盏闻名。建阳，宋代属建宁军，元代属建宁路，此类茶盏称为“建盏”，窑亦以此得名。宋代社会上下盛行“斗茶”，建窑生产的黑釉茶盏适合“斗茶”的需要，因此畅销。元代“斗茶”之风逐渐衰落，建窑也开始走下坡路。吉州窑的中心在今江西吉安市永和镇，宋代吉安称吉州，元代称吉安路，以此得名。吉州窑兼有南、北著名瓷窑的制瓷技艺，以生产白釉下彩绘和黑釉贴下瓷著称。德化窑址德化（今福建德化），产品以白釉瓷为主，器型主要是碗、盘、壶、瓶等生活用具。德化窑产品大量输往海外。

元代南方最负盛名的是景德镇窑，它的中心产地是景德镇，元代属江浙行省饶州路浮梁州（今江西景德镇市），以地得名。唐、宋时期景德镇窑已有相当规模。元代，景德镇窑有很大发展，以青花瓷和釉黑红瓷、卵白釉瓷为其特色产品。青花瓷素雅、美观、纹饰永不退脱，深受欢迎。它的起源说法不一，但可以肯定的是，在元代青花瓷的烧造技术日趋于成熟。瓷胎采用瓷石加高岭土的“二元配方”，着色剂用进口的青花（钴）料。元代烧制青花瓷的窑场不止一处，但以景德镇产品质量最佳。釉黑红是釉下呈红色花纹的瓷器，烧制难

① 宋代河北曲阳瓷窑产品以白瓷为主，曲阳属定州，故称定窑。元代已衰落。

度比青花更大。卵白釉瓷色白微青，恰似鹅蛋色泽，故称卵白。这是一种印花小足器，器内往往印有“枢府”字样，故又称为“枢府器”。它是枢密院在景德镇定制的瓷器，无论胎质、釉色、制作工艺，都有很高的水平。实际上，卵白釉瓷（枢府瓷）并非官府专用，也有一些在民间使用，有的还用于出口。景德镇窑的产品不仅在国内市场上畅销，也是销往海外的重要商品。元代江浙行省设税务40处左右（参看本书第一章），一般均设于路、州所在地。景德镇属饶州路浮梁州，饶州路已设商务，而浮梁县（应为州）另设景德务，两务均为正八品①。可见景德镇因大量生产瓷器，在市场上出售，故当地的商税收入相当可观。

元朝政府在将作院下有浮梁瓷局，“秩正九品，至元十五年立。掌烧造瓷器，并漆造马尾棕藤笠帽等事，大使、副使各一员”②。瓷局的产品主要供应宫廷的需要。官府设置的制瓷管理机构，见于文献记载的仅此一处。③ 但瓷局是从民间订购瓷器，还是自行制造，则是不清楚的。可以肯定的是，大多数瓷窑，应该都是民营的。瓷窑生产要向政府纳税。至元五年（1268）制国用使司的一件文书中说④：

> 均州管下各窑户合纳课程，除民户瓷窑课程依例出纳外，军户韩玉、冯海倚赖军户形势，告刘元帅文字拦当，止令将烧到窑货三十分取一，乞施行。制府照得先钦奉圣旨节文，瓷窑、石灰、矾、锡榷课，斟酌定立课程。钦此。瓷窑旧例二八抽分办课，难同三十分取一。除已移咨枢密院，行下合属，将合纳课程照依旧例办课外，仰照验钦依施行。

均州疑是钧州之误，即钧窑主要产地。从这件文书来看，当时瓷窑是实行二八抽分的，即实物税。但后来特别是全国统一以后，很可能有所变化。

---

① 《元典章》卷9《吏部三·内外税务窠阙》。按，品阶为正八品的税务，每年征收商税额在500～1000锭之间。

② 《元史》卷88，《百官志四》。

③ 据《元史·百官志》记载，大都有数处窑场，但生产的是建筑用材料，并非瓷器。

④ 《元典章》卷22，《户部八·洞冶·瓷窑二八抽分》。

据记载，元代有“瓷课，冀宁路五十八锭”[①]。可见瓷课采用货币形式。上述景德镇设税务，亦是收货币税。但这方面的记载太少，难以详细说明。

在对外贸易的物品中，瓷器的地位仅次于纺织品。据记载，元代向南海（东西洋）的五十多个国家和地区出口瓷器，有“青白花碗”、“处州瓷器”、“粗碗”、“埕器”、“大甕”等名目，显然主要是一些日常生活用品。[②] 所谓“处州瓷器”，即龙泉窑产品。真腊国“欲得唐货”，其中有“泉州之青瓷器”，应即德化窑产品。[③] 瓷器还大量向日本、高丽出口。

20 世纪 70 年代在韩国西南部木浦港附近海底，发现了一艘沉船。据研究这是一艘元代中期从中国出发前往日本的货船，打捞出瓷器一万多件，其中龙泉窑系的青瓷最多，其次有白瓷、青白瓷、黑釉瓷等，分别产于景德镇窑、建窑等，说明向日本出口的中国瓷器，数量很大。[④] 近年在我国辽宁绥中海域发现元代沉船，亦载有不少瓷器，是磁州窑的产品，很可能是运往高丽的货物。

二、制盐业

元代文献叙述盐的种类时说：“有因自凝结而取者，解池之颗盐也。有煮盐而后成者，河间、山东、两淮、两浙、福建之末盐也。惟四川之盐出于井，深者数百尺，汲水煮之。”[⑤] 这就是说，可以分为井盐、海盐（末盐）、池盐（颗盐）三大类。

在元代盐的生产中，海盐最为重要。元代海盐的生产，有两种方法，一是“煮海而后成”，一是“晒曝成盐”。前者一般称为煮盐，后者一般称为晒盐。煮盐之法，由来已久。元代曾任盐场官吏的陈椿，作有《熬波图》一书（1330 年付印），图文并茂，表现了煮盐生产的全过程。它是我国现存的第一

---

① 《元史》卷 94，《食货志二·额外课》。

② 见《岛夷志略》有关各条目。

③ 《真腊风土记》。

④ ［韩国］郑良谟：《新安海底发现的陶瓷器的分类与有关问题》，程晓中译，《海交史研究》，1989 年第 1 期。

⑤ 《经世大典序录·盐法》，《国朝文类》卷 41。

部关于海盐生产的专门著作①。根据《熬波图》的叙述，结合其他记载，可知当时海盐生产分为以下步骤：建造房屋，开辟滩场，引纳海潮，浇淋取卤，煎炼成盐。前二者是建设海盐生产中的基本设施，生产流程实际上是从引进海潮开始的。在滩场上铺上草木灰，引入海水，反复淋晒，使灰中盐分增加。然后将灰扫聚成堆，再往其上浇咸水，灰堆下面便有卤水通过管道流向旁边的卤井。这种晒灰取卤法盛行于浙西地区。浙东则行削土取卤之法。将海水浸漫的海滩地上经过日晒以后含盐分较多的表层咸土，刮聚在一起，成为土墩，然后用咸水浇淋，取得浓度很大的卤水。其他海盐区分别采用其中一法。取得卤水后，用船运到盐户集中居住之地，用柴薪起火，加以煎炼。浙西煮盐用铁盘，大的用生铁一二万斤，浙东则“以竹编”，“止可用二、三日”。煮到一定程度，或将湿盐捞出，置于铺有竹篾的撩床上，“沥去卤水，乃成干盐”，或者待盘上卤干，结成盐，然后捞出。总的来说，元代煮盐技术和宋代相比，没有多大差别。

晒盐法起于何时，尚难断定。至元二十九年（1292）江西行省的一件文书，已讲到煎盐和晒盐的区别②。成宗大德五年（1301），福建盐运司“所辖十场，除煎四场外，晒盐六场”。可见在福建盐区中以晒盐为主。晒盐法的生产过程前几个步骤（引纳海潮，浇淋取卤）和煮盐相同，但在将卤水加工时，“全凭日色晒曝成盐，色与净砂无异，名曰砂盐”③。这种方法，不用柴薪和铁盘，生产成本较低，出售价也相应比煮盐低一些。和煮盐相比，晒盐是一种进步。但在元代，其他海盐区似未采用此法。晒盐的普遍推广，已是元代以后的事了。

元代出产池盐的地方颇多，都在黄河以北，而以解池（今山西运城南）最为重要。解池“广袤百里”④，自古以来一直是重要的盐产地。解池生产原来听任日晒风吹，自然成盐。由人工捞取。唐代改为人工种晒，即将盐池附近

---

① 《熬波图》有多种版本。参见日本吉田寅：《元代制盐技术资料〈熬波图〉之研究》（汲古书院，1983年）。

② 《元典章》卷22，《户部八·盐课·添支煎晒盐本》。

③ 《元典章》卷22，《户部八·盐课·禁治砂盐》。

④ 王纬：《池神庙碑》，《山右石刻丛编》卷32。

的土地开辟成畦，引入池水，再经风吹日晒成盐。经过这样的过程，盐的产量、质量都有所提高。在元代，解盐的生产方法有所变化。至元二十七年（1290）的一件文献中说："盐之所出，品类颇多。……出于解之两池者，则治畦其旁，盛夏引水灌之，得西南风起，一夕成盐，盖资于天，非人力之所能也。"① 他说的是垦畦成盐法。但到延祐元年（1314），一篇文献中说："前代解盐，垦畦沃水种之，今则不烦人力而自成，非若青齐、沧瀛、淮浙濒海牢盆煎煮之劳及蜀井穿凿之艰也。"② 显然，在此以前，又恢复了自然成盐之法，不再垦畦。元代官方记载说："有因自凝结而取者，解池之颗盐也"。又说："［解］池方一百二十里，每岁五月，场官伺池盐生结，令夫搬摝盐花，其法必值亢阳，池盐方就，或遇阴雨，则不能成矣"③。这和上述记载是一致的。垦畦法所得盐质量好，自然成盐称为漫生盐"苦不可食"，这是宋人的看法④。元代后期，人们常以"解盐味苦"为言，也可证明当时采用自然成盐之法。明代的记载说："宋人以三月垦畦，四月沃种，至八月而止，是谓种盐。……盐池盐则摝取而已，且种且摝，所获滋多。元人惟盐池，今三场因之。"⑤ 也可以证明元代解盐制作以自然成盐为主。从技术上说，这是一种退步。北方还有不少盐池，其制作方法不很清楚。

井盐主要产于四川，其次在云南。宋代四川井盐生产兴旺发达，但在蒙古（元）对宋战争中遭到很大破坏。元朝统一以后，逐渐有所恢复，但仍不如前代。据元代中期统计，四川属于政府系统的盐井 95 座，此外民间往往"私开盐井"⑥。云南行省的闰盐县（今四川盐源县）"县境有盐井"⑦。威楚路（路治今云南楚雄）"地利盐井"⑧。元代井盐的生产技术缺乏记载，应与前代相去

① 李庭：《解州盐池重修二王神庙碑》，《寓庵集》卷 4。

② 王纬：《池神庙碑》，《山右石刻丛编》卷 32。

③ 《元史》卷 94，《食货志二 · 盐法》。按，《元史》的《食货志》主要根据元中期官修政书《经世大典》有关部分删削而成。

④ 《集古录跋尾》卷 8，《唐盐宗神庙记》。

⑤ 马理：《河东运司重修盐池神庙记》，《河东盐法志》卷 12。

⑥ 《元史》卷 39，《顺帝纪二》。

⑦ 《元史》卷 61，《地理志四》。

⑧ 《元一统志》卷 7，《云南行省》。

不远。

元代盐是国家的专卖物品，盐的生产也是由国家统一组织管理的。元朝先后设置两淮、山东、两浙、福建、广东、广海、河间、河东、四川九处盐务管理机构，分别称为盐运司、提举司或茶盐转运司，每盐司下辖若干盐场，每座盐场有盐户数百不等，分成若干团灶。盐户是由国家强制签拨的。盐场是盐务管理的基层机构，团是盐户的集中居住点、生产点，生产通常以灶为单位进行。每灶的盐户共同使用铁盘和灶等大型生产工具。每个盐场、团、灶、直至盐户，都有固定的生产额。浙西各盐场“多者万引，少者不下五、七千引”①。每引4百斤。而广东各盐场则要少些，高的二千余引，低的才四五百引②。各盐司每年生产盐额相差很大。以两淮盐司最多，其次是两浙、河间、山东等。从全国统一到14世纪的20年代，盐的产量一直呈上升趋势。忽必烈统治的末年（1289~1292），全国盐产量为180万引左右。文宗天历年间（1328~1329）增至250余万引③。这主要是元朝政府为了增加收入强迫增大盐产量所致。这个数额，实际上已超出了不少盐司、盐场的生产能力，所以在此以后产量便不断下滑了。

三、矿冶业

元代采掘的矿产有煤、石油、金、银、铜、铁、铅、锡、矾、玉、水银、玛瑙、朱砂等，种类繁多，与之相应，建立了各种冶炼场所。

煤和石油是燃料。大都有“石炭煤，出宛平县西四十五里大谷山，有黑煤三十余洞。又西南桃花沟，有白煤十余洞”④。大都“城中内外经纪之人，每至九月间，买牛装车，往西山窑头载取煤炭，往来此（?）新安及城下货卖，咸以驴马负荆筐入市，盖乘其时。冬月，则冰坚水涸，车牛直抵窑前。及春则冰解，浑河水泛则难行矣。往年官设抽税，日发煤数百，往来如织”⑤。

---

① 陈椿：《熬波图》。
② 《大德南海志》卷6，《盐课》。
③ 《元一统志》卷1，《中书省·大都路》。
④ 《元一统志》卷1，《中书省·大都路》。
⑤ 《析津志辑佚》，《风俗》，第207页。

大都城内有煤市[①]。成书于14世纪中叶的高丽汉语教科书《朴通事》，主要描述大都生活各个方面，其中提到有人“煤场里推煤去”，用“煤炉”做饭[②]。可见煤已成为大都居民的重要燃料。山西太原路（路治今山西太原）有“石炭窑四座，二在石州离石县上官村，二在宁乡县南五里”。又有煤炭，“出楼烦城北一十里石炭井村。又城南五十里顺道村”[③]。元代文献中有关煤的记载不多，但出煤之处为数不少，则是可以断言的。欧洲旅行家马可·波罗、非洲旅行家伊本·拔秃塔分别在13～14世纪来到中国，都为当时中国人用煤作燃料惊叹不已[④]。石油产于陕西，“在延长县南迎河有凿开石油一井，其油可燃，兼治六畜疥癣，岁纳一百一十斤。又延川县西北八十里永平村有一井，岁办四百斤入路之延丰库”。“石油在宜君县西北二十里姚曲村石井中，汲水澄而取之，气虽臭而味可疗驼马羊牛疥癣”[⑤]。此外，石油还“出肃州南山石中。……肥如煮肉，燃之极明，不可食。县人谓之石漆”[⑥]。肃州即今甘肃酒泉。元代石油生产似仅见于陕、甘部分地区，而且规模有限，但它的开发利用是具有重要意义的。

金属矿的开采和冶炼，在元代有相当的规模。金属矿中以铁的开采最为普遍。据《元史·食货志》记载，“产铁之所，在腹里曰河东、顺德、檀、景、济南，江浙省曰饶、徽、宁国、信、庆元、台、衢、处、建宁、兴化、邵武、漳、福、泉，江西省曰龙兴、吉安、抚、袁、瑞、赣、临江、桂阳，湖广省曰沅、潭、衡、武冈、宝庆、永、全、常宁、道州，陕西省曰兴元，云南省曰中庆、大理、金齿、临安、曲靖、澄江、罗罗、建昌。”[⑦] 其实产铁之所远不止此。仅从残存的《元一统志》来看，大都“宛平县西北一百五十里清水村有［铁］冶”。怀孟路“［铁］冶，在济源县西百里西山百家平”[⑧]。济源今河南

① 《析津志辑佚》，《城池街市》，第6页。
② 《朴通事谚解》卷下。
③ 《元一统志》卷1，《中书省·太原路》。
④ 冯承钧译：《马可·波罗行记》，第407～408页。
⑤ 《元一统志》卷4，《陕西行省·延安路》。
⑥ 《元一统志》卷6，《甘肃行省·肃州路》。
⑦ 《元史》卷94，《食货志二·岁课》。
⑧ 《元一统志》卷1，《中书省·大都路、怀孟路》。

济源市。平阳路“辽山县有［铁］冶”[1]。辽山今山西左权。辽阳行省的大宁路“兴中州有铁冶，在州西北九十里蓼子峪。利州有铁冶，在州东南二百八十里牛口峪。惠州有铁冶二所，一在州西北二百三十里寺子峪，名滦阳冶。一在州东北六十里松棚峪，名宝津冶”[2]。以上三州分别是今辽宁朝阳、喀喇沁左翼蒙古族自治县和河北平泉。河南行省南阳府产“铁，出嵩州，州西北四十里高都川有冶”[3]。嵩州今河南嵩县。陕西行省的兰州“有［铁］冶一所，去州五十里”[4]。兰州即今甘肃兰州。江西行省的瑞州路新昌州“有铁冶二所，一名上煌，一名黑口”[5]。新昌州今江西宜丰。江浙行省汀州路有铁务，“在长汀之莒溪”[6]。长汀即今福建长汀。以上除瑞州路已见于《元史·食货志》以外，其余均未见该书记载，可见其缺漏之多。根据以上两种文献，可知铁冶遍布全国各行省。此外，元朝政府曾在别失八里（今新疆吉木萨）“立冶场，鼓铸农器”，说明当地亦有铁冶[7]。元代各种矿冶中以铁分布最广。

“产金之所，在腹里曰益都、檀、景，辽阳省曰大宁、开元，江浙省曰饶、徽、池、信，江西省曰龙兴、抚州，湖广省曰岳、澧、沅、靖、辰、潭、武冈、宝庆，河南省曰江陵、襄阳，四川省曰成都、嘉定，云南省曰威楚、丽江、大理、金齿、临安、曲靖、元江、罗罗、会川、建昌、德昌、柏兴、乌撒、东川、乌蒙”[8]。值得注意的是云南产金点最多，产量亦富，忽必烈时规定：“云南税赋用金为则，以贝八子折纳。”[9] 这与云南产金较多是有密切关系的。“产银之所，在腹里曰大都、真定、保定、云州、般阳、晋宁、怀孟、济南、宁海，辽阳省曰大宁，江浙省曰处州、建宁、延平，江西省曰抚、瑞、韶，湖广省曰兴国、郴州，河南省曰汴梁、安丰、汝宁，陕西省曰商州，云南

---

① 《元一统志》卷1，《中书省·平阳路》。
② 《元一统志》卷2，《辽阳行省·大宁路》。
③ 《元一统志》卷3，《河南行省·南阳府》。
④ 《元一统志》卷4，《陕西行省·兰州》。
⑤ 《元一统志》卷9，《江西行省·瑞州路》。
⑥ 《元一统志》卷8，《江浙行省·汀州路》。
⑦ 《元史》卷94，《食货志二·岁课》。
⑧ 《元史》卷94，《食货志二·岁课》。
⑨ 《元史》卷12，《世祖纪九》。

省曰威楚、大理、金齿、临安、元江”[①]。元武宗时为铸铜钱，“产铜立提举司十九”[②]，但未见具体记载，可考的只有饶州路德兴一处[③]。顺帝时，又铸铜钱，曾于至正十二年（1352）三月“置铜冶场于饶州路德兴县、信州路铅山州、韶州岑水，凡三处”[④]。韶州路属江西行省，信州路、饶州路属江浙行省，除韶以外，信、饶二处，未见于以上记载。

据《元史·食货志》载，“产铅、锡之所，在江浙省曰铅山、台、处、建宁、延平、邵武，江西省曰韶州、桂阳，湖广省曰潭州”[⑤]。这一记载也是不完全的。据残存《元一统志》，河南行省南阳府嵩州（今河南嵩县）产锡，“有洞，在州东南九十里，……凡四处。民户采打锡货，烧造丹粉，见贡。又州西北四十里高都川有冶，提举司每岁办课”[⑥]。

其他非金属矿冶，有玉、水银、朱砂、玛瑙、矾等，数量有限，不一一列举。

在矿冶业中，开掘矿材，主要靠手工劳作，技术是很简单的。可以蒙山银矿（在江西瑞州路）为例，“每入取矿，则必篝火悬绳，横穿斜入，窦穴暗小，至行十余里。岩石之压塞，水泉之涌溺，其为险恶，盖无可比。加以山岚毒气，旦夕攻侵，枉死之人，不可胜数”[⑦]。劳动条件是很恶劣的。

有关元代冶炼技术的记载很少。值得注意的有以下几个方面。（1）炼铜采用“胆水浸铜”法。元武宗时，铸“至大通宝”钱，立泉货监六，王都中被任命为江淮泉货监，“公以铜不足为忧，询知饶之德兴有胆水，可浸铁为泥，以火炼之，悉成美铜。如其法行之，得铜数十万斤”[⑧]。但“至大通宝”很快就停铸。元顺帝时，铸“至正通宝”，张理上书说：“饶州德兴三处，胆水浸铁，可以成铜。”并献上其先世所作《浸铜要略》一书。元朝政府便任命

① 《元史》卷12，《世祖纪九》。
② 《元史》卷23，《武宗纪二》。
③ 黄溍：《王公墓志铭》，《金华黄先生文集》卷31。
④ 《元史》卷92，《百官志八》。
⑤ 《元史》卷94，《食货志二·岁课》。
⑥ 《元一统志》卷3，《河南行省·南阳府》。
⑦ 许有壬：《蒙山银》，《至正集》卷75。
⑧ 黄溍：《王公墓志铭》，《金华黄先生文集》卷31。

他为铜冶场官，负责在德兴炼铜之事[①]。胆水系硫酸铜（中国古代文献称为石碌或胆矾）溶液，将铁片置入，发生化学反应，成为含铁的硫化物，铜便分离出来。胆水浸铜的技术宋代已盛行，张理的祖上张潜“得变铁为铜之法”，《浸铜要略》一书系张潜之子张甲所作。这种技术在宋代已很流行[②]，元代继续推广。(2) 在炼铁方面，元代文献《熬波图》中记载的化铁炉，每化一斤铁用炭一斤。耐火材料有所改进。炉口小而炉膛大，既能减少热量损失，又能使炉料顺行，热量集中，利于熔铁。炉脐上的窍和溜都与近代炼铁炉基本相似。这是冶金技术的重大进步[③]。(3) 元代上层社会重视镔铁，用以制造武器或各种器物。著名匠师阿尼罗“又创为镔铁自运法轮，行幸揭以前导”[④]。元文宗赐蒙古军万户也速迭儿物品中有“镔铁镮刀一”，后来又“赐宝饰镔铁挝一，镔铁宝刀一”[⑤]。另据记载，“北人茶饭重开割，其所佩小篦刀，用镔铁、定铁造之，价贵于金，实为犀利。王公贵人皆佩之。”[⑥] 镔铁见于史籍已久，原来是从波斯、中亚传入的。在欧洲则称为“大马士革钢”。原料是直接从磁铁矿冶炼出来的熟铁，经过加工以后，“所得的钢材是一种半熔状态的组织均匀的生、熟铁集合体”。用来制作武器或器物，上面显示自然的花纹[⑦]。这是一种外来的炼钢技术。元朝工部下属诸色人匠总管府，所辖有“镔铁局，秩从八品，大使一员，掌镂铁之工”。工部下属又有提举右八作司，秩正六品，“掌出纳内府漆器、红甕、捎只等，并在都局院造作镔铁、铜、钢、鍮石”等物[⑧]。可知元朝官府手工业中设有专门制作镔铁器物的机构，这是以前不曾有过的。

元代矿冶有官营，有民营。官营矿冶由政府签发冶户从事劳动，如“铁在河东者，太宗丙申年，立炉于西京州县，拨冶户七百六十煽焉。丁酉年，立

① 《元史》卷42，《顺帝纪五》。危素：《浸铜要略序》，《危太朴文集》卷10。
② 参见漆侠：《宋代经济史》，第560~561页。
③ 陈椿：《熬波图·铸造铁柈》。
④ 程钜夫：《凉国敏慧公神道碑》，《雪楼集》卷7。
⑤ 虞集：《曹南王勋德碑》，《道园学古录》卷24。
⑥ 叶子奇：《草木子》卷3下，《杂制篇》。
⑦ 张子高、杨根：《镔铁考》，《科学史集刊》，第7期。
⑧ 《元史》卷85，《百官志一》。

炉于交城县，拨冶户一千煽焉”。“铜在益都者，至元十六年，拨户一千，于临朐县七宝山等处采之。”① 徒刑罪犯也被送到官营矿冶劳动。官营矿冶，由政府设立总管府、提举司等机构管理，发给冶户一定工本或衣粮，生产有定额，产物全部交公。民营则由人向政府承包矿场（洞），产品或分成，或折成货币上交（参见本书第十七章第三节）。民营矿冶的劳动人手一般由雇佣而来。元代各种矿冶的产量，缺乏记载，难以说明。

第四节 武器制造、造船、印刷和酿酒业

一、武器制造业

元朝以弓马之利得天下，因而十分重视武器制造。早在成吉思汗时代，已经设置专门制造武器的机构。唐兀人小丑，“太祖既定西夏，括诸色人匠，小丑以业弓进，赐名怯延兀阑，命为怯怜口行营弓匠百户，徙居和林”②。“太祖圣武皇帝经略中夏，总揽豪杰，贮除戎具为亟。[孙威] 乃挟所业投献，上赏其能应时需，赐名也可兀阑，佩金符，充诸路甲匠总管。”③ “兀阑”是蒙语工匠的音译，“也可”意为大，“怯延”待考。成吉思汗以后的诸汗，都很重视武器制造。到忽必烈时代，已经拥有完整的武器制造体系。至元五年（1268）设立军器监，秩四品，“掌缮治戎器，兼典受给”。至元十年（1273）六月，“以各路弓矢甲匠并隶军器监”④。机构的名称屡有变动，后改为武备寺。其下属机构有两类，一类是贮藏武器的仓库，有寿武库、利器库、广胜库。一类是制造武器的局、院、提举司，集中在大都、上都及其周围，其次是腹里各地，还有一些在辽阳、河南。这样的布局，是和军队的布局相适应的。元朝自忽必烈推行“汉法”以后，元朝军队以侍卫亲军为主力，分布在大都、上都及其周围地区。武器制造局、院、提举司的设置，显然为了便于供应军

① 《元史》卷94，《食货志二·岁课》。
② 《元史》卷134，《朵罗台传》。
③ 王恽：《孙公神道碑》，《秋涧先生大全集》卷58。
④ 《元史》卷8，《世祖纪五》。

队。武备寺下属机构中唯一在南方的，是隆（龙）兴路（路治今江西南昌）军器人匠局。[①]

元朝平定南宋后，在江南很多地方设置官府手工业局、院，一般是两类，一类是织染，另一类便是军器制造。镇江路有杂造局，“军器岁额水牛皮甲七十六（黑漆、红漆、绿油、黄油各一十九副，紫真皮盔、甲袋全）。角弓四百五十（并羊肝漆）。箭二万一千二百（并羊肝漆）。丝弦八百。弓箙、箭簶、革带各二十二。手刀八十五。枪头四十”[②]。庆元路（路治今浙江宁波）亦有杂造局，“周岁额办总计军器二百七十五副。人甲一百五副，紫真皮盔、甲袋全。手刀一百一十五口，黑漆木鞘靶全。弓袋箭葫芦杂带五十五副”[③]。集庆路（路治今江苏南京）则设有军器局，“专一置造军器”。但具体种类数额不详[④]。类似的设置在江南应不在少数。集庆路的军器局隶属于路总管府，其他路同类机构的隶属关系应同。也就是说，南、北军器生产的局、院，隶属关系是不同的（当然也有个别例外，如上述隆兴路军器人匠局）。中统二年（1261）四月，“遣弓工往教鄯阐人为弓”[⑤]。鄯阐又作善阐，后改中庆路，治今云南大理。政府专门派遣弓工前去教授，说明当地亦有制造军器的局、院。

元朝政府明令禁止民间私藏军器，“诸民间有藏铁尺、铁骨朵及含刀铁柱杖者，禁之”。私藏甲、枪、刀、弩、弓箭，根据数量多少，分别处以笞、杖、徒刑，直至死刑。军器制造全部属于官府手工业，民间不能经营。其生产的主要品种有甲、弓箭、刀枪等。至少从元代中期起，已开始制造铜火铳（火炮、火筒）[⑥]，但此类火器由哪一个局、院制作，缺乏记载。关于武器制造的数量，除了前引南方某些局、院的岁额外，也缺乏记载。元朝拥有一支多达数十万人的强大的军队，其武器的生产量无疑是很大的。武器生产，完全

---

① 《元史》卷90，《百官志六》。

② 《至顺镇江志》卷6，《造作》。

③ 《至正四明续志》卷6，《赋役》。

④ 《至正金陵新志》卷6上，《官守志》。

⑤ 《元史》卷4，《世祖纪一》。有的论著以为鄯阐即新疆鄯善，误，元代无鄯善一名。

⑥ 刘旭：《中国古代火炮史》，第32～41页，上海人民出版社，1989年版。

用来装备军队和满足某些政府部门的需要，由政府调拨，与市场没有关系。制作武器的原料，原来主要是通过“和买”得到的，但是这种方式弊端甚多，后来逐渐变为有关局、院支钱自行购买。这一变化在下面的文书中说得很清楚[1]：

大德七年十一月，江浙行省准中书省咨，工部呈：据河南道奉使宣抚呈，各处和买应付军器物料，扰民不便。略以河南府中，年例成造各色衣甲五百八十七副，元拨皮匠人等二百四十户，全免差税，每处支请工粮四千余石，专一成造衣甲。合用马牛皮货颜色物料，不系出产，桩配州县，家至户到。或着马皮一斤二斤，物料或三两四两，虽是估体价钱，又经贪饕官吏、弓手，不能尽实到民。如得价一分，其纳之物，已费相陪，必须计会。局官、库子人等恣意刁蹬，多余取受，少有相违，拣择退换，不收本色，却要轻赍，岁以为常，民受其弊。又照得上都、大都、宣德、隆兴、大同等处局、院，合用物料，有司估体价钱，责付各局自行收买等事，参详，若依此例，每年诸路常课会计合用物料，有司估体实直价钱，预为全数放支，责付各色局院作头人等，自行收买用度，实为官民两便。照勘议拟呈省。……都省准呈，咨请依上施行。

从这件文书可以看出，“和买”实为“桩配”，给百姓带来很大的痛苦。元朝政府采取改革措施，生产武器的局、院所用材料，都由“和买”改为支钱收买。这种改革，对于其他行业的官府手工局、院，亦应有影响。

二、造船业

从唐代中期以后，中国与西方的联系，以海道为主。海外贸易的规模不断扩大，对于造船业有很大的促进作用。元朝平南宋后，积极发展与海外国家、地区的联系，不断派遣使臣出海，大力推进海外贸易。这些都需要大量的渔船。管理海外贸易的行泉府司，“所统海船万五千艘”[2]。元朝政府为了解决首

---

① 《元典章》卷58，《工部一·造作·杂造物料各局自行收买》。

② 《元史》卷14，《世祖纪十一》。

都大都的粮食问题，开辟从南方到北方的海运，每年运粮多时达三百多万石，所需海船经常在千艘以上[①]。为了内河航运，一次造船多达三千艘[②]。单凭这几个数字，可以看出，元朝船只的数目是很大的。

元代船只有多种类型。总的来说，可以分为内河船和海船两大类。“海船重大底小，止可海内行驶”，在江河内行驶不便[③]。以海船而言，南、北又有区别。由南向北运输粮食的海船，一般是平底的，这是因为主要沿海岸线航行，近海多沙，适于平底船。海运开辟之初，便是“造平底海船六十艘”进行探索的[④]。而南方驶向大海的船只，一船上宽下尖，便于破浪航行。无论内河船或海船，都以“料”为计量单位，一料一石，百料船载重百石。内河船以三百、五百料居多。海船一般载重量较大，千料、二千料甚至更多。当时贩卖私盐的海船载盐少者数百引，“多者千余引”[⑤]。盐一引四百斤，千引则为二百吨，若千五百引则为三百吨。私盐船尚且如此，从事海外贸易或出使海外的船只可想而知。元代的海船建造时选用良好的木材，船底有二重板重合，船侧用三重板叠合，接缝处用桐油、石灰、麻丝艌紧，可防漏水。船身采用多隔舱技术，能够增加船体的强度，有利于抗沉。这些技术，在当时世界上具有先进水平[⑥]。元代造船，规模大，数量多，性能好，不仅有助于国内南北东西联系的加强，而且对中国与广大海外国家、地区的经济、文化交流，有着极其重要的作用。

元代的造船业，亦有官府与民间之分。与其他官府手工业不同的是，官府造船，并没有固定的局、院，而是临时委派官员，采用摊派的形式，强行在民间征发工匠和征集物资，进行建造的。在一定的任务完成后，建造的组织也就不存在了。这种摊派常常采用“和雇”、“和买”的名义，实质上是强制性的，

① 《元史》卷14，《世祖纪十一》。

② 《元史》卷93，《食货志一·海运》。

③ 《经世大典·海运》，《永乐大典》卷15949。

④ 《元史》卷93，《食货志一·海运》。

⑤ 《南台备要·建言盐法》，见《永乐大典》卷2611。

⑥ 泉州海交史博物馆编：《泉州湾宋代海船发掘与研究》，海洋出版社，1987年版。按，泉州发现的海船，一般认为是宋元之际的遗物，可以反映元代造船水平。

忽必烈时期，程钜夫就江南造船（为了远征日本）的情况上书说[1]：

自至元十八年至今，打造海船、粮船、哨船，行省文字并不问某处有板木，某处无板木；某处近河采伐利便，又有船匠，某处在深山采伐不便，又无船匠。但概验各道户计，敷派船数，遍行合属宣慰司。宣慰司仍前遍行合属总管府。以江东一道言之。溧阳、广德等路亦就建康打造，信州、铅山等处，亦就饶州打造。勾唤丁夫，远者五、六百里，近者三、二百里，离家远役，辛苦万状，冻死病死，不知其几。又兼木植或在深山穷谷，去水甚远，用人杠抬，过三、五十里山岭，不能到河。官司又加箠楚，所以至元二十一年宁国路旌德县民余社等因而作哄，亦可鉴也。又所用木植、铁、炭、麻布、桐油等物，官司只是椿配民户，民户窘急，直一钱物一两买纳，处处一例，不问有无。其造成船只，并系仓卒应办，元不牢固，随手破坏，或致误事。宜令今后凡是海船，止于沿海州郡如建德、富阳等处打造，粮船、哨船止于江西、湖南、湖北等处打造。仍乞照故宋时打造官船体例，差官领钱与河海船匠议价打造，每人领造若干船只，领若干钱，写立文书，须管十分坚牢，如有违约，追罚价钱，依法治罪。所委官在彼守待了毕，交领回远。则民户无远役之费，匠户无差役之苦，官吏无催督之劳，……公私两便，而所造船只亦可为长久之用。

程钜夫历举了官府造船的种种弊病，同时也说明了官府造船和组织方法。他特别指出宋、元二代官府造船方法之不同，元代是官府摊派椿配，宋代是官府与船匠订立合同，议价打造。相比之下，元代官府造船方式是一种退步。

元代民间造船的情况缺乏记载。可以想见，很可能就是程钜夫所说宋代的办法。需要造船运输的商人，与船匠订立合同，议价打造。但船匠是个体的联合，还是工场式的雇佣工人打造，则是不清楚的。元代的文献说："尝观富人之舶，挂十丈之竿，建八翼之橹，长年顿指南车坐浮庋上，百夫建鼓番休整如

① 《江南和买物件及造作官船等事，不问所出地面，一切遍行合属，处处扰害，合令拣出产地面行下》，《雪楼集》卷10。

官府令。桅碇必良，缍纤必精，载必异国绝产。”[1] 这是说海商的船只，可见民间打造的船也有规模很大装备精良的。元代造船业的发展，对于运输和贸易都起了重要的作用。

三、印刷业

元代印刷业在前代基础上有新的发展。

元代有官府印刷机构。元朝政府中设兴文署，“掌雕印文书”。原属秘书监，后隶属于国子监。署中有“雕字匠花名计四十名（作头一名，匠三十九名），印匠一十六名”[2]。兴文署刻印过《资治通鉴》一书。兴文署之外，可能还有一些机构，亦自行刻书印书。但总的来说，与其他行业不同，元代官府印刷业并不发达，兴旺的是书院、学校印刷业和民间印刷业。

元代各地的书院、学校，情况很不相同，有的书院、学校有较多的田地、房产，比较富裕，有的则比较贫困。前一类学校、书院有较多的收入，除养赡师生外，便用来刻书、印书。元朝政府要刻的书，常常下令书院、学校刻印。例如《宋史》《辽史》《金史》《玉海》《国朝文类》等书，都是由中书省批准，要江浙行省选择学校、书院刻印刊布的。江东建康道肃政廉访司曾出面组织协调江东九路、州儒学刻印十七史（实际刻印十史）。儒学、书院刻书，是元代印刷业的一大特色。它重在流布，不以赢利为目的，质量较好，历来受到重视。

元代民间印刷业兴盛，北方的中心是平阳（今山西平阳），南方是杭州和建宁（治今福建建瓯）。平阳在金代便有发达的印刷业。蒙古国灭金后，窝阔台汗根据耶律楚材的建议，“于燕京置编修所，平阳置经籍所”[3]，显然为刻印书籍而设。有记载可考的平阳印书作坊便有九家。此外，全真道在平阳玄都观刻印《玄都道藏》，雇用“工匠五百”多名，“用时八年”，共有“七千余卷”，是一项规模浩大的工程[4]。由此亦可看出平阳的刻板和印刷的能力。杭

---

① 任士林:《送叶伯几序》,《松乡先生文集》卷4。
② 《秘书监志》卷7,《司属》。
③ 宋子贞:《中书令耶律公神道碑》,《国朝文类》卷57。
④ 元好问:《通真子墓碣铭》,《遗山集》卷31。

州原是南宋的都城，南方文化中心，印刷力量雄厚。元朝政府常将决定刊行的书送到这里来印刷。除了学校、书院印书外，民间书场见于记载的有四家，实际上应不止此。当地的寺院亦有刻书之举，著名的是杭州路余杭县大普宁寺刊印的“《普宁藏》三千六百余卷”，便是在杭州路大万寿寺雕刻的。建宁在宋代便以刻书出名，有“建本”之称。元代书坊可考者在40家以上，经营者以刘氏、余氏、虞氏三姓居多，最有名的是余氏勤有书堂和刘氏翠岩精舍。现存元刊书籍中，出于建宁的最多。除了以上三地外，大都（今北京）、平江（路治今江苏苏州）、吉安（路治今江西吉安）等地，民间印刷亦有一定的规模。

元代印刷技术有新的进步。北宋毕升发明活字印刷，这是伟大的创造。蒙古国时期，姚枢“教弟子杨古为沈氏活版，与《近思录》、《东莱经史论说》诸书，散之四方”[①]。“沈氏活板”指沈括《梦溪笔谈》中关于毕升制作活字版的记载。可知姚枢曾将毕升活字版技术付诸实践。这是元代文献中有关活字版的首次记载，但姚枢、杨古用什么原料制作活字则是不清楚的。13世纪末，王祯任旌德（今安徽旌德）县尹，撰写《农书》，“用己意命匠创造活字，二年而工毕”。先用来印当地县志，效果很好。本想继续用来印《农书》，但因调任江西永丰县尹，未能实现。王祯撰专文介绍自己创意的活字，他说以前有以铁、泥、锡制作的活字，效果都不很理想，“今又有巧便之法，造板木作印盔，削竹片为行。雕板木为字，用小细锯锼开，各作一字，用小刀四面修之，比试大小高低一同。然后排字作行，削成竹片夹之。盔字既满，用木掮掮之，使坚牢，字皆不动，然后用墨刷印之。”他做的一副木活字共三万多个。上文中的“盔”，应是有档栏的版盘，木活字排好后，用竹片作行间的嵌物，空间再用木片塞紧，使之牢固，便可用墨印刷了。王祯还设计了转轮排字盘，排版时可以推动转轮取字[②]。这些都是他对印刷术的重要贡献，标志着中国的印刷术发展到一个新的阶段。此后，延祐六年（1319）出任奉化（今浙江奉化）知州的马称德，“任内置到活板□万字”。“活字版印到《大学衍义》一部计二

① 姚燧：《姚文献公神道碑》，《牧庵集》卷15。
② 王祯：《农书》，《杂录·造活字印书法》。

十册。"[1] 但总的来说，木活字在元代未能推广，只有到了明代才广泛流传开来。[2]

民间印刷业出版的书籍多种多样，有儒家经典，官修史书，名人诗文集，也有医书、杂剧剧本等。这些书籍主要用来出售。元朝都城大都有文籍市，显然是出售书籍的地方。[3] 其他城市亦应有出售书籍的店铺。高丽曾派遣使者到江南购买书籍，购得一万八百卷而还。[4] 成书于14世纪中叶的高丽汉语教科书记载，高丽商人回国购买的货物中有多种文书，如晦庵（朱熹）的《四书集注》《毛诗》《尚书》《周易》《礼记》、韩文（韩愈文集）、柳文（柳宗元文集）、东坡诗（苏轼诗集）等。[5] 这一时期来华日本商船也购买大量中国书籍，带回本国："儒、道诸子百家的书、历史书以及其他杂书，似乎都是元朝输入的。"[6] 也就是说，民间书场刻印的书籍，不仅在国内市场上行销，而且销往海外，在国际经济、文化交流中占有一席之地。

四、酿酒业

元代食品加工业颇为发达，其中最兴旺的是酿酒业。

元代酒的种类很多，主要有马奶酒、葡萄酒、粮食酒和阿剌吉酒。马奶酒用马奶搅动发酵而成，这是蒙古人的传统饮料。宫廷和诸王、百官（主要是蒙古高级官员），都有专门的马匹，专人饲养取奶供制酒用。马奶酒的制作工艺比较简单，但因马奶的质量和加工的程度不同而有细、粗之分，皇帝饮用的黑马乳，"谓之细乳"。诸王百官饮用的质量稍逊，"谓之粗乳"[7]。一般蒙古百姓日常生活离不开马奶酒，当然就更粗糙了。葡萄酒在元代很流行，主要产地是山西的平阳、太原、畏兀儿地面的哈剌火州（今新疆土鲁番）以及大都、

---

① 《至正四明续志》卷7，《学校·奉化州》。

② 现存有元代用木活字刊印的西夏文佛经和畏兀儿字木活字，与王祯的木活字之间的关系，有待进一步研究。

③ 《析津志辑佚》，《城池街市》，第6页。

④ 《高丽史》卷34，《忠肃王世家一》。

⑤ 《老乞大谚解》卷下。

⑥ 木宫泰彦：《日中文化交流史》，第405页，胡锡年译，商务印书馆，1980年版。

⑦ 《元史》卷100，《兵志三·马政》。

上都等地。当时酿造葡萄酒，一般利用葡萄皮上带着的天然酵母菌，自然发酵，这和前代利用粮食和葡萄混酿的方法有所不同[①]。粮食酒通常用粮食（糯米、黍等）加酒曲发酵而成。阿剌吉酒即蒸馏酒，这种生产技术是从“西域”亦即中亚、西南亚传入的。阿剌吉是阿拉伯语 araq 的音译，原意为汗、出汗，用阿剌吉作酒名，是形容蒸馏时空器壁上凝结的水珠形状。蒸馏器一般用上下相接的两个容器组成，下面的容器盛普通的粮食酒或果实酒（包括葡萄酒），加热以后，蒸汽上升，在上面的容器冷却凝结，“蒸而雨滴”，加以收集，这样“用好酒蒸熬取露”而成的，便是阿剌吉酒[②]。关于我国蒸馏酒的起源，迄今说法不一。但可以肯定的是，即使过去有过蒸馏制酒的方法，亦已失传，元代这种方法是从“西域”传入的，这从“阿剌吉”一名可以确定。正是在元代阿剌吉酒“由尚方达贵家，今汗漫天下矣”[③]。

元朝政府中设有“掌供玉食”亦即负责宫廷饮食的宣徽院，下辖光禄寺，“掌起运米曲诸事”，领尚饮、尚酝局，“掌酝造上用细酒”；大都尚酝局，“掌酝造诸王百官酒醴”。另有上都尚饮局、上都尚酝局，其职能与大都两局同。又有大都醴源仓，“掌受香莎苏门等酒材糯米，乡贡曲药，以供上酝及岁赐百官者”；上都醴源仓，“掌受大都转输米曲，并酝造车驾临幸次舍供给之酒”[④]。如此众多与酿酒有关的机构，可知元朝政府对此是特别重视的。光禄寺酒一是满足宫廷的需要，二是供应诸王百官。诗人迺贤写道：“新样双鬟束御罗，叠骑骄马粉墙过。回头笑指银瓶内，官酒谁家索较多。”[⑤] 描写是贵族官僚家的女子，骑马前去索取“官酒”的情景。“官酒”即光禄寺酒，也称宣徽酒。“宣徽所造酒，横索者众，岁费陶瓶甚多。”后来有关官员“奏制银瓶以贮，而索者遂止”[⑥]。这些记载都足以证明宣徽酒用来满足宫廷、诸王、百官的消费，并不用来供应市场。

---

① 《析津志辑佚》，《异土产贡》，第 239 页。周权：《蒲萄酒》，《此山先生诗集》卷 9。

② 朱德润：《轧赖机赋》，《存复斋文集》卷 3。忽思慧：《饮膳正要》卷 3，《宋谷昌》。

③ 许有壬：《咏酒露次解恕斋韵》，《至正集》卷 16。

④ 《元史》卷 87，《百官志三》。

⑤ 《京城春日二首》，《金台集》卷 1。

⑥ 《元史》卷 140，《别儿怯不花传》。

宫廷诸王、百官之外，民间用酒，原来实行“榷酤”，亦即官府经营发卖的，后来逐渐改为“散办”，亦即百姓可自行造酒，但需纳税。这是城市中实行的办法。农村则实行验地亩纳税的办法[①]。元代酿酒的数量很大。以大都为例，有人说，“大都酒课，日用米千石。”[②] 则每年需30余万石。还有人说：“京师列肆数百，日酿有多至三百石者，月已耗谷万石，百肆计之，不可胜算。”[③] 后一种说法大概是夸大的，因为每年由海道北运的粮食亦不过200万~300万石。根据元代中期大都槽坊（生产酒的作坊）数和政府规定的用粮限额推算，每年耗粮约为50万石左右[④]。大都以外如“真定一路，在城每日蒸汤二百余石，一月计该六千余石，其它处所费比较可知”[⑤]。真定在元代是中等城市，每年耗粮需七八万石。由大都、真定的例子，可以想见民间酿酒为数之巨。元朝政府每遇灾荒年份，常下令禁止酿酒，就是因为它消耗粮食过多。民间生产的酒都用来出售。大都的槽坊既是造酒作坊，又是酒店。各地城市和一些行人来往集散之地也都有酒肆（酒店、酒务）。杂剧中有许多关于酒肆的描写，例如杨显之《郑孔目风雪酷寒亭》中，一个放良的奴隶在“郑州城外开着一个小酒店儿”，“满城中酒店有三十座”[⑥]。

---

① 参见本书第十七章第二节。

② 《元史》卷205，《奸臣·卢世荣传》。

③ 姚燧：《姚文献公神道碑》，《牧庵集》卷15。

④ 《元史》卷94，《食货志二·酒醋课》。

⑤ 王恽：《便民三十五事·禁酿酒》，《秋涧先生大全集》卷90。

⑥ 《元曲选》，第1008页。

第八章　牧业和渔业

从草原大漠走向中原的蒙古人，对畜牧业非常重视。元朝建立之后，不但继续支持游牧地区经济的发展，还在各地设立政府直接管理的牧场，并采取了保护牧业的一系列措施。为保证政府使用马匹的需要，元代还从民间大批购买和拘刷马匹。无论是淡水渔业还是海洋渔业，在元代都有较大发展。

第一节　牧业的基本状况

马、牛、羊是牧业生产的主要产品，在蒙古建国前后，漠北、漠南的牧业经济已很发达，正如出使草原的南宋使者所说："鞑国地丰水草，宜羊、马。"[①]"其畜牛、马、犬、羊、橐驼；胡羊则毛氄而扇尾，汉羊则曰骨律；橐驼有双峰者，有孤峰者，有无峰者。"[②] 来自西方的人也对草原畜牧业印象深刻，指出蒙古人"拥有牲畜极多：骆驼、牛、绵羊、山羊；他们拥有如此之多的公马和母马，以致我不相信在世界的其余地方能有这样多的马"[③]。

在游牧经济地区，马既是生产资料，也是交通和作战工具，还是"出入只饮马乳或宰羊为粮"的游牧民的重要生活资料，所以最受蒙古人的重视，并成为游牧民财富的标志，"有一马者，必有六七羊；谓如有百马者，必有六

① 赵珙：《蒙鞑备录》。
② 彭大雅、徐霆：《黑鞑事略》。
③ 道森编：《出使蒙古记》，第9页。

七百羊群也”[①]。草原上的牛，亦与中原农耕地区不同，“草地之牛，纯是黄牛，其大与江南水牛等，最能走，既不耕犁，只是拽车，多不穿鼻”[②]。

逐水草而迁徙是牧业的传统经营方式，牧民已经积累了一套丰富的畜牧经验。以牧马为例，饲养、训练、骑乘等已形成既定做法。

蒙古人牧马，采取“野牧”方式，“无刍粟，六月餍青草，始肥壮者”，并且使用“扇马”（骟马）良法。“四齿则扇，故阔壮而有力，柔顺而无性，能风寒而久岁月。不扇则反是，且易嘶骇”；“其牡马留十分壮好者作移剌马种外，余者多扇了，所以无不强壮也。移剌者公马也，不曾扇，专管骒马群，不入扇马队。扇马、骒马各自为群队也，凡马多是四五百匹为群队，只两兀剌赤管，手执鸡心铁挝以当鞭箠，马望之而畏。每遇早晚，兀剌赤各领其所管之马，环立于主人帐房前，少顷各散去。每饮马时，其井窟止可饮四五马，各以资次先后于而自来，饮足而去，次者复至。若有越次者，兀剌赤远挥铁挝，俯首驻足，无或敢乱，最为整齐。其骒马群每移剌马一匹，管骒马五六十匹，骒马出群，移剌马必咬踢之使归也；或他群移剌马逾越而来，此群移剌马必咬踢之使去”。兀剌赤即牧马者，据南宋使者所见，“兀剌赤，回回居其三，汉人居其七”，可知在蒙古建国之后，因蒙古成年男子多年在外征战，草原上已大量使用外族人从事牧业生产。

马匹的调教颇受重视。“其马初生一二年，即于草地苦骑而教之，却养之三年而后再骑乘，故教其初，是以不蹄齿也。千百成群，寂无嘶鸣，下马不用控系，亦不走逸，性甚良善”。

对马匹的骑乘和护养亦很注意。蒙古人的坐骑，同样用野牧的方法，“日间未尝刍秣，惟至夜方始放牧之，随其草之青枯野牧之，至晓乘骑，并未始与豆粟之类”。但是在乘马时必须注意马匹的护养。“凡驰骤勿饱，凡解鞍必索之，而仰其首，待其气调息平，四蹄冰冷，然后纵其水草”。“凡出战好马，并恣其水草，不令骑动，直至西风将至，则取而控之，系于帐房左右，啖以些少水草，经月后膘落而实，骑之数百里自然无汗，故可以耐远而出战。寻常正

① 赵珙：《蒙鞑备录》。

② 彭大雅、徐霆：《黑鞑事略》。

行路时并不许其吃水草，盖辛苦中吃水草不成膘而生病”。为保护马匹，蒙古人远行时都备有“从马”，又称“副马”。“凡出师，人有数马，日轮一骑乘之，故马不困弊”①。这些调理马匹的方法，在元朝仍为牧民所奉行。

草原居民常选择河流、湖泊旁的地点驻帐，以解决取水问题。冬季则主要靠化雪取水。但是在戈壁滩上，水源缺乏，往往难以立帐长住。窝阔台汗即位之后，下令在草原、戈壁上无河流、湖泊的缺水处打井②。此后在草原城市或比较固定的驻帐地都有了水井，为居民就近取水提供了便利的条件。当然，即便有了水井，由于水源不足，在缺水处水依然是很宝贵的，一般不能供人洗浴。来自中原的人，即因上都附近的草原居民“悭水”，留下了“汲井佳人意若何，辘轳浑似挽天河；我来涤足分余滴，不及新丰酒较多”的感叹③。

草原上的畜群，各有记号。“如果任何牲畜丢失了，看到它们的人或者不去惊扰它们，或者把它们带到指定看管丢失牲畜的人那里去；牲畜的失主到这些人那里去认领，他们没有任何困难就可以把它们领回去”④。丢失的牲畜和草原上的流散人口，蒙古人称为“孛阑奚”，汉语称为“阑遗”。

随着游牧经济的发展，草原上亦形成了与之密切相关的习俗和禁忌。

蒙古人敬天，“每事必称天”，但同时又惧怕天威，尤其惧怕闪电和打雷，“闻雷声则恐惧不敢行师，曰天叫也”；在野地之人，“必掩耳屈身至地，若弹避状”；在帐幕中的人则会将陌生人驱出帐外，自己躲在帐中，直至雷声停息；只有少数人（如兀良哈部人）敢于高声咒骂天、乌云和闪电⑤。这种惧怕并非毫无道理，因为雷电经常击死牲畜和引起火灾，是草原上难以克服的一种自然灾害。为防止触怒天威，“国人夏不浴于河，不浣衣，不造毡，野有菌则禁其采”⑥；“春、夏两季人们不可以白昼入水，或者在河流中洗手，或者用金银器皿汲水，也不得在原野上晒洗过的衣服；他们相信，这些动作增加雷鸣和

① 彭大雅、徐霆：《黑鞑事略》。赵珙：《蒙鞑备录》。

② 《元朝秘史》，第281节。

③ 杨允孚：《滦京杂咏》上。

④ 道森编：《出使蒙古记》，第15页。

⑤ 赵珙：《蒙鞑备录》。彭大雅、徐霆：《黑鞑事略》。拉施特：《史集》，第1卷第1分册，第255页。

⑥ 李志常：《长春真人西游记》。

闪电"[1]。触犯禁忌，洗涤衣服和在帐外晾晒衣服的人要遭到鞭打和驱逐。此外，"他们还说，如果把酒或酸马奶、淡奶和酸奶酒洒出在地上，闪电多半会打到牲畜背上，尤其是马身上。如果洒出了酒，那就会发生更严重的后果，闪电准会打到马身上或打到他们的家里"；也就是所谓的"酌乳酪而倾器者，谓之断后"，因此不得"把奶或任何饮料和食物倒在地上"。经过雷击的牲畜和帐幕，皆弃而不用；有人遭雷击，同族人或家人均要从雷击地迁走，并且在三年中不得进入大汗的斡耳朵。[2]

帐幕是草原居民的主要居住场所，毡帐内的装饰一般很简单，主要是神像和供品。蒙古人大多崇信萨满教，主要供奉天神和地神。天神称为"腾格力"，地神称为"额秃格"。在贵族和富裕人家的帐幕中央，常设置一个神龛，放置神像和供品。一般牧民将神像放在帐门两侧，并配以毛毡制成的牛、马、羊乳房用来祈求神祇对家畜的保护；在帐幕男、女主人寝处上方帐壁上，各挂一个像洋娃娃一样的毛毡神像，作为主人的保护神；在这两个偶像的上方，挂一小偶像，象征"腾格力"，作为整个帐幕的保护神；女主人寝处脚下显眼处，置"额秃格"神像，常放一具塞满羊毛或其他东西的皮袋，因为"额秃格"是"保佑牲畜收获并一切土产"之神。

火受到游牧民特别的尊重和保护，因为它可以袪除妖邪。在草原上，"拿小刀插入火中，或拿小刀以任何方式去接触火，或用小刀到大锅里取肉，或在火旁拿斧子砍东西，这些都被认为是罪恶；因为他们相信，如果做了这些事，火就会被砍头"[3]。

作为游牧民族，自然要保护草场和牲畜，所以"草生而斫地者，遗火而爇草者，诛其家"；"箠马之面目者"也要受到处罚，甚至不许倚靠马鞭，不许用马鞭接触箭和捕杀鸟类。[4]

如果有人并非故意触犯禁忌，一般不做处罚，但要出钱给占卜者，举行涤

① 志费尼：《世界征服者史》，上册，第241页。

② 拉施特：《史集》，第1卷第1分册，第256页。彭大雅、徐霆：《黑鞑事略》。道森编：《出使蒙古记》，第12、17、121页。

③ 道森编：《出使蒙古记》，第11页。

④ 彭大雅、徐霆：《黑鞑事略》。道森编：《出使蒙古记》，第12页。

罪仪式，即连人带物从两堆火中走过，以祓除不祥。

蒙古建国之后，采取“抽分”的办法在牧民中征收马、牛、羊等。“其赋敛谓之差发，赖马而乳，须羊而食，皆视民户畜牧之多寡而征之，犹汉法之上供也”。正如南宋使者在草原所见，“其地自鞑主、伪后、太子、公主亲族而下，各有疆界，其民户皆出牛、马、车仗、人夫、羊肉、马奶为差发，盖鞑人分官草地，各出差发，贵贱无有一人得免者”[①]。窝阔台即位之后，对抽分的数额做了具体规定，“敕蒙古民有马百者输牝马一，牛百者输牸牛一，羊百者输羒羊一，为永制”[②]。“一百姓羊群里可每年只出一个二岁羯羊做汤羊，每一百只羊内可只出一个羊接济本部落之穷乏者”[③]。

游牧地区的“抽分”制度亦被用于农耕地区。太宗五年（1234），规定“家有马、牛、羊及一百者，取牝马、牝牛、牝羊一头入官。牝马、牝牛、牝羊及十头，则亦取牝马、牝牛、牝羊各一头入官。如有隐漏者，尽行没官。……并山西东两处、燕京路，但有迭百头口官员等一体施行”[④]。

元朝建立后，“抽分”的做法依然延续下来，但有一些调整。如按照忽必烈的诏旨，“探马赤军马、牛、羊等一百口，抽分一口，与下户贫乏军接济物力”。一般蒙古部民羊、马、牛不足一百者，见群即抽分一口，探马赤军人所属畜群不足一百者，则可因“军与其余百姓不同”免去抽分。有人指出，民间存在“税羊重并”的弊病，“既于每群内不计多少抽分讫羊口，又行收毛收皮纳税。每遇造作，复于民间取要”[⑤]。成宗元贞二年（1206）五月，“诏民间马牛羊，百取其一，羊不满百者亦取之，惟色目人及数乃取”。大德八年（1304）三月，又做出补充规定，“诏诸路牧羊及百至三十者，官取其一，不及数者勿取”[⑥]。由此形成新的抽分定例，无论是马匹，还是牛、羊，“数及百者取一，及三十者亦取一”。全国的抽分之地，“凡千有五”[⑦]，既包括草原游

---

① 彭大雅、徐霆：《黑鞑事略》。
② 《元史》卷2，《太宗纪》。
③ 《元朝秘史》，第279节。
④ 《大元马政记》。本章下文所引史料未注明出处者，均本于此。
⑤ 胡祗遹：《民间疾苦状》，《紫山大全集》卷23。
⑥ 《元史》卷19、21，《成宗纪二、四》。
⑦ 《经世大典序录·马政》，《国朝文类》卷41。

牧地区，也包括农耕地区。

世祖时设立的宣徽院，一个重要的职责就是兼管畜牧业，包括“蒙古万户、千户合纳差发，系官抽分，牧养孳畜，岁支刍草粟菽，羊马价直，收受阑遗等事”①。管理抽分，是宣徽院的一项重要事务。漠北草原的牧民，可以在驻地交纳抽分羊马。漠南草原和农耕地区，则在固定地点交纳抽分羊马。抽分的地点，有北口、南口、迁民镇、紫荆关、沙井、兴和、察罕脑儿等十五处。每年七八月，宣徽院派人前往各地抽分羊马，十月送到大都交纳，并要“明白开写抽分到数目、村庄、物主、花名、毛皮、齿岁”。至大四年（1311），因宣徽院抽分羊马时扰乱州县和驿站，又作弊多端，中书省将内地州县的抽分羊马改为由当地官署派人征收，收毕交纳宣徽院，并规定“取见羊口数目，依已定的体例，教抽分羊口，附近有的只教纳羊，远的回易作钞教纳。各处行省所管地面也依这例教行，提调的人每不教百姓生受”。当年多抽分到羊一万余口，马二百余匹，牛一百余头，各城镇抽分的羊马回易作钞者比宣徽院管理时增加五千余锭。于是第二年即正式确定新的抽分办法，宣徽院只负责“迤北蒙古百姓每各千户并各处口子里”抽分事宜，“城子里不教他每委人，依去年例教本处官司就便提调抽分，宣徽院里纳者，省部里报数目”②。仁宗延祐二年（1315）正月，又重申了这一做法。③

为保护畜牧业，元朝政府实行屠禁政策，对牲畜的宰杀有严格的规定。首先是规定了全国不许宰杀牲畜的日子。蒙哥汗时规定，每月初一、初八、十五和二十三日四天不得宰杀牲畜，到忽必烈时改为每月朔、望两日禁杀，但正月和五月各禁宰杀牲畜十日，皇帝“天寿节”亦禁杀生。仁宗时，又因为吐蕃喇嘛宣称三月八日、十五日为佛祖诞生、入涅槃之日，三日是仁宗出生日，所以特别规定三月一日至十五日禁杀半月。此外，遇自然灾害，朝廷还随时颁诏某一地区禁杀牲畜，连货卖猪、羊肉等亦一并禁止。④ 在农业地区放牧，还要

---

① 《元史》卷87，《百官志三》。

② 《通制条格》卷15，《厩牧》。参见达力扎布：《元朝宣徽院的机构和职司》，《元史及北方民族史研究集刊》，第11期。

③ 《元典章》卷16，《户部二·分例》。

④ 《元典章》卷57，《刑部十九·禁宰杀》。

注意不得践踏庄稼和林木，在元代禁令中，亦有相应的规定。

尽管元朝统治者比较注意牧业的发展，但牧业经济受自然条件尤其是气候条件的制约，容易受到突然打击。窝阔台汗在位时（1229～1241），“华夏富庶，羊马成群”①。但是定宗三年（1243）遭受大旱灾，“河水尽涸，野草自焚，牛马十死八九”②，牧业受到严重影响。世祖在位时，漠北遭受过两次大灾，一次是中统二年（1261），“迤北正三月间，地草自燃，东自和林，西至谦州，其燃极草根而止”③。至元二十四年十二月，漠北“雨土七昼夜，羊畜死不可胜计”④。元朝中期，游牧地区的自然灾害频繁，大灾有成宗大德五年（1301）七月，“称海至北境十二站大雪，马牛多死”⑤。大德九年（1305），漠北怯绿连河一带，“岁大风雪，畜牧亡损且尽，人乏食”。仁宗延祐四年（1317），“朔方又以风雪告”⑥，“天大雪，深丈余，车庐人畜压没，存者无以自活”⑦。文宗至顺元年（1330）九月，“铁里干、木邻等三十二驿，自夏秋不雨，牲畜多死，民大饥”⑧。铁里干、木邻是联结漠北、漠南的站道，这次旱灾，漠北漠南显然都被波及。次年八月，又因漠北斡耳朵所在地“频年灾，畜牧多死”，不得不对灾民加以赈济。⑨ 雪灾、风灾、旱灾、火灾等不断侵袭游牧地区，造成牲畜的大面积死亡，对牧业生产的破坏是相当严重的，由此也暴露出了牧业经济的脆弱性。

政府对游牧地区的救灾措施，既有安置贫民和流民的方法⑩，也有财政支持，拨付钱、粮、牲畜等帮助灾民度灾和恢复生产。⑪ 除了这些措施外，元廷还用官养马匹及市马、括马等方法来弥补牧业经济的不足。

---

① 《元史》卷2，《太宗纪》。
② 《元史》卷2，《定宗纪》。
③ 王恽：《中堂事记上》，《秋涧先生大全集》卷80。
④ 《元史》卷14，《世祖纪十一》。
⑤ 《元史》卷20，《成宗纪三》。
⑥ 虞集：《宣徽院使贾公神道碑》，《道园学古录》卷17。
⑦ 虞集：《岭北等处行中书省左右司郎中苏公墓碑》，《道园学古录》卷15。
⑧ 《元史》卷34，《文宗纪三》。
⑨ 《元史》卷35，《文宗纪四》。
⑩ 陈高华：《元代的流民问题》，《元史论丛》第4辑。
⑪ 详见本书第二十章。

第二节　官马、市马和括马

元代除了从游牧地区和农耕地区的畜群中“抽分”牲畜外，还有朝廷直接控制的牧场，主要牧养官马，并设有专门机构进行管理，逐渐形成了一套固定的管理办法。

元廷直属的“牧马之地”，“东越耽罗，北越火里秃麻，西至甘肃，南暨云南，凡十有四所。又大都、上都以及玉你伯牙、折连怯呆儿地，周回万里，莫非监牧之野”。大都、上都、玉你伯牙等地的草场，也包括在14所牧马草地之内。所谓14所牧马草地，是就大范围而言，每所之下还分有若干草场。14所牧马之地的分布为：

（1）折连怯呆儿（意为“黄羊川”）等处草地，在今西辽河下游之北。

（2）阿剌忽马乞（意为“斑驳之沙”）等处草地，在今内蒙古自治区锡林郭勒盟阿巴哈纳尔旗与西乌珠穆沁旗之间。

（3）玉你伯牙（地在上都西北）、上都周围草地，即上都路内各草场。

（4）哈剌木连（黄河）等处草地，包括今阴山南北及内蒙古自治区伊克昭盟的一些地区。

以上4所牧马草场，大都在中书省辖地内，分布在中书省的北部；少部分在陕西行省北部。

（5）斡斤川等处草地，包括漠北斡难河、怯绿连河周围的草场。

（6）阿察脱不罕等处草地，当即和林周围的草场。

（7）火里秃麻等处草地，位于今贝加尔湖周围。

以上3所牧地，均在岭北行省治内，前两所在行省南部，后一所在行省北部。

（8）甘州等处草地，即甘肃行省内各草场。河西、吐蕃地区的牧地，似应包括在这一所内。

（9）云南亦奚不薛等处草地，即云南行省内各草场。

（10）高丽、耽罗等处草地。

（11）左手永平等处草地，即大都东面各草场。

（12）右手固安州等处草地，即大都西面各草场。

（13）益都草地。

（14）庐州草地。

永平、固安和益都3所牧地，也在中书省治内，庐州草地则在河南行省治内[①]。14所牧地有7所在中书省内，其中6所在大都、上都周围，有3所在岭北行省内，充分体现了元廷以两都为中心、依靠蒙古本部发展养马业的特点。

元廷掌管官马牧放的原为群牧所，后改为太仆寺与尚乘寺，前者主要掌牧放马匹，后者主要掌鞍辔舆辇和起取南北远方马匹。

朝廷直属牧马草地放牧的马匹，称为官马或“系官头匹”。由于官马都烙有专门印记，所以又称为“大印子马匹”[②]。每当新皇帝即位时，掌管牧马的太仆寺官员按规定要“躬诣各处点视官马”。如遇风雪灾荒，也要差人前往草地验实死畜皮肉，酌情补充。平时太仆寺也可奉旨遣官员到草地核实马匹数额，如泰定二年（1325）七月，即因“各处官马数目短少于旧，文册亦不明”，太仆寺即请准派寺官与怯薛人员“赴各处点数，明白其实数来上”。第二年七月，虽然“系官头匹已有备细数目”，太仆寺仍要差人前往各处点视，督责各地“加意牧养”。

元朝的宫廷侍卫组织怯薛的马匹，采取自备和朝廷拨发的办法解决。在忽必烈即位初年，曾派马月忽歹为怯薛准备马匹。至元二十七年（1290），在各地拘刷到9100余匹马，即分给哈剌赤3296匹，四怯薛阿塔赤等1399匹。至元三十年（1293）五月，“给四部更番卫士马万匹，又给其必阇赤四百匹”。元贞二年（1296）十月，“以宣德、奉圣、怀来、缙山等处牧宿卫马”。怯薛马匹的草料，由朝廷定时发放。成宗大德元年（1297）九月，“给卫士牧马外郡者粮，令毋仰食于民”[③]。大德十一年（1307）十一月，中书省上奏：“宿卫廪给及马驼刍料，父子兄弟世相袭者给之，不当给者，请

---

① 《经世大典序录·马政》，《国朝文类》卷41。《元史》卷100，《兵志三》。

② 《通制条格》卷15，《厩牧》。

③ 《元史》卷19，《成宗纪二》。

令孛可孙汰之。今会是年十月终，马驼九万三千余，至来春二月，阙刍六百万束、料十五万石。比又增马五万余匹。此国重务，臣等敢以上闻。”[①] 怯薛马匹的饲养问题，显然也已成为元廷的一个沉重经济负担，不得不“汰省宿卫士刍粟”[②]。到了文宗天历元年（1328）十月，“以度支刍豆经用不足，凡诸王、驸马来朝并节其给，宿卫官已有廪禄者及内侍宫人岁给刍豆，皆权止之”。次年五月，“命有司给行在宿卫士衣粮及马刍豆”，又恢复了草料的发放[③]。

为弥补马匹的不足，元廷采取了比较便捷的办法，主要通过强行购买和拘括两个途径直接取马于民间。

朝廷购置民间马匹，又称“和买马”，不但有定额，还有不少具体规定，实际上是以很低的价格强行从民间搜罗马匹。太宗窝阔台时已开始在民间置办马匹，但还没有成为马匹的主要来源之一。忽必烈即位后，为对付阿里不哥的进攻，于中统元年（1260）、二年命各宣抚司和买乘马，规定课银1锭买马5匹,有乘马之家，5匹内只许存留1匹，并确定了各路的购马限额，共买到马匹35000余匹，“授蒙古军之无马者”[④]。至元四年（1267）、六年，又以阿术属部军队缺马，从各地购置马匹4500余匹。以后和买马匹成为民间所承担义务的重要组成部分，买到的马匹除军用外，也可用作他途，但军用仍然是一个重要方面。购置马匹的办法也作了一些改变。一种办法是由朝廷直接给军人发放马价银钞，就地购置，不再由政府统一在各路和买到马匹后送至军前。如至元二十年，给在陕、川的忙古解拔都军2000人发放马价钱购买5000匹马，“于大王只必铁木儿、驸马昌吉两位下并甘、肃、川察罕哈剌哈孙处差人购买”。成宗元贞元年（1295）三月，给征西军5万锭市马万匹，“分赐二十四城贫乏军校”。四月，“给扈从探马赤军市马钞十二万锭”[⑤]。再一种办法是规定某一地区的马匹免去政府和买，直接供给附近的驻军。如至元二十六年十二

① 《元史》卷22,《武宗纪一》。
② 《元史》卷25,《仁宗纪二》。
③ 《元史》卷32、33,《文宗纪一、二》。
④ 《元史》卷4,《世祖纪一》。
⑤ 《元史》卷18,《成宗纪一》。

月，命令京兆等24处城池免和买马匹，将该地马匹中的“上马”供给四川也速斛儿等军。购买马匹和其他牲畜的花销相当大，仅至元三十年一年，“赐诸臣羊马价，钞四十三万四千五百锭，币五万五千四百一十锭”[①]。

括马又称“刷马”、“拘刷马匹”，始于世祖至元十二年（1275）。有人称世祖时“刷马五次”，指的是大规模的括马，而在至元二十三年到三十年之间（1286～1293），大小括马就在10次之上，最大两次在二十三年和三十年，要求的刷马数额都高达10万匹之上。从成宗到英宗朝括马也在10次之上，成宗大德二年（1298）括马11万余匹，武宗至大三年（1310）括马4万余匹，仁宗延祐四年（1317）括马25万余匹，是三次最大规模的拘刷，括马在万匹之上的也有数次。

括马不同于市马，市马有时尚可为了解决朝廷、官府及站赤的用马问题，后来成为一种固定制度；括马则基本上是为解决军队的急需而采取的应急办法，即所谓“军事紧急，比及和买，诚恐迟误”。以后虽然因为有例可循，每遇军队缺马即行拘刷，但仍被人们视为“非常制也”。市马要给价钞，括马则大多不给价钞，军队使用后“各回付元主”，军人要留用的马匹“依例与价”。当然，实际上回付元主和给价的马匹不会很多，括马即等于强行征取战马于民间，所以“民间闻刷马，私下其直卖之”的情况比较普遍。

括马的数额根据需要确定，但往往达不到预定数额。如至元三十年预定括马10万匹，“止得七万余匹”；至大三年预定括马4万匹，“实收马三万一千四百四十六匹”。括马不能足额，一个重要原因就是“为刷马之故，百姓养马者少”。括马时规定品官留马限额，额外马匹均要拘括。原来军官、军人、站赤马都不在拘括之内，后来规定探马赤军人及色目卫军、六卫汉军马匹免刷，“余外正军、贴户应有马匹，尽行见数，别用印记印烙讫，分付各主，知在听候”，实际上列入了括马范围之内。同时规定“探马赤军人等却不得将他人马匹隐占及私下收买，违者依隐藏马匹例追断”。括马时隐藏马匹和夹带马匹（将马匹纳入不被括马的军官、军人数下），轻者杖责，重者“斩首悬城门示众”。

---

① 《元史》卷17，《世祖纪十四》。

总的说来，在官府养马、市马与括马几种马匹供应办法中，括马因为花费代价最低、见效最快，所括马匹多为“四岁以上骟马”，可以直接充为军用或交通等用途，所以最为统治者喜好，成为元朝马匹的最主要来源。最初括马是为了给出征军人提供马匹，后来连京城宿卫的怯薛和侍卫亲军需用马匹，也要从民间拘括。

通过市马、括马置办到的马匹，由各地官府差人“踏趁好水草地面在意放牧，须要肥盛，如有瘦弱、走失、倒死，定是著落追陪治罪”。各地还需先将置办到的马匹数量、毛色、齿岁呈报中书省，然后委专人将马群赶往指定地点交纳。给散至各军的马匹，由“本管奥鲁官取明白收管，差人团群放牧”，马有倒死、走失者，放牧者也要治罪。

牧养官马、市马和括马，即所谓“马政”，马匹主要取自民间，虽给民间（主要是中原和江南地区）的养马业带来极大的破坏，可基本做到了马匹不取之于草原蒙古本部而朝廷有马可用，从而保证了草原畜牧业的正常发展。这正是蒙古统治者力保“蒙古本部”昌盛思想的极好体现。对制定和推行民族等级压迫制度的蒙古统治者来说，这也是很正常的事情。

第三节　渔业的状况

元朝统治的疆域，东南二面都与大海为邻。沿海地区和近海海岛上的居民，或以捕鱼为业，或在从事农耕之余，以捕捞为副业。对于这些地区的居民来说，渔业生产在经济生活中占有重要的地位。他们在海洋中捕捞，可以称为海洋渔业。

元代沿海一带，渔业资源丰富。根据当时地方志的记载，可供捕捞食用的海洋动物不下五六十种，比较重要的有石首鱼、比目鱼、春鱼、鲈鱼、鲑、鮸、带鱼、鳗、鲳鯸、鲨鱼、华脐鱼、鲎鱼、鲨鱼、鲫鱼、虹鱼、白鱼、箬鱼、鲥鱼、乌贼、螃蟹、虾、蛤、蛎房、鮀鱼、蛏等。由于长期生产经验的积累和造船工艺、航海技术的进步，已经形成了固定的季节性的渔场。庆元（今浙江宁波）一带渔民，“至四月、五月，……发巨艘入洋山竞取〔石首鱼〕，有潮汛往来，谓之洋山鱼”。“春鱼，似石首而小，每春三月，业海人竞往取之，名曰捉春，不减洋山之盛。”①

除了捕捞以外，沿海滩涂已有水产养殖出现。庆元沿海一带，“蛤，每一潮生一晕，壳有纹，海滨人以苗栽泥中，候其长而取之”②。“海滨有蚶田，乃人为之。以海底取蚶种置于田，候潮长。育蚶之患，有班螺，能以尾磨蚶成窍而食其肉。潮退，种蚶者往视，择而剔之。”③“蚶小，亦采苗种之海涂，谓之蚶田。”④ “江珧，……海人亦取苗种于海涂，随长至口阔一二尺者为佳。”⑤这些贝壳类水产养殖在当时规模是有限的，但它标志着渔业经济中新事物的出现，是有意义的。

在内陆的江河湖泊中，亦有多种多样的水产品。常见的有鲤鱼、鲢鱼、鲩鱼、鲟鱼、鲫鱼、青鱼、鳜鱼、鲟鱼、鳊鱼、鲻鱼、鳖、蟹、虾等⑥。辽阳行省出产阿八儿忽鱼和乞里麻鱼，前者“大者有一、二丈长”，后者“大者有五、六尺长”⑦。都应是鲟鱼一类。重者可达千斤⑧。这是元代始见于记载的淡水鱼品种。由于全国统一，阿八儿忽鱼和乞里麻鱼作为贡品运来大都。淡水鱼类中有不少可以人工养殖，如鲢鱼、鲫鱼、鲤鱼、鲩鱼等。农学家王祯认为养鱼得法，“可致速富”⑨。元朝政府鼓励百姓养鱼作为副业，增加收入。至元七年（1270）颁布的《劝农立社事理条画》中说：“近水之家许凿池养鱼并鹅鸭之类，及栽种莲藕、鸡头、菱角、蒲苇等，以助衣食。”⑩ 元代中期，顺德路（路治今河北邢台）总管王结向百姓颁布《善俗要义》，其中之一是“养鱼鸭”，“陶朱公云：治生之法，水畜第一。鱼池是也。仰附近河渠有地有力之

---

① 《至正四明续志》卷5，《土产·水族》。
② 《至正四明续志》卷5，《土产·水族》。
③ 孔齐：《至正直记》卷4，《海滨蚶田》。
④ 《至正四明续志》卷5，《土产·水族》。
⑤ 《至正四明续志》卷5，《土产·水族》。
⑥ 《至顺镇江志》卷4，《土产·鱼》。《大德昌国州志》卷4，《叙物产》。
⑦ 忽思慧：《饮膳正要》卷3，《鱼品》。
⑧ 《元史》卷169，《刘哈剌八都鲁传》。
⑨ 王祯：《农书》，《农桑通诀集五·畜养篇》。
⑩ 《通制条格》卷16，《田令》。

家，疏凿池沼，中溜洲渚，求怀子鲤鱼及牡鲤鱼纳于其中，二年之后，其利无穷。”[①] 政府的提倡，有利于淡水养殖的发展。当时一般人家常购买鱼苗放养，收集鱼苗出售成为获利颇丰的一个行业。王祯说：“今人但上江贩鱼种，塘内富之，饲以青蔬，岁可及尺，以借食用，亦为便法。”[②] 另有记载说：“江州等处水滨产鱼苗，地主至于夏，皆取之出售，以此为利。贩子辏集，多至建昌，次至福建、衢、婺。其法作竹器似桶，以竹丝为之，内糊以漆纸，贮鱼种于中，细若针芒，戢戢莫知其数。著水不多，但陆路而行，每遇陂塘，必汲新水，日换数度。……终日奔驰，夜亦不得息，或欲少息，则专以一人时加动摇，盖水不定则鱼洋洋然，无异江湖，反是则水定鱼死，亦可谓勤矣。至家，……养之一月、半月，不觉渐大而货之。”[③] 从这一记载可以看出，当时的商人从江州路（今江西九江）一带购买鱼苗，长途贩运，直至福建和浙江的衢州（今名同）、婺州（今浙江金华）一带出售。正是由于淡水养殖的兴盛，才会带动鱼苗长途贩运的发展。元朝政府的赋税收入中有“鱼苗课，龙兴路，六十五锭八两五钱。”[④] 龙兴路治今江西南昌，距江州较近，很可能这里有转运鱼苗的市场，或是鱼苗贩运的必经之地，故在此处征税。

江河湖泊，都归国家所有。元朝政府在较大的江河湖泊设有官员和专门机构，进行管理。凡是在这些江河湖泊打鱼的人户，都要交纳课税，有的交纳实物，有的则交钱。大都附近的雄（今河北雄县）、霸（今河北霸县）等处“俱系河泊斥卤地面，其间贫难人户，别无营产，止仰捕鱼为生”。元朝政府设有雄霸武清等处鱼官，“每年于民间抽分鱼货”，“每年纳鱼二千余头”，后来增至五千四百余头[⑤]。在南方，“江南打鱼人户，在先各处官司出榜召募，诸人自备工本，办课勾当行来”。后来改为“官为应付”工具，所得之鱼，“十分为率，鱼户收三分，官收七分”[⑥]。这个比例重于农村中的地租。元朝政府的

① 王结：《善俗要义》，《文忠集》卷6。
② 王祯：《农书》，《农桑通诀集五·畜养篇》。
③ 周密：《癸辛杂识》别集上，《鱼苗》。
④ 《元史》卷94，《食货志二·额外课》。
⑤ 王恽：《为刘古乃打鱼事》，《秋涧先生大全集》卷88。
⑥ 《元典章》卷22，《户都八·河泊·湖泊召人打鱼》。

“额外课”中有“河泊课”一项，“总计钞五万七千六百四十三锭二十三两四钱。内腹里四百六锭四十六两二钱，行省五万七千二百三十六锭二十七两一钱。”[①] 虽然比不上盐、酒等税，但亦相当可观。“河泊课”的主要部分，便也来自打鱼人户交纳的鱼货抽分（折钱）。“额外课”中又有“鱼课，江浙省钞一百四十三锭四十两四钱”。应是江浙某处江河湖泊向打鱼人户征收的赋税，与“河泊课”实为一事[②]。“汉地湖泊，隶宣徽院”，也就是说，这部分收入，直接供宫廷使用，并不进入国库[③]。元朝政府每逢饥荒之年，往往“除河泊课，听民自渔”[④]；“弛泽梁之禁，听民渔採。”[⑤] 正好说明“河泊课”为渔民捕捞而设。

沿海渔民捕捞和养殖，除少量供自己消费外，多数为了出售。内陆的百姓养鱼，渔民捕捞，主要也是为了市场的需要。“渔家无别业，衣食惟罟网。”渔民只有用捕捞的水产品，到市场上出售，换取货币，才能维持自己的生活。元代城镇的集市上，常有各种水产品出售。常州路（路治今江苏常州）所在地诸多行业中有锦鳞行[⑥]，显然是经营水产的行会组织。集庆路（路治今江苏南京）治所在有市多处，其中蚬市应是水产品交易的场所。[⑦] 元朝的都城大都（今北京）亦有“鱼市，文明门外桥南一里”[⑧]。其他城镇有的会有类似的行会和专门的市场，更多的则应在综合性的行会或市场中占一席之地。水产品保鲜期很短，为了适应市场的需要，各种能够长期储存水产品的技术得到普遍的应用。比较常见的加工技术，一是盐腌，一是曝晒成干。经过这些方法加工的水产品，便可经久不坏，运往远方出售。庆元海中捕捞的石首鱼，“皮软而肉薄，用盐腌之，破脊而枯者日鲞，全其鱼而腌曝者谓之郎君鲞，

① 《元史》卷94，《食货志二·额外课》。

② 世祖至元二十四年十二月，“免浙西鱼课三千锭，听民自渔”。（《元史》卷14，《世祖纪十一》）可见江浙鱼课一百余锭的记载是有问题的。合理的解释是，这一记载中的鱼课就是河泊课，而上述江浙行省一百余锭的鱼课只是某一地点的河泊课。

③ 《元史》卷17，《世祖纪十四》。

④ 《元史》卷9，《世祖纪六》。

⑤ 《元史》卷19，《成宗纪二》。

⑥ 《重修东岳行宫记》碑阴题名，《吴兴金石记》卷13。

⑦ 《至正金陵新志》卷4上，《疆域志》。

⑧ 《析津志辑佚》，《城池街市》，第6页。

皆可经年不坏"。比目鱼,"舟人捉春时得之,则曝干为鮇,可致远"。鲞鱼,"其长大者可尺余,子多而肥,夏初曝干,可以致远"[①]。淡水鱼类的加工,一般采用盐腌之法。在市场上出现的,有新鲜的水产品,亦有经过盐腌或曝晒的水产品。

至元二十二年(1285)福建行省的一件文书中,对"不合收税各项"加以规定,张榜公布。属于水产品的有石巨(即章巨)、蟹、虾、鳖、黄螺、蛎房、蠘蛏、乌贼[②]。据此,则水产品中的鱼类,在市场中交易,是要纳税的。纳税的标准,应是按商税三十税一。这是福建的情况,其他地区应亦相同。

水产品加工用盐,盐是国家专卖物资,于是便产生了特殊的"鱼盐"问题。昌国州(今浙江定海)百姓"止靠捕鱼为活,别无买卖生理"。"岁造鱼鲞,多买有引客盐为用"。至元三十年(1293)起,行省参政燕公楠上奏,改为"海边捕鱼时分,令船户各验船料大小,赴局买盐,淹浥鱼鲞。然船户亦有不为渔者,非官司驱迫,鲜有乐于请买。自是岁严一岁,买数愈增"[③]。原来腌鱼用盐,是渔民根据需要购买的,现在却按船料大小,强行摊派,成为渔民必须承担的义务,而且不断加重。这是行省参政上奏推行的,至少江浙行省沿海地区都是如此。但从后来的记载来看,两浙和两淮盐司的"行盐地面",都采用按鱼的数量定盐额的办法,而不是"验船料大小"定盐额的办法,应是在施行过程中发生了变化。"两浙每引淹浥鱼鲞一千六十六斤,其两淮运司每引淹鱼二千三十二斤"[④]。相差一倍。腌鱼用盐称为"鱼盐",强制性的渔民必须按以上标准购买使用。延祐六年(1319)两浙盐司的一件文书中说:"每年本司于额办盐内提豁七、八千引,分俵两浙,召募濒海渔户人家请买,给引支查,淹浥鱼海鲜鱼虾鲞鲒竹笋,检据给程发卖"[⑤]。所谓"召募",实为强行摊派。依上述每引"淹浥鱼鲞一千六十六斤"计算,则两浙经盐腌加工的水产品应在750万~850万斤。两淮沿海地区腌制

---

① 《至正四明续志》卷5,《土产·水族》。
② 《元典章》卷22,《户部八·契本·税契用契本杂税乡下主首具数纳课》。
③ 《大德昌国州志》卷3,《叙赋·食盐·渔盐》。
④ 《元典章》卷22,《户部八·盐课·越界鱼鲞不拘》。
⑤ 《元典章》卷22,《户部八·盐课·盐法通例》。

的水产品应不少于此数[①]。加上其他沿海地区以及内陆江河湖泊腌制的水产品，无疑每年有数千万斤。这类加工的水产品主要是为市场生产的，为数相当可观。

盐腌鱼进入市场，便发生与“行盐地面”有关的问题。至元十六年(1279)一件文书说，“据寿春府申，转运司巡盐官郭德呈，近有归德、邓州等处客旅，俱系黄河间采捕收买鱼货，止用清沧滨乐盐腌干鱼，搬贩直至江南诸州军等处货卖，侵衬官课，仰行下禁治。奉此，今据涡河渡拿到官人冀秀等买到滨盐腌造干鱼二万斤，装载前来犯界。取到冀秀状称，将亳州滨盐腌造干鱼，载于陵州，通过于长芦仓，盐司刘提控等为秀犯界，勒讫钞七十八两二钱。告到枢密院，呈奉都堂钧旨，送户部拟得，客旅兴贩干鱼，难同私盐断没。……除将干鱼分付各人以便发卖。省府准呈，合下仰依上施行”[②]。这件文书讲的有关系的是两件事。一件是巡盐官认为有的客商用清沧滨乐盐腌制的鱼，运往江南贩卖，应该禁治。另一件是冀秀用亳州滨盐腌造干鱼，在长芦受罚，理由是“犯界”。经中书户部核定，干鱼“难同私盐”，因此追回被罚的钞。有关部门用后一事例否定了前一例中巡盐官的意见。所谓盐“犯界”，见本书第十六章第一节。“清沧”盐指的是河间司的盐，清即清州（今河北青县），沧即沧州（今河北沧州）。“滨乐”盐是山东盐司的盐，滨即滨州（今山东滨县），乐即乐安（今山东广饶）。用河间、山东盐腌的鱼运到江南，用山东盐腌的鱼运到河北，在盐司的官员看来，都是“犯界”，要加处罚。这种做法，显然不利于干鱼的运销，不利于商品在全国范围内的流通。这种做法，太不合理，所以为中书省所否定。后来，延祐五年（1318）中书省颁发的盐课条画，专门对此规定：“淹浥鱼鲞，各有破盐定例，又系商贩之物，不拘行盐地方，许令诸处兴贩投税货。其有因而夹带私盐者，依例科断”[③]。以法令的形式，明确贩运腌鱼之类“不拘行盐地方”。专门就此作出明确的规定，反映出类似上述以“犯界”为名查禁腌鱼，一定不在少数。

---

① 所腌之物中有竹笋，但其数量是有限的。

② 《元典章》卷22，《户部八·盐课·盐干鱼难同私盐》。

③ 《元典章》卷22，《户部八·盐课·申明盐课条画》。

上述条画发布的第二年，两浙盐运司提出反对意见。其理由是，两浙、两淮规定的腌鱼用盐标准不同（见前），用两淮运司的盐腌成的鱼，“前来两浙地面发卖”“委实以小浸大”。也就是说，两淮盐区腌制的鱼，用盐少，成本低；两浙盐区腌制的鱼，用盐多，成本高，后者运来两浙盐区内发售，当然对前者不利。两浙盐运司要求，外地腌鱼运来“两浙地面货卖，预报运司，差官点视封鮨，须经检校所来平盘，方许投税”。元朝政府认为，“若准所言，轻议更张，中间涩滞商旅，有碍盐法，事涉不便”，决定“依旧从便发卖”[①]。关于鱼盐的争论至此告一段落。

与此有关的还有私盐问题。元代私盐盛行，不少渔民用私盐腌鱼出售，对政府的盐课收入颇有影响。延祐六年（1319）两浙盐运司建议，规定，“若有私盐淹浥者捉获，本司比同私盐法科断，正犯人杖七十，财产一半没官，镣役二年，挑担、受寄、为牙引领之人，杖六十。食用者笞五十七下”。刑罚很重，打击面很广。上报以后，中书省刑部觉得太重，改为“挑担、受寄、为牙引领并食用之人，知情者依上科断，不知情者依例革拨”[②]。

① 《元典章》卷22,《户部八·盐课·越界鱼鲞不拘》。

② 《元典章》卷22,《户部八·盐课·盐法通例》。

第九章　交通运输

交通和运输，是经济生活中不可缺少的因素。即使在比较封闭的古代社会，城乡之间的人口流动和物资的往返运输不像今天这样频繁、便利，但也有一套相对发达的交通运输系统，元代亦不例外。由于蒙古统治势力远达西亚和俄罗斯等地，又将中国再次统一起来，并很快建立了四通八达的“驿路”和星罗棋布的大小驿站，把各地区同元朝统治的心脏大都紧密联系在一起，并且开通了京杭大运河，所以元代的交通系统远比前代发达和完善。在海运方面，元朝也有了空前的发展。

第一节　交通路线的开辟

交通路线的开辟，是保证交通畅通的基本工程。元朝的统治者在这些方面倾注了不少心血，并取得了较好的成果。

蒙古统治势力进入中原之后，很快接受了中原旧有的驿传制度，不但在一些地区恢复了驿站等设置，还开辟了一些新的驿路。窝阔台即位之后，扩大了驿站的规模，建立了贯通整个大蒙古国疆域的站赤系统。其后，随着蒙古统治区域的不断扩大，新的交通路线不断开辟、延伸，到忽必烈灭宋统一全国之后，终于形成了以大都为中心、水陆结合的网状交通系统。

陆路交通干线中，最重要的是连结大都和上都的交通路线。“大抵两都相望，不满千里，往来者有四道焉，曰驿路，曰东路二，曰西路。东路二者，一由黑谷，一由古北口。”[1] 由大都至上都的驿路，全长800余里，设有昌平、榆林、洪赞、雕窝、龙门、赤城、独石口、牛群头、明安、李陵台、桓州等11处驿站，大致上是从大都经居庸关西行至怀来，转而北上，翻越枪杆岭、偏岭等，进入草原，直趋上都[2]。驿路是一般官员及商人等来往两都之间的主要通道。黑谷东路，俗称“辇路”，全长750余里，设有18处“纳钵”，是皇帝往来两都之间的专道，“每岁扈从，皆国族大臣及环卫执事者，若文臣仕至白首，或终身不能至其地也”[3]。该路出居庸关后继续北上，经过今延庆县，翻山越岭，进入草原，在牛群头与驿路汇合。经古北口赴上都的另一条东路，全程870余里，也是一条“禁路”，专供监察御史和军队使用。西路全长1095里，大致先沿着今京包铁路至张家口，然后北上赴上都。这条道路，在蒙古国时期是驿道正路，被人们称为“孛老站道”[4]。世祖中统三年（1262），驿路改线，孛老道变成“专一搬运段匹、杂造、皮货等物”的运输道路[5]。元代皇帝每年巡幸上都，大多“东出西还”，即由东道辇路赴上都，经西道返回大都，所以在西道设立了24处“纳钵”[6]。

元代设立了辽阳、岭北、河南、陕西、甘肃、四川、云南、江浙、湖广、江西等10个行省，并由中书省直接管理“腹里”地区，宣政院直接管辖吐蕃地区。沟通各行省省治并直达大都的驿道，是元代主要的交通干线。以各行省省治所在城市为枢纽建立的驿道，构成了省内路、府、州、县之间的交通系统，并进而与邻省的驿道相接，互通往来。“腹里”地区南部和河南、陕西、四川、甘肃、湖广、江浙、江西等行省的驿道，大多是利用原有的交通路线，并根据需要增加了一些通路，改建或新设了驿站。岭北、辽阳、云南行省和吐蕃地区的驿道，则大多是新开辟的交通路线。

大都和上都间的驿路，又是通往岭北行省省治和林的“兀鲁思两道”（官

---

① 周伯琦：《扈从集·前序》。

② 详见《元上都》，第32~49页。

③ 周伯琦：《扈从集·前序》。

④ 张德辉：《纪行》，载《秋涧先生大全集》卷100。

⑤ 《经世大典·站赤》，《永乐大典》卷19416。

⑥ 周伯琦：《扈从集·后序》。

道）的一段。从上都北上，经鱼儿泊、克鲁伦河上游至和林，是蒙古国时期燕京通和林的旧道，元代成为“兀鲁思两道”中的东道，称为“帖（铁）里干站道”。由上都西行，过庆和路（今河北省张北县）、大同路北境，自丰州（今内蒙古自治区呼和浩特市东）西北出天山（今大青山），北历净州、沙井（今内蒙古自治区乌兰察布盟四子王旗境内）入岭北行省，是“兀鲁思两道”的西道，称为“木怜站道”。帖里干站道和木怜站道在上都西南的李陵台合而为一。和林往西，有通往察合台封地的驿路；西北有通往谦河流域（今叶尼塞河上游）的吉利吉思等部的驿路。此外，在岭北行省境内，还有从称海到“北境”的站道和从称海到也儿的石河的道路，等等。①

大都和上都，又都有驿路通往辽阳行省。大宁（今内蒙古自治区昭乌达盟宁城县）是驿路的汇合点；从大宁向东，历广宁（今辽宁省北镇县）等地至辽阳。在辽阳行省境内，既有通往东道蒙古诸王驻地和通向高丽的驿道，也有通往兀者、水达达等部的驿道。②

云南和吐蕃地区的驿道，在忽必烈即位前后陆续开通。云南行省的驿道，以省治中庆（今云南省昆明市）为枢纽，北通四川行省，东通湖广行省，南通安南、缅国，并建立了沟通省内各少数民族主要聚居区之间的交通路线。③吐蕃乌思藏地区的驿道，从汉蕃交界处向乌思藏腹地延伸，直达萨迦；从乌思藏到纳里速古鲁孙（阿里三区），也有驿道相通。④

以陆路为主的交通干线，碰到河流，或有桥梁，或用渡船。此外，还有专门的水路交通线。

水路交通线，分为内陆河道和海运航道。水路交通线主要用来运输粮食和其他物资，亦有不少人利用水路交通线旅行，尤其是江南地区。

元代最重要的内陆河道是沟通南北的运河。南宋灭亡后，江南物资的北运，主要是利用隋代开凿的运河。当时运河的走向是由杭州至镇江，过长江北

---

① 陈得芝：《元岭北行省诸驿道考》，《元史及北方民族史研究集刊》，第1期。

② 《析津志辑佚》，《大都东西馆马步站》，第120～134页。《经世大典·站赤》，《永乐大典》卷19417。

③ 方铁：《元代云南驿传的特点及作用初探》，《思想战线》，1988年第1期。

④ 洛桑群觉、陈庆英：《元朝在藏族地区设置的驿站》，《西北史地》，1984年第1期。

上入淮水，西逆黄河至中滦（今河南省封丘县），然后陆运货物等至淇门（今河南省淇县东南），通过御河（今卫河）、白河水道达通州（今北京通县），再陆运至大都。这条路线，水陆并用，曲折绕道，极其不便。为解决内河运输问题，元廷展开了大规模的运河工程。

至元十三年（1276）正月，“穿济州漕渠”[①]，开始了开凿南北大运河的第一期工程。至元十八年至二十年，在奥鲁赤等人主持下，引汶水和泗水，开凿了从济州（今山东省济宁市）西北至须城安山（今山东省东平西南）的济州河，全长150里[②]。济州河开通后，由运河北上的漕路，从淮河入泗水，经济州河至安山，循大清河（今黄河下游）入海，经海路至直沽（今天津市大沽口）。至此，南北间仅存山东东阿和临清之间200余里的旱路。

至元二十六年（1289），在忙速儿等人主持下，开凿运河，“起于须城安山之西南，止于临清之御河，其长二百五十余里”，历时六个月，于当年竣工，“赐名会通河”[③]。会通河的开通，使南北航运全线贯通，先开凿的济州河后来也被通称为会通河。

至元二十八年（1291），郭守敬建议开凿大都至通州的河道。当年春季开工，第二年秋季竣工，“总长一百六十四里一百四步”，“赐名通惠河”[④]。通惠河的开通，使北上的漕船能够一直开进大都城。

元代开凿的大运河，南起杭州，北至大都，沟通海河、黄河、淮河、长江、钱塘江五大水系，采用南北取直的弦线，全长三千余里，总程比隋代的运河缩短了九百余里。大运河开通之后，“江淮、湖广、四川、海外诸蕃土贡、粮运、商旅、懋迁，毕达京师”[⑤]，为南北交通提供了便利条件。

在开辟内陆河道的同时，元朝亦注意到了海运航道的开辟。元代先后开辟了三条南北海运航道。

第一条航线是至元十九年（1282）开辟的，自刘家港（今江苏省太仓县

---

① 《元史》卷9，《世祖纪六》。
② 《元史》卷65，《河渠志二·济州河》。
③ 《元史》卷64，《河渠志一·会通河》。
④ 《元史》卷64，《河渠志一·通惠河》。
⑤ 《元朝名臣事略》卷2，《丞相淮安忠武王事略》。

浏河镇）起航，北经崇明州入海，历万里长滩（今江苏省如东县东），靠近沿海山屿北行至成山（今山东半岛东端），然后西航入渤海，沿界河（今海河）至杨村码头（今河北省武清县），航程13350里。这条航线曲折迂回，沿途多浅沙，被视为险恶的水路，航行时间需用两个月。

第二条航线是至元二十九年（1292）开辟的，过万里长滩后历青水洋、黑水洋至成山，入渤海至界河。这条航线从万里长滩至成山一段是远海航行，线路较为径直，又绕开了沿海的浅滩，大大缩短了航行时间，顺风半个月可驶完全程，风水不便则需要一个月或四十天以上。

第三条航线是至元三十年（1293）开辟的，避开了万里长滩，直接从崇明东行入黑水洋，均取远海航行，缩短了航期，顺风十日即可驶完全程。

从刘家港到直沽口的航线是元代海运的主航道，此外还有福建通往江浙、广东的航道和直沽通往辽东、高丽的航道等。[①]

第二节　交通系统的维护

元朝政府既重视交通路线的开辟，也重视交通路线的维护。淤塞的河道，在元代大多进行了治理，为航运畅通提供了一定的保证。驿路的维修，更受到特别的关注，成吉思汗即曾明令“从大路上和作为公路的大道上清除枯枝、垃圾和一切有害的东西，不准长起荆棘和有枯树”[②]。忽必烈即位后，更要求各地官员督促百姓在“城郭周围并河泊两岸、急递铺道店侧畔各随风土所宜，栽植榆、柳、槐树，令各处官司护长成树”，严格禁止军人及“权势诸色人”放牲口啃咬树木和随意砍伐树木。[③] 各地官府都负有维修道路和其他交通设施的职责，并有一系列的规定：“河渠、堤岸、道路、桥梁，每岁修理”；“津梁道路，仰当该官司常切修完，不致陷坏停水，阻碍宣使车马客旅经行”；“九

---

① 详见高荣盛：《元代海运试析》，《元史及北方民族史研究集刊》，第7期。

② 拉施特：《史集》，第1卷第2分册，第359页。

③ 《元典章》卷23，《户部九·农桑》；卷59，《工部二·造作》。

月间平治道路，合监督附近居民修理，十月一日修毕。其要路陷坏停水，阻碍行旅，不拘时月，量差本地分人夫修理”①。危险的路段，有时还要专门派人修理或拓宽、改建。如大都和上都之间的道路，大半为山路，元廷常派军人修路、造桥。至正十四年（1354），又特别修砌了“北巡所经色泽岭、黑石头河西沿山道路”，并建造了龙门等处的石桥②。

港口的建设在元代亦受到重视。以海港为例，刘家港、庆元烈港（今浙江省宁波市沥港）、澉浦港（今浙江省澉浦）、泉州港等，都是当时重要的港口。为保证船只的安全，在刘家港附近和江阴州等地的浅沙暗礁处，均设立过用于导航的号船，为过往船只指示沙礁的位置。在直沽海口的龙山庙前，高筑土堆，竖立旗杆，“昼则悬幡，夜则挂烛”，作为海航终点的标识③。

驿站是元代官办的交通设施，按照官方的统计，在中书省直辖的腹里地区和河南、辽阳、江浙、江西、湖广、陕西、四川、云南、甘肃行省共设立了1400处驿站④，通往岭北行省的三条主要站道共设置驿站119处⑤，宣政院管辖的吐蕃地区设置了27处驿站⑥。

驿站为官方来往人员提供交通工具、休息场所和饮食服务，“于是四方往来之使，止则有馆舍，顿则有供帐，饥渴则有饮食，而梯航毕达，海宇会同”⑦。

交通有陆路和水路之分，驿站也因此分为陆站和水站两大类。陆站亦称为旱站，主要提供马、牛、驴、车、轿等交通工具，所以又分为马站、牛站、驴站、车站、轿站等。在辽阳行省北部设有狗站，以狗作为站赤的交通工具；还有的地方用骆驼作为站赤的交通工具，因而又有了帖麦赤（牧骆驼者）驿的设置。水站提供的交通工具是船。

无论是陆站还是水站，都有专门的“站舍”，或者称为“馆舍”，为来往

---

① 《通制条格》卷30，《营缮·堤渠桥道》。

② 《元史》卷43，《顺帝纪六》。

③ 详见高荣盛：《元代海运试析》。

④ 《经世大典·站赤》，《永乐大典》卷19422、19423。

⑤ 《经世大典·站赤》，《永乐大典》卷19421。

⑥ 《汉藏史集》，第166~170页。

⑦ 《元史》卷101，《兵志四·站赤》。

人员提供住处，并设有“厩舍”或船坞。有的地方，尤其是江南地区，水站和陆站的馆舍是建在一起的。如镇江的丹阳驿，“馆舍共一百九楹，使客之驰驿而至者，则西馆处焉；其乘舫而至者，则东馆处焉。马厩在西馆之西，凡四十五楹”；丹阳县的云阳驿，“水马使客咸莅焉，屋凡二十七楹；厩舍在云阳桥漕渠之西，屋凡四十一楹”。同县的吕城驿，“为屋大小二十九楹，水马馆亦并置。厩舍在馆之南，屋四十一楹”①。

驿站为官方来往人员提供的饮食、灯油、柴炭等，蒙古语称为“首思”，汉语意译为“祗应”。对祗应的数额和供应方法，元廷有一系列的规定。

来往使臣祗应“分例”的确定，是逐步制度化的。窝阔台时规定，“使臣人等每人支肉一斤，面一斤，米一升，酒一瓶”。世祖中统四年（1263）又做出了更具体的规定：“乘驿使臣换马处，正使臣支粥食、解渴酒，从人支粥。宿顿处，正使臣白米一升、面一斤、酒一升、油盐杂支钞一十文”；“随从阔端赤不支酒肉、油盐杂支钞，白米一升、面一斤”。冬季时驿站还要为使臣每日支炭五斤，“自十月初一日为始，至正月二十日住支”②。至元二十一年(1284)，因使臣每日支油盐菜钞十文“市易不敷”，中书省决定“正使臣每员油盐菜等日支增钞二分，通作三分”，并对“首思”的定例做了更明确的说明：“每月乳酪于分例酒肉内准折，应付正使宿顿，支米一斤、面一斤、羊肉一斤、酒一升、柴一束、油盐杂支钞三分，经过减半。从者每人支米一升，经过减半。”③ 各官府派出的公干人员，司吏、曳剌等每日支米一升、面一斤、杂支钞一分、柴一束，从人支米一升、杂支钞一分、柴一束；巡盐官吏，每日支米一升，马粟三升，刍一束，“虽多不过十人。草青之时，不支刍粟”。原来蒙古军官在祗应方面享受优待条件，“蒙古万户、千户、百户远近出征，经过及聚会去处，合用饮食，令有官署州县照依定例应付”。最初的定例是万户日支酒三十升、羊肉三十斤、面三十斤、米三斗；千户日支酒二十升，羊肉、米、面等按万户祗应分例的一半供给；百户日支酒十升，肉、面、米比千户少

① 《至顺镇江志》卷13，《公廨·驿传》。
② 《经世大典·站赤》，《永乐大典》卷19416。《元典章》卷16，《户部二·分例》。
③ 《经世大典·站赤》，《永乐大典》卷19418。

一半。至元十六年（1279）做出新的规定，万户日支酒三瓶，千户二瓶，百户一瓶。次年，又因军官已有俸禄，取消了军官在驿站停留时的肉、米、面供应，酒则仍按规定供给。[①]

各地驿站原来使用的量具不同，“斤重多寡不一”，朝廷乃特别做出决定，1石米要酿制干好酒90升，并按照尚酿局的造酒升勺特制出“铁钉木升”，发给各地，作为标准升，要求各地制造并使用同样的量具；小麦1石，应出白面70斤，各地驿站“不得应副宣使人等不堪食用面货，亦不得克减斤重”。驿站供肉，问题颇多。北方驿站有的能够供应羊肉，有的只能提供猪、牛、马肉，但是某些来往人员坚持要羊肉，供给羊肉又嫌肉瘦；“回回使臣到城，多称不食死肉，须要活羊”。江南地区羊少，“每一口羊用七八十两钞”，而且主要是山羊，驿站或者供应山羊肉，或者供给猪肉、鱼、雁、鹅、鸭、鸡等，一些从北方来的使臣则不但要吃羊肉，还“不要山羊，只要北羊”。对这些做法，朝廷称之为“刁蹬公事”，规定不得因食肉问题骚扰站赤，禁止强行索要活羊、北羊，各地可根据物产提供猪肉和鱼，不许供给鹅、雁、鸭等飞禽。[②]

驿站供应首思，是有时间限制的。世祖时规定驿站只为使臣提供两日的祗应，成宗时确定用驿分大事、小事，“大事八日，小事三日，许支铺马、祗应”；事关军情要务和各投下的，供应首思的时间以半个月为限；禁止拖延时间，长期住在站内支取分例。[③]

驿站为使臣等提供交通工具和首思，负担很重，所以朝廷不得不限制使臣及随行人员的数目，规定三品以上官员的随行人员不许超过五人，四品、五品官的随从不许超过四人，六品至九品官的随从不得超过三人，并对使用交通工具的数额加以限制，详见下述。

驿站是政府兴办的交通系统，专供政府使用，不许民间使用。乘骑驿马或站船，使用车辆，要有官府的证明或诸王的令旨。官府证明分为铺马圣旨（又称铺马札子、御宝圣旨）、金字圆符（铁制，又称圆牌）、银字圆符三种。

---

① 《经世大典·站赤》，《永乐大典》卷19417。《元典章》卷16，《户部二·分例》。

② 《元典章》卷16，《户部二·分例》。

③ 《经世大典·站赤》，《永乐大典》卷19418。

“朝廷军情大事奉旨遣使者，佩以金字圆符给驿，其余小事止用御宝圣旨。诸王、公主、驸马亦为军情急务遣使者，佩以银字圆符给驿，其余止用御宝圣旨”①。蒙古诸王的钧旨，也可以起发站马。站赤验符、旨给驿和供应首思，持圆符者有优先的权利。元朝政府原来规定的给驿范围很严格，“除朝廷军情急速公事外，毋得擅差铺马”②。但是无论是贵族、高级僧侣，还是各级官吏，都千方百计觅取铺马圣旨和圆符，要求享受免费供应的站马和首思，利用当时最完善、最便利的交通体系，其结果是给驿站带来过重的负担，造成了“给驿泛滥”的局面，使在驿站服役的站户不堪承受。元朝时期，站户的数量在30万之上。站户既要保证提供交通工具，饲养马、牛、驴、骆驼等，充当马夫或船夫，又要向来往使臣等供应首思，所以有人说“民之受役，莫重于站赤”③。政府虽然采取了救济贫穷站户、限制给驿等措施，但始终未能解决站户消乏甚至大量逃亡的问题。

管理站赤的中央机构，原来是诸站都统领使司，后来改名为通政院。至大四年（1311），撤消通政院，站赤归由中书省兵部管理。但不久即重设通政院，专管蒙古地区的站赤，兵部负责管理“汉地”站赤。延祐七年（1320），又恢复了通政院管理全国站赤的制度。各驿站设置提领、副使、百户等站官，管领站务。大都、上都之间的驿站，因为“每岁车驾行幸，诸王百官往复，给驿频繁，与外郡不同”，所以在提领之上，还设有驿令、丞等官。各路的达鲁花赤、总管等，一般负有提调本路站赤的职责。④ 在重要的驿站，还设有脱脱禾孙（查验者），“掌辨使臣奸伪”，专门负责检查过往使臣符札，核实使用铺马、船只的数量和搜检违例驮运的物品等。⑤ 各种海船，无论是运粮、运货的货船，还是载人的“客船”，也都要由港口官员验查“券信”后方能入港停泊。⑥

---

① 《元史》卷103，《刑法志二·职制下》。

② 《经世大典·站赤》，《永乐大典》卷19417。

③ 黄溍：《定国忠亮公神道第二碑》，《金华黄先生文集》卷24。

④ 详见陈高华：《论元代的站户》，《元史论丛》第2辑。

⑤ 《元典章》卷36，《兵部三·脱脱禾孙》。《元史》卷91，《百官志七》。

⑥ 《元史》卷195，《忠义传三·樊执敬传》。

元朝政府亦为民间的交通往来提供了一定的保障。各城市县镇都有客栈馆舍，为商旅提供住宿和饮食。按照政府的规定，乡村和渡口也要设置村店、店舍等，并要专门差人充当弓手，保证过往商旅的人身和财物安全。“州县城子相离窎远去处，其间五、七十里所有村店及二十户以上者，设巡防弓手，合用器仗，必须备足，令本县长官提控。若不及二十户者，依数差补。若无村店去处，或五、七十里创立聚落店舍，亦须要及二十户数；其巡军另设，不在户数之内。关津渡口必当设置店舍、弓手去处，不在五、七十里之限。若沿边州县及相去地里窎远去处，从行省就便定夺”。既然有村店等设置，官方即要求商旅等投店住宿，如至元元年（1264）八月颁发的圣旨规定：“往来客旅、斡脱、商贾及赍擎财物之人，必须于村店设立巡防弓手去处止宿。其间若有失盗，勒令本处巡防弓手立限根捉，如不获者，依上断罪。若客旅、斡脱、商贾人等却于村店无巡防弓手去处止宿，如值失盗，并不在追捕之限”。商旅等出行，要持有官府的许可证明，在要道路口和渡口等处查验后方许通行。“诸斡脱、商贾凡行路之人，先于见住处司县官司具状召保给公凭，方许他处勾当。若公引限满，其公事未毕，依所在倒给”；“经过关津渡口，验此放行，经司县呈押。无公引者并不得安下。遇宿止，店户亦验引，明附店历”。①

为方便来往旅客，在河流的渡口都有摆渡船，尤其是在黄河、长江的渡口，官、民等都要搭乘渡船。重要的渡口，往往由官府打造船只，“召募惯熟知水势梢工撑驾，遇有押运官物公差使臣及往来官宦，即与摆渡。其余百姓、客旅、车骑、行货、孳畜，依验旧例，定立船资”。收取的船资，一半用来维修渡船，另一半用来赡养梢工。船资各地规定不同，如长江西津渡，原来的船资是中统钞50文，仁宗时做了新规定，“过往百姓、客旅，依验每人、车骑、孳畜各定立船资中统钞三钱，老弱贫穷者毋得取要”。黄河渡口的摆渡船钱以至元钞计算，每人收至元钞一分，“凡随挑搭负戴之物及老幼贫穷之人，并不算数”；过渡车辆、马匹等也要收船钱，“重大车一辆钞二钱，空大车一辆钞一钱；重小车一辆钞五分，空小车一辆钞二分；驮子一头钞二分，空头匹一头钞一分，羊猪每五口钞二分”。在船资之外，按规定不许再多要钱和索取物

---

① 《元典章》卷51，《刑部十三·防盗》。

品，但有的梢工“往往刁蹬过往客旅，取要船钱，停滞人难；亦有乘驾船只直至中流，倚恃险恶，勒要钱物，延误不行，以致或因潮来，或因风起，害伤人命”。朝廷为此特别要求各地官府“先将本管境内河道建桥处依例趁时官为搭盖，令车程客旅通行，不得取要钱物。其大河深流巨浸必须用船去处，斟酌宜用坚壮大船，召募惯习熟知水势篙工撑驾，从朝抵暮，守渡其船”，并将船钱分例等“沿河上下镇店摆渡处所两岸张挂，晓谕通知”，严禁梢工等额外取要钱物。河道上的闸门，亦应由管闸人按规定时间放行过往船只，但有的使臣、富商、权要人物不按规定等待开闸，逼迫管闸人随时开启闸门，甚至拷打闸人；还有人擅自在河道内筑坝，破坏闸门。这些做法，都曾被朝廷明令禁止，但收效颇微。①

第三节　交通工具

元代常用的交通工具，既包括皇室使用的车辆，也包括草原地区的车辆和用于农耕等地区交通干线上的各种工具。

蒙古国时期，大汗的斡耳朵（宫帐）经常迁徙，需要大型车辆搬运。有人在草原上曾见过宽30英尺（1英尺=30.48厘米）的帐幕放在车上运送，两个车轮之间的距离为20英尺，装在车上的帐幕两边都超出车轮5英尺。拉这样的车需用22匹牛，均分成两横排，车轴犹如航船的桅杆。赶车人站在车上帐幕门口，驾驭车辆；帐中之人则可坐可卧。② 人们把这种帐与车的结合称之为“帐舆”，见过的人往往发出“车舆亭帐，望之俨然，古之大单于未有若是之盛”的感叹。“舆之四角，或植以杖，或交以板”，用以固定大帐。③

蒙古大汗出行，原来大多坐在可以迁移的斡耳朵内，自忽必烈即位之后，皇帝出行改为乘“象辇”。

---

① 《元典章》卷59，《工部二·船只》。

② 道森编：《出使蒙古记》，第112~113、144页。

③ 彭大雅、徐霆：《黑鞑事略》。李志常：《长春真人西游记》。

“皇帝马棰开云南，始得一象来中国”[①]。“丁酉年（1237）元日进大象，一见，其行似缓，实步阔而疾捭，马乃能追之。高于市屋檐，群象之尤者”[②]。驾辇的象最先来自云南，后来缅国、占城、交趾、真腊以及金齿、大小车里等处陆续贡来驯象。“至元十七年（1280）三月二十日，南诏进象过安肃州，军户老殷为象鼻柬而死”，贡象旅途中还曾发生过事故。[③] 到元朝末年，仍有来贡象者，如“丁酉年（1357）正月一日，内八府宰相领礼部中书省相国，以外国大象进上”[④]。在京城的驯象，都养育于“析津坊海子之阳”，即今北京积水潭和什刹前后海之南，“房甚高敞”，“行幸则蕃官骑引，以导大驾，以驾巨辇”；“庚子年（1360），象房废”[⑤]。

所谓“象辇”，实际上是架在四只大象背上的大木轿子，轿上插有旌旗和伞盖，里面衬着金丝坐垫，外包狮子皮，每象有一名驭者；在狭窄的山路上行走或穿过隘口时，皇帝独乘一象或坐在由两只象牵引的象辂里。[⑥] 所以，象辇又称作“象轿”或“象舆”，是从至元十七年（1280）十月开始制造的。[⑦]“当年大驾幸滦京，象背前驮幄殿行”[⑧]；象辇这种交通工具，给当时的人留下了深刻的印象。

象辇虽然舒适，但安全性能较差。至元十九年（1282），吏部尚书刘好礼向中书省进言：“象力最巨，上往还两都，乘舆象架，万一有变，从者虽多，力何能及，”不久就发生了象惊几乎踩伤从者的事件。[⑨] 无独有偶，数年之后，在忽必烈围猎归途上，有“伶人”表演狮子舞迎驾，惊了舆象，“奔逸不可制”，幸得参乘的侍从官贺胜及时投身向前挡住象的去路，后至者断靷纵象，才避免了一场灾祸[⑩]。虽然如此，元朝皇帝始终未放弃这种工具。泰定二年

---

① 魏初：《观象诗》，《青崖集》卷1。
② 《析津志辑佚》，《物产》，第232页。
③ 王恽：《哀老殷辞》，《秋涧先生大全集》卷8。
④ 《析津志辑佚》，《岁纪》，第212页。
⑤ 《元史》卷79，《舆服志二·仪仗》。《析津志辑佚》，《物产》，第232页。
⑥ 《马可·波罗游记》，第84~85页。拉施特：《史集》，第2卷第352页。
⑦ 《元史》卷11，《世祖纪八》，卷30，《泰定帝纪二》；卷78，《舆服志一·舆辂》。
⑧ 张昱：《辇下曲》，《张光弼诗集》卷2。
⑨ 《元史》卷167，《刘好礼传》。
⑩ 《元史》卷179，《贺胜传》。

(1325)正月，宫廷中依然在“造象辇”[①]，就是明证。

除象辇外，皇帝还备有各种舆辂。辂皆为二轮车，颜色因造轳材料不同而各异。如玉辂为青色，辂马皆用青马，鞍辔鞦勒等皆青色；而金辂则为红色，象辂用黄色，革辂用白色，木辂用黑色，等等。车厢内安置一张靠背龙椅，椅上置“方坐子”和“可贴”（金锦）褥各一，厢底置“方舆地褥”。勾阑内亦放置各种褥被，以备不时之需。车厢上层“左画青龙，右画白虎，前画朱雀，后画玄武”，并置有“云龙门帘”。各辂上都还装有“朱漆轼柜”，摆放金香球、金香合等物。[②]

皇后、嫔妃和太子、诸王、大臣等人随皇帝出行，大多乘坐“宫车”，有时则骑马。宫车的数量极大，所以能给人们留下深刻的印象。驾车的牲畜，有马、牛和牦牛，并有大量的骆驼。“翎赤王侯部落多，香风簇簇锦盘陀。燕姬翠袖颜如玉，自按辕条架骆驼”[③]；“春游到处景堪夸，厌戴名花插野花。笑语懒行随凤辂，内官催上骆驼车”。骆驼除了用来驾车外，还用来驮装金银锦缎和珠宝等，以备皇帝赏赐之用，类似“驼装序入日精门”等诗句[④]，就是记载骆驼驮物的景象。

为便于游牧地区的交通，草原居民必备各种车辆和优良轻便的马具。蒙古人称车辆为“帖儿坚”。根据不同的用途，草原车辆大致可以分为乘座和载物两大类。

草原上一般人乘坐的车辆通称为黑车或毡车，蒙古语称为“合剌兀台·帖儿坚”[⑤]。所谓“黑车”，就是黑毡篷车，“是一种双轮上等轿子车，质量优良，上覆黑毡甚密，雨水不透，驾以牛、驼”[⑥]。已婚妇女往往为自己制造一辆美丽的篷车，在黑毡上装饰各种图案。还有的人将神像供放在他们帐幕前的一辆美丽毡车内。涉足草原的人，如不习惯骑马，一般都乘坐毡车。

---

① 《元史》卷29，《泰定帝纪一》。

② 《元史》卷78，《舆服志一·舆辂》。

③ 杨允孚：《滦京杂咏》上。

④ 张昱：《辇下曲》，《张光弼诗集》卷2。柯九思：《宫词十首》，《辽金元宫词》，第5页。

⑤ 李志常：《长春真人西游记》。《草木子》卷3下，《杂制篇》。《元朝秘史》，第101节。

⑥ 《马可·波罗游记》，第62页。

载物车应包括搬载帐幕的大车和装运各种杂物的驮车。搬载帐幕的车，蒙古语称为“合撒黑·帖儿坚”（大车）或者“格儿·帖儿坚”（帐房车、房车、室车）①，我们前面提到的“帐舆”，就是这类车的一种；但是，以几十头牛拉的车在草原上并不多见，常见的还是一头牛或数头牛、驼拉行的小型车辆。这种车的特点就是车上帐内可以乘人，将乘人和拉物结合在一起。需要说明的是，由于已有专门供人乘坐的毡车，一般情况下帐幕搬迁时人们不留在帐中。

装运杂物的驮车有多种，见于记载的有“农合速秃·帖儿坚”（羊毛车）、“撒斡儿合·帖儿坚”（有锁的车）等②。所谓有锁的车，应该是载运箱子的车辆。西方传教士详细记载了这种箱车的式样：“他们用细长的劈开的树枝编成像一个大保险箱那样大小的正方形东西，然后在它上面，从这一边到那一边，他们用同样的树枝编成一个圆顶，在前面做成一个小门。做成以后，他们用在牛油或羊奶里浸过的黑毛毡覆盖在这个箱子或小房子上面，以便防雨。在黑毛毡上，他们也同样地饰以多种颜色的图案。他们把所有的寝具和贵重物品都收藏在这些箱子里，把它们捆绑在高车上，用骆驼拉车，以便能够渡过河流而不致弄湿。这些箱子从来不从车上搬下来。当他们把帐幕安置在地下时，他们总是把门朝向南方，然后将装着箱子的车子排列在两边，距离帐幕半掷石之远，因此帐幕坐落在两排车子之间，仿佛是坐在两道墙之间一样”；“一个富有的蒙古人或鞑靼人有一、二百辆这样的放置箱子的车子”③。这种箱车显然是可以加锁的，但多数时间没有这种必要。在草原上运送粮食、食品的车辆，大多无篷，类似中原地区的平板车或者架子马车。

草原行车，速度很慢。一只牛和骆驼拉的车，一名妇女可以赶二三十辆。赶车人将这些车子一辆接一辆拴在一起，然后坐在第一辆车上驾驭，后面拴定的牛、驼会顺从地拉着车跟进。碰到难行地段和过河时，则需将车子解开，一辆辆拉过去。用数十头牛牵引的大车，驾车的也仅为一主一仆二人，“叱咤之

---

① 《元朝秘史》，第64、121、232、278节。

② 《元朝秘史》，第85、86、124节。

③ 道森编：《出使蒙古记》，第112～113页。

声，牛骡听命惟谨”[①]。在车的前方，都有一根横木，称为“辕条”，“按之，则轻重前后适均”[②]。

农耕地区的马、牛、车、船等主要交通和运输工具，大多集中在元朝政府手中，供驿站和漕运使用。“凡站，陆则以马以牛，或以驴，或以车，而水则以舟”[③]。按照官方的统计，中书省及河南、辽阳、江浙、江西、湖广、陕西、四川、甘肃行省的驿站共计使用站马44301匹，牛8889头，驴6007头，站车4037辆，轿子378乘，船5921只。[④]

马是陆路交通的主要工具，养马即成为马站户的主要职责。北方的马站户，一般是三至五户养正马一匹，贴马一匹；南方站户，按税粮数当役，以纳粮70石出马一匹为准则，纳粮10石以下的站户八九户共养马一匹，纳粮二三十石之上的站户两、三户共养马一匹，纳粮70石以上的站户则一户养马一匹；四川地区站户贫困者多，所以30户合养一匹马。站马或由站户自备，或由官府征发、购买，交给站户饲养。马、牛的价钱，南、北地区不同，中统元年（1260）时，燕京附近为站赤购买的马匹，每匹合中元宝钞20贯。至元十年（1273），北方1匹马价银30两，牛1头价银20两[⑤]。江南地区，“朝廷立法，以田粮七十石买一马”[⑥]。

由于驿站站马使用频繁，站马倒毙现象经常发生，朝廷不得不限制来往人员使用站马的数额。原来规定一品官出使可用站马八匹，正二品官六匹，从二品官五匹，三品官四匹，四品官三匹，五品官以下三匹或二匹。世祖至元三十年（1293）调整为一品官用站马五匹，正、从二品官四匹，三、四品官三匹，五品以下官员二匹。成宗大德元年（1297）又略作改动，规定官员“三品以上正从不过五人，马不过五匹；四品、五品正从不过四人，马不过四匹；六品至九品正从不过三人，马不过三匹；令译史、通事、宣使等正从不过二人，马

① 周密：《癸辛杂识》续集上，《北方大车》。
② 杨允孚：《滦京杂咏》上。
③ 《元史》卷101，《兵志四·站赤》。
④ 《经世大典·站赤》，《永乐大典》卷19422、19423。
⑤ 《经世大典·站赤》，《永乐大典》卷19416。
⑥ 《大德南海志》卷10，《水马站》。

不过二匹”。武宗时，又恢复了至元三十年的旧例。①

按照政府的规定，各驿站“车马船只，明附文簿，轮番走递，不致偏负”。各马站应置“总差文簿一扇，附写马数，凡遇起马，照依元附文簿，自上而下挨次点差。仍每匹出给堪合印贴一张，并置堪合簿一扇，于贴簿上该写某人马匹起送是何使臣，分付管军军官，令各牌依上置历，附写过责，付养马人夫收管、递送。其站官日逐书押，须要周而复始，轮流走递，不得越次偏重，重并差遣”②。

某些驿站准备的轿子，分为坐轿、卧轿两种。在江浙行省，还设有专门的轿站。轿子主要在山区使用。因为道路狭窄，马匹、车辆不宜通行，用轿子则比较方便。卧轿是专为年老、体弱的人准备的，一般使臣只能乘坐轿。

如上所述，各地水站使用的站船达5000余只。成宗大德元年（1297），特别规定了来往使臣、官员使用站船的数量：“一品、二品给三舟，三品至五品给二舟，六品至九品、令译史、通事、宣使等给一舟；身故官妻子验元受品职与先拟回任官一体应付。”③

辽阳行省设立的15处狗站，原有站户300户，用狗3000只，“后除绝亡倒死外，实在站户二百八十九，狗二百一十八只”④。在冰上行驶的站车，由四只狗或六只狗拖曳。“高丽以北名别十八，华言连五城也。罪人之流奴儿干者必经此。其地极寒，海亦冰，自八月即合，至明年四五月方解，人行其上，如履平地。征东行省每岁委官至奴儿干给散囚粮，须用站车，每车以四狗挽之，狗悉谙人性”。根据马可·波罗的记载，这种站车底部是平的，前面翘起为半圆弧，构造适合在冰上奔跑。“第一辆车子需要六只狗成对地拉着，车上有一个管狗的赶车工”，每辆车只能搭乘一至二人。⑤

民间的交通工具，也是使用马、牛、车、驴、船等，出行的人要“雇觅”交通工具后方能上路。在江南地区，船是主要交通工具，并有专门的客船往来

① 《经世大典·站赤》，《永乐大典》卷19419、19420。
② 《元典章》卷36，《兵部三·给驿》。
③ 《经世大典·站赤》，《永乐大典》卷19419。
④ 《经世大典·站赤》，《永乐大典》卷19422。
⑤ 《马可·波罗游记》，第268～269页。

行驶。“江淮上下及淮浙等处小河，往来客船相望不绝”，但是官府经常强行征用民船，给民间客运和货运船只带来了沉重打击。至元二十年（1283）御史台的两份公文都指出了问题的严重性：“诸处官司指以雇船装载官粮、官物为名，纵公吏、祗候、弓手人等强行拘刷捉拿往来船只，雇一扰百，无所不为，所以客船特少，以致物价腾贵，盗贼公行”；“近岁天旱，中原田禾薄收，物斛价高，百姓艰食，诸处商贾搬贩南米者极多。体知得随处官司遇有递运，将贩卖物斛车船一齐拘撮拖拽，以致水陆道路涩滞难行，米货不通，民间至甚不便”。针对这种现象，朝廷特别发出了不许遮当籴贩客船的禁令，规定“江淮等处米粟任从客旅兴贩，官司毋得阻当，搬运物斛车船并免递运，不以是何人等毋得拘撮拖拽，仍于关津渡口出榜晓谕。如遇籴贩物斛船车经过，不得非理遮当搜检，妄生刁蹬，取要钱物，违者痛行治罪”。至元二十九年，又明令官船损坏由所在官府修理，不得借机征用民船①。在政府的保护下，民间客货运得以维持下来。客运船只不仅白天活动，夜间亦经常往来于江河之间，“凡篙师于城埠市镇人烟凑集去处，招聚客旅，装载夜行者，谓之夜航船。太平之时，在处有之”②。雇用和搭乘船只，要履行签定雇约和登录文簿的手续，如至元三十一年江西行省发布的榜文即明确要求：“今后凡雇乘船之人，须要经由管船饭头人等三面说合，明白写立雇船文约，船户端的籍贯姓名，不得书写无籍贯并长河船户等不明字样及保结。如揽载已后，倘有疏失，元保饭头人等与贼人一体断罪。仍将保载讫船户并客旅姓名、前往何处勾当，置立文簿，明白开写，上、下半月于所属官司呈押，以凭稽考。”③

第四节　运费的调整

货物运输早在蒙古国时期就颇为发达。蒙古军队每一次大规模军事行动，

① 《元典章》卷59，《工部二・船只》。

② 陶宗仪：《南村辍耕录》卷11，《夜航船》。

③ 《元典章》卷59，《工部二・船只》。

都伴随大量牛、马和车辆，载运武器、装备、粮食及各种战利品。在江河地区作战，还需动用大量船只。远程运输，往往是一个漫长的过程。蒙古军队远征中亚时，南宋使者“在草地见其头目民户车载辎重及老小畜产，尽室而行，数日不绝，亦多有十三四岁者，问之，则云此皆鞑人，调往征回回国，三年在道，今之十三四岁者，到彼则十七八岁，皆已胜兵”①。

忽必烈即位之后，北征阿里不哥，南下攻宋，建设大都、上都，都需要组织大规模的物资运输。不同地区的运输车辆，载重量不同。“迤北站车，俱系轻便汉车，最负轻者，止能运载一千斤；迤南行走大车，每辆可载数千余斤”②。

全国统一之后，随着南北大运河的开通和新海运路线的开辟，全国物资的南北调运更大规模展开。仅以海运粮食为例，至元二十年（1283）试运46050石，次年即增至290500石，在忽必烈在位期间的最高记录达到年运1595000石（1290）。成宗朝海运粮的年度最高记录为1843003石（1305），武宗朝的最高记录为2926533石（1310），仁宗朝的最高记录为3264006石（1320），英宗朝的最高记录为3269451石（1321），泰定帝朝的最高记录为3375784石（1326），文宗朝的最高记录为3522163石（1329）③。顺帝朝中期后，海运才逐渐衰落。

大规模的运输，有两大问题受到人们的注意，一个是所运物资的损耗问题，另一个是运费问题。

所运物资的损耗，尤其是粮食，损耗相当严重。如有人指出至元五年“未到仓粮一十五万余石，除已失陷外，八万九千余石至今不知运纳所在”④。忽必烈在位末年，又有人指出江南的粮米，“今已水旱脚力漕运于委曲万余里之外，何不思之甚也。以致沉船破车，夺民时，废民力，死损牛畜，虚损盘费，官吏不能交割，多自经逃窜，所运米石，堆积水边，上雨下湿，腐朽败烂。积今四五年间，问根起发斛若干，今到某所某仓若干，以十损其七八矣，

---

① 彭大雅、徐霆：《黑鞑事略》。
② 《元典章》卷26，《户部十二·脚价》。
③ 《元史》卷93，《食货志一·海运》。
④ 王恽：《弹漕司失陷官粮事状》，《秋涧先生大全集》卷89。

所存者又皆为粪土”[1]。海运的损耗，1283 年为 8.4%，1284 年为 5.2%，1290 年为 5.1%，1305 年为 2.6%，1310 年为 7.2%，1320 年为 0.5%，1321 年为 1%，1326 年为 0.8%，1329 年为 5.2%[2]。相比之下，海运的损耗显然比陆运和内河漕运的损耗少得多。

运费主要分为陆运和水运两种脚价，元代称为“旱脚”和“水脚”。此外，还有海运的运费。

陆运的脚价在元朝初年已引起注意。有人指出：“随路递运车仗脚钱，近者五六十贯，远者不下百贯，官支价钱十不及二三，其不敷数百姓尽行出备。”[3] 中书省兵部很快确定陆运脚价为“递运诸物每千斤，百里脚价钞一两三钱”。至元十五年（1278），由于“物料涌贵”，中书省兵部请求脚价“加五添答”，即增加 50%，由一两三钱增为一两九钱五分。这个价格，是平地运输价格，山路则要多一些[4]。至元二十五年（1288）四月，中书省兵部和户部议定新标准，陆运脚价 1000 斤货物 100 里平地中统钞 10 两，山路 12 两。大德五年（1301），民间的陆运脚价已达到 1000 斤货物 100 里脚价中统钞 17 两，中书省兵部决定“量添旱脚”，除两都之间的运输外，1000 斤货物 100 里山路脚价为中统钞 15 两，平地脚价为中统钞 12 两。

内河运输的价格，元朝初年制国用使司定例，1000 里水路运物 100 斤的脚价标准为 1 钱，并根据河渠的状况有所增减，如从方里码头运货至杨村，1445 里，100 斤货物付脚价 1 钱 1 分 6 厘；从旧县码头运货至杨村，1345 里，100 斤货物只付脚价 1 钱；从秦家渡运货至杨村，1300 里，100 斤货物付脚价 1 钱 4 厘。后来水运货物亦以 1000 斤 100 里计算，先以脚价 3 钱 7 分为标准，至元二十三年，湖广行省的水路运输增至上水脚价 1 两，下水 5 钱。至元二十五年（1288）四月，中书省兵部和户部议定新标准，水运脚价 1000 斤货物 100 里下水 6 钱，大都路内上水 8 钱，下水 7 钱。至元二十九年，内河漕运运粮标准为下水 1000 斤 100 里脚价 6 钱，上水 1 两 2 钱。成宗元贞二年

---

① 胡祗遹：《民间疾苦状》，《紫山大全集》卷 23。

② 据《元史》卷 93，《食货志一·海运》的数字计算。

③ 王恽：《议恤民》，《秋涧先生大全集》卷 90。

④ 《元典章》卷 26，《户部十二·脚价》，下同。

(1296)，又明确标准，确定内河运输，脚价以千斤百里6钱为基本标准，上水7钱，下水6钱。大德五年，根据不同的河流情况做出了新的规定，1000斤货物100里的脚价，“江南、腹里河道水脚，上水作八钱，下水七钱。淮、江、黄河，上水一两，下水七钱”。

海运的脚价，至元二十一年（1284）为1石给中统钞8两5钱，后降至6两5钱。武宗至大三年（1310），增给运费，1石给至元钞1两6钱（合中统钞8两），香糯米1石脚价1两7钱。次年运费又有增加，运米1石给至元钞2两，香糯米1石给钞2两8钱，稻谷1石脚价1两4钱。仁宗延祐元年（1314），又根据远近重新确定了海运脚价，福建所运糙米，1石脚价13两；浙江的温州、台州和庆元所运糙米和香糯米，1石脚价11两5钱；绍兴和浙西所运糙米、白粳和黑豆，均为1石脚价11两，稻谷1石的脚价为8两①。

从上述三种运费的情况，可以看出两个问题。一是从元朝初年到元朝中期，“旱脚”、“水脚”和海运脚价的标准都有所提高，其中“旱脚”即陆运脚价增幅最大，元中期的脚价是元朝初期脚价的10倍左右。二是三种运费比较，陆运最为昂贵，其次是内河水运，海运最为便宜。元朝统治者之所以大力推行海运，显然是看到了海运损耗小和运费便宜的优点。

① 《元史》卷93，《食货志一·海运》。

第三编

货币与商品流通

第十章　货币制度

蒙古国前四汗时期，“汉地”使用的货币，主要有白银、纸钞两种。忽必烈即位后先后发行中统钞和至元钞。武宗时又发行至大钞，但为时短暂。元顺帝时，发行至正钞。可以说，有元一代以政府发行的纸币作为基本的货币制度。这在中国古代各历史朝代中是独一无二的。中统钞发行之初，管理制度比较完善，其购买力是相当稳定的。从平定南宋前后开始，元朝政府把加印纸币作为弥补财政亏空的手段，于是便出现了通货膨胀，纸币不断贬值。这种情况日益严重，终于导致纸币的停止使用。元朝的灭亡，是和纸币制度的破产有密切关系的。

第一节　蒙古国时期的货币与中统钞的发行

成吉思汗建立蒙古国后，并没有发行自己的货币。在相当长的时间内，蒙古国中通用的货币是白银。窝阔台汗经常用白银赏赐臣下①。据13世纪40年代出使蒙古的南宋使臣记载，“其贾贩则自鞑主以至伪诸王、伪太子、伪公主等，皆付回回以银，或贷之民，而衍其息。”② 在北方农业区，原来金朝统治时期使用的货币有铜钱、白银和纸币。金朝末年，纸币贬值，民间交换或用白银，或采用物物交换的方法。金朝灭亡后，原来的纸币完全停止使用，白银成

① 志费尼：《世界征服者史》，何高济译，上册，第237～271页，内蒙古人民出版社，1981年版。
② 彭大雅、徐霆：《黑鞑事略》。

为主要的流通手段。元代的文献记载当时的情况说，“时楮币未行，凡贸易皆白金。”① “时贸易用银，民争发墓劫取”，归附蒙古的济南军阀张荣“下令禁绝”②。正因为如此，蒙古国在北方农业区征收的赋税，除粮食、丝料外，便是白银。③

蒙古国在灭金以后，曾经发行纸币。丙申年（太宗八年，1236），“春正月，诸王各治具来会宴。……诏印造交钞行之。”④ “丙申春，诸王大集。……有于元者，奏行交钞。[耶律] 楚材曰：‘金章宗时初行交钞，与钱通行，有司以出钞为利，收钞为讳，谓之老钞，至以万贯唯易一饼。民力困竭，国用匮乏，当为鉴戒。今印造交钞，宜不过万锭。’从之。”⑤ “诸王大集”，举行宴会，就是蒙古统治集团的忽里台（大聚会），蒙古国的军政大事，都在忽里台上决定。也就是说，在丙申年的忽里台上，决定发行交钞。建议者于元是何许人，无记载可考。以“交钞”为名，显然是仿效金朝的制度。耶律楚材原是金朝的官员，深知金朝后期滥发纸币导致通货膨胀的严重后果，所以提出了限量发行的建议。但是关于这次交钞的情况，此外别无记载。它是否发行过，也是无法证实的。

蒙哥汗即位（1251）后，“以布智儿为大都行天下诸路也可札鲁忽赤，印造宝钞。”⑥ 根据其他记载，蒙哥汗任命布智儿（布只儿）和牙剌瓦赤行燕京尚书省事，燕京行省是主管北方农业区（当时称为“汉地”）的最高行政机构，这是汉人按金朝制度的习惯称呼，蒙语则称为札鲁忽赤（断事官）。这次“印造”的宝钞，和窝阔台时代的交钞，有没有关系，是不清楚的。但可以肯定的是，蒙哥汗时代确实发行过纸币。中统元年（1261）七月，“刘天麟奏告：‘故刘权府元受先帝圣旨，赉典赤处关钞一千锭，规运利息，专与燕京置买在城使臣骑坐小铺马，除已纳讫，乞换授事。’准奏，给降圣旨付天麟，照

① 刘敏中：《济南李氏先茔碑铭》，《中庵集》卷9。
② 《元史》卷15，《张荣传》。
③ 参见本书第十五章。
④ 《元史》卷2，《太宗纪》。
⑤ 《元史》卷146，《耶律楚材传》。
⑥ 《元史》卷123，《布智儿传》。

依以前体例，从长规划，不得违错。”[①] 这是忽必烈上台以后的事，但其中所说的“先帝”指蒙哥汗，所“关”之“钞”，无疑就是布智儿印造的宝钞。“刘权府”所关一千锭钞，是用来“规运利息”亦即放债生息的，这说明蒙哥汗时期发行的宝钞，是在民间通用的。13 世纪 50 年代出使蒙古的传教士威廉·鲁不鲁乞曾访问蒙哥汗的斡耳朵（帐幕、宫廷），在那里见到过契丹人，他说：“契丹通常的钱是一张棉纸，长宽各有一掌之宽，他们在这张纸上印有条纹，与蒙哥汗印玺上的条纹相同。”[②] 他所见到的显然就是蒙哥汗时期燕京行省印造的宝钞。

癸丑年（蒙哥汗三年，1253），蒙哥汗以京兆赐给兄弟忽必烈作为分地。忽必烈设京兆宣抚司进行治理，“又立交钞提举司，印钞以佐经用”[③]。忽必烈在关陇地区发行的纸币，以“交钞”为名，与蒙哥汗命布智儿印造的“宝钞”显然有所区别。但可认为，忽必烈发行的是一种地区性的纸币，只通行于京兆宣抚司管辖的关陇地区。事实上，在蒙古国时期，“汉地”不少军阀均曾在自己辖区内发行过纸币。例如，博州（今山东茌平）由何实控制，“博值兵火后，物货不通，实以丝数印置会子，权行一方，民获贸迁之利”[④]。何实在博州发行的纸币称为会子，显然与蒙古国政府发行的“交钞”、“宝钞”不同，其面值不以钱或银计而以“丝数”计，也是与一般纸币有别。何实的会子，显然只能在博州流通。另据记载，“各道发楮币贸迁，例不越境，所司较固取息，二三岁一更易，致虚耗元胎，商旅不通。公（真定军阀史楫——引者）腾奏皇太后，立银钞相权法，度低昂而为重轻，变涩滞而为通便。”[⑤] 可见“各道”（实际上指各地的汉人世侯）都发行纸币，只限于自己境内使用，不能出境，而且定期更换。这种有地域和时间限制的纸币，对于掌权的军阀固然有利，但对于商业流通却是很大的障碍。所谓“银钞相权法”应是允许纸币与白银相互兑换，这样便能树立纸币的信用，“变涩滞而为通便”。真定是成吉

---

① 《经世大典·站赤》，《永乐大典》卷 19416。

② 《鲁不鲁乞东游记》，道森编《出使蒙古记》，第 190 页。

③ 《元史》卷 4，《世祖纪一》。《元史》卷 159，《商挺传》亦说京兆宣抚司“印楮币”。

④ 《元史》卷 150，《何实传》。

⑤ 王恽：《史公神道碑》，《秋涧先生大全集》卷 54。参见《元史》卷 147，《史天倪附史楫传》。

思汗第四子拖雷（蒙哥和忽必烈的父亲）的封地，拖雷早死，家族事务由其妻唆鲁忽贴尼掌管。控制真定的汉人世侯史氏家族遇到重要的事情仍须向唆鲁忽贴尼请示，文中的“皇太后”即指唆鲁忽贴尼。真定的纸币，因此称为银钞，“交通燕赵及唐、邓之间”，显然有较好的声誉，其使用范围已越出真定一隅①。山东益都的李璮，也在境内发行纸币，称为“涟州会子”②。

总起来说，自灭金以后，蒙古国统治的北方农业区（“汉地”）使用的货币，有白银，又有纸币。纸币分蒙古国政府和地方政府两个发行系统，名称多样。此外，还应存在以实物（丝）作为交换时一般等价物的现象。何实发行的会子以“丝数”，便是这种现象的反映。上述情况，一直继续到蒙哥汗（1251～1260）时期。

忽必烈登基（1261）以后，蒙古国的各方面都发生重大的变化，货币制度亦是如此。中统元年四月，忽必烈即汗位。“五月二十一日，中书省官忽都不花奉旨：‘缙山至望云，速取径道，立海青站者。’中书议，差断事官亦捏哥等，赴宣德州置缙山、静边、望云三驿，拨榆林站肥马五十匹与缙山，雷家站马四十匹与静边，宣德州站马四十匹与望云，……其榆林、雷家站、宣德州三站增补马各二十五匹，每匹支价钞元宝钞二十贯，总计三十锭买备讫。”③这时支用的“元宝钞”显然还是蒙哥汗时期发行的宝钞，由此可知蒙哥汗时期的宝钞采用贯、锭，1锭等于50贯。

中统元年七月，“诏造中统元宝交钞。”十月，“初行中统宝钞。”④交钞是“以丝为本，每银五十两易丝钞一千两，诸物之直，并从丝例”。宝钞则“每一贯同交钞一两，两贯同白银一两”⑤。关于中统元宝交钞和中统宝钞的关系，文献记载是含糊不清的。固然，上述何实曾在博州“以丝数”发行会子，但这只是个别地区的情况。无论从整个蒙古国或是“汉地”来说，通行的是白银。真定发行的纸币，便称为“银钞”，而且流行于真定以外的地区。忽必烈

① 《国朝名臣事略》卷10，《尚书刘文献公》。
② 张起岩：《济南路大都督张公行状》，《国朝文类》卷50。
③ 《经世大典·站赤》，《永乐大典》卷19416。
④ 《元史》卷4，《世祖纪一》。
⑤ 《元史》卷93，《食货志一·钞法》。

发行纸币，旨在“汉地”通用，有什么必要采用“以丝为本”？这是令人难以理解的地方。其次，七月发行的纸币称为中统元宝交钞，十月发行的中统宝钞，或称中统元宝[①]、中统元宝钞[②]。但是，有的文献称十月发行的是“中统交钞”[③]，有的文献既称中统元宝交钞，又称中统元宝。[④] 显然，中统元宝交钞和中统宝钞（元宝）并没有什么差别。这样，对于中统元年忽必烈发行的纸币似可以作这样的解释。七月发行“以丝为本”的中统元宝交钞，十月改为以银为本的中统元宝交钞，两者名称是相同的，但内容则有区别。前一种交钞可能根本没有正式发行便胎死腹中了，后来流行的是后一种中统元宝交钞。

总之，忽必烈上台后正式发行的是中统元宝交钞。开始时有交钞、宝钞、元宝等简称，后来则通称为中统钞。中统钞的面值分为十等，即：一十文、二十文、三十文、五十文、一百文、二百文、三百文、五百文、一贯文省、二贯文省[⑤]。尽管面值都以贯、文计，但是没有发行铜钱，实际上与铜钱没有联系。在发行中统钞时，规定每两贯同白银一两行用。也就是说，中统钞是和白银相联系的。

具体主持发行中统钞工作的是王文统，这是一个精明能干的政治家，受到忽必烈赏识。忽必烈登汗位后，立即任命他为中书平章政事，实际负责政务。王文统和一些汉人大臣认真总结了金朝发行纸币的经验教训，“讲究利病所在”，提出了一系列措施。主要是：（一）发行中统钞没有时间和地域的限制，可以在境内各处长期使用。有关条例中的规定：“于随路宣抚司所辖诸路，不限年月，通行流转。”（二）各路原发纸币，都要定期收回，不许再流通。有关条例中规定，“各路元行旧钞并白贴子，止勒元发官司库官人等，依数收倒，毋致亏损百姓。须管日近收到尽绝，再不行使。”“白贴子”不见于其他记载，应是一种纸币代用券。当时真定银钞是比较流行的，“时中统新钞行，

---

① 《经世大典·赋典》，《国朝文类》卷 40。

② 《元史》卷 93，《食货志一·钞法》。

③ 《元史》卷 206，《奸臣·王文统传》。

④ 王恽：《中堂事纪上》，《秋涧先生大全集》卷 80。

⑤ 按，《元史·食货志·钞法》作九等，无三百文，应是漏记。现已发现三百文钞实物，见《中国古钞图辑》第 36 页。中国金融出版社，1987 年。

罢银钞不用，真定以银钞交通于外者凡八千余贯，公私嚣然，莫知所措。〔真定宣抚使刘〕肃建三策：一曰仍用旧钞，二曰新旧兼用，三曰官以新钞如数易旧钞。中书从其第三策，遂降钞五十万贯”①。可见这一条是严格执行了的。以上两条措施，是互相补充的。这样一来，中统钞就成为蒙古国唯一通行的可以长期使用的纸币，完全改变了过去中央与地方都可发行纸币的局面。（三）各种赋税，都收中统钞。有关条例中规定，“应据酒税醋盐铁等课程，并不以是何诸科名差发内，并行收受。”蒙古国的各项赋税，原来或征收实物，或征收白银。发行中统钞以后，征收白银的各项赋税都改征钞。例如，科差中的包银，是“汉地”最重要的赋税项目之一。中统四年（1263）三月，中书省下令：“诸路包银以钞输纳。”② 各种赋税收钞，是推动中统钞流通的重要手段。当时有人说：“目今每岁印钞八万余锭，盖以丝线包银宣课官为收钞，所以流传通行，略无凝滞。”③（四）以银作钞本，“使子母相权，准平物估。钞有多少，银本常不亏欠。”中统钞可以随时倒换白银。有关条例规定：“如有诸人赍元宝交钞，从便却行赴库倒换白银物货，即便依数支发，并不得停滞。每两止纳工墨钞三分外，别无克减添答钱数。”（五）印钞止限于流通，不许挪用作其他经费。“在都总库印到料钞，不以多寡，除支备随路库司关用外，一切经费虽缓急不许动支借贷。”④ 这些措施，使中统钞具有较好的信用，能够迅速流行开来。

在中统钞发行的初期，政府严格控制发行量。中统元年（1260）发行73352锭，第二年才39139锭，以后各年多少不等，但多则11万余锭，少则2.9万余锭，直到至元十一年（1274）才增加到24万余锭，十三年（1276）猛增为141万余锭。也就是说，在忽必烈发动灭宋战争以前，中统钞的发行量是有限的，这也有助于中统钞的稳定。元朝官员胡祗遹说：“中统建元，钞法初立，公私贵贱，爱之如重宝，行之如流水。”⑤ 中统钞在一段时间内具

---

① 《元史》卷160，《刘肃传》。
② 《元史》卷5，《世祖纪二》。
③ 胡祗遹：《宝钞法》，《紫山大全集》卷22。
④ 本段以上引文未注出处者，均见王恽《中堂事记上》（《秋涧先生大全集》卷80）。
⑤ 胡祗遹：《宝钞法》，《紫山大全集》卷22。

有良好的信誉，在市场上通行无阻，受到百姓的欢迎。

至元十二年（1275），元军过江，对宋战争取得决定性的胜利。忽必烈命大臣们讨论在江南推行中统钞的利弊。有人认为，“江南交会不行，必致小民失所”，也就是主张继续行用南宋交子、会子。另一种意见则主张以中统钞易换南宋的交、会。忽必烈认为前一种意见“不识事机”，支持后一种意见①。于是当年“差官纲运宝钞一十万锭赴江南”②。至元十三年六月，又“置行户部于大名府，掌印造交钞，通江南贸易”③。就在这一年，确定了中统钞与南宋会子的兑换标准：“以宋会五十贯准中统钞一贯。”④ 至元十四年四月，“禁江南行用铜钱”⑤。但亦可与中统钞兑换，“亡宋铜钱三贯，准中统钞一贯”⑥。但另有记载说“每一贯准铜钱四贯。”⑦ 也许是时间先后有所变化。自此以后，中统钞成为江南通用的货币。忽必烈主张在江南行用中统钞，应该说是高明的决策，有利于国家的统一和南北经济的交流。忽必烈还在边疆地区积极推行钞法。至元六年（1269）八月，“以沙、肃州钞法未行，降诏谕之。”⑧ 沙州路治今甘肃敦煌，肃州路治今甘肃酒泉，都属甘肃行省。至元九年（1272）五月，立和林转运司，以小云失别为使，兼提举交钞使⑨。和林原是蒙古国都城，忽必烈建都大都后，和林地位有所降低，但仍是漠北重镇。在和林设提举交钞使显然为了在漠北草原地区推行钞法。至元十七年（1280）三月，“立畏吾境内交钞提举司。”⑩ 二十年（1283）三月，又“立畏吾儿四处驿及交钞库”⑪。所谓交钞库应是平准行用库或行用库。现存的畏吾儿文契约文书中出现“中统

---

① 《元史》卷205，《阿合马传》。

② 陆文圭：《孙公墓志铭》，《墙东类稿》卷12。

③ 《元史》卷9，《世祖纪六》。

④ 《元史》卷94，《食货志二·茶法》。

⑤ 《元史》卷9，《世祖纪六》；《元史》卷157《张文谦传》云：“时阿合马……创立行户部于东平、大名以造钞。”

⑥ 方回：《嵊县尹余公遗爱碑》，《越中金石记》卷7。

⑦ 程钜夫：《民间利病·江南买卖微细宜许用铜钱或多置零钞》，《雪楼集》卷10。

⑧ 《元史》卷6，《世祖纪三》。

⑨ 《元史》卷7，《世祖纪四》。

⑩ 《元史》卷11，《世祖纪八》。

⑪ 《元史》卷12，《世祖纪九》。

宝钞”字样[①]，新疆亦有实物发现[②]。足以说明当时曾在以今新疆吐鲁番为中心的畏兀儿地面广泛使用。中统钞已成为全国普遍行用的货币。

有两个地区情况比较特殊。一是吐蕃，一是云南。元代的吐蕃地区，包括今天的西藏和四川、甘肃、青海的一部分，是藏族聚居的地方。这一地区历来以黄金和白银作为流通手段。但是，在元代，由于它和中央关系日益密切，通过多种途径，纸币大量进入这一地区，在流通领域中发挥作用。在西藏的萨迦寺、青海的格尔木，都发现有元代的纸币[③]。云南地区行用的货币与其他地区有所不同。至元十三年（1276）正月，“云南行省赛典赤……又言：‘云南贸易与中州不同，钞法实所未谙。莫若以交会、𧵳子公私通行，庶为民便。’并从之。”[④] 𧵳子是一种海贝，在云南地区长期作为货币流通，这时元朝政府许可它继续存在。同年四月，政府中曾就𧵳子流通发生一场争论[⑤]：

至元十三年四月十三日，中书省奏，云南省里行的怯来小名的回回人，去年提奏来，“江南田地里做买卖的人每，将着𧵳子去云南是什么换要有。做买卖的人每私下将的去的教禁断了。江南田地里市舶司里见在的𧵳子多有，譬如空放着，将去云南，或换金子，或换马呵，得济的勾当有。”奏呵。“那般者。”圣旨有呵。去年的𧵳子教将的云南去来，那其间，那里的省官人每说将来：“云南行使𧵳子的田地窄有，与钞法一般有，𧵳子广呵，是什么贵子，百姓生受有。腹里将𧵳子这里来的，合教禁子有。”说将来呵。两个的言语不同有。“那里众官人每与怯来一处说了话呵，说将来者。”么道，与将文书来。如今众人商量了说将来，“将入来呵，不中，是什么贵子，百姓每也生受有。百姓每将入来的，官司将入来的，禁断了，都不合教将

---

① 冯家升：《元代畏兀儿文契约两种》，见《历史研究》，1954 年第 1 期。

② 王树枏：《新疆访古录》。

③ 《西藏萨迦寺发现的元代纸币》，《文物》，1975 年第 9 期。《青海文物考古工作三十年》，见《文物考古工作三十年》，文物出版社，1979 年版。

④ 《元史》卷 9，《世祖纪六》。

⑤ 《通制条格》卷 18，《关市·私𧵳》。

入来。”么道，说将来有。俺商量得，不教将入去呵，怎生？奏呵。“休教将入去者。”圣旨了也。

贝八子出产于南海，从事海外贸易者很容易得到。在云南行省任职的回回人怯来建议，禁止江南商人带着来自海外的贝八子到云南购买货物，由政府将市舶司（管理海外贸易的机构）储存的进口贝八子运到云南换金子和马。元朝政府接受这一建议，“去年的贝八子教将的云南来”。但是这样一来，云南流通的贝八子多了，物价抬高，“百姓生受有”。云南行省其他官员反对这种做法，认为应该禁止。最后达成一致意见，禁止其他地方的贝八子进入云南，只准原有的贝八子流通。

至元十九年（1282）九月，“定云南税赋用金为则，以贝八子折纳，每金一钱直贝八子二十索。”[①] 按，同年十月元朝政府颁布《整治钞法条画》，赤金每两出库价钞 15 两，则金每钱应为中统钞 1.5 两。也就是说，中统钞 1.5 贯（两）相当于贝八子 20 索。但到至元二十四年发行至元宝钞时，赤金每两价至元钞 20 贯，每钱应为 2 贯，也就是说，1 贯至元钞相当贝八子 10 索，1 贯中统钞只相当于贝八子 2 索了。前面说过，中统钞是和白银联系的，而云南贝八子却直接和金子联系，以金为则，这实在是很难理解的，也许是因为云南产金的缘故。

第二节　至元钞和至大钞

中统钞“行之十七、八年，钞法无少低昂”，物价大体上是平稳的[②]。但在忽必烈发动灭宋战争（1274～1279）以后，军费支出浩大，成为国家财政的沉重负担。当时主管财政的中书平章政事回回人阿合马便以大量印造纸币作为解决的办法，他一反过去的做法，“略不会计，止知多行印造，便于支发供

① 《元史》，卷 12《世祖纪九》。

② 吴澄：《刘忠献公行状》，《吴文正公集》卷 43。

给”[①]。至元十年（1273）以前，每年印钞最多不过10万锭左右，至元十一年（1274）到至元十六年（1279）间，印钞量激增，有如下表：

时　间	印钞数
至元十一年（1274）	247440锭
至元十二年（1275）	398194锭
至元十三年（1276）	1419665锭
至元十四年（1277）	1021645锭
至元十五年（1278）	1023400锭
至元十六年（1279）	788320锭

不仅政府印钞量激增，而且“盗臣私家盗印，奸贪无厌，车载船装，遍行诸路，回易物货”[②]。这样更增加了流通中纸币的数量。“钞多则物自重”，物重（物价增贵）则钞虚。这里所说的“盗臣”，指的就是阿合马。除了多印、盗印中统钞外，阿合马还将“随路平准库金银尽数起来大都，以要功能”。平准库的金银被称为“胎本”，是发行纸币的保证金，纸币可以随时兑换金、银。起往大都以后，纸币的兑换无法实现，“是以大失民信，钞法日虚”。“民间所行，皆无本之钞，以至物价腾踊，奚至十倍。”[③] 至元十九年（1282）五月，阿合马被人杀死，但是“钞虚”的现象已经形成，而且日趋严重。

造成物价上涨的另一个重要原因是小钞的缺乏。中统钞印造共分十等，面值最小的是十文。至元十二年（1275），“添造厘钞，其例有三，曰二文、三文、五文”。但到十五年，便“以厘钞不便于民，复命罢印”[④]。实际上不是厘钞“不便于民”，在铜钱不许流通后，民间迫切需要小钞。“交钞所以便于交易者，以其比之丝绢麻布金银段疋能分能零也。且小民日生旅求升合者，十盖六七，图锱铢之利者，十盖七八，若无零钞，何以为生，何以为成市。”[⑤] 元

① 胡祗遹：《宝钞法》，《紫山大全集》卷22。
② 《宝钞法》。
③ 吴澄：《刘忠献公行状》，《吴文正公集》卷43。
④ 《元史》卷93，《食货志一·钞法》。
⑤ 胡祗遹：《宝钞法》，《紫山大全集》卷22。

朝政府印造的小钞本来有限，后又“罢印”厘钞，民间流通很少，这便带来很多问题。胡祗遹说：“近年零钞销磨尽绝，至于百文者亦绝无而仅有，所以元直十文、五文之微，增价数倍，交易之间，不能割绝，以致即当寄留，欺谩涩滞。”[①]“近年来以零钞销磨尽绝，上司并不印发，零钞不行，物价自重。”[②]来自江南的程钜夫说：“窃惟江南小民多而用钱细，……比来物贵，正缘小钞稀少，谓如初时直三五分物遂增为一钱。一物长价，百物随例。省府虽有小钞发下，而州郡库官不以便民为心，往往惮小劳而不领取，提调官亦置不问，于是小经纪者尽废，民日困而钞日虚。宜令增造小钞数倍，常年分降江南州郡，特便细民博易，亦利民重钞之一端也。”他还建议开放铜钱，允许流通[③]。小钞的缺乏，一是因为印得少，特别是二文、三文、五文和厘钞，二是钞库官吏怕麻烦不领取倒换。其结果必然刺激一些低廉物品的价格上涨，而低廉物品的涨价又会拉动其他物品价格的上涨。

物价的上涨，在黄金价格上表现得最为明显。原来规定，“钞一十四贯八百文当黄金一两。盗臣（指阿合马——引者）自坏其法，征金于办课官，金一两收钞百两。南省官卖官鬻狱，止要黄金，金一两卖至钞百五、六十贯。回易于官库，则官库无金，是使人明犯私买私卖之罪。金价日增，钞法日虚。”其他物品也都上涨，“近年以来，[米、麦、布]价增六、七倍，渐至十倍，以至诸物及庸工之价直亦莫不然”[④]。

面对这样的局面，元朝政府不得不考虑拯救之法。至元十九年十月，中书省颁布了《整治钞法条画》，表示政府承认钞法出了问题，需要整顿。但是，这一《条画》主要内容是加强对金、银的管理，“买卖金银赴官库依价回易倒换”，不许私下贸易[⑤]。至元二十年六月，“申严私易金银之禁。”[⑥]至元二十

---

① 胡祗遹：《宝钞法》，《紫山大全集》卷22。

② 胡祗遹：《民间疾苦状》，《紫山大全集》卷23。

③ 《民间利病·江南买卖微细宜许用铜钱或多置零钞》，《雪楼集》卷10。按，程钜夫上奏在至元二十四年。

④ 胡祗遹：《宝钞法》，《紫山大全集》卷22。

⑤ 《元典章》卷20，《户部六·钞法·整治钞法》。

⑥ 《元史》卷13，《世祖纪十》。

一年十一月，“敕中书整治钞法，定金银价，禁私自回易，官吏奉行不虔者罪之。”[①] 官方所定的金、银价就是初行中统钞时的比价，白银每两钞二两，黄金每两钞十五两[②]。也就是说，政府企图用强制的手段，使金、银与钞的兑换比例回落到原来的水平，从而促使整个物价的回落。但事实上，百姓不会将自己的金银送去按官价兑换已经贬值的纸币，而钞库也没有金银可按官价兑给百姓。在官价、民间价相差悬殊的情况下，禁止民间兑换只能是一纸空文。

至元二十二年（1285）正月，忽必烈任命卢世荣为中书右丞。卢世荣在阿合马当政时“以贿进，为江西榷茶运使，后以罪废”。此时受到重用，是因为有人推荐他“能救钞法，增课额，上可裕国，下不损民”。卢世荣上台后采取的拯救钞法措施主要是：金银“听民间从便贸易”；“括铜铸至元钱，及制绫券，与钞参行。”但是他当政不到四个月，各项措施未及展开，便受到猛烈的攻击：“考其所行与所言者，已不相副。始言能令钞法如旧，弊今愈甚。始言能令百物自贱，今百物愈贵。”卢世荣很快被处死[③]。卢世荣主张民间可以自行贸易金银，这是对已经存在的事实的承认。他提出的“制绫券”、“铸至元钱”，是想对币制进行改革。这些措施，都不能从根本上解决“钞虚”的问题，是可以断言的。至元二十三年（1286），元朝政府又曾企图“更钞铸钱”，但因朝廷中意见不一，加上内部权力斗争，“钱议遂罢”[④]。

至元二十四年（1287）二月，忽必烈颁布圣旨，更改钞法。其中说[⑤]：

> 钞法之行二十余载，官吏奉法不虔，以至物重钞轻，公私俱弊。比者廷臣奏请，谓法弊必更，古之道也，朕思嘉之。其造至元宝钞颁行天下，中统宝钞通行如故，率至元宝钞一贯文当中统宝钞五贯文，子母相权，官民通用。务在新者无冗，旧者无废，上不亏国，下不损

① 《元史》卷13，《世祖纪十》。

② 前面征引文献中所说黄金一两值钞十四贯八百文是入库价。

③ 《元史》卷205，《奸臣·卢世荣传》。

④ 吴澄：《刘忠献公行状》，《吴文正公集》卷43。

⑤ 《元典章》卷1，《诏令》。

民。其听无忽，朕不食言，故兹诏示，想宜知悉。

同年三月，尚书省[①]颁发了《至元宝钞通行条画》。其中规定：至元宝钞一贯当中统钞五贯，新旧并行，公私通用。白银一两官价至元钞二贯，赤金每两二十贯，不许民间私自买卖。赋税可纳中统钞，亦可纳至元钞；发卖盐引则中统钞、至元钞各半，或全部用至元钞。至元宝钞分十一等，自二贯至五文不等。据有的记载说，行至元钞出于南人叶李的建议[②]。但我们从《条画》可以看到，这次更改钞法的措施主要有两条，一条是发行价值高的新钞，二是禁止民间买卖金银。后一条由来已久，前一条和卢世荣“制绫券”的意见可以说是相同的。因此，行用至元钞显然是元朝政府中长期酝酿、讨论的结果，叶李最多是总结了讨论中多数人的主张，并无新意。至于有的记载说，叶李“献至元钞样，此样在宋时因尝进呈，请以代关子，朝廷不能用，故今别改年号复献之。世皇嘉纳，便用铸版”[③]。这一说法也是不可信的。至元钞的样式基本上是和中统钞一样的，也就是说，它是沿袭中统钞样式的，显然不是出于叶李的创造。还有记载说，“昔左丞叶李请造至元钞，谓中统钞一张仅可一张之用，若以至元一张抵中统五张，一岁造钞之费无所增益，自可获五倍之利。以此啖国，遂行其说。”[④] 这种说法也是值得怀疑的，叶李或元朝当政者似乎还不会无知到这种程度。

元朝政府发行至元钞时，虽然宣布“新旧并行”，但实际上是想用至元钞完全取代中统钞。至元二十五年（1288）正月，“毁中统钞版”[⑤]。从这一年起，不再印造中统钞。桑哥等人计划，用三年的时间，“将中统钞收拾了”[⑥]。至元二十六年（1289）闰十月，“桑哥言：‘初改至元钞，欲尽收中统钞，故令天下盐课以中统、至元钞相半输官。今中统钞尚未可急敛，宜令税赋并输至

---

① 至元二十四年（1287）二月，忽必烈宠信的权臣桑哥建议立尚书省。经忽必烈批准，桑哥实际上成为尚书省的首脑。成立这一机构旨在削弱中书省的权力。改革钞法是尚书省成立以后的第一件大事。

② 《元史》卷173，《叶李传》；卷205，《奸臣·桑哥传》。

③ 陶宗仪：《南村辍耕录》卷19，《至元钞样》。

④ 郑介夫：《太平策》，《历代名臣奏议》卷67，《治道》。

⑤ 《元史》卷15，《世祖纪十二》。

⑥ 《元典章》卷22，《户部八·课程·用中统至元钞纳课》。

元钞，商贩有中统料钞，听易至元钞以行，然后中统钞可尽。’从之。”[①] 这种办法，必然使持有中统钞的百姓发生困难。不久桑哥下台，中书省官员提出，差发课程“若不要中统钞，则要至元纱呵，百姓每生受有，休交少了额数”。建议依旧“中统、至元钞相衮着收。”忽必烈下诏：“依着您的言语，从百姓便当收要者。”[②] 中统、至元钞依旧并行。

一般记载中都没有提到发行至元钞时是否行用铜钱。但元成宗大德七年（1303）郑介夫向朝廷上《太平策》，其中说[③]：

> 钦睹先皇帝立尚书省诏文内一款节该，世祖皇帝建元之初，颁行交钞以权民用，已有钱币兼行之意。盖钱以权物，钞以权钱，子母相资，信而有证。钦此。铜钱初行，民间得便，欢谣之声，溢于闾里。仅得逾年，遽行改法。又钦睹诏旨罢用铜钱节该，“虽畸零使用便于细民，然壅害钞法深妨国计。”钦此。切详诏意，未尝不以用钱为便，何为于国有妨，只此一语，可见奸臣之误国矣。

从这一段话，可以知道，发行至元钞时，曾同时行用铜钱。传世的“至元通宝”钱两种（一种汉文，一种八思巴文），应该就是这时铸造的。但是一年以后就以“壅害钞法”为理由被禁止了。

在《至元宝钞通行条画》中，有一款专门谈零钞问题：“访闻民间缺少零钞，难为贴兑。今颁行至元宝钞自二贯至五文，凡十一等，便民行用。”但是，至元钞最低面值是五文，而至元十二年发行的中统厘钞在五文以下还有三文、二文两等，相比之下，“便民”之说，实在难以令人置信。当然，铜钱的发行，可以弥补零钞的不足，但铜钱很快又被禁止。民间仍然缺乏零钞的使用。至元三十一年（1294）监察御史报告说：“即今所在官关到钞本甚多，小钞极少，又为权势之家及库官、库子人等，结揽私倒，得及细民者，能有几何。致使民间以物易物，及私立茶帖、面帖、竹牌、酒牌，转相行使，非惟小民生受，亦且涩滞钞法。”[④] 可见零钞缺乏问题仍然如故。许多地方的百姓，

---

① 《元史》卷15，《世祖纪十二》。

② 《元典章》卷22，《户部八·课程·用中统至元钞纳课》。

③ 《历代名臣奏议》卷67，《治道》。

④ 《元典章》卷20，《户部六·钞法·禁治茶帖酒牌》。

不顾政府的禁令，私下行用铜钱，以补零钞的不足。大德七年（1303），郑介夫在《太平策》中说："即今民间所在私用旧钱，准作废铜行使，几于半江南矣。福建八路，纯使废钱交易。如江东之饶、信，浙东之衢、处，江西之抚、建，湖南之潭、衡，街市通行，颇是利便。"① 事实上，元朝政府对于民间行用铜钱的态度是比较暧昧的，虽加禁止，但并不像对待伪钞、挑补钞那样采取坚决打击的态度。在元朝政府中，主张行用铜钱的一直是大有人在的。这种情况下面将会说到。

至元钞发行后，元朝政府的各项支出非但没有减少，而是不断增加，形成巨大的压力。至元三十一年（1294），忽必烈去世，孙铁穆耳继位，是为成宗。成宗即位时，按蒙古惯例对贵族、大臣大加赏赐，使本来已紧张的国库出现了严重的亏空。这一年的八月，"诏诸路平准交钞库所贮银九十三万六千九百五十两，除留十九万二千四百五十两为钞母，余悉运至京师。"② 原来发行中统钞时，各地钞库都有白银作为钞本，后被阿合马挪用，发行至元钞时，政府又从国库中发给各地适量白银作为钞本③。此时因赏赐造成亏空过大，再次将各地钞库的大部分钞本调来京师。大德二年（1298），右相完泽报告说："岁入""不足于用，又于至元钞本中借二十万锭。"④ 大德三年正月，"中书省臣言：'比年公帑所费，动辄巨万，岁入之数，不支半岁。自余皆借及钞本。臣恐理财失宜，钞法亦坏。'帝嘉纳之。"⑤ 可见此时财政的亏空完全靠动用钞本来弥补。大德十一年（1307）成宗死，武宗嗣位，又是一次巨额的赏赐。这一年十二月，中书省臣上奏："今国用甚多，帑藏已乏，用及钞母，非宜。"⑥ 至大元年（1308）二月，"中书省臣言：'陛下登极以来，锡赏诸王，恤军力，赈百姓，及殊恩泛赐，帑藏空竭，预卖盐引。今和林、甘肃、大同、隆兴、两都军粮，诸所营缮，及一切供亿，合用钞八百二十余万锭。往者或遇

① 《历代名臣奏议》卷67，《治道》。
② 《元史》卷18，《武宗纪一》。
③ 《元典章》卷20，《户部六·钞法·平准库官资品》。
④ 《元史》卷19，《成宗纪二》。
⑤ 《元史》卷20，《成宗纪三》。
⑥ 《元史》卷22，《武宗纪一》。

匮急，奏支钞本。臣等因知钞法非轻，曷敢辄动，然计无所出。今乞权支钞本七百一十余万锭，以周急用，不急之费姑后之。’帝曰：‘卿等言是。泛赐者不以何人，毋得蒙蔽奉请。’”① 动用钞本已是财政上的惯用手段，但这一次竟然借支七百余万锭（应是中统钞），不能不说是惊人的数字。而根据至大二年（1300）九月尚书省臣的报告：“今国用需中统钞五百万锭，前者尝借支钞本至千六十万三千一百余锭。”② 也就是说，累计借支钞本已在1000万锭以上，折合至元钞应为200万锭，折合白银应为100万锭。这里所谓“借支钞本”，显然已不是指动用各地钞库的金银而言，而是添印纸币。

无论是动用各地钞库的储备金银，或是大量添印纸币，都会引起物价的高涨，纸币的贬值。于是，又出现了“钞法大坏”的局面③。元朝政府中再一次就此进行讨论，研究对策。武宗上台后不久，便有人提出“更用银钞、铜钱便”。经过讨论，否定了这一意见④。但到至大二年七月，又有人“请更钞法”，武宗接受了建议，再次设立尚书省，在九月颁行至大银钞。诏书中说⑤：

> 昔我世祖皇帝既登大宝，始造中统交钞，以便民用。岁久法隳，亦既更张，印造至元宝钞。逮今又复二十三年，物重钞轻，不能无弊。用循旧典，改造至大银钞，颁行天下。至大银钞一两，准至元钞五贯、白银一两、赤金一钱。随路立平准行用库，买卖金银，倒换昏钞。或民间丝绵布帛，赴库回易，依验时估给价。……金银私相买卖及海舶兴贩金、银、铜钱、绵丝、布帛下海者并禁之。……中统交钞，诏书到日，限一百日尽数赴库倒换。茶、盐、酒、醋、商税诸色课程，如收至大银钞，以一当五。颁行至大银钞二两至二厘，定为一十三等，以便民用。

---

① 《元史》卷22，《武宗纪一》。
② 《元史》卷23，《武宗纪二》。
③ 《元史》卷22，《武宗纪一》。
④ 《元史》卷22，《武宗纪一》。
⑤ 《元史》卷23，《武宗纪二》。

十月，“又以行铜钱法诏天下。”[1]

至大银钞与至元钞采用“以一当五”的比例，发行至大银钞的具体措施亦与发行至元钞相同，如不许金银私自买卖及各种赋税收至大钞等。在发行至大银钞的同时，行用铜钱。当时铸造的铜钱有“至大通宝”和“大元通宝”两种，“大元通宝”“一文准至大通宝钱一十文”，同时还允许历代铜钱“与至大钱通用”[2]。关于是否行用铜钱问题，元朝上下一直存在争议。当政者则对此摇摆不定。发行至元钞的同时，曾推行铜钱，但很快中止，已见前述。尽管如此，民间因为缺少零钞，到处有铜钱在流通，因而在发行至大银钞时再次推行铜钱。

至大银钞的形制，既无记载可考，也未发现实物，因而是不清楚的。它之不同于以前的“宝钞”而称为“银钞”，应是它的单位和白银相同之故：至大银钞一两等于白银一两。而且它的零钞以“厘”计，不像中统、至元钞以贯、文计，这就是说，钞和银完全等价。至大银钞分为十三等，比中统钞（十等）、至元钞（十一等）的分级更多。但是各种文献中都没有关于十三等的具体记载。

至大二年（1309）印造的还是至元钞，至大三年印造至大银钞145万余锭，如按“以一当五”计算，相当于至元钞725万锭，而武宗即位的前三年（大德十一年、至大元年、二年）印造的至元钞总共为300万锭[3]。这个数额是很惊人的，显然超过了正常的流通的需要。这样巨额的纸币印造，应是出于两方面的考虑。一是急于弥补政府的财政亏空，一是急于以至大银钞取代至元钞和中统钞。关于前一方面，用不着多说。关于后一方面，前引诏书中明确讲百日之内回收中统钞，同时又说“茶、盐、酒、醋、商税诸色课程，如收至大银钞，以一当五”。似乎可以自行选择用至元钞或至大银钞交纳。紧接着发布诏书以后，尚书省曾上奏说：“今乞罢中统钞，以至大银钞为母，至元钞为子。”母子相权，两种钞就长期共存[4]。实际则不然。以赋税

---

① 《元史》卷23，《武宗纪二》。
② 《元史》卷93，《食货志一·钞法》。
③ 《元史》卷93，《食货志一·钞法》。
④ 《元史》卷23，《武宗纪二》。

收钞来说，施行时“令天下税尽收至大钞”，其用意显然是尽快把至元钞排出流通领域。只是因为至大银钞不能很快到位，才改为“至大、至元钞相半”①。而在至大三年二月，也就是正式发行至大银钞后不到半年，尚书省臣上奏说：“昔至元钞初行，即以中统钞本供亿及销其板。今既行至大银钞，乞以至元钞输万亿库，销毁其板，止以至大钞与铜钱相权通行为便。”武宗同意②。取消至元钞的意图到这时已经很清楚了。

但是，至大四年（1311）正月武宗病死，形势便发生急剧变化。嗣位的是武宗的兄弟爱育黎拔力八达，他上台以后，立刻撤消尚书省，将武宗的一批亲信处死或贬逐。对于武宗在位时进行的币制改革也完全加以否定。这一年四月，发布《条画》，其中说：“比者尚书省不究利病辄意变更，既创至大银钞，又铸大元、至大铜钱。钞以倍数太多，轻重失宜；钱以鼓铸弗给，新旧恣用；曾未再期，其弊滋甚。”因此要“复旧制”，停止印造至大银钞，已发行者可倒换。同时宣布：“中统钞废罢虽久，民间物价每以为准，有司仍旧印造，与至元钞子母并行，以便民间，凡官司出纳、百姓交易，并计中统钞数。”铜钱“虽畸零使用，便于细民，然壅害钞法，深妨国计。据大元、至元铜钱，诏书到日，限五十日内赴各处行用钞库依例倒换，无致亏损”。旧钱“仰截日住罢不使”③。《条画》的另一个重要内容是允许民间买卖金银：“権禁金银，本以权衡钞法。条令虽设，其价益增，民实弗便。自今权宜开禁，听从买卖。其商舶收买下番者，依例科断。”④ 在发行中统钞、至元钞时，都明令禁止民间买卖金银。卢世荣改革钞法的设想，允许民间从便交易，但为时短暂。大德八年（1304）正月，“诏……开禁金银，听民买卖。”⑤ 到发行至大银钞时，又被禁止。此时重新开禁，可见用行政力量禁止已不可能。武宗推行的钞法改革，至此已完全被否定了。

---

① 《元史》卷178，《王约传》。

② 《元史》卷23，《武宗纪二》。

③ 《元典章》卷20，《户部六·钞法·住罢银钞铜钱使中统钞》。

④ 《元典章》卷20，《户部六·钞法·住罢银钞铜钱使中统钞》。

⑤ 《至正金陵新志》卷3，《金陵表》。《元典章》卷21，《户部七·仓库·把坛库子》有诏书的节文。

武宗时期的币制改革，主要目的是弥补财政的亏空。在推行时便有人批评说："世祖皇帝时楮币有常数，今则随所费以造之。"① 对于引起物价上涨的一些原因，如赏赐太滥等，没有采取任何有力的措施。巨额的高面值的纸币进入流通领域，必然导致物价的飞涨。这次改革，没有带来积极的后果。"始言实钞法以阜邦财，今钞法愈虚而经费日诎。"② 仁宗上台以后，立即废除至大银钞，固然有政治斗争的因素起作用，但确是有道理而且得到普遍赞同的。但在废止至大银钞的同时，又一次中止了铜钱的流通，这在当时却引起了不同的意见："初，尚书省作至大银钞，视中统一当二十五，又铸钱为至大钱，至是议罢之。公（礼部尚书杨朵儿只——引者）曰：'法有便否，不当视立法人为废置，银钞固当废，铜钱与楮币相权而用之，昔之道也。国无弃宝，即无失利，钱未可遽废也。'言虽不尽用，而时论是之。"③ "仁宗践阼，召［敬俨］为户部尚书。廷议欲革尚书省弊政，［敬］俨言：遽罢钱不用，恐细民失利。不从。以疾辞。"④ 仁宗废除至大银钞和铜钱，但自己在平抑物价方面提不出任何具体有效的措施，如何拯救"钞法"，仍是摆在元朝政府面前的困难问题。

第三节　至正钞的颁行和失败

仁宗废除至大银钞，禁止铜钱流通，仍然行用中统钞和至元钞。元顺帝即位（1333）后，"钞法"的问题越来越严重，人们又探索拯救的办法。政府中不断有人主张行用铜钱，例如，元统元年（1333）朵尔直班为监察御史，"条陈九事"，其中之一便是"铸钱币"⑤。至正三年（1343），揭傒斯在政府集议时"倡言钞法大弊，合用新旧铜钱权以救之"。但当政者"不乐，论议辨驳，

---

① 张养浩：《时政书》，《归田类稿》卷11。

② 张养浩：《时政书》，《归田类稿》卷11。

③ 虞集：《杨襄愍公神道碑》，《道园学古录》卷40。

④ 《元史》卷175，《敬俨传》。

⑤ 《元史》卷139，《朵尔直班传》。

示以颜色”[①]。另一位监察御史苏天爵在所上《灾异建白十事》中认为，“钞法之行，岁久不能无弊，……法久必更，理当然也。”“爰稽造钞以来，元额已逾数倍，以致钞日益虚，物日益贵，……欲救其弊，理宜更张。”他的具体建议是，“钱币之制，祖宗已尝举行，宜从都省明白奏闻，令户部官讲究历代鼓铸之方，用钱之制，远近便宜，断然行之。岂惟救钞法一时之宜，实所以遂民生无穷之利也。”[②] 此外如黄溍在国学策问、吴师道为江西乡试所拟策问中，都提出用钱的问题。黄溍说：“钱出于古而交会创于近代，然所谓交、会者，必以钱为之本，盖合券所以取钱，非以彼易此，使之舍实钱而守虚券也。方今钞法独行，而钱遂积于无用之地。立法之初，固有因有革，及其既久，亦宜有变通之道焉。”[③] 吴师道说：“钱币之法，所以权衡百物，贸迁有无，历代未有偏废者。国朝始行楮币，一再变法，币益轻而奸益众。往者兴用钱法，轻重适中，已而废不用。夫制法不善，非用钱之咎也，至今议者咸以为惜。”[④] 以上种种，说明朝廷内外主张行用铜钱的呼声是很高的，但是并没有为当政者所接受。

至正十年（1350），左司都事武祺和吏部尚书偰哲笃相继“建言更钞法”。武祺作有《宝钞通考》一书，“大旨谓自世祖至元二十四年至武宗至大四年，二十五年中印者多，烧者少，流转广而钞法通。自仁宗皇庆元年至延祐七年共九年，印虽多而烧亦多，流转渐少，钞法始坏。自英宗至治元年至三年，印虽多而烧者寡，流转愈多，钞法愈坏。自泰定元年至至顺三年共八年，印者少而烧者多，流转绝无，钞法大坏。复合计六十四年中，总印钞五千九百五万六千余锭，总支五千六百二十余万锭，总烧三千六百余万锭，民间流转不及二万锭。以《经世大典》所载南北户口民数计之，其无钞可用者至二千万户之多，民生安得而不匮，财用安得而不绌

① 欧阳玄：《揭公墓志铭》，《圭斋文集》卷10。
② 《滋溪文稿》卷26。
③ 《国学蒙古色目人策问》，《金华黄先生文集》卷20。
④ 《江西乡试策问又拟二道》，《吴礼部集》卷19。

乎！”[①] 按照他的意见，问题主要是流通中的钞数量太少，应该大大增加发行量。用这种理论来指导钞法的改革，只能是引起更大的混乱。武祺还认为，纸钞“民间流传者少，致伪钞滋多”[②]。这也是很奇怪的看法。

偰哲笃和武祺的改革方案，主要是发行新钞，钱钞兼行。这时当政的中书右丞相脱脱好大喜功，接受了他们的建议。“诏集枢密院、御史台、翰林集贤院诸臣议之，皆唯唯而已。独祭酒吕思诚言其不可。脱脱不悦，既而终变钞法。”[③] 吕思诚反对“更钞法”强调的是不能改动祖宗成宪，而当对方问“公有何策”时，他说：“我有三字策，曰行不得，行不得。”[④] 在这样情况下，脱脱当然倾向于偰哲笃和武祺的意见了。[⑤]

至正十年十一月，元顺帝下诏说：

> 朕闻帝王之治，因时制宜，损益之方，在乎通变。惟我世祖皇帝，建元之初，颁行中统交钞，以钱为文。虽鼓铸之规未遑，而钱币兼行之意已具。厥后印造至元宝钞，以一当五，名曰子母相权，而钱实未用。历岁滋久，钞法偏虚，物价腾踊，奸伪日萌，民用匮乏。爰询廷臣，博采舆论，佥谓拯弊必合更张。其以中统交钞一贯文省权铜钱一千文，准至元宝钞二贯，仍铸至正通宝钱与历代铜钱并用，以实钞法。至元宝钞，通行如故。子母相权，新旧相济，上副世祖立法之初意。[⑥]

诏旨中反复强调“世祖皇帝”，显然是针对吕思诚的反对意见而发的，强调这次改革的精神和忽必烈制定钞法的设想是相符而不是相反。诏旨中所说改革币制原因，一是“钞法偏虚，物价腾踊，”这种情况由来已久。二是“奸伪日萌，”指的是伪钞、挑补钞蔓延成灾，昏钞弊病多端。诏旨中所说“民用匮

---

① 见《四库全书总目》卷84,《史部·政书类存目二》。此书已佚。文中“不及二万锭”似应为“不及二千万锭”之误。

② 《元史》卷97,《食货志五·钞法》。

③ 《元史》卷138,《脱脱传》。

④ 《元史》卷185,《吕思诚传》。

⑤ 有的记载说，偰、武二人知道脱脱要有所作为，“以震耀天下，超轶祖宗旧法，垂名竹帛以无穷”，故投其所好，建议改法。见权衡：《庚申外史》卷上。

⑥ 《元史》卷97,《食货志五·钞法》。

乏”，则应指民间缺乏零钞而言。这次改制的具体措施，在诏旨中也讲得很清楚，一是发行新钞，仍名为中统交钞，“一贯文省权铜钱一千文，准至元钞二贯”。一是铸造名为至正通宝的铜钱与历代铜钱并用。

这次新钞的名称与忽必烈发行的第一种钞完全相同，新钞的下面图案文字与旧钞大体相同，但有两处差别。一处是，原中统钞正面左右两侧有自上而下竖行的九迭篆汉文，右边一行是“中统元宝”，左边一行是“诸路通行”。现在在汉字内侧增添了两行八思巴字，是上述两行汉字的音译，但位置正好相反，并不对应。另一处是原钞正面下半部有文字十行，最后一行是“行中书省提举司”，而新钞则作“中书省提举司”。这是因为忽必烈即位之初，在燕京设行中书省，上都开平设中书省，中统钞由燕京行省主持发行，故钞上写作“行中书省”。而发行新钞时，由中书省主持，故作“中书省”。有的论著认为新钞是用中统交钞的旧钞板印造，似乎可能性不大。新钞背面上半部钤盖黑色长方形戳记，中有“至正印造元宝交钞”，下半部为铜钱图案。这些都是旧钞没有的①。当时的记载为了区别新、旧两种中统钞，便将新钞称为至正钞。②

原来通行两种纸币，一种是中统钞，一种是至元钞。诏旨中只说“至元宝钞，通行如故”。中统钞如何处理，却无明文。但新钞与旧中统钞从名称到板式都容易混淆，显然应在废止之列。正月“诏印造中统元宝交钞一百九十万锭，至元钞十万锭”③；至正十三年正月“诏印造中统元宝钞一百九十万锭，至元钞一十万锭”④。这两年印造的“中统元宝交钞”，无疑应是新钞，亦即背面加印“至正”字样的中统钞。

为了推进币制改革，元朝政府在颁布诏书时设立了诸路宝泉都提举司，“其属有鼓铸局，正七品；永利库，从七品。掌鼓铸至正铜钱，印造交

① 李逸友：《元代草原丝绸之路上的纸币》，见《元代货币论文选集》，内蒙古人民出版社，1993年版。

② 《草木子》卷3上，《克谨篇》。

③ 《元史》卷42，《顺帝纪五》。

④ 《元史》卷43，《顺帝纪六》。

钞”[①]。至正十一年十月，又“立宝泉提举司于河南行省及济南、冀宁等路凡九，江浙、江西、湖广行省等处凡三”[②]。至正十二年三月，“中书省臣言：‘张理献言，饶州德兴三处，胆水浸铁，可以成铜，宜即其地各立铜冶场，直隶宝泉提举司，宜以张理就为铜冶场官。’从之。”[③] 所谓“胆水浸铁”以成铜，就是利用硫酸与铁发生化学变化而提炼纯铜的方法，这种技术“用费少而收功博”，为铸造铜钱提供了方便。[④]

从发行中统钞开始，是否行使铜钱作为辅币，一直存在争论。发行至元钞和至大银钞时，都曾行用铜钱，但时间很短，便被取消。反对钞、钱并用的主要理由是认为用铜钱便会影响钞的流通，“一有他货以相杂，便有优劣轻重，铜钱与钞并行，是以他货相杂也”。“亡金风俗，积钱而不积钞，是以钞法屡变而屡坏，盖以钱钞相杂，钱重钞轻，又不能守之以信故也。”[⑤] 铜钱本身是有价值的，钱钞并行，一有风吹草动，百姓就屯积铜钱以保值，不会把钞留在自己手里。“钞乃虚文，钱乃实器，钱钞兼用，则民必舍虚而取实。”[⑥] 禁止行用铜钱，在有些当政者看来，是保证纸钞流通的重要手段。此外，“或者顾谓废钱而用钞实祖宗之成宪，而于术数之说为有符。”[⑦] 所谓“术数之说”，应是传说中刘秉忠的一段话：“世皇尝以钱币问太保刘文贞公秉忠。公曰：‘钱用于阳，楮用于阴。华夏阳明之区，沙漠幽阴之域，今陛下龙兴朔漠，君临中夏，宜用楮币，俾子孙世守之。若用钱，四海且将不靖。’遂绝不用钱。”[⑧] 刘秉忠是忽必烈的亲信谋士，出入于佛、道之间，又长于阴阳术数之学，他的这番话产生了很大的影响。前面说过，元顺帝即位前后，朝廷内外要求行用铜钱的呼声越来越高，现实经济生活的要求终于迫使元朝政府又一次决心使用铜钱。

---

① 《元史》卷92，《百官纪八》。
② 《元史》卷42，《顺帝纪五》。
③ 《元史》卷97，《食货志五·钞法》。
④ 危素：《浸铜要略序》，《危太朴文集》卷10。
⑤ 胡祗遹：《宝钞法》，《紫山大全集》卷22。
⑥ 王袆：《泉货议》，《王忠文公集》卷12。
⑦ 王袆：《泉货议》，《王忠文公集》卷12。
⑧ 陶宗仪：《南村辍耕录》卷2，《钱币》。

但是，新钞刚发行，全国规模的农民战争便爆发了，从至正十一年(1351)五月起，大江南北，到处燃起了战火。元朝政府财政收入不断减少，而军费支出则日益增多，于是便把大量印造纸币作为救急的手段，“后用兵，率印造以买军需、和籴米，民间贸易，不复顾视”①。至正十五年（1355）十二月，“以诸郡军需供餉繁浩，命户部印造明年钞本六百万锭给之。”② 这个数字是至正十二年始改钞法时印造量的3倍。至正十八年（1358）二月，“中书省臣奏以陕西军旅事剧务殷，去京师道远，供费艰难，请就陕西印造宝钞为便。遂分户部宝钞库等官，置局印造。”③ 这样一来，钞的数量更失去控制，飞快增长。滥发钞带来的另一恶果是纸币所用纸的质量急剧下降。原来印钞用桑皮纸，纤维较细，纸质厚重。当无限制印钞后，桑皮纸不能满足需要，便大量采用榆皮纸。榆皮纸质量较差，极易破损而不堪使用。“［至正交钞］料既窳恶易败，难以倒换，遂涩滞不行。”④ 新钞在百姓中完全丧失了信用。到后来，“每日印造，不可数计，舟车装运，轴轳相接，交钞之散满人间者，无处无之”⑤。与之俱来的，是伪钞的泛滥。尤为可惊的是，元朝主持政务的大臣右丞相搠思监，居然也参与了这一行列。他利用职权，“盗用钞板”，“印造伪钞”⑥。这种伪钞与真钞更难以区别，可以想见，必然造成极大的混乱。

纸钞的滥印必然导致贬值，造成物价高涨。元末诗人王冕写道：“江南民，诚可怜，疫疠更兼烽火燃。军族屯驻数百万，米粟斗直三十千。”⑦“三十千”就是30贯。至正十五年（1355），浙西平江（今江苏苏州）民间卖鱼，“二斤十贯新交钞，只直仓黄米四升。”⑧ 即10贯至正交钞（新交钞）可买陈米4升，按升折算，每升陈米合新钞2贯半。这和上述“斗粟”30贯很接近。

① 长谷真逸:《农田余话》卷上。

② 《元史》卷44,《顺帝纪七》。

③ 《元史》卷45,《顺帝纪八》。

④ 《草木子》卷3下,《杂制篇》。

⑤ 《元史》卷97,《食货志五·钞法》。

⑥ 《元史》卷205,《奸臣·搠思监传》。

⑦ 《东南民》,《竹斋诗集》卷2。

⑧ 顾瑛:《乙未五月口号》,《玉山璞稿》。

至正钞与中统钞为1与10之比（1贯至正钞=2贯至元钞=10贯中统钞）。元代米价是不断增高的，全国统一前后大约是每石中统钞1贯[①]，14世纪初，一般为10贯（两）[②]，而到至正六年（1346）已在30~40贯（两）之间[③]，每升应为30~40文。上述至正十五年浙西每升陈米新钞2贯半，折合中统钞应为25贯，亦即25000文，如此则10年左右时间内上涨了数百倍。这是南方的情况。在北方，“京师料钞十锭，易斗粟不可得”[④]。则上涨的幅度更大，这也可能是时间稍后的情况。至正钞贬值的严重程度，由米价上充分反映出来。

纸钞不断贬值的结果，是“所在郡县，皆以物货相贸易，公私所积之钞，遂俱不行，人视之若弊楮，而国用由是遂乏矣。”[⑤] 除了物货交易以外，不少地方行用铜钱。元末孔齐说：“至正壬辰，天下大乱，钞法颇艰。癸巳（至正十三年，1353——引者），又艰涩。至于乙未年（至正十五年，1355——引者），将绝于用，……丙申（至正十六年，1356——引者），绝不用交易，惟用铜钱耳。”[⑥] 孔齐是溧阳（今江苏溧阳）人，后避难寓居四明（今浙江宁波），他所说的应是江东、两浙一带的情况，其他地区废钞的时间先后有些差别，但亦应相去不远。与孔齐同时的王祎说：“乃自顷岁以中统交钞重其贯陌，与至元宝钞相等并行，京师复铸至正新钱，使配异代旧钱，与二钞兼用。……民间或争用中统，或纯用至元，好恶不常。以及近时，又皆绝不用二钞，而惟钱之是用。而又京师鼓铸，寻废，所铸钱流布不甚广，于是民间所用者悉异代之旧钱矣。”[⑦] 王祎是义乌（浙江义乌）人，后投奔朱元璋，此文应作于朱军来到浙东（至正十六年）以前，可与孔齐所说情况相印证。民间已经停用，元朝政府却依旧大量印钞，强迫民间接受，“诏旨屡饬，禁令愈严，民顽然相视而

---

① 长谷真逸：《农田余话》卷上。
② 刘埙：《呈州转中廉访分司救荒状》，《水云村泯稿》卷14。
③ 杉村勇造：《元公牍拾零》，《服部先生古稀祝贺纪念论文集》。
④ 《元史》，卷97《食货志五·钞法》。
⑤ 《元史》，卷97《食货志五·钞法》。
⑥ 《至正直记》卷1《楮币之患》。
⑦ 王祎：《泉货议》，《王忠公文集》卷12。

弗之恤，而上之人亦坐视其法之弊，举无策以救之"[1]。"徒知严刑驱穷民以必行，所以刑愈严而钞愈不行，此元之所以卒于无术而亡也。"[2]

这时除了铜钱以外，民间还行用金、银。王袆说："且今公私贸易，若于铜钱重不可致远，率皆挟用二金。"[3]"二金"就是黄金、白金（银）。

元末行用的铜钱，有历代旧钱，有元朝政府铸造的钱。元末除了中央政府统一铸造外，地方政府如江浙行省自行鼓铸"当十大钱，止用于杭城"[4]。农民战争爆发后，一些武装力量相继建立政权，如浙西的张士诚，长江中游的徐寿辉、陈友谅，两淮河南的韩林儿等。这些政权先后以自己的年号，铸造铜钱。张士诚造"天佑通宝"、韩林儿造"龙凤通宝"，徐寿辉造"天启通宝"、"天定通宝"，陈友谅铸造"大义通宝"。这些政权在动荡的形势下铸钱，一方面是为了显示自己的存在，另一方面显然出于经济生活的需要。朱元璋原来依附于韩林儿政权，在他羽毛丰满、自行称王时，便铸造了"大中通宝"。

元末流行的歌谣说："堂堂大元，奸佞专权，开河变钞祸根源，惹红巾万千。官法滥，刑法重，黎民怨。人吃人，钞买钞，何曾见。"[5]"丞相造假钞，舍人做强盗，贾鲁要开河，搅得天下闹。"[6]都把改更钞法和元末动乱联系起来。其实这种说法是不很恰当的。元朝政府决定变更钞法是至正十年（1350）年底的事，各种措施尚未推开，次年五月全国性的农民战争即已爆发。"惹红巾万千"是社会各种矛盾长期郁积的结果，与"变钞"关系不大。但是，新钞发行以后，迅速贬值，没有几年便"绝于用"，大大增加了处于社会动荡之中的百姓的痛苦，他们很容易把社会动荡和"变钞"联系在一起。元朝政府变更钞法的动机，原来多少有缓和社会矛盾的意图在内，但结果却是加剧了社会矛盾。元代有人说过："钞法以信为本，不可侵欺，以致虚无信实，则钞法

① 王袆：《泉货议》。
② 叶子奇：《草木子》卷3下，《杂制篇》。
③ 王袆：《泉货议》。
④ 王袆：《泉货议》。
⑤ 陶宗仪：《南村辍耕录》卷23，《醉太平小令》。
⑥ 叶子奇：《草木子》卷4上，《谈薮篇》。

即坏。”[①] 反而言之，钞法完全失败也就标志着元朝政府财政制度的崩溃，以致百姓对这个政府完全失去信心。元朝的灭亡，是和钞法的失败有着密切关系的。

第四节 货币管理机构、伪钞和昏钞

中统钞是在中统元年（1260）开始发行的。这个月燕京行中书省下属机构和官员的名单中，有“交钞提举司官三人”，“又有抄纸房、印造局、织造银货局”，三者应是交钞提举司的下属。另有“宝钞总库官”、“交钞库官”[②]。管理机构已粗具规模。有的记载说：“世祖至元，始设交钞提举司”[③]，显然是不准确的。到“至元元年，始置昏钞库，用正九品印，置监烧昏钞官”[④]。在以上有关货币的管理机构中，织造银货局显然是为发行中统银货而设置的。忽必烈在发行中统钞的同时，“又以文绫织为中统银货，其等有五，曰一两、二两、五两、十两。每一两同白银一两，而银货未及行云”[⑤]。银货未行，织造银货局自然也就撤消了。

中统三年（1262）三月，忽必烈“命户部尚书刘肃专职钞法，平章政事赛典赤兼领之”[⑥]。可能从此时起，有关钞法事宜的各机构都成为户部的下属。有的记载说：“国初，户部兼领交钞公事。”应即指此而言[⑦]。至元三年（1266），“时有贾胡，……欲贸交钞本，私平准之利，以增发岁课为辞。”“贾胡”应指回回商人，其意图应是要求承包（扑买）“平准”亦即金银买卖。忽必烈以此征求当时户部尚书马亨的意见，马亨反对，“事遂寝”[⑧]。由此可以看

① 胡祗遹：《时政》，《紫山大全集》卷22。
② 王恽：《中堂事记上》，《秋涧先生大全集》卷80。
③ 《元史》卷65，《百官志一》。
④ 《元史》卷65，《百官志一》。
⑤ 《元史》卷93，《食货志一·钞法》。
⑥ 《元史》卷5，《世祖纪二》。
⑦ 《元史》卷85，《百官志一》。
⑧ 《元史》卷163，《马亨传》。

出在钞法问题上户部尚书的地位至为重要。在推行中统钞期间，交钞提举司正五品，交钞库、宝钞总库品级不详。“中统四年始置”印造宝钞库，秩从八品，应自印造局发展而来。同年又置抄纸坊，用九品印，应自抄纸房改变而成。[①] 印造宝钞库是印钞的场所。印钞用纸，由抄纸坊生产。交钞库、宝钞总库应是储存中统钞的机构，两者职能区别何在不清楚。此外还有昏钞库，负责烧毁昏钞（见下），其品级前面已提到了。早期的中央货币管理机构，大体如此。

在地方上，则分别设置平准行用库（亦称平准库）和行用库。中统四年（1263）五月，“设立燕京平准库，以均平物价，通利钞法。”至元元年（1264）正月，“立诸路平准库。”[②] 至元七年，济宁府郓城县设行用交钞库，即行用库。[③] 平准行用库和行用库是有区别的，“外路倒换金银、钞立着平准行用库，倒换钞立着行用库有”[④]。也就是说，平准行用库既可兑换金银，也能倒换昏钞，而行用库则只能倒昏钞。两者的职能不一样。平准行用库一般设在路一级城市中，行用库则设县一级。但并不是每个路、县都一定有平准行用库和行用库，例如，昌国州（今浙江定海）就没有这样的机构。这可能与当地商品流通不活跃、货币需求量有限有关。[⑤] 平均行用库地位高一些，设提领一员，从七品，大使一员，从八品；而行用库则只设大使一员，从八品。[⑥] 此外，在地方诸路一度还设有交钞提举司。至元五年（1268）二月的一件文书中说：“随路收差课程，并诸路交钞都提举司，如遇诸人赍到钞数，仔细辨认，于内若有假伪，重别辨验是实，于上使用分朗伪钞墨印，仍用朱笔于钞背标写几年月日某人赍到，仍置历标附了毕，退付原主。如验得料例相同数目多者，就便追究。每季具有无辨过退讫伪钞开申。”[⑦] 辨认课程所纳钞的真伪，是诸路交钞都提举司的责任。它始设于何时，不见记载。至元八年（1271）

① 《元史》卷85，《百官志一》。
② 《元史》卷5，《世祖纪二》。
③ 胡祇遹：《李公神道碑》，《紫山大全集》卷7。
④ 《元典章》卷9，《吏部三·仓库官·平准行用库副例》。
⑤ 《大德昌国州志》卷5，《叙官》。
⑥ 《元典章》卷26，《吏部三·仓库官·平准库官员品》。
⑦ 《通制条格》卷14，《仓库》。

十一月，“罢诸路交钞都提举司。”① 以后不曾再设。

在推行至元钞以后，与货币有关的机构作了一些调整。就在推行至元钞的同一年（至元二十四年），改交钞提举司为诸路宝钞都提举司，由正五品升为正四品。同年，将印造宝钞库由从八品升为从七品；昏钞库分立烧钞东西二库，由正九品改为从八品。至元二十五年，“改元宝库为宝钞总库，秩正六品。二十六年，升从五品。”按，中统初已有宝钞总库之名，可能一度改为元宝库，此时又恢复旧名。至于交钞库，则再不见记载，应已撤消或合并。抄纸坊则于至元二十七年由九品升为正八品②。总之，各有关机构的品秩都有所提高，官吏的员数也相应增加。这些机构都隶属于中书省户部。

在现存的至元钞上，可以发现，钞的正面有朱红官印两方，均为八思巴字译写的汉文，上为“提举诸路通行宝钞印”，下为“宝钞总库之印”，背面为八思巴字译写汉文“印造宝钞库印”。它们分别是诸路宝钞提举司、宝钞总库、印造宝钞库的印章，可见每张钞都要经过三库用印，才能生效。在地方上，仍分设平准行用库和行用库两等。据记载，平准行用库计有：腹里 19 处（内大都在城 6 处，外任 13 处），东南 46 处；行用库有：腹里 42 处，江南 36 处，陕西 12 处③。实际上应不止此数。无论平准行用库或是行用库，每年倒换的昏钞，都有定额。例如，集庆路（治今江苏南京）平准行用库“每岁倒换钞本八万四千锭，每季倒昏钞二万一千锭”④。镇江路（路治今江苏镇江）“钞本岁额中统七十万五千贯，每贯折除三分，倒换民间昏钞，工墨钞二万二千五百贯”⑤。

在发行至大钞时，“大都立资国院，秩正二品；山东、河东、辽阳、江淮、湖广、川汉立泉货监六，秩正三品；产铜之地立提举司十九，秩从五品。”⑥ 设置这些机构，都是为了鼓铸铜钱，但其品级如此之高，令人不解。

---

① 《元史》卷 7，《世祖纪四》。
② 《元史》卷 85，《百官志一》。
③ 《元典章》卷 9，《吏部三 · 仓库官》。
④ 《至正金陵新志》卷 6，《官守志》。
⑤ 《至顺镇江志》卷 6，《赋税》。
⑥ 《元史》卷 23，《武宗纪二》。

与钞有关的机构，是否作了相应的调整，史无明文。仁宗废除至大银钞，停用新钱，同时便下令："资国院及各处泉货监、提举司一切衙门，并行革罢。"[①]顺帝时，发行至正钞，"置诸路宝泉都提举司于京城"[②]。"其属有鼓铸局，正七品；永利库，从七品。掌铸至正铜钱，印造交钞。"至正十一年十月，"置宝泉提举司于河南行省及济南、冀宁等处，凡九所。江浙、江西、湖广行省各一所。"有些产铜地方设置了铜冶场，正八品[③]。至正十四年十二月，撤罢宝泉司。[④]

以上是有元一代货币机构设置和变化的大体情况。

纸钞在全国推行，很快便出现两个特殊的问题，一是伪钞，一个是昏钞。中统钞"用木为版，十三年铸铜易之"[⑤]，以棉为纸印刷，技术并不复杂，容易仿造。推行之日，便是伪钞产生之时。中统元年（1260）燕京已有"剧贼""造伪钞"[⑥]，二年，"始制太庙雅乐，乐工党仲和、郭伯达，以知音律在选中，为造伪钞者连坐系狱。"[⑦]元朝政府为了打击伪钞，制定重刑。凡造伪钞"堪以行使，为首处死，捉事人赏银五锭。其钞不堪行使，为首流远，余者依上杖断"。不久因"各路申到伪造之人甚多，再行议得，但犯伪钞，无问堪与不堪行使，为首处死，余皆杖断"。到至元十四年，中书省"据刑部呈到伪造交钞数起，于内更有经断不改之人，盖是所定法轻，况兼收复亡宋，地面宽阔，若不重立罪赏禁治，傥或钞法涩滞，深系利害"。于是规定，"今后印造伪钞之人数内，起意底、雕板底、印钞底、抄纸底、填料号底、家里安藏着印底、收买颜色物料底，俱是同情伪造，皆合处死外，知是伪钞分使底，不用钱买使伪钞底，断一百七下。"[⑧]对伪钞制造、行使者的刑罚，和对待强盗可以说是相等的。

---

① 《元典章》卷20，《户部六·钞法·住罢银钞铜钱行使中统钞》。
② 《元史》卷42，《顺帝纪五》。
③ 《元史》卷92，《百官志八》。
④ 《元史》卷43，《顺帝纪六》。
⑤ 《元史》卷93，《食货志一·钞法》。
⑥ 《元史》卷162，《李德辉传》。
⑦ 《元史》卷159，《赵璧传》。
⑧ 《元典章》卷20，《户部六·钞法·伪钞》。

中统钞是用纸印造的，它和金属货币不同，容易损坏，有的缺角少边，有的文字模糊不清，这种有损坏的纸币便称为昏钞。在流通过程中，不断有昏钞产生，比重很大。“凡钞之昏烂者，至元二年，委官就交钞库，以新钞倒换，除工墨三十文。三年，减为二十文。二十二年，复增加故。其贯陌分明微有破损者，并令行用，违者罪之。所倒之钞，每季各路就令纳课正官解赴省部焚毁，隶行省者就焚之。”① “如有私下倒昏钞之人，告捉到官，将犯人所赍钞数，给付告人充赏。”② 但是，“街市专有一等不畏公法窥利之人，结揽昏钞，恃赖权势，抑逼库官倒换。及有库官、库子人等，通同将关到钞本，推称事故，刁蹬百姓，不行依例倒换，私下结揽，妄分料钞、择钞、市钞等第，多取工墨接倒，使诸人不得倒换”③。百姓倒换昏钞遇到种种刁难，而官府税务及市场又不收昏钞，便只好私下倒换，多出工墨钱。昏钞倒换，成为百姓一大负担，也为钞法的推行增加困难。

发行至元钞以后，伪钞更形猖獗。成宗时郑介夫说：“善为伪者，与真无异，虽识者莫能辨。或有败露到官，乃造之未善不堪使用者。……尝推问伪钞公事，犯者谓一定工本可以造钞数百锭，获利如此，人安得不乐为之，虽赴汤蹈火，亦所不顾。”④ 造伪钞可以获得暴利，因而许多亡命之徒便视此为发财捷径，趋之若骛，南北许多地方，从首都、城市到乡村，不断有伪钞案件发生，反映出这种现象极其普遍。伪钞的制造与发行往往是集团性的，而且很多是地方豪民主持操纵的，例如江西“铅山素多造伪钞者，豪民吴友文为之魁，远至江淮、燕蓟，莫不行使。友文奸黠悍骜，因伪造致富。”⑤ 湖广湘乡州“豪民陈清，素武断乡曲，握持官府事，家赀累巨万。复众募奸人，伪造钞其家，久辄杀其人以灭口，阴结大官为势援，所为不法，人莫敢谁何”⑥。伪钞之严禁不绝，其中一个重要原因，就是因为经营者是这些豪民。伪钞大量进入

---

① 《元史》卷93，《食货志一·钞法》。

② 至元十九年御史台咨，见《南台备要·整治钞法》，《永乐大典》卷2611。

③ 至元十九年御史台咨，见《南台备要·整治钞法》，《永乐大典》卷2611。

④ 《太平策》，见《历代名臣奏议》卷67，《治道》。

⑤ 《元史》卷192，《林兴祖传》。

⑥ 王祎：《王公行状》，《王忠文公集》卷18。

流通领域，数量极其惊人，郑介夫说："今民间之钞，十分中九，皆伪钞耳。伪钞遍满天下，……如不以为然，但更改钞法，悉令旧钞赴官倒换新钞，必数百万倍透出于元发钞本矣。"[①] 郑介夫的说法也许有所夸大，但可看出在当时人们心目中伪钞现象的严重性。巨额伪钞进入流通领域，使"钞虚"的现象更加突出。纸币的不断贬值，和伪钞的泛滥有密切的关系。

这一时期，挑补钞的现象日益普遍。所谓挑补钞，就是挖改钞上的数字，将小面值的钞改成大面值的钞。挑补钞实际上也是伪钞。但挑补钞一般是个人所为，而且难以成批生产，因此元朝政府对此类罪犯处分比伪钞要轻一些。起初"拿住那般贼呵，打七十七下，为从的打五十七下"；后来因为"拿的人每少的上头，挑补钞的多了也"，改为"正犯人打一百七下，为从的打八十七下"[②]。大德七年（1303）正月，"定诸改补钞罪例，为首者杖一百有七，从者减二等，再犯杖与首同，为首者流。"[③] 加重了对再犯者的刑罚。皇庆元年（1312），"挑剜裨凑宝钞，以真作伪者，不分首从杖断一百七下，徒一年，再犯流远。其买使挑补钞之人，……减等杖断九十七下相应。"[④] 处罚不断加重，反映出这种现象的普遍。挑补钞的普遍同伪钞一样，造成钞法的混乱。

昏钞也日益为严重的社会问题。大德二年（1298），中书省户部制定了《二十五样昏钞倒换体例》，在全国施行。但是，钞库"中间刁蹬，不肯依理倒换"的现象越演越烈，以致民间将昏钞"私相准折行使"，"边栏贯陌完备者每一贯准作一贯二百文，边栏颇昏者准一贯一百文，边栏字样极昏者每贯止作八百文使用。"[⑤] 钞库官吏"往往结构小倒之人，及与官豪势要通同结揽商贾行铺，昏钞暗地倒换，多取工墨"[⑥]。不仅如此，钞库官吏还常"将倒下中统昏钞侵使"。至元二十九年（1292）查获长芦行用库官库子"通同侵盗讫钞

---

① 《太平策》。
② 《元典章》卷20，《户部六·钞法·挑补钞罪例》。
③ 《元史》卷21，《成宗纪四》。
④ 《元典章》卷20，《户部六·钞法·买使挑补钞断例》。
⑤ 《元典章》卷20，《户部六·钞法·行用宝钞不得私准折》。
⑥ 《南台备要·整治钞法》，见《永乐大典》卷2611。按此为至治二年五月中书省的文件。

一万五百七十八锭”①。延祐四年（1317），“曹州倒钞库里秋间倒换来的三千锭昏钞上头，省、台差人交烧毁呵，那钞内检闸出一千三百一十二锭有余掐补挑剜假伪等钞来有。”原来是库官任义“和别个人通同着与了自己的好钞，转买将掐补挑剜假伪钞来，却入官库内倒换出钞本去了有，又江南来的蛮子并诸人每，似这般将的假伪歹钞来，和他通同着也倒换出钞本去了有”。“似这般歹钞多了的上头，将钞法的勾当好生涩滞了有。”②

至正钞发行的次年（至正十一年），中书户部整治钞法，其中说：“各处有司、提调官及库官、库子人等，多不奉公，纵令公使人等及权豪势要、街市无籍之徒，通同结揽小倒，自五门、顺承等门，羊市角、钟楼前、枢密东十字街，人民辏集去处，往往群聚，公然倒换昏钞，十两内除一两或一两五钱，甚至二两者有之，以致民间行用揩除搭头钞两，沮坏钞法，良由于此。且以库官止取工墨三分，而百姓不往倒换者，盖由库官、库子人等刁蹬留难之故。”③文中所说是大都（今北京）的情况，首都如此，其他地方可想而知。

总起来说，有元一代随着纸钞的行使，便产生了伪钞、昏钞的问题。这两个问题始终没有得到解决，是造成“钞法日坏”的重要原因。

与伪钞相似的，还有云南私𧴩的问题。

云南行使𧴩子，已见前述。和内地的伪钞相似，云南出现了私𧴩的问题。大德五年（1303）中书省的咨文说：“云南行省咨，照得见钦奉圣旨整治云南事内一款：云南行使𧴩货，例同中原钞法，务依元数流转，平准物价，官民两便。近年为权势作弊，诸处偷贩私𧴩，已尝禁治。其官民官府关防不严，或受赂脱放入界，以致私𧴩数广，官民受弊。仰顺天、大理、临安、曲靖、乌撒、罗罗斯诸处官府并各各关津渡口把隘军民人员，常切盘缉禁治私𧴩。如有捉获，将犯人随即申解该上司，依条断罪，私𧴩没官，告捉人依例给赏。如所在

① 《元典章》卷47，《刑部九·诸赃三·库官侵使昏钞》。

② 《元典章新集》，《户部·钞法·接倒假伪掐补昏钞罪名》。

③ 《南台备要·整治钞法》，《永乐大典》卷2611。

官吏依前不为关防通同作弊者，并行究治。”[1] 当时把原来流通的贝八子称为真贝八[2]，新从外面流入的贝八子称为私贝八。外面流入的私贝八一多，原来的贝八子购买力下降，物价就要上涨。前引至元十三年四月的一件文书已经宣布禁止外地的贝八子进入云南，但是偷贩之风一直未曾停止，主要原因是“权势作弊”，“关防不严”。在此以后，大德九年（1305）十一月，元朝政府“以钞万锭给行省，命与贝八参用，其贝八非本土者同伪钞论”[3]。说明云南同时行用钞和贝八子，而私贝八被认为与伪钞性质相同。

① 《元典章》卷20，《户部六·钞法·禁贩私贝八》。

② 《元史》卷96，《食货志四·惠民药局》条云：“云南行省，真巴一万一千五百索。”不少云南元代碑刻中亦有“真巴”的记载，见方国瑜：《云南用贝做货币的起始时代及贝的来源》，《云南大学学报》，1957年第2期。

③ 《元史》卷21，《成宗纪四》。

第十一章　商业和高利贷

元朝出现了全国大统一的局面，商业活动随之活跃起来，流通的商品，以农产品、手工业产品为主，供上层消费的奢侈品占相当大的比重。商人有行商、坐商之别，其中又有大、中、小的不同。许多商业活动都通过牙人和牙行进行。高利贷盛行，对社会生活有很大影响。皇室、贵族纷纷经营高利贷，政府中设有管理高利贷的机构，是元代经济生活一大特色。

第一节　商业活动的一般情况

蒙古灭金后，长期处于动荡之中的北方农业区，逐渐趋于稳定。随着农业、手工业生产的缓慢恢复，商品交换逐渐复苏。云中（今山西大同）高氏便是一个例子。高氏在云中以“财雄边”著称。高德荣在“燕云失守”后，“避地南迁汴梁”。蒙古军攻占汴梁将居民大批北迁，高氏应徙卫（今河南汲县），高德荣之子高祐“与兄信素负心计，相与谋曰：‘卫居天中，实通都剧邑，百物夥繁，合散于此。若以十一与时驱逐，可致渥润。’遂主货殖为业。”没有多久，“商贩舆集其门”，“故远服贾者，虽千万里外，念宽原饶裕，独以高氏为让”[①]。高氏兄弟在金朝灭亡后被强徙到卫，就在当地经商，因此致富，并和各地商贩广泛联系。他们的活动说明在蒙古国统治下，北方农业区内逐步出现了商品流通的网络和商业经营者。这是一个方面。

---

① 王恽：《故云中高君墓碣铭》，《秋涧先生大全集》卷61。

另一方面，南北之间的商品交易也有一定的开展。蒙古灭金以后，很快便与南宋发生冲突，形成对峙的局面，战火时断时续。但与此同时，在双方边界上又存在榷场，允许南北之间互市。平阳洪洞（今山西洪洞）人程瑞，“逮事定宗、宪宗。时朝廷远驻朔漠，屡奉命使襄汉间，为互市官”①。宪宗蒙哥大举伐宋时，边境榷场便都封闭了。忽必烈在中统元年（1260）四月即位。同月即“置互市于涟水军，禁私商不得越境，犯者死”。同年七月，“立互市于颍州、涟水、光化军”②。涟水军即今江苏涟水，颍州即今安徽阜阳，光化军即今湖北光化，三地分布长江中、下游地区，相距甚远，说明忽必烈有意全面开展南北互市，但又对不在榷场内进行的私商活动严加禁止。中统四年（1263），忽必烈以礼部尚书马月合乃兼领颍州、光化互市③。当时马月合乃曾“建言光、颍等处立榷场，岁可得铁一百三万七千余斤，铸农器二十万事，用易粟四万石输官，不惟官民两便，因可以镇服南方”。忽必烈命他负责“兴煽铁冶”之事，但未行即病故④。由此可知，铁是在榷场上贸易的重要商品。但由于双方关系恶化，至元元年（1264）年正月，“罢南边互市”，同时“申严持军器、贩马、越境私商之禁”⑤。至元二年三月，重申“罢南北互市，括民间南货，官给其直”⑥。至元九年十二月，“遣宋议互市使者南归”⑦。显然南宋派遣使者提出互市的要求，但此时忽必烈已下定灭宋的决心，当然不会答应。

南北互市的中断，给北方经济带来了消极的影响。元朝官员胡祗通说：

> 窃见开场之利，不为无补。夫天地之生物，南北异宜；懋迁有无，尧、舜之所必行。当时偶有以停罢闻奏者，辞胜于理，无有面折廷争之人，圣旨权依停罢。今日大臣诚能款曲陈说，以为当行之事，公私两便，解前日之惑，理到言尽，圣意未必不从。但数年以来无人

① 王恽：《平阳程氏先茔碑铭》，《秋涧先生大全集》卷56。
② 《元史》卷4，《世祖纪一》。
③ 《元史》卷5，《世祖纪二》。
④ 《元史》卷134，《月合乃传》。
⑤ 《元史》卷5，《世祖纪二》。
⑥ 《元史》卷6，《世祖纪三》。
⑦ 《元史》卷8，《世祖纪五》。

再言，所以停止，不复举行，即今南货销熔尽绝，价增数倍，我家中原所出之货，每年虚随土壤弃掷腐朽，而不为用。谓土产之药物人参、防风、甘草等物，辇之而南，则为宝货，积之于本土，则为弃物。农人无地耕获不能为他艺者，旬日之劳劚草药三百斤，可卖钱十余贯，终岁差发可办。商贾之有财本者以千贯之物往返，半岁之间化为数千贯，何惮乎生理之不厚，科差之不供？货既流通，转相贸易，舟车流行，店铺和煦，居者行者有智有力者皆得养生之利。自罢场以来，坐贾无所获，行商无所往，舟车留停，道路萧条。以我所有易得致富之货，废弃而为无用，我之所无必用之物涌贵无所致，得计失计，于斯灼然。

倘蒙圣衷允许开场之法，当改前辙，公选品官中通钱谷廉干者数员充场官，官赍宝钞，我之商旅诸货至场，估计元本及路费脚钱外，更给加五利息，给付宝钞，令客旅还家。买到诸货，北场官与南场官为贸易。仍于许州、南京置局，停积见数，验户口多寡，分散诸路平准库及钞库，依市价官为货卖，得到本息，径赴中都万亿库送纳，以供经费。如此岁为定法。场官非其人则换易别差，物价随时高下，慎毋致商旅之无利。能使舟车如流，诸货辐凑，此亦钱流之一端也。①

这是一篇重要的文献。从中可以看出，南北之间商品的交流，对于双方都是有利的事。互市一旦断绝，便对北方农业区的经济生活特别是商业活动造成直接的不利的影响。同时，这篇文献也说明了边境互市的经营方式。它是由商人运货到场，场官收购之后，再和南方贸易，商人自己是不能直接和南方场官或商人发生联系的。南北互市是官府垄断的贸易。

元朝的统一，打破了南北的界限。而农业、手工业生产的恢复和发展，全国交通运输网的形成，以及纸钞作为全国统一货币的行用，都为商品流通的扩大创造了有利的条件。原来从事游牧生活的蒙古贵族，重视商业活动。许多为蒙古贵族信用的回回人，本身就是商人，或与商业活动有联系。忽必烈即位

---

① 胡祗遹：《论聚敛》，《紫山大全集》卷22。

后，提倡重农，但并不“抑末”。商品流通和商人的活动，受到政府的保护。这种思想倾向，影响到政府官员的态度。一位地方官说：“城郭之民，类多工商，工作器用，商通货财，亦人生必用之事，而民衣食其中”①。把商业当做社会必需的事业。在元代，看不到其他朝代经常出现的打击商人、抑制商业的活动。尽管也有反对商人、鄙薄商业活动的言论，但不能影响政府的方针政策。这种情况，无疑对商业起了保护和促进的作用。

元代进入商品流通领域的，有各种农产品、手工业产品，还有各种奇珍宝物，专供上层的消费。粮食是人们生活中的不可缺少的物品，在商品流通领域中十分突出。元代前期，供应大都的粮食一部分靠政府组织的海运，另一部分则由商人贩运而来，“来的多则贱，来的少则贵有”②。大德十一年（1307）江西行省南康路（路治今江西星子）报告说，本路是“山城小郡，产米有限，余靠荆湘淮浙米谷，通相接济”③。庆元（路治今浙江宁波）“郡居海陬，……民无终岁之蓄，计之户口，藉贩籴者半之”④。说明当地居民所需粮食一半依赖外地运入。农学家王祯说，浙西粮食丰收，“补添他郡食，贩入外江船”⑤。这几个例子可以看出，粮食在各地区之间的运销在当时是很普遍的，一些经济发达地区，粮食商品化的程度是相当高的。在手工业产品中，纺织品和瓷器在市场上占有重要地位。除了传统的丝织品和麻织品外，新兴的棉织品在市场上畅销，松江乌泾出产由黄道婆倡导的棉布，“转货他郡”⑥。南方的棉织品，在统一以后，“商贩于北，服被渐广”⑦。瓷器是传统的手工业。元代龙泉窑、磁州窑产品依旧流行，景德镇瓷兴起，产品风行天下。盐、茶、酒的生产和运销，都受到国家的严密控制，它们都是人们生活的不可缺少的物品，销路很广。元代杂剧中有“列一百二十行经商财货”之说⑧。“行”指行业，“一百二十行”

---

① 王结：《善俗要义》，《文忠集》卷6。

② 《通制条格》卷27，《杂令·拘滞车船》。

③ 《元典章》卷3，《圣政二·救灾荒》。

④ 《至正四明续志》卷5，《土产》。

⑤ 王祯：《农书》，《农器图谱集一·田制》。

⑥ 陶宗仪：《南村辍耕录》卷24，《黄道婆》。

⑦ 王祯：《农书》，《农器图谱集十九·木绵序》。

⑧ 乔孟符：《杜牧之诗酒扬州梦》，《元曲选》第795页。

并非实数，而是反映商业行业之众多，也正是说明商品种类之多。

元代城市和农村的商业经营和管理方式有所不同。在不少城市中，有专门的商业区，称为“市”。以大都为例，有米市、面市、羊市、马市、牛市、骆驼市、驴骡市、柴草市、段子市、皮帽市、菜市、帽子市、鹁鸽市、鹅鸭市、珠子市、文籍市、纸札市、靴市、车市、猪市、沙剌市、柴炭市、煤市、蒸饼市、胭粉市、果市、铁器市等①，还有鱼蟹市，设立较晚②。分工很细。这些市主要集中在几个地区。一个是羊市角头（又称羊角市），在顺承门（今宣武门）内；一个是枢密院角市，在今东四西南；一是斜街市，位于城市中心的钟鼓楼周围。大都的顺承门（今宣武门内）外是“南商之薮”，大都的平则门（今阜成门）为“西贾之派”，则应是外地商人集中居住之地③。中等城市如集庆（今江苏南京）有小市、牛马市、谷市、岘市、纱市等10处④；镇江则有大市、小市、马市、米市、菜市⑤。小的如湖广江华县（今湖南江华），县城中亦有卖菜的市⑥。中国传统的城市，居民居住的“坊”和商业活动的“市”有严格的区分。自宋代起，坊、市的区别逐渐打破。元代大都的各种市除集中在三处外，还有一些分散于城市内外各处。其他城市亦应有类似的情况。

元代亦集乃路治所（今内蒙额济纳旗黑城遗址）的考古发掘，使人们对这里的商业情况有所了解。亦集乃路治所城内有东街、正街两条街。在两条大街的两侧，都发现有店铺遗址，两条大街便成为该城的商业中心区域。店铺有饭馆、酒店、杂货店、作坊等。杂货店经营的有蜡、纸、布、绢、靴等物品。还有专门经营布疋绸缎的采帛行。牲畜市场应在城外关厢地方。柴市设在东街。有的商人以亦集乃路治所为据点，前往岭北达达地面（指漠北草原）做买卖⑦。亦集乃路治所是边远的一座小城，但它的布局可以帮助我们了解元代

① 《析津志辑佚》，“城市池市”。

② 《元史》卷85，《百官志一》。

③ 黄文仲：《大都赋》，《天下同文》前甲集卷16。

④ 《至正金陵新志》卷4上，《疆域志》。

⑤ 《至顺镇江志》卷2，《坊巷》。

⑥ 杨瑀：《山居新话》。

⑦ 李逸友：《黑城出土文书（汉文文书卷）》，第21～22页。

小城市的商业情况。

城市中开张营业的商店常以“铺”为称，从事商业的人户就称为“铺户”。铺户以经营的货物不同而分成多种行业。长兴州（今浙江长兴）有五熟行、香烛行、银行、玉麈行、度生行、浇烛打纸印马行、篙师行、净发行、裁缝行、锦鳞行、碧缘行、漕行、五色行、正冠行、双线行、糖饼行、果行、彩帛行、厨行、饭食行、酒行等[①]。其中多数是从事货物买卖的行业，也有一些是服务性的行业（如篙师行、净发行、裁缝行等），后一类亦是广义商业的组成部分。官方文书中称“街市诸行铺户”[②]、“各路行铺之家”[③]，就是泛指各种经营商业活动的人户。大都较大的市（马市、猪羊市、牛驴市、果木市、鱼蟹市）都设提领（从七品）、大使（从八品）、副使（从九品）进行管理[④]。其他城市的市是否设官管理，并不清楚。

元代的商业城市，以大都、杭州、真州最为重要，其次是平江、潭州、太原、平阳、扬州、武昌、真定、安西等。大都是元朝的政治中心，也是商业中心，它有联系全国的交通网，并进而和外部世界相联结，“东至于海，西逾于昆仑，南极交广，北抵穷发，舟车所通，珍宝毕来”[⑤]。杭州是南宋的都城，入元以后，成为江浙行省的首府，仍然保持着繁荣，“山川之盛，跨吴越闽浙之远；土贡之富，兼荆广川蜀之饶”[⑥]。真州（今江苏仪征）位于长江、运河交接点，“南北商旅聚集去处”[⑦]。特别是贩运淮盐的商人都集中在这里，导致了它的兴盛。在其次的诸城市中，扬州的地位是比较特殊的。唐、宋以来，扬州一直是重要的商业城市。元代，扬州“当水陆要冲，舟车不绝”[⑧]；“买卖辐辏，巨商大贾之家，不可胜数”[⑨]。它在商业活动中的地位依然如旧。元代还

---

① 《长兴州修建东岳行宫碑》，《两浙金石志》卷15。
② 《元典章》卷22，《户部八·盐课·新降盐法事理》。
③ 《元典章》卷57，《刑部十九·杂禁·禁私斛斗秤尺》。
④ 《元史》卷85，《百官志一》。
⑤ 程钜夫：《姚长者传》，《雪楼文集》卷7。
⑥ 苏天爵：《江浙行省浚治杭州河渠记》，《滋溪文稿》卷3。
⑦ 《元典章》卷22，《户部八·盐课·新降盐法事理》。
⑧ 苏天爵：《王公行状》，《滋溪文稿》卷23。
⑨ 《至顺镇江志》卷13，《驿传》。

有一批中等城市，大多是各路府所地，如龙兴、温州、淮安、庆元、镇江、大同、卫辉、汴梁等，都有相等数量的商铺和行业。[①] 但是，也有不少路总管府所在地的城市，规模很小，商业活动有限。元代有县1127，州359，其中有的人口较多，商业亦有相当规模，如松江府所属的上海县，平江路下属的吴江、昆山、常熟、嘉定四州，但为数不多。大多州、县，商铺很少，商品流通有限，如庆元路昌国州（今浙江定海）"商贾之所不至"[②]。

农村中的商品流通，主要是在定期的集场上进行的。元末刘基说，由"越城"（绍兴）东南行，"泊于云峰之下，曰平水市，即唐元微之所谓草市也。其地居镜湖上游，群小水至此入湖，于是始通舟楫。故竹木薪炭凡货物之产于山者，皆于是乎会，以输于城府，故其市为甚盛"[③]。唐、宋时代的草市，就是定期的集市，有的逐渐发展成为农村中的市、镇。平水市应是一个较大的居民点，山区的居民都以自己生产的物品定期到这里进行贸易。这些镇市上也有一些固定的商铺。生活在宋、元之际的方回说，他在秀州（今浙江嘉兴）看到，佃户常常带着一斗或几升粮食，到商肆去"易香烛、纸马、油盐、酱醋、浆粉、麸面、椒姜、药饵之属不一，皆以米准之"。这些商铺"整日得米数十石，每一百石舟运至杭、至秀、至南浔、至姑苏粜钱，复买物货归售"[④]。这些镇、市上的商铺，对于沟通城乡的商品交换，有着重要的作用。元代江南不少地方有镇有市，这种镇、市上都有一些商铺，同时又是农村集市的所在地。在某些规模较大的镇、市上，元朝政府还设置务，就近收取商税。

元末卢琦诗《过一溪桥》："处处鱼盐开草市，家家鸡犬类桃源"[⑤]。卢琦是福建惠安人，后为永春（今福建永春）县尹，诗中所写应是福建风光。可见福建亦有草市之称。但是元代北方似不见"草市"的记载，文献中提到的是集场，例如元顺帝时，王思诚为监察御史，巡行各处。"丰润县一囚，年最少，械系濒死。疑而问之，曰：昏暮三人投宿，将诣集场，约同行"，结果被

---

① 参见本书第十七章诸色课程（下）第一节商税。

② 《大德昌国州志》卷3，《叙赋》。

③ 《出越城至平水记》，《诚意伯文集》卷6。

④ 《续古今考》卷18，《附论班固计井田百亩岁入岁出》。

⑤ 《元诗选初集·圭峰集》，第1799页。

贼人裹胁[1]。丰润县即今河北丰润县。从以上这些例子，可见南北都有定期的集市，或称草市，或称集场。有些边疆少数民族聚居的地区，亦有此类商业活动组织。云南的金齿百夷（今傣族的先民）“五日一集，旦则妇人为市，日中男子为市，以毡、布、茶、盐互相贸易”。白人（今白族的先民），“市井谓之街子，午前聚集，抵暮而罢”[2]。

延祐四年（1317），元朝政府以农村起立集场“走透课程有，多人聚众呵，妨碍农务，滋长盗贼有”，下令住罢。延祐六年，监察御史报告说，“东安州等处百姓仍旧起集买卖”。东安州今河北安次，当时属大都路。监察御史据此说：“辇毂之下，尚且奉行不至，何况外路”[3]。尽管元朝政府又重申禁令，但起立集场是农村经济生活的重要组成部分，不是政府行为所能制止。这一禁令后来就不了了之。

第二节　商人与牙人

商业经营者统称为商人。元代习惯将商人分为坐商和行商。凡在城市中开铺营业的就是坐商，凡是从事贩运的就是行商。无论行商或坐商，都有大、中、小之分，他们的财产状况、经营手段、社会地位都有很大的区别。

元代北方著名的民间大商人有阳丘崔氏，“世以贾贩致饶”。“金季乱，生业荡裂无遗”。崔聚继续经营商业。“会江左平，往来贸易湖湘间，以是致赀累钜万，言富室无居其右”[4]。崔聚显然利用江南初平的机会，往来贩运货物，因而致富。他是一个行商。河南人姚仲实，金亡后迁于京，曾做过下级官员，至元二十四年（1287）以后，“弃官而还，以为京师天下之都会也……舟车所通，货宝毕来，可废居以为富。行之十年，累赀巨万”。他利用大都特殊的地

---

① 《元史》卷183，《王思诚传》。

② 李京：《云南志略》。

③ 《元典章》卷57，《刑部十九·禁聚众·住罢集场聚众等事、禁罢集场》。

④ 刘敏中：《阳丘崔氏先茔之记》，《中庵集》卷10。

理位置，经营致富。后来经营各种福利事业，“为京师诸耆耋长”①。前面提到的卫州高氏亦是个例子。南方大商人如永丰（今江西永丰）韩蒙，“家本江东大姓，善贾，至蒙益畜善田，逾数万亩”②。以“善贾”而拥有数万亩土地，其经营商业之兴盛不难想见。又如常州张文盛，在南宋灭亡后，“弃其所学，从计然之术，研得其精。为大区广陵市中，家僮数百指，北出燕齐，南抵闽广，懋迁络绎，资用丰沛”③。这是一个行商、坐商集于一身的例子。

元代大商人中，以盐商最为突出。他们从盐的买卖中取得巨额的收入，成为富豪，“舆马之华，宫庐之侈，封君莫之过也”④。“人生不愿万户侯，但愿盐利淮西头。人生不愿千金宅，但愿盐商千料舶。大农课盐析秋毫，凡民不敢争锥刀。盐商本是贱家子，独与王家埒富豪”⑤。清州（今河北青县）高庚，以“浮舟往来，逐盐鹽之利”为主，其子高仁认为，“长芦当燕齐之交，天下之要区也，盐鹽之利半中州之赋，豪商大贾车击舟连”，于是便迁居长芦盐司所在地，“中市而立，权天下之货，四方贩负，日受指画，……故言利者以高氏为师”⑥。贩茶和贩米也是致富的途径。“吴中富儿扬州客，一生射利多金帛。去年贩茶湓江口，今年载米黄河北”⑦。

元代大商人中有许多色目商人，他们主要经营珠宝和香药，以宫廷和上层贵族为对象，获取厚利。当时人说：“回回户计，多富商大贾”⑧。本路（大都路—引者）回回人户，……于内多系富商大贾、势要兼并之家，其兴贩营利，百色侵夺民利”⑨。大德四年（1300）元朝政府重申各种宗教团体、机构经商都要纳商税，第二年管理佛教的宣政院上奏说，“也里可温、答失蛮将着珠、答纳等宝货做买卖有，寺家一、两个店铺做些小买卖，修理寺院，与上位祝寿

---

① 程钜夫：《姚长者传》，《雪楼集》卷7。
② 吴莱：《韩蒙传》，《渊颖集》卷9。
③ 陆文圭：《巽溪翁墓志铭》，《墙东类稿》卷13。
④ 余阙：《两伍张氏阡表》，《青阳集》卷10。
⑤ 杨维桢：《盐商行》，《铁崖先生古乐府》卷5。
⑥ 程钜夫：《清州高氏先德之碑》，《雪楼集》卷15。
⑦ 傅若金：《覆舟叹》，《傅与砺文集》卷3。
⑧ 《元史》卷134，《朵罗台传》。
⑨ 王恽：《为在都回回户不纳差税事状》，《秋涧先生大全集》卷88。

僧人的斋粮里用有”，要求僧、道继续免税[①]。所谓“寺家”（佛寺）开小买卖完全不合事实，但也里可温（基督教士）、答失蛮（伊斯兰教士）做宝货买卖则是人所共知的。

元代大商人行列中还有不少贵族、官僚。忽必烈时，权臣“阿合马、张惠，挟宰相权，为商贾，以网罗天下大利”[②]。元朝末年，权臣伯颜之弟马札儿台历任要职，“于通州置塌坊，开酒馆糟坊，日至万石，又使广贩长芦、淮南盐”[③]。元朝政府对权贵经商不加禁止，只是要求他们“赴务纳税”[④]。当然，事实上他们凭藉权势，往往不纳商税。不仅如此，他们还“占据行市，豪夺民利，以致商贾不敢往来”。元代一些大的宗教寺院也热衷于经商，早在蒙古国时期，已规定僧、道、也里可温、答失蛮“买卖出纳商税”，这一规定反映出各种宗教团体经商之普遍。但实际上并未认真执行。中统五年（1264）中书省官人奏说，“自谷由皇帝到今，僧、道、也里可温、答失蛮……做买卖不纳商税”。虽然忽必烈重申要他们纳税，收效甚微。至元三十年（1293）中书省官员奏：“做大买卖的是和尚、也里可温每，却不纳税呵，哏损着课程多有”。大德四年（1260）又奏：“僧、道、也里可温、答失蛮将着大钱本开张店铺做买卖，却不纳税。他每其间夹带着别个做买卖的人呵，难分间，多亏兑课程有”。对于这种现象，中书省官员们提出的处理办法是：“僧、道、也里可温、答失蛮自己穿的、食的、所用的买要呵，并寺院里出产的物货卖呵，不纳呵，他每也勾也者。将着大钱本开张店铺做大买卖不纳税呵不宜。因而夹带着不干碍的人也者，似这般的每交纳税呵，怎生？”皇帝同意[⑤]。这个处理办法实际上作出了很大让步，允许宗教寺院自己需要的物品和出产的物货，买卖时都免税，只有大买卖才纳税，同时禁止寺院包庇其他商人。从这一系列文书可以看出，各种宗教寺院享有特权，因此他们经商不纳税的问题，一直得不到解决，政府不得不作出让步，但即使如此，是否能实现，仍是可疑的。而文书

① 《通制条格》卷29，《僧道·商税地税》。
② 《元史》卷205，《奸臣·阿合马传》。
③ 权衡：《庚申外史》卷上。
④ 《元史》卷94，《食货志二·商税》。
⑤ 《通制条格》卷29，《僧道·商税地税》。

中反复说各种宗教寺院“做大买卖”，可见在元代大商铺中，属于寺院经营的不在少数。

从事商业活动的更多是中、小商人。他们中有坐商，也有行商。鄱阳（今江西波阳）刘谦，“善积居之术，以赀雄于乡”[①]。金溪（今江西金溪）王善，“操奇赢之术，游七闽，家乃大穰”[②]。吉水（今江西吉水）萧雷龙，“家多赀，至宋季而贫，乃折节治货区，不数年间，竟倍加昔”[③]。元末著名文人宋濂笔下的这几位商人，可以认为是中等商人的例子。山西洪洞商人杨和甫，出身农民，原来“家尚贫”，他“服贾江淮川蜀，险阻艰难备尝而不辞”，被称为“良贾”[④]。亦应是中等商人。中等商人一般拥有相当数量的资本，所经营的商铺或长途贩运在一定地区内有影响。更多的则是小商人。他们一般个体经营，资本微薄，获利亦有限。杂剧《张孔目智勘魔合罗》中，描写河南府录事司民户李德昌，一家三口，“守着个绒线铺”，李德昌挑着担子前往南昌做买卖，其妻刘玉娘便看守绒线铺[⑤]。这是一户个体经营的坐商，但又从事长途贩运。在杂剧《玎玎珰珰盆儿鬼》中，“汴梁人氏”杨国用借钱“置些杂货，做买卖去”[⑥]。杂剧《朱砂担滴水浮沤记》的故事与以上两剧基本相同，河南府王文用“将上本钱，到江西南昌地面，做些买卖”。后来又从南昌前往泗州[⑦]。三剧的主角都是从事长途贩运的小本经营的商贩，其中两剧主角都从河南前往江西。小商贩的活动不仅限于城市，而且深入农村。“行商到门问有无，粟麦丝麻相换易”[⑧]。

牙行是商品流通领域中的居间经纪行业，为买卖双方说合交易。牙行、牙人由来已久，唐、宋时都存在。至元十年（1273）八月，“中书省断事官呈：大都等路诸买卖人口头疋房屋一切物货交易，其官私牙人侥幸图利，不令买

---

① 宋濂：《刘府君墓志铭》，《宋文宪公全集》卷6。
② 宋濂：《王府君墓志铭》，《宋文宪公全集》卷6。
③ 宋濂：《萧府君阡表》，《宋文宪公全集》卷15。
④ 许肯岩：《千户杨公墓碑》，《山右石刻丛编》卷37。
⑤ 关汉卿作，《元曲选》，第1368～1388页。
⑥ 作者佚名，《元曲选》，第1389～1409页。
⑦ 作者佚名，《元曲选》，第386～403页。
⑧ 胡祗遹：《行商》，《紫山大全集》卷4。

主、卖主相见，先于物主处扑定价值，却于买主处高抬物价，多有克落，深为未便。今后凡买卖人口头疋房屋一切物货，须要牙保人等与卖主买主明白书写籍贯住坐去处，仍召知识卖主人或正牙保人等保管，画完押字，许令成交，然后赴务投税。仍令所在税务，亦仰验契完备，收税明白，附历出榜，遍行禁治相应。都省准呈"[①]。由此可知，统一以前，北方城市中货物买卖普遍由牙人从中说合，牙人有官牙、私牙之分。牙人往往从中作弊，因此元朝政府要求牙人和买卖双方明白开立文契，赴务投税。至元二十二年（1285）六月，忽必烈下诏，"罢牙行"[②]。这一决定的作出，与卢世荣的建议有关。至元二十一年（1284）十一月，忽必烈提拔卢世荣主管财政，卢世荣提出一系列建议，中心思想是扩大国家对各项经济活动的管理，以此增加收入。其中之一是："随朝官吏增俸，州郡未及，可于各都立市易司，领诸牙侩人。计商人物货，四十分取一，以十为率，四给牙侩，六为官吏俸"[③]。据此，则忽必烈下诏所罢的应是民间牙行，牙人都由国家设立市易司加以管理。没有多久，不少朝臣攻击卢世荣，列举他的种种罪状，其中之一是："立野面、木植、瓷器、桑枣、煤炭、匹段、青果、油坊诸牙行"[④]。这应是在市易司下分设各种行业的牙行，将各种行业的买卖都由政府加以控制。卢世荣于二十二年十一月被处死。至元二十三年（1286）六月，中书省下令说："况客旅买卖，依例纳税，若更设立诸色牙行，抽分牙钱，刮削市利，侵渔未便。除大都羊牙及随路买卖人口、头疋、庄宅牙行，依前存设，验价取要牙钱，每十两不过二钱，其余各色牙人，并行革去"[⑤]。这些规定显然是针对上述卢世荣设立"诸牙行"作出的，保留了大都羊牙以及各处买卖人口、头疋、庄宅等大额交易的牙行，取缔其余牙行，并将牙钱降为五十取一。

忽必烈时代曾任地方官的胡祗遹作《革昏田弊榜文》，第一条说："升平无事，民安地著，逋逃者还业，五谷增价。土田每亩价值比数年前踊添百倍，

① 《通制条格》卷18，《关市·牙保欺蔽》。

② 《元史》卷13，《世祖纪十》。

③ 《元史》卷205，《奸臣·卢世荣传》。

④ 《元史》卷205，《奸臣·卢世荣传》。

⑤ 《元典章》卷18，《关市·官牙》。

所以典卖之间不无诈冒昏赖，以致词讼纷纭，连年不绝。府司今议得，每一社议令社长集众公议，推保公平官牙人一名，能书写、知体例、不枉屈写契人一名，本县籍记姓名。凡遇本社买卖租典土田及一切房屋事产人口头匹交易合立文契者，止令官牙人作牙官立定，书写人写契。违法成交者，此二人当罪，到官毁交。不经此二人成交者，毁交，治买主卖主罪。文契分明，庶革前弊”①。文中规定，每社立官牙人一名，其职责限于本社买卖租典土地、房屋、事产、人口、头匹，社的官牙人由社众推举。这是某一地区的做法，还是带有普遍性的制度，是不清楚的。但其职责范围的界定，显然是以上述中书省的命令为据的。

但是，没有多久，元朝政府便承认盐牙的存在。至元二十九年（1292）颁布的《条画》中一款：“行盐地面路府州县私立盐牙行大秤，有坏盐法，仰所在官司截日罢去”②。大德四年（1300）颁布的《新降盐法事理》中，多处提到盐牙，指出盐司与牙人通同作弊，盐牙“皆非从公选择，滥用无籍破落之徒，各名下别带小牙、秀才、勾当人等百数成群，结揽盐商，把柄行市，多取牙钱，坑陷客旅”。规定将“已前应有盐牙，尽行革去”，设立盐总部辖，“专一说合卖盐交易”。“每日止于批验所与买主卖主对面说合交易，不许他处暗地成交。”批验所设在真州，其余行盐地区亦可设部辖。部辖“于土居信实不作过犯有抵业通晓商贾诸行铺户内从公选差，出给文凭”。盐引每引 65 贯，牙钱为 1 钱③。从这些规定看来，盐牙一直存在，元朝政府的方针是取缔私牙，由官设盐牙（部辖）。官盐牙的选拔标准，对于其他城市中官牙的选拔，应是适用的。

皇庆元年（1312），江西吉安路（路治今江西吉安）报告说：“又有一等诈称牙人，把柄行市。……除应设庄宅、人口官牙依例存设，外据其余诸色私牙人等，截日革去”④。所谓“诈称牙人”，实际上就是私牙。也就是说，元朝政府一直坚持官设牙人制度，取缔私牙。延祐六年（1319）中书省颁发的一

① 《紫山大全集》卷 22。此文应作于胡祗遹至元十九年任济宁路总管后。
② 《元典章》卷 22，《户部八 · 盐课 · 立都提举司办盐课》。
③ 《元典章》卷 22，《户部八 · 盐课 · 新降盐法事理》。
④ 《元典章》卷 57，《刑部十九 · 杂禁 · 禁私斛斗秤尺》。

件有关盐价的文书中，也重申了“禁治私牙把柄行市”[①]。商品流通需要有居间经纪行业，牙人、牙行便应此而产生。官设牙人，对于规范市场行为，是有好处的。但官牙或与官吏合作，坑害买卖双方，或与商人勾结，从中取利，同样存在种种弊端。私牙屡禁不绝，亦与此有关。元文宗至顺年间（1330～1332），李裕知陈州（今河南淮阳），“市设驵侩，本以求民平，黠者反舞智病民，畏其近官，茹抑忍苦，莫敢走白者。府君摘发隐伏，挞诸市而易之”[②]。“近官”的“驵侩”，无疑就是官牙。这便是官牙舞弊的例子。

在额济纳里城发现的元代文书中，一件至正二十七年（1367）的卖马文契中有“凭官牙人”字样，应是说合之意，后有“官牙人撒文”签名。又有一件至正三十年（1370）典身文契，亦有“官牙人”签署[③]。可见偏远如亦集乃路，亦有官牙之设。至正三十年（1370）元已灭亡，但亦集乃路尚在北逃以后的元军将领的手中，故仍用此年号。亦可见官牙之制一直实行到元朝灭亡。

第三节 高利贷

蒙古国时期，大汗和诸王、公主、后妃都委托中亚的回回商人，发放高利贷，经营商业谋取厚利。这种为蒙古贵族经营商业和高利贷的回回商人，在当时被称斡脱商人（斡脱是蒙古语 Ortoq 的音译，来源于突厥语，原意为合伙）。元代的文献说：“斡脱，谓转运官钱，散本求利之名也”。而斡脱商人便是“奉圣旨、诸王令旨随路做买卖之人”[④]。斡脱商人经营的高利贷，称为羊羔利息。南宋使臣记载说：“自鞑主以至伪诸王伪太子伪公主等，皆付回回以银，或贷之民而衍其息，一锭之本，展转十年后，其息一千二十四锭”[⑤]。蒙古国

① 《元典章》新集，《户部·盐课·拯治盐法》。

② 宋濂：《李府君墓铭》，《宋文宪公全集》卷5。

③ 李逸友：《黑城出土文书（汉文文书卷）》，第188～189页。

④ 徐元瑞：《习吏幼学指南》。

⑤ 彭大雅、徐霆：《黑鞑事略》。

方面的记载说："取借回鹘债银，其年则倍之，次年则并息又倍之，谓之羊羔利，积而不已，往往破家散族，至以妻子为质，然终不能偿"[1]。"汉地"的一些封建军阀，为了应付蒙古国征收的贡赋，不得不向回回商人借债，事后对这样苛重的利息，都穷于应付。至于一般百姓，一旦和此发生关系，等待他们的必然是倾家荡产。羊羔利遭到耶律楚材和一些"汉地"军阀的反对。耶律楚材"请于上，悉以官银代还，凡七万六千锭。仍奏定今后不以岁月远近，子本相侔，更不生息，遂为定制"[2]。"自乙未版籍后，政烦赋重，急于星火，以民萧条，卒不易办，有司贷贾胡子钱代输，积累倍称，谓之羊羔利。岁月稍集，验籍来征，民至卖田业鬻妻子有不能给者。……公（真定军阀史天泽——引者）悯焉，诣阙并奏其事，民债官为代偿，一本息而止"[3]。所谓"官钱代还"或"民债官为代偿"应是把各地军阀拖欠回回斡脱商人的高利贷勾销，蒙古统治者以此来安定"汉地"军阀的情绪，而自己只是少收子钱而已，并无损失。至于借贷"子本相侔，更不生息"，是在庚子年（1240）正式颁布的[4]，但并未真正执行。1249年，姚枢向时为藩王的忽必烈上书，论述"治国平天下之大经"，其中之一是"倚债负，则贾胡不得以子为母，如牸生牸牛、十年千头之法，破称贷之家"[5]。可见直到此时，羊羔息仍然盛行。

1260年，忽必烈即位。至元四年（1267）十二月，设立诸位斡脱总管府[6]，这是元朝正式设置机构管理斡脱的开始。至元十七年（1280）十一月，"置泉府司，掌领御位下及皇太子、皇太后、诸王出纳金银事"[7]。泉府司实际上是由诸位斡脱总管府升级而成的，"出纳金银"就是经营高利贷和商业。泉府司从二品，可见元朝对这一机构的重视。大德十一年（1397），武宗即位。十二月，升泉府司为泉府院，秩正二品，地位又有所提高[8]。至大四年

① 宋子贞：《中书令耶律公神道碑》，《国朝文类》卷57。
② 《中书令耶律公神道碑》。
③ 王恽：《忠武史公家传》，《秋涧先生大全集》卷48。
④ 《元史》卷2，《太宗纪》。
⑤ 姚燧：《姚文献公神道碑》，《国朝文类》卷60。
⑥ 《元史》卷6，《世祖纪三》。
⑦ 《元史》卷11，《世祖纪八》。
⑧ 《元史》卷22，《武宗纪一》。

(1311) 仁宗即位；五月，“罢泉府司（院）”[1]。此后再没有设置与斡脱有关的机构。斡脱总管府与泉府司（院）的一个重要职能就是出纳金银，以钱生息，但是从现有记载看来，似乎再没有推行羊羔利。至元三年（1266）二月，“钦奉圣旨：债负止还一本一利，虽有倒换文契，并不准使。并不得将欠债人等强行扯拽头疋，折准财产，如违治罪”[2]。在颁布这道圣旨以后不久成立的机构，理应按此办事。大德二年（1298），当阿只吉大王要在“蛮子田地里”追讨斡脱钱时，江西行省引用圣旨加以抵制：“照得先钦奉圣旨节该，诸王、驸马并投下奏告诸路官员人等，欠少钱债。照得先帝圣旨，如有为民借了，虽写作梯己文契，仰照勘端的为差发支使，有备细文凭，亦在倚阁之数。仰诸王投下取索钱债人员，须管于安抚司与欠债人当面照得委是己身钱债，另无异词，依一本一利归还，毋得径直于州县将欠债官民人等一面强行拖拽人口头疋，准折财产，骚扰不安。如违，定行治罪”[3]。“先帝圣旨”即忽必烈圣旨。诸王的斡脱钱只许一本一利，斡脱总管府、泉府司（院）更不能例外。有的记载说：斡脱总管府“持为国假贷，权岁出入，恒数十万定。缗月取子八厘，实轻民间缗取三分者几四分三，与海舶市诸蕃者”[4]。贷与海商的利息应与其他贷款利息相近，月利三分是政府的规定（见下）。也就是说，羊羔息行于蒙古国时期，忽必烈上台后，它就逐渐消失了。

除了斡脱总管府和泉府司（院）外，元朝不少政府机构亦放钱取息，贴补费用。至元二十二年（1285）七月，“给钞万二千四百锭为本，取息以赡甘、肃二州屯田贫军”[5]。大德十一年（1307）七月，和林省臣“乞如甘肃省例，给钞二千锭，岁收缗钱，以佐供给”。新上台的武宗同意[6]。前者是以息钱赡军，后者是以息钱助政，至于规运息钱津济驿站，更是常见的事。例如至元十四年（1277）二月，以钞千锭，“规运息钱”，补增永昌路五站祗应；至

---

① 《元史》卷24，《仁宗纪一》。
② 《通制条格》卷28，《杂令·违例取息》。
③ 《元典章》卷27，《户部十三·斡脱钱·斡脱钱为民者倚阁》。
④ 姚燧：《高昌忠惠王神道碑》，《牧庵集》卷13。
⑤ 《元史》卷13，《世祖纪十》。
⑥ 《元史》卷22，《武宗纪一》。

元二十二年，立别失八里（今新疆吉木萨尔）站赤，“仍与钞六百定，规运息钱，以供后来之费”①，等等。

元代民间高利贷的活动是十分猖獗的。发放高利贷的，主要是“权豪势要之家”②、寺院、官吏、军官和地主。每遇水旱灾荒、青黄不接或百姓家有生老病死等变化，便是高利贷大肆活动之时。至元二十九年（1292）十月，“中书省、御史台呈，比年以来，水旱相仍，五谷薄收。阙食之家，必于豪富举借糇粮”③。在元代民间高利贷经营者中，有几类是值得注意的。一类是军官。元代军官向军人发放高利贷现象是很严重的，至元十四年（1277）山东长清县尹报告说，“其管军人员不知存恤，……又以出放钱债为名，令军使用，不出三、四月便要本利相停，一年之间获利数倍，设有违误，辄加罪责”④。元代中期，马祖常上奏说：“汉军征戍岭海之南，发病而死者十率七八。其所属军官，利在危殆之际，必用资财，拟指军人北方本家所有孳畜田产，厚息借贷，准折还纳，终至破产，不敢有词”⑤。军官利用权势，向军人发放高利贷，是强迫的，其结果导致军人家庭（军户）破产，而军官因此致富。一类是寺院。元代各种寺院经营高利贷是很普遍的，许多大寺院都设有解库（解典库，见下），有些还设立了长生局。僧人资瑞向浙西嘉兴路资兴禅寺捐钱，“出中统钞二千五百缗为长生局本，命四勤旧掌，遇寺支乏，立券就贷，依时生息”⑥。便是一例。长生局就是寺院的发放高利贷的机构。此外寺院又有长生田，亦应与高利贷有关⑦。还有一类是民间的专业高利贷经营者。宋代出现了“行钱”，即以富豪之钱经营高利贷者。“凡富人以钱委人，权其子而取其半，谓之行钱”⑧。富人和“行钱”，组成了私家高利贷网络。元代“行钱”继续存在。杂剧《看钱奴买冤家债主》便提到“行钱”。这种专业的

---

① 《经世大典·站赤》，《永乐大典》卷19417~19418。
② 《通制条格》卷28，《杂令·违例取息》。
③ 《通制条格》卷28，《杂令·违例取息》。
④ 《通制条格》卷7，《军防·禁治扰害》。
⑤ 马祖常：《建白一十五事》，《石田文集》卷7。
⑥ 《嘉兴资圣禅寺长生修造局记》，《两浙金石志》卷15。
⑦ 黄溍：《报恩万岁贤首教寺长生田记》，《吴县志》卷33，广陵古籍刻印社影印本，1989年。
⑧ 王明清：《投辖录》。

高利贷经营者的存在，无疑是高利贷猖獗的重要原因①。

元代高利贷的利率，政府规定为一本一利，但“权豪势要之家”自有应付之法，他们“出放钱债，逐急用度，添利息每两至于五分，或一倍之上。若无钱归还呵，除已纳利息外，再行倒换文契，累算利钱，准折人口头疋事产”。元朝政府于至元十九年（1282）规定：“今后若取借钱债，每两出利，不过三分。”“诸人举放钱债，每贯月利三分，止不一本一利，已有禁条。其有倒换文契，多取利息者，严行治罪”②。大德二年（1298）又重申这一规定，“今后多要呵，本利没官”③。但事实上高利贷利率受多种因素的影响，并不受政府规定的控制。至元二十九年（1292）的政府文书中说，农民阙食借粮，“自春至秋，每石利息，重至一石，轻至五斗，有当年不能归还，将息通行作本，续倒文契。次年无还亦如之。有一石还至数倍不能已者”④。这是高利率的例子，半年之间，一本一利。比较多的应是年本利相当。在关汉卿杰作《感天动地窦娥冤》中，窦娥便因父亲借银二十两，一年以后本利四十两，无法归还，而被债主强要为媳妇⑤。在佚名作者《玉清庵错送鸳鸯被》中，借“十个银子”一年以后“算本利该二十个银子还我”⑥。在黑城文书中，有几种借契，“借到行利市斗小麦五斗，每月五升，逐用支取”。“借到市斗小麦一石，其麦每月每斗照行利息一升”⑦。月利十分之一，和年利一本一息相近。可以认为，这两种利率在元代是比较通行的。

高利贷是一种残酷的剥削手段，拖欠钱债者要被官府“绷扒吊拷”⑧，往往导致借贷者倾家荡产，家破人亡。贫民家庭的子女每每因此变成了奴仆。上述《窦娥冤》便是这种残酷剥削的真实写照。在哈剌章（今云南大理），“富强官豪势要人每根底放利钱呵，限满时将媳妇、孩儿、女孩儿拖将去，面皮上

---

① 乔幼梅：《宋元时期高利贷资本的发展》，《中国社会科学》，1988 年第 3 期。
② 《元典章》卷 27，《户部十三 · 私债 · 放债取利三分》。
③ 《元典章》卷 27，《户部十三 · 私债 · 多要利钱本利没官》。
④ 《元典章》卷 27，《户部十三 · 私债 · 放粟依乡原例》。
⑤ 《元曲选》，第 1499 ~ 1517 页。
⑥ 《元曲选》，第 53 ~ 69 页。
⑦ 《黑城出土文书（汉文文书卷）》，第 186 ~ 187 页。
⑧ 佚名：《庞居士误放来生债》，《元曲选》，第 294 页。

刺着印子做奴婢有”。以致元朝政府不得不下令禁止。[①] 高利贷的盛行，加剧了社会分化，加深了社会矛盾。

元代社会上有许多解库、解典库，就是后代的当铺，以经营动产抵押放贷为主的金融机构。元杂剧中描写财主，除了“鸦飞不过的田宅”之外，总是说他们开着解库。许多大寺院的财产中，都有解库一项。除了寺院公有的解库之外，“各处住持耆旧人将常住金谷，掩为已有，起盖退舍，私立宅舍，开张解库，畜养妻妾，与俗无异”[②]。解库月利“有每两二分者”[③]。有的解库“违例加一取息”，则应是每两三分。[④] 当时“有势之家方敢开解库，无势之家不敢开库”[⑤]。解库是高利贷剥削的另一种形式。

① 《通制条格》卷28,《杂令·违例取息》。
② 《元典章》卷33,《礼部六·释道·僧道教门清规》。
③ 《元典章》卷27,《户部十三·解典·解典金银诸物并二周年下架》。
④ 《通制条格》卷27,《杂令·解典》。
⑤ 《通制条格》卷27,《杂令·解典》。

第十二章　海外贸易

元朝的国际贸易，可以分为陆道贸易和海外贸易。陆道贸易主要是通过金帐汗国、伊利汗国与欧洲发生联系，其次是与高丽、交趾、缅甸等国的交往，但总的来说，规模有限，影响不大，而且文献记载缺乏，难以作出具体的说明。海外贸易则有宏大的规模，无论联系的地区和进出口的货物，都超越了前代，在社会经济中占有重要的地位。

第一节　海外贸易的发展变化

在南宋统治下，江南海外贸易兴盛，泉州（今福建泉州）、广州、明州（今浙江宁波）是重要的海外贸易港。元朝是蒙古族统治集团建立的国家。历代蒙古大汗，都怀有征服世界的雄心，重视开展与其他国家、地区的贸易。至元十四年（1277），元军攻克两浙、福建，元朝政府便“立市舶司一于泉州，令忙古歹领之。立市舶司三于庆元、上海、澉浦，令福建安抚使杨发督之。每岁招集舶商，于蕃邦博易珠翠香货等物。及次年回帆，依例抽解，然后听其货卖”[①]。市舶司是宋代管理海外贸易机构的名称，泉州、庆元、上海、澉浦都是宋代对外贸易的港口。元朝政府在平定南宋过程中急忙设置四处市舶司，表明它对海外贸易具有强烈的兴趣。至元十五年（1278）三月，忽必烈“诏蒙

① 《元史》卷94，《食货志二·市舶》。

古带、唆都、蒲寿庚行中书省事于福州，镇抚濒海诸郡”[①]。蒙古带即忙古歹，他和唆都均是蒙古人。蒲寿庚则是侨居中国的阿剌伯人，长期从事海上贸易，南宋末年曾被任命为沿海制置使。元军南下，蒲寿庚投降，元朝政府知道他“素主市舶”，便委以重任[②]。同年八月，忽必烈“诏行中书省唆都、蒲寿庚等曰：‘诸蕃国列居东南岛屿者，皆有慕义之心，可因蕃舶诸人宣布朕意。诚能来朝，朕将宠礼之。其往来互市，各从所欲’”[③]。正是由于元朝政府采取的种种积极措施，在大动荡大破坏的改朝换代中，南方的海外贸易活动并没有受到明显的影响。杭州张存，“至元丙子后流寓泉州，起家贩舶。越六年壬午回杭，自言于蕃中获圣铁一块”[④]。“至元丙子”是至元十三年（1276），即元军下临安（杭州）之年。壬午是至元十九年（1282）。张存的经历足以说明当时泉州海外贸易仍在继续进行。另据记载，高丽忠烈王四年（戊寅，1278）十月，“宋商人马晔献方物，赐宴内廷”[⑤]。所谓“宋商人”是高丽方面对来自中国南部商人的习惯称呼。事实上，这时南中国沿海地区均已归元朝统治，所谓“宋商”实际上是元朝商人。过去宋元对峙，高丽对于来自宋朝的商人都是“私地发遣”，以免元朝政府干涉。现在敢于“赐宴内廷”，正说明南方商人已在元朝统治下，高丽政府才会公开给予优遇。这也是变革之际海外贸易仍在继续的例子。

忽必烈多次派遣使节，出访海外，试图与东起日本、西到印度洋地区的许多国家建立各种联系。他还数次派出军队，跨海远征，每次出动军队多达数万甚至十余万人。他对开展海外交通的热心程度，超过了中国历史上的任何一个君主。在这种背景下，海外贸易很自然也得到重视和发展。忽必烈以后的元朝历代君主，尽管没有他的气魄，但大体上均奉行鼓励支持海外贸易的方针。由于种种原因，元朝政府曾四次“禁商泛海”，但均为时短暂，加起来不过十年时间，影响不大。古代中国的社会基础，是个体农业和家庭手工业相结合的自

---

① 《元史》卷10，《世祖纪七》。
② 《元史》卷156，《董文炳传》。
③ 《元史》卷10，《世祖纪七》。
④ 陶宗仪：《南村辍耕录》卷23《圣铁》。参见周密：《癸辛杂识》续集下，《圣铁》。
⑤ 郑麟趾：《高丽史》卷28，《忠烈王世家一》。

然经济。在自然经济占统治地位的社会中，海外贸易是否开展，与政府的方针政策有着密切的关系。元朝政府采取积极鼓励的方针政策，对海外贸易有很大的促进作用。

元代最多时曾于七个港口设立市舶司，这些港口是泉州、上海、澉浦、温州、广州、杭州、庆元。但为时不久，便合并为泉州、庆元、广州三处市舶司。市舶司的全名是市舶提举司，秩从五品，设有提举（从五品）、同提举（从六品）、副提举（从七品）等官职，管理市舶事宜。市舶司原来由行省管辖。至元十七年（1280）十一月，元朝政府设泉府司，“掌领御位下及皇太子、皇太后、诸王出纳金银事”[①]。实际上是为皇帝及其亲属经营高利贷。泉府司秩从二品。江南设有行泉府司。在设置泉府司和行泉府司以后，各地的市舶司便归行省和泉府司、行泉府司双重领导。大德十一年（1307）十一月，“升行泉府司为泉府院，秩正二品”[②]。此条疑有阙文，应是升泉府司为泉府院，行泉府司为行泉府院，秩正二品。但到至大四年（1311）五月，泉府院被撤消[③]。市舶司完全归行省管辖。

元代的海外贸易，可以分为官方贸易和私人贸易两大类。

官方贸易便是由政府直接经营的海外贸易。又有几种不同的情况。一种是朝贡贸易。元朝政府积极向海外拓展，与许多海外国家建立了程度不等的联系。有元一代，海外国家前来“朝贡”者络绎不绝。如至元二十三年（1286）九月，即有“马八儿、须门那、僧急里、南无力、马兰丹、那旺、丁呵儿、来来、急阑亦带、苏木都剌十国，各遣子弟上表来觐，仍贡方物”[④]。这些国家分布在印度洋地区和东南亚地区。国家所“贡方物”多种多样，主要是珍宝、异兽、药材、香料等物。元朝政府对于来“贡”者，都要“回赐”金、钞和纺织品等。如成宗元贞二年（1296）正月，“回纥不剌罕献狮、豹、药物，赐钞千三百余锭”[⑤]。“贡献”与“回赐”，实际上是一种变相的物品交

① 《元史》卷11，《世祖纪八》。
② 《元史》卷22，《武宗纪一》。
③ 《元史》卷24，《仁宗纪一》。
④ 《元史》卷14，《世祖纪十一》。
⑤ 《元史》卷19，《成宗纪二》。

易。但是，和以前的历代王朝一样，元朝政府为了表现“上国”的尊严，给予来“贡”者的“回赐”一般都要高于“贡”物的价值，也就是人们常说的“厚往薄来”①。朝贡实质上是一种不等价交换。

元代世祖、成宗二朝，朝贡贸易兴盛。至元二十六年（1289）二月，尚书省奏：“泉州至杭州，陆路远窎，外国使客进献奇异物货，劳民负荷，铺马多死”。为此元朝政府在海道设立水站转运②。可知其为数之多。成宗元贞二年（1296）“江西省咨，下海使臣将引诸番，俱称贡献诸物，赴省索要冬夏衣装、铺马分例、脚力。户部议得，诸番人员如有进呈之物，即同显验，若无诈伪，所索衣装脚力，斟酌准除。都省准拟”③。可知此时“诸番”“贡献”仍是常有之事，而元朝政府给予的待遇是优厚的。但在成宗以后，海外“朝贡”之事便逐渐减少了，朝贡贸易进入低潮。

和外国使臣“进贡”相类似的，是海外商人“进献”宝物，元朝皇帝照例也要给予“回赐”。成宗大德四年（1300）十二月，中书省的一件文书中说：“海里做买卖的人每，将着宝货等物，指称呈献物货，旱路里骑铺马，物货于百姓处起夫担远，到水路里站船运将来。到这里呵，依着时价要钱。又有这里用不着的粗重物货，沿路站赤百姓生受。今后可以呈献希罕物货有呵，交沙不丁分拣了，斟酌与铺马来者”④。说明当时“呈献物货”之盛行，而“呈献”的目的，则是“要钱”。武宗至大元年（1308）九月，“‘泉州大商合只铁即剌进异木沉檀可构宫室者。’敕江浙行省驿致之。”同月，“泉州大商马合马丹的进珍异及宝带、西域马”⑤。这两位“泉州大商”无疑都是来自海外的回回商人。“呈献物货”最突出的是：“赛因怯列木丁，英宗时尝献宝货于昭献元圣太后，议给价钞十二万锭，故相拜住奏酬七万锭”⑥。这是“呈献”给价钞的具体例子。

---

① 胡祗遹：《八蛮来朝诗》，《紫山大全集》卷7。
② 《经世大典·站赤三》，《永乐大典》卷19418。
③ 《成宪纲要·驿站》，《永乐大典》卷19425。
④ 《成宪纲要·驿站》，《永乐大典》卷19425。
⑤ 《元史》卷22，《武宗纪一》。
⑥ 《元史》卷35，《文宗纪四》。

一种是政府派人前往海外购物。元朝皇帝为了满足自己的生活需要，不时派人到海外购求各种物品。主要是宝物、异兽和药物、香料。至元十年（1273）正月，“诏遣扎术呵押失寒、崔杓持金十万两，命诸王阿不合市药狮子国”①。狮子国即今斯里兰卡。阿不合是伊利汗国（今伊朗）的汗。当时江南尚在南宋统治下，忽必烈购求海外药物只能通过伊利汗国进行。在消灭南宋、统一南方以后，忽必烈便不断派遣使臣出海，购求海外物品。如至元二十二年（1285）六月，“遣马速忽、阿里赍钞千锭往马八图（国）求奇宝”②。马八国即马八儿国，在今印度半岛南部。“泰定改元诏条”中说：“奇珍异货，朕所不贵，诸人献，已尝禁止。下海使臣指称根寻希罕宝物，冒支官钱，私相博易，屈节番邦，深玷国体，亦仰住罢，所给圣旨、牌面尽数拘收”③。“泰定改元诏条”是在至治三年（1323）十二月发布的。这些持有“圣旨、牌面”并且支有“官钱”的“下海使臣”，无疑是皇帝派出的，他们的使命是到“番邦”“博易”“希罕宝物”，可见一直到此时，仍然如此。后来的事实证明，泰定帝同样爱好海外宝物，只是在即位之初为了笼络人心发表这一通冠冕堂皇的言语罢了。拿着“官钱”前往海外购买药物、珍宝，是一种单方面的贸易活动，其目的在于供皇室、贵族享用，没有什么经济效益。

还有一种是“官本船”。至元二十一年（1284），忽必烈任命卢世荣为中书右丞，主管财政。卢世荣提出一系列增加财政收入的措施，其中之一是推行“官本船”。二十二年（1285）正月，卢世荣建议：“于泉、杭二州立市舶都转运司，造船给本，令人商贩，官有其利七，商有其三。禁私泛海者，拘其先所蓄宝货，官买之。匿者，许告，没其财，半给告者”④。所谓“禁私泛海者”是禁止民间商人出海贸易，“别个民户做买卖的每休交行”⑤；同时要将民间商人家中收藏的海外货物全部收买。这样，海外贸易的收益主要便归于国家所

① 《元史》卷8，《世祖纪五》。

② 《元史》卷13，《世祖纪十》。

③ 《成宪纲要·驿站》，《永乐大典》卷19425。

④ 《元史》卷205，《奸臣·卢世荣传》。

⑤ 《元典章》卷22，《户部八·市舶·合并市舶转运司》。

有。为了推行“官本船”，元朝政府拿出十万锭钞作为本钱①。到这一年四月，卢世荣被废黜处死。同年八月，“罢禁海商”，允许民间商人出海贸易②。但“官本船”制度保存了下来。成宗元贞二年（1296），“禁海商以细货于马八儿、呗喃、梵答剌亦纳三蕃国交易，别出钞五万锭，令沙不丁等议规运之法”③。呗喃即俱蓝，又作故临，与梵答剌亦纳二国均在印度半岛西岸，马八儿则在半岛南部。这次禁令似是对民间商人前往印度半岛的贸易加以限制，不许购买“细货”，只许购买“粗货”（“粗”、“细”之分见下一节）。显然，忽必烈要沙不丁等研究的是以官本船前往“三蕃国”博易“细货”之法。但是沙不丁等商议以及实行的情况，缺乏记载。

仁宗延祐元年（1314），权臣铁木迭儿为右丞相，上奏：“往时富民往诸蕃商贩，卒获厚利，商者益众，中国物轻，蕃货反重。今请以江浙右丞曹立领其事，发舟十纲，给牒以往，归则征税如制。私往者，没其货。”仁宗同意这一建议④。铁木迭儿的建议，实际上是“禁人下蕃，官自发船贸易”⑤，也就是要由官府垄断海外贸易，只许官本船出海，不许民间商人出海贸易。但铁木迭儿被任命为右丞相是九月的事，在此以前的七月，“诏开下番市舶之禁”⑥，并重新颁发了市舶法则，允许民间商人出海贸易。而在铁木迭儿上台的次月，“敕：下番商贩须江浙省给牒以往，归则征税如制，私往者没其物”⑦。所以，“禁人下蕃”之事，大概是没有实行的。延祐七年（1320）四月，英宗下令“罢市舶司，禁贾人下番”⑧。理由是：“以下蕃之人将丝银细物易于外国，又并提举司罢之”⑨。市舶司都被撤消，无论民间商人，或是“官本船”，都在取缔之列。英宗至治二年（1322），“复立泉州、庆元、广东三处提举司，申严市舶

① 《元典章》卷22，《户部八·市舶·合并市舶转运司》。
② 《元史》卷13，《世祖纪十》。
③ 《元史》卷94，《食货志二·市舶》。
④ 《元史》卷205，《奸臣·铁木迭儿传》。
⑤ 《元史》卷94，《食货志二·市舶》。
⑥ 《元史》卷25，《仁宗纪二》。
⑦ 《元史》卷25，《仁宗纪二》。
⑧ 《元史》卷27，《英宗纪一》。
⑨ 《元史》卷94，《食货志二·市舶》。

之禁"[①]。所谓"申严市舶之禁"是"禁子女、金银、丝绵下番"[②]。"三年，听海商贸易，归征其税"[③]。这次重建市舶司，显然是开放民间商人出海贸易，至于是否派遣"官本船"，则史无明文。顺帝元统二年（1334）"十一月戊子，中书省臣请发两䑸船下番，为皇后营利"[④]。这应是指派遣官本船，但是否实现，则是不清楚的。[⑤]

总起来说，元朝政府在很长的时间内一直企图用"官本船"来垄断海外贸易，压制民间商人。但是，和一切官办事业一样，"官本船"的经营必然是弊病丛生，为一些特权人物提供了发财的机会，而政府能得到多大收益则是疑问。这是一方面。另一方面，民间海商受到压制，不能出海贸易，必然大大影响市舶的收入。所以，"官本船"是难以长期存在下去的。元代这种官府和民间商人同时经营海外贸易的情况，在中国古代海外贸易发展历史上，是很罕见的。

大德五年（1301），澉浦（属浙江海盐）人杨枢，"年甫十九，致用院俾以官本船浮海。至西洋，遇亲王合赞所遣使臣那怀等如京师，遂载之来。那怀等朝贡事还，请仍以君护送西还，丞相哈剌哈孙答剌罕如其请，奏授君忠显校尉、海运副千户，佩金符，与俱行。以八年发京师，十一年乃至其登陆处曰忽鲁模思云"[⑥]。这是现在知道的文献中记载的"官本船"惟一实例。由此可知，杨枢的"官本船"是由致用院派遣的。致用院是大德二年（1289）成立的机构[⑦]。大德四年十二月，"通政院使只儿哈忽哈只等奏：'致用院官沙不丁言：

---

① 《元史》卷94，《食货志二·市舶》。

② 《元史》卷28，《英宗纪二》。

③ 《元史》卷94，《食货志二·市舶》。

④ 《元史》卷38，《顺帝纪一》。

⑤ 元顺帝时，"中政近臣谋发蕃舶规取息，王（铁木儿达识——引者）言：与商贾争利，恐远夷得以窥中国，事遂已"。（黄溍：《敕赐康里氏先茔碑》《金华黄先生文集》卷8。）据碑文所记，此事应在铁木儿达识任中书平章政事（至正元年，1341）后。中政院是掌管中宫财赋的机构，它"谋发蕃舶"目的是为皇后谋利无疑，与元统二年之事雷同。但《元史》卷140，《铁木儿塔识传》未载此事。由此亦可见"官本船"遭到反对，难以实行。

⑥ 黄溍：《海运千户杨君墓志铭》，《金华黄先先文集》卷35。

⑦ 《元史》卷94，《食货志二·市舶》。

所职采取希奇物货，合从本司公文乘传进上。……'"[①]。由上所述，可知致用院是为了经营“官本船”而专门成立的机构。但是，到大德七年“以禁商下海罢之”[②]。后来的“官本船”似乎亦归市舶司管理。杨枢出身航海世家，他的祖父杨发，是南宋将领，降元后任福建安抚使，监督庆元、上海、澉浦三市舶司，已见前述。他的父亲杨梓任浙东道宣慰副使、海道万户。杨氏家于澉浦，掌握大批海船，世代从事航海事业，声势显赫。[③] 杨枢仅十九岁，便能指挥“官本船”远航西洋（今印度洋区域），这显然是因为家庭的关系。致用院的长官沙不丁，回回人，长期从事财赋和海外贸易的管理，家中亦有海船。[④]由此可见，从“官本船”得到好处的实际上是一批官僚、权贵。

私人贸易是元代海外贸易的主流。从事海外贸易的商人称为舶商、海商。一般来说，从事海外贸易需要打造海船，招募船员，购置交换用的货物，都需要大量的钱钞。因此，舶商大多是“财主”[⑤]，也有一些舶商，财力不足以独立经营，便采取合伙的形式。元代后期，泉州人孙天富、陈宝生“共出货泉，谋为贾海外，……乃更相去留，或稍相辅以往。至十年，百货既集，不稽其子本，两人亦彼此不私有一钱”[⑥]。便是合伙经营海外贸易的例子。舶商一般都是对外贸易港口或其附近地区的居民，现在所知元代著名舶商，分别居住在泉州[⑦]、杭州[⑧]、嘉定[⑨]等处。

元代有很多贵族、官僚，经营海外贸易，其中名声显赫的有沙不丁，澉浦杨氏，泉州蒲氏，以及朱清、张瑄等。[⑩] 他们的共同特点是，掌握大批海船，

---

① 《经世大典·站赤四》，《永乐大典》卷15919。

② 《元史》卷94，《食货志二·市舶》。

③ 陈高华：《元代的航海世家澉浦杨氏》，《海交史研究》，1995年第2期。

④ 陈高华：《元代的航海世家澉浦杨氏》，《海交史研究》，1995年第2期。

⑤ 《元典章》卷28，《户部八·市舶·市舶则法二十三条》。

⑥ 王彝：《泉州两义士传》，《王常宗集》补遗。见前引。

⑦ 王彝：《泉州两义士传》，《王常宗集》补遗。见前引。

⑧ 陶宗仪：《南村辍耕录》卷23，《圣铁》。

⑨ “嘉定州大场沈氏，因下番买卖致巨富”。见陶宗仪：《南村辍耕录》卷27，《金甲》。按，元嘉定州今属上海。又，“嘉定地濒海，朱、管二姓为奸利于海中，致货巨万”。（宋濂：《汪先生神道碑》，《宋文宪公全集》卷17。）

⑩ 《元代的航海世家澉浦杨氏》。

同时又担任政府中与海外贸易有关的重要职务，因而在经营海外贸易时，比起一般民间商人来占有明显的优势。泉州蒲氏、澉浦杨氏前已提及。朱清、张瑄原是海盗，降元后主管由南到北的海运，掌握庞大的船队，“巨艘大帆交番夷中”[①]。他们以太仓（今江苏太仓）为基地。太仓原来是“墟落，居民鲜少”；在朱、张经营下，“不数年间，凑集成市，番、汉杂处，闽、广混居”[②]。“粮艘海船，蛮商夷贾，辐辏而云集，当时谓之六国马头。”[③] 元、明二代，太仓成为一个重要的港口。沙不丁先后曾管理泉府司、市舶司、致用院等与海外贸易有关的机构，至大三年（1310）为江浙行省左丞，“言其弟合八失及马合谋但的、澉浦杨家等皆有舟，且深知漕事，乞以为海道运粮都漕万户府官，各以己力输运官粮”[④]。可知其家海船为数甚多。这些元朝权贵利用势力，在经营海外贸易时觅取暴利。至元二十一年（1284）元朝政府下令：“凡权势之家，皆不得用己钱入蕃为贾，犯者罪之，仍籍其家产之半”[⑤]。但这一禁令并没有发生作用。后来二次发布的市舶法则，便不再禁止“入蕃为贾”，而改为约束他们的不法行为了（见第二节）。这一变化，反映出“权势之家”出海为贾现象之多。

私人海外贸易中还有一类经营者，那便是各种宗教人士。元朝统治者尊崇各种宗教，给予他们种种特权。“和尚、先生、也里可温、答失蛮”往往拥有巨大的产业，包括土地、房屋、店铺等等，经营海外贸易也是很普遍的[⑥]。和尚指佛教僧侣，先生即道士，也里可温指基督教教士，答失蛮是伊斯兰教教士。各种宗教的上层人士在政治上有种种特权，在经营海外贸易时或夹带违禁之物，或仗势不肯“抽分”。和上面所说“权豪势要之家”一样，也是私人海商中的特殊人物。

---

① 陶宗仪：《南村辍耕录》卷5，《朱张》。
② 《至正昆山郡志》卷1，《风俗》。
③ 《弘治太仓州志》卷1，《沿革》。
④ 《元史》卷23，《武宗纪二》。
⑤ 《元史》卷94，《食货志二·市舶》。
⑥ 《元典章》卷22，《户部八·市舶·市舶则法二十三条》。

第二节　海外贸易的管理

元灭南宋以后，沿袭南宋制度，在南方几处设立市舶司，管理海外贸易，“招集舶商”，出海经商，回来“依例抽解，然后听其货卖”①。“抽”的“例”，应该就是南宋的抽分比例，但是没有具体的记载。② 到至元二十年（1283）六月，“遂定抽分之法”③。具体办法是：“舶货精者取十之一，粗者十五之一”④。元朝政府还陆续颁布了禁止以金、银、铜钱出海“博易”的规定⑤。

至元三十年（1293），因为有关官员贪婪营私，权势之家隐瞒作弊，“那壁的船只不出来有，咱每这里入去来的每些小来，为那上头，市舶司的勾当坏了有。”海外的船不来，本国的船出海很少，市舶司没有收入。元朝政府便起用原南宋市舶官员，以宋朝的“抽分市舶则例、合设司存关防情节”为基础，“比照目今抽分则例”，逐一进行研究，制定了“整治市舶司”的“二十三件勾当”，颁发施行⑥。到了仁宗延祐元年（1314），元朝政府“诏开下番市舶之禁”⑦，为此又修订颁布了新的市舶法则二十二条⑧。在此以前，宋朝政府曾经为市舶颁布过不少具体规定，但并没有制定出统一的完整的市舶条法。元代先后颁布的这二件市舶法则，则是统一完整的法律文书，这在中国历史上也是首次。元朝政府对海外贸易的管理，就是按这二件法则进行的。

---

① 《元史》卷94，《食货志二·市舶》。

② 南宋市舶抽分标准屡有变化，最初细色十分抽一，粗色十五分抽一，南宋后期一度改为细色五分抽一，粗色七分半抽一，后因太重舶商不来又降低。见《宋元时期的海外贸易》（陈高华、吴泰著），第80～81页。

③ 《元史》卷94，《食货志二·市舶》。

④ 《元史》卷12，《世祖纪九》。按原作“粗者十之五”，中华书局校注本据《元典章》及《元史·食货志》改。从南宋的有关规定来看，这一改动是合理的。

⑤ 《元史》卷94，《食货志二·市舶》。

⑥ 《元典章》卷22，《户部八·市舶·市舶则法二十三条》。

⑦ 《元史》卷25，《仁宗纪二》。

⑧ 《通制条格》卷18，《关市·市舶》。

大体说来，至元法则和延祐法则包括以下内容[①]：

一、舶船出海与回港手续

舶商出海，必须“经所在舶司陈告，请领总司衙门元发下公验、公凭，并依在先旧行关防体例填付。舶商大船请公验，柴水小船请公凭”。“每大船一只，止许带小船一只，名曰柴水船。”[②] 舶商申请公验时，“依旧例召保舶牙人，保明某人招集到人伴几名，下船收买物货，往某处经纪。公验开具本船财主某人，直库某人，梢工某人，杂事等某人，部领等某人[③]，人伴某人，船只力胜若干，樯高若干，船面阔若干，船身长若干”。公验内还要写明“召到物力户某人委保，及与某人结为一甲，互相作保”。（指船员分为若干甲，互相作保）。所载小船的情况，则“于公凭内备细开写”。“所给大小船公验、公凭，各仰在船随行。如有公验或无公凭[④]，即是私贩，许诸人告捕，给赏断罪”。此外，公验、公凭上还要填明所往国家，“不许越过他国”。

舶船由海外回归时，“止赴元请验、凭发船舶司抽分，不许越投他处舶司，各舶司亦不许互拈他处舶司舶商。”在舶船回港途中，市舶司指定停泊点，派官上船“封堵坐押，赴元发船市舶司，又行差官监搬上舶（岸）[⑤]，检空船只，搜检在船人等怀空，方始放令上岸”。

舶船出海，如果没有前往原定国家，而是前往他国，通常称之为“拗番”[⑥]。“就博到别国物货”，回港以后，查明“委因风水打往别国”，“别无虚诳，依例抽解。如中间诈妄欺瞒官司，许诸人首告是实，依例断没，告人给赏。”舶船回港抽分以前，如发现“漏舶”（抽分前将舶货私下买卖、藏匿或转移），“即从漏舶法断没”[⑦]。舶商如果不向市舶司申请公验、公凭自行发船

---

① 以下引文，未注明出处者，均见于至元市舶法则。

② 延祐元年法则中改为“止许带柴水船一只，八橹船一只”。

③ 延祐元年法则下有“碇手某人”。

④ 延祐元年法则下有“及数外多余将带”。

⑤ 延祐法则作“监搬入库”。

⑥ 《元史》卷184，《王克敬传》。

⑦ 《元史·王克敬传》说“拗番者例藉其货”。延祐法则作：“即从漏舶法，决杖一百七下，财物没官”。是加重了处罚，还是至元法则文字有脱漏，尚难断定。

出海，“并许诸人告捕，犯人断罪，船物没官。于没官物内以三分之一充赏，犯人杖一百七下”[①]。

二、抽分和船税

前已述及，至元十四年（1277）设市舶司，“依例抽解，然后听其货卖”[②]。所依之“例”，应是南宋的办法，但无明确的记载。至元十七年（1280），“时客船自泉、福贩土产之物者，其所征亦与蕃货等，上海市舶司提控王楠以为言，于是定双抽、单抽之制。双抽者，蕃货也，单抽者土货也”[③]。王楠建议的具体内容是：“凡有客船自泉、福等郡短贩土产吉布、条铁等物，到舶抽分，却非番货，蒙官司照元文凭番货体例，为此客少。参详吉布、条铁等货，即系本处土产物货，若依番货例双抽，似乎太重，客旅生受。今后兴贩泉、福物货，依数单抽，乞明降。”他的建议得到行中书省批准[④]。可知原来番货、土货（海船载来泉州、福州等处物产）都要“双抽”，经王楠建议后番货仍为双抽，土货改为单抽。但是，以上记载都没有涉及双抽、单抽的具体内容。元代商税，三十取一。泉、福物产，既被认为是与“番货”有别的“土货”，就应按商税征收。这就是单抽。而“番货”则在单抽以后，再征三十之一，故称为双抽。但双抽、单抽之法，很可能是专门行于上海市舶司的。

至元二十年（1283），定抽分之法，精者十取一，粗者十五取一，已见前述。至元二十九年（1292）十一月，“中书省定抽分之数及漏税之法。凡商旅贩泉、福等处已抽之物，于本省有市舶司之地卖者，细色于二十五分之中取一，粗色于三十分之中取一，免其输税。其就市舶司买者，止于卖处收税，而不再抽”[⑤]。这一规定不见于他处记载，实际上是在抽分之外，再取二十五分之一或三十分之一。至于“止于卖处收税”，意味着按照商税标准征收三十取一。实际上，这就是双抽之法。

---

① 延祐法则作：“舶商、船主、纲首、事头、火长各杖一百七下，船物俱行没官”。
② 《元史》卷94，《食货志二·市舶》。
③ 《元史》卷94，《食货志二·市舶》。
④ 《元典章》卷22，《户部八·市舶·泉福物货单抽分》。
⑤ 《元史》卷94，《食货志二·市舶》。

至元三十年（1293）四月，“行大司农燕公楠、翰林学士承旨留梦炎言：‘杭州、上海、澉浦、温州、庆元、广东、泉州置市舶司凡七所，唯泉州物货三十取一，余皆十五抽一，乞以泉州为定制’。从之。”这是《元史》卷一七，《世祖纪十四》的记载，却是不准确的。“至元三十年四月十三日，奏过事内一件。‘江南地面里，泉州、上海、澉浦、温州、庆元、广东、杭州七处市舶司有。这市舶司里要抽分呵，粗货十五分中要一分，细货十分中要一分有。泉州市舶司里这般抽分了的后头，又三十分里官要一分税来，然后不拣那地面里卖去呵，又要税有。其余市舶司里似泉州一般三十分要一分税的无有。如今其余市舶司依泉州的体例里要者。……’。奏呵，那般者”[①]。这里所说“抽分”是粗货十五取一，细货十取一；“抽分”之外，泉州市舶司又要三十取一；贩卖到各地，再要纳税。也就是说，泉州的市舶物货要纳三次税，其他市舶司纳两次。现在元朝政府加以统一，市舶物货均纳三次。至元三十年八月颁行的市舶法则中对此加以肯定。并称第二次为“舶税钱”，“于抽讫物内以三十分为卒，抽要舶税钱一分”[②]。这样，市舶物货先要按十五取一或十取一的标准抽分，再须交纳三十取一的舶税钱，以上两项均由市舶司征收，运到各地发卖时还要交纳商税纳三十之一。前面所说上海市舶司实行双抽，现在推行的可以说是三抽了。

抽分和舶税所得物货，“除合起贵细之物外”，杭州附近各司物货集中到杭州行泉府司官库，就地变卖。泉州、广东两处市舶司，“相离杭州地里窎远”，便“差官就彼一体发卖”。

延祐元年（1314）的市舶法则，增加了抽分的比例：“粗货十五分中抽二分，细货十分中抽二分。据舶商回帆已经抽讫物货，市舶司并依旧例，于抽讫物货内，以三十分为率，抽要舶税一分，通行结课，不许非理刁蹬舶商，取受钱物”[③]。这样，抽分的比例增加了一倍，大大加重了。一直到元朝末年，抽分的比例再没有变化[④]。延祐元年法则还规定，抽分、舶税所得需要变卖的舶

---

① 《元典章》卷22,《户部八·市舶·市舶法则二十三条》。

② 《元典章》卷22,《户部八·市舶·市舶法则二十三条》。

③ 《通制条格》卷18,《关市·市舶》。

④ 《至正四明续志》卷6,《赋役·市舶》。

货，“所委监抽官监临有司，随即估计实直价钱，再令不干碍官司委廉干正官复估相同，别无亏官损民，将民间必用并不系急用物色，验分数互相配答，须要一并通行发卖，作钞解纳”。比起至元法则来更加严密。

市舶司对舶船货物进行抽分，是件大事，每年“预以番舶回帆”，市舶司就要“申命行省”，由行省派遣高级官员前来“监抽”[①]。这就是上文所说的“监抽官”。值得注意的是，至元法则中并没有提到“监抽官”，这应是至元三十年后出现的办法，说明元朝政府对市舶收入更为重视。当然，这种办法实际上为行省官员提供了发财的机会。

三、禁止出口的货物

至元二十年（1283）十月，“忙古歹言，舶商皆以金银易香木，于是下令禁之，唯铁不禁”[②]。这是元代见于记载最早颁布的关于出口物货的禁令。二十三年（1286）“禁海外博易者，毋用铜钱”[③]。二十五年（1288）八月，“御史台呈：海北广东道提刑按察司申，广州官民于乡村籴米百石、千石至万石者，往往般运前去海外占城诸番出粜，营求厚利，拟合禁治。都省准呈”[④]。至元三十年的市舶法则中规定：“金银、铜钱、铁货、男子妇女人口并不许下海私贩诸番”[⑤]。

成宗元贞二年（1296），“禁舶商毋以金银过海”[⑥]。大德七年（1303）的一件文书中说：“金银、人口、弓箭、军器、马匹，累奉圣旨禁约，不许私贩诸番”。这一文书特别强调禁止蒙古人口和马匹私贩番邦[⑦]。至大二年（1309）九月，元朝政府立尚书省，颁行至大银钞，为此颁发诏书，宣布各项有关措施，其中之一是：“金银私相买卖及海舶兴贩金银、铜钱、绵丝、布帛下海

---

① 程端礼：《监抽庆元市舶右丞资德约苏穆尔公去思碑》，《畏斋集》卷5。
② 《元史》卷94，《食货志二·市舶》。
③ 《元史》卷94，《食货志二·市舶》。
④ 《通制条格》卷18，《关市·市舶》。
⑤ 《元典章》卷22，《户部八·市舶》。
⑥ 《元史》卷19，《成宗纪二》。
⑦ 《元典章》卷57，《刑部十九·杂禁·禁下番人口等物》。

者，并禁之”[1]。延祐法则的第一条，便是禁止“下海”货物的种类：“金银、铜钱、铁货、男子妇女人口、丝绵、段匹、销金绫罗、米粮、军器，并不许下海私贩诸番，违者舶商、船主、纲首、事头、火长各决一百七下，船物俱行没官。若有人首告得实，于没官物内一半充赏”[2]。

至元法则规定：“舶商下海开船之际，合令市舶司轮差正官一员，于舶船开岸之日，亲行检视，各各大小船内有无违禁之物。如无夹带，即时开洋，仍取检视官结罪文状。如将来有人告发，或因事发露，但有违禁之物，及因而非理骚扰舶商，取受作弊者，并行断罪”。延祐法则除重复上述规定外，还在“但有违禁之物”后加上“决杖八十七下，解见任，降二等。受财容纵者，以枉法论”[3]。处罚更加具体。

对于进口的货物，没有任何的限制。

四、关于权贵、官员、宗教人士从事海外贸易的规定

至元二十一年（1284），元朝政府推行“官本船”制度，同时规定“凡权势之家不得用已钱入蕃为贾，犯者罪之，仍籍其家产之半”[4]。不久，“官本船”制度作了调整，关于“权势之家”不得“入蕃为贾”的禁令也有所放宽。至元三十年的法则中有几条规定，不再禁止他们“入蕃”经商，而是禁止他们“入蕃”经商时营私舞弊。“不拣什么官人每、权豪富户每，自己的船只里做买卖去呵，依着百姓每的体例，与抽分者。私下隐藏着不与抽分呵，不拣是谁首告出来呵，那钱物都断没，做官的每根底重要了罪过，勾当里教出去。于那断没来的钱物内三分中一分与首告人充赏”。当时行省、行泉府司和市舶司的官员，往往“勒令舶商户计稍带钱本下番，回舶时将贵细物货贱估，价钱准折，重取利息，及不依例抽解官课，又通同隐瞒，亏损公私”。至元法则规定不许令“百姓的船里稍带”钱物，如有违反，和逃避抽分同样处理。“过番使臣”（元朝派往海外诸国的使节），“不得以进呈物货为名，隐瞒抽分，如

① 《元史》卷23，《武宗纪二》。
② 《通制条格》卷18，《关市·市舶》。
③ 《通制条格》卷18，《关市·市舶》。
④ 《元史》卷94，《食货志二·市舶》。

违，并以漏舶治罪，物货没官”。此外，“和尚、先生、也里可温、答失蛮人口，多是夹带俗人过番买卖，影射避免抽分。今后和尚、先生、也里可温、答失蛮人口等过番兴贩，如无执把圣旨许免抽分明文，仰市舶司依例抽分，如违以漏舶论罪断没”。

成宗元贞二年（1296）八月，“诸使海外国者不得为商”①。说明这种现象仍很普遍。延祐元年的法则，基本沿袭了至元法则的有关规定，但有所改动。（一）这次法则中规定：“诸王、驸马、权豪、势要、僧、道、也里可温、答失蛮诸色人等下番博易到物货，并仰依例抽解。如有隐匿”，经人首告，就要判罪。值得注意的是，在这类人中，新加上“诸王、驸马”，说明这些朝廷显贵也参与“入蕃”经商之列。（二）延祐法则上述条文紧接着说：“若有执把免抽圣旨、懿旨，仰行省、宣慰司、廉访司就便拘收”。至元法则中的规定是执把圣旨可以免抽，延祐法则则要“拘收”有“免抽”字样的圣旨、懿旨（皇后颁发的诏旨）。这说明当时权豪乞求此类圣旨、懿旨的现象已达到泛滥成灾的地步，以致政府不得不置皇家体面不顾，明令“拘收”。（三）延祐法则规定：“下番使臣在前讬以采取药材根买希罕宝货，巧取名分，徒费廪给，今后并行禁止。果有必合遣使者，从中书省闻奏差遣，其余诸衙门、近侍人等不得干预。朝廷若有宣索诸物，责令顺便番船纲首博易纳官”。而至元法则只是禁止“过番使臣”“隐瞒抽分”。总之，延祐法则对权贵、官员、宗教人士的“入番”经商，管理更加严格。这是因为这些人“入番”经商者为数越来越多，而且都利用手中的权力，逃避抽分，谋取暴利，严重影响政府的收入。元朝政府不得不采取措施，加强管理。

五、外国商人的管理

至元法则中说：“夹带南番人将带舶货者，仰从本国地头于公验空纸内明白备细填附姓名、物货名件、斤重。至市舶司，照数依例抽税。如番人回还本国，亦于所坐番船公验内，附写将去物货，不致将带违禁之物”。“夹带”云云，显然是指番人乘坐中国商舶而言的。延祐法则的规定作了补充修正：“番

① 《元史》卷19，《成宗纪二》。

国遣使赍擎礼物赴阙朝见，仰具所赍物色报本处市舶司秤盘检验，别无夹带，开申行省移咨都省。如隐藏不报，或夹带他人物货，不与抽分者，并以漏舶论罪断没，仍于没官物内一半付告人充赏。其舶船果有顺带南番人番物者，从本国地头于元给舶船公验空纸内明白填付姓名并物货名件斤重，至舶司照数依例抽解。番人回还本国，亦于所在番船公验内附写将去物货，不许夹带违法之物。如到番国不复回程，却于元赍公验空纸内开除，附写缘故。若有一切违犯，并依前罪，止坐舶商、船主”。显然，对于外国商人，元朝政府最重视的是入港时抽分，出港时“不许夹带违法之物”，和对待中国海商是相同的。

以上所述，是元代市舶法则的主要内容，也是元朝政府管理海外贸易的几个主要方面。将这些内容付诸实施的机构，便是市舶司。元朝政府不断颁布诏令，加强海外贸易的管理，其主要目的是增加抽分和舶税的收入。至元二十六年（1289），“沙不丁上市舶司岁输珠四百斤，金三千四百两”[①]。这是一个相当可观的数目。在此以后的大德二年（1298），元朝政府“岁入之数”中金一万九千两，此外有银、钞等。如果至元二十六年与大德二年“岁入之数”大体相等的话，那么，市舶收入中“金”的部分要占“岁入”中金数的六分之一以上。珠子的价值更高，远在金、银之上。后来元仁宗延祐七年（1320），“御史台臣言：比赐不儿罕丁山场、完者不花海舶税，会计其钞皆数十万锭”[②]。这条记载比较含糊。所赐“海舶税”是否包括“抽分”，是部分还是全部，均不清楚，但“数十万锭”在当时是一个很大的数目。元仁宗时，“帝赐帖失海舶，秃坚不花曰：‘此军国之所资，上不宜赐，下不宜受’”[③]。可见市舶收入在政府财政中占有相当重要的位置。

---

① 《元史》卷15，《世祖纪一二》。

② 《元史》卷26，《仁宗纪三》。

③ 《元史》卷169，《贾昔剌传》。

第三节　海外贸易的有关地区与进出口货物

元代海外贸易较之前代有很大的发展，发生关系的国家和地区有所增多。元代中期成书的《南海志》（通常称为《大德南海志》），记录的海外通商国家和地区有140余处[①]。元朝末年海商汪大渊编写的《岛夷志略》，列举了近百个国家和地区的名称，都是他“身所游览，耳目所亲见”[②]。元代其他文献中（如《元史》）还记录了一些不见于以上两书的海外国家和地区的名字。

前代文献中通常将海外广大地区统称为“南海”、“海南诸国”、“海外诸国”（不包括日本、高丽），民间则有“上、下岸”和“深番”、“浅番”之说。“上、下岸”是“以真腊、占城为上岸，大食、三佛齐、阇婆为下岸”[③]。“深番”、“浅番”的区分没有明确记载，估计应与“上、下岸”差不多。元代则开始划分东、西洋，有的记载更进一步划分大东洋、小东洋、大西洋、小西洋[④]。大体上以龙牙门（今马六甲海峡）和南无里（今苏门答腊岛北部）为界，以西的印度洋地区为西洋，以东的南太平洋地区为东洋。东洋又以渤泥（今印尼加里曼丹岛）为分界，渤泥以东为小东洋。大、小西洋的区分则不清楚。新的区域划分，说明元代中国与海外联系加多，认识更加深入。

元朝的官方文献中提到舶船前往“回回田地里”[⑤]。“回回田地”相当于宋代的“大食诸国”[⑥]，也就是阿拉伯世界。汪大渊记述的波斯离（今伊拉克的巴士拉）、天堂（今沙特阿拉伯的麦加）、层摇罗（今坦桑尼亚的桑给巴尔）、麻呵斯离（今伊拉克的摩苏尔）、大食（今伊拉克的巴格达）等，都应在“回回田地”之列。十四世纪初，杨枢驾驶“官本船”到西洋，又曾到忽鲁模思

---

① 此书有残本传世，《永乐大典》中亦有保存。“市舶”部分，见《永乐大典》卷11907。
② 《岛夷志略》后序，见苏继庼：《岛夷志略校释》，第385页，中华书局，1981年版。
③ 赵汝适：《诸蕃志》卷下，《沉香》。又见周去非：《岭外代答》卷2，《阇婆国》。
④ 《大德南海志·市舶》。其中未载“大西洋”，但由大东洋、小西洋可推知应有大西洋。
⑤ 《通制条格》卷27，《杂令》。
⑥ 《岭外代答》卷3，《外国门下·大食诸国》。

（今伊朗霍尔木兹，是位于波斯湾内重要海港）①。这些记载说明中国商船经常出入阿拉伯半岛和波斯湾的港口，远至非洲的东北部。元代中国与印度次大陆及其周围岛屿的海上来往也很频繁。元朝的官方文书说泉州出去的船舶前往“忻都田地里”②，“忻都田地”就是印度次大陆。忽必烈时期，元朝的使节曾到过马八儿（今印度次大陆南部）、俱兰（今印度次大陆西北部）。汪大渊记录的印度次大陆及其周围岛屿的地名、海港名不下20处。其中重要的有下里（今印度西南部港口）、古里佛（今印度西南部科泽科德）、沙里八丹（今印度东南部）、朋加剌（包括孟加拉国及印度的西孟加拉邦）、北溜（今马尔代夫群岛）、高郎步（今斯里兰卡的科伦坡）等。中国商船常来这些地方或港口贸易，汪大渊说，沙里八丹的“富者”收买珍珠，“舶至，求售于唐人”。“唐人”即中国人，“舶”当然指的是中国商船。马可·波罗从中国出发经海道前往波斯湾，历经下里、俱兰等处，都提到“蛮子”（元代对中国南部居民的称呼）商船前往贸易。他还说，马里八儿（印度次大陆西南沿海地区）输出的香料等货物，大部分输往“蛮子大州”（指中国南部），西运的商品“不及运往极东者十分之一”③。14世纪中叶，摩洛哥旅行家伊本·拔图塔说，由印度到中国的航行，只能乘坐中国的商船。他还说，中国商船常到俱兰、下里、古里佛等地，在古里佛他曾看见同时停泊着13艘中国商船。④

以上所说是西洋地区。东洋地区的印度尼西亚群岛、菲律宾群岛和中南半岛，离中国的距离相对近一些，在元代和中国的往来，相当频繁。《大德南海志》记载的印尼群岛地名有50处左右，分布在苏门答腊岛、爪哇岛、加里曼丹岛、马鲁古群岛、小巽他群岛等。《岛夷志略》记述印尼各岛地名有20余处。由两处记载，可知中国商人已深入印尼群岛各处，进行贸易。例如，文老古（在马鲁古群岛）的居民“每岁望唐舶贩其地”⑤。泉州吴姓商人的商船曾

---

① 黄溍：《海运千户杨君墓志铭》，《金华黄先生文集》卷35。
② 《通制条格》卷27，《杂令》。
③ 《马可·波罗行记》，冯承钧译，下册，第174～177章。
④ 《伊本·拔图塔亚非旅行记》，吉朋（H·Gibb）英文节译本，第235页，1929年。
⑤ 《岛夷志略校释》，第204页。

到古里地闷（今帝汶岛，在小巽他群岛东端）[①]。菲律宾群岛不在主航线上，因而和中国建立联系较晚。宋代开始，有关菲律宾列岛居民来华的记载增多。元代文献中提到麻逸（在今民都洛岛）、三岛（又称三屿，今民都洛岛西南诸岛）、麻里鲁（今马尼拉）、苏禄（今苏禄群岛）等。三岛“男子尝附舶至泉州经纪”，所附之“舶”，显然就是中国商舶。中国商舶到麻逸，“蛮贾（当地商人——引者）议价领去博易土货，然后准价舶商，守信事终如始，不负约也。”[②] 中南半岛上的国家有交趾（今越南北部）、占城（今越南中南部）、真腊（今柬埔寨）、暹（今泰国北部）、罗斛（今泰国南部）、龙牙犀角（今泰国北大年）、佛来安（马来半岛东岸）、单马令（今马来半岛东北）、东西竺（马来西亚奥尔岛）、龙牙门等。交趾的海港云屯（今越南广宁省锦普）、“其俗以商贩为生业，饮食衣服，皆仰北客，故服用习北俗”[③]。这里的“北客”，指的是中国商人，“北俗”即中国风俗。“占城国，立国于海滨，中国商舟泛海往来外藩者皆聚于此，以积薪水，为南方第一码头”[④]。中国商人李用，“航海历交趾诸国，货人优裕”[⑤]。真腊和中国来往甚多，常有中国商船前去，当地居民“欲得唐货”，“盛饭用中国瓦盘或铜盘”，“地下所铺者明州之草席”，“近又用矮床者，往往皆唐人制作也”。“食品用布罩，国主内中，以销金缣帛为之，皆舶商所馈也”[⑥]。东西竺“番人取其椰心之嫩而白者，或素或染，织而为簟，以售唐人”[⑦]。从这些例子可以看出中国商船与中南半岛贸易的繁荣。

元代中国与东、西洋地区贸易的频繁，从元朝货币的通行上可以看出来。当时商品交换的方式是多种多样的，有的地区实行物物交换，有些地区用金、银作为交换的手段，但也有些地区已通行元朝的纸钞。某些地区的货币与元朝的纸钞之间，已存在比较固定的汇兑比例关系。如交趾使用铜钱，“民间以六十七钱折中统银（钞）一两，官用止七十为率”。罗斛用𧴩子作货币，“每一

---

① 《岛夷志略校释》，第23页。
② 《岛夷志略校释》，第34页。
③ 《大越史记全书》，卷5，《陈纪一》。
④ 黎崱：《安南志略》卷1，《边境服役》。
⑤ 同恕：《李君和甫墓志铭》，《榘庵集》卷9。
⑥ 周达观：《真腊风土记》。
⑦ 《岛夷志略校释》，第227页。

万准中统钞二十四两，甚便民”。乌爹（今缅甸沿海一带）“每个银钱重二钱八分，准中统钞一十两，易䝠子计一万一千五百二十有余”①。类似的情况应该不在少数。

在中国东边的朝鲜半岛和日本列岛，历史上与中国有密切的关系。朝鲜半岛与中国的来往，有陆路，也有海路。元朝与朝鲜半岛上高丽王朝的联系，以陆路为主，但海道交往，仍有一定的规模。庆元（今浙江宁波）进口的“舶货”中有新罗漆、高丽青器、高丽铜器、人参、茯苓、松子、榛子、松花等，都来自朝鲜半岛②。高丽政府曾派人由海道到山东、江浙贸易。元朝末年，江南群雄割据，浙西的张士诚，浙东的方国珍，都通过海道与高丽联系，继续开展贸易。张士诚部属的一封信中便说：“傥商贾往来，以通兴贩，亦惠民之一事也”③。可见彼此之间的海道贸易一直是存在的。

元朝前期，忽必烈发动大规模的对日战争，两国之间贸易中断。直到至元二十九年（1292），才有日本商舶重新来庆元贸易。自此以后，日本商船接连来中国，但由于元朝政府的限制，前往日本的中国商船很少。武宗至大元年（1307），日本商舶因抽分与庆元市舶司发生冲突，在当地大肆焚掠，导致两国贸易再一次中断，不久又得到恢复。20 世纪七十年代在朝鲜半岛西南部木浦港附近海面发现的元代沉船，一般认为应由中国庆元出发，前往日本，在中途沉没的。船上满载瓷器和其他物品。这一发现，为元代中日之间贸易提供了物证。元代后期庆元进口的“舶货”中，也有不少来自日本的物品。

总的来说，元代由海道出口的中国货物，和过去一样，以纺织品和陶瓷器为主。行销东、西洋的纺织品，有五色绢、建阳锦、建宁锦、苏杭五色缎、诸色绫罗段匹和各种布等。其中尤以五色缎、五色绢最受欢迎。出口东、西洋的陶瓷器有青白花碗、大瓮、小罐、盆、水埕等。浙江处州出产的瓷器在东、西洋享有盛名，称为“处瓷”、“青处”、“处州磁水缸”等。④ 真腊行销“泉州

---

① 《岛夷志略校释》，第 51、114、376 页。

② 《至正四明续志》卷 5，《土产·市舶物货》。参见《宝庆四明志》卷 6，《叙赋下·市舶》关于高丽物品的记载。

③ 郑麟趾：《高丽史》卷 29，《恭愍王世家二》。

④ 《岛夷志略校释》有关各条记载。

之青瓷”。江西浮梁景德镇在元代制作的青花瓷器，也已成为出口商品，但数量上难与处瓷、泉瓷相比。向日本、朝鲜半岛出口，亦以瓷器和丝织品为主。前已说过，木浦沉船中有大量瓷器。近年在辽宁绥中海域打捞元代沉船的遗物，已出水磁州（今河北磁县）窑瓷器一千余件，其中不乏精品[①]。这艘沉船很可能是沿渤海湾前往朝鲜半岛的。元末张士诚、方国珍通过海道赠送高丽国王的礼物中有彩缎、彩帛[②]，说明丝织品为高丽所欢迎，无疑亦是贸易中的重要物品。前面说过，元朝政府颁布的市舶法则中，有禁止丝绵、段匹、销金绫罗出海贩卖的规定，但事实上并没有严格执行过。

除纺织品和陶瓷器外，由海道出口的货物，还有金属和金属加工品、日常生活用品、农产品等。贵金属（金、银）禁止出海，但据《岛夷志略》记载，东、西洋贸易用金、银的国家和地区有二十余处，如渤泥“货用白银、赤金”；波斯离（今伊拉克巴士拉）“贸易之货……云南叶金、金银”。显然是说中国商舶用金、银和当地居民进行交易。在一般金属中，铁、铜和铁、铜制品在出口货物中占有相当大的比例。铁、铜制品有铁锅（鼎）、铁线、铁条、铜珠、铜鼎等。出口的金属还有锡、铅。日常生活用品有漆器、雨伞、草席、摩合罗（泥塑孩童像）、木梳、琉璃制品（珠、瓶）、绢扇等。农产品和农产加工品有米、酒、糖等，但比重不大。米的出口一度颇盛，很快便在禁止之列[③]。由海道外销的货物还有乐器、药材（大黄、川芎、白芷等）、书籍、纸张等物。宋代铜钱大量由海道出口，造成钱荒，政府严令禁止，但效果不大。元朝统一以后，至元十九年（1282），为了在全国范围内推行钞（纸币），元朝政府下令“以钞易铜钱，令市舶司以钱易海外金珠货物”[④]。这样做导致物价上涨，元朝政府不得不在至元二十三年（1286）“禁海外博易者，毋用铜钱”[⑤]。以后颁布的市舶法则，都禁止铜钱出口。这种禁令的效果也是值得怀

① 张威：《海底七百年》，《福建文博》，1997 年第 2 期。

② 《高丽史》卷 39、40、41，《恭愍王世家二、三、四》。

③ 至元二十五年（1288）的一件官方文书中说：“广州官民于乡村籴米百石、千石至万石者，往往搬运前去海外占城诸番出粜，营求厚利，拟合禁治。”（《通制条格》卷 18，《关市·市舶》。）

④ 《元史》卷 94，《食货志二·市舶》。

⑤ 《元史》卷 94，《食货志二·市舶》。

疑的。仁宗延祐五年（1318），有日本商船载客商五百余人，“意投元国庆元路市舶司博易铜钱、药材、香货等项”，被风飘到平阳州。[①] 可见铜钱仍是日本方面追求之物。而交趾、爪哇都行使铜钱，应该就是中国的铜钱。[②]

元代从东、西洋进口的货物，种类繁多。当时的记载说：“圣朝奄有四海，……故海人山兽之奇，龙珠犀贝之异，莫不充储于内府，畜玩于上林，其来者视昔有加焉，而珍货之盛，亦倍于前志（指前代的广州地方志—引者）之所书者”[③]。元朝和海外地区的交往比起前代来更为广泛，由海道进口的物品无论品种或数量都应超过前代，这是不言而喻的。现存元代广州方志所载“舶货”不过七十余种，显然有所取舍。[④] 元代庆元（今浙江宁波）所载“舶货”则有二百二十余种，比起宋代后期同一地区方志所载“舶货”一百七十余种来有明显的增加。[⑤]

和前代一样，元代来自东、西洋的“舶货”，以香料、药材、珍宝为主，其次是布匹、皮货以及其他物件。元代广州地方志所载“舶货”，虽然品种不多，但分类比较简明，现转引如下：

宝物：象牙、犀角、鹤顶、真珠、珊瑚、碧甸子、翠毛、龟筒、玳瑁。

布匹：白番布、花番布、草布、剪绒单、剪毛单。

香货：沉香、速香、黄熟香、打拍香、暗八香、占城[香]、粗熟[香]、乌香、奇楠木、降香、戎香、檀香、蔷薇水、乳香、金颜香。

药物：脑子、阿魏、没药、胡椒、丁香、肉子豆蔻、白豆蔻、豆蔻花、乌爹泥、茴香、硫黄、血竭、木香、荜拨、木兰皮、番白芷、雄黄、苏合油、荜澄茄。

诸木：苏木、射木、乌木、红柴。

---

① 《康熙温州府志》卷3，《杂志》。
② 《岛夷志略校释》，第51、159页。
③ 《大德南海志·市舶》，《永乐大典》卷11907。
④ 《大德南海志·市舶》，《永乐大典》卷11907。
⑤ 《宝庆四明志》卷6，《叙赋下·市舶》。

皮货：沙鱼皮、皮席、皮枕头、七鳞皮。

牛蹄角：白牛蹄、白牛角。

杂物：黄蜡、风油子、柴梗、磨末、草珠、花白纸、藤席、藤棒、贝八子、孔雀毛、大黄、鹦鹉、螺壳、巴淡子。①

从日本和朝鲜半岛进口的货物，与东、西洋有很大的不同。从庆元的方志来看，来自日本的货物有硫黄、木材、金子（倭金）、水银、白银（倭银）、工艺品（折扇、螺钿器等）等。从朝鲜半岛进口的货物，已见前述。

元代通过海道进出口的货物对于国内的经济生活有明显的影响。纺织品和陶瓷的大量出口，促进了沿海地区纺织工业（特别是丝织业）和制陶、瓷业的发展，浙西、福建丝织业兴盛，浙东龙泉、福建泉州以及江西浮梁景德镇制瓷业的繁荣，都与海外贸易有密切的关系。进口的香料既是上层社会的消费品，也是药材，和其他药物一起，大大丰富了中医药的制作。各种“舶货”的输入，对国内市场的活跃，起了有益的作用。元代景德镇青花器的制作，是中国制瓷史上的具有划时代意义的事件，它得益于海外染料“回回青”的引进。

① 《大德南海志·市舶》。

第四编

赋役和财政

第十三章　户籍制度

从蒙古国到元朝，先后举行过四次人口登记，在此基础上建立了户籍制度。蒙古国和元朝政府，将管辖下的百姓，划分为各类户，当时称为“诸色户计”，分别承担不同名目的赋役。同时又按财产丁口的差别，将百姓划分三等九甲，即户等，以此作为摊派赋役多少的依据。诸色户计和户等的划分，是这一时期户籍制度的重要内容，与赋役的承应有着非常密切的关系。

第一节　户口登记

蒙古国灭金后，很快便在“汉地”（原金朝统治的地区）进行户口登记。这次户口登记主要是在乙未年（窝阔台汗七年，1235）进行的，元代文献中常称之为“乙未括户”。“七年乙未，下诏籍民，自燕京、顺天等三十六路，户八十七万三千七百八十一，口四百七十五万四千九百七十五”①。

“乙未括户”时曾发生一场争论。“甲午，诏括户口，以大臣忽睹虎领之。国初方事进取，所降下者因以与之，自一社一民，各有所主，不相统属，至是始隶州县。朝臣共欲以丁为户，公（耶律楚材——引者）独以为不可。皆曰：‘我朝及西域诸国，莫不以丁为户，岂可舍大朝之法，而从亡国政耶！’公曰：‘自古有中原者，未尝以丁为户，若果行之，可输一年之赋，随即逃散矣！’卒从公议。时诸王大臣及诸将校所得驱口，往往寄留诸郡，几居天下之半，公

---

① 《元史》卷58，《地理志一》。按，关于乙未括户数额还有其他记载，但相去不远。

因奏括户口，皆籍为编民”[1]。所谓“以丁为户”应是一丁一户，这和“汉地”的父系家长制家庭结构显然是不一致的。“以丁为户”势必引起混乱。窝阔台汗接受耶律楚材的建议，表明他认识到了“汉地”与蒙古的差异。而从上面的记载可以看出，“括户”实际上使原来隶属于贵族、将领的“各有所主”的人户，成了国家的编户齐民。

“朝廷初料民，令敢隐实者诛，籍其家。”[2] 为了登记户口，蒙古国采用的手段是很严酷的。“制以籍为定，互占它县以死论。有潞民马医常氏避役匿河内王帅家，事露，[公]（断事官耶律买奴——引者）抵常以死，意在籍没州将，且用耸动诸道。先君（行台都事王天铎——引者）辨之曰：‘常罪止于逋，论死则非制书本意’。公怒曰：‘脱有误，并汝坐之’。反复辨明，常竟获免”[3]。王天铎强调常氏逋逃（登记后逃往他乡），因而可免死罪。由此例可见当时确有“隐实者诛”和籍没的规定，这在中国古代户籍制度史上是很罕见的。而在登记结束后，“有司欲印识人臂，师（僧海云——引者）力白于忽都护（即忽都虎——引者）大官人曰：‘人非马也，既皆归服国朝，天下之大，四海之广，纵复逃散，亦何所归，岂可同畜兽而印识哉！由是印臂之法遂止”[4]。在草原游牧贵族看来，统治下的百姓与牲畜并无多大区别，马须烙印，百姓也要烙臂，作为登记在册的标志。和“以丁为户”一样，这种想法经劝阻未曾推行。在这次户口登记中，蒙古贵族企图推行草原的统治方式，但终于接受了“汉地”原有的制度。在一定意义上，可以认为“乙未括户”是蒙古统治者采用“汉法”在“汉地”实行统治的一个重要标志。

“乙未括户”的具体做法，文献中缺乏记载。至元八年颁布的《户口条画》（见下）中提到，军、站户要“一户户检照乙未、壬子籍册，对证分拣，定造到备细文册”；“乙未年另籍驱户，钦依哈罕皇帝（即窝阔台——引者）圣旨，便是系官民户”；“乙未、壬子二年本使户口附籍驱口”，“漏籍驱口”，

---

① 宋子贞：《中书令耶律公神道碑》，《国朝文类》卷57。
② 《元史》卷156，《董文炳传》。
③ 王恽：《南鄘王氏家传》，《秋涧先生大全集》卷49。
④ 《佛祖历代通载》卷21。

等等[①]，说明乙未籍上记载诸色人户的归属和良贱身份。后来，乙未户籍一直是确认身份的重要依据。忽必烈至元三年（1266），“诸势家言：有户数千当役属为私奴者，议久不决。[张]文谦谓：以乙未岁户帐为断，奴之未占籍者归之势家可也，其余良民无为奴之理。议遂定，守之为法”[②]。

“乙未括户”是否进行资产（土地、房屋、牲畜等）登记，没有明确的记载。但列代户口登记的同时都进行资产登记，后来元朝的括户亦有此内容，“乙未括户”应不例外。而且，在此次括户以后，立即制定各种赋税之法，其中有田赋，分上、中、下及水田四等。如果不曾进行资产调查，则田赋征收便难以进行。蒙哥汗时期，僧、道发生争论，僧胜道败，蒙哥命道士将三十七处寺院退出付与僧人，全真道掌教李志常命人上奏，“依着胡睹虎那演抄数已后，不许改正”[③]。胡睹虎即忽睹（都）虎，那演是蒙语音译，意为官人。显然，寺院物产，在“抄数”之列。此亦可作为“乙未抄户”登记资产之例证。

第二次户口登记，在蒙哥汗二年（1252）举行。“二年壬子，……是岁，籍汉地民户”[④]。此次登记，“增户二十余万”[⑤]。这次籍户由蒙古国汗廷派遣使者到各地监督，声势是很大的。“既而籍诸路户口，以[马]亨副八春、忙哥，抚谕西京、太原、平阳及陕西五路，俾民弗扰”[⑥]。但实施过程中，弊端甚多，“余使者多以贿败，惟亨等各赐衣九袭”[⑦]。后来，至元八年元朝政府重新籍户，其重要原因就是因为壬子籍户时“前行尚书省不曾仔细分拣”，事后引起很多争论。

中统三年（1262）三月，中书省奏：“达达民户壬子年虽是青册上附籍，元在达达牌子里当差发的，分付各投下当差发身役”[⑧]。这里所说在“青册上附籍”的达达民户，相对于“元在达达牌子里”而言，显然是指在“汉地”

---

① 《通制条格》卷2，《户令·户例》。
② 《元史》卷157，《张文谦传》。
③ 祥迈：《至元辩伪录》卷3。
④ 《元史》卷3，《宪宗纪》。
⑤ 《元史》卷58，《地理志一》。
⑥ 《元史》卷163，《马亨传》。
⑦ 《元史》卷163，《马亨传》。
⑧ 《通制条格》卷3，《户令·蒙古人差发》。

生活者而言，他们在壬子年也被登记入册。蒙古户口如此，色目户亦应如此。至元八年籍户时颁布的《条画》中说："回回、畏吾儿户，钦奉先帝圣旨，不拣什么人底民户，州城内去了的人，只那住的地面内和那本处民户差发铺马一体应当者"①。"先帝"指蒙哥汗，就现居地应当差发站役，其前提就是在当地入籍，说明色目人户确在壬子年登记之列。

从上面这条记载还可看出，壬子年的户籍称为"青册"。在此以后的一些记载也把户籍称为"青册"。大德三年（1299）枢密院的一件文书中说，晋王派人要求将原属自己的汉军从军籍中除名，此类事以前也发生过，"俺每世祖皇帝根前奏来：'青册里籍定的军每似这般除豁了呵，军的数目减少的一般'。么道，奏呵。'但是青册里入去了的，折莫是谁呵，休除豁者，依前教做军者'。么道，圣旨有来"②。"青册里籍定的军"指的是户籍册上登记的军户，只要以军户身份在青册上登记，便不能豁免。可以认为，蒙古国和元朝，都称户籍为"青册"。其得名之由来，很可能由于户籍的封面用青色的纸（或布），就像明代的黄册以黄纸为封面一样。

关于"青册"一名，可以追溯得更早。成吉思汗建立蒙古国时，对义弟失吉忽秃忽说："如今初定了普百姓，你与我做耳目，但凡你的言语，任谁不许违了。如有盗贼诈伪的事，你惩戒着，可杀的杀，可罚的罚。百姓每分家财的事，你科断着。凡断了的事，写在青册上，以后不许诸人更改"③。则刊载各种政府公文的簿册，均称为青册。武宗至大元年（1308）九月，"万户也列门合散来自薛迷思干等城，进呈太祖时所造户口青册，赐银钞币帛有差"④。可知成吉思汗时代已有户口青册之名。也就是说，户口籍册称为"青册"，源自蒙古建国之初。

至元七年（1270）五月，"括天下户"⑤。这是第三次大规模户口登记。所谓"天下"，仍是原来金朝统治下的农业区。"既而御史台言：所在捕蝗，百

---

① 《通制条格》卷2，《户令·户例》。
② 《通制条格》卷2，《户令·以籍为定》。
③ 《元朝秘史》卷8。
④ 《元史》卷22，《武宗纪一》。
⑤ 《元史》卷7，《世祖纪四》。

姓劳扰，括户事宜少缓，遂止。”“八年三月，尚书省再以阅实户口事奏《条画》，诏谕天下”①。因此，这次括户实际上是在八年（1271）进行的。这次括户比原来“又增三十余万”②。

至元八年三月颁发的《户口条画》说：“据尚书省奏，乙未年元钦奉合罕皇帝圣旨抄数到民户，诸王公主驸马各投下官员分拨已定。壬子年钦奉先帝圣旨从新再行抄数，当时前行尚书省不曾仔细分拣，至今二十年间争理户计，往复取勘，不能裁决，深不便当。今次取勘诸色人户，检会到累降圣旨，钦依分拣定夺各各户计，拟到逐款体例，所据取勘到合当差发户数，依已降圣旨，再不添额，并令协济额内当差人户事。准奏”③。可见这次括户重点是“分拣定夺各各户计”。从蒙古国到元朝，百姓身份有驱良之别和诸色户计之别。至元八年的“分拣”，一是确定编户齐民的驱、良身份，二是确定其属于诸色户计中的哪一种。此次括户编制的户口籍册，肯定对各户的身份有明确的记载。自此以后，北方再没有进行过户口登记。

第四次户口登记在至元二十六年（1289）举行。这一年二月，“诏籍江南户口，凡北方诸色人寓居者亦就籍之”。同年十月，“诏籍江南及四川户口”④。为此颁布的“圣旨”中说：“不以是何投下大小人户，若居山林畲洞，或于江湖河海舡居浮户，并赴拘该府州司县，一体抄数，毋得隐漏。据抄数讫户计，有司随即出给印押户贴，付各户收执。于内土居寄住人户，编立保甲，递相觉察，毋令擅自起移。隐漏口数，裹攒户口，死罪。邻佑漏报人口，知情不首，一百七下；漏报事产，七十七下”⑤。可知此次户口登记，要求是很严格的。山林湖海的浮户，都在登记之列，隐漏作弊者要处死刑。登记的内容，除户口外，还有“事产”。登记之后，有司发给各户以“印押户贴”。这次户口登记在江南引起很大震动。人心动摇。至元二十八年（1291）三月，忽必烈颁布“圣旨”安定人心：“江淮迤南，近因抄数户口，民间意谓科取差发，致生惊

① 《元史》卷205，《奸臣·阿合马传》。
② 《元史》卷58，《地理志一》。
③ 《通制条格》卷2《户令·户例》。
④ 《元史》卷115，《世祖纪一二》。
⑤ 《元典章》卷17，《户部三·籍册·抄数户计事产》。

疑。自来户籍乃有司当知之事，其勿惊惧”[①]。

江南不少地方志登载的元代户口数，一般都是这一次登记的结果。以元代的集庆路（路治今江苏南京）为例，“大元二十七年本路所籍户口”，其中“在城录事司”，户18205，口94992。这些户口中“南人户”15104，又分“军、站、人匠户”和“无名色户”；“北人户”又分“色目户”与“汉人户”。其他各县大体相同[②]。类似的记载还可见于元代镇江的方志。该书载“至元庚寅（即二十七年——引者）籍民之数”，分“土著”、“侨寓”两大类，所谓“土著”即“南人户”，所谓“侨寓”即“北人户”。“土著”中分民、儒、医、马站、水站、递运站、急递铺、弓手、财赋、海道梢水、匠、军、乐人、龙华会善友和驱，“侨寓”分蒙古、畏吾儿、回回、也里可温、河西、契丹、女真、汉人和驱。[③] 可以看出，这次户口登记时对于诸色户计的区别是特别重视的。

元代文献记载至元二十六年江南籍户情况说：“朝廷以内附既毕，大料民，新版籍。自淮至于海隅，不知奉行，民多惊扰。公（马煦——引者）在庐州，令其民家以纸疏丁口产业之实，揭门外。为之期，遣吏行取之，即日成书，庐民独不知害”[④]。马煦时任庐州路同知，他们的办法是让居民自行申报“丁口产业”。这种办法叫做“手实”。唐代户口登记就是采取这种办法。金朝每当籍户时，“州县以里正、主首，……诣编户家责手实，具男女老幼年与姓名，生者增之，死者除之”[⑤]。至元八年分拣户口的《条画》中，数次提到“手状”：“诸正军今次手状”，“诸正军并贴户户下合并裹攒户今次手状”，“不经收差户计今次手状”，“手状称打捕户不纳皮货亦不当差之人”，等等。[⑥]“手状”即“手实状”。可以认为，在前三次括户中亦采用“手实”之法。

元代大规模的户口登记，只有以上四次。蒙古国和元朝政府举行户口登

① 《元典章》卷13，《户部三·籍册·抄数户计事产》。
② 《至正金陵新志》卷3，《民俗志》。
③ 《至顺镇江志》卷3，《户口》。
④ 虞集：《户部尚书马公神道碑》，《道园学古录》卷15。
⑤ 《金史》卷46，《食货志一·户口》。
⑥ 《通制条格》卷2，《户令·户例》。

记，目的在于弄清编户齐民的数目，在此基础上，征收摊派各种赋役。在户口登记时，特别重视“分拣定夺诸色户计”，以及登记“事产”，实际上便是作为征收派赋役的依据。蒙古国和元朝政府，根据户口登记的资料，编制鼠尾薄，官府征收赋税，摊派差役，都以鼠尾簿为准。这在下面还会说到。

历代户籍制度，都有定期举行户口登记的规定，如唐代三年一造户籍，宋朝每逢闰年重造户口版籍，金代三年一籍等。但是蒙古国和元朝都没有这样的规定。忽必烈时期一位精明强干的官员胡祇遹说：“匹夫之身不数年之中有疾病旺衰，数口之家或子侄兄弟衰旺，或家业兴衰。……此造物消长之理。故前人之为政，三年一大比，造户籍，上计帐。每造凡三本，一留县，一送州府，一申省部。覆实无伪，验其力之增减而轻重其赋役，黠吏奸民不能诡伪，一富一贫不待申诉，如指诸掌，故下无妄讼，官无繁文，无废事，良以此也。我朝之于军民，一籍之后近则五、七年，远者三、四十年，略不再籍，孰富强，孰贫弱，孰丁口增加，孰丁口消亡，皆不能知。临事赋役，一出于奸吏之手，一听奸民之妄诉。中间亦有实是消乏独夫寡妻孤子无产业者，亦不能辨明”[①]。“自壬子籍户，到今三十余年。上策莫若再籍，以籍为定”[②]。上面说过，至元七年籍户重在“分拣”，而不是重新登记，故说壬子以后三十余年未曾籍户。从胡祇遹所说可以看出，户籍不能及时更新，造成摊派赋役的混乱。元平南宋后，治书侍御史王恽上《便民三十五事》，其中之一是“括户土断”，他说：“国家自壬子岁抄数后，迄今未尝通检，中间等第高下，大成偏重。故唐制三载一定户，每岁一团貌，恐因仍旧额，贫者转贫，富者愈富，况三十年之久。稍候年岁丰收，民大安息，合行从实检括，察其存亡，均其贫富，则庶功以兴，国富家足，不然，是纵令州县每岁增减高下，以滋官吏之弊”[③]。壬子以后三十余年“未尝通检”，所说与胡祇遹相同。王恽与胡祇遹一样，都主张重新籍户，但是，他们的意见并没有受到重视。元朝政府未能实行定期更新户籍之制，是政治体制混乱的表现；而这种状态的长期延续，又加深了社会

① 胡祇遹：《军政又三，贫难消乏之弊状》，《紫山大全集》卷22。
② 胡祇遹：《论复逃户》，《紫山大全集》卷22。
③ 王恽：《秋涧先生大全集》卷90。

的矛盾。

至元二十七年江南括户时规定，登记以后，发给“印押户帖”。胡祗遹在讨论汉军军籍时主张：“自开国签军累至近年，宜验各签年份，辟举廉干官吏，分路排门，据即目实在丁口事产物力符同，给户帖，造籍册”①。汉军是从北方居民签发的，可知北方亦有户贴（帖）。宋代有户帖，金代有无户帖缺乏记载。元代的户帖，显然沿袭前代的制度。但是，关于元代户帖的内容，已不可得知。明初，朱元璋置户籍、户帖，户帖上开列户主姓名、贯址、役籍、全家丁口姓名年龄，户中事产。户帖分作两联，编以字号，骑缝处盖户部印，一联给户主收执，即为户帖，一联存户部，即为户籍。料想元代的户帖，亦应相去不远。

第二节　诸色户计

元代官方文书中常见“诸色户计”一词。“色”是种类的意思，“诸色”就是各种类。“计”指账簿，唐代的“计帐”，就是户籍的一种，“户计”即指户籍而言②。“户计”与“诸色”联在一起，则指户籍上登记的各种户（军、站、民、医等）而言。

元代户的名称极多，估计不下于百种③。这些户的形成有复杂的原因。（1）种族。蒙古国和元朝将全国居民分为四等，即蒙古、色目、汉人、南人，这在本书第二章中已有说明。四等人制是以种族为基础划分的，见诸于记载的南人户、北人户、蒙古户、回回人户、契丹户、女真户等名称，便是由此产生的。（2）等级。元代和前代一样，有良、贱之分，贱民主要是驱口（奴仆），有家的即称驱户，此外有断案主户（犯罪没入官府或给予事主的罪人家属）

---

① 胡祗遹：《军政又三，贫难消乏之弊状》，《紫山大全集》卷22。

② 《元典章》卷17，《户部三·户计》下分“籍册”、“军户”、“分析”、“承断”、“逃亡”五门，都与户籍有关。

③ 黄清连曾举出“八十三项户计”，同时指出“未必已尽罗元代的诸色户计”，见《元代户计制度研究》第197~216页，台湾大学文学院出版。

等。(3) 职业。原来从事某种职业并得到政府承认者。如从事宗教职业，有僧户、尼户、道户、龙华会善友户、答失蛮户、迭里威失户、也里可温户等。以及读书的儒户，治病的医户等。(4) 政府指定从事某项工作的人户，主要军户、站户、医户、盐户等。还有糯米户、脂粉户、沙鱼皮户等，专门生产某种物件进贡，亦可归入此类。(5) 政府分拨与投下或机构的人户，有专门的名称，如投下户、财赋户（隶属于财赋总管府）等。此外，各种户因负担赋税数量不同，而有全科户、半科户之类名称，因为户籍登记的不同情况而有协济户、漏籍户、寄户之类名称，这些都不在"诸色户计"之内。而没有专门名称的人户，便称之民户。民户既包括农村也包括城市中的居民。既包括农民（他们无疑是民户中的大多数），也包括从事其他职业（如商业）的人户。

上述各种户是以不同标准划分的，因而其间不免有交叉和混淆。例如以种族区分为蒙古户、汉人户，但依政府指定又有军、站之分，于是便有蒙古军户、汉军户、蒙古站户、汉人站户等名称。"诸色户计"的涵义也不是非常明确的，有时泛指各种户，更多时则指上述第（3）、（4）两项即政府承认的各种职业人户和指定从事各种工作的人户而言。因为按这两项标准划分的人户，与政府的运作关系密切。需要指出的是，人们往往将这二项人户加以混淆，以为第（4）项亦是按职业划分，其实不然。宗教职业户和儒、医户都是原来从事该项职业，经过政府认可后，便在户籍上自成一类，继续从事原来的工作。而军、站、匠、盐等户，则是政府根据需要，在民户（有时也从其他户）中强行签发的。签充后，就必须出丁当军、当站，到政府局院中服役，在盐场中煮盐等。这些户中情况又有所区别。被签充匠、盐等户的人户中，有的原来便从事煮盐或从事工技，但也有不少与这些工作并无关系；而签充军、站的人户，一般原来既非军人，又与驿站无关。

"诸色户计"的形成，经历了一个相当长的过程。"乙未括户"时，已有驱口与僧、道、站户等名称。"乙未括户"后，为了战争和管理的需要，各种户名不断涌现。"壬子括户"时，军、匠、盐、站、打捕、儒、回回、畏吾儿、答失蛮、迭里威失等户名均已存在[①]。可以说，"诸色户计"的格局，在

① 《通制条格》卷2，《户令·户例》。

此时已基本形成。忽必烈上台后，通过一系列政策法令，进一步强化了“诸色户计”的制度。

蒙古国和元朝政府将全国居民划分为各种户，统称之为“诸色户计”，实际上是要他们分别承担国家运行所需的各种封建义务。军户出丁当兵，是军队成员的来源；站户出丁应当站役，保证驿站的运行；盐户在盐场煮盐，按定额上交，国家才有可能实行食盐专卖，获得巨额的收入。即使各种宗教人户亦有其义务，便是“告天祝寿”，为统治者祈祷长生。各种户（民户以外）承担的不同义务，当时亦称之为役，如军役、站役、匠役等。民户需承担田赋、科差、杂泛差役与和雇和买，而民户以外的各种户，则因各自承担不同的役，因而在田赋、杂泛差役与和雇和买方面，可以得到不同程度的优待。

为了保证“诸色户计”制度的运行，蒙古国和元朝政府都规定各种户计，一旦入籍，便不许更动，而且世代相袭。大德十年（1306）五月发布的诏书中说：“诸色户计，已有定籍，仰各安生理，毋得妄投别管名色，影蔽差役，冒请钱粮。违者许邻佑诸人首告，并行治罪”[①]。类似的诏令，在元朝曾多次发布。“但是军籍里入去了的，不拣是谁的，休回付者”。这是成宗铁穆耳针对宗王索要军人时说的话[②]。军户如此，其他各种户亦如此。各种户大多设有专门的管理机构官员，有的由地方行政官员兼管（如北方各级行政长官兼管诸军奥鲁），有的则自成体系（如盐务系统）。在元代，每个人必须明确自己所属的户籍。以科举为例，应试者除了申报乡贯之外，还须申报所属户籍，蒙古、色目人还要申报民族。[③]

各种户的划分是固定的，但并是一成不变的。军户、站户破产贫困，可以放还，重新成为民户。而有些户（军、站、盐等），由于承担义务的繁重，官员的剥削和压迫，以及本身丁口、资产变化等原因，出现不断减少的现象，元朝政府为此又采取从民户中重新签补的措施。总之，各种户的划分主要取决于国家的需要，是政府行为的结果。

---

① 《元典章》卷2，《圣政一·重民籍》。

② 《通制条格》卷2，《户令·以籍为是》。

③ 《元统元年进士录》。

下面分别将几种重要的户作一些说明，可以有助于对“诸色户计”制度的认识。

军户。元朝的军队有蒙古军、探马赤军、汉军和新附军之分。探马赤军实际上是蒙古军的分支。蒙古十五岁以上男子，均需从军，本来无军户之说。但随着蒙古国统治的扩大，蒙古人分别从事不同的工作，有的当兵，有的在驿站服役，等等。军户名称的出现，是在“汉地”签发汉军之后。在“乙未括户”时，尚无此名。在此次括户以后，“汉地”军、民才分籍。“时兵、民未分，赋役互重，复遇征伐，则趋办一时，中外骚屑，殆不聊生。公（真定军阀史天泽——引者）悯焉，诣阙并奏其事：‘……军则中户充籍，其征赋差贫富为定额’。上皆从之”[①]。汉军自行亦籍，便有了汉军军户，与此相应，也便有了蒙古军户、探马赤军户的名称。后来，元朝平定南宋，统一全国。原南宋的军队投降以后，称为新附军，其中有家属的，便称为新附军户。汉军军户估计在30万户以上[②]，其余军户数难以确定。

无论哪一种军户，一旦入籍，就要世代相继出丁服役，不能改动。只有少数因技能出众而为统治者赏识的，才能脱籍。偶而亦允许“贫乏无丁者”脱籍，但在多数情况下，元朝政府常采取“贫富相资”，合户出丁应役，以及“休息”（暂停兵役）一岁或数岁的办法，将贫困户仍保持在军籍以内。元朝政府规定，军户无子，招来养老女婿或同族子承继产业的，同时也必须入军籍，承当军役。新附军人身死，抛下妻室，“官为配对成户”，“所生儿男，继世为军”[③]。总之，千方百计保证军籍的稳定。

既是军户就要出一名丁男到军户当兵，如果死亡或逃亡，就要“以次丁应役”，也就是由“哥哥、兄弟、孩儿每替头里补有”[④]。军户出军，马匹、兵器和日常费用都需自备，甚至往来路费，也要自行筹措。政府只发给士兵口粮和盐，还有冬、夏衣装。汉军军户中贫富参差不齐，“兵籍之民，强弱相悬，

---

① 王恽：《忠武史公家传》，《秋涧先生大全集》卷48。
② 陈高华：《论元代的军户》，见《元史研究论稿》，中华书局，1991年版。
③ 《元典章》卷34，《兵部一·军户·无夫军妻配无妇军》。
④ 《元典章》卷34，《兵部一·替补·正军兄弟孩儿替补》。

有不堪役者”[①]。为了保证士兵当役，元朝政府推行正、贴军制，即“以两户或三户合并正军一名”[②]，有的地方甚至以“三户、五户并作一军”[③]。在这两三户或三五户中，“丁力强者充军，弱者出钱，故有正军、贴户之籍”[④]。于是在军户中又有正军户与贴军户之分。如果正军户出现“贫弱无丁”情况，便“令富强丁多贴户权充正军应役，验正军物力却令津济贴户，其正军仍为军头如故”[⑤]。等到正军户丁力充裕后，便恢复原来的关系。军户出兵，没有期限。出征或远戍的士兵，有时可“放归存恤一年”或数年[⑥]。凡在阵前死亡的士兵，“本户军役依旧制存恤一年，若病死者亦以存恤半年”。到期就要“勾起户下其次人丁补役”[⑦]。如果军人逃亡，就勾取“其次亲丁代役”[⑧]。

军户承当军役，因而政府的其他赋役可以得到一定的优待。元朝政府规定的百姓赋税，主要有税粮和科差两类。北方的税粮，分丁、地税，有的户纳丁税，有的户纳地税。丁税每丁两石，地税每亩三升。军户则采取特殊的办法，“限田四顷，以供军需，余田悉纳赋税”[⑨]。这就是说，军户的土地中，有四顷可以不纳税粮，四顷以上者要交纳。这四顷地纳的税粮，作为补贴军人日常的费用，所以四顷地称为“赡军地”。科差包括包银、丝料、俸钞三项。军户是可以免交的。元朝政府的办法是将军户应纳的科差额摊在其他户头上。除了赋税以外，还有和雇和买与杂泛差役，也是沉重的负担。元朝政府规定，边远出征军人的家属可以全免和雇和买与杂泛差役，其余军户可免当杂泛差役，但要区别物力情况，有的承担和雇和买，有的（贫困的）则可以豁免。以上讲的是汉军军户情况。凡是从事农耕的蒙古军户与探马赤军户，在这些方面的待遇和汉军军户差不多。新附军的情况则不同。新附军除军人正身支取米、盐外，

---

① 刘敏中：《李公去思记》，《中庵集》卷2。
② 《元史》卷6，《世祖纪三》。
③ 魏初：《奏议》，《青崖集》卷4。
④ 《元史》卷98，《兵志一·兵制》。
⑤ 《元史》卷98，《兵志一·兵制》。
⑥ 《元史》卷21，《成宗纪四》卷98，《兵志一·兵制》。
⑦ 《元典章》卷34，《兵部一·正军·省谕军人条画》。
⑧ 《元史》卷98，《兵志一·兵制》。
⑨ 苏天爵：《王宪穆公行状》，《滋溪文稿》卷23。

家口每人亦按月支米，“新附军人全家老小支请口粮，即与汉军不同，别难限地”；也就是不能像汉军一样，四顷以内免税。因此他们的土地和江南民户的土地一样，要“一体当差纳税”①。凡是有土地的新附军户都要交纳地税，承担相应的杂泛差役与和雇和买。

元朝政府设立奥鲁管理军户。奥鲁（Aurug）是蒙语音译，一译阿兀鲁黑，原义为“老小营”、“营盘”、“家每”（家的复数，即若干家在一起）②。过着游牧生活的蒙古人，出征时，“不以贵贱，多带妻孥而行，自云用以管行李衣服钱物之类”③。作战时，军人上前线，妇幼辎重留在后方，即称为奥鲁。随着战争的日益频繁，军人不断出征，有必要设置专门机构来管理军人的家属和辎重，按照习惯，蒙古国和元朝政府便以奥鲁作为这一类机构的名称。在中原签发的汉军，“军出征戍，家在乡里”，也设立奥鲁进行管理④。但蒙古军、探马赤军是在军队万户、千户下设奥鲁官，而汉军奥鲁原来也隶属于万户，后来却由地方官兼领，北方的路、府、州、县的长、次官都有兼领诸军奥鲁的职衔⑤。奥鲁职责，一是起发军人服役，二是征取出征军人的封桩钱。封桩钱亦称盘缠，也就是出征军人的日常费用。军户犯有“奸盗诈伪”等重大案件，由地方行政官员审理，凡是军、民“相争婚姻、驱良、田土、钱债等事”，则由管民官与奥鲁官“约会”在一起“归断”⑥。

汉军军户主要是从民户中签发的。蒙古国和元朝政府都规定取中户（见本章第三节）为军，而地方政府“例取上户富强丁多有力之家”，这是因为军役负担很重，“不取丁多富强之家，则不能持久应役”⑦。但是，北方屡次签军，先后所签之数估计应在30万以上，而上户有限，中户亦不多，实际上必然取及下户，因此，汉军军户中有贫有富，相差悬殊。蒙古军户、探马赤军

---

① 《元典章》卷24，《户部十·军兵税·新军限地难同汉军》。

② 《元朝秘史》卷4、8、10、11、12。

③ 赵珙：《蒙鞑备录》。

④ 《经世大典序录·军制》，《国朝文类》卷41。

⑤ 《元史》卷82，《选举志二》；卷91，《百官志七》。州尹兼奥鲁之例见《山右石刻丛编》卷26《显州刘氏先茔碑》：县尹及县达鲁花赤、县簿兼尉均兼管诸军奥鲁，见同上书卷28，《芮王庙记》。

⑥ 《元典章》卷53，《刑部十五·约会·军民词讼约会》。

⑦ 王恽：《便民三十五事》，《秋涧先生大全集》卷90。

户、新附军户，情况亦复类似。“屯戍征进军人，久服劳苦，近者六七千里，远者万里之外，每遇收捕出征，九死一生，所需盘费、鞍马、器仗，比之其余差役尤重”①。因当军役而破产者往往有之。汉军军户“中等人家庄田废尽，现今乞讨为生者处处有之”②。“蒙古军在山东、河南者，往戍甘肃，跋涉万里，装橐鞍马之资，皆其自办，每行必鬻田产，甚则卖妻子”③。探马赤军、新附军亦是如此。而管军官、奥鲁官又对军人和军户施加种种剥削和压迫，或利用军人和军人家属为自己服役，或强迫军人和军人家属接受他们发放的高利贷，或利用勾补军人和起发封桩钱的机会，营利舞弊，取要钱物。元朝统治者也承认：“蒙古、探马赤诸翼军人四方征戍，多负劳苦。加以管军官员、奥鲁官员非理侵渔，消乏者众”④。延祐七年（1320），军户“逃窜流亡者，往往皆然”⑤。到元朝末年，军户制名存实亡，至正五年（1345），元朝政府下令“革罢奥鲁”⑥，说明军户制到此时已无法维持了。

站户。成吉思汗在征战过程中，便继承前代的制度，在统治区内建立站赤，以供使臣的往来。窝阔台汗扩大了站赤的规模，并初步建立了有关的管理制度。站户一名，最早见于窝阔台汗元年（1229）的圣旨⑦，但在此以前，应已存在⑧。在元代“诸色户计”中，站户可能是出现最早的一种。“乙未括户”时，易州李氏“始占驿传户版”⑨，可见当时户籍上已有站户的名称。蒙古国每征服一地，必立站赤。元朝统一全国以后，在全国范围内建立站赤，四通八达，共有一千五百处以上。各站“所领站户，多者三二千，少者六七百”⑩。若以每站平均五百户计，则应有75万户，实际上应不止此数。站户数应超过

---

① 《元典章》卷46，《刑部八·诸赃一·军官取受例》。

② 《元典章》卷24，《户部十·军兵税·不得打量汉军地土》。

③ 《元史》卷134，《和尚附千奴传》。

④ 《元典章》卷2，《圣政一·抚军士》。

⑤ 《元典章新集》，《兵部·军制·军中不便事件》。

⑥ 《元史》卷41，《顺帝纪四》。

⑦ 《经世大典·站赤》见《永乐大典》卷19416。

⑧ 《元史》卷149，《郭宝玉传》记，郭宝玉见成吉思汗时提到军户与站户。但此传记事颇有可疑之处。

⑨ 苏天爵：《易州李氏角山阡表》，《滋溪文稿》卷20。

⑩ 《经世大典·站赤》，《永乐大典》卷19421。

军户，在“诸色户计”中，除民户外，站户数量应是最大的，其次才是军户。

顾名思义，站户应当站役。元代的驿站有陆站、水站之分，陆站的交通工具主要是马，其次有狗、牛、骆驼等，水站则用船。马站户的主要任务是养马及狗、牛、骆驼等，还要出人丁作马夫“迎送往来使臣”，递换接送铺马（牛、狗、骆驼），或担任站船的水手。以养马为例，北方站户每四户养马一匹，另养贴马（备用马）一匹。南方则按税粮数计算，“以粮七十石出马一匹为则。或十石之下，八、九户共之；或二、三十石之上，两、三户共之”。如有“纳粮百石下，七十石之上，自请独当站马一匹者”，亦可获准①。站马来源不一，有的由政府出钱购马，有的则由所在地方全体居民分摊购马费用，也有一些地方则由站户自行购买。站马一旦病死，便由站户赔补。站马蒙语称为“兀剌，”在驿站中应役的马夫就称为兀剌赤。兀剌赤的差充办法不清楚，很可能是与站马相应的，如养一匹马便需出一二名兀剌赤之类。站户还有一项义务，便是供应首思。首思也是蒙语的音译，原义为汤、汁。元代以此词泛指站户所负担的过往使臣的分例（饮食、灯油、柴炭等），有时也称之为祗应。首思的供应办法先后有过变化。最初，各站首思由所在地诸色户计均摊，接着则全由站户负担。后来，又改为大都至上都驿站令站户自备首思，其他诸路则由官府供应。

站户可以免当科差（包银、丝料、俸钞）。至于税粮，站户和军户一样，“限田四顷免税，供驿马及祗应”②。这是说，北方站户每户免税四顷，作为养马和供应首思的费用。其余土地仍需纳税。南方的站户，凡当站马一匹者，可免交税粮七十石。水站户以船计，一条站船可免税粮四十石。站户一度可免当杂泛差役，但后来规定只有大都、上都之间自备首思的站户可以免当，其余站户仍需应当。原来站户都要承当和雇和买，后来规定自备首思的上都、大都之间站户可免。

元代有人说：“民之受役，莫重于站赤”③。站户负担沉重，主要由于元朝

① 《经世大典·站赤》至元二十五年二月，《永乐大典》卷19418。

② 《元史》卷5《世祖纪二》。

③ 黄溍：《定国忠亮公第二碑》，《金华黄先生文集》卷24。

政府“给驿泛滥”所致。站赤是政府专用的交通系统，只供来往的使臣和官员使用。使用者必须持有政府的证明，即铺马圣旨（札子）或圆符。原来规定，“除朝廷军情急速公事之外，毋得擅差铺马”①。但因站赤能提供交通工具，又能提供祗应，所以贵族、官员、僧侣，无不千方百计加以利用，“起马频数，多致羸毙”②。而站马倒毙后，又责成站户赔补。再加首思供应不断增加，以致“站户被害，鬻产破家，卖及子女，诚可哀悯”③。不仅如此，来往官员、贵族、僧侣虐待站户的现象层出不穷，“打拷站赤，取要钱物，多要铺马”④。元朝政府多次采取措施，“拯治站赤”，但所起作用有限。直到元朝末年，仍然是“给驿泛滥，以致站户屡签屡亡”⑤。

儒户。“乙未括户”时，并无儒户之名。窝阔台汗十年（戊戌，1238），在耶律楚材建议下，蒙古国在“汉地”考试儒生，中选者四千余人，“以为士籍，而别于民”⑥。这是儒户著籍的开始。以后陆续有所增加。至元十三年（1276），元朝政府差官考试儒人。二月，“诸路儒户通文字者三千八百九十，并免其徭役。其富实以儒户避役者为民。贫乏者五百户隶太常寺”⑦。这3890户就是北方“汉地”的儒户。但其中500户拨归太常寺，称为太常寺礼乐户，实际上儒户为3300余户。元朝平定江南以后，在至元十四年（1277）设置儒籍，根据坊里正攒报，凡是旧宋的“登科发解、真材硕学、名卿大夫”皆可入籍。后来各地学官陆续有所补充。至元二十六年（1289）至二十八年（1291）南方进行户口登记，凡是这次登记中“手状”（自行申报）作儒户的，便作为儒户入籍⑧。自此以后，南、北儒户再没有大的变动。

儒户的义务，与军、站等户截然不同。原则上每一儒户都要有一名子弟在地方官学就学。南方儒户如“设有门馆，或父兄自教”，则子弟可免入学。但

---

① 《经世大典·站赤》至元十年九月，《永乐大典》卷19417。
② 《经世大典·站赤》大德三年正月七日，《永乐大典》卷19419。
③ 《经世大典·站赤》至大四年九月，《永乐大典》卷19420。
④ 《元典章》卷36，《兵部三·站赤·拯治站赤》。
⑤ 《宪台通制续集·作新风宪制》，《永乐大典》卷2069。
⑥ 虞集：《赵公神道碑》，《道园学古录》卷42。
⑦ 《元史》卷9，《世祖纪六》。
⑧ 《庙学典礼》卷3，《儒户照抄户手状入籍》。

如有余闲子弟，不遣入学，而别习他业，则须受议处。需要说明的是，入学读书并非儒户的专利，其他人户的子弟亦可就学，区别是儒户子弟必须上学。在各级地方官学中，十五至三十岁学生须在学坐斋读书，三十至五十岁的中年儒生则每月交功课。在学生员由学校供给膳食，名儒耆旧月给钱粮。儒户种田的要纳地税，经商要纳商税，可以免当科差和杂泛差役[①]。但是，成宗大德五年（1301）起，儒户亦须应当杂泛差役。此后时免时当，至顺帝元统二年（1334），颁布圣旨："秀才儒户每，不拣什么差发，依着世祖皇帝体例里，休当者"[②]。最终恢复了儒户免役的规定[③]。至于和雇和买，原来可以免当，但元代中期起要和其余人户一体均当。

儒户总数有限，负担亦轻，从表面来看，其地位是比较优越的。但实际上，元朝官吏"轻视学舍，厌鄙儒生"；"凡遇科差，无所不至，以至礼义扫地而尽"[④]。儒户中少数进入仕途者地位特殊，大多数仍是受轻视的。

僧户。在"乙未括户"以后，蒙古国于丁酉年（1237）下令："汰三教，僧、道试经通者给牒受戒，许居寺观"[⑤]。但因海云等上层僧侣的活动，"虽考试亦无退落事"[⑥]。在此以后又有考试的规定，事实上均未认真实行。通行的办法是由"本寺住持、耆老人等保明申院（主管佛教的宣政院——引者），以凭给据披剃"[⑦]。元朝末年，还曾实行入钱买牒之法，"入钱五十贯，给度牒，方听出家"[⑧]。据至元二十八年（1291）统计，全国寺宇共42300余所，僧、尼共210000余人[⑨]。后来陆续又有增加。

据元代地方志记载，镇江路有僧户310，口2403（内有僧行2027，尼行

---

① 儒户免役是全户还是只限本人，是需要深入研究的问题，对此说法不一。元代杂泛差役差充时，均以户为单位，以丁产为准，儒户免役应是全户，如仅限于本人，就难以计算了。

② 《元统二年圣旨碑》，见《江宁金石记》。

③ 关于儒户，参见萧启庆：《元代的儒户：儒士地位演进史上的一章》，载《元代史新探》，台北，新文丰出版公司，1983年版。

④ 《嘉兴路儒人免役碑》，《两浙金石志》卷14。

⑤ 宋子贞：《中书令耶律公神道碑》，《国朝文类》卷57。

⑥ 《佛祖历代通载》卷21。

⑦ 《元典章》卷33，《礼部六・释教・披剃僧尼给据》。

⑧ 《元史》卷36，《顺帝纪一》。

⑨ 《元史》卷16，《世祖纪十三》。

316，俗人60）[1]。僧户应以寺、院、庵为单位，每一寺、院、庵即为一户。有些记载还有尼户之称。僧户中的口，即指剃度的僧人、尼姑，俗人应是长期在寺院中服役的火工、道人之类。上述方志中还记载僧户中“有妻”者共11户。元代僧人有妻室是常见的现象，僧户“有妻”应是指寺院中住持有妻室。

僧户“种田、作营运者，依例出纳地税、商税，其余杂泛科差并行免放”[2]。这是成吉思汗时期作出的规定。但实际上僧户种田不纳地税、做买卖不纳税的现象很普遍，元朝政府不得不屡次重申原有的规定。元成宗时，僧户的地税作了很大调整：“除亡宋时分旧有常住，并奉世祖皇帝圣旨做常住与来的地土外，其余归附之后诸人舍施或典买来的，一切影占的，依旧纳税粮者”[3]。这就是说，寺院原有土地和忽必烈赏赐的土地均可免税，只有新得的土地才要交地税。新得的土地，来自其他人户手中，都是要交地税的，转移到寺院户下，仍维持原状。这一规定，实际上是对僧户原有土地免税的认可。僧户原来可以免当杂泛差役，元成宗大德七年（1303）令诸色人户均当杂泛差役时，明确规定“僧人与民均当差役”[4]。后来又作了修正，寺院旧有（南方自南宋灭亡以前，北方和云南自成宗元贞元年以前）土地和皇帝赏赐的土地可以免役[5]。这和寺院地税的规定是一致的。关于和雇和买，僧户也经历了免当——与诸色人户均当——旧有土地及皇帝赐地免当的过程。

僧户的义务是烧香念佛“告天祝寿”，也就是祈祷佛祖保佑皇帝安康，而在赋役负担方面则可以得到种种照顾。在元代，僧户的地位远在其他各种户之上，是很特殊的。道、也里可温、答失蛮等宗教人户，其义务和待遇和僧户相近，但所得待遇不如僧户。

民户。除了各种专有名目的人户之外，登记在户籍上的人户都是民户。民户中有城市居民，也包括乡村居民。民户中有多种职业，但其主体则无疑是农

① 《至顺镇江志》卷3，《户口》。
② 《通制条格》卷29，《僧道·商税地税》。
③ 《通制条格》卷29，《僧道·商税地税》。
④ 《元史》卷21，《成宗纪四》。
⑤ 《元典章》卷3，《圣政二·均赋役》。

民。民户没有特殊的义务，也就是说，民户是封建赋役的主要承担者。其他各种户都有自己的独特的义务，因而在赋役方面可以得到这样或那样的优惠；民户没有独特的义务，因而必须承担全额的赋役，主要是科差（包银、丝料、俸钱）、税粮和杂泛差役、和雇和买。特别是杂泛差役与和雇和买，其他诸种人户常能减免，而民户却必须承担。

通过上面几种户的简单介绍，可以看出，元代各种户的待遇是很不一样的，有的户（民户、军户、站户）负担很重，有的户（儒户、僧户）负担很轻。但是，必须指出，任何一种户内部，都有贫、富之分，丁产的状况是参差不齐的。以军户为例，“富者至有田连阡陌，家资累巨万，丁对列什伍。贫者日求生活，有儲无甑石，田无置锥者”①。即使是负担很重的各种户中，富有者既可以利用某些优惠（如减免杂泛差役）为自己谋利益，又能用各种手段逃避应承担的义务。各种义务（役）的承担者主要是各种户中的贫困者。可以站户为例。元成宗时，四川“站官弄权，将富势之家马匹，作弊歇闲，其贫弱者连日差遣，以致死损马匹，消乏站户”②。把“诸色户计”看成阶级划分的标准，称之为“中间阶级”，或认为他们是农业劳动者和手工业劳动者，都是不妥当的，实际上是把户籍制度和阶级划分混淆了。

第三节　户 等 制

我国历代封建皇朝在登记户籍时，常将编户齐民按资产丁力的不同情况，划分为若干等级，作为征发赋役的依据。这就叫做户等制度。如唐代有九等户，宋代有五等户、十等户。元朝沿袭前代的制度，也实行户等制。

元代户等制的正式推行，始于世祖忽必烈中统五年（后改至元元年，1264）：

> 中统五年八月，钦奉圣旨条画内一款：诸应当差发，多系贫民，

① 胡祗遹：《军政》，《紫山大全集》卷22。

② 《元典章》卷36，《兵部三·给驿·起马置历挨次》。

其官豪富强，往往侥幸苟避。已前哈罕皇帝圣旨：“诸差发验民户贫富科取”。今仰中书省将人户验事产多寡，以三等九甲为差，品答高下，类攒鼠尾文簿。除军户人匠各另攒造，其余站户、医卜、打捕鹰房、种田、金银、铁冶、乐人等一切诸色户计，与民户一体推定，鼠尾类攒。将来科征差发，据站户马钱祗应，打捕鹰房合纳皮货鹰隼，金银铁冶合办本色，及诸色户所纳物货，并验定到鼠尾，合该钞数折算送纳。①

中统五年七月，与忽必烈争夺汗位的阿里不哥投降，忽必烈的地位得到了巩固。八月，“诏新立条格”，也就是颁布各项管理制度。“均赋役”即是其中之一②。而划分户等，“类攒鼠尾文簿”，则是“均赋役”的具体措施。根据这件文书，可知户等的划分是三等九甲，三等指上、中、下，九甲是每一等中又分上、中、下，即上上、上中、上下，中上、中中、中下，下上、下中、下下。因而习惯常称之为九等户或户分九等。户等划分的标准是“事产多寡”，亦即贫富的不同。忽必烈推行户等制并非偶然。前已说过，唐、宋均行户等制，金朝实行“推贫富，验土地、牛具、奴婢之数，分为上、中、下三等”③。蒙古国控制北方以后，“汉地”的世侯征军时，曾定民户为三等，以中户充军，“上、下户为民，著为定籍”④。显然就是沿袭金朝的制度。中统五年“新立条格”，基本上采用金朝的各项制度，户等制便是其中之一。应该指出的是，蒙古国时期在“汉地”的不少地区，户等制显然仍起作用，征兵便是一个具体例子。忽必烈在中统五年发布的“条格”，实际上是将部分地已存在的制度，加以厘正统一，并在“汉地”普遍推行而已。至元八年（1271），忽必烈建国号大元。至元十六年（1279），元灭南宋，统一全国。至元十九年（1282），中书省发布命令，重申中统五年圣旨条画中有关规定，“遍行诸路”，“合着差发通济验人户气力产业，品答高下，贫富均摊”。实际上就是在全国

---

① 《通制条格》卷17，《赋役·科差》。

② 《元史》卷5，《世祖纪二》。

③ 《金史》卷46，《食货志一·通检推排》。

④ 王恽：《忠武史公家传》，《秋涧先生大全集》卷48。

范围内推行户等制，编造鼠尾文簿。[①]

划分户等的标准，是“验事产多寡”。所谓“事产”，主要指土地。“州之役赋，视亩地之多寡，以为户籍之高下”[②]。所谓“户籍之高下”，指的就是户等的差别。各地的土地占有状况不同，划分户等的标准也不一样，但上户“田多”，下户“无地消乏”，则是可以肯定的。一般来说，上户应是大、中地主，特别富有的大地主，又有“出等上户”之称。[③] 下户应是贫苦农民。至于中户，则应是小地主或比较富裕的农民。城镇中亦划分户等，商人和手工业者大概是以房产、资金为准的，如平江（今江苏苏州）邓文贵，“家无田，入贸迁之利，郡县甲乙赀算，在中产最下”[④]。应即中下，九等户中的第六等。

元代的记载说：“至于分其等第，以备差科，则又有所谓鼠尾簿者焉”[⑤]。“第其高下而差徭之，谓之鼠尾簿”[⑥]。所谓“分其等第”，“第其高下”，指的就是划分户等。本章第一节说过，登记户口时由居民自行申报丁口、产业，有关部门据以编制户籍。鼠尾簿应是根据户籍按户等重行编制而成。在鼠尾簿编定后，原来的户籍便失去了作用。元代前期一位熟悉地方行政的官员胡祗遹在谈论“县政”时说：“置军民站匠诸色户计各乡保村庄丁口产业鼠尾簿一扇，各户留空纸一面于后，凡丁口死亡，或成丁，或产业孳畜增添消乏，社长随即报官，于各户下令掌簿吏人即便标注。凡遇差发、丝银、税粮、夫役、车牛、造作、起发当军，检点簿籍，照各家即今增损气力，分数科摊，不偏枯，不重并，使奸吏不能欺谩。至于土田、婚姻、驱良、头匹、债负，一切词讼，一一凭籍照勘。此籍如一县之大圆明镜，物来即应，妍丑莫逃。续有分房析居，复业还俗，于驱为良等户，亦依上标附。……此籍既定，别写一扇申州申府顿放，互相照勘”[⑦]。从这段话可以看出鼠尾簿的登载内容以及作用。在鼠尾簿

---

① 《元典章》卷25，《户部十一·差发·验贫富科赴库送纳》。
② 李祁：《脱因善政诗序》，《云阳集》卷2。
③ 《成宪纲要》，《永乐大典》卷15950。
④ 虞集：《平江路重建虹桥记》，《道园学古录》卷9。
⑤ 危素：《余姚州核田记》，《危太朴文集》卷2。
⑥ 贡师泰：《余姚州知州刘君墓志铭》，《玩斋集》卷10。
⑦ 胡祗遹：《县政要式》，《紫山大全集》卷23。

制定后，原来的户籍即失去作用。在各项文献中经常提到的只有鼠尾簿。可以说，鼠尾簿实际上成为户籍。事实上，在元代各种文献中，经常提到的在各种场合发挥作用的，都是按户等编制的鼠尾簿。元代正式户口登记只有四次，已见前述，因此常常导致丁口、资产情况的混乱。一些精明的官员，便重视鼠尾簿的修订，作为施政的依据。上引胡祇遹的话可以作为代表。又如，山东定陶县尹赵时勉，刚一至任，“即验民力为九等，悉著于籍，凡赋役调发，按籍而行”[①]。所谓“籍”，无疑就是按户等编排的鼠尾簿。

中统五年的圣旨条画说：“品答高下，类攒鼠尾文簿”。至元二十八年(1291)颁布的《至元新格》中规定：“诸差科夫役，先富强后贫弱，贫富等者，先多丁，后少丁。开具花户姓名，自上而下，置簿挨次”[②]。所置之“簿”便是鼠尾簿。胡祇遹主张：“置立簿集，鼠尾人民及工匠花名，遇有递送造作，轮次应当，周而复始”[③]。从以上记载，“鼠尾”应指编制簿籍时按户等高下分类而言，富强的上户在前，贫弱的下户在后，应役时便以前后序轮流应当。鼠尾簿并非元代首创，而是承袭前代而来。宋代有鼠尾簿，亦称五等丁产簿。金朝有地方官“差次物力，为鼠尾簿，按而用之”[④]。可知由来已久。以鼠尾命名，可能是以粗而细来比喻户等的由高而低。这和当时以鱼鳞来命名土地簿籍一样，可能原来都是吏员们的称呼，后为政府认可。

中统五年的圣旨条画中说军户、人匠“各另攒造”，但从上面所引胡祇遹的文字来看，军匠与民、站等仍是“一体推定”，共在一种簿籍上的。可以认为，出于摊派杂泛差役、和雇和买的需要（军、匠等户在多数情况下亦要承担），地方政府掌握登载管下全体居民的鼠尾簿，与此同时，管理军户的奥鲁亦有其专门的簿籍，其他户亦同。这也就是说，诸色户计均有户等之分。就在忽必烈发布推行户等制圣旨条画的同时，还发布圣旨，命各处设置弓手，“于本路不以是何投下当差户计，及军、站、人匠、打捕鹰房、斡脱、窑冶诸色人户计，每一百户内取中户一名充役，与免本户合着差发。其当差户推到合该差

---

① 苏天爵：《定陶县尹赵公墓碣铭》，《滋溪文稿》卷18。
② 《通制条格》卷17，《赋役·科差》。
③ 《民间疾苦状》，《紫山大全集》卷23。
④ 元好问：《吏部尚书张公神道碑》，《遗山先生文集》卷2。

发数目，却于九十九户内均摊”[①]。既有中户，必有上、下户，可知各种户都是分等的。北方民户中，因登记入籍情况不同而有元管、交参、协济之分，至元十八年（1281）关于推行户等制的命令中说：“据元管、交参、协济等户合着差发，通验人户气力产业，品答高下，贫富均摊，务要均平”[②]。可见不管哪一类，都分户等。

户等的划分，主要作为征发赋役的依据。无论是科差、税粮的征收、杂泛差役、和雇和买的摊派，都与户等有关。这在本书有关章节中将分别加以说明。赋役的减免，亦与户等有关。如元武宗至大二年（1309）十一月，“东平、济宁荐饥，免其民差税之半，下户悉免之”[③]。军、站等户的拣充，通常也以户等为据，选择中等或上等户。弓手的选充已见前述。有些地方选派津渡船只的梢工、水手，也“于各管中、下户内，照弓手例差设”[④]。元代盐课有“计口食盐”之法。山东沿海地区“每户月桩配三斤”，每年应为三十六斤；但“桩配”时按户等“毫厘品答”，所以“近上户计每年不下桩配三百斤”[⑤]。“近上户”疑指九等户中之上四（或五）等户而言。除了赋役之外，户等在社会生活其他方面亦起一定的作用，例如，缔结婚姻时，各等户用不同的聘礼，“上户金一两，银五两，采段六表里，杂用绢四十匹。中户金五钱，银四两，采段四表里，杂用绢三十匹。下户银三两，采段二表里，杂用绢十五匹”[⑥]。举行婚礼时，“饮膳上中户不过三味，下户不过二味”[⑦]。元朝政府推广种桑，规定：“上户地一十亩，中户五亩，下户二亩或一亩，皆筑垣墙围之”[⑧]。

元朝实行户等制，已如上述。但是，必须指出，有元一代户等制的推行弊端极多，以致往往流于形式。从蒙古国到元朝，正式登记户口只有四次。“夫

① 《元典章》卷24，《户部十·军兵税·弓手户免差税》。
② 《元典章》卷25，《户部十一·差发·验贫富科赴库送纳》。
③ 《元史》卷23，《武宗纪二》。
④ 《至顺镇江志》卷2，《津渡二·丹徒县·西津渡》。
⑤ 魏初：《奏议》，《青崖集》卷4。
⑥ 《通制条格》卷3，《户令·婚姻礼制》。
⑦ 《通制条格》卷27，《杂令·私宴》。
⑧ 《元史》卷93，《食货志一·农桑》。

民力不齐，大者三十年，小者十年，强弱异矣”[1]。虽然胡祗遹提出要对鼠尾簿随时补充修改，但认真办理的极少。“年深岁久不通推，贫富高低几变移”，对于这样的情况，“官吏坐观恬不问”，户等的划分与实际出入越来越大。[2] 而且，地方政府的官吏，往往利用职权，上下其手，“这老子是下户我添做中户，是中户我添做上户的差徭”[3]。而那些富裕的上户，“私田跨县邑，赀无算。……析其户役为数十，其等在最下，赋役常不及己，而中、下户反代之供输，莫敢何问”[4]。“田多之家，多有诡名分作数家名姓纳税，以避差役，因而靠损贫难下户”[5]。户等的不实，导致赋役征收摊派的混乱，加剧了社会的矛盾。

① 吴海：《美监郡编役序》，《闻过斋集》卷1。

② 胡祗遹：《巡按即事口号》，《紫山大全集》卷7。“通推”即“通检推排”，金代登记物力之制。

③ 《吕洞宾度铁拐李岳》，《元曲选》上册。

④ 虞集：《户部尚书马公神道碑》，《道园学古录》卷15。

⑤ 《元典章》卷19，《户部五·民田·田多诡名避差》。

第十四章　税粮制度

税粮是元代赋税的主要项目之一。在古代中国，农业是主要的生产部门，粮食则是封建国家向农民征收的主要物资。元代的税粮，就是以征收粮食为主的一种赋税，其项目名称南、北不同，北方是丁税和地税，南方则是夏、秋二税。

第一节　北方的税粮：丁、地税

《元史》卷93,《食货志一·税粮》是记载元代税粮制度比较详尽和全面的文献。其中记述北方的税粮制度说：

元之取民，大率以唐为法。其取于内郡者，曰丁税，曰地税，此唐之租庸调也。……丁税、地税之法，自太宗始行之。初，太宗每户科粟二石，后又以兵食不足，增为四石。至丙申年，乃定科征之法，令诸路验民户成丁之数，每丁岁科粟一石，驱丁五升；新户丁、驱各半之，老、幼不与。其间有耕种者，或验其牛具之数，或验其土地之等征焉。丁税少而地税多者纳地税，地税少而丁税多者纳丁税。工匠僧道验地，官吏商贾验丁。虚配不实者杖七十，徒二年。仍命岁书其数于册，由课税所申省以闻，违者各杖一百。……

[中统] 五年，诏僧、道、也里可温、答失蛮、儒人凡种田者，白地每亩输税三升，水地每亩五升。军、站户除地四顷免税，余悉征之。至元三年，诏窎户种田他所者，其丁税于附籍之郡验丁而科，地

税于种田之所验地而取。漫散之户逃于河南等路者，依见居民户纳税。……

十七年，遂命户部大定诸例：全科户丁税每丁粟三石，驱丁粟一石，地税每亩粟三升。减半科户，丁税每丁粟一石。新收交参户，第一年五斗，第三年一石二斗五升，第四年一石五斗，第五年一石七斗五升，第六年入丁税。协济户，丁税每丁粟一石，地税每亩粟三升。

从以上记载，可知北方税粮制度有一个变化的过程。

窝阔台汗即位（己丑年，1229），到丙申年（1236）可以说是税粮制的初创时期。窝阔台汗在己丑年八月即位，“命河北汉民以户计，出赋调，耶律楚材主之”[①]。窝阔台汗即位之初，蒙古统治集团中曾发生一场激烈的争论：“自太祖西征之后，仓廪府库无斗粟尺帛，而中使别迭等佥言：‘虽得汉人，亦无所用，不若尽去之，使草木畅茂，以为牧地’。公（耶律楚材——引者）即前曰：‘夫以天下之广，四海之富，何求而不得，但不为耳，何名无用哉！‘因奏地税、商税、酒、醋、盐、铁、山泽之利，周岁可得银五十万两，绢八万匹，粟四十万石。上曰：‘诚如卿言，则国用有余矣。卿试为之！’乃奏十路课税所，设使、副二员，皆以儒者为之”[②]。耶律楚材说周岁可得粟四十万石，就要通过征收税粮来获得。根据上引《元史·食货志》的记载，这一阶段的税粮，开始时每户粟两石，后来增加为每户粟四石。壬辰年（1232）、癸巳年（1233）南宋彭大雅随邹伸之出使蒙古国，回来记述见闻，其中说：“乡农身丝百两，米则不以耕稼广狭，岁户四石”[③]。可见到此时已改为四石。窝阔台汗五年（1233）下令，沿河置立河仓，“差官收纳每岁税石”。“其立仓处，差去人取。辛卯（三年，1231）、壬辰年元科州府每岁一石添带一石，并附余者拨燕京”[④]。“每岁一石添带一石”即是加倍征收之意。

金朝统治时，“官地输租，私田输税。租之制不传。大率分田之等为九而

---

① 《元史》卷2，《太宗纪》。

② 宋子贞：《中书令耶律公神道碑》，《国朝文类》卷57。

③ 彭大雅、徐霆：《黑鞑事略》。

④ 《大元仓库记》。

差次之，夏税亩取三合，秋税亩取三升，又纳秸束，束十有五斤”[①]。可知金代是按亩收税的。蒙古国不管耕地多少，改为按户定额征粮，这是一个重大的变化。蒙古对金作战过程中，北方农业区遭到很大破坏，人口稀少，土地荒芜，耕作粗放。在这种情况下，土地按亩分等征税已无意义，所以才会改为按户定额征收。但这是指以农民为主体的一般民户而言的。与此同时，也存在按地亩征税之法。在己丑年（1299）十一月颁布的“圣旨条画”中规定：“其僧、道种田作营运者，依例出纳地税、商税，其余杂泛科差并行免放”[②]。可知僧、道有田地的，都要交纳地税。后来忽必烈中统五年（1264）正月的诏书中说：“照依成吉思皇帝、哈罕皇帝圣旨体例，僧、道、也里可温、达失蛮、儒人种田者，依例出纳地税（白田每亩三升，水田每亩五升）”[③]。可以认为，己丑年僧、道所纳地税，就是按照这一标准。

总之，己丑年规定的税粮，有户税、地税之分。户税先为二石，后为四石，主要由民户承担。地税则旱地每亩三升，水田五升。当时战争仍在进行，各种制度都在草创时期，税粮制亦不例外，比较简单。据上引中统五年诏书，则己丑年以前成吉思汗时期，可能有地税科征之法，这尚有待进一步研究。

自丙申年（窝阔台汗八年，1236）始，税粮制进入定型时期，窝阔台汗六年（甲午，1234），蒙古灭金，北方形势逐渐稳定下来。七年（乙未，1235），开始括户。八年（丙申），括户完成，分封诸王、贵戚、功臣，与此同时，定天下赋税，将草创时期制定的各种制度加以完善和改进。税粮制即其中之一，改动很大。总的来说，这次改动主要是户税改成丁税，税粮制包括丁税、地税两种项目，有的户纳丁税，有的户纳地税。

丙申年窝阔台汗曾就税粮制度发布诏书，其中说：“依仿唐租庸调之法，其地税量土地之宜。大朝开创之始，务从宽大”[④]。窝阔台汗肯定不识租庸调为何物，诏书文字应出自耶律楚材的手笔。众所周知，唐代的租庸调是一种赋税制度，按丁征收，每丁纳租粟二石；调则随乡土所产，纳绫（或绢、丝）、

---

① 《金史》卷47，《食货志·田赋》。
② 《通制条格》卷29，《僧道·商税地税》。
③ 《通制条格》卷29，《僧道·商税地税》。
④ 《经世大典序录·赋典·赋税（税粮）》，《国朝文类》卷40。

绵或布、麻；丁役二十日；若不役则收其庸，每日折绢三尺。租庸调是以人丁为本的赋税制度，不论土地、资产多少，都要交纳同等数量的实物（粟、绢等）。上引《元史·食货志》说，丙申科征之法，“令诸路验民户成丁之数，每丁岁科粟一石，驱丁五升；新户丁、驱各半之，老幼不与”。确与租庸调之法相同，也就是以丁计税，不论土地、资产多少。

但是，《元史·食货志》的这段记载，有值得研讨的地方。原来每户粟四石，现在改成每丁粟一石，未免令人怀疑，如果每户四丁，那么丙申年的税额和原来相当。但是每户平均四丁的现象，在古代中国是罕见的。根据乙未括户的统计，每户平均五口强（见本书第二章第一节），除去老幼和妇女，决不可能每户四丁，只能有两丁左右。若每丁粟一石，则每户粟二石，比原来的税额要减少一半，这是难以想象的。估计“一石”应是“二石”之误，这样既和丙申以前的规定相当，也和以后（见下）的一些具体规定吻合。“驱丁五升”亦疑太低，或系五斗之误，有待进一步研究。

根据《元史·食货志》的记载，至元十七年（1280）户部大定诸例，就民户的丁税作出了具体的规定。民户中根据不同情况，而有全科户、减半科户、新收交参户、协济户等区别。《元史·食货志》说这一年“全科户丁税粟三石”。这里的“三石”应是“二石”之误。(1) 同文中说：“减半科户每丁粟一石”。既云“减半科户”，则其丁税自应为全科户之半。由“减半科户”的税额一石可以推知全科户丁税应为二石。(2) 同文中列举新收交参户每年递增丁税数，除第二年脱漏（应作一石），自第三年至第五年，每年递增二斗五升。据此数推算，则第六年“入丁税”时，应为二石。(3) 同文中云：“协济户丁税每丁粟一石”。而据《元史》卷205，《桑哥传》，“协济户十八万，自入籍至今十三年，止输半赋”。协济户“半赋”为一石，则全赋为二石无疑。(4) 延祐七年（1320）的中书省咨文中说：“腹里汉儿百姓无田地的每一丁纳两石粮，更纳包银、丝绵有”①。明确讲丁粮是两石。这就是说，从窝阔台汗丙申定制起，蒙古国和元朝在北方征收的丁税，一直是每丁两石。当然，这是指全科户而言的。民户中的减半科户、交参户、协济户则减收。

---

① 《元典章》卷21，《户部七·钱粮·科征包银》。

泰定元年（1324），张珪等人疏说："世祖时，淮北内地，惟输丁税。铁木迭儿为相，专务聚敛，遣使括勘两淮、河南田土，重并科粮。又以两淮、荆襄沙碛作熟收征，徼名兴利，农民流徙。臣等议：宜如旧制，止征丁税，其括勘重并之粮，及沙碛不可田亩之税，悉除之。"① 元朝末年，危素说："大抵江、淮之北，赋役求诸户口，其田（南）则取诸土田"。又说："国朝既定中原，制赋役之法，不取诸土田而取诸户口，故富者愈富，贫者愈贫"②。张珪等明确讲北方只输丁税，当然是指占户口大多数的民户而言的。铁木迭儿括勘两淮、河南田土，征收地税，故称之为"重并科粮"。这是不合制度的，所以要求取消。危素讲北方赋役求诸户口，与南方"取诸土田"对比，也正是以人丁为本之意。

丙申年科征之法中所谓"新户"，系指蒙古灭金后由河南迁到河北各地的民户而言。他们颠沛流离，大都生活困苦，因此蒙古国在赋役方面对他们较为放宽。窝阔台汗十年（1238）关于站赤的圣旨中，便提到"新户"、"旧户"的差别："验天下户数，通行科定，协济三路（燕京、宣德、西京——引者）。通该旧户二百一十七户四分着马一足，新户四百三十四户八分着马一足；旧户一百六十九户二分着牛一头，新户三百三十八户四分着牛一头"③。新户的负担为旧户的一半。由承担站赤牛、马的情况，可以推知，丁税"新户丁、驱半之"的记载是正确的。但新户、旧户的区别很快就消失了。

以上说的是民户承担丁税的情况。《元史·食货志》中说："工匠、僧、道验地，官吏、商贾验丁"。官吏、商贾并不是专门独立的户种，都在广义的民户之中。僧、道交纳地税，在草创时期已有规定。工匠纳地税，以前未见记载，应是丙申以后的制度。《元史·食货志》中又说："丁税少而地税多者纳地税，地税少而丁税多者纳丁税"。这段话令人难以理解。"少"和"多"的标准是什么？如果"丁"、"地"二者都"多"或都"少"该怎么办？任何赋税制度都要求明确，才好执行，像这样含糊的规定，事实上是无法行通的。实

---

① 《元史》卷175，《张珪传》。

② 危素：《休宁县尹唐君核田记》，《危太朴文集》卷2；危素：《书张承基传后》，《危太朴文集》卷9。

③ 《大元马政记》。

际上，前面的简单叙述已可看出，有的户承担丁税，有的户承担地税，并不存在以多少进行选择为何种税户的问题。忽必烈统治时期，长期担任地方官的胡祗遹曾就丁、地税粮问题发表意见，他说：

近为民户张忠买到军户王赟地二顷五十亩，又令张忠重纳地税事。……地一也，而曰军地、民地；税粮一也，而曰丁粮、地粮；是盖因人以立名，因名以责实，因人以推取，义例甚明。当丁税者不纳地税，当地税者不纳丁税。自立此格例以来，未有并当重当者也。

近年以来，破坏格例，既纳丁粮因买得地税之地，而并当地税。或地税之家，买得丁粮之地，而并纳丁粮。如此重并，府、司屡申，终不开除，反致取招问罪。不惟案牍繁乱，名实混淆，军民重并，使国家号令不一，前后失信。……所以名曰丁粮、地粮者，地随人变，非人随地变也。今曰随地推收，先自失言，合曰丁粮、地粮随人推收，则不待解说而事自明白，政自归一。民卖与军地，除四顷之外纳地税；军卖与民地，不问多寡止纳丁粮，岂不简易正大，不费辞说。①

这是一篇重要的文献。它说明了各种户承当的税粮不同，当丁税者不纳地税，当地税者不纳丁税，“自立此格例以来，未有并当重当者也”。也就是说，从丙申年立科征之法始，就是如此。按照“格例”的规定，不存在某一种户同时承担丁税、地税的问题，当然也不可能实行“丁税少而地税多者纳地税，地税少而丁税多者纳丁税”。但在实施过程中，由于土地买卖造成了混乱，纳丁税户买得纳地税户的地，有关部门就要他在交纳丁税之外，又交地税，反之亦然。这不是“格例”的混乱，而是实施过程中的弊端，所以胡祗遹要求申明“地粮随人推收”的原则。胡祗遹的这篇文字写作较晚，但其所述原则是一贯的。

丙申年以后，诸色户计制度逐渐形成。除了上述民户、匠户、僧、道之外，比较重要的有军户、站户、儒户等。他们承担税粮的办法各不相同。先说

---

① 胡祗遹：《丁粮地粮详文》，《紫山大全集》卷23。

军户。“其土田则初视民输半租，既而蠲四顷曰赡军地，余田赋如常法”[①]。民户丁税两石，则军户应为一石。后来改制，可免除四顷地的地税，这四顷地的地税就作为出征军人装备之用，四顷以外的土地则要纳地税。站户原制不详，中统五年（1264）八月，“中书丞相线真等奏：站户贫富不等，每户可限四顷，除免税石以供铺马祗应用度，已上地亩，令全纳地税”[②]。和军户完全相同。儒户是在丁酉年（1237）开始考选的，“其中选儒士，若有种田者，输纳地税”[③]。以后一直沿袭这一规定。

上引《元史·食货志》说，“至元三年，诏窎户种田他所者，其丁税于附籍之郡验丁而科，地税于种田之所验地而取”。“窎户”是什么？为什么既有地税，又有丁税，岂不跟上面所说矛盾？从有关记载推断，窎户亦称窎居人户，指离家到他处生活的人户。山东益都元代《驼山重建昊天宫碑》的碑阴，有“管宁海州窎户崔千户”一名[④]，这个崔千户管辖的应是本贯宁海、现寓居益都的人户。上引“附籍之郡”，指窎户的本贯，即户籍所在地；“种田之所”，即现在生活劳动的地方，在当时也称为侨寓、客户等。后来，武宗至大三年（1301）的一件赈济灾民文书中说：“亦有窎居人户正名下曾申告灾伤赈济，其各管头目人等，代替申报，各州县并不照勘取问，便行移文元籍官司倚除”。元朝政府认为这样不妥，决定，“今后窎居者亦依上例，令各户亲赴见住地面官司陈告，体覆保勘是实，各用勘合关牒，行移原籍官司，以凭查勘移除”[⑤]。将这件文书和《元史·食货志》有关窎户的记载相比较，可知文书中的“见住地面”即后者的“种田之所”，而文书中的“原籍官司”，即后者的“附籍之郡”。文书中的“各管头目人等”就是《驼山重建昊天宫碑》中的崔千户一类人物。这件文书说明，一直到元代中期，仍有窎户（居人户）之称而且仍然设官管理。

窎户并非诸色户计中的一种。作为迁居他乡人户的专称，窎户中包括各种

---

① 《纪世大典序录·政典·军制》，《国朝文类》卷41。

② 《经世大典·站赤》，《永乐大典》卷19416。

③ 《庙学典礼》卷1，《选试儒人免差》。

④ 《益都金石志》卷4。

⑤ 《元典章》卷17，《户部三·籍册·灾伤缺食供写元籍户名》。

户计，既有应交纳丁税的民户，也有应纳地税的军、站等户。对于上引《元史·食货志》的有关记载，合理的解释应是：窎户中应纳丁税的民户，因为户籍在本贯，所以丁税仍在本贯交纳，这就是“丁税于附籍之郡验丁而科”；窎户中应承担地税的各种人户，所种土地在见住地面，所以地税要“于种田之所验地而取”。上举赈济灾民的文书规定，窎户受灾，由见住地面官府行移原籍官府倚除，这是因为窎户一般都是纳丁税的民户，要在原籍交纳税粮。对于有关窎户的规定，只有弄清楚不同户分别承担丁税、地税，才能得到合理的解释。

上面说过，己丑年的地税，应是白田每亩三升，水田每亩五升。丙申定制，“上田每亩税三升半，中田三升，下田二升，水田五升”[①]。中统五年(1264年)，又恢复了白地每亩三升、水田每亩五升之制。至元十七年，“大定诸例”时，重申“地税每亩粟三升”。应亦是指白地而言。可以说，这是有元一代北方地税通行的标准。北方在长期战乱以后，地广人稀，普遍通行广种薄收之法，划分土地等级意义不大，不如采用平均数，较为简单易行。北方农田百亩所出，“好收则七、八十石，薄收则不及其半”[②]，如以平均计，则每亩所出为五六斗左右，税粮数约为亩产量的二十分之一。

以上所说是元代北方的正额税粮，实际上百姓的负担并不止此，他们交纳税粮时政府规定：“每石带纳鼠耗三升，分例四升”[③]。则每石须加纳七升。据曾长期任地方官的胡祇遹说“鼠耗、分例之外，计石二、三可纳一石谷”，而且都要“精细干圆”。而到仓库纳粮时，“人功车牛，往返月余，所费不浅”。不仅如此，许多仓库“并无廒房”，于是又“复借之于民，石得八斗，……秋成征还，加倍不能偿。是国家常税本该一石，新旧并征，计以加耗，而并纳三石矣!”[④] 忽必烈的亲信谋士刘秉忠也曾提出“仓库加耗甚重”，要求统一度量衡，以免上下其手[⑤]。可见正额税粮之外的附加名目是很重的，甚至可能超过正额。

---

① 宋子贞：《中书令耶律公神道碑》，《国朝文类》卷57。
② 胡祇遹：《匹夫岁费》，《紫山大全集》卷23。
③ 《元史》卷93，《食货志一·税粮》。
④ 胡祇遹：《论仓粮》，《紫山大全集》卷23。
⑤ 《元史》卷157，《刘秉忠传》。

第二节　南方的税粮：夏、秋两税

元代南方的税粮，与北方大不相同："取于江南者，曰秋税，曰夏税，此仿唐之两税也。"① 北方的税粮分为丁税和地税，南方的税粮，则专指土地税而言，是按亩征收的。这实际上是沿袭南宋的办法。

南方的税粮，有秋粮、夏税之分。"初，世祖平宋时，除江东、浙西，其余独征秋税而已"②。秋税的税额，在《元史·食货志》《经世大典序录·赋税》中都没有记载。元代一件官方文书中说，江南"田地有高低，纳粮底则例有三、二十等，不均匀一般。"③ 也就是说，每亩田地所纳的税粮，并没有统一的标准，和北方不同。从现存的一些地方税粮的记载来看，这个说法是符合实际的。例如，婺州兰溪（今浙江兰溪），"州凡十乡，南乡之田亩税二升有奇，北乡倍之"④。常熟（今江苏常熟），田土"悉以上、中、下三等八则起科"⑤。上虞（今浙江上虞）西北五乡部分都民田分等交纳秋粮的情况有如下表⑥：

	一　等	二　等	三　等	四　等
永丰乡	6升8合4勺	6升1合5勺	5升4合7勺	4升7合9勺
上虞乡	6升5合	5升8合5勺	5升2合2勺	4升5合5勺
宁远乡	6升8合1勺	6升1合3勺	5升7合1勺	4升7合7勺
新兴乡	6升9合	6升1合9勺		4升8合I勺
教义乡	6升2合7勺	5升6合5勺	5升3勺	4升3合9勺

① 《元史》卷93，《食货志一·税粮》。

② 《元史》卷93，《食货志一·税粮》。

③ 《元典章》卷24《户部十·租税·科添二分税粮》。

④ 胡翰：《吴季可墓志铭》，《胡仲子文集》卷9。

⑤ 《嘉靖常熟州志》卷2，《乡都志》。

⑥ 陈恬：《上虞县五乡水利本末·征粮等则》。这是至元年间的征粮等则。同书还载有至正年间的征粮等则，亦分等，但以都为单位。元代地方行政，县以下为乡、都。又，税粮额"勺"以下有"抄"、"撮"，现略去不计。

从上表可以知道，上虞西北五乡的田地，都分四等征收，高低相差甚大，高的每亩将近7升，低的则不到5升。综合以上几个例子，可以认为，元代继承南宋的制度，在江南普遍实行分等征收秋税的办法，也就是按土地肥瘠的不同，分成几个等级。而各个地区的等级划分和等级的数额，又不相同。前引文献中所说“三、二十等”，只是说明各地情况千差万别，并不是说真正存在三、二十个等级。据记载，上虞县可耕地约33万亩，西北五乡占三分之一，但所纳税粮却占全部税粮的大多数。也就是说，因为种种原因，西北五乡每亩征收的税粮额是比较高的，其余“诸乡每亩止科二升、三升”，而西北五乡“每亩起科六升、五升”①。

上虞县属绍兴路。与绍兴路毗邻的是庆元路（路治今浙江宁波）。元代后期共有民田19675顷强，交纳秋粮米70173石强。按此折算，每顷纳米3.5石强，每亩应纳3升5合强。但庆元路各州县情况很不相同，见下表②：

州县名	民田数	秋粮数	亩平均秋粮数
鄞　县	6139顷95亩	25335石4斗	4.1升
奉化州	3204顷47亩	10187石5斗	3.18升
昌国州	1382顷78亩	2696石5斗	1.95升
慈溪县	4258顷5亩	15809石9斗	3.7升
定海县	3410顷4亩	13587石5斗	3.98升
象山县	1271顷59亩	2556石5斗	2.1升

综合绍兴路上虞县和庆元路的记载，可以知道，每亩的税粮数额是相差悬殊的，从二三升（有些甚至低于2升）至六七升不等，其平均数应是每亩三四升左右。南方其他地区，估计相差不会太大。前面说过，北方税粮划一，每亩3升，单从南方民田的秋粮来说，实际是南、北相差不大的。但是南方民田还要负担夏税，这样差别就大了。关于夏税，将在后面论述。

延祐七年（1320）四月，元朝政府决定，“除福建、两广外，其余两浙、江东、江西、湖南、湖北、两淮、荆湖这几处，验着纳粮民田见科粮数，一斗

① 《上虞县五乡水利本末·承荫田粮》。

② 《至正四明续志》卷6，《赋役》。亩、斗以下不计。

上添答二升”[①]。按照这一决定，元代中期以后，江南民田税粮应增加百分之二十。这一决定被有些论著视为元朝政府加重剥削的一个重要举措。但是，庆元路在仁宗皇庆年间共有民田 18469 顷强，共征秋粮 82473 石强；而到顺帝至正年间（1341 年以后）全路民田 19729 顷强，民田税粮为 70182 石强，比起仁宗时反而减少[②]。上虞县西北五乡的民田，至元年间的税粮法则已见前述，至正十九年（1359）核田以后，重定税则，将以乡为单位改为以都或保为单位，四等改为三等。每亩纳粮最低为 4 升，最高为 7 升[③]。这和至元税则实际是没有多大区别的。根据以上两个例子，元代中期增加两分税粮的决定是否真正实行，是值得怀疑的。

元朝在江南征收秋粮，实际上主要是以南宋原有田赋为基础的。元平江南过程中，注意收检“户口版籍”。至元十三年（1276）十二月，诏谕新附军民，“其田租……从实办之”[④]。所谓“从实”，就是按照南宋原有的田亩赋税籍册征收。上虞县西北五乡是比较有代表性的例子，见下表[⑤]：

等　级	永丰乡	上虞乡	宁远乡	新兴乡	教义乡
咸淳一等	1斗4升2合7勺	1斗3升5合7勺	1斗4升2合2勺	1斗4升4合	1斗3升9勺
至元一等	6升8合4勺	6升5合	6升8合1勺	6升9合	6升2合7勺
咸淳二等	1斗2升8合4勺	1斗2升2合1勺	1斗2升7合9勺	1斗2升9合3勺	1斗1升7合9勺
至元二等	6升1合5勺	5升8合5勺	6升1合3勺	6升1合9勺	5升6合5勺
咸淳三等	1斗1升4合2勺	1斗9合	1斗1升3合		1斗4合9勺
至元三等	5升4合7勺	5升2合2勺	5升7合1勺		5升3勺
咸淳四等	1斗	9升5合	9升9合5勺	1斗5勺	9升1合7勺
至元四等	4升7合9勺	4升5合5勺	4升7合7勺	4升8合1勺	4升3合9勺

“咸淳”是南宋末期的年号（1265 ~ 1274）。上虞西北五乡咸淳年间田亩税分四个等级征收，元朝至元年间亦分四个等级。至元年间的征税等则实际上是以咸淳等则为准的。那么，为什么至元时的税额大大低于咸淳呢？原因有二。一是文思院斛与省斛的关系。南宋时行文思院斛，元代行省斛，前者是文

① 《元典章》卷 24，《户部十 · 租税 · 科添二分税粮》。

② 《延祐四明志》卷 12，《赋役考》；《至正四明续志》卷 6，《赋役》。

③ 《上虞县五乡水利本末 · 征粮等则》。“勺”以下不计。

④ 《元史》卷 9，《世祖纪六》。

⑤ 《上虞县五乡水利本末 · 征粮等则》。“勺”以下不计。

思院（宋代负责制作度量衡的机构）制造的量器，后者是元朝中书省颁发的量器。省斛的容量大于文思院斛，“假如文思院斛米一斗，展（?）省斛米六升八合五勺”[①]。元代税粮用省斛征收，因此数量上就打了个折扣。这是一。其次，“世祖皇帝悯念越民旧赋之重，岁纳秋粮，以十分为率，永蠲三分，德之至渥，万民感赖”[②]。也就是说，当地的田税，入元以后，减免十分之三。这样，南宋时田赋一斗（文思院斛），到了至元年间，就折合成6升8合5勺(省斛)，再减免十分之三，就变成4升7合9勺5抄。[③] 以永丰乡民田一等为例，南宋末每亩田税为1斗4升2合7勺，到至元年间折合省斛便成为9升7合7勺4抄9撮，再减免三分，就成为6升8合4勺2抄5撮了。其他各乡各等均可依此类推。因此，上虞西北五乡的记载，清楚地说明了至元税粮与南宋田赋之间的继承关系。

这里有必要说明一下减免三分的问题。从现有文献记载来看，至元二十年(1283）曾下令江淮百姓减免租税三分[④]，但仅限于当年[⑤]。上引记载说“永蠲三分”，无疑是长期起作用的。而“悯念越民田赋之重”，显然限于绍兴路地区，对于江南其他地区是不适用的。为什么元朝政府对“越民”特别优待?有待进一步研究。

还须说明省斛与文思院斛关系问题。省斛通行全国，文思院斛南宋时通行于江南，元朝统一后一度仍然使用。[⑥] 从现有记载来看，江南各地省斛与文思院斛存在三种比例。一种是文思院斛一石折省斛七斗，亦即十与七之比[⑦]；一种是文思院斛一斗五升折合省斛一斗，亦即十五与十之比，一石折合六斗六升六合[⑧]；另一种就是上述一斗折合六升八合五勺。省斛与文思院斛的折合，主要见于元代前期，中期以后，文思院斛便退出历史舞台了。

---

① 《上虞县五乡水利本末·征粮等则》。

② 《上虞县五乡水利本末·元佃湖田》。

③ 《上虞县五乡水利本末·征粮等则》。

④ 《至顺镇江志》卷6,《赋税·宽赋》。

⑤ 《至顺镇江志》卷6,《赋税·宽赋》。

⑥ 至元二十年（1283）五月，“颁行宋文思院小口斛”,（《元史》卷12,《世祖纪九》)。

⑦ 《元史》卷93,《食货志一·税粮》。

⑧ 《至顺镇江志》卷6,《赋税》。

上虞县五乡以南宋籍册为据征收税粮，在当时南方是有普遍性的。但也有一些地方，在战火中各种籍册遭到破坏，从而造成税粮征收的混乱。徽州路（路治今安徽歙县）就是一个例子。元灭南宋，当地“版籍散亡”，以致“科拨税粮，无所根据”。于是路总管府便“呼旧吏”根据残存的一些赋税资料，“照依各县时估不等，纽折税粮数目，申奉省降科则，遂为定制”。“乡胥人等科粮之际，乘间徇私，窜易飞走，颇为民害”[①]。又如松江，“归附之后，亡宋科征文册损失殆尽。至元二十四年催纳税粮，止凭乡司草册数目”[②]。像这样一些地方，元代交纳的税粮，和南宋是有所不同的。总之，江南各地交纳税粮中的秋粮部分，情况不尽相同，有的（应是多数）沿袭南宋原有的数额，在此基础上有所调整；有的则是元朝统一后由地方官吏确定的。

秋粮一般纳米，有粳米、籼米、糯米之别。据记载，至元十九年（1282）“二月，又用耿左丞言，令输米三之一，余并入钞以折焉。以七百万锭为率，岁得羡钞十四万锭”[③]。耿左丞即耿仁，权臣阿合马的亲信。此建议在二月提出，同年三月阿合马被杀，忽必烈追究阿合马罪行，九月杀耿仁。因此，这一建议是否付诸实施，是个问题。据《元史》记载，成宗元贞元年（1295）七月，“诏江南地税输钞”[④]。但具体内容不详。成宗元贞二年（1296）七月初二日的一件圣旨中说：“江浙、湖广、江西三省所辖的百姓每合纳的粮，验着军人每的合请的口粮，更别项支持的，斟酌交纳，除外交百姓纳轻赍钞者”[⑤]。这件圣旨是说除了军人口粮和其他必须纳粮食外，江浙、湖广、江西三省应纳税粮的余下部分，都折合成钞交纳。但是这件圣旨在《元史》本纪中却不见记载，很可能与上述元贞元年七月“诏”是一回事，《元史》误以二年为元年。到了大德二年（1298）二月，中书省上奏说：“腹里百姓每几处缺食，更蝗虫生发，百姓饥荒，商量预备粮来。如今休教纳钱，税粮余教纳米来者，行

---

① 《弘治徽州府志》卷3，《食货志二・财赋》。

② 余卓：《松江府助役田粮记》，《正德松江府志》卷6。

③ 《元史》卷93，《食货志一・税粮》。

④ 《元史》卷18，《成宗纪一》。

⑤ 《元典章》卷24，《户部十・纳税・官租秋粮折收轻赍》。

了文书也”[①]。从这时起，恢复了全部收粮的办法，不再折钞。田赋由实物折成货币，必然促进商品流通，这是一件大事，具有重要意义，但是实行的时间不长，没有产生很大的影响。

上面讲的是秋税。关于夏税，《元史·食货志·税粮》说：“初，世祖平宋时，除江东、浙西，其余独征秋税而已。……成宗元贞二年，始定征江南夏税之制”。《元史》卷19，《成宗纪二》记：“[元贞二年，九月，甲戌]，征浙东、福建、湖广夏税”。有关元贞二年科征夏税决定的具体内容如下：

元贞二年九月十八日，奏过事内一件节该：江南百姓每的差税，亡宋时秋、夏税两遍纳有。夏税木绵、布、绢、丝、绵等各处城子里出产的物，折做差发斟酌教送纳有来，秋税止纳粮。如今江浙省所管江东、浙西这两处城子里，依着亡宋例纳有，除那的外，别个城子里依例纳秋税，不曾纳夏税。江南的多一半城子里百姓每比亡宋时分纳的如今纳秋税重有，谓如今收粮的斛比亡宋文思院收粮的斛抵一个半大有，若再科夏税呵，莫不百姓根底重复么。两广这几年被草贼作耗，百姓失散了有，那百姓每根底要呵不宜也者。浙东、福建、湖广百姓每夏税，依亡宋体例交纳呵，怎生？奏呵。

奉圣旨：“那般者”。钦此。都省咨请委官追寻亡宋旧有科征夏税板籍志书一切文凭，除文思院斛抵数准纳省斛及已科夏税外，但有未科去处，自元贞三年为始，照依旧例，比数定夺科征，务要均平。仍将本省合科夏税去处各各则例，同已、未科征备细数目遍行造册开咨。[②]

这是一件关于元代江南夏税的重要文献。由此可知，元朝平江南后一段时间内，只有江东、浙西依着南宋体例征夏税，其余地方不纳夏税。元代的江东包括宁国路、徽州路、饶州路、集庆路、太平路、池州路、信州路、广德路及铅山州，浙西包括杭州路、湖州路、嘉兴路、平江路、常州路、镇江路、建德路及松江府，为当时江浙省的北半部，约当今江苏南部、浙江北部、安徽南部

---

① 《元典章》卷21，《户部七·仓库·余粮许粜接济》。
② 《元典章》卷24，《户部十·租税·起征夏税》。

和江西东部。除江东、浙西以外，江浙行省的南部、江西行省、湖广行省都不征夏税。为什么这些地区不征夏税？主要是征税时文思院斛和省斛的折合问题。

前面说过，省斛和文思院斛的折合，从现有记载来看，有三种比例，即10:7、10:6.85、10:6.66。元贞二年的文书中说："江南的多一半城子里"所纳秋税要比南宋时重，因为收粮用的斛比文思院斛"一个半大有"。这是指10:6.66的比例。斛数不变，而所用的斛变了（由文思院斛变为省斛），这样一来，差不多增加了百分之五十的秋粮，当然重得多了。因此允许这些地区免交夏税。

但是，认真分析上述文书，有说不通的地方。既然"江南多一半城子里百姓每""如今纳秋税重有"；"若再科夏税呵，莫不百姓根底重复么!"下面怎么能提出要浙东、福建、湖广三处地方交纳夏税呢？浙东、福建（二地当时属江浙行省）和湖广都在江南之列。合理的解释应是"江南"乃"江西"之误[①]。江西因纳"重税"（按文思院斛数征收省斛），两广因"百姓失散"，均可免征夏税，而浙东、福建与湖广不存在这些问题，就要加征夏税。我们前面征引的上虞西北五乡税粮则例，以文思院斛折合省斛征收，便足以证明浙东与江西之不同。江西的"重税"还可以从方回关于嵊县尹佘洪的记载中得到证明："元贞二年丙申秋下车。越归职方二十一年矣，未科夏税。上司科夏税，自明年丁酉春始。公建言：□（都?）省咨，元行初江西以省斛，较文思院斛，民多纳米三斗奇，故免夏税"[②]。

这样看来，江南的夏税有几种不同的情况。一种是江东、浙西，元平江南以后便收夏税。一种是江西，因按文思院斛数额改征省斛，故免征夏税，元贞二年以后仍然免征。一种是浙东、福建、湖广，以文思院斛数额折合省斛征收秋粮，从元贞二年起加征夏税。还有一种是两广地区，因兵灾百姓离散，元贞二年仍免征夏税。但是江西后来亦征夏税，具体时间不详。

江东、浙西的夏税以实物为主，也收钞。实物主要是纺织品和粮食。以镇

---

① 有趣的是，《元典章》沈刻本"江南"作"江西"，不知是否另有所据。

② 《绍兴路嵊县尹佘公遗爱碑》，《越中金石记》卷7。

江为例，夏税包括丝、绵、钞、大麦、小麦[①]。湖州有丝、绵、纱、布[②]。元贞二年新增的夏税，只收钱钞，如庆元路“夏税依验粮额科征，每民苗米一石，带科中统钞三两”[③]。庆元路辖下的昌国州（今浙江定海），“至大德元年，始以民苗为数，每石征中统钞三两，以为夏税焉”[④]。夏税钱钞是在元贞二年命令下达后规定的。元贞二年命令中说，新开征夏税地区“依亡宋体例交纳”，“自元贞三年为始照依旧例比数定夺科征，务要均平”。实际上是以宋代夏税为据，折成钱钞。但原来南宋时征收的实物，现在折成钱钞，有个比价折算的问题。方回在上引文中说：

上司科夏税，自明季丁酉春始。公（佘洪）建言：“省资元行初……绢一匹该米三斗奇，准时价中统钞可两贯奇。亡宋景定四年癸亥内批，以越罕蚕，夏绢一匹折纳十八界会十二贯，永远为例，故碑具存。时十八界会一贯准铜钱二百五十文，十二贯计铜钱三贯。向者钦奏先皇帝圣旨：亡宋铜钱三贯准中统钞一贯。今钦奉圣旨浙东等处夏税依亡宋例交纳，则绢每匹合准中统钞一贯尔。……省札下，酌公请，越夏绢一匹准中统钞二贯，它郡率三贯”。

宋代征夏税时曾以实物折会子，当时的实物（绢）、会子、铜钱之间有一定的折合比例，即绢一匹等于十八界会子十二贯或铜钱三贯。元平江南以后，规定中统钞一贯等于铜钱三贯。亦即绢一匹等于中统钞一贯。但到元贞二年，随着物价的上涨，绢一匹时价中统钞二贯多。开征夏税时，佘洪要求按原来的比例折合，也就是南宋时征收的绢数按每匹一贯折收，这和元贞二年的价格相差太远。结果是，元朝政府对佘洪任职的绍兴地区作了点照顾，夏税按绢一匹折钞二贯，而其他地区则折合成三贯。比时价二贯多还要高一些。应该指出的是，元贞二年文书明确讲“依亡宋体例”征收，而前举庆元路和昌国州的有关记载则说“依验粮额科征”，“以民苗为数”，两者似有所不同。也许“亡宋”时的夏税就是以秋粮为据的。当时昌国州官价米一升钞六分半，一斗应

---

① 《至顺镇江志》卷6，《赋税·常赋》。
② 《吴兴续志》，《永乐大典》卷2277。
③ 《至正四明续志》卷6，《赋役》。
④ 《大德昌国州志》卷3，《叙赋·田粮》。

为六钱五分，三贯合米四斗六升强。秋粮每石征夏税钱三贯，则夏税约相当于秋粮的一半。

上引《元史·食货志》说，元贞二年决定征夏税，“于是秋粮止命输租，夏税则输以木绵、布、绢、丝绵等物。其所输之数，税粮以为差。粮一石或输钞三贯、二贯、一贯，或一贯五百文、一贯七百文。输三贯者，若江浙省婺州等路、江西省龙兴等路是已。输二贯者，若福建省泉州等五路是已。输一贯五百文者，若江浙省绍兴路、福建省漳州等五路是已。皆因其地利之宜，人民之众，酌其中数而取之。”这段话有不准确之处。“夏税则输以木绵、布、绢、丝绵等物”，并非元贞二年定制以后的事，浙西、江东的夏税便征收实物。而且，“其所输之数，视粮以为差”，及以下文字，明确讲的是夏税征钱钞，这从上面所举庆元、绍兴的情况可以得到证明。显然元贞二年定制后，在浙东、福建等地夏税都征钱钞，而不是实物。湖广的情况，下面还要讨论。《元史·食货志》接着又说：“其折输之物，各随时估之高下以为直”。似乎各地在确定夏税钱钞数以后，每年再根据时价，由政府折合成各种实物征收入库，这样的征税方法令人难以理解，事实上也很难实行。实际上，元代江南的多数地区夏税有两类，一类以征实物为主，有的也征部分钱钞；另一类则全征钱钞；都不存在再行折合实物的问题。江东、浙西应属于前一类，元贞二年开征的浙东、福建属于后一类。

现在来讨论湖广夏税的问题。《元史·食货志·税粮》说：“独湖广则异于是。初，阿里海牙克湖广时，罢宋夏税，依中原例，改科门摊，每户一贯二钱，盖视夏税增钞五万余锭矣。大德二年，宣慰张国纪请科夏税，于是湖、湘重罹其害，俄诏罢之”。《元史》卷19，《成宗纪二》云：“[大德二年]，六月庚申，御史台臣言：‘江南宋时行两税法，自阿里海牙改门摊，增课钱至五万锭。今宣慰张国纪请复科夏税，与门摊并征，以图升进，湖、湘重罹其害’。帝命中书趣罢之”。这两条记载基本相同，但有不少可讨论之处。

“中原”所谓“门摊”，系指征税时按户摊派而言，并非一种赋税名目。如中统五年（1264）五月，中书省奏准《宣抚司条款》中云：“今年照勘定合科差发总额，府科与州，验民户多寡，土产难易，以十分为率，作大门摊均科讫”[①]。至于南方的“门摊”，至元二十九年（1292）湖广行省的一件文书中说得比较清楚：“据湖南道县尹李琮等二十二名连名状告：本道概管民户，除纳商税、酒醋课程外，每户一年滚纳门摊地亩一两二钱，验人户地亩多寡科征，亦有该纳二十余锭之家，周岁计钞二万余锭，比之腹里包银，加之数倍。人户贫穷，无可送纳，以致枷杻拷打，典卖妻子，闭纳不敷，因而逃亡，啸聚为寇。闪下课程，勒令官吏揭借，或令见在人户送纳，靠损生受，乞除免事”。行省经过研究决定“离城郭十里之外乡村住坐不以是何户计，验各家实有地亩均科，许令百姓自造酒醋食用，包容各家佃户，再不重复纳税，其无地下户并行除免”[②]。显然，湖广行省的门摊，是类似中原包银的一种按户征收的赋税，每户一两二钱。但这是一个平均数，实际征收时则按各户地亩分摊，这也和包银征收的办法相近。门摊负担过重，引起百姓不满，湖广行省经过研究，把交纳门摊作为“自造酒醋食用”的代价，实际上门摊从至元二十九年起成了酒醋税的代名。它与夏税之间并无关系。

但是，如上所述，湖广原来没有夏税，元贞二年元朝政府有关征收夏税的决定中包括湖广，是没有疑义的。湖广开征夏税，出于宣慰张国纪的建议，在《元史》中除前引两条记载外，还曾数次提到。（1）“湖南宣慰张国纪建言，欲按唐、宋末征民间夏税。哈剌哈孙曰：‘亡国弊政，失宽大之意，圣朝其可行耶！’奏止其议”。哈剌哈孙时为湖广行省平章政事[③]。（2）“湖广宣慰张国纪创征夏税，民弗堪，秃忽鲁屡请罢之。”[④] 秃忽鲁时为湖广右丞。（3）“湖广宣慰使张国纪建言科江南夏税，［谢］让极言其非便”。谢让时为湖广行省左右司郎中[⑤]。根据《元史》的这些记载，张国纪有关湖广夏税的建议，遭到湖广行省不少官员的反对，这应是很快被取消的原因。元贞二年元朝政府决定次年起科征夏税，但到次年（大德元年，1297），又下令：“江南新科夏税，今

① 《元典章》卷25，《户部十一·差发·验土产均差发》。
② 《元典章》卷22，《户部八·杂课·门摊课程》。
③ 《元史》卷136，《哈剌哈孙传》。
④ 《元史》卷134，《秃忽鲁传》。
⑤ 《元史》卷176，《谢让传》。

年尽行倚免，已纳在官者，准备来年夏税”[①]。因此，湖广夏税仅开征一次，即告停止。

《元史·食货志·税粮》又说：“［大德］三年，又改门摊为夏税而并征之，每石计三贯四钱之上，视江浙、江西为差重云。”可见元朝政府以“失宽大之意”取消湖广夏税纯属欺人之谈。自此以后，湖广一直征收夏税。值得注意的是，门摊在湖广也继续科征。大德五年（1301）九月，“江陵、常德、澧州皆旱，并免其门摊酒醋课”[②]。江陵属河南行省，常德、澧州属湖广行省。大德六年三月，“以旱、溢为灾，诏赦天下。……今年内郡包银、俸钞，江淮已南夏税，诸路乡村人户散办门摊课程，并蠲免之”[③]。大德十一年七月，“江浙水，民饥。诏赈粮三月，酒醋门摊课程悉免一年”[④]。从以上数例，不难看出，门摊常与酒醋课连在一起，而夏税与门摊是有明显区别的；同时也说明，大德三年“改门摊为夏税而并征之”是不确的。仁宗延祐六年（1319），元朝政府讨论私酒处理时，曾引用湖广行省常德路的申文：“酒醋课程，散入民间恢办，诸人皆得造酒。有地之家纳门摊酒课者，许令造酒食用”。中书户部同意这种“认纳门摊，许令酝造饮用”的办法。[⑤] 总之，湖广门摊作为一种赋税项目一直是存在的。

据前引至元二十九年文书，湖南道门摊为二万锭。湖广行省包括湖北道、湖南道、广西道、海北海南道，据前引《元史》有关记载，门摊共为五万锭以上。[⑥]

江南的税粮一般情况有如上述。和北方一样，江南税粮也要加收鼠耗、分例：“江南民田税石，合依例每石带收鼠耗分例七升”[⑦]。镇江一路所收秋租粳

---

① 《至顺镇江志》卷6，《赋税·宽赋》。

② 《元史》卷20，《成宗纪三》。

③ 《元史》卷20，《成宗纪三》。

④ 《元史》卷22，《武宗纪一》。

⑤ 《元典章新集》，《户部·酒课·私酒同匿税科断》。

⑥ 《元史·食货志》说“盖视夏税增钞五万余锭”，则门摊应远高于“五万余锭”之数。《元史·成宗纪》说“增课钱至五万锭”。语意有些含糊，可以理解为门摊课钱五万锭。

⑦ 《元典章》卷21，《户部七·仓库·收粮鼠耗分例》。

米白粳米122026石，鼠耗米为5660石[①]。广州路正米11621石，鼠耗分例为813石[②]。都是照每石七升的比例征收的。实际上，交纳税粮还有种种额外支出，决不仅限于此，例如湖南彬州，“受纳秋粮，石加五斗”[③]。

第三节 官田、开荒田土、各种寺观田土的税粮

元代的土地，总的来说，可以分为民田、官田两大类。以上所说北方和南方的税粮，都是就民田而言的。元朝政府征收的税粮，包括民田和官田两个部分，这从现存一些税粮的统计中看得很清楚。试举镇江路为例。镇江一路田土“实三万六千六百十一顷二十七亩有奇，而所属者三，曰有司，曰江淮财赋府，曰江浙财赋府。然属本路者，则有官有民，而属两府者，则皆官田也”[④]。镇江路的税粮，有夏税、秋粮之别，无论夏税、秋粮的数额，都由有司（包括官、民）、江淮财赋府、江浙财赋府三个方面交纳的数字合计而成。其中秋粮有粳米、白粳米、籼米、糯米、白糯米、香糯米、黄豆、钞之别[⑤]，糯米146250石9斗余，内有司122489石余，江淮财赋府23429石余，江浙财赋府332石余[⑥]。又如庆元路秋税实征粮米119736石余，钞176锭余；内官田土所出粮米49551石余，钞173锭10两余；民田土所出粮米70182石余，钞3两余；其他粮米3石、钞3锭11两余。[⑦] 因此，在讨论过南、北的民田税粮以后，有必要再就官田的税粮作一些探究。

元代的官田，由于使用者不同，而有屯田、赐田、职田和普通官田等名目，这在本书第四章中有所论述，交纳税粮的是普通官田。《元史·食货志·税粮》说：“其在官之田，许民佃种输租”。官田出租，收得的地租，就是税

① 《至顺镇江志》卷6，《赋税·常赋》。
② 《大德南海志》卷6，《税粮》。
③ 黄溍：《参知政事王公墓志铭》，《金华黄先生文集》卷31。
④ 《至顺镇江志》卷5，《田土》。
⑤ 黄豆、钞数量有限，主要由江淮财赋府交纳，应是山、荡所出。
⑥ 《至顺镇江志》卷6，《赋税》。
⑦ 《至正四明续志》卷6，《赋役》。

粮。对于官田来说，租、税是合一的。官田纳税没有统一的标准，浙西官田有的每亩“岁纳税额须石半”①。浙江上虞官田高的“亩岁输谷二石二斗”②。所以当时有人说：“公田视民所输且二十倍”③。“惟豪民私占田取其什之五以上，甚矣其不仁也，而近世公田因之，亦十五以上。”④ 官田比民田的地税要重得多，这就是因为租税合一的缘故。总的来说，官田税粮以两浙为多，尤以浙西数额最大。这一方面因为这一地区官田在全部田土中所占比重大，另一方面则因为这一地区土地比较肥沃，单位面积产量高。以嘉兴路为例，下辖一府三县，全部税粮为 681552 石，官田税粮为 396330 石，官田税粮占全部税粮的 58%⑤。这是世祖时的情况。此后通过没收罪人田土等措施，官田不断增多，比例还应扩大。浙东地区官田税粮亦相当可观。庆元路全部税粮为 130552 石，官田税粮 48075 石，占 37%⑥。此外如江东地区，官田数量较少，官田税粮所占比例不大，但亦相当可观。句容县（今江苏句容）官米 3905 石余，民米 33676 石余；溧阳州（今江苏溧阳）官粮 4839 石余，民粮 39096 石余，官田税粮数都占全部税粮数的 10% 以上⑦。但是官田税粮在江南以及在全国税粮中所占比重，则很难作出估计。

前面说过，江南各地民田分等征收，官田是否采取同样的办法？现在所能见到的，只有上虞西北五乡的资料。据记载，至正十九年所定则例，各都、保民田均分三等征收税粮，官田则有二种情况。一种是每都同一定额，一是都内分等，现将有关记载开列于下：

> 第二都：……义役官田二斗八升。万年庄田上等四斗五升，下等三斗五升。地二斗五升，山一斗五升。湖田二斗二升一合五勺。
>
> 第三都：……官田二斗八升二合五勺。湖田三斗六升六合七勺

---

① 朱德润：《官买田》，《存复斋文集》卷 10。

② 贡师泰：《上虞县核田记》，《玩斋集》卷 7。

③ 邓文源：《刑部尚书高公行状》，《巴西文集》。

④ 吴澄：《题进贤县学增租碑阴》，《吴文正公集》卷 28。

⑤ 《至元嘉禾志》卷 6，《赋税》。《延祐四明志》卷 12，《赋役考》。参见孟繁清：《元代江南地区的普通官田》，《学习与思考》，1984 年第 3 期。

⑥ 《延祐四明志》卷 12，《赋役考》。

⑦ 《至正金陵新志》卷 7，《田赋志 · 贡赋》。

三抄。

第四都：……官田二斗八升三合六勺。

第五都：……官田三斗三升三合三勺三抄三撮。

第六都：……官田二斗九升六合。

第七都：……官田上等二斗六升，中等二斗，下等一斗。

第八都：……官田二斗八升。

第九都：……官田二斗八升七合。

第十都：……官田上等三斗四升，中等二斗五升。封田二斗三升。荡地田二斗。

镇都：……官田二斗八升。①

从以上记载来看，多数都的官田（包括义役官田、万年庄田、湖田、封田、荡田）都是不分等的，承担相同的数额；但也有少数都的官田是分等的。这种情况，在江南是否普遍，还有待进一步研究。还值得注意的是，上虞五乡各都的官田税粮额一般是该地上等民田的5倍左右，总的来说是比较低的。这是否与地区特殊性有关，亦须进一步研究。

南方官田秋粮交纳的是粮米，和民田一样。《元史·食货志·税粮》说："凡官田夏税皆不科"。这个说法是不全面的。原来就收夏税的浙西、江东地区，官田应是交纳夏税的，例如镇江路所收夏税丝、绵、钞、大麦、小麦，都包括"有司"和江淮财赋府两个系统的收入，其中"有司"所辖田土有官有民，已见前述。而元贞二年诏令以后开征夏税的地区，是"以民苗为数"征收的，官田显然不在其中。试以昌国州为例。该州民苗田1382顷余，系官田土513顷余。民田秋粮2699石9斗余，夏税中统钞161锭49两余。系官田土的秋粮1685石余。按每石中统钞3两、50两为1锭计算，2699石9斗余的秋粮应纳数正好是161锭余，说明513顷余的官田并未纳夏税。②

在讨论官田税粮时，还有必要说明垦荒田的税粮问题。《元史·食货志·税粮》紧接着"其在官之田，许民佃种输租"之后说："江北、两淮等处荒闲

① 《上虞县五乡水利本末·征粮等则》。

② 《大德昌国州志》卷3，《叙赋》。

之地，第三年始输。大德四年，又以地广人稀，更优一年，令第四年纳税”。蒙金、宋元战争，造成大片土地荒芜，这些荒地都成了国有的土地。全国统一以后，元朝政府为了恢复农业生产，便积极募民垦荒。至元十四年（1277），淮西道宣慰使昂吉儿上言：“淮西庐州地面为咱每军马多年征进，百姓每撇下的空闲田地多有”，建议采取募民耕种和军队屯田的措施。忽必烈为此下诏采取垦荒和屯田的措施：“圣旨到日，田地的主人限半年出来，经由官司，若委是他田地，无争差呵，分付主人教依旧种者。若限次里头不呵，不拣什么人自愿种的教种者。更军民根底斟酌与牛具、农器、种子，教做屯田者”[①]。至元二十二年（1285）九月，元朝政府下令：在淮西等地，“多出文榜，召募诸人开耕。若有前来开耕人户，先开荒闲地土内验本人实有人丁，约量标拨，每丁不过百亩”[②]。至元二十三年（1286）元朝重建大司农司，在《条画》中有专门关于垦荒的条文：“应有荒地，除军马营盘草地已经上司拨定边界者并公田外，其余投下、探马赤、官豪势要之家自行冒占年深荒闲地土，从本处官司勘当得实，打量见数，给付附近无地之家耕种为主。先给贫民，次及余户，如有争差，申覆上司定夺”[③]。这里说的是由政府调查核实后分配给附近无地的贫民耕种。同年七月，“以江南隶官之田多为强豪所据，立营田总管府，其所据田仍履亩计之”[④]。中书省为立营田总管府发布的文书中说：“江南系官公围沙荡营屯诸色田粮，诸路俱有，荒芜田土，并合招募农民开垦耕种”[⑤]。至元二十八年（1291）五月，元朝政府颁布《至元新格》，其中规定：“诸应系官荒地，贫民欲愿开种者许赴所在官司入状请射，每丁给田百亩。官豪势要人等不请官司，无得冒占”[⑥]。同年七月，“募民耕江南旷土，户不过五顷，官授之券，俾为永业，三年后征租”[⑦]。忽必烈去世前一年（至元三十年，1293），成立江南行司农司，为此颁布圣旨说：“农桑天下之本，国用民生，实基于

---

① 《元典章》卷 19，《户部五・荒田・荒闲田土无主的做屯田》。
② 《元典章》卷 19，《户部五・荒田・荒田开耕三年收税》。
③ 《通制条格》卷 16，《田令・农桑》。
④ 《元史》卷 14，《世祖纪十一》。
⑤ 《元典章》卷 19，《户部五・荒田・荒田开耕限满纳米》。
⑥ 《元黄章》卷 19，《户部五・荒田・荒地许赴官请射》。
⑦ 《元史》卷 16，《世祖纪卷十三》。

此。……南方荒闲田土，归附以来，虽尝招人开垦，到今未尽复垦。各处官司所勘见数官田，召人开耕，有司依例科租”①。从以上一系列诏书文件，可以看出，元朝政府对于垦荒是相当重视的。招募的对象主要是贫民，一般采取按丁分配的办法，每丁百亩，每户不过五顷。

至元二十二年九月募民开耕的文书中规定：“据开耕人户，三年外依例收税”。至元二十三年设立营田都总管府的命令中宣布：“荒芜田土，蠲免一切杂泛差役”。“开垦荒田之家，年限满日，依乡原例，送纳官米”。则应是三年之内可免杂泛差役。免税的规定，后来有所修正。至元二十五年（1288）正月，尚书省上奏：“江南田地里，公田荒闲田地多有。……有心种田百姓每根底交开了，第一年不要地税，第二年要一半，第三年依着地税来的三停内交纳二停。种的百姓每根底，不交当别个杂泛差发呵，怎生?”忽必烈批准了这一建议。②《元史》卷15，《世祖纪十二》纪此事说：“募民能耕江南旷土及公田者，免其差役三年，其输租免三分之一”。实际上是第三年免三分之一，第四年起就要全征了。

以上是江南的情况。江北的情况，有所不同。成宗大德四年（1300）发布的圣旨说：“江北系官荒田，许给人耕种者，元拟第三年收税，或恐贫民力有不及，并展限一年，永为定例”③。前面所引《元史·食货志·税粮》有关垦荒的一段话，就是据这一圣旨写成的，但是展限的原因“或恐贫民力有不及”改成“又以地广人稀”。由此可知，江北系官荒田，原来免税二年，第三年收税。大德四年起改为免税三年，第四年起收税。这显然比江南要宽一些。

荒田原来是官田的组成部分。按照前引至元二十八年七月的规定，江南官府拨给贫民的荒闲田土，就成为他们的“永业”，也就是私有财产，这部分官田也就变成了民田，垦荒田土的税粮实际上是民田税粮的组成部分。至元二十三年设立营田总管府文书中所说“依乡原例，送纳官米”，也就是按当地民田的标准，交纳地税。至于江、淮以北募民垦荒田土的情况，没有明确的记载，

---

① 《大元官制杂记》。

② 《元典章》卷19，《户部五·种佃·开种公田》。

③ 《元典章》卷19，《户部五·荒田·开荒展限收税》。

料亦应与江南大致相同。

僧、道寺观的土地，主要属于民田范畴。但这一类土地的税粮交纳方法，又和一般民田不同。在本章第一节中，已经说过，早在窝阔台汗元年（己丑年，1229），开始实行僧、道有田地的交纳地税之法。但从贵由汗时起，“僧、道、也里可温、答失蛮种田呵，不纳地税，做买卖不纳商税”。世祖中统五年（1264），重申僧、道、也里可温种田出纳地税的规定[①]。但是忽必烈常常颁布圣旨，允许某些寺观可以免纳地税；而不少寺、观亦依仗皇帝、贵族的庇护，不纳地税。至元二十七年（庚寅，1290）、二十八年（辛卯，1291），元朝政府在江南调查登记户口，同时对寺观田土税粮作出了新的具体规定。“二十八年，又命江淮寺观田，宋旧有者免租，续置者输税，其法亦可谓宽矣”[②]。元代镇江地方志记载：“皇元崇尚释氏教。至元庚寅，令民占籍。凡土田之隶于僧者，咸蠲其租入，是庵（报亲庵——引者）之业亦与焉”[③]。就是具体的例证。

至元三十一年（1294），忽必烈去世，元成宗铁穆耳嗣位。铁穆耳崇信藏传佛教，在他即位之初，便召见西番僧人胆巴，胆巴请求蠲免僧人租赋。铁穆耳为此发布圣旨“免和上税粮”[④]。这就是现存至元三十一年五月十六日圣旨：“和尚、也里可温、先生每，……不拣什么差发休教着者，告天祝寿者”[⑤]。但是，元朝政府各部门之间意见不一，经过研究协调，产生了一份新的规定。元贞元年（1295）闰四月，中书省、宣政院上奏：“和尚、也里可温、先生、答失蛮等地粮、商税所办钱物，若不再行明谕，恐在下官府合征纳者妄作免除，不应征纳者却行追收，致使僧、道人等生受”。成宗批准颁发有关“条画”，其中规定：“一，西番、汉儿、畏兀儿、云南田地里和尚、也里可温、先生、答失蛮，拟自元贞元年正月已前应有已、未纳税地土，尽行除免税石，今后续

① 《通制条格》卷29，《僧道·商税地税》。

② 《元史》卷93，《食货志一·税粮》。

③ 《至顺镇江志》卷9，《庵·丹徒县》。

④ 胆巴是八思巴推荐给忽必烈的，曾得到忽必烈的宠信。后遭权臣桑哥排挤，贬至潮州，此时召回。

⑤ 《元典章》卷33，《礼部六·释道·僧道休差发例》。

置或影占地土依例随地征税”。“一，江南和尚、也里可温、先生、答失蛮田土，除亡宋时旧有常住并节次续奉先皇帝圣旨拨赐常住地土不纳租税外，归附之后诸人舍施或典卖、一切影占地亩，依旧例征纳税粮。隐匿者严行治罪”①。可以看出，这两条规定是很优惠的。元朝政府只要求新增加的也就是原为民田的田土交纳税粮。这就是说，各种宗教寺观的田土的主要部分可以免交地税，只有次要部分（北方是元贞元年亦即“条画”颁布后续置或影占的土地，江南是归附以后诸人舍施、典卖和影占的土地）才要纳税。

然而，僧、道、也里可温、答失蛮并不以此满足，仍然多方活动，要使自己的田土全部免税。就在元贞元年七月，也里可温马昔里乞思就提出要求：“系官地内要了合纳的租子，并买来的田地的税，不纳官，寺里做香烛”。中书省认为：“若免了他的呵，比那遍行的圣旨相违背有，别个人每指例去也。依体例教纳粮者”。成宗同意中书省的意见。在此以后，仍时有反复。大德六年（1302）十一月，“诏江南寺观凡续置民田及民以施入为名者，并输租充役”②。但大德七年（1303）正月立辇真监藏为帝师的圣旨中说：“交您差发税粮休着者”③。大德八年（1304）正月十七日圣旨：“今后众和尚与税粮的勾当，省官人每并宣政院官人每奏来的上头，依着羊儿年行的圣旨体例里行者”④。羊儿年就是元贞元年（乙未）。同年十一月，“丁卯，复免僧人租”⑤。大德十一年（1307），成宗死，武宗海山嗣位。这一年十二月，武宗颁发改元诏书，其中说：“僧、道、也里可温、答失蛮，并依旧制纳税”⑥。所谓“旧制”，就是元贞元年的“条画”，但是武宗一朝在各种宗教寺观田土纳税问题上的政策仍是变化不定的。武宗在位四年。至大四年（1313），武宗死，仁宗爱育黎拔力八达嗣位。次年改元皇庆。皇庆元年（1312）四月十七日，元朝政府颁发经仁宗批准的文书：

① 《元典章》卷24，《户部十・僧道税・僧道租税体例》。
② 《元史》卷20，《成宗纪三》。
③ 《元典章》卷24，《户部十・僧道税・和尚休纳税粮》。
④ 《元典章》卷39，《刑部一・刑名・和尚犯罪种田》。
⑤ 《元史》卷21，《成宗纪四》。
⑥ 《元史》卷22，《成宗纪一》。

中书省奏：为僧、道、也里可温、答失蛮纳税粮的上头，在先省官与宣政院官互相闻奏不一的上头，完泽笃皇帝时分羊儿年里，完泽丞相等省官、答失蛮等宣政院官、吃剌思八斡即儿帝师根底商量呵：“除亡宋时分旧有常住并奉世祖皇帝圣旨做常住与来的地土外，其余归附之后诸人舍施或典买来的，一切影占的，依旧纳税粮者”。么道，奏过定体了来。后头宣政院官，曲律皇帝时分，“休教纳税者”，么道，奏了的上头，“省官人每依着羊儿年定拟了的体例交纳者”，么道，又奏过教行了来。去年也奏来。如今江浙省官人每俺根底说将来：“僧人每休教纳税者，么道，宣政院官奏了，与了执把圣旨、懿旨有，怎生呵是?”么道，说将来有。俺商量来，种田纳地税，做买卖纳商税，的是成吉思皇帝圣旨有。如今依着羊儿年省官、宣政院官、帝师根底商量着行来的体例里教行，与了的执把圣旨、懿旨教拘收了。必阇赤官人每根底说了，今后与圣旨、懿旨呵，除亡宋时分有的并奉世祖皇帝圣旨做常住与来的外，其余的依体例教纳税粮，明白教写与呵，怎生？奏呵。

“那般者，依先例教行者”。么道，圣旨了也。[1]

完泽笃皇帝是元成宗的蒙古语尊称。从这篇文书可以看出，曲律皇帝（元武宗的蒙古尊称）时分，宣政院官曾要求佛教寺院免税，但中书省坚持按羊儿年体例办事。关于这次争论，《元史》卷23，《武宗纪二》中有记载，“［至大二年，六月］，乙亥，中书省臣言：‘河南、江浙省臣言，宣政院奏免僧、道、也里可温、答失蛮租税。臣等议，田有租，商有税，乃祖宗成法，今宣政院一体奏免，非制’。有旨，依旧制征之”。但是事情未到此中止。就在这一年九月，皇太子爱育黎拔力八达（后来的仁宗）在前往五台山途中颁发令旨，允许郑州洞林大觉禅寺、普照禅寺“地税、商税休纳者”[2]。可见带头破坏典章制度的，正是元朝的统治者。元仁宗即位后，宣政院官又要求免除僧人纳税，得到仁宗和皇太后表示同意的圣旨。于是，历史又一次重演，中书省

① 《通制条格》卷29，《僧道·商税地税》。

② 《1309年阳洞林寺圣旨碑（五）》，见蔡美彪编：《元代白话碑集录》第58页。

官再一次提出异议，元仁宗不得不表示尊重元贞元年体例。

在此以后，元朝历代皇帝曾多次重申元贞元年纳税体例，但又不断允许各种宗教寺观免交税粮，这种矛盾的现象，一直继续到元末全国农民战争的爆发。总起来说，元代各种宗教寺观田土免税面很广，纳税的只是其中一部分，但就是这一部分，也常常由于统治者的照顾得以免除。这种情况引起普遍的不满，在政府内部也为此发生多次的争论。

第四节　元代税粮收入

《元史·食货志》“税粮”门载有“天下岁入粮数”和“江南三省天历元年夏税钞数”，现征引如下：

（一）天下岁入粮数

总计：12114708石。

腹里：2271449石。

行省：9843258石。

辽阳省：72066石。

河南省：2591269石。

陕西省：229023石。

四川省：116574石。

甘肃省：60586石。

云南省：277719石。

江浙省：4494783石。

江西省：1157448石。

湖广省：843787石。

（二）江南三省天历元年夏税钞数

总计：中统钞149272锭①

① 这个数额大于下列三省额的总和，待考。

江浙省：57830锭40贯。

江西省：52895锭11贯。

湖广省：19378锭2贯。

《元史·食货志》主要依据文宗（1328～1332）时纂修的《经世大典》，其中比较详细的统计数字均是天历元年（1328）统计的，如“科差总数”、“岁课之数”、“盐额和盐课钞”、“商税额数”、“额外课”等。以上两项统计中，“夏税钞数”明确记载是天历元年的数字，“天下岁入粮数”没有记载具体时间，但可以推断，也应是天历元年的统计数字。另据记载，天历二年（1329）政府收入有“粮千九十六万五十三石”①。低于天历元年的税粮数，这应是兵乱和大面积灾荒导致的结果。根据天历元、二年的统计，可以认为，元代中期政府征收的税粮总数应在1100万石～1300万石之间。

税粮是按亩征收的。因此，各省、腹里的税粮数额多少，大体可以反映各地耕地的面积大小，进而可以看出社会经济状况。在各省和腹里的岁入粮数中，有几个现象是值得注意的：（1）江浙省税粮4494783石，为全国税粮收入的三分之一强，在各行省、腹里中占首位。江浙省税粮成为全国之冠，原因应是多方面的。一是由于耕地面积广；二是由于土地单位面积产量高；交纳的税粮相对来说要多一些；三是官田占相当比重，官田交的税粮高。元朝海运发达，将江南的粮食通过海道运往北方，供应大都（今北京）的宫廷、百官和军队的需要，最多时达三百多万石。海运主要依靠的就是江浙省的税粮。（2）以长江划线，江北的河南省、陕西省、甘肃省、辽阳省和腹里，税粮总数达522万石强，占税粮总数的十分之四以上。说明到了元代中期，北方的农业生产，已经得到恢复。特别是河南省和腹里，13世纪前、中期，遭到战争的巨大破坏，土地荒芜，人口稀少。此时税粮收入分别为全国第二位和第三位，说明农田的垦辟取得明显的成效。对于元代北方的农业生产，不能估计过低。（3）云南税粮达29.7万石，在辽阳、甘肃、四川、陕西之上，这也是值得注意的。云南归元朝统治后，政府兴修水利，鼓励垦荒，使当地的农业生产发生明显的进步，这在税粮上得到了反映。

---

① 《元史》卷33，《文宗纪二》。

需要说明的是，官方的统计并不能完全正确反映各地区农业生产的面貌。一方面，各级地方政府官僚习气严重，贪污舞弊层出不穷，土地数额不准确，难以作出实事求是的统计。另一方面，元代存在数量相当大的免纳税粮田土。例如北方汉军军户、站户可免四顷地的税粮，南方站户当站马一匹可免税粮七十石，类似的还有急递铺户。僧、道寺观土地凡前代已有的常住田土和皇帝赏赐的田土均可免纳税粮；学校土地收入也可免交税粮；盐户土地的税粮上交盐运司、盐场，不交地方政府；赏赐给贵族、大臣的官田收入归受赐者，官员的职田，也不交税粮；等等。镇江路共有田地36611顷余，内纳粮田地27200顷余。免粮田土包括财赋府田、王府田、僧道寺观田、职田、赡学田、贡士庄田（学田的一种）、站户田、急递铺田等，共9410顷余，免粮田占全部田土的四分之一强[①]。庆元路田土共计27241顷余，免纳税粮的田土包括职田、站户民田、僧道民田、灶户官民田和赡学田土，共为3767顷左右。免粮田土占全部田土的14%弱[②]。又如上虞县五乡，免粮田土在全部田土中约占13%强[③]。从以上几个例子，不难看出，元代免纳税粮的地土所占比重是相当大的。我们在讨论税粮和地土关系时，对此是不能忽略的。上述天历元年的税粮收入数，可以使我们对各地区的农业生产、土地利用有个大致的认识，但不能过于相信。

夏税应有钞和实物。上引“江南三省天历元年夏税钞数”只有钞，没有实物，不能反映三省夏税的实际情况。它只说明元贞二年推行夏税后元朝政府得到的货币收入，同时也说明后来江西行省也征收夏税，尽管元贞二年的政府文书中曾表示当地“重税”不再加征夏税。

---

① 《至顺镇江志》卷5，《田土》。

② 《至正四明续志》卷6，《赋役·田土》；卷7，《学校》。

③ 参见陈高华：《元代江南税粮制度新证》，《中国社科院研究生院学报》，1998年第5期。

第十五章　科差制度

元代各种赋税中，以科差和税粮最为重要。科差作为一种赋税名目，前代未曾有过，在元代的各种文献中，对这个名目的涵义，也没有明确的解释。从字面上看，科差应是科取差发之意。差发一词，在元代涵义比较复杂，有时泛指各种赋税差役①，有时专指科差（丝料、包银）而言②。

元代作为赋税名目的科差，包括丝料、包银二个部分，是在北方推行的。后来又有俸钞，实际上是包银的扩大。江南部分人户中亦曾推行包银，但为时短暂，影响不大。

元代有关户籍的文书中，常有"当差"、"不当差"之说。这里所说的"差"，即指差发（科差，不是差役）。而"收系当差"，就是登记入户籍，应当科差，所以有时也称为"收系科差"。③

第一节　北方科差制的确立

蒙古发动对金战争以后，控制的地区不断扩大。窝阔台汗即位（1229）

① "其赋敛，谓之差发"。"其民户皆出牛马、车仗、人夫、羊肉、马奶为差发。盖鞑人分管草地，各出差发，贵贱无有一人得免者。……此乃草地差发也。至若汉地差发，每户每丁以银折丝绵之外，每使臣经从、调遣军马粮食器械及一切公上之用，又逐时计其合用之数，科率民户"。（彭大雅、徐霆：《黑鞑事略》）。

② 元代官方文书中常以差发与税粮等并列，如中统五年圣旨条画："各路差发、税粮、宣课应系财物，并赴见设仓库送纳"（《通制条格》卷14，《仓库》）。这里的差发显然指科差而言。

③ 《通制条格》卷2，《户令·户例》。

后，在耶律楚材建议下，设立十路课税所，征收各种赋税。壬辰年（窝阔台汗四年，1232），南宋使节出使蒙古，书状官彭大雅记述见闻，其中说："其赋敛谓之差发，……汉民除工匠外，不以男女，岁课城市丁丝二十五两，牛羊丝五十两（谓借过回回银买给往来使臣食过之数），乡农身丝百两。米则不以耕稼广狭，岁户四石。漕运银纲，合诸道岁二万锭，旁蹊曲径而科敷者，不可胜言"[1]。从这一记载，可知当时城乡均有丝料之征。所谓"牛羊丝五十两"似是指承担驿站来往使臣饮食的费用，但是由"丁"或是"户"负担则是不清楚的。"身丝"与"丁丝"应是同一概念，但"城市丁丝"与"乡农身丝"为何相去如此之大，亦难以解释。

窝阔台汗在甲午年（1234）春灭金，不久即在原金朝统治的农业区括户。丙申年（1236）分汉地户口分封诸王贵族功臣，制定赋税制度。其中之一是"二户出丝一斤，以供官用；五户出丝一斤，以与所赐之家"[2]。按此计算，每户应纳丝十一两二钱，其中"供官用"八两，"与所赐之家"三两二钱[3]。当时北方"汉地"括户所得户口，大部分都在分封之列，也就是说绝大多数民户都要兼纳"系官丝"与"五户丝"，也有少数不在分封之列，止纳"系官丝"。后来的记载称："丝料之法，太宗丙申年始行之"。即指此而言[4]。丝料有时也称为丝线[5]。蒙语称为"阿合答木儿"[6]。

包银之法的推行，比丝料要晚一些。"包银之法，宪宗乙卯年始定之。初汉民科纳包银六两，至是止征四两，二两输银，二两折收丝绢、颜色等物"。这是《元史·食货志》的记载，其实是有问题的。乙卯是宪宗（蒙哥汗）五年（1255）。从这段记载来看，原来包银六两，"至是"（乙卯）改为四两，说明包银制在乙卯年前已经存在。其他记载也可以证明这一点：

辛亥，宪宗即位，从忠济入觐。时包银制行，朝议户赋银六两，

---

① 彭大雅、徐霆：《黑鞑事略》。

② 宋子贞：《中书令耶律公神道碑》，《国朝文类》卷57。

③ 当时秤制一斤十六两。

④ 《元史》卷93，《食货志一·科差》。

⑤ 《元史》卷96，《食货志四·赈恤》。

⑥ 王恽：《中堂事记上》，《秋涧先生大全集》卷80。又作"阿哈探马儿"（《元典章》新集，《户部·赋役·江南无田地人户包银》）。

诸道长吏有辄请试行于民者。[张] 晋亨面责之曰:“诸君职在亲民,民之利病,且不知乎?今天颜咫尺,知而不言,罪也。承命而归,事不克济,罪当何如!且五方土产各异,随其产而赋,则民便而易足,必责输银,虽破民之产,有不能办者。”大臣以闻,明日召见,如其言以对。帝是之,乃得蠲户额三之一,仍听民输他物,遂为定制。①

辛亥岁,朝廷肇议赋额,户率征白金一镬,名曰包垛银。诸路审其重,莫敢倡言。公(史楫)毅然上请曰:“兵后生意未苏,民恐不堪,如银与物折,各减二数,庶民力少宽,且无逋负”。允其请,诏为定制,迄今天下赖焉。②

辛亥,朝廷始征包银,楫请以银与物折,仍减其元数。诏从之,著为令。③

宪宗即位,有旨令常赋外,岁出银六两,谓之包垛银。[王] 玉汝曰:“民力不支矣”。纠率诸路管民官,愬之阙下,得减三分之一。④

从以上几条资料可以看出:(1)包银(包垛银)的征收开始于辛亥年,也就是宪宗(蒙哥汗)即位元年(1251)。(2)原来规定每户征银六两,一镬亦是六两,后来减三分之一,即四两,而且允许“输他物”。(3)蒙古汗廷之所以削减包银数额,是因为受到“汉地”军阀的抵制。当时“汉地”军阀中势力最大的是真定史氏、顺天张氏、东平严氏和益都李氏。上面几条资料中,张晋亨、王玉汝是东平严氏的部属,史楫则是真定史氏的成员,他们带头抵制,其他地区的官员也支持响应,使得蒙古汗廷不得不作出一定的让步。

从以上资料还可知,包银当时又称包垛银。元代诗人王恽的诗《录老农

① 《元史》卷152,《张晋亨传》。
② 王恽:《史公神道碑》,《秋涧先生大全集》卷54。
③ 《元史》卷147,《史天倪附史楫传》。
④ 《元史》卷153,《王玉汝传》。

语》中，有“馇粥乃余事，要输包垛钱”之句[1]，应即指包垛银。包有包含、统揽之义，垛有堆积的意思。包银或包垛银，原意应是包括一切在内的税银。元世祖晚年，“或请征海国流求与加包银江南”，不忽木说：“始包银出于河朔未平，真定守臣以公需数烦民，会其岁费征之，以纾急一时，其后天下例之。至宪庙定制，户率赋银四两”[2]。根据这一说法，则包银原为真定史氏所创，以后为其他地区仿效。“自己未版籍后，政烦赋重，急于星火，以民萧条，卒不易办，有司贷贾胡子钱代输，积累倍称，谓之羊羔利。……迨戊戌、己亥间，仍岁蝗旱，复假贷以足贡数，积银至万三千余锭，公（史天泽）度民不可重困，乃先出其家资，次及族属、官吏，均配以偿，遂折其券”[3]。“贾胡”即回回商人。不忽木所说，应即指此。所谓史天泽带头出家资偿还“贾胡”债务，显然是美化之词。揆之情理，应是真定史氏向“贾胡”假贷白银，应付蒙古国的种种赋敛，然后“会其岁费”，分摊到真定百姓头上。一万三千余锭白银，是各种名目赋税积累所得，难以用一种名目来表示，便称之包银、包垛银。真定这样，其他汉人世侯控制的地区也是这样，如“[严]忠济治东平日，借贷于人，代部民纳逋赋，岁久愈多。及谢事，债家执文券来征”[4]。这些敢于向世侯索债的“债家”，除了“贾胡”莫属。而借贷用来代纳“逋赋”，当然可以名正言顺摊派到百姓头上。可以想见，东平一定会效法真定，实行包银之法。[5] 因此，可以认为，包银原是某些“汉地”世侯在其控制地区内实行的一种征税办法，到了蒙哥汗元年，被正式确定为一种在“汉地”普遍施行的赋税名目。

元代有的记载说：“包银，谓民纳钞包，以充差发，即古之庸也”。“丝线，亦差发，古之调也。”[6] 这是将元代赋税和前代的赋税强行比附，其实是不合适的。诚然，“太宗皇帝诏有曰：‘依仿租庸调之法，其地税量土地之宜，

---

① 王恽：《录老农语》，《秋涧先生大全集》卷2。

② 苏天爵：《国朝名臣事略》卷4，《平章鲁国文贞公》。

③ 王恽：《忠武史公家传》，《秋涧先生大全集》卷48。

④ 《元史》卷148，《严实附严忠济传》。

⑤ 严忠济谢事后所贷银由忽必烈“发内藏代偿”，这是为了安抚他采取的措施，与一般情况不同。见《元史》卷148，《严实附严忠济传》。

⑥ 徐元瑞：《习吏幼学指南》。

大朝开创之始，务从宽大'。此丙申岁诏旨之节文也"①。但这应是就以人丁为本征收地税而言的。如果真要依仿租庸调之法的话，那么在丙申定制之时，就应有包银之设，不会到蒙哥汗即位时才付诸实施。而且，税粮以丁计，丝料、包银均以户计，这和租庸调均以丁计也是很不相同的。

没有多久，科差的数额作了调整。忽必烈的谋士郝经说："平阳一道隶拔都大王，又兼真定、河间道内鼓城等五处，以属籍最尊，故分土独大，户数特多。使如诸道只纳十户四斤丝，一户包银二两，亦自不困。近岁公赋仍旧，而王赋皆使纳金，不用银绢杂色，是以独困于诸道"②。这里所说的"十户四斤丝，一户包银二两"，均应指投下所得即"王赋"而言。郝经在中统元年（1260）奉命出使南宋，上述文字必作于出使之前。丙申之制，每五户出丝一斤，与所赐之家，此时改为五户二斤，十户四斤。辛亥之制，每户包银四两，应是二两与政府，二两与投下。③ 也就是说，在蒙哥汗时代，确立包银征收之法后不久，丝料又有所增加。

中统元年（1260）三月，忽必烈称汗。五月，立十路宣抚司，颁布有关条例，规定了有关户籍赋役的各种制度。其中之一是"二五户丝"之法："其法，每户科丝二十二两四钱，二户计该丝二斤一十二两八钱，其二斤即系纳官正丝，内正丝、色丝各半。外将每户剩余六两四钱，至五户，满二斤数目，付本投下支用，谓之二五户丝。以十分论之，纳官者七分，投下得其三分"④。从上面征引郝经的言论来看，蒙哥汗时交纳投下的丝料（王赋）已是"十户四斤丝"，交纳政府（公赋）估计亦已增加。中统元年的"二五户丝"，实际上应是重申原有的规定。至于中统元年的包银，没有明确的记载。中统四年（1263）三月，宣布："诸路包银以钞输纳，其丝料入本色。非产丝之地，亦听以钞输入。凡当差户包银钞四两，每十户输丝十四斤，漏籍老幼钞三两，丝

① 《经世大典序录·赋税·税粮》，《国朝文类》卷40。

② 《河东罪言》，《陵川文集》卷32。

③ 中统二年六月中书省发布一件有关"诸投下种田户"的文书，其中数起均规定"合纳包银内一半送官，一半与本官用度"。见王恽《中堂事记中》，《秋涧先生大全集》卷81。

④ 王恽：《中堂事记上》，《秋涧先生大全集》卷80。

一斤"[1]。据有的记载说，中统元年时，"周岁包银六万余锭钞"[2]，而中统四年及其以后数年，包银钞为五万余锭至七万余锭（见下），变化不大，由此可以推知，中统元年已经实行包银钞四两的办法。

蒙古灭金后，北方人口锐减，经济凋敝。金朝发行的交钞、宝钞均已崩溃，民间普遍以白银、丝为交换手段，这是蒙古国的科差制度征收丝料、包银的重要原因。但在"汉地"的某些地区，汉人世侯仍仿金代制度印制纸币（会子、交钞等），在一定范围内流行。忽必烈即位后，中央政府统一发行纸币，称为"钞"，中统宝钞两贯（两）同白银一两，包银钞四两，实际上等于白银二两。这样，忽必烈当政之初的科差，丝料是十户十四斤，包银是每户钞四两。丝料比初定时增加了一倍，包银却比初定时减少了一半。丝料的增加，应是蒙哥汗当政时已经发生的事，而包银的减少，则应是忽必烈即位后采取的措施。忽必烈即位时颁布的诏书中说："爰自包银之法行，积弊至今，民力愈困"[3]。很可能针对这种情况实行了减免的措施。

至元四年（1267）五月，"敕诸路官吏俸，令包银民户，每四两增纳一两以给之"[4]。新增加的一两钞，便称为俸钞[5]。俸钞实际上是包银的新增部分，并非独立的赋税项目。自此时起，包银改为每户五两钞。自此以后，科差的数额没有再发生大的变化。

《元史·食货志》记录了几个年头的"科差总数"：

> 中统四年，丝七十一万二千一百七十一斤，钞五万六千一百五十八锭。
>
> 至元二年，丝九十八万六千九百一十二斤，包银等钞五万六千八百七十四锭，布八万五千四百一十二匹。
>
> 至元三年，丝一百五万三千二百二十六斤，包银等钞五万九千八十五锭。

---

① 《元史》卷5，《世祖纪二》。

② 王恽：《中堂事记上》，《秋涧先生大全集》卷80。

③ 《元典章》卷3，《圣政二·均赋役》。

④ 《元史》卷6，《世祖纪三》。

⑤ 《元史》卷93，《食货志一·科差》。

至元四年，丝一百九万六千四百八十九斤，钞七万八个一百二十六锭。

天历元年，包银差发钞九百八十九锭，贝一百一十三万三千一百一十九索，丝一百九万八千八百四十三斤，绢三十五万五百三十四匹，绵七万二千一十五斤，布二十一万一千二百二十三匹。①

以上记载是有问题的。如前所述，科差只有丝料、包银二项，至元二年的布八万余匹不应在“科差”之列。至于天历元年的“包银差发”，问题更多。贝是云南通行的货币，与“科差”所入无关；钞决不可能只有九百余锭；科差亦不应有绢、绵、布等。称为“差发”，与“科差”便不相同。天历元年的“包银差发”，应是全国赋税收入的数字，但钞九百八十九锭显然漏了“万”字，实际应是九百八十九万锭②。尽管如此，以上记载仍可以说明，科差中丝料收入大概长期稳定在一百万斤左右，这从至元四年和天历元年丝的数目比较中可以看出来。包银的情况则不同。中统初年（1260～1261）的统计，每年包银为钞六万余锭③。中统四年（1263）到至元三年（1266）包银钞均为五万余锭。至元四年（1267）猛增为七万八千余锭，则应是征收俸钞的结果。泰定元年（1324），张珪等上奏说：“计今天下所征包银差发，岁入止十一万锭”④。比起忽必烈统治前期来，有相当大的增加。为什么丝料长期不变而包银有所增加，还有待进一步研究。

中统初年，一贯交钞可以“买丝二十两，粟三石、麦二石”⑤。按此计算，则四两（贯）钞可买粟十二石。而每户丝料二十二两四钱，相当于钞一贯一钱多，粟三石多。元朝税粮每丁二石，北方农村通常一家五口⑥，若以一家两丁计，则需纳税粮粟四石⑦。因此，在民户的主要赋税负担税粮、包银、丝料三项之中，最重的是包银，这是从上面钞、物换算中可以得出的第一个结论。

---

① 《元史》卷93，《食货志一·科差》。

② 天历二年全国“赋入”中钞九百二十九万余锭，见《元史》卷33，《文宗纪二》。

③ 王恽：《中堂事记上》，《秋涧先生大全集》卷80。

④ 《元史》卷175，《张珪传》。

⑤ 胡祗遹：《即今弊政》，《紫山大全集》卷22。参见《宝钞法》，同上。

⑥ 胡祗遹：《匹夫岁费》，《紫山大全集》卷23。

⑦ 参见本书第十四章。

其次，根据当时人计算，一家五口“周岁食粟三十余石”；加上“布帛各人岁二端，计十端，絮二斤，计十斤，盐醢醯油一切杂费；略与食粟相当”，亦应为三十余石。而农家百亩所出，“好收则七、八十石，薄收则不及其半”，支付生活的基本需要亦有困难。必须负担的税粮、包银、丝料，折合起来又要二十石左右，为一户百亩农田收入的四分之一甚至更多。其他各种名目的赋税、劳役还未计算在内。“欲无冻馁，得乎”①！

第二节　北方科差的征收办法

上面介绍了科差制的确立过程。可以看出，科差是以户为单位征收的。而在实际征收时，情况是很复杂的。

首先，并不是国家户籍上所有人户都负担科差。“凡儒士及军、站、僧、道等户皆不与”②。元初常在民户中签军，签发者即成为军户。至元十年（1273）五月，“诏免民代输签军户丝银及伐木夫户赋税”③。至元十一年五月，“敕随路所佥（签）新军其户丝银均配于民者并除之”④。一成军户，应当军役，便可免除丝银科差，作为优待。但是国家征收的科差总额并不减少，地方政府便将新签军户的科差分摊到民户头上。这样一来，民户的科差负担就大大加重了，引起强烈的不满，所以才会有免民代输之事。站户的情况与军户大体一样。僧道“种田作营运者，依例出纳地税、商税，其余杂泛、科差并行免放”⑤。这是窝阔台汗时作出的决定，后来一直延续下来。对于儒户也有类似的规定⑥。除了以上几种户外，匠户、冶炼户应该也在免纳丝银之列。这从监察御史王恽的二件文书中可以看出来。一件说：“伏见吕合剌儿管民户内拨出

① 胡祗遹：《匹夫岁费》，《紫山大全集》卷23。
② 《元史》卷93，《食货志一·科差》。
③ 《元史》卷8，《世祖纪五》。
④ 《元史》卷8，《世祖纪五》。
⑤ 《通制条格》卷29，《僧道·商税地税》。
⑥ 《庙学典礼》卷1，《选试儒人免差》。

人匠二百二十五户内，谓如真定路苌参谋，甄荣祖、吴信、魏友系纳三锭包银户计，余者虽是不及例各酌中户计，然则一丁入局，全家丝银尽行除免”[①]。另一件说：“今切见各处铁冶，拨出户计，设立头目管领，……今略举綦阳并乞石烈、杨都事、高撒合所管四处铁冶，见分管户九千五百五十户，验每户包钞四两计，该钞七百六十四锭。今总青黄铁二百四十七万五千六百九十三斤半，价值不等，该价钞四百六十八锭二十三两三钱三分半，比包钞亏官二百九十五锭二十六两六钱半。”[②] 这些冶铁户免除包钞，而他们制造的铁，全部价值还及不上免除的包钞数额，政府因此减少了收入。

因此，在诸色户计中，承担科差的，主要是民户。此外还有盐户和医户等。中统三年（1262），“以蛮寇攻掠，免三叉沽灶户一百六十五户其年丝料、包银”[③]。至元十三年（1276）四月，“免大都医户至元十二年丝银”[④]。这些记载说明盐户（灶户）和医户是要交纳丝银的，偶尔的减免便成了政府的德政。但盐户、医户人数有限，占居民中多数的民户是科差的主要承担者。

其次，民户中因为承担科差的情况各不相同，又有多种类别。“然其户大抵不一，有元管户、交参户、漏籍户、协济户。于诸户之中，又有丝银全科户、减半科户、止纳丝户、止纳钞户。外又有摊丝户、储也速歹儿所管纳丝户、复业户，并渐成丁户。户既不等，数亦不同。元管户内，丝银全科系官户，每户输系官丝一斤六两四钱，包银四两；全科系官五户丝户，每户输系官丝一斤，五户丝六两四钱，包银之数与系官户同；减半科户，每户输系官丝八两，五户丝三两二钱，包银二两；止纳系官丝户，若上都、隆兴、西京等路十户十斤者，每户输一斤，大都以南等路十户十四斤者，每户输一斤六两四钱；止纳系官五户丝户，每户输系官丝一斤，五户丝六两四钱。交参户内，丝银户每户输系官丝一斤六两四钱，包银四两。漏籍户内，止纳丝户每户输丝之数，与交参丝银户同；止纳钞户，初年科包银一两五钱，次年递增五钱，增至四两，并科丝料。协济户内，丝银户每户输系官丝十两二钱，包银四两；止纳丝

① 《论肃山住局人匠偏负事状》，《秋涧先生大全集》卷89。

② 《论革罢拨户兴煽炉冶事》，《秋涧先生大全集》卷89。

③ 《元史》卷96，《食货志四·赈恤》。

④ 《元史》卷9，《世祖纪六》。

户，每户输系官丝之数，与丝银户同。摊丝户，每户科摊丝四斤。储也速歹儿所管户，每户科细丝，其数与摊丝同。复业户并渐成丁户，初年免科，第二年减半，第三年全科，与旧户等。”① 根据上述记载，可列表如下：

<table>
<tr><th colspan="3" rowspan="2">类 别</th><th colspan="2">丝 料</th><th rowspan="2">包 银</th></tr>
<tr><th>系官丝</th><th>五户丝</th></tr>
<tr><td rowspan="5">元管户</td><td rowspan="2">系官户</td><td>丝银全科系官户</td><td>一斤六两四钱</td><td></td><td>四两</td></tr>
<tr><td>止纳系官丝户</td><td>一斤或一斤六两四钱</td><td></td><td></td></tr>
<tr><td rowspan="3">系官五户丝户</td><td>全科系官五户丝户</td><td>一斤</td><td>六两四钱</td><td>四两</td></tr>
<tr><td>减半科户</td><td>八两</td><td>三两二钱</td><td>二两</td></tr>
<tr><td>止纳系官五户丝户</td><td>一斤</td><td>六两四钱</td><td></td></tr>
<tr><td colspan="2">交参户</td><td>丝银户</td><td>一斤六两四钱</td><td></td><td>四两</td></tr>
<tr><td colspan="2" rowspan="2">漏籍户</td><td>止纳丝户</td><td>一斤六两四钱</td><td></td><td></td></tr>
<tr><td>止纳钞户</td><td></td><td></td><td>初年一两五钱，二年二两，递增至六年科四两，并科丝料</td></tr>
<tr><td colspan="2" rowspan="2">协济户</td><td>丝银户</td><td>十两二钱</td><td></td><td>四两</td></tr>
<tr><td>止纳丝户</td><td>十两二钱</td><td></td><td></td></tr>
<tr><td colspan="2">摊丝户</td><td></td><td>摊丝四斤（后为五斤八两）</td><td></td><td></td></tr>
<tr><td colspan="2">储也速歹儿所管户</td><td></td><td>细丝四斤</td><td></td><td></td></tr>
<tr><td colspan="2">复业户、渐成丁户</td><td colspan="4">初年免科，第二年减半，第三年全科，与旧户等。</td></tr>
</table>

元管户指在正式户口调查时登记的人户。元管户分为系官户与系官五户丝户两大类。系官户是只向国家交纳科差的人户，系官五户丝户是既要向国家又要向投下交纳科差的人户，实际上是投下的封户。系官丝是交给国家的丝料，五户丝是交纳投下的丝料。在元管户中，值得注意的有二个情况。一是丝银负担的多种类型，共有五种之多，只有二种（丝银全科系官户、全科系官五户丝户）是全额负担的，其余三种都是部分负担的。二是系官户中丝银全科系官户，按理并不需交五户丝，但是他们要交向国家系官丝一斤六两四钱。这就是说，不管是否投下封户，都需交丝料一斤六两四钱；凡是投下户，则其中六

① 《元史》卷93《食货志一·科差》。

两四钱归投下；不是投下户，全部归国家。这和前面征引的关于二五户丝的记载，是有出入的。至于为什么有五种类型之别，现在已难以说明。五种类型户在其他记载中亦常有提及。如魏初的奏议中曾提到“止当丝投下”一户，显然就是“元管户”中的“止纳系官五户丝户”[①]。又如，至元三年（1266）七月，中书省的一件文书中说，发弓手，“止于本处当包银丝线并止纳包银户计内，每一百户选差中户一名当役”[②]。

漏籍户指正式户口登记时漏载的人户。至元二十八年（1291）五月，“中书省官人每奏：月哥歹皇帝时分，忽都忽官人抄数户计时，落后下的漏籍户，还俗和尚、先生每，弟兄析居，放良来的，这等户每，不拣是谁休拘收者，么道，圣旨行了有来。那的后头鼠儿年抄数户计时分，忙哥皇帝也依那体例里教行有来。……这般的户计每有呵，城子里官人每数目要了，续续的中书省里报知者”[③]。可见，凡是蒙古国（后来是元朝）正式户口登记时未曾入册而后来补充登记的，便称为漏籍户。“忽都忽官人抄数户计”指月哥歹（窝阔台）汗时期的乙未（1235）户籍，“鼠儿年抄数户计”指忙哥（蒙哥）汗时期的壬子（1252）户籍。漏籍户拘收入籍之初，会在赋役负担方面得到了些优待，故有“止纳丝户”、“止纳钞户”之分。从止纳钞户的情况来看，六年之后，便不再优待；止纳丝户很可能也是这样。这时的漏籍户，已与元管户没有区别了。

交参户指各地区的外来人户，已在原籍登记，又为该地区记录在册。忽必烈当政时，监察官员王恽上《论交参户土著事状》，其中说：“交参散漫户计，本管上司差设权府提领、招抚总把之类，另行管领，中间不无侵扰，使失业贫民，转致困弊。今后似此户计，合无令见任官司收系土著，元籍路分推送除豁”[④]。王恽之意，即将交参户在今住地收录入册，而在元籍除名。中统四年（1263）燕京路总管府“奏准条画内一款”：“本路多有起移交参躲闪差发人户，乞禁约，今后经由官司方许起移事。准奏。今后……如须有合起户计，仰各处差来官赍把文字，经由所在官司，然后发遣，仍行移本路官司推收合着差

① 《奏议》，《青崖集》卷4。
② 《元典章》卷51，《刑部十三·防盗·设置巡防弓手》。
③ 《通制条格》卷2，《户令·投下收户》。
④ 王恽：《论交参户土著事状》，《秋涧先生大全集》卷86。

发。如不经由所在官司，私下纵令起移者，验各户合着差发，勒令本处主首、邻佑人等陪纳，仍约量断罪施行”[①]。此件文书所说是原籍官府前来燕京路“起移”交参户之事。交参户已在燕京路交纳差发，故文书中对交参户“起移”后的差发交纳作出具体的规定。交参户在原籍就是元管户，故负担全部丝银。

协济“犹添助气力也”[②]。中统元年（1260）五月的“宣抚司条款”中说：“已分付漏籍老幼等户，照依今降诏书内条款，协济本路见当差发户计，敷补均科”[③]。中统二年六月，“括漏籍老幼等户，协济编户赋税”[④]。可知协济户主要便是漏籍户。至元十三年（1276）正月，“中书省臣言：赋民旧籍已有定额。至元七年新括协济合并户为数几二十万五千一百八十。敕减今岁丝赋之半”[⑤]。至元二十六年（1289）闰十月，权臣桑哥言：“协济户十八万，自入籍至今十三年，止输半赋。闻其力已完，宜增为全赋”[⑥]。桑哥所说“协济户十八万”，显然就是至元十三年中书省臣所说“至元七年新括协济合并户”。这批协济户应是至元七年户籍登记时入册的。因为“赋民旧籍已有定额”，所以他们“止输半赋”。但这是临时性的优待，到一定年限，便要输纳全部赋税。应该指出的是，协济户所纳既为“半赋”，则丝料不应为“十两二钱”，而应是“十一两二钱”[⑦]。相应包银不是四两而是二两。

既然协济户即是漏籍户，为什么又有协济户与漏籍户的区别呢？现有的资料尚难以作出合理的说明，一种可能是登记入册的时间不同所致，有的时间登记的被列为漏籍户，有的时间登记的便为协济户。另一种可能是，登记之初称为漏籍户，但过一定年限之后，漏籍户的名目便不存在，改称元管户或协济户。至元十九年（1282）五月中书省的一件文书中说：“据户部呈，依奉省部勾集各路正官、首领官、人吏，验至元十八年元管、交参、协济科差户额，收

① 《元典章》卷25，《户部十一·影避·禁起移躲差发》。
② 徐元瑞：《习吏幼学指南》。
③ 《元典章》卷25，《户部十一·差发·验土产均差发》。
④ 《元史》卷4，《世祖纪一》。
⑤ 《元史》卷9，《世祖纪六》。
⑥ 《元史》卷205，《桑哥传》。
⑦ 元管户中的全科户应纳丝料一斤六两四钱，折合二十二两四钱，半额应为十一两二钱。

除到至元十九年实行户数”[1]。其中没有提到漏籍户，这不是偶然的，说明漏籍户实际上是临时的名称。当然，严格来说协济户也是临时性的，一旦“增为全赋”以后，协济户就不再存在了。

摊丝户和储也速歹儿所管户情况不详。但这两种户的数量不会很多。复业户指逃亡以后回来的人户，按照政策可以享受一定的照顾。渐成丁户指家中没有成丁的人户，也可享受一定的照顾。这两种人户在第三年起便与元管户相同，实际上也是临时性的名称。

从以上所说的不难看出，民户中的科差负担有多种类别，情况是很复杂的。真正交纳全额丝银的，只是其中部分人户。还要相当数量的民户，只交纳一半丝银，或只纳丝、银中的一种。还应该提及的是民户中除了前面列举的各种类型之外，见于记载的还有“三定包银户计”[2]，但它的来源和负担，都不很清楚。

第三，民户中有户等之分，各等户的丝银负担各不相同。前面一章已讲过，元代实行户等制，居民按资产丁力分为三等九甲。科差征收之法，“各验其户之上下而科焉”。“又有俸钞之科，其法亦以户之高下为等”[3]。也就是说，政府规定的丝银数额，只是一个平均数，在实际征收时，要将一地应征的总额，按户等高低，再行分摊，户等高的多出，户等低的少出。忽必烈当政前期，魏初上奏签军事宜。他说，安平县新签军七十户，其中“当包银户七十六户，俱系近上户计，元当包银二十四锭七两四分”，如按法定数额每户五两计，则七十六户“该七锭三十两”。二者相差一十六锭二十七两四钱七分。这七十六户“近上户计”平均每户负担近十六两，是法定数额的三倍强。魏初还作了如下的估算：“元每一十户额当钞五十两，内包钞四十两，俸钞一十两，验贫富品答均科。除壬寅至今累次签军，该签讫三户。其军多系近上户计，权以十两为率，该纳包俸三十两。今官司依额止除豁一十五两。外有近下户七户，元着二十两，每户该二两八钱半。今官司依额科降该三十五两，比与

① 《元典章》卷25，《户部十一·差发·验贫富科赴送纳》。
② 王恽：《论肃山住局人匠偏负事状》，《秋涧先生大全集》卷89。
③ 《元史》卷93，《食货志一·科差》。

上户通滚品答均科时，该添讫一十五两，每户该添二两一钱半。”① 当十户“验贫富品答均科”时，“近下户”七户每户只须交二两八钱半。但“近上户计”被签发充军后，不再应当丝银差发，而政府只按法定的平均数额豁除。原来“近上户计”三户每户承当十两，现在豁除五两，还有五两，三户共计十五两，就要“近下户”承当，所以“近下户”必须承当平均额五两，比原来增加了二两一钱半。魏初所举的例子和估算，都是想引起政府的重视，使“近下户”不致负担过重，以免造成“流亡寇盗”。但他的言论充分说明了丝银确是“验其户之高下”科取的。

包银如此，丝料亦如此。大都居民魏阿张（女），“并无营运产业”，“赁房居住”，“与人庸力”，“其子才方七岁，老姑年已九十五岁”。就是这样一户人家，至元十年（1273）的“差发钞一钱二分半，丝五钱六分”②。魏阿张家境穷困，又无丁男，显然应在下户之列，乃需承当丝银差发。但她承当的都非法定平均数额，而在平均数额以下，可见包银、丝料都是按户等高下摊派的。

户等的划分是普遍的。前面所说各种类型民户都应有三等九甲之分，因而各类民户都应是按户等高下分摊丝银的。前面提到由当包银丝线并止纳包银户的中户内签发弓手便是一例。

第四，《元史》载，中统元年（1260）定立户籍科差条例，规定：“以合科之数，作大门摊，分为三限输纳。被灾之地，听输他物折焉，其物各以时估为则”。中统元年五月成立十路宣抚司，颁布有关条款，其中三条是：

> 科放差发文字，止依一次尽数科讫，府科于州，州科于县，县科于民，并同此例，分作三限送纳。其三限宽期展日，务要民户纾缓容易送办，不可促逼人难。③
>
> 今年照勘定合科差发总额，府科与州，验民户多寡，土产难易，以十分为率，作大门摊均科讫，仍出榜文，开坐各州合着差发数目，该丝绢若干，分朗晓示，务要通知。州科与县，县科与村，各出榜

---

① 魏初：《奏议》，《青崖集》卷4。

② 《元典章》卷33，《礼部六·孝节·魏阿张养姑免役》。

③ 《元曲章》卷3，《圣政二·均赋役》。

> 文，开坐差发数目，以此为例。至于县榜，须要见村庄各户花名，合该一年差发数目，仍于本县市曹村庄辏集处，各各晓示，以见至公无私。外据已分付漏籍老幼等户，照依今降诏书内条款，协济本处见当差发户计，敷补均科，与当差发民户依上只作一榜，通行晓示施行。[①]
>
> 被灾去处差发，如无本色，许令折纳诸物。[②]

“门摊”是元代赋役制度中的常见用语，即按户摊派之意。“大门摊”应是大范围内按户摊派之意。由以上规定可知，差发丝银是“验民多寡，土产难易”，逐级下达的。丝银按户为单位征收，因此要“验民多寡”。“土产难易”似指纳丝而言，有些地方产丝，有些地方不产丝，征收办法有所不同[③]。“以十分为率，作大门摊均科讫”，指在一府内将科差总额在所属各府内“验民多寡，土产难易”进行摊派。各州再按上述原则，分摊给各州，州摊与县，各县分摊各村，村落实至户。这一规定还强调科差摊派中的透明度，“府科与州”时要“出榜文，开坐各州合着差发数目”明白晓示。县要出榜文，将村庄各户合着差发数目，在辏集处“各各晓示”。

出榜晓示后，再分三限送纳。中统元年三限的时间不详。中统二年，“复定科差之期，丝料限八月，包银初限八月，中限十月，末限十二月。三年，又命丝料无过七月，包银无过九月”。则似已取消三限的规定。大德六年(1302)，“丝料限八月，包银、俸钞限九月，布限十月”，与中统三年的规定相比，又有所调整[④]。

第五，科差丝料一部分归政府，一部分归投下。包银中亦有一部分归投下。这是科差不同于其他赋税的一个特点。归投下部分，由谁征收，是个很大的问题。窝阔台汗确立五户丝时，耶律楚材建议：“若朝廷置吏，收其贡赋，

---

① 《元典章》卷25，《户部十一·差发·验土产均差发》。

② 《元典章》卷25，《户部十一·差发·减差·被灾去处量减科差》。

③ 中统四年三月有“非产丝之地亦听以钞输入”的规定，可能中统元年“宣抚司条款”中先有类似的条文，中统四年重申。

④ 《元史》卷93，《食货志一·科差》。

岁终颁之，使毋擅科征，可也。”窝阔台汗同意这一建议①。后来的包银，是国家的一项赋税，更应如此。但是，在蒙古国时期，很多投下主依仗权势，直接向封户征收丝料，有的甚至还征取包银。前边提到的拔都便是一个典型的例子：“河东土产，菜多于桑，而地宜麻，专纺绩织布，故有大布、卷布、板布等。自衣被外，折损价值，贸易白银，以供官赋。民淳吏质，而一道课银，独高天下，造为器皿，万里输献，则亦不负王府也。又必使贡黄金，始白银十折，再则十五折，复再至二十、三十折，至白银二两，得黄金一钱。自卖布至于得白银，又至于得黄金，十倍其费，空筐匪之纺织，尽妻女之钗钏，犹未充数。榜掠械系，不胜苦楚。不敢逃命，则已极矣。今王府又将一道细分，使诸妃、王子各征其民，一道州郡，至分五、七十头项，有得一城或数村者，各差官临督，虽又如汉之分王，王子诸侯各衣食官吏而不足，况自贡金之外，又诛求无艺乎”②！中统元年（1260）七月，忽必烈“立行中书省于燕京”。十月，行中书省讨论“诸投下五户丝料”问题，“自来就征于州郡，堂议云：如此恩不上出，事又不一，于政体未便。奏准皆输大都总藏，每岁令各投下差官赴省验数关支”③。可见在此以前都是各投下自行征收五户丝，耶律楚材的建议并未得到贯彻。忽必烈为了加强中央集权，对投下的势力加以抑制，重申原有的规定，只能由政府征收丝料，便是其中之一。对于包银肯定也采取了同样的措施。在此以后，这项规定才得到比较严格的执行。

第三节　江南的户钞与包银

元朝平定江南以后，将江南的部分人户分封给宗室，总数达八十万户左右。对于江南的投下封户，元朝政府没有征收丝料，而是征收户钞。“凡诸王及后妃公主，皆有食采分地。”“及世祖平江南，又各益以民户，时科差未定，

---

① 《元史》卷146，《耶律楚材传》。

② 郝经：《河东罪言》，《陵川文集》卷32。

③ 王恽：《中堂事记上》，《秋涧先生大全集》卷80。

每户折支中统钞五钱，至成宗复加至二贯。”[①] 户钞之法，发生于忽必烈平江南、并以江南部分人户分封诸王、公主之后。至元二十年（1283）正月，“敕诸王、公主、驸马得江南分地者，于一万户田租中输钞百锭，准中原五户丝数”[②]。有关诏令文书的原文是：

至元二十年八月，行省准中书省咨，六月初七日，奏过事内一件：

奏：去年江南的户计，哥哥、兄弟、公主、驸马每根底，各各分拨与来的城子里，除［税］粮、课程外，其余差发不着有。既投下分拨与了民户多少，阿合探马儿不与呵，不宜的一般。俺斟酌了，奏呵，怎生？“那般者”。圣旨有来。如今俺商量来，如今不着差发其间，却科取阿合探马儿，不宜。每一万户一年这里咱每与一百锭钞，替头里却江南于系官合纳的粮内斟酌要钞呵，怎生？奏呵。

奉圣旨：那般者。既与了民户呵，却不与阿合探马儿呵，济甚事。虽那般呵，他每根底分明说将去者，这里必阇赤每根前说与，也交理会者。为江南民户未定上，不拣什么差发未曾科取。如今系官钱内，一万户阿合探马儿且与一百锭钞者。已后定体了呵，那时分您要者。各投下说将去。

钦此。都省除已依验各投下拨定户计合该钞数，行下万亿库先行放支外，咨请行下合属，依上于元拨定各投下人户，今岁合纳系官税粮内，验所拨户数合该宝钞，照依彼中米价，扣算石斗，折收宝钞，申解本省发来。余上粮数，依理征收施行。[③]

这件诏令文书所记时间与前引记载（《元史》本纪）有出入，不是二十年的正月，而是六月。应以文书为是。诏令文书清楚讲述了江南户钞实行的原因。按照传统做法，封户以后，必须有相应的经济利益，这便是颁发阿合探马儿（五户丝）。但是江南没有实施科差制度，于是便想出代替的办法，每一万

① 《元史》卷95，《食货志三·岁赐》。
② 《元史》卷12，《世祖纪九》。
③ 《元典章》卷24，《户部十·投下税·投下税粮许折钞》。

户出钞百锭，先由中央仓库（万亿库）向各投下放支，然后各地将应纳钞交来。按户纳钞，这就成了户钞。值得注意的是，从诏令文书来看，户钞是“江南于系官合纳的粮内斟酌要钞”，也就是于“今岁合纳系官税粮内”，“照依彼中米价，扣算石斗，折收宝钞”。这就是说，户钞是在税粮中扣除的，并不是在税粮以外另加的。扣除户钞折合石斗以外的税粮，仍照原来办法上交。前面所引《元史》本纪中说“于一万户田租中输钞百锭”，应该说是准确的，户钞是“田租中”，而不在“田租”外。

因此，可以认为，初行户钞时，并未增加封户的负担。从诏令文书来看，这是权宜之计，因为江南“不着差发，其间却科取阿合探马儿，不宜。”忽必烈说得更清楚：“已后定体了呵，那时分您要者”。“定体”就是指在江南推行科差制度。但是，元朝政府一直没有在江南全面推行科差制度，作为临时措施的户钞，也就沿续了下来。

至元三十一年（1294）四月，元成宗即位。为了笼络王公贵族，在大加赏赐之外，又增加江南户钞。“中书省臣言：……又江南分土之赋，初止验其版籍，令户出钞五百文，今亦当有所加。然不宜增赋于民，请因五百文加至二贯，从今岁官给之”。得到成宗的同意。① 显然，这次户钞数额的增加，是由国库中支出的，并非“增赋于民”。

总起来说，户钞是在江南临时代替五户丝而采取的一项措施。从这一点上说，它应视为科差的一部分。但是，初行户钞时，是从现有税粮中支出；增加户钞时，又从“官给”。户钞并未成为一项正式的向百姓征收的赋税。所以，后来元朝政府在征收江南包银时，特别指出户钞是“官司代支，也不曾百姓身上科要”。（见下）

延祐七年（1320）三月，英宗即位。四月，“课回回散居郡县者，户岁输包银二两”②。实际上，同时颁布了两件有关征收包银的文书：

> 中书省咨。延祐七年四月二十一日奏：腹里汉儿百姓无田地的，每一丁纳两石粮，更纳包银、丝线有。江南无田地人户是甚差发不

① 《元史》卷18，《成宗纪一》。

② 《元史》卷27，《英宗纪一》。

当，各投下合得的阿哈探马儿，官司代支，也不曾百姓身上科要，好生偏负一般。俺众人商量来，便待依着大体例，丁粮、包银、丝线全科呵，莫不陡峻么。如今除与人作佃、庸作、赁房居住、日趁生理单身贫下小户不科外，但是开张解库、铺席、行船、做买卖、有营运殷实户计，依腹里百姓在前科着包银例，每一户额纳包银二两，折至元钞一十贯。本处官司验各家物力高下品答均科呵，怎生？奏呵。

奉圣旨：依着您众人商量来的行者。

钦此。……每五月十五日为始开库收受，八月中纳足，通行起解。①

中书省咨。延祐七年四月二十一日奏：诸色户计都有当的差发有，回回人每并他放良、通事人等不当军、站差役，依体例合当差发的多人言说，台官每也几遍动文书。"教商量者"，么道，有圣旨来。如今俺商量来，回回、也里可温、竹忽、答失蛮，除看守着寺院住坐念经祝寿的，依着在前圣旨体例，休当着，其余的每，并放良、通事等户，在那州县里住呵，本处官司抄数了，立定文册。有田的交纳地税，做买卖纳商税，更每户额定包银二两，折至元钞一十贯，验着各家物力高下，品答均科呵，怎生？奏呵。

奉圣旨：依着您众人商量来的行者。

钦此。都省除已札付御史台钦依施行外，咨请钦依施行。②

由以上两件文书可知，延祐七年四月二十一日同时决定颁发的两项命令，一项是向江南"开张解库、铺席、行船、做买卖、有营运殷实户计"征收包银。解库就是当铺，开张铺席通常指开店铺经商而言，行船指水上运输的经营者，营运一般指做买卖。也就是说，征收的对象是商人、典当业和水上运输业经营者。有些记载因而称之为向"江南无地人户"征收包银（见下）。另一项

① 《元典章》新集，《户部·差发·江南无田地人户包银》。又见《元典章》卷21，《户部七·钱粮·科征包银》。

② 《元典章》新集，《户部·差发·回回当差纳包银》。

则是在全国范围内向回回、也里可温、竹忽、答失蛮征收包银。前引记载《元史·英宗本纪》，只提课回回包银，是不全面的。而《元史·食货志》的“科差”门，只说“及平江南，其制益广”，没有记延祐七年四月有关包银的两项决定，更是重大的遗漏。

值得注意的是，两项决定中，前一项是专门限定在江南地区施行的，后一项则应是在全国范围内施行的。决定下达后，江南各地区雷厉风行，确定应当人户。杭州路，“包银令下，人骇于创见，公（路总管于九思）为程其物力，定为等级，民不病而事以集”①。庆元路（路治浙江宁波），“至治中，包银令下，帅阃以庆元赋委君（丘世良）定之。君分户为九等，止科其上者而已。行省使者以赋薄峻责之，君曰：‘民困赋役，今又科包银，如是亦足矣。吾以一身为一郡民请命，其亦可也’。卒不增”②。婺州路（路治今浙江金华），“包银之令下，州县承之，急如星火。一里之间不下数十姓，民莫敢与之辨。先生（朱震亨）所居里仅上富氓二人，郡守召先生自临之曰：‘此非常法，君不爱头乎’！先生笑曰：‘守为官，固当惜，民不爱也。此害将毒子孙，必欲多及民，愿倍输吾产当之’。守虽怒，竟不能屈”③。松江府（府治今江苏松江），“江南创行包银法，省檄已下，府君（周显）谓银非土产，一受命则民困极矣，率父老拥使者泣拜。使者感动，为白相府，会诏罢而止”④。饶州路（路治今江西鄱阳），“包银之法，户不过二两。同僚瞰君（路总管王都中）之出，立局籍民数，多或征其十倍，少亦倍于元科。公既还，命一以诏书从事，民所输无过二两者”⑤。赣州路（路治今江西赣州），“包银令下，君（赣州录事许晋孙）钩校物力之厚薄以应令，民用不扰”⑥。抚州路崇仁县（今江西崇仁），“至是征包银钱，［县尹胡愿］不遣一卒，令民自推，择事末利而赡者乃与征，曼然无动摇”⑦。福建，“包银令下，有田者不征，而闽无无田之富民。

① 黄溍：《于公行状》，《金华黄先生文集》卷23。
② 陈旅：《丘同知墓志铭》，《安雅堂集》卷12。
③ 宋濂：《故丹溪先生朱公石表辞》，《宋文宪公全集》卷50。
④ 贡师泰：《义士周光远墓志铭》，《玩斋集》卷10。
⑤ 黄溍：《王公墓志铭》，《金华黄先生文集》卷31。
⑥ 黄溍：《许君墓志铭》，《金华黄先生文集》卷33。
⑦ 吴澄：《胡侯墓志铭》，《吴文正公文集》卷39。

郡以一切应命，仪之（邵武路光泽县尹周天凤字仪之）力争不可，则请分豁有田、无田者，定为式以上。从之，果报罢其不应征者为钞九万有奇，邵武路所征止万缗，光泽才六百缗。……吏选建宁路建阳县尹。初，建阳包银岁输六万一千一百五十，仪之累牍援邵武例，且为过使客力言：'福建濒海依山，近年经理，与两广俱免。今包银两广免而福建独重，民将不堪，变起不测'。会平章於公至，仪之言之尤力。公还朝，为江南悉罢之"[①]。

从上面列举的一些记载可以看出，江南征收包银的命令，在许多地方都付诸实施，只有两广例外。延祐七年十一月颁布"改元诏书"宣布："合该包银除两广、海北、海南权且倚阁，其余去处，减免五分"[②]。元立海北海南宣慰司，其辖地为今广西南部和海南省。严格来说"不征"的地方包括两广和海北海南。但只是"权且倚阁"，也就是暂时不征的。各地确定应当人户时，"程其物力，定为等级"，也就是划分户等，在此基础上分派包银，多少不等，有的则只科上户。

从这些记载还可以看出，江南征收包银过程中，普遍引起百姓的严重不满。有的地方"多或征其十倍，少亦倍于元科"。有的地方不论有田、无田，"以一切应命"。扩大应当包银人户的数目，增加各户承担包银的数量，成为习见的现象。上述福建邵武路可以说是有代表性。原来确定的包银额超过十万贯，经过周天凤的力争，加以区别，应当的止有万贯，其余九万余贯都是虚数。显然，这一措施遭到了多方面的抵制，朱震亨坚持少报，周显率众请愿，便是两个突出的例子。

延祐七年（1326）四月开征江南包银。同年十一月，诏江南包银"减免五分"。至治元年无减免之令，应已征收。至治二年（1322）十一月，"以立右丞相诏天下，……江淮创科包银全免之"[③]。这次豁免是元朝统治集团内部斗争的结果。英宗即位后，得到太皇太后支持的权臣铁木迭儿为中书右丞相，把持朝政，为所欲为。英宗便提拔拜住，与之相抗。至治二年八月，铁木迭儿

① 刘岳申：《周君墓志铭》，《申斋集》卷11。

② 《元典章》卷3，《圣政二·复租税》。

③ 《元史》卷28，《英宗纪二》。

死，九月太皇太后崩，十月英宗便任命拜住为中书右丞相，采取了一系列革新措施。“英宗皇帝更庶政，除前相所行不便事，下诏天下，命御史台、枢密、翰林、集贤集议，桷时得预末席。叔能（左司都事王克敬字——引者）首言：‘江南两税已定，复增贾区银赋，贾无常居，赋重即逋逃。今征额籍具，使无能输，将并于主户。主户既主徭役，是徭役之外，别有银赋，将不胜其害’。群公以为然。新诏既下，取首建议为多”①。“前相”指铁木迭儿，可知全免江淮包银是针对铁木迭儿而发的。既然承认这是铁木迭儿“所行不便事”，按理应该取消，结果只是免除当年的包银。

至治三年（1323）八月，英宗被杀，泰定帝继位。十二月颁发的改元诏书中宣布，豁免“江淮创科包银三年”②。不少官员继续就此提出意见。如监察御史许有壬上《正始十事》，其中说：“又江南无地人户，科著包银，每户额纳二两，折至元钞十贯。虽曰验各家物力品答均科，解库、铺席、殷实之家，固不为无，而贫下小户，何可胜数！所开铺席本钱有不及一锭、半锭者，例以无田地有营运科纳，实为不堪。至治三年之数钦蒙免征，而其额故在”。他建议将包银放罢，使“民力少苏”③。泰定二年（1325）正月，因为灾荒接连发生，泰定帝要宰臣“与诸有司集议便民之事”，江南包银问题再一次被提了出来。“泰定改元，中书会议便民之事，先生（翰林学士吴澄——引者）复以二事为言”，其中之一便是江南包银④。和吴澄持同样态度的肯定不乏其人。这次会议以后，闰正月“壬子朔，诏赦天下，除江淮创科包银，免被灾地差税一年”⑤。诏书中说：“江淮以南创科包银，病民为甚，今后并行革拨”⑥。江南包银的征收至此结束，先后不过五年，而实际征收仅二年（延祐七年，至治元年），内延祐七年还“减免五分”。

延祐七年四月二十一日的另一项决定，则是一直实行的。根据镇江、湖州

---

① 袁桷：《送王叔能守会稽序》，《清容居士集》卷23。
② 《元史》卷29，《泰定帝纪一》。
③ 许有壬：《正始十事》，《至正集》卷77。
④ 虞集：《吴公行状》，《道园学古录》卷44。
⑤ 《元史》卷29，《泰定帝纪一》。
⑥ 《至顺镇江志》卷6，《赋税 · 宽赋》。

二地方志的记载：镇江路，“包银岁额八十八两，准钞（中统）二千二百贯。计户四十四（录事司银五十六两四钱，准钞一千四百一十贯，计户二十九。丹徒县银二两，准钞五十贯，计户一。丹阳县二十一两六钱，准钞五百四十贯，计户十。金坛县银八两，准钞二百贯，计户四）。并回回人户”①。

湖州路，“回回包银，中统钞二十二锭四十一两四钱一分二厘五毫。

乌程县……回回包银中统钞五锭一十五两。

归安县……回回包银中统钞二锭二十五两。

长兴县……回回包银中统钞三锭。

武康县……回回包银中统钞二锭一两四钱一分二厘五毫。

德清县……回回包银中统钞三锭。

安吉县……回回包银中统钞一锭”②。

上述镇江回回包银是至顺年间（1330～1332）编辑的地方志记载的，可见泰定二年（1325）取消江南包银，对于回回包银并无影响，各地继续征收回回包银，这是一。其次，据同一方志记载，镇江有回回五十九户，也里可温二十三户，而应当包银的仅四十四户，其余应是“看守着寺院住坐念经祝寿的”人户，故在免当之列。第三，回回包银每户银二两，折合至元钞十贯，至元钞一贯当中统钞五贯，故每户所征为中统钞五十贯，亦即一锭。从镇江一路来看，四十四户包银八十八两，准中统钞二千二百贯，正好和政府的规定吻合。从录事司和各县的情况来看，丹徒、金坛包银数和应当包银回回人户数符合，隶事司、丹阳县则略有出入，可以认为“物力高下、品答均科”的原则是起作用的，否则就不会出现后一种情况。湖州六县，三县的回回包银是整数，其余三县分别是五锭一十五两、二锭二十五两、二锭一两四钱一分二厘五毫，也应是同一原则起作用。但湖州一路的回回包银不是整数，令人费解，不知原因所在。

---

① 《至顺镇江志》卷6，《赋税·宽赋》。

② 《湖州府三·田赋》，《永乐大典》卷2275。

第十六章 诸色课程（上）

“征税之物曰课，额定其限曰程”①。元代的课程，就是税收的意思。诸色课程，指税粮、科差以外的各种税，主要有盐税、茶税、酒醋课、商税、市舶税等。另有各种数额不大的名目繁多的杂税，如洞冶课、竹木课、牲畜抽分等。诸色课程在国家财政收入中占有重要地位，下面分别加以叙述②。

第一节 盐的运销方式

盐是生活的必需品。元代出产的盐，有海盐、池盐、井盐三大类，以海盐居多。盐的生产，是在政府严密管理下进行的。全国设 9 处盐运司（或提举司、茶盐转运司），盐运司（提举司、茶盐转运司）下分别管辖若干盐场。每座盐场有一定的生产区域，管辖若干家盐户。14 世纪上半期，各盐司共有盐场 130 余处。每座盐场所辖盐户一般有数百户之多，因而又根据生产的需要，分立团、灶。根据 13 世纪末的统计，全国盐户约在 5.5 万 ~6 万户之间③。

盐运司（提举司、茶盐转运司）的职责是：“掌场灶，榷办盐货，以资国用”④。“掌场灶”指组织盐户进行生产，“榷办盐货”指负责盐的销售，“榷”

---

① 徐元瑞：《习吏幼学指南》。
② 市舶税在本书第十二章中叙述，此处从略。
③ 《元典章》卷 9，《吏部三 · 场务官 · 盐场额办引数》。
④ 《元史》卷 85，《百官志一》。

是国家专卖的意思。每年各盐场生产的盐，除了一小部分直接调拨供宫廷、军队、工匠消费之外，绝大部分都通过各种渠道销售给全国居民，销售所得便成为国家的收入。

元代盐的销售，主要有两种方式。一种是商运商销，一种是官运官销。商运商销即由商人向国家买盐，运往各地，卖给百姓。其具体办法有二，一是行盐法，一是和籴法。官运官销即由政府有关部门将盐运往各地，卖给百姓，其具体办法也有二种，一是食盐法，一是常平盐局法。

蒙古国时期，盐的销售方式缺乏明确的记载。从一些迹象看来，既有商人的作用，也可能在某些地区实行过“椿配”，即计口食盐。中统二年（1261）正月，中书省颁发“合行事理”，其中说：“外据宣课事，亦令验委实偏重去处，量行减免。所有盐货，听从民便买卖食用，并无椿配给散之家。此皆圣主仁政之所先也，仰宣抚司照依已行事理施行”①。说明忽必烈明令推行商旅销盐之法。六月，又颁发《恢办课程条画》，其中说：“今因旧制，再立明条，庶使吾民，各知所避”。具体规定了阻挠客商买盐、客旅运盐以及贩卖私盐等行为的处罚办法②。但是，没有多久，元朝政府便相继在山东、太原、大都等地实行计口食盐之法。它在多大程度上取代了客旅贩盐，则是不很清楚的。13世纪70年代，元灭南宋，统一全国。从此以后，直到14世纪30年代，元朝政府不断颁布盐政法令，都以商运商销为主要内容。但事实上计口食盐的实行范围不断扩大，全国大部分地区先后都曾推行过。计口食盐之法的扩大，有其深刻的原因。元朝政府为了增加盐课收入，便不断增加盐产量，提高价格。盐产量增加太多，超过了实际需要，导致大量囤积，无法销售。价格不断提高使百姓买不起盐，并导致私盐泛滥，结果也是盐卖不出去。盐无法销售，盐税收入必然减少，这样，增加收入的措施走向了反面，形成了一个怪圈。为了解决这个问题，最简单也最容易的办法，便是利用政权的力量，强迫摊派，征收盐价。在商运商销的方式下，盐课是一种间接税；而在政府摊派的情况下，盐课就成为直接税了。在此期间，部分地区还在一定时间内推行过常平盐局法与和

① 王恽：《中堂事记上》，《秋涧先生大全集》卷80。

② 《元典章》卷22，《户部八·课程·恢办课程条画》。

粜法。

比起商人运销来，计口食盐的办法弊病更多。“厥今东南为民病者莫甚于盐。始则亭户患其耗而不登，次则商旅患其滞而不通，及均敷科买之法行，而编民之家无贫富莫不受其患。况夫吏得肆其奸，则民之不堪甚矣”[①]。这种办法的推行，进一步激化了社会矛盾。元朝政府不得不采取措施。顺帝至正三年（1343），正式下令“罢民间食盐”。至正四年十一月，又“以各郡县民饥，不许抑配食盐。”[②] 商人运销成了唯一的销售方式。但是，社会积弊已深，没有多久，全国性的结束元朝统治的农民战争便爆发了。

上面概括叙述了元朝盐的销售办法演变过程。现在分别就商运商销和官运官销的方式作一些说明。

商运商销，便是商人向盐务机构买盐，运到各处去销售。其过程大体可以分成以下几个步骤：

（一）向盐运司交钱买盐引，凭引到盐场或盐仓支盐。商人到盐运司，首先要“入状”（交申请书），然后交钱，除正课（政府明文规定的盐价）之外，还要交附加的纲船水脚、装盐席索、仓场子脚等钱。大德五年（1301），两淮运司出产的盐，每引中统钞六十五两，其他附加的名目共收二两五钱。钱交足检点入库后，便可领取盐引。盐引是一种取盐凭证，每张（道）盐引可支盐四百斤。盐引上填写商人姓名，注明支盐的盐仓，并加盐运司的印记。原来盐商直接到各盐场支取，后来改为到盐仓支取，各盐场的盐都集中到盐仓贮存。商人持盐引到盐场（仓），经过有关官吏核实无误，登记在册，然后按照先后顺序将盐支给。元朝末年，由于从盐场运到盐仓途中以及在盐仓贮存，弊端甚多，仍改为到盐场支取。

（二）商人运盐，经过一定检验手续，然后才能运到各地发售。发售地点必须在本盐司行盐地面范围之内。两淮、两浙等盐司在某些重要口岸，如真州（今江苏仪征）、采石（今属安徽当涂）等处，设有批验所、检校所，其职责就是检查商人的盐引是否真实，盐袋有无超重，是否夹带私盐。经过检验，才

① 黄溍：《丽水县善政记》，《金华黄先生文集》卷15。
② 《元史》卷41，《顺帝纪四》。

能运往销售地点。在运输过程中，“引盐不相离”。如果“诸人贩盐，引不随行”，便要“依私盐法”治罪[①]。批验所、检校所又是商人们交易的场所。不少盐商将自己由盐场（仓）买得的盐，转手卖给其他商人，由后者销往各地。元朝政府在设立批验所的真州（今江苏仪征）指定“盐总部辖”，“专一说合卖盐贸易”。“盐总部辖”实际上就是牙人[②]。

各盐司都有自己的“行盐地面”，也就是固定的销售地区。盐的分区销售，由来已久，这是长期流通过程中形成的习惯，但更重要的是为了保证质量较劣的盐能够销售，国库收入不受影响。元朝统一全国以前，已经实行分区销售之法，四川一度因盐井废坏，“军民多食解盐”。到至元二年（1265）“立兴元四川盐运司，修理盐井”，恢复生产，“仍禁解盐不许过界”[③]。全国统一以后，先后成立了9处盐司，对各盐司的“行盐地面”，以前代的区分为依据，结合实际的流通情况，逐步确定下来。“行盐地面”一般是以行省区划为基础的，但又有所调整，例如，两浙盐司的行盐地面在江浙行省内，包括浙西、浙东和江东；而两淮盐司“行盐之地，江浙、江西、河南、湖广所辖路分，上江下流，盐法通行”[④]。大都河间盐司出产的盐称为“沧盐”，主要行于大都路及其以南，和黄河以北，太行山以东地区。河东盐司出产池盐，称为“解盐”（解州盐池出产的盐，解池在今山西运城南），主要销于山西及陕西东部。黄河以南，属于河南行省的河南府路（路治今河南洛阳）行解盐，同在黄河以南的汴梁路（路治今河南开封）则行沧盐。其他如福建、四川、山东、广海、广东等盐司的“行盐地面”，分别就是盐司名称所示地区。各盐司的盐只能在本盐司的“行盐地面”销售，不得出境。进入其他盐司的“行盐地面”，叫做“犯界”，是犯法的行为。

（三）盐商运盐到行销地点，或自行销售，或转卖给当地的商人再行出售。到达行销地点时，“盐客即于所在官司将见卖盐袋、盐引数目尽实呈报

---

① 《元典章》卷22，《户部八·盐课·引盐不相离》。

② 《元典章》卷22，《户部八·盐课·新降盐法事理》。

③ 《元史》卷94，《食货志二》。

④ 《元史》卷97，《食货志五·盐法》。淮盐在江浙行省亦有“行盐地面”。应是江东地面部分行浙盐，部分行淮盐。

讫，然后从容发卖”[①]。卖盐后，必须在五日之内将盐引“赴所在官司缴纳”。违限不缴，“同私盐法”。各地官府将退引“立即涂抹，每季申解运司收管”[②]。这主要是防止有人利用旧盐引贩卖私盐。

以上所说商运商销之法，称为行盐法。商运商销还有一种特殊的形态，那便是和籴法。商人运粮到政府指定的地点，换取盐引，然后到指定的盐场（仓）支盐，其余过程与行盐法相同。关于和籴法的一般情况，在本书第十九章中有所叙述。这里不再重复。

商运商销，经营者是商人，一般习惯称之为盐商。元代盐商中，贵族、官僚或他们的代理人占有很大的比例。成宗大德七年（1303）御史台的文书中说：“如今盐多是官豪势要之家买有”[③]。也就在这一年，御史台检举，“江南行省平章阿里，左丞高翥、安佑，佥省张佑等，诡名买盐万五千引，增价转市于人”[④]。为御史台文书提供了很好的例证。这类盐商利用权势，谋取暴利。盐商中也有不少没有政治地位的普通商人。他们中有些人通过贩盐积累了巨额的财富：“人生不愿万户侯，但愿盐利淮西头。人生不愿千金宅，但愿盐商千料舶。大农课盐析秋毫，凡民不敢争锥刀。盐商本是贱家子，独与王家埒富豪”[⑤]。“舆马之华，宫庐之侈，封君莫之过也”[⑥]。也有一些小盐贩，奔走于城乡之间，谋取微利。

盐的官运官销，有两种方式。一种是食盐法，其基本程序是，政府按照各地居民口数（或户数）强制分摊一定数量的盐，按额征收盐价。这种方法也叫“桩配”，宋、金都曾实行过。有元一代，全国多数地区都曾先后推行过。（一）大都。“［至元］八年，以大都民户多食私盐，因亏国课，验口给以食盐”[⑦]。但不久大都改行商人贩盐和常平盐局法，取消了食盐法。（二）山东。

---

① 《元典章》卷22，《户部八·盐课，改造盐引》。
② 《元典章》卷22，《户部八·盐课·申明盐课条画》。
③ 《元典章》卷22，《户部八·盐课·盐司人休买盐引》。
④ 《元史》卷21，《成宗纪四》。
⑤ 杨维桢：《盐商行》，《铁崖先生古乐府》卷5。
⑥ 余阙：《两伍张氏阡表》，《青阳集》卷10。
⑦ 《元史》卷94，《食货志二·盐法》。

世祖中统四年（1263），下令：“益都山东民户月买食盐三斤”①。此后山东“行盐”、“食盐”变化无常，有些地区还推行常平盐局法。（三）河东陕西。顺帝后至元二年（1336），监察御史帖木儿不花说，陕西之盐“近年散于民户”②。可知陕西亦曾行食盐法，但为时较晚。（四）两浙。浙东各地实行“食盐”之法时间不一，昌国州（今浙江定海）“始于至元二十七年抄数之后，一应诸色人户计口请买”③。绍兴地区，“延祐中，计口食盐之法行”④。浙西多数地区亦曾推行过“食盐”法，但一些商业都市因为“商旅之所集”，人口流动性大，“它郡口会，苏、杭未尝会也”⑤。（五）福建。福建的建、汀、延、邵四路“客商兴贩”，而漳、泉、福、兴四路则行“桩配民食”。这一“行盐”、“食盐”地区的划分，是“延祐元年……运司又从权改法”的结果⑥。顺帝至正三年（1343），才将“散办食盐”住罢。（六）广东。据元代方志记载，“本司（广东盐课提举司——引者）各场周岁总办客旅盐八千九百引，散办盐二万一千一百九十三引。官吏食盐，民食盐，灶户食盐”⑦。所谓“客旅盐”即商运商销之盐，“散办盐”即摊派之盐，亦即“官吏”、“民”、“灶户”的“食盐”。由此记载可知“食盐”数额大于商人运贩之数，但其开始年代和地区分布均不清楚。（七）广海。至元三十一年（1294）十一月，“广西盐先给引于民，而征其直，私盐日横，及官自鬻盐，民复不售。诏先以盐与民，而后征之。”⑧ 根据这一记载，可以认为广西曾实行“食盐”法，后改为常平盐局法（“官自鬻盐”），但因盐难以销售，又重新实行“食盐”法。（八）辽阳。辽阳出产池盐，但元朝政府“禁民盗食”，“转漕海盐以鬻民”。世祖时，改为均赋居民盐课，允许他们任意买食池盐、海盐⑨。这实际上是一种变相的

---

① 《元史》卷94，《食货志二·盐法》。
② 《元史》卷97，《食货志五·盐法》。
③ 《大德昌国州志》卷3，《食盐》。
④ 陈旅：《王经历惠政记》，《安雅堂集》卷9。
⑤ 《王经历惠政记》。参见黄溍：《王公墓志铭》（《金华黄先生文集》卷34）。
⑥ 《元史》卷97，《食货志五·盐法》。
⑦ 《大德南海志》卷6，《盐课》。
⑧ 《元史》卷18，《成宗纪一》。
⑨ 姚燧：《珊竹公神道碑》，《江苏通志》金石卷19。

"食盐"法。此外，两淮、四川、河间三盐区，从现有记载来看，大概没有实行过"食盐"法。但就是全境实行商人运销的地区，邻近盐场的居民，常常也计口食盐。如淮东盐司各场，"附场十里之内人户，取见实有口数，责令买食官盐。十里之外，尽作行盐地面"[①]。这样做是为了防止走漏私盐。

综上所述，可以看出，元代"食盐"法的推行，有两个特点。

（一）涉及面很广。从时间上说，早起世祖时，迄于顺帝初，几与元朝相终始。从地域上说，北起辽阳，南达岭海，遍及全国大部分地区。（二）推行是很混乱的。多数盐司推行，也有一些盐司不推行。在推行的盐司中，往往也有部分地区仍然由商旅兴贩。而且各盐司推行的时间有早有晚，兴废无常。推行"食盐"法，有的是中央政府作出的决定，有一些则是各盐司自行其是的，这也是造成混乱的重要原因。

官运官销的另一种方式是常平盐局法，始于至元二十一年（1284），创议者是当时忽必烈的宠臣卢世荣。他提出这个办法的理由是为了抑制"官员、豪富、有气力的人每""把柄着行市，掯勒百姓"，使"百姓每都得盐吃"；实际上则是以此增加收入，使"国家更有利钱"。具体办法是，在全国各地设立常平盐局，盐由各盐司支拨，按官价发卖。计划以二百万引供客旅兴贩，一百万引供常平盐局发售，也就是说，以常平盐局来制约商旅运销[②]。但是，没有多久，卢世荣就被罢职处死，他的一些建议大都废而不行，"常平盐局"法亦不例外。据记载，成宗时期，山东益都曾对盐法实行改革[③]：

大德三年，岭北湖南道肃政廉访使李公谔以选实来，三年代归。……初，司盐铁者以青地多舄卤，盐所易出，乃比屋计口配盐入其直，以防民私，谓之食盐。久则吏缘为奸，口岁至五十斤。盐賸而食弗尽，诬之以私鬻；直多而偿不足，罪之以欠课。敲榜禁系，求索百端，往往破产而后已。或乃先责其直而竟掩其盐。民骚然无所控诉，岁以久矣。公下车，方知其然，叹曰："斯弊不去，吾何以为

① 《元典章》卷22，《户部八·盐课·新降盐法事理》。
② 《元典章》卷22，《户部八·盐课·设立常平盐局》。
③ 刘敏中：《益都路总管李公去思记》，《中庵集》卷2。

政!”适诏使问民所疾苦，至青，复有宣慰司。公即抗言，乞罢食盐，听民买食便。诏使、宣慰是之，闻诸朝。俄而命下，选官与公审定可否以闻。遂议，居实濒海者食盐如旧，而遏其吏弊；其益者(都)、临朐、莒、临沂四县，及青之录司、益都县之颜神，凡六处，可官局发鬻；滕、峄二州，邹、滕、峄三县，及沂水之新寨，凡六处，听商贩往来。议上，从之，民喜如更生焉。

可知大德三年（1299）改制后，益都路范围内，即有计口食盐、商旅贩盐和官局卖盐三种不同的方式。官局卖盐占有很大的比重。元统三年（即后至元元年，1335），山东盐运使建议在益都将“零盐”、“依登、莱等处，铨注局官，给印置局，散卖于民，非惟大课无亏，官释私盐之忧，民免刑配之罪”。户部议：“山东运司所言，于滕、峄等处增置十有一局，如登、莱三十五局之例，于钱谷官内通行铨注局官，散卖食盐，官民俱便。既经有司讲究，宜从所议”①。可知益都路在此时曾增置盐局（原有的盐局未见提及可能在此以前已废止），而山东其余地区亦设有盐局。

大都是元朝的首都。“大德中，因商贩把握行市，民食贵盐，乃置局设官卖之”。当时大都“南、北二城设局，凡十有五处”。泰定二年（1325），“因所任局官不得其人，在上者失于钤束，致有短少之弊。于是巨商趋利者营属当道，以局官侵盗为由，辄奏罢之，复从民贩卖”。“未及数载，有司屡言富商高抬价直之害”。于是，元统二年（1334）又恢复了盐局十五处，“每局日卖十引”。至正三年（1343）因“法久弊生”，又革罢盐局，允许商人贩盐②。

以上是见诸记载的盐局情况。元统二年恢复大都盐局时，户部曾说：“各处俱有官设盐铺，与商贾贩卖并无窒碍，岂有京城之内，乃革罢官卖之局!”说明官设盐局是相当普遍存在的，并不限于大都、山东两地。

总起来说，元代销盐之法，是客旅贩盐、食盐、常平盐局三者并行，轮流使用。盐的生产是在国家严密控制下进行的，盐的运销同样受到国家的严密控制。实行食盐法时，政府直接将盐分配给居民，不管后者是否愿意。实行常平

---

① 《元史》卷97，《食货志五·盐法》。

② 《元史》卷97，《食货志五·盐法》。

盐局法时，政府置局买盐。就是客旅兴贩，整个运销过程也受到政府的周密监督。盐是国家直接掌握的物资，专卖的物品，它的流通与一般商品流通是不一样的。元朝政府从上到下，腐败成风，它所推行的种种制度，不管如何严密，都会百弊丛生。以销盐而论，推行“食盐”则不断增加配额，提高盐价，甚至收钱不给盐。推行常平盐局法“在船则有侵盗渗溺之患，入局则有和杂灰土之奸”。“当时置局设官，但为民食贵盐，殊不知官卖之弊，反不如商贩之贱”[①]。推行商旅贩盐，则盐场（仓）批验所（检校所）官吏故意刁难，敲诈勒索，商人“亏损资本”，“多被欺侮”。而一些权贵、官员则利用势力，多取盐数。以致商贩不通，盐课收入减少。元朝政府无法克服这些因为政权腐败带来的弊病，只能不断更换销盐之法，一法不行，另换一法，积弊日益加深。结果造成未卖之盐愈积愈多，私盐日益流行，直至灭亡。

第二节 盐课和盐价

在元代各项赋税收入中，盐税所占比重很大。当时人们说：“经国之费，盐课为重”[②]。“国家经费，盐利居十之八”[③]。天下办纳的钱，盐课办着多一半有”[④]。世祖晚年，全国盐产量约为一百七十余万引，此时官定盐价每引钞一锭，政府从出售盐引中可收入一百七十余万锭。而至元二十九年（1292）前后，“天下所入凡二百九十万八千三百五锭”[⑤]。以此折算，售盐收入应占“天下所入”的十分之六左右。元代的赋税收入，有实物（粮食、丝等），有货币，这里所说的“天下所入”，指的是赋税中的货币部分，并不包括实物在内。过了三十多年，到天历二年（1329），天下“赋入之数”有“金三百二十七铤，银千一百六十九铤，钞九百二十万七千八百锭”。此外还有丝、绵、粮

① 《元史》卷97，《食货志五·盐法》。
② 《元典章》卷22，《户部八·盐课·盐法通例》。
③ 《元史》卷170，《郝彬传》。
④ 《元典章》卷22，《户部八·盐课·盐司人休买盐引》。
⑤ 《元史》卷17，《世祖纪十四》。

等实物[①]。而天历年间一岁"盐总二百五十六万四千余引，盐课钞总七百六十六万一千余锭"[②]。按此折算，此时国家每年售盐所得为财政收入中钱钞部分的十分之八左右。足证上面所引当时人们的种种估计都是合乎事实的。

事实上，元代（特别是中期以后）国家的各种重大开支，都靠盐课收入支持。（1）救灾。对于不时发生的水旱灾荒，元朝政府或则采用市籴之法，令民入粟中盐，以赈济灾民。以至顺元年（1330）为例。正月，"命陕西行省以盐课钞十万锭赈流民之复业者"。二月，"扬州、安丰、庐州等路饥，以两淮盐课钞五万锭、粮五万石赈之"。"淮安路民饥，以两淮盐课钞五万锭赈之"。"济宁路饥民四万四千九百户，赈以山东盐课钞万锭"。三月，"东平路须城县饥，赈以山东盐课钞"。"以山东盐课钞万锭赈东昌饥民三万三千六百户"。"河南登封、偃师、孟津诸县饥，赈以两淮盐课钞三万锭"。"广平路饥，以河间盐课钞万三千锭赈之"。五月，"德州饥，赈以山东盐课钞三千锭"。十一月，"给山东盐课钞三千锭，赈曹州济阴等县饥民"[③]。以上共十次，九次赈济共动用盐课钞二十六万九千锭，另一次数目无记载。（2）军费。仍以至顺元年为例。这一年云南发生叛乱，元朝政府派遣军队前去镇压。六月，"以盐课钞二十万锭供云南军需"。七月，"命四川行省于明年茶盐引内给钞八万锭增军需，以讨云南"[④]。（3）赏赐。元代政治特点之一是皇帝经常给予贵族、大臣以巨额财物，作为笼络手段，用来争取他们对自己的忠诚。元代前期皇帝赏赐的主要是金、银、钞，中期起盐引和土地所占比重越来越大。如文宗图帖睦尔赐宠臣撒迪盐引六万，又赐皇姐鲁国大长公主盐引六万。[⑤]（4）上都和岭北行省的经费。元上都开平位于草原上，离农业区将近千里，各种物资大多需从农业区运去，费用浩大。岭北行省包括漠北广大地区，是蒙古族的发祥地。其首府和林也是一座草原城市。岭北也需由农业区运去大量粮食和物资。元代中期，每年两淮运司解送到大都万亿宝源库中统钞一百五十余万锭，其中起运

---

① 《元史》卷33，《文宗纪二》。

② 《元史》卷94，《食货志二·盐法》。

③ 《元史》卷34，《文宗纪三》。

④ 《元史》卷34，《文宗纪三》。

⑤ 《元史》卷32、33，《文宗纪一、二》。

上都八十万锭，起运和林五十万锭。[①] 两淮盐运司产量最高，盐课收入最多，上都、岭北的费用主要依赖两淮盐课支持。

应该指出，包括官方文书在内的元朝各种文献习惯把各盐司售盐所得，称为盐课，意即盐税，其实和一般税收是有区别的。一般来说，各种税收所得，除了维持征税机构、人员的费用之外，其余都是政府的纯收入。盐课则不同。为了组织盐户进行生产，元朝政府建立了庞大的管理机构，又要发给盐户工本钞，分拨草荡供作燃料。元成宗时，郑介夫说："且以一引盐论之，岁给工本及柴荡等物，又有盐司官吏月支俸给、般运水脚之费。通以价钱准除折算，而官司月过本钱将及一半矣"[②]。他这番话指出盐课中包括了制盐成本，而且对制盐成本估计很高。实际上，在制盐成本中，最重要的部分是工本钞。工本钞是元朝政府发给盐户的制盐报酬，顾名思义，它只相当于制盐的成本。工本钞是按盐的生产数额发给的，以引为单位计算。各盐司制盐的方法不同，难易的程度不一，每引盐的工本钞也不一样，例如晒盐的工本钞只相当煎盐的十分之八。有元一代，由于纸币不断贬值，每引盐的工本钞曾多次调整，呈上升的趋势。北方宝坻等处盐场，至元二年（1265）"灶户工本，每引为中统钞三两"。而河间、山东盐司到至元十八年（1281）才增为三贯（两），说明在此以前还不到这个数目。至元二十五年（1288），"增工本为中统钞五贯"[③]。至元二十八年（1291），随着盐价的上涨，工本钞也作了相应的调整。中书省的一件文书中说："在先一引盐卖三十两时分，一引盐五两工本钞与来。如今添了二十两卖一锭呵，也则与五两有，亏着他每的一般"。于是无论南、北都增加到每引八两。但南方晒盐、煮盐之别，煮盐工本钞每引五两时，晒盐四两，当煮盐升到八两时，晒盐相应改为六两四钱。[④] 成宗元贞二年（1296），盐价增为一引六十五贯，"盐户造盐钱为十贯，独广西如故"[⑤]。所谓"造盐钱"，就是工本。武宗至大二年（1309），盐价每引增为至大银钞四两，即中统钞一百两，

---

① 《元典章》新集，《户部·钱粮·万亿库收堪中支持钞》。

② 《元代名臣奏议》卷 67，《治道》。

③ 《元史》卷 94，《食货志二·盐法》。

④ 《元典章》卷 22，《户部八·盐法·添支煎晒成本》。

⑤ 《元史》卷 19，《成宗纪二》。

“其煮盐工本”，“增为至大银钞四钱”，即中统钞十两[1]。元仁宗延祐元年(1314)，盐价增为每引三锭即一百五十两[2]，工本钞“煎盐每引递增至二十贯，晒盐每引至一十七贯四钱”[3]。现将每引盐价与工本钞的变化列表如下：

时　间	盐　价	工本钞	工本与盐价比例
至元十八年（1281）	14 贯[4]	3 贯	21.4%
至元廿五年（1288）	30 贯	5 贯	16.6%
至元廿八年（1291）	50 贯	8 贯	16%
元贞二年（1296）	65 贯	10 贯	15.3%
至大二年（1309）	100 贯	10 贯	10%
延祐元年（1314）	150 贯	20 贯	13.3%

可以看出，工本钞最多时为盐价的五分之一左右，而且呈下降趋势，一般为六七分之一。盐务管理机构的费用相对来说是有限的。至于郑介夫所说柴荡，本是国有土地，拨给盐户使用，国家并不费钱；搬运费用（盐场至盐仓）通常是在盐价之外另行收钱，称为“纲船水脚”。因此，郑介夫所说各种费用比之盐价“将及一半”是过于夸大的。元朝政府为制盐支付的各项费用，应为盐价的四分之一或略多一些。这就是说，盐价的四分之三左右是元朝政府的纯收入。

上面所说的每引盐价都是各盐司售盐所收的价钱，是由政府统一规定的，可以称之为出场（仓）价。但是，居民们通过各种方式为买盐支付的代价却是很不相同的。也就是说，盐在各地的零售价并无统一的标准，差别很大。在常平盐局法下，官设盐局售价略高于出场（仓）价。如盐价每引一百五十贯时，大都盐局“每中统钞一贯，买盐二斤四两”，而出场（仓）价应为每贯买盐二斤六两左右，相差有限。表面上常平盐局法对百姓有利，但实际上，“在

① 《元史》卷23，《武宗纪二》。

② 《元史》卷97，《食货志五·盐法》。

③ 《元史》卷94，《食货志二·盐法》。

④ “中统、至元间每引一十四两。至元二十二年，每引二十两”。(《元典章》卷22，《户部八·盐法·盐袋每引四百斤》) 按，元平江南之初，南方各盐司与北方盐司的盐价不统一，后来才趋于一致。

船则有侵盗渗溺之患，入局则有和杂灰土之奸，名曰一贯二斤四两，实不得一斤之上”①。这就是说，一贯钞只能买一斤盐，比官定价格贵一倍多。在食盐法下，按户摊派的盐，通常是按出场（仓）价征收的，官府主要用增加分摊盐额的办法来增加收入，如元顺帝初年，陕西运司“预期差人，分道赍引，遍散州县，甫及旬月，杖限追钞，不问民之无有”。“无分高下，一概给散，少者不下二、三引，每一引收价三锭，富家无以应办，贫下安能措画”②。而且，计口配给的盐，同样存在和掺灰土和缺斤短两的问题。商旅贩盐，零售价和出场（仓）价往往差别很大。至元十八年时，官卖出场价115贯，而潭州（今湖南长沙）卖到180两（贯），江西卖170两（贯），大都也要卖到120两（贯）③。分别是出场（仓）价的12倍、11倍强、8倍。仁宗皇庆年间（1312～1313）盐的出场（仓）价是每引100贯，每贯4斤。“官豪商贾，乘时射利，积塌待价，又取五百文一斤。市间店肆，又徼三分之利，故民持一贯之钞，得盐一斤，贱亦不下八百”④。批发商卖到五百文一斤，零售商就卖到八百文至一贯一斤，高于出场（仓）价四五倍。商人在买盐时要支付“带收钞”，已见前述。此外，由盐（仓）运往各地要支付运费。批发商转卖给零售商时要经过牙人之手，须支付牙钱。但总的来说，商人从销盐过程中获得的利润是很大的，这是为什么盐商常以豪富著称的原因所在。

由上述可知，元朝政府利用制盐成本与出场（仓）之间的差额获得巨大的收入，商人则利用出场（仓）价与零售价之间的差额得到大量的收入。政府之所以能够这样做，关键在于盐是国家垄断的专卖物资，在国家严密控制下生产和发售。而对于一般百姓来说，不管实行哪一种销盐方式，买盐的支出都是他们的沉重负担。当客旅贩盐时，盐的零售价高昂，“濒海小民，犹且食淡；溪山穷谷，无盐可食”⑤。“商贩把握行市，民食贵盐，……贫者多不得

① 《元史》卷97，《食货志五·盐法》。
② 《元史》卷97，《食货志五·盐法》。
③ 《元典章》卷22，《户部八·盐课·设立常平盐局》。
④ 叶知本：《减盐价书》，《两浙金石志》卷27。
⑤ 《减盐价书》。

食”[①]。实行常平盐局法时，官吏串同作弊，“殊不料官卖之弊，反不如商贾之贱”[②]。而实行食盐法的地方，“粜终岁之粮，不酬一引之价，缓则输息而借贷，急则典鬻妻子”[③]。“食盐害民，所在皆是，而岭海之间，其害尤甚，……民至破家荡产尤不充”[④]。盐价的不断提高，是促使元代社会矛盾激化的一个重要原因。私盐的贩卖盛行，便是其具体的表现。元代把私盐贩卖者称为盐徒，他们常常采取成群结队的形式，敢于与官军对抗。河东盐司地面，每年捉获的私盐贩“不下千百余起”[⑤]。而沿海的盐徒，驾驶“在海大船，每岁入场，通同场官、灶户人等，公然买卖。……每船少者买数百引，多者千余引。运至扬州路崇明州地区石牌镇扬子江口转卖。此间边江拨脚铁头大船，结艅至上江发卖。拒敌巡哨军船，杀官人等，岁岁有之”[⑥]。盐徒在元代农民起义中扮演了重要角色，张士诚、方国珍便是其代表人物。

第三节 茶课和茶价

茶和盐一样，都是国家专卖的物资。元代的官方文书中说：“古今盐、茶，系国家榷货”[⑦]。“随路盐、茶，即系立法榷货，难同其余买卖商税”[⑧]。对于茶叶生产和运销，国家同样实行严密的控制，但具体实施方法和对盐的管理有所不同。

元代茶课“大率因宋之旧，而为之制焉”[⑨]。大体说来，元代榷茶之法，可分两类地区加以叙述。一是四川地区，另一是江南各地。

① 《元史》卷97，《食货志五·盐法》。
② 《元史》卷97，《食货志五·盐法》。
③ 《元史》卷97，《食货志五·盐法》。
④ 郑元祐：《高昌普达实立公墓志铭》，《侨吴集》卷12。
⑤ 《南台备要·建言驼駞马足》，《永乐大典》卷2611。
⑥ 《南台备要·建言盐法》，《永乐大典》卷2611。
⑦ 《元典章》卷22，《户部八·茶课·私茶同私盐法科断》。
⑧ 《元典章》卷22，《户部八·茶课·僧道私茶事》。
⑨ 《元史》卷94，《食货志二·茶法》。

北宋时在四川实行官榷之法，以川茶博取西北诸族的马匹，茶商亦向官府设立的茶场买茶，不能直接与园户（茶叶生产者）交易。南宋时，赵开改革四川茶法，取消官榷，官府卖引给茶商，茶商直接与园户交易。十三世纪中叶，四川是蒙、宋双方激烈交战之地。忽必烈即位时，蒙古已占有四川大部之地。“至元五年（1268），用运使白赓言，榷成都茶，于京兆、巩昌置局发卖。私自采卖者，其罪与私盐法同”①。这是有元一代茶法的开始②。至元六年七月，设置西蜀四川监榷茶场使司，管理榷茶事务③。这时的川茶，在京兆（今陕西西安）、巩昌（今甘肃陇西）置局发卖，显然用来满足关陇地区以及西北各族的需要。“置局”说明由政府垄断经营，四川生产的茶叶统一交给国家。至元八年（1271）九月，“诏以四川民力困弊，免茶、盐等课税，以军、民田租给沿边军食。仍敕：‘有司自今有言茶、盐之利者，以违制论’”④。又有记载说：“［至元］八年，罢四川茶盐运司”⑤。可以认为，西蜀四川监榷茶场使司不久即撤消，改设四川茶盐运司兼理盐、茶。而到此时，又撤消四川茶盐运司，免除盐、茶等税，则原来榷茶之法自然也就不存在了。

至元十六年（1279），重新设立四川茶盐运司，意味着榷茶法的恢复。没有多久，便改变了办法。史载，张庭瑞在四川平定以后，升诸蛮夷部宣慰使。“官买蜀茶，增价鬻于羌，人以为患。……听其自市于羌，羌、蜀便之。”⑥ 又有记载说：“民岁摘茗，官收粜之，为局自鬻。公（张庭瑞）变其法，听民入券，自与羌市”⑦。可知原来四川茶恢复官榷之法时，全由政府收购，再高价卖给少数民族。这里的“羌”应是以吐蕃为主的少数族的统称。在官榷法下，茶叶生产者与“羌”人都受到沉重的剥削，“人以为患”。张庭瑞改为卖引法，

---

① 《元史》卷94，《食货志二・茶法》。白赓是“兴元交钞同知运使”，见《经世大典序录・赋典・茶法》（《国朝文类》卷40）。

② 至元元年（1264）四月，“以四川茶、盐、商、酒、竹课充军粮”。（《元史》卷5，《世祖纪二》）则此时四川已有茶税，但具体制度不详，待考。

③ 《元史》卷6，《世祖纪三》；卷94，《食货志二・茶法》。

④ 《元史》卷7，《世祖纪四》。

⑤ 《元史》卷94，《食货志二・盐法》。

⑥ 《元史》卷167，《张庭珍附张庭瑞传》。

⑦ 姚燧：《张公神道碑》，《牧庵集》卷20。

应与江南的办法相同，即商旅交钱买引，然后与茶户交易茶叶，引、茶相随，卖给“羌”人。宋代四川茶法经历了官榷与卖引的变化，元代四川茶法也经历了类似的过程。

在此以后，未见有关四川茶政的记载，似可认为，卖引法一直延续了下来。

至元十三年（1276），元军下临安（今浙江杭州），取得南宋辖下的大部土地，并逐步建立各种管理制度。“十三年，江南平，左丞吕文焕首以主茶税为言，以宋会五十准中统钞一贯。次年，定长引、短引。是岁征一千二百余锭”①。吕文焕是南宋襄阳守将，投降元朝，成为元军南下灭宋的先锋。他熟知南宋的制度，显然是建议元朝政府继续推行南宋的茶法。稍后，至元十八年（1281）一件官方文书中引用“都省降到《引据条画》备坐文牒内一款”：“客旅兴贩茶货，纳讫正课宝钞，出给公据，前往所指山场，装发茶货出山。赍据赴茶司缴纳，倒给省部茶引，方许赍引随茶，诸处验引。发卖毕，限三日已里，将引于所在官司缴纳，即时批抹。违限匿而不批纳者，杖六十。因而转用或改抹字号，或增添夹带斤重，及引不随茶者，亦同私茶断。仍于各处官司将客旅节次纳到引目，每月一次，解赴合属上司缴纳”②。应即元朝政府根据吕文焕建议大体沿袭南宋茶法作出的具体规定。其基本内容和南宋茶法是相同的，即在国家严密监督下由商人买引贩茶。

上引《条画》中所说“茶司”，即元朝政府设立的管理机构。至元十七年（1280），元朝“置榷茶都转运司于江州，总江淮、荆湖、福、广之税”。成为总管江南茶政的机构③。江州即今江西九江，江南茶叶的重要集散地。江西榷茶都转运司阶正三品，与各处盐运司同，设有运使、同知、副使等官④。都转运司下辖茶提举司十六所，分别是：杭州（今浙江杭州）⑤、宁国（今安徽宣城）、龙兴（今江西南昌）、建宁（今福建建瓯）、庐州（今安徽合肥）、岳州

① 《经世大典序录·赋典·茶法》，见《国朝文类》卷40。
② 《元典章》卷22《户部八·茶课·贩茶例据批引例》。
③ 《元史》卷94，《食货志二·茶法》。
④ 《元典章》卷7，《吏部一·职品·内外文武职品》。
⑤ 自杭州以下至兴国，均为路名。所注今地，均为路治所在地。

（今湖南岳阳）、鄂州（今湖北武昌）、常州（今江苏常州）、湖州（今浙江湖州）、潭州（今湖南长沙）、静江（今广西桂林）、临江（今江西清江）、平江（今江苏苏州）、兴国（今湖北阳新）、常德府（今湖南常德）、古田建安等处（古田今名同，建安今建瓯，元代分属福州路和建宁路，今均属福建）。茶提举司阶从五品，分布在江南各主要产茶区。至元三十年（1293）“罢其课少者五所，并入附近提举司”①。“天历二年（1329）始罢榷司而归诸州县”②。也就是撤消榷茶都转运司和茶提举司，将征收茶课的责任交给地方政府负责。但到顺帝元统元年（1333）十一月，“江西、湖广、江浙、河南复立榷茶运司”③。重新设立的茶运司七处④。“管办茶课人员，止是发卖引、据，事简务轻，课额非重，即与盐运司事体不同”⑤。盐司既要管生产，又要管销售；茶司主要管销售，对生产过问不多（见下），两者职责轻重是有明显区别的。

盐、茶都是国家专卖物品。商旅贩卖盐、茶都与有关政府机构发生关系，但具体做法有所不同。客商到盐运司出钞买引，凭引到盐仓（场）取盐，运往各处发售。客商到茶司交纳钱钞，茶司出给公据，商旅持公据前往指定的产茶山场。“茶园磨户，但有买茶客旅，须验所赍引据，依数发卖。”⑥ 商旅装载茶货出山，凭据到茶司换取茶引，然后到各地发售。可以看出，客旅买茶的手续比起买盐来要复杂一些。两者的区别，一是贩盐只有盐引，而贩茶则有据、引之分；二是贩盐买得盐引即可取盐，贩茶则在买得据、引之外，还须与茶户贸易。盐引的价钱包括制盐的工本费和盐税，而茶引（据）的价钱只是国家征收的茶税，商人还须向茶户支付制茶的工本。上述元代商旅贩茶的手续，实际上是宋代茶法的继续。

销盐的凭证称为盐引，销茶的凭证则称为茶引。盐引只有一种，茶引则有长、短之分。“［至元］十三年，定长引短引之法，以三分取一。长引每引计

① 《元史》卷94，《食货志二·茶法》。
② 《元史》卷94，《食货志二·茶法》。
③ 《元史》卷38，《顺帝纪一》。
④ 《元史》卷97，《食货志五·茶法》。
⑤ 《元典章》卷22，《户部八·茶法·私茶》。
⑥ 《元典章》卷22，《户部八·茶法·私茶》。

茶一百二十斤，收钞五钱四分二厘八毫。短引计茶九十斤，收钞四钱二分八毫。是岁，征一千二百余锭。十四年，取三分之半。增至二千三百余锭。十五年，又增至六千六百余锭”①。长引、短引的名称来自宋代。宋代的长引可以到其他各路贩卖，为期一年；短引限于本路，为期一季。但元代长引、短引之别，主要是数量的不同。是否与销行地区（本路、外路）有关，没有明确的记载。所谓“以三分取一”、“取三分之半”，应指茶司所收茶引（据）的价钱，其余部分（三分之二和三分之半）应是茶户和商人交易时收的价钱。但是，至元十七年（1280）元朝成立榷茶都转运司总管江南茶税时，便取消了长引，专用短引，自此以后，没有再更改。茶引之外，又有茶由，“以给卖零茶者”。原来每由茶九斤，后来改为“自三斤至三十斤分为十等”②。“其小民买食及江南产茶去处零斤采卖，皆须由帖为照”③。

茶叶生产和盐业生产的组织形式有所不同。盐户（盐业生产者）都固定在一定盐场中，商人买引后便到盐场或盐仓支盐。茶户（茶叶生产者）则仍是各家各户个体生产，每户栽种若干茶树，拥有一盘或数盘碾磨，而生产指标则由茶司下达。商人买盐与买茶手续的不同，是与两者生产的组织形式差别有密切关系的。初成立榷茶都转运司时，李瑞任副使，“比署事，同众公议，给据采造，罢巡禁之扰，验实出卖，岁终课额倍增”④。可见设立茶司之初，“采造”便须由茶司“给据”。所谓“给据”就是允许茶户造茶若干的凭证。顺帝至正二年（1342），李宏上书言江州茶司事务，其中说：江州榷茶都转运司“每至十二月初，差人勾集各处提举司官吏，关领次年据、引”。提举司官吏“还本司，方欲点对给数，又有分司官吏，到各处验户散据卖引”。“及茶户得据还家，已及五、六月矣”。“至如得据在手，碾磨方兴，吏卒踵门，催并初限”⑤。可见茶户必须有茶司发给的公据，才能制茶，茶的生产是受到茶司控制的。

---

① 《元史》卷94，《食货志二·茶法》。
② 《元史》卷94，《食货志二·茶法》。
③ 《元史》卷97，《食货志五·茶法》。
④ 胡祗遹：《李公神道碑》，《紫山大全集》卷17。
⑤ 《元史》卷97，《食货志五·茶法》。

紧接着上述文字以后，李宏又说："不知茶未发卖，何从得钱。间有充裕之家，必须别行措办，其力薄者，例被拘监，无非典鬻家私，以应官限。及终限不能足备，上司紧并，重复勾追，非法苦楚。"① 可知茶户需发卖茶叶后，才能得钱。茶户发卖茶叶的对象，无疑是持据的商人或持茶由的"小民"，而茶户还须向茶司纳钱。因此，茶运司不仅通过出卖茶引收纳钱钞，还从茶户收取钱钞，这和盐课是不一样的。

不仅如此，元朝还推行过"食茶"之法。所谓"食茶"，和"食盐"一样，就是政府出面，强行摊派。"[至元] 二十一年，廉运使言：'各处食茶课程，抑配于民，非便'。于是革之"②。可见在此以前实行过"抑配"亦即摊派之法。但实际上后来不少地区仍实行此法。如昌国州（今浙江定海）"[茶课] 周岁起催三锭二十五两六钱四分。旧实无之，始于至元三十年，茶提举司到州取勘，为无茶园及磨茶户，姑令各都认办此数"③。刘耕孙为桂阳路临武县（今湖南临武）尹，"县土不产茶，而官征其利。始额不过钱二百五十，渐加重至十倍，民不堪命，君上其事罢之"④。临武不产茶而征茶税，必然像昌国州一样强行摊派。类似的情况还见于建德（今浙江建德），"建德非茶区，民苦茶税，先生（吴师道——引者）言不便，报减税，民赖之"⑤。

由以上所述，可以看出，元代江南茶课由三个方面的收入组成。一是茶司出卖茶引的收入，二是茶户向茶司交纳的钱钞，三是在某些地方强行摊派的茶税。其中出卖茶引的收入是茶课最重要的部分。元朝政府经常用提高引价的办法来增加茶课的收入。从至元十三年（1276）到延祐五年（1318），四十二年内，茶引价钱上调六次，从每引五钱四分二厘八毫增加到十二两五钱，上涨了二十余倍。其中有几次是比较突出的。至元二十一年革除抑配之法，"而以其所革之数，于正课每引增一两五分，通为三两五钱"⑥。也就是说，摊派之法

① 《元史》卷97，《食货志五·茶法》。
② 《元史》卷94，《食货志二·茶法》。
③ 《大德昌国州志》卷3，《叙赋·茶课》。
④ 宋濂：《刘君墓志铭》，《宋文宪公全集》卷49。
⑤ 宋濂：《吴先生碑》，《宋文宪公全集》卷30。
⑥ 《元史》卷94，《食货志二·茶法》。

取消了，但国家应收的茶课并没有受到损失，政府用提高茶引价钱的办法弥补了取消摊派的损失。至元二十六年（1289）忽必烈的宠臣桑哥因为“国家经费既广，岁入恒不偿所出”，建议增加茶、盐、酒醋税，其中“茶每引今直五贯，宜增为十贯”，加了一倍。他的建议为忽必烈所批准①。延祐五年（1318）“用江西茶副法忽鲁丁言，立减引添课之法，每引增税为一十二两五钱，通办钞二十五万锭”②。这是因为，元朝政府规定每年出售茶引一百五十万道，超过了茶户的实际生产能力，“因为课额重了的上头，靠损了茶户，办纳不前有”。法忽鲁丁建议减去五十万引，“止发一百万道”，每引添加二两五分，“这般办呵，不失元额，茶户也不生受也者”。得到皇帝的批准③。至元二十一年和延祐五年提价，都是改革弊政，但又使茶课不失原额。至元二十六年增价，则完全为了增加收入。

江南茶课的收入增长得很快。至元十三年（1276）初定茶法时，征钞一千二百余锭。后来不断增加，到延祐三年（1316）“办了二十四万九千余锭来”。四十年间，增加了一百余倍。延祐七年（1320），又增至二十八万九千余锭。以后一段时间，稳定在这个数额上。元文宗天历二年（1329），元朝政府财政收入中钞九百二十七万余锭。同时期盐课收入为七百六十六万锭，盐课在财政收入的钱钞部分中占十分之八左右。而茶课收入仅占百分之三强，相差悬殊。但在诸色课程中，茶课仅次于盐课，仍占有重要地位。茶课的猛增，关键在于元朝政府不断增加茶引的发售数量，强迫茶户增加产量，同时又提高茶引的价钱。这些措施，一方面激起了茶户的不满和反抗，他们“因而砍伐茶株，往往改业”④。另一方面则导致茶叶质量的降低，私茶的盛行。“国初……茶行四方，商贾日盛。由是课益增，人始益草木萌蘖茶中，味既苦恶而商贾濡滞。”⑤“茶法非不严也，而假茶滥引（名曰还魂引，动以数万，此建昌、武

① 《元史》卷205，《奸臣·桑哥传》。
② 《元史》卷94，《食货志二·茶法》。
③ 《元典章新集》，《户部·课程·延祐五年拯治茶课》。
④ 《元典章》卷23，《户部九·栽种·劝谕茶户栽茶》。
⑤ 危素：《吴尚辅传》，《危太朴文续集》卷3。

宁、分宁之风）恣行无恐”①。

元代茶课收入统计表

时 间	茶	茶课收入
至元十三年（1276）	长引5钱4分2厘8毫 短引4钱2分8厘	1200余锭
至元十四年（1277）		2300锭
至元十五年（1278）	长引1两8分5厘6毫 短引8钱4分5厘6毫	6600锭
至元十七年（1278）	末茶每引2两4钱5分 草茶每引2两2钱4分	19800锭
至元十八年（1281）		24000锭
至元二十一年（1284）	末茶每引3两5钱 草茶每引3两3钱3分	28000锭
至元二十三年（1286）	每引5两（贯）	40000锭
至元二十六年（1289）	每引10两（贯）	
元贞元年（1295）		83000锭
至大四年（1311）		171131锭
皇庆二年（1313）		192866锭
延祐五年（1318）	每引12两5钱	249000锭
延祐七年（1320）		289211锭

注：（1）本表据《元史》卷94，《食货志二·茶法》和《元典章》新集《户部·茶课·延祐五年拯治茶课》制成。

（2）至元十七年末茶价，此处据《元史》。《元典章》新集作“二两四钱九分”。

（3）《元典章》新集载延祐三年茶课数，一处如表所载，一处作“二十五万五千余锭”。

（4）《元史》载，至元十八年茶课“二万四千锭”；十九年“增二万锭”，则应为四万四千锭。但二十三年增引价后才达四万锭，疑十九年数有误，暂不列入。

① 《运使复斋郭公敏行录》。

第十七章　诸色课程（下）

第一节　商　税

窝阔台汗即位（1229）后，耶律楚材建议在“汉地”征收各种税，可以使国用有余，其中便有商税。为此设立了十路课税所，负责征税。但此时商税的征收办法无记载可考①。金朝灭亡后，蒙古国在中原调查户口，并在丙申年（1236）推行各种赋税制度，规定商税三十取一②。金朝商税，“诸物百分取三”③，相比之下，蒙古国略重一些。元代文献说：“至元七年立法，始以三十分取一”④。明初修纂的《元史·食货志》从之。这是不准确的。至元七年（1270）的“法”，不过重申窝阔台时代的规定。这个征收商税的办法，在元代曾一再重申，如，至元三十一年（1294）四月，成宗即位诏书内称“商税三十分取一，毋得多取”⑤。英宗至治改元诏书内称“商税三十分取一，不得多取”⑥。可见是元代通行的制度。

但是也有一些例外。至元七年“五月，以上都商旅往来艰辛，特免其

---

① 窝阔台汗二年（庚寅，1230）正月，“定诸路课税，……杂税三十取一”。同年十一月置十路征收课税使（《元史》卷2，《太宗纪》）。很可能，商税便包括在杂税之内。

② 宋子贞：《中书令耶律公神道碑》，《国朝文类》卷57。

③ 《金史》卷49，《食货志四》。

④ 《经世大典序录·商税》，《国朝文类》卷40。

⑤ 《元典章》卷3，《圣政二·薄税敛》。

⑥ 《元典章》卷3，《圣政二·薄税敛》。

课"[①]。至元二十年（1283）七月，"敕上都商税六十分取一"[②]。二十二年（1285）三月，"诏依旧制，……商上都者，六十而税一"[③]。上都开平位于草原之上，离农业区较远，商贾罕至，元朝政府用降低商税的办法来吸引商人。二十二年五月，"减上都商税"[④]。"于一百两之中，取七钱半"[⑤]。比起六十税一来，又降低了一半还要多。"元贞元年，用平章剌真言，又增上都之税。"[⑥]应是恢复了六十税一的办法。大都是元朝的首都，至元二十年规定："旧城市肆院务迁入都城者，四十分取一"[⑦]。大都有新城、旧城之分，旧城是原来的金中都城，新城是忽必烈建造的，位于旧城东北。新城建成后，忽必烈下令将旧城居民和店肆大批迁入新城，同时规定商税四十取一，以示优惠。

商税实际上是一种交易税。粮食、日常用品、牲畜、房屋、土地的买卖，都要交纳商税。买卖人口亦要纳商税。甚至民间结婚聘礼所用绢疋，也要"依价准折财钱"收税[⑧]。"人家自用不系货卖之物"如"庄农鸡豕牛羊等"，不在收税之列[⑨]。有些地方还规定了一些"不合税"之物，如福建曾出榜声明三十余种物品属于"不合税"范围，其中有书画、草鞋、条帚、砖瓦、莲蓬、菱芡及一些海产品等[⑩]。在商税收入中，"田产宅院人口头疋"的买卖占很大比重，"于内价值千有余锭者有之，以三十分取税一分，一契约取四、五十锭。其余……价值百十锭者有之，五、七十锭之上者有之，三、二十锭者有之。至微者牛、畜之类，不下七、八锭"[⑪]。

商税历来有过税、住税之分。所谓过税，指商人贩运货物过程中沿途所征之税，所谓住税指货物交易时所征之税。宋代既有过税，又有住税。元代

① 《元史》卷94，《食货志二·商税》。
② 《元史》卷12，《世祖纪九》。
③ 《元史》卷13，《世祖纪十》。
④ 《元史》卷13，《世祖纪十》。
⑤ 《元史》卷94，《食货志二·商税》。
⑥ 《元史》卷94，《食货志二·商税》。
⑦ 《元史》卷94，《食货志二·商税》。
⑧ 《元典章》卷22，《户部八·杂课·聘财依例投税》。
⑨ 《元典章》卷22，《户部八·免税·自用物毋收税》。
⑩ 《元典章》卷22，《户部八·契本·税契用契本杂税乡下主首具数纳课》。
⑪ 《元典章》卷22，《户部八·契本·契本税钱》。

"征商之制，有住税而无过税"①。也就是说，货物只有在市场上交易成功后才纳税，沿途运输时不纳税。至元四年（1267），临汾县在城务捉获一批外地商人，扣下货物，要以漏税处治。经平章政事制国用使司审核，"今据樊城等七人般驼布疋，经由汾河岸东，欲往山东，彼中不曾货卖，岂有在城务提拿漏税之理"。便命令将货物发还本人。② 但事实上各地税务常常任意征收过税。武宗时，王都中为郴州路（路治今湖南郴县）总管，"命务官取之必法，而行旅皆欲出于其途"③。这里所说的"法"，就是不收过税。

商税三十税一，但是交纳商税时还要交契本钱。至元二十二年（1285），"又增商税契本，每一道为中统钞三钱"④。所谓契本，就是户部统一印造（后来允许江南四处行省用户部颁发的铜板、铜印印造）的收税凭证。凡是纳税者领到契本才是合法的，"今后应报诸人典卖田宅人口头疋，所立文契，赴务投税，随即粘连契本，给付买主，每本收宝钞三钱。……如是依前不用契本，有人首捉，因事发露到官，买主同匿税科断，当该院务官依条追断，提点正官取招定罪黜降"⑤。推行契本，主要是防止税务官员作弊，中饱税钱，同时也以此增加政府的收入。至大三年（1310），契本一道增为至元钞三钱⑥。至元钞与中统钞为五与一之比，即增加了五倍。从以上记载可以看出，不用契本事发要追究买主的责任，可见买卖成交后赴务纳税的是买主，卖主不负担商税。

元朝政府在全国很多地方设立了征收商税的专门机构，称为税务，亦称税使司⑦。在大都设立了税课（后改宣课）提举司，杭州也设立税课提举司。税课提举司下辖若干处税务。元代设立的税务数目，现存文献中有两种不同的记

① 黄溍：《王公墓志铭》，《金华黄先生文集》卷31。
② 《元典章》卷22，《户都八·匿税·人门不吊引者同匿税》。
③ 《元典章》卷22，《户部八·免税·自用物毋收税》。
④ 《元史》卷94，《食货志二·商税》。
⑤ 《元典章》卷22，《户部八·契本·关防税用契本》。
⑥ 《元史》卷94，《食货志二·商税》。
⑦ 《至顺镇江志》卷首《官制表下》。

载，一为170处[①]，一为200处左右[②]。数额的差别可能因为时间的不同。而且，从当时其他文献来看，所设税务并不限于以上资料所载。例如，镇江一路在以上两类记载中都只有镇江、金坛二处税务，而在元代中期所修方志中则有"在城务，谏壁务，丁角务，丹阳县，吕城务，金坛县"共六处。[③] 可以认为，有元一代全国先后所设税务，应在200处以上。

税务200处左右的资料是分地区记载的，分别是："大都等处腹里税务七十三处"[④]，"江浙行省四十处"[⑤]，"江西行省一十八处"，"福建行省六处"，"辽阳行省二处"，"河南行省三十四处"，"陕西行省四处"，"四川行省二处"，"甘肃行省二处"，"湖广行省一十九处"[⑥]。以上税务的设置分布，大体反映了各地区商品流通的情况。江浙、河南和腹里所设税务较多，商品流通较为发达，江西、湖广次之，辽阳、陕西、四川、甘肃数省，则是落后的。

元朝政府将商税征收机构按征税数额划分为不同等级。大都税课提举司和杭州税课提举司阶从五品[⑦]。其余税务按10000锭之上、5000锭之上、3000锭之上、1000锭之上、500锭之上五等，品阶分别是从六、正七、从七、正八、从八。税课提举司设提举、同提举等，税务（税使司）设提领、大使、副使。在记录全国税务为170处的资料中，10000锭之上到3000锭之上的税务有以下各处：

10000锭之上：	杭州在城	江涨	城南	真州				
5000锭之上：	平江	潭州	太原	平阳	扬州	武昌	真定	安西
3000锭之上：	建康	龙兴	温州	泉州	庐州	江陵	淮安	庆元
	镇江	福州	成都	清江镇	恩州	保定	大同	
	卫辉	汴梁	济宁	东平	益都	大名	吉安	

在城、江涨、城南三处均在杭州境内。真州即今江苏仪征，当时是长江与

① 《元典章》卷9，《吏部三·场务官·额办课程处所》；卷7，《吏部一·职品·内外文武职品》。
② 《元典章》卷9，《吏部三·场务官·内外税务巢阙》。
③ 《至顺镇江志》卷6，《赋税》；卷13，《公廨·务》。
④ 下面开列的税务为66处，另有大都在城宣课提举司。
⑤ 下面开列的税务为35处，另有杭州在城税课提举司。
⑥ 下面开列的税务为18处。
⑦ 《元典章》卷7，《吏部一·内外文武职品》。

运河交汇之地，商业繁荣。大都所收商税，无疑在万锭以上，但不见于该记载。杭州、真州和大都，便是当时商品经济最发达的三个城市。在以下二个等级的30处税务中，属于腹里的11处（太原、平阳、真定、保定、大同、卫辉、恩州、济宁、东平、益都、大名），属于江浙省的7处（平江、建康、温州、泉州、庆元、镇江、福州），属于河南行省的5处（江陵、淮安、庐州、卫辉、汴梁），湖广2处（潭州、武昌），江西3处（龙兴、吉安、清江镇），四川1处（成都），陕西1处（安西）。这30处税务所在地是元代商品经济比较发达的地区，和大都、杭州、真州一起，构成了元代商税的主要来源。

1000锭以上的税务37处，500锭以上的税务100处。这些税务所在地也有一定规模的商品流通和交易活动，主要分布在江浙、腹里、河南等地。元朝全国设路185，县1127，而设税务不过200处左右，也就是说，在大多数县中，并无税务的设置。不设税务并不等于说不征商税，而是因为商税所入有限，没有设立专门机构的必要。可以昌国州（今浙江定海）为例："税课。往宋以海乡散漫，止产鱼盐，商贾之所不至，故无征禁。至元二十五年始置，每月柜办中统钞一锭一十八两六钱，今增至三锭半有奇矣"①。昌国州的税课，实际上就是商税。偏僻如昌国州，仍有商税定额，其他地方可想而知。在不设税务的地方，商税应是由地方政府征收的。

至元七年（1270），在重申三十取一的同时，"以银四万五千锭为额，有溢额者别作增余"②。中统宝钞每两贯同白银一两③，则此时商税额应为中统钞九万锭。"二十六年，从丞相桑哥之请，遂大增天下商税，腹里为二十万锭，江南为二十五万锭"④。这是桑哥普遍增税以弥补国用不足措施的一个组成部分。"逮至天历之际，天下总入之数，视至元七年所定之额，盖不啻百倍云。"⑤ 下面便是"天历之际"（1328～1329）全国商税收入的情况⑥：

---

① 《大德昌国州志》卷3，《税课》。
② 《元史》卷94，《食货志二·商税》。
③ 《元史》卷93，《食货志一·钞法》。
④ 《元史》卷94，《食货志二·商税》。
⑤ 《元史》卷94，《食货志二·商税》。
⑥ 《元史》卷94，《食货志二·商税》。

地　区	税　额
大都宣课提举司	103006锭11两4钱
上都税课提举司	10525锭5两
腹里	189945锭31两5钱
岭北行省	448锭45两6钱
辽阳行省	8273锭41两4钱
河南行省	147428锭32两3钱
陕西行省	45579锭39两2钱
四川行省	16676锭4两8钱
甘肃行省	17361锭36两1钱
江浙行省	269027锭30两3钱
江西行省	62512锭7两3钱
湖广行省	68844锭9两9钱
总　计	939682锭4两8钱

以上表中的“腹里”，包括大都路、上都留守司、兴和路、永平路、保定路、直定路、顺德路、广平路、彰德路、大名路、怀庆路、卫辉路、河间路、东平路、东昌路、济宁路、曹州、濮州、高唐州、泰安州、冠州、宁海州、德州、益都路、济南路、般阳路、大同路、冀宁路、晋宁路。在这些路分中商税年收入万锭以上的有直定路（17408锭3两9钱），大名路（路治今河南大名，10795锭8两5钱），河间路（路治今河北河间，10466锭47两2钱），济宁路（路治今山东巨野，12403锭4两1钱），济南路（路治今山东济南，12752锭36两6钱），冀宁路（路治今山西太原，10714锭34两6钱），晋宁路（路治今山西临汾，21359锭40两6钱）。其中尤以晋宁、真定二路为“腹里”各路之冠。晋宁路原名平阳路。在前面所引“五千锭之上”的税务中，即有平阳、真定二处。可见这二个地区的商品流通在元代北方始终居于领先的地位。除了商税的收入外，元朝政府还从出售契本得到可观的收入，天历元年“契本总三十万三千八百道，每道钞一两五钱，计中统钞九千一百一十四锭。内腹里六万八千三百三十二道，计钞二千四十九锭四十八两；行省二十三万五千四百六十八道，计钞七千六十四锭二两”[①]。中统钞一两五钱即至元钞三钱。仅以商税来说，天历年间商税收入比至元七年增加了十倍以上，“百倍”云云，则是

① 《元史》卷94，《食货志二·额外课》。

夸大的。

元代贪污之风弥漫上下，税务系统亦不例外。皇庆元年（1312），一位户部主事上书说："税课不能尽实到官，盖因官豪势要庄宅牙行栏头人等，将买卖田宅人口头疋之家，说合成交，写讫文契，两相要讫牙钱，又行收取税课。……多收税钱，并不纳官。若是务官觉察取问，止以价钱未完为由推调。直至年终，务官将与交界，乘此之际，措除务官，少者强索印契，多者不论价直，或以一契至元钞一钱二钱纳官。亦有通同作弊，不附赤历，就于契尾用印，因而分使官钱。又有因为务官不从己意，即赍邻境税务，往来互相走税。其别界务官，意为有益于己，又临任满，比之前项一、二钱纳税者，又行半价收税。纵有用契本者，百无一二。似此弊病，不可尽述。一则失去契本价钱，二则失透官课"[①]。可知官吏势要串同作弊不纳税钱，不用契本，是很普遍的。上面列举的商税收入和契本收入，并不能完全反映商品流通的实际情况。

元代商税征收中，还有一个特殊问题，那便是各种宗教寺院的商业活动是否纳税。元朝各种宗教寺院往往从事商业活动，有的规模还很大。中统五年（1264），中书省奏："已前成吉思皇帝时，……据僧、道、也里可温、答失蛮，种田出纳地税，买卖出纳商税，其余差役蠲免有来。在后哈罕皇帝圣旨里也教这般行来。自谷由皇帝至今，僧、道、也里可温、达失蛮地税、商税不曾出纳，合无依旧征纳"。可见，在成吉思汗和窝阔台汗时期，曾规定各种宗教寺院经商须纳商税，但自贵由（谷由）汗以后，并未实行。忽必烈下令，照依原来的规定，买卖者纳商税。[②] 但是这一规定并没有认真执行。至元三十年（1293）中书省奏："僧、道、也里可温、答失蛮依买卖百姓体例纳税呵，怎生"？忽必烈表示同意。同年六月又奏："海答儿等管课程的说，做大买卖的是和尚、也里可温每，却不纳税呵，哏损着课程多有，执把着圣旨不肯纳税"。可见做大买卖的和尚、也里可温不纳税是得到皇帝特许的[③]。元成宗上台后，在元贞元年（1295）闰四月颁布圣旨，对各种宗教寺院的赋税加以规

① 《元典章》卷22，《户部八·契本·契本税钱》。
② 《通制条格》卷29，《僧道·商税地税》。
③ 《通制条格》卷29，《僧道·商税地税》。

定，其中之一是："和尚、也里可温、先生、答失蛮买卖不须纳税，却不得将合纳税之人等物货妄作己物，夹带影蔽，违者取问是实，犯人断罪，物货没官。"① 在世祖时代，按照国家的政策，寺院经商是要纳税的，只有得到皇帝特许的才可免税，当然有的依仗势力也可抗税不交。成宗则明令允许寺院经商可以免税。这是一大变化。但是，允许寺院免税，意味着商税收入的减少，这件事引起政府内争论。大德八年（1304）四月，中书省上奏："国家费用的钱粮浩大，近年以来所入数少，不敷支用"，要求恢复各种宗教寺院做买卖纳商税之法，成宗同意②。尽管如此，各种宗教寺院依仗权势不纳商税仍是相当普遍的。延祐五年（1318）二月，"敕上都诸寺、权豪商贩货物并输税课"③。七年十一月，"禁京城诸寺邸舍匿商税"④。天历二年（1329）六月，"征京师僧道商税"⑤。这一连串命令反映出寺院逃避商税之严重。至顺二年（1331）三月，"中书省臣言：宣课提举司岁榷商税为钞十万余锭，比岁数不登，乞凡僧道为商者仍征其税。有旨：诚为僧者，其仍免之"⑥。可见统治者对于寺院不纳商税采取纵容的态度。至于给予某些寺院以免征商税的特权，则在元代从没有停止过。

第二节 酒醋课

金代有酒税醋课。蒙古窝阔台汗即位（1229）后，耶律楚材建议在"汉地"征收各种税，为此建立十路课税所，其中便有酒醋税⑦。《元史》中关于酒醋税的初征有二种记载。一说："［窝阔台汗］二年庚寅春正月，……定诸

---

① 《元典章》卷24，《户部十·僧道税·僧道租税体例》。
② 《通制条格》卷29，《僧道·商税地税》。
③ 《元史》卷26，《仁宗纪三》。
④ 《元史》卷27，《英宗纪一》。
⑤ 《元史》卷33，《文宗纪二》。
⑥ 《元史》卷35，《文宗纪四》。
⑦ 宋子贞：《中书令耶律公神道碑》，《国朝文类》卷57。

路课税，酒课验实息十取一”。同年十一月，“始置十路征收课税使”[①]。另一说：“元之有酒醋课，自太宗始。……初，太宗辛卯年，立酒醋务坊场官，榷沽办课，仍以各州府司县长官充提点官，隶征收课税所，其课额验民户多寡定之。甲午年，颁酒曲醋货条禁，私造者依条治罪”[②]。两说关于酒课始行的年代有出入，而“验实息十取一”与“课额验民户多寡定之”亦有很大差别。似可认为，蒙古国最初行税酒之制，按“酒息”（卖酒所得利润）十取其一。但接着成立十路课税所，全面征收各种赋税，便仿前代之法，实行榷酒之法，即由国家专卖。所谓“课额验民户多寡定之”，应是指按居民多少规定各地酒醋务的上交税额。甲午是窝阔台汗六年（1234），这一年蒙古联宋灭金，控制了原来金朝的统治地区，加强了北方广大农业区各项统治制度的建设。这一年颁布的“酒曲醋货条禁”，是针对“私造者”而发的，目的显然为了加强酒的专卖。“条禁”的具体内容没有留下来，在此以后，世祖中统二年（1261）六月，忽必烈下令：“随路恢办宣课”，其中说：“已有先朝累降圣旨条画禁断私盐酒醋曲货匿税，若有违犯严行断罪。今因旧制，再立明条，庶使吾民，各知所避”。有关酒醋的条文是：“诸犯私酒曲货者，取问得实，科徒二年，决七十，财产一半没官，于没官物内一半付告人充赏”。“随州府司县应立酒务办课去处，无得将别行酝造到祗应使客醅酒沽卖，仍委自酒务官关防体究。如是因而沽卖，便同私酒法科断施行”。“诸局院人匠、鹰房打捕并军人奥鲁诸色人等犯私卖酒醋盐曲货匿税，遇所在捕捉，却行聚众打夺，今后达鲁花赤、管民官、管军官并各管头目与犯人同罪。打夺因而致死伤者，各从重施行”[③]。这些条文是“因旧制”而来的，应即甲午年“条禁”的内容。三条之中，第一条是关于犯私酒罪的具体处罚办法；第二条是“祗应使客”的酒不许在市场上出售，这是指驿站供应来往使臣的酒；第三条是禁止官府人匠、鹰房打捕和军人奥鲁（指军人家属）私卖酒醋曲货[④]。可见在实行榷酒以后，私酒盛

---

① 《元史》卷2，《太宗纪》。

② 《元史》卷94，《食货志二・酒醋课》。

③ 《元典章》卷22，《户部八・课程・恢办课程条画》。

④ 宋代榷酒之法对酿酒用的曲也严加控制，不许私造，是政府专卖的物品。金朝有曲课。蒙古国时期的这一规定，显然是沿袭前代的制度。但对曲是否实行专卖，尚有待进一步研究。

行，而敢于犯法的，主要是驿站人户、局院人匠、鹰房打捕人户和军人家属。

上引资料说，辛卯年“立酒醋务坊场官”。中统二年的《条画》中提到酒务。实际上，酒务是酒的产销的地方管理机构，而坊、场则是酿酒、卖酒的场所。山西阳城的两块碑刻，一立于“己酉二月”，列名的有“商酒务官张光著”[①]，“己酉”是蒙哥汗九年（1249）；一作于“中统五年甲子”，列名的有“都功德主商酒务官张光著”[②]，中统五年是1264年。可知在蒙古国时期“汉地”确曾设立酒务，有些地方则设商酒务，兼管商税和酒税。

进入元朝以后，酒课在“榷沽”之外，又行“散办”之法。仁宗延祐四年（1317）的一件官方文书中说：“始立榷沽之时，官设酒库，出备米面工本，造酒发卖，诸人皆不得私自酿造。亦犹盐场口用官本，灶户煎盐发卖办课，故犯酒禁者与犯盐之法同。已后废榷沽之法，酒醋课程散入民间恢办，诸人皆得造酒。有地之家纳门摊酒课者许令造酒食用，造酒发卖者止验米数赴务投税，其造［酒］发卖而不税者，是与匿税无异”[③]。据此可知，元朝原来沿用蒙古国制度，实行榷酒之法，后来改为“散入民间恢办”，在其他文献中，简称之为“散办”。

关于元朝的榷酒，至元十三年（1276）十月的一件旨在恢办江南诸色课程的行省文书中说：“酒醋课程，须酌量居民多寡，然后厘勒各官置赤历开写每月炊盪浆米石斗，可用曲货斤重，造到清酒味醇薄，发卖价值，除工本外每月实办息钱钞，每石可留息若干。当日晚具单状于已委定提调官处呈照，十日一次呈押赤历，每月一次打勘办到课程，不过次月初五日呈省。据办到课程数目，每月解赴宣慰司，每季差官起运赴省，交纳施行”。“体知得随处多有势要之家，设立酒库，恃势少认办到课额，恣意多造醅酒发卖。办到息钱，除认纳定官钱外，余上尽行入已，实是侵衬官课，仰截日尽行罢去，止委总管府选差人员造酒，依例从实办课。据罢讫酒库，应有见在米曲浆米酒醋浸清酒并一切什物，官为拘收作本，合该价钱，官吏保结申省定夺支拨施行”。此外还重

① 李俊民：《重修太清观记》，《山右石刻丛编》卷24。
② 张贤辅：《重修道纪堂记》，《山右石刻丛编》卷25。
③ 《元典章》卷22，《户部八·酒课·私造酒曲依匿税例科断》。

申私酒曲货的处罚办法[①]。可见酒醋都是由官府酿造的。对于酒醋的酿造和发售，官府都加以严密的控制，用以保证酒课定额的实现。

酒库在宋代已经出现，是官府设立的酒的酿造、批发机构，酿酒数量和上交税课都有规定。从上引文书来看，元朝平定江南以后，发现各地酒库多为“势要之家”把持，从中舞弊，便下令撤消酒库，由总管府直接派人造酒纳课。撤消酒库是为了更好实行酒专卖，保证酒课的实现。但是，前引延祐四年文书中说“始立榷沽之时，官设酒库，……诸人皆不得私自酿造”。和上面所说显然存在矛盾。似有两种可能。一是沿袭宋代说法，以“酒库”为官府酿造、批发酒机构的代名词，一是在罢去“酒库”后不久即行恢复。这个问题有待进一步研究。明代徽州地方志载元代酒课情况如下：

> 本路新管酒课中统钞四千六百二十四锭四十九两六百文，醋课中统钞一百四锭三十五两八百文四分。至元七年，各路置宣课提举司，行榷酤法。至元十九年八月罢，以酒课分摊各乡都。至元二十年乡村人户自酿办课，在城再立务榷酤，每石除米曲工本外，取见钞六贯。二十三年正月罢，仍令民户散办，公私便之。二十九年，江浙省酒课减免二分。[②]

明代徽州地方志中关于元人赋税的记载颇为详尽，应是以前代方志或档案资料辑录而成。由此可知元朝平定江南以后，酒课先后颇多变化。先和北方一样行“榷沽”即专卖之法，继之以酒课“分摊各乡都”，即强行摊派。然后又将城乡分开，城中仍行“榷沽”，农村则“自酿办课”。最后在至元二十三年（1286）普遍实行“散办”之法。另据元代镇江方志记载，“至元庚寅，罢官榷沽，最月息定课以赋于民，号散办”[③]。也是由榷酤向散办转变，但时间较徽州晚一些。（庚寅是至元二十七年，1290）。可以认为，江南各地在13世纪末陆陆续续都由“榷酤”转向“散办”，但时间前后有别，并不完全一致。

---

① 《元典章》卷22，《户部八·课程·江南诸色课程》。

② 《弘治徽州府志》卷3，《食货志》。

③ 《至顺镇江志》卷15，《刺守·太平》。

至元二十九年（1292），伯行任庆元路（路治今浙江宁波）治中，“吏复聚谋，行榷沽法，坏富家酿具，当益官利三倍。公毁其牍不行”①。显然，在此以前，已经废除榷酤，改行“散办”，故“富室”有“酿具”。为了恢复榷酤，就必须取缔“富室”的“酿具”，由官府统一组织生产。这一记载，说明镇江由榷酤向“散办”的变化，必然发生在至元二十九年以前，这便为上述记载提供了有力的证据。应该指出的是，至元二十七年“罢官榷沽”，并不是说自此以后全国都推行“散办”了。从镇江路来说，至元二十七年“散办”之后，“未几，权豪擅利者禁，复行榷酤”。“至大中，郡建议复散办”。可见前后屡有变化。其他地区亦应如此。似可认为，在13世纪末实行“散办”以后，仍是“榷酤”、“散办”并行，因地因时而异，但以“散办”为主。

官榷是由官府“出备米面工本，造酒发卖”，其他人“皆不得私自酿造”。已见上述。官府造酒的机构，在大都（今北京）称为槽房，在地方上可能沿用酒库的名称，也可能有其他名称。槽房和酒库，均由官府指定专人负责经营，这种人称为“酒户”。至元十年（1273），御史台的一件文书中提到“众酒户见纳课程”②；至元二十二年（1285）三月，“用右丞卢世荣等言，……其酒课亦改榷沽之制，令酒户自备工本，官司拘卖，每石止输钞五两”③。原来由官府备工本，现为酒户自备工本，官司拘卖（即统一收购发卖），这样对官府更为有利，但榷酤的性质并未变化。卢世荣推行的措施在他失败后大多废除，这一改革后果如何则不可知。从以上记载可知在官榷下酒户的存在，他们应是由官府指定利用官有酿具、原料从事酒的生产和销售，“亦犹盐场□用官本，灶户煎盐，发卖办课”④。镇江的地方志记载说，榷酤“例选甲户而督办焉”⑤。“甲户”指户等中的上等户，即选拣上等户充酒户，从事酒的生产和销售。

“散办”是“诸人皆得造酒”，“造酒发卖者止验米数赴务投税”。实际上，这是专指城镇而言。而且，城镇中造酒者一般均是上户、富户。如杭州路

① 袁桷：《玉吕伯里公神道碑》，《清容居士集》卷26。
② 《元典章》卷22，《户部八·酒课·葡萄酒三十分取一》。
③ 《元典章》卷22，《户部八·酒课·私造酒曲依匿税例科断》。
④ 《元典章》卷22，《户部八·酒课·私造酒曲依匿税例科断》。
⑤ 《至顺镇江志》卷15，《刺守·太平》。

（路治今浙江杭州）酒课“已有上户自包认”①。“两杭之豪民十家，入赂于官，大为酿，务高其估而专其利”②。平江（路治今江苏苏州），“城中酒税岁额八千锭，以百八十户认办不均”③。这些“包认”、“认办”酒课的人户，显然仍须得到有关税务机构的认可，故需“入赂于官”，并非人人得以为之。

某些地方还曾实行“扑买”之法。蒙古国窝阔台汗时期，“扑买”一度盛行，其中有“刘庭玉者，以银五万两扑买燕京酒课”。耶律楚材反对这种做法，“咸奏罢之”④。此后不见有“扑买”。至元二十七年元朝政府“罢官榷沽”实行散办，“镇江阖郡户十万，月赋中统钞六百五十锭。城中民不能八千，实占租四千贯有奇。既而豪侠一不剌金者自愿辜榷城中，重割属县课增其数，总一万二千五百贯，借称而改法，民不与闻也。未几，权豪擅利者禁，郡仍榷酤”⑤。一不剌金应是回回人，他一人承包“城中”的酒课，而且比原额有所增加，显然是一种扑买行为。镇江城中酒的生产和销售，便归他垄断。但是，元朝政府对于“扑买”采取否定的态度，至元三十一年（1294）四月，成宗即位诏书中宣布：“诸处酒税等课，已有定额。……若于额上办出增余，额自作额，增自作增，仍禁诸人扑买”⑥。正式在诏书中禁止扑买，可见扑买仍不在少数；镇江取消扑买，仍行榷酤，可能即与此诏有关。扑买可行于“散办”时，镇江的扑买，显然是作为“散办”的一种形式出现的，但这种“擅利”的垄断行为，与正常的“散办”是有区别的。

宋代实行酒专卖时，城乡有别。京城二十五里，州城二十里，县、镇、寨十里以内，实行榷沽；在此以外，则许民酿卖，且需纳税，并不许进入上述范围之内。元朝沿袭了这种办法。乡村酿造的酒，进入城镇及其近郊，称为“犯界”。至元十三年（1276），“都省议得，今后犯界酒一十瓶以下，追罚钞一十两，决二十七下；一十瓶以上，追罚钞四十两，决四十七下；酒虽多，止

---

① 《元典章》卷22，《户部八·酒课·私造酒曲依匿税例科断》。
② 姚燧：《平章政事蒙古公神道碑》，《牧庵集》卷14。
③ 《姑苏志》卷40，《宦迹四·师朵列秃》。
④ 宋子贞：《中书令耶律公神道碑》，《国朝文类》卷57。
⑤ 《元典章》卷22，《户部八·酒课·犯罪酒课不便》。
⑥ 《元典章》卷3，《圣政二·薄税敛》。

杖六十，追钞五十两”。但是，“所获酒数拟合给主，仍勒出境，毋致得侵衬课程”[①]。至元二十九年（1292），元朝政府讨论湖广门摊问题，结果是：“除城郭十里之内并镇店立务办课去处依旧例税米外，离城郭十里之外乡村住坐不以是何户计，验各家实有地亩均科，许令百姓自造酒醋食用，包容各家佃户，再不重复纳税，其无地下户免”[②]。可知湖广地区离城郭十里之外乡村人户，在纳门摊后可以自行造酒醋食用，湖广的门摊在乡村中实际上成为酒醋税。各户的门摊有固定的数额，但征收时并非按户均摊，而是“验各家实有地亩均科”，地亩多的多交，地亩少的少交。元代常见按地亩或税粮摊派酒课的记载，应是指乡村人户而言。如：“上海旧征酒课无法，贫民苦之，公（上海县尹陈恕可——引者）视民田多寡为赋，莫不以为便”[③]。“酒课额有定，而民之贫富无常，贫或数赢，富或数缩。侯（江西靖安县尹胡愿——引者）为均派，随粮数之多寡定课数，贫民大便”[④]。昌国州（今浙江定海）的酒课“周岁散办一百一锭四十九两八钱八分。以民苗之多寡为起课之赢缩，其无田而沽卖者亦在其数”[⑤]。延祐四年（1319），岭南湖北道廉访司的一件文书中说：“废榷沽之法，酒醋课程散入民间恢办，诸人皆得造酒。有地之家纳门摊酒课者许令造酒食用。造酒发卖者止验米数赴务投税，其造［酒］发卖而不税者，是与匿税无异”[⑥]。这里所说的是实行“散办”以后城乡酒课的区别。离城十里以外的乡村纳门摊可以自行造酒食用，城镇中造酒发卖则必须“赴务投税”。城乡的酒课征收办法不同。乡村的酒，只许自行食用，不许进入城镇，因为进入城镇，必然影响城镇中酒的销售，进而影响城镇酒课的完成。

在元代，大都设有酒课提举司，阶从五品，与负责商税的大都税（宣）课提举司品阶相同。各地酒醋税的征收机构前后有所变化。“世祖至元十六年，以大都、河间、山东酒醋商税等课并入盐运司”。“二十八年，诏江西酒

---

① 《元典章》卷22，《户部八·酒课·犯罪酒课不便》。
② 《元典章》卷22，《户部八·杂课·门摊课程》。关于门摊，参见本书第十三章第二节。
③ 陈旅：《陈如心墓志铭》，《安雅堂集》卷12。
④ 吴澄：《胡侯墓志铭》，《吴文正集》卷39。
⑤ 《大德昌国州志》卷3。
⑥ 《元典章》卷22，《户部八·酒课·私造酒曲依匿税例科断》。

醋之课不隶茶运司，福建酒醋之课不隶盐运司，皆依旧令有司办之。”[①] 可知腹里、各省的酒醋税有时归茶、盐运司管理，有时归地方管理，但以后一种情况居多。

酒课的征收，以酿酒的粮食数额为计算单位。至元十年（1273）大都酒课，“正糯夹糯米衮二石卖钞八两，每石钞四两，内纳官课钞一两”[②]。至元二十二年（1285）二月，“命随路酒课依京师例，每石取一十两”[③]。当时“江南糯米及所用曲蘖等工本通仅七两，以七两工本而官先收十两和息，宁有此理！所以杭州、建康城里酒价不半月间每瓶骤增起二百文，其他可类推也”[④]。数年之间，酒课由每石一两增为十两，实在是惊人的。此时正是卢世荣擅权，卢世荣“以利自任”，多方谋画，增加政府收入，酒课即是其中之一。这一年三月，又“令酒户自具工本，官司拘卖，每石止输钞五两”[⑤]。这是因为酒户“自备工本”，与原来官府提供工本不同，故减低每石税课，但与原来相比，仍是大幅度增加。此后再不见有关于每石酒课的记载，可能政府对此已不作统一的规定了[⑥]。

忽必烈统治的后期，酒课有很大的增长。卢世荣擅权时，除了提高每石课额外，还强制增加各地造酒的粮食数额，用这两种办法增加酒课的数目。他向忽必烈建议：“大都酒课，日用米千石，以天下之众比京师，当居三之二，酒课亦当日用米二千石。今各路但总计日用米三百六十石而已，其奸欺盗隐如此，安可不禁。臣等已责各官增旧课二十倍，后有不如数者，重其罪。”忽必烈批准这一建议[⑦]。前已说过，每石粮米的酒课在此时增加了五至十倍，“增旧课二十倍”的其余部分就是靠强制提高造酒量来实现的。按卢世荣的计算，

---

① 《元史》卷94，《食货志二·酒醋课》。

② 《元典章》卷22，《户部八·酒课·葡萄酒三十分取一》。

③ 《元史》卷94，《食货志二·酒醋课》。

④ 程钜夫：《吏治五事》，《雪楼集》卷10。

⑤ 《元史》卷94，《食货志二·酒醋课》。

⑥ 广东地区“归附后，酒一坛税钞一钱。至元二十二年，……每坛税钞一贯”。（《大德南海志》卷6《税赋·酒课》）。以坛计而不以米石计，与其他地区不同。但至元二十二年增加十倍，则是一致的。

⑦ 《元史》卷205，《奸臣·卢世荣传》。

则每日酿酒用米三千石，若每石酒课十两，每日酒课应为3万两，即六百锭，每年应在20万～30万锭之间。卢世荣倒台后，他的增税措施并没有因此取消。

紧接着掌管财赋的是桑哥。桑哥多方搜刮，用以博取忽必烈的欢心，增加各种专卖税，便是其主要措施。他向忽必烈建议，增加盐课、茶课，“酒醋税课，江南宜增额十万锭，内地五万锭”。忽必烈均表赞同①。这样一来，全国的酒醋课大概比卢世荣时代翻了一番。桑哥在至元二十八年（1291）垮台，酒课依旧。至元二十九年，“丞相完泽等言：‘杭州省酒课岁办二十七万余锭，湖广、龙兴岁办止九万锭，轻重不均。’于是减杭州省十分之二，令湖广、龙兴、南京三省分办”②。仅杭州省（江浙行省）与湖广、龙兴（江西）三行省酒课定额已达36万余锭，加上腹里及其他地区，全国酒课应不下于50万锭。显然，在桑哥专权时期，酒课的实际增长超过了他向忽必烈提出的计划。此时酒课的收入高于商税（至元二十六年45万锭）和茶课（元贞元年8.3万锭），仅次于盐课。至元二十九年“一岁天下所入，凡二百九十七万八千三百五锭”③，酒课约占六分之一强。此后相当长的一段时间内，酒课没有大的变化。文宗天历年间④，酒课近47万锭，醋课2万余锭，合计近50万锭。天历二年（1329）全国财政收入中钞929万余锭，酒醋税占百分之五强。此时的酒醋税收入，远低于商税，但仍高于茶课。但是天历年间的酒课数额恐怕是有问题的，因为其中缺少大都酒课数。天历二年，大都“在京酒坊五十四所，岁输课十余万锭”⑤。而下表中“腹里”5万余锭，显然大都酒课并不包括在“腹里”之内。不知何故遗漏了大都酒课的数额。如果47万锭左右加上“十余万锭”，则天历年间酒课应在60万余锭以上。

---

① 《元史》卷205，《奸臣·桑哥传》。

② 《元史》卷94，《食货志二·酒醋课》。

③ 《元史》卷17，《世祖纪十四》。

④ 以下《天历年间酒课收入表》据《元史》卷94，《食货志二·酒醋课》作。原书记“天下每岁总入之数”，未著年代。但同书“税粮”、“洞冶”、“竹木”、“盐”、“商税”、“额外课”均为天历元年统计数，此亦应同。

⑤ 《元史》卷33，《文宗纪二》。

天历年间酒课收入表（1328～1329）

地区	酒课	醋课
腹里	56243锭67两1钱	3576锭48两9钱
辽阳行省	2250锭11两2钱	34锭26两5钱
河南行省	75077锭11两5钱	2740锭36两4钱
陕西行省	11774锭34两4钱	1573锭39两2钱
四川行省	7590锭20两	616锭12两8钱
甘肃行省	2078锭35两9钱	
云南行省	则201117索	
江浙行省	196654锭21两3钱	11870锭19两6钱
江西行省	58640锭16两8钱	951锭24两5钱
湖广行省	58848锭49两8钱	1231锭27两9钱
总　计	469159锭18两 则201117索	22595锭35两8钱

第三节　杂　税

除了盐、茶、商、酒醋等税外，元代其他名目的赋税还有不少。

洞冶课。元代的矿产，主要有金、银、铁、铜、铅、锡、矾等。开采矿产，有两种形式。一种是“系官拨户兴煽洞冶”，一种是“百姓自备工本炉冶”[①]。前者是官府设置场、冶，从民户中签发部分人户当役，称为冶金户、铁冶户、银冶户等，派官管理。后者则是百姓自备工本，入状申请，募工开采。前者的生产物有定额，需要上交，后者的生产物“或抽分本货，或认办钞数”[②]。

在各种矿冶中，以铁矿最盛，金、银、铜、铅、锡等次之。元朝政府曾于至元四年（1267）设立诸路洞冶总管府，“专以掌管随处金、银、铁、丹粉、锡碌，从长规划，恢办课程”[③]。但不久即撤消，洞冶事务由转运司兼顾。后来，设立各种矿冶提举司，如檀景等处采金铁冶都提举司、河东铁冶都提举司

① 《元典章》卷22，《户部八·洞冶·立洞冶总管府、铁货从长讲究》。
② 王恽：《便民三十五事·省罢铁冶户》，《秋涧先生大全集》卷90。
③ 王恽：《便民三十五事·省罢铁冶户》，《秋涧先生大全集》卷90。

等，直辖于中书省户部。提举司下分设场、冶。也有一些采矿点，归地方政府管辖。

蒙古国时期，洞冶似以官办为主。世祖中统二年（1261）六月，中书省决定："随路应有金、银、铜、铁、丹粉、锡碌等窑冶附籍漏籍民户，尽行罢去，分付元附籍地面官司应当差发。今后许令诸人等有愿入状采打煽炼不用官本及占役百姓者，据所得数目，官为斟酌抽分。若元管头目等入状献计献策不用官本及占役百姓兴煽者听，如不者许他人入状承认"①。显然，政府有意将官办全部改为民办。但是，没有多久就重新建立了种种官办洞冶机构，形成民办、官办双轨的局面。到了成宗元贞二年（1296）九月，中书省奏准："革罢百姓自备工本炉冶，官为兴煽发卖"②。也就是取消民办，只许官办。大德十一年（1307）五月，武宗海山在即位诏书中宣布："诸处铁冶，许诸人煽办"③。至大元年（1308）闰十一月，"罢顺德广平铁冶提举司，听民自便，有司税之如旧"④。重新复了官办、民办双轨制。仁宗延祐二年（1315）又"禁民炼铁"⑤。英宗至治三年（1323）正月，"罢上都、云州、兴和、宣德、蔚州、奉圣州及鸡鸣山、房山、黄芦、三叉诸金银冶，听民采炼，以十分之三输官"⑥。泰定二年（1325）闰正月，"罢永兴银场，听民采炼，以十分之二输官"⑦。总之，时禁时弛，废置不常。对于政府来说，采用官办的办法，垄断各种矿产，可以谋取最大的利润。但是，官办的组织形式，伴之而来的必然是极低的生产效率，以至常常得不偿失。以铁的生产为例。綦阳等处四处铁冶分拨9550户，"验每户包钞四两，计该钞七百六十四锭"。而这些人户生产的铁，"该价钞四百六十八锭二十三两三钱三分半，比包钞亏官二百九十五锭二十六两六钱半"。因此，王恽建议："如将上项户计罢去当差，许从诸人自治

① 王恽：《中堂事记中》，《秋涧先生大全集》卷81。
② 《元典章》卷22，《户部八·洞冶·铁货从长讲究》。
③ 《元史》卷22，《武宗纪一》。
④ 《元史》卷22，《武宗纪一》。
⑤ 《元史》卷25，《仁宗纪二》。
⑥ 《元史》卷28，《英宗纪二》。
⑦ 《元史》卷29，《泰定帝纪一》。

窑冶煽炼，据官用铁货，给价和买，深是军民两便”[①]。这种情况带有普遍性。此外还有一些其他原因。元朝政府因此便不断摇摆于官办、民办之间。

洞冶产物均有课，其实是有区别的。在官办情况下，贵金属（金、银）和玉必须全部上交，供宫廷和政府使用。一般金属（铁、铜、铅、锡）则采取商贾贩运的办法。“至元八年，辰沅靖等处转运司印造锡引，每引计锡一百斤，官收钞三百文，客商买引，赴各冶支锡贩卖。无引者比私盐减等杖六十，其锡没官”[②]。这和盐司向客商卖盐引之法完全相同。成宗大德七年（1303），中书户部的一份文书中说：“各处铁冶，发卖铁课，合依盐法一体禁治相应”[③]。可见“铁法”与“盐法”之间有许多相同的地方。铁“每引二百斤”，显然和锡一样，采取客商买引赴各冶支铁贩卖的办法[④]。又如矾，“[至元]二十四年，立矾课所于无为路，每矾一引重三十斤，价钞五两”[⑤]。卖引的收入，就是锡课、铁课和矾课。

在民办时，各种洞冶课常采取“抽分本货”的办法。如铁课，“大德十一年，听民煽炼，官为抽分”[⑥]。金课、银课以“十分之三”或“十分之二”输官，见前述。矾课，“在潭州者，至元十八年，李日新自具工本，于浏阳永兴矾场煎烹，每十斤官抽其二”[⑦]。也有采取定额承包的办法。如金课，“在辽阳者，至元十年，听李德仁于龙山县胡碧峪淘采，每岁纳课金三两”。银课，“在湖广者，至元二十三年，韶州路曲江县银场听民煽炼，每年输银三千两。在河南者，延祐三年，李允直包罗山县银场，课银三锭”[⑧]。

竹木课。“竹之所产虽不一，而腹里之河南、怀孟，陕西之京兆、凤翔，皆有在官竹园。国初皆立司竹监掌之，每岁令税课所官以时采斫，定其价为三等，易于民间。至元四年，始命制国用使司印造怀孟等路司竹监竹引一万道，

---

① 《论革罢拨户兴煽炉冶事》，《秋涧先生大全集》卷89。
② 《元史》卷94，《食货志二·岁课》。
③ 《元典章》卷22，《户部八·洞冶·铁课依盐法例》。
④ 《元史》卷94，《食货志二·岁课》。
⑤ 《元史》卷94，《食货志二·岁课》。
⑥ 《元史》卷94，《食货志二·岁课》。
⑦ 《元史》卷94，《食货志二·岁课》。
⑧ 《元史》卷94，《食货志二·岁课》。

每道取工墨一钱，凡发卖皆给引”①。实际上，“怀孟及其余路分竹货，系百姓栽植恒产，因之佥充军、站，应当民户差发。在前有司拘禁发卖，不惟妨夺生理，使民重困，又致南北竹货不能通行”②。胡祗遹说：“自立竹监并巡行官以来，不胜烦扰，民竹十废八九，官竹十损六七”。他主张：“当罢竹监及巡竹官，民间许令种竹，依价收税，官竹委付土官一员掌管发卖”③。至元十八年(1281)，王恽上《便民三十五事》，其中之一是“辉竹属民”。他说：“窃见卫辉路辉州园竹，皆系百姓自来栽植，置买物业，军站差徭仰之出备。自姜毅建言，将顷亩官量见数砍伐，四六抽分，民得六分，官亦拘取，量给价直，当时百姓已是不堪。近年以来，不依时月，不问去留，恣意砍伐，尽行残废。其合得价钱，给既非时，多不完备。又巡竹人等经由往来，稍有疑似，恐吓钱物，事非一端，往往有破家失业者，百姓至顾视竹柏甚于仇雠。窃详天之生物，本以养人，今乃为害，岂造物意哉。且量顷亩无多，抽取四分以之输官，未为大益，百姓得之实非小补。合无将上项园竹依旧令民为主，官不抽分，出备一切差役，气力亦宽，弛山泽之禁，不夺民利之美事也。……其见设提举司，并不将竹园优莳，名为办课，专以侵扰百姓营治己私为务，亦宜罢去”④。辉州（今河南辉县）与怀孟路（路治河内，今河南沁阳）境地相接，“辉州园竹”应在怀孟等路司竹监管辖之内，王恽所述情况应具有普遍性。可见，司竹监掌握的“园林”，原来都“系百姓自来栽植”，而被强迫“拘禁”的。对这些“园竹”，实行“四六抽分”，司竹监得四分，民（竹主）得六分，但这六分又由司竹监强行收买，再行出售。其结果是园林残败，百姓重困。

在王恽等人建议下，至元二十一年（1284）元朝政府“将各处司竹监尽行革罢，听从民便货卖，止依例收税”⑤。至元“十九年冬，召拜［尚文］户部司金郎中。初竹税置提举，隶省部，怀卫居民犯一笋一竹，率以私论，至破

---

① 《元史》卷94,《食货志二・岁课》。
② 《元典章》卷22,《户都八・竹课・竹货依例收税》。
③ 《民间疾苦状》,《紫山大全集》卷23。
④ 王恽:《便民三十五事》,《秋涧先生大全集》卷90。
⑤ 《元典章》卷22,《户都八・竹课・竹货依例收税》。

家。至是抗言罢之，课入郡邑，害遂弭”。应即一事[①]。但是，很快就起了变化。至元二十三年，郭畯上书说：“照得随处竹园，拘属于官，不费工本，自然滋长，采砍办课，周岁元办课银一千二百余锭。襄阳、邓州等处山中，所长竹竿，不胜其数。外据怀洛、关西等处平川，见有竹园约五百余顷，即系国家恒产，久而荒废。合无选通晓竹法人员，依旧管领办课，专一优护巡禁，深为便益”。中书省为此决定在卫州（今河南汲县）设竹课提举司，“管下辉怀嵩洛、京（荆）襄、益都、宿并等四处，各设使副，将各处系官竹园召人看守，如法优护，每年依时月采砍，给引发卖办课。百姓园座验各各顷亩，斟酌包认课程，本主自行采砍发卖。江南竹货许令腹里通行，止于货卖去处纳税。关西竹园依旧发卖办课”[②]。根据以上规定，可知竹课分成两类征收。一类是官竹园，每年砍伐发卖所得收入，即为竹课。值得注意的是，这时的“官竹园”指各处“国家恒产”，而不是像过去那样“拘禁”百姓产业。另一类是百姓竹园，则按顷亩交纳竹课，然后允许自行采砍发卖。新的规定显然比原来（至元二十一年以前）的办法有所放松。

至元二十九年（1290），“丞相完泽言：‘怀孟竹课，频年砍伐已损。课无所出，科民以输。宜罢其课，长养数年’。世祖从之”[③]。“怀孟竹课”指的应是“官竹园”的竹课。由于管理不善，砍伐过甚，难以生长，于是又“科民以输”，显然是回到至元二十一年以前的办法上去。完泽建议罢课养竹，有利于“官竹园”生产的恢复。

天历元年（1328）统计，“腹里，木六百七十六锭一十五两四钱，额外木七十三锭二十五两三钱；竹二锭四十两，额外竹一千一百三锭二两二钱”。“河南省，竹二十六万九千六百九十五竿，板木五万八千六百条，额外竹木一千七百四十八锭三十两一钱”[④]。这是长江以北地区竹木课的数额。有关木课

---

① 孛术鲁翀：《尚公神道碑》，《国朝文类》卷68。按，碑文将此事列于至元十九年至二十年间，疑有误。

② 《元典章》卷22，《户部八·竹课·腹里竹课依旧江南亦通行》。

③ 《元典章》卷22，《户部八·免税·无重纳起税例》。

④ 《元史》卷94，《食货志二·岁课》。

的记载甚少，有些地方设立管税木场，对经过的木材“每三十分抽一分”[①]，这应是木税征收的通则。至于“额外竹木”，则是在原有国家定额以外增收的数额。从上述数字可以看出，“额外”大于原额，说明竹木课不断加重。河南省的竹木课有实物，有钱钞，其实物部分应是向民间竹园“分成”所得。

江南很多地方亦有竹木课。如徽州路（路治今安徽歙县）在“歙南十五里浦口……置场，依商税则以十分抽一。后不复抽本色。……至大四年，以徽土瘠，厥木微小，不堪横征，定为额外课”。浦口“乃桴筏聚处”，故在此置场。徽州路竹木课的数额是中统钞210锭40两5分[②]。广州路（路治今广东广州）每岁办竹木课钞37锭18两，由在城商税务兼办[③]。平江路（路治今江苏苏州），“元竹木荡课岁办二千二百三十三锭”[④]。可以看出，江南竹木课的数额是不大的。徽州在水路要冲设场征税，广州则由在城税务征税，前者可能是过税，也可能是交易税，后者则应是交易税。但税率多少缺乏记载。总之，与北方的竹课，显然是有很大不同的。

河泊课。元代江河湖泊，均归国家所有。百姓未经许可，不得在其中采集打捕。每逢灾荒之年，政府往往下令弛江河湖泊之禁，听民采取，作为救荒的措施。试举数例：至元十四年（1277）五月，“以河南、山东水旱，除河泊课，听民自渔”[⑤]。至元二十八年（1291）三月，“杭州、平江等五路饥，发粟赈之，仍弛湖泊蒲、鱼之禁”[⑥]。元贞元年（1295）六月，“江西行省所辖郡大水无禾，民乏食，令有司与廉访司官赈之，仍弛江河湖泊之禁”[⑦]。大德三年（1299）五月，“江陵路旱、蝗，弛其湖泊之禁，仍并以粮赈之”[⑧]。大德七年（1303）八月，平阳、太原地震，“仍免太原、平阳今年差税，山场湖泊听民

① 《元典章》卷22，《户部八·免税·无重纳起税例》。
② 《嘉靖徽州府志》卷7，《食货·元岁征之式》。
③ 《大德南海志》卷6，《税赋·商税》。
④ 《正德姑苏志》卷15，《田赋·荡课》。
⑤ 《元史》卷9，《世祖纪六》。
⑥ 《元史》卷16，《世祖纪十三》。
⑦ 《元史》卷18，《成宗纪一》。
⑧ 《元史》卷20，《成宗纪三》。

采捕”[①]。延祐七年（1320）十一月，英宗颁布《至治改元诏书》，其中说：“燕南、山东、汴梁、归德、汝宁灾伤地面，应有湖泊，……并仰开禁，听民采取”[②]。从以上这些记载可以看出，江北的腹里（燕南、山东、山西）、河南，江南的江浙、江西等处，江河湖泊在正常情况下都是“禁”区，开“禁”是政府的特殊恩惠。

所谓“禁”，实际上是收课开放；所谓“弛禁”，就是免课开放。江河湖泊所收课税，就称为河泊课，纳课者可以在其中从事采集捕捞等生产活动。根据元代官方文书记载，元朝政府在十六处设有河泊管理机构。其中河南行省八处（归德府，沔阳路玉沙县、景陵县，黄州路黄冈县，江陵路公安县、潜江县、监利县，安庆路宿松县）；湖广行省六处（常德路沅山湖，武昌路西堡黄冈湖，澧州路安乡湖，汉阳府沔河湖、安汉湖，岳州路鱼苗场）；江西行省二处（江州路德化县，宁州）。大多集中在长江中游一带多湖泊地区。这些河泊管理机构品阶分别为正七、从七、正八、从八不等[③]。这种差别，应是和税务一样，根据各处所收课额多少而定的。这些机构的主要职责便是征收河泊课，同时防止未曾纳课者私自进行采捕等生产活动。如上所述，大江南北各地江河湖泊均有“禁”，而见于记载的河泊管理机构仅十六处，很可能有漏载。还有一个原因，有些地方河泊课归税务兼管，没有设专门的管理机构。嘉兴路（路治今浙江嘉兴）和松江府的在城税司均兼收税课和河泊课，路、府的其余务中的多数兼收酒课、税课和河泊课，还有一些务只收酒课和税课，而无河泊课。如海盐县设务五处（在城务、澉浦务、当湖务、广陈务、乍浦务），四处兼收三种，只有乍浦务无河泊课[④]。

关于河泊课的征收办法，记载甚少。成宗大德七年（1306）韩冲“知沔阳府”，当地设有河泊官，已见上述。“每岁孟春，湖官假货富家，予输一岁之赋，谓之给课。及夏、秋大水，方始捕鱼，羡余悉归于己。偶遇岁祲，诏弛

① 《元史》卷21，《成宗纪四》。

② 《元典章》卷3，《圣政二·复租税》。

③ 《元典章》卷9，《吏部三·场务官·内外税务巢阙》。

④ 《至元嘉禾志》卷6，《赋税》。松江在宋代是嘉兴府属邑，至元十四年升为府。《至元嘉禾志》仍将松江包括在内。嘉禾，宋郡名，后改嘉兴府。

山泽之利以赈民饥，湖官苦之。公言行省，请还其输赋而后弛禁，从之。众感其惠"[①]。可知湖官（河泊官）必须完成定额，而且采取岁首预交的办法。河泊之利，主要在于捕鱼。湖官（河泊官）如何从捕鱼中取利呢？在北方，"雄（今河北雄县）、霸（今河北霸县）等处，俱系河泊斥卤地面"，设有鱼官。鱼官"将应有河泊尽拘属官，禁绝诸人不得采捕"；招集打鱼人户，"于民间抽分鱼货"，其数额逐年增多[②]。在江南，"在先各处官司出榜召募诸人，自备工本，办课勾当行来，认了一百锭课程，办不勾呵，着问，要陪来"。因为官司骚扰百姓，至元二十二年（1285）起，"交各处官司兼管湖泊，招收打鱼船户，官为应付网索拦闸神福等，外据打算鱼数，十分为率，鱼户收三分，官收七分，发卖鱼户每根底，休教泛扰拖要船只，似前盐灶户一般。交管鱼湖官管领"[③]。根据上述记载，北、南都曾采取"抽分"的办法。但是，从各种记载来看，河泊课均以钱钞交纳。湖官"抽分"应是一个原则，实际上则是鱼户将收获物出售后所得钱钞按"抽分"比例分成，鱼户三分，官收七成。当然，在某些地方，也"抽分"鱼货，作为上供宫廷或官府之用。

上引沔阳府湖官的记载，年初向"富家"假贷，预输河泊课。另据记载，饶州路（路治鄱阳，今江西波阳）"鄱阳官荡，旧听农家取草以粪田，豪户擅其利，必纳钱乃得之。河泊之课，岁为钱五万余缗，朝廷既捐以予贫民，听其采捕，而豪户亦据为已有，使不得被上赐。公（总管王都中——引者）痛惩而禁绝之"[④]。可以看出，湖官与"富家"、"豪户"之间有密切的关系。这些"富家"、"豪户"很可能是河泊湖荡承包者，他们为湖官代纳课钞，取得实际经营的权利。而"农家"、"鱼户"则要向他们纳钱才能进入河泊湖荡采捕。

天历元年（1328），河泊课"总计钞五万七千六百四十三锭二十三两四钱。内腹里四百六锭四十六两二钱，行省五万七千二百三十六锭二十七两一钱"[⑤]。在各种杂税中，河泊课还是相当可观的。至元二十九年（1292）中书

① 苏天爵：《韩公神道碑》，《滋溪文稿》卷12。
② 王恽：《为刘古乃打鱼事》，《秋涧先生大全集》卷87。
③ 《元典章》卷22，《户部八·河泊·湖泊召人打鱼》。
④ 黄溍：《王公墓志铭》，《金华黄先生文集》卷31。
⑤ 《元史》卷94，《食货志二·额外课》。

省臣上言："京畿荐饥，……汉地湖泊隶宣徽院，除入太官外，宜弛其禁"①。英宗《至治改元诏书》中说："燕南、山东、汴梁、归德、汝宁灾伤地面，应有河泊，无问系官、投下，并仰开禁，听民采取。若有原委抽分头目人等，截日革去"②。所谓"汉地"，指原金朝统治的北方农业区，可知世祖时"汉地"河泊课曾归"掌供玉食"即负责宫廷饮食的宣徽院所有。"除入太官外，宜弛其禁"，应是指除了供应宫廷所需的鱼货仍要保证外，其余均向百姓开放。而由《至治改元诏》来看，"汉地"的河泊有的"系官"，有的则归投下，显然与原来"隶宣徽院"不同了。北方河泊课的情况要比江南复杂。《改元诏》中提到"原委抽分头目人等"，说明此时"抽分"仍是河泊课征收的主要方式。

牲畜抽分。蒙古称牲畜税为忽卜出儿（Qwbjwr）。窝阔台汗即位时(1229)，"敕蒙古民有马百者输牝马一，牛百者输牸牛一，羊百者输羒羊一，为定制"③。这时实行的是见百抽一之法。五年（癸巳年，1233）圣旨："其家有马牛羊及一百者，取牝马、牝牛、牝羊一头入官。牝马、牝牛、牝羊及十头，则亦取牝马、牝牛、牝羊一头入官。若有隐漏者，尽行没官"。贵由汗五年（实为海迷失后摄政二年，庚戌年，1250）五月圣旨："谕诸色人等，马牛羊群，十取其一，隐匿者罪之"。海迷失后当政时，政治混乱，征求无厌，十取其一的规定，是在特殊的情况下施行的。蒙哥汗二年（壬子年，1252）十月圣旨："谕诸人，孳畜百取其一，隐匿者及官吏之受财故纵者，不得财而骚扰者，皆有罪"④。又恢复了原来的规定。

元朝建立后，沿袭了蒙古国时期的办法。元贞二年（1296）五月，诏民间马牛羊百取其一，羊不满者亦取之，唯色目人及数乃取。⑤ 色目人如此，蒙古人亦应如此。大德八年（1304）三月，中书省上奏说："在先各路分里一百口羊内抽分一口羊者，不勾一百口羊见群抽分一口者，探马赤的羊马牛只不到一百个呵休抽分者。圣旨有呵，各处行了文书来。如今台官人每并抚安百姓去

① 《元史》卷17，《世祖纪十四》。
② 《元典章》卷3，《圣政二·复租税》。
③ 《元史》卷2，《太宗纪》。拉施特：《史集》第2卷，第60页。
④ 《大元马政记》。
⑤ 《元史》卷19，《成宗纪二》。

的奉使、行省官、部官等俺根底与文书，见群抽一口呵亏着百姓每，今后一群羊到三十口呵抽分一口，不到三十口呵，不交抽分，这般立定则例呵，于官民便益”。这个建议经皇帝批准施行[①]。原来“羊不满者亦取之”即见群抽一之法没有明确的标准，官吏可以上下其手，至此有明确的规定。

原来抽分羊马是由宣徽院负责的，宣徽院的职责是“掌玉食”，具体来说是负责宫廷和赏赐诸王、百官的各种食品。元仁宗时“为他每（宣徽院——引者）委付来的人每作弊的一般有”，进行改革，“迤北蒙古百姓每千户并各处口子里教他每委人抽分者，城子里不教他每委人，……教本处官司就便提调抽分，宣徽院里纳者，省部里报数目”[②]。

历日钱。元代，记载每年月日顺序、节气变化的历书，都由掌天文历数之事的太史院统一印造，颁行天下。至元十七年（1280）六月，“太史院钦奉圣旨：印造授时历颁行天下，敢有私造者以违制论。告捕者赏银一百两。如无本院历日印信，便同私历”[③]。历本由政府统一发卖，不许民间经营，实际上也成了专卖物品，所以历日钱也成了赋税的一种。根据天历元年（1328）的统计，历日共3123185本，“计中统钞四万五千九百八十锭三十二两五钱”。其中腹里572010本，行省2551175本。历本又有大历、小历、回回历之分，大、小历均应是授时历，但内容多、少不同，价钱有一两和一钱之分。回回历每本钞一两[④]。回回历印数有限，仅5257本，主要是供应回回人使用的。

窝阔台汗时期，对曲阜衍圣公府加以种种优待，其中之一是诸路征收的历日银一半用来修宣圣庙，益都、东平两路历日银则“尽数分付袭封孔元措，修完曲阜本庙”[⑤]。说明蒙古国时期已把历日银作为政府的一项收入，这种制度应自金代沿袭而来。

各地的历本，大概都有固定的数额，如镇江路“历本岁额大小一万八千

① 《元典章》卷57，《刑部十一·杂禁·抽分羊马牛例》。

② 《通制条格》卷15，《厩牧·抽分羊马》。

③ 《通制条格》卷20，《赏令·私历》。

④ 《元史》卷94，《食货志二·额外课》。

⑤ 《孔氏祖庭广记》卷5，《历代崇重》。

二百二十二”[①]。庆元路（路治今浙江宁波），“总计四万一千五百一十三本”。包括大小本在内。路所辖录事司及各县各有一定的数额[②]。各州县“每年止奉上司发下历本数目解钱”。成宗大德年间（1297～1307）“大历每册中统钞五百文，小历每张中统钞五十文，此官定价数也”[③]。后来分别增为一贯（一千文）和一钱（一百文），提高了一倍。

以上几项（洞冶课、竹木课、河泊课、牲畜抽分、历日钱）是在全国范围内普遍实施而又有较大影响的赋税。此外还有不少赋税，有的数额不大，有的只限于部分地区，有山场课、窑冶课、房地租钱、池塘课、蒲苇课、食羊等课、荻苇课、煤炭课、撞岸课、山查课、曲课、鱼课、漆课、酵课、山泽课、荡课、柳课、牙例课、乳牛课、抽分课、蒲课、鱼苗课、柴课、羊皮课、瓷课、竹苇课、姜课、白药课等多种名目[④]。其中大多数缺乏明确记载，难以作具体的说明。

《元史·食货志》列有“额外课”一门，历日、契本、河泊课、门摊课，加上上述山场课以下二十八种税课，共三十二种，均列于其中。“谓之额外者，岁课皆有额，而此课不在其额中也”。这个解释是不合理的。“额”是什么？没有讲清楚。如果指某一个时期国家的赋税种类而言，那么如历日钱从蒙古国控制北方“汉地”之时便已有之，不能说它不在其内。如果指具体数额而言，那么，各种正税（税粮、科差、商税、酒税、盐税、茶税等）的数额亦在不断提高，不能将这三十二种税作为“额”外。值得注意的是，《元史·食货志》主要依据《经世大典·赋典》删削加工而成，其门类次序前后亦与相同。然而《大典·赋典》并无“额外课”一门[⑤]，应是《元史》编者从其他文献中摘录而成。“额外课”一名，是否官方的名称，有待进一步研究。因此，我们没有采用这个含义模糊的名称。

① 《至顺镇江志》卷6，《赋税》。
② 《至正四明续志》卷6，《赋役》。
③ 《大德昌国州志》卷3，《叙赋·历本钱》。
④ 《元史》卷94，《食货志二·额外课》。
⑤ 《经世大典序录·赋典》，《国朝文类》卷40。

第十八章　杂泛差役

中国封建社会的役，原来指国家无偿征调劳动力而言，故统称为力役。唐、宋时有差役（职役）、力役之分，前者承当政府的一些职能，如催督赋税、看管仓库、缉捕盗贼等。元代将差役（职役）和力役统称为杂泛差役，其具体项目与前代有所不同，施行办法亦有自己的特点，而且前后有所变化。

第一节　杂泛差役的项目

在元代官方文书中，常见“杂泛差役”一词。元代各种文献中，没有对这个词作出明确的解释，但从以下记载，可以肯定“杂泛”与“差役”是有区别的两回事：

皇庆二年十月二十九日，中书省奏：“大宁路管辖的高州玉甃寨，赵哇儿小名的妇人，年贰拾岁。……在后他的男儿没了呵，那妇人教做了大棺子，自缢死了，和他男儿一个棺子里埋葬了有。妇人每似这般殁了男儿贞烈与夫同死的上头，合除免杂泛，旌表门闾，么道，辽阳省官人每备着本处廉访司文字俺根底与将文书来。俺商量来，他每说的是有。”奏呵。奉圣旨：“是好勾当有。止免杂泛呵轻有，本户的差役也除免者。”么道，圣旨了也。[①]

至大庚戌，公（靳孟亨）以从仕郎为赣县丞。县当广海要冲，

① 《通制条格》卷17，《赋役·孝子义夫节妇》。

环城皆水，岁造舟为梁以通行者，而有司征敛之烦，使者追呼之急，民甚苦之。公籍居乡下户二千三百家，验所输粮多寡，造舟小大共三百艘。……其他赋役皆以粮为差等，上焉以供海运，次应差役，下则供杂泛之劳，具籍而永行之。[①]

差役又称职役、户役。严格来说，元代的差役只有六种，即：里正、主首、隅正、坊正、仓官和库子。里正、主首、隅正、坊正是一类，他们是元朝政府的基层职事人员。仓官和库子是另一类，为政府保管财物。

元朝制度，县以下一般分为乡、都两级，如镇江路所属丹徒县下辖八乡、十九都，丹阳县辖十乡、二十二都，金坛县九乡、三十八都[②]。乡设里正，都设主首。但有些地方则“止设里正”[③]，或止有主首[④]。至元二十八年（1291）颁布的行政法规《至元新格》中规定：“诸村主首，使佐里正催督差税，禁止违法。”“今后凡催差办集，自有里正、主首。”[⑤] 可知两者的主要职责是为官府催办各种赋税。但在某些地方，两者又有一定分工：“里正催办钱粮，主首供应杂事。”[⑥] 此外，在所管地方发生违反国家禁令的事情，里正、主首都负有责任。如聚众祈赛神社，里正、主首“有失钤束，知而不行首告者减为从者罪一等”[⑦]。元朝政府禁止私宰牛、马，“若有因病倒死及老病毁折不堪用者，申报所在官司；若离远窎，于当处里正、主首告报过，方许开剥。”如“私宰马牛本管头目失觉察者”“减犯人罪二等。”在乡村“本管头目”即指里正、主首而言[⑧]。发生杀人案件检验尸体时主首要在场[⑨]。城市中，在录事司下设隅、坊两级，有隅正、坊正。有的城市规模较小，则仅设坊。镇江路录事司原辖七隅，后并为二隅，二十八坊。“凡官府排办造作、祗应杂务，羁管罪

① 苏天爵：《兵部侍郎靳公神道碑》，《滋溪文稿》卷7。
② 《至顺镇江志》卷2，《地理·乡都》。
③ 《吴兴续志》，《永乐大典》卷2277。《嘉靖太平县志》卷3，《食货志》。
④ 严羽：《均徭记》，《嘉靖邵武府志》卷5。
⑤ 《通制条格》卷16，《田令·理民》。
⑥ 《至顺镇江志》卷2，《地理·乡都》。
⑦ 《元典章》卷57，《刑部十九·诸禁·祈赛神社》。
⑧ 《元典章》卷57，《刑部十九·诸禁·倒死牛马里正告报过开剥》，同上《私宰马牛》。
⑨ 《元典章》卷43，《刑部五·诸杀·检验检尸法式》。

人，递运官物，闭纳酒课，催征地钱”等等，都由隅正、坊正负责。[1] 农村中的里正、主首，城市中的隅正、坊正，主要是为县、司衙门服务的，经办县、司交下的催办赋税以及其他各种杂务，实际上起着基层政权的作用。

各地所设里正、主首、隅正、坊正的数目不尽相同。江西定制，每乡设里正一名，上等都主首四名，中等三名，下等二名。[2] 浙江绍兴原来每隅隅正三名，后增为七名，乡村中一都增为十五人。[3] 镇江路录事司两隅，隅各有隅正二名，里正五百二十二名（包括常充、轮充两类）。[4] 里正、主首、隅正、坊正役期各地也不相同，有的周岁一更，有的半年一更，也有一季一更。

元代地方上各种仓库的仓官、库子，都由民户差充。因为被选差者往往不通书算，稽纳出入，每多误事，成宗大德年间（1297～1307），不少地方改成委派“请俸司吏”充当，“役不及民”[5]。但仍有很多地方仍采取在民户中选充的办法。明州定海（今浙江定海）修造海船，也选差民户“以主其出纳，谓之库子，凡所费用，皆令其代输。”[6] 官府的其他的工役，亦应有类似的制度。

严格意义上的差役，就是以上六种。差役是一种强加在百姓身上的封建义务，它有两个特点。一是按各户资产情况轮流差充（见下），二是不能领取薪俸。还有几种名目，与差役有不同程度的类似之处，往往被误认为差役，需要加以辨析。

一种是社长。元世祖至元六年（1269）下诏立社，“凡五十家立为一社，不以是何诸色人等并行入社。令社众推举年高通晓农事有兼丁者立为社长”。“使专劝农。”[7] 它并非按资产情况轮流充当，因而不能算成差役。事实上，立社条文规定，担任社长者，“仍免本身杂役”[8]，便足以说明社长并非差役。但是，立社以后不久情况便有所变化。尽管元朝政府一再强调社长负责劝农，但

---

① 《至顺镇江志》卷2，《地理·坊巷》。
② 《元典章》卷26，《户部十二·赋役·编排里正主首例》。
③ 黄溍：《绍兴路总管宋公去思碑记》，《两浙金石志》卷17。
④ 《至顺镇江志》卷13，《公役·户役》。按，此书中列有“坊正四十二名”，疑有误。
⑤ 《元典章》卷12，《吏部六·库子·定差库子事理》。
⑥ 戴良：《许丞传》，《九灵山房集》卷19。
⑦ 《元典章》卷23，《户部九·农桑·劝农立社事理》。
⑧ 《元典章》卷23，《户部九·农桑·劝农立社事理》。

实际上各地官府经常差遣他们催办赋役和各种杂事，至元二十八年颁布的《至元新格》便说："诸社长本为劝农而设，近年以来，多以差科干扰，大失元立社长之意。今后凡催差办集，自有里正、主首，其社长使专劝课。"① 但后来众多的事实证明，《新格》对社长职责的重申并无任何作用。至元三十一年（1294），江西袁州路推官石某说："切谓词讼之烦简，系民官之政令。今见大江以南，乡、都里正、社长、巡尉、弓手人等，恃为官府所设之人，事不干己，辄为体访，申作事头。当该官司不详事体，依凭勾摄，民皆受苦，官吏相藉为奸故也。"② 可见江南社长里正等干预词讼是普遍的现象。社长和里正一样，要敛财供应下乡劝农的官员："如每岁出郊劝农，各官借此为游宴之地，带行不下数十百人，里正、社长科敛供给，有典衣举债以应命者。"③ 对于民间祈神赛社，社长和里正、主首负有同样的责任④。凡此种种，都可看出，社长和里正、主首的职责实际上没有多大区别。因此，当时普遍有一种观念，把社长和里正、主首都视为差役（户役）。大德三年（1299）正月发布的《晓谕军人条画》中规定，对于军户，"人夫、仓官、库子、社长、主首、大户车牛一切杂泛，并行除免"⑤。明确将社长与主首、仓官、库子等差役项目并列。元文宗至顺年间编纂的《镇江志》，将社长与隅正、坊正、里正同列于"户役"条下⑥。元朝政府多次下令："不得将社长差占别管余事"⑦，直到顺帝至正八年（1348），已是社会大动荡的前夕，仍"诏守令选立社长，专一劝课农桑"⑧。这些命令正好反映出社长被差占现象的严重存在。总之，社长从其本来意义说不是差役，但是在推行过程中其职能与里正、主首实际上很难区别。

弓手。宋、元时期，在民间签发一部分人充当弓手，其职责是维持地方治

① 《通制条格》卷16，《田令·理民》。
② 《元典章》卷53，《刑部十五·诉讼·词讼不许里正备申》。
③ 郑介夫《太平策》，《历代名臣奏议》卷67。
④ 《元典章》卷57，《刑部十九·诸禁·祈赛神社》。
⑤ 《元典章》卷34，《兵部一·正军·晓谕军人条画》。
⑥ 《至顺镇江志》卷13，《公役·户役》。
⑦ 《元典章》卷23，《户部九·农桑·社长不管余事》。
⑧ 《元史》卷41，《顺帝纪四》。

安。宋代，弓手是差役的一种。但在元代情况有所变化。按照元朝政府的规定，弓手是在诸色人户中“每一百户内取中户一名充役，与免本户合着差发，其当差户推到合该差发数目，却于九十九户内均摊”[1]。这种选派的办法与差役明显不同，因为承担差役并不能免除差发（赋税），当然更不存在由其余人户均摊的问题。同时，差役是按资产轮流充当的，而弓手一旦签充以后，便固定下来，不再采取轮换的办法，这一点也是很不相同的。这种由中户选充，然后将本户差发分摊到其余各户头上的办法，和元朝政府佥补军户的办法是一样的。《元典章》将弓手税粮列在“军兵税”条目下，《元史》将弓手列入《兵志》[2]，都足以说明弓手和军户是很相近的。也就是说，弓手是诸色户计中的一种。元代方志《至顺镇江志》中，即以弓手与民、儒、医、站、军、匠等并列[3]，另一部元代方志也是一样[4]。诸色人户中有一部分人户必须从事国家指定的工作，亦称为役，如军户当军役，站户当站役，匠户当匠役等，但这种役和差役是不一样的。一则前者是终身当役，而且世代相袭，后者则是轮流充当的；二则前者当役后其他赋税可得到减免或照顾，后者当役则得不到照顾；三则前者当役之外，仍须承当杂泛差役，有时免除被认为是皇帝的恩惠（见下）。因此，弓手户和军户一样，不能看成是一种差役。但是，弓手户的职责是“防盗”，往往利用职权，“致害人命”，元代中期又曾实行轮换的办法，“役三年者罢之，还当民役，别于相应户内补换”[5]。轮流充当，又无薪俸，这和差役就很大相似了。然而，这种轮换之法，弊端更多，很快就停止了[6]。

在官员周围“出入诃喝，左右任使”的首（总）领、面前、祗候，以及“守狴犴，防囚徒”的禁子，“追呼保任逮捕”的曳剌[7]，统称为公使人。从中央到地方，各级政府都设有名目不同、数目不等的公使人，供官员们差遣，办

---

① 《元典章》卷24，《户部十·租税·弓手户免差税》。

② 《元史·兵志》源自《经世大典》。在《经世大典》中，“弓手”是“政典”的一门，“政典”所记大都与军事有关。

③ 《至顺镇江志》卷3，《户口·土著》。

④ 《至正金陵新志》卷8，《民俗志》。

⑤ 《元史》卷101，《兵志四·弓手》。

⑥ 《通制条格》卷3，《户令·交换公使人隶》。

⑦ 《经世大典序录·祗从》，《国朝文类》卷41。

理杂事。元朝政府对于各衙门祗候、禁子、曳剌的人数，有明确的规定，如上路祗候三十五名，禁子十五名，曳剌十名；上县祗候十二名，禁子五名；其余依次递减[①]。南、北方公使人选派的办法不同，北方“于四两包银［户］内选差，开坐到各该人数”，由官员“从长定夺”。南方“另无送纳包银”，便在“税粮三石之下户内差充”[②]。后来又改为“于有地户内，验税二石之下一石之上者差设”[③]。北方的公使人“包除差税”，南方的公使人原来“没有俸钱”，后来则“按月支俸食钱”[④]；他们原应负担的税粮“令其余人户包纳，须要不失元额”[⑤]。公使人在衙门的地位虽然很低，但却可以倚仗官势，欺压百姓。所以，实际上充当公使人的，都是“富强税户之家”[⑥]，“不肯依本分作活”“游手好闲的人。”[⑦] 各衙门公使人的实际数目，往往超过定额，“一个司（录事司——引者）县官根底，百十个人根（跟）着”[⑧]。由于公使人等常常仗势“害民”，元朝政府一度采取轮换的办法。但是，这样做又将带来新的弊病，“数年之后，乡村细民，皆为皂隶，起灭词讼，紊乱官府，公私不便”，于是很快又停止了轮换之法[⑨]。总之，公使人是各级政府机构中的一种职务，并非由各种人户按资产情况轮流承当。正因为如此，元代方志《镇江志》中称公使人为“皂隶”，和“户役”（差役）区别了开来。至元二十八年（1291）江浙行省的一件文书中说：“体知得诸衙门及权豪之家，将富上民户恃势影占，不当差役，却令供办草料、柴薪、菜蔬等物，或充祗候、面前，私自占使，凡有公家差役，交无力小民替代，迤渐靠损未便。”[⑩] 充当祗候、面前是逃避差役的一种手段，可见祗候、面前不同于差役。

---

① 《元典章》卷60，《工部三·祗候人·额设祗候人数》。

② 《元典章》卷60，《工部三·祗候人·额设祗候人数》。

③ 《通制条格》卷3，《户令·祗候曳剌税粮》。

④ 《元典章》卷60，《工部三·弓手·祗候弓手充替》。

⑤ 《通制条格》卷3，《户令·祗候曳剌税粮》。

⑥ 《元典章》卷60，《工部三·弓手·祗候弓手充替》。

⑦ 《通制条格》卷27，《杂令·带行人》。

⑧ 《通制条格》卷27，《杂令·带行人》。

⑨ 《元典章》卷60，《工部三·祗候人·交换公使人》。《通制条格》卷3，《户令·交换公使人隶》。

⑩ 《元典章》卷54，《刑部十六·擅科·禁影占富户不交当差》。

上面讲的是差役的项目，以及与差役有关往往发生误解的几种名目。至于杂泛，就是力役，也叫夫役。主要包括两个方面。一是人夫，二是车牛，车牛实际上也需要人夫驾驭。造作官舍、治理河渠、修建城池、递运官物等等，都属于杂泛之列。例如，大都至扬州水路所经州县，每遇使臣或上任回任官员到来，便“差拨牵船人夫五十名至六七十名”。婺州路（路治今浙江金华）地处山区，“每遇搬运官物，递送差发，百姓负担荷轮”[①]。元朝政府兴修水利，一般就近征发丁夫，如文宗时修陕西洪口渠“验田出夫千六百人”[②]，浙西吴松江疏治时，令“诸色有田者，以多寡出夫”[③]。元顺帝时修黄河，“发汴梁、大名十有三路民十五万人”，与军队一起供役[④]。元军出征时，往往征发丁夫车牛，搬运粮食和各种装备（见下）。力役一般是临时性的，往往是根据政府的某种需要强行征调，元朝政府没有对力役的时间和强度作出明确的规定，因而破坏性很大。

第二节　诸色人户与杂泛差役

上面讲述了杂泛差役的项目。元朝政府将全国居民划分为各种户，分别承担不同的封建义务，通常称为诸色户计或诸色人户。各种户中有的要承当杂泛差役，有的可以免当，而且在不同时期有所变化。

诸色户计主要有民、军、站、匠、儒、盐、僧、道等，其中民户数量最大。各种人户承担的封建义务各不相同。就杂泛差役来说，全体民户都是要承当的，只有一些特殊情况例外，如受到旌表的义夫节妇（本章开头提到的大宁路赵哇儿）、一产三男[⑤]等，但不同资产承当时有所区别。民户以外的各种

① 《元典章》卷26，《户部十二·科役·差拨搬运人夫》，《置簿轮差递运人夫》。

② 《元史》卷65，《河渠志二》。

③ 《元史》卷65，《河渠志二》。

④ 《元史》卷66，《河渠志三》。

⑤ 至元八年，邓州军户张二妻一产三男，免三年杂役，见《通制条格》卷17，《赋役·一产三男》。

人户，在元代前期一般都是不承当杂泛差役的，但从中期起（大体从14世纪初开始），发生很大的变化，多数人户都要和民户一起均摊杂泛差役。

先说元代前期的情况。

匠户。至元十七年（1280）十二月，元朝政府“敕民避役窜名匠户者复为民”①。当时有人说：“各处富强之民，往往投充人匠，影占差役，以致靠损贫难户计。”② 投充匠户以避役，可知匠户是免役的。

军户。“［至元］十九年二月，诸侯王阿只吉遣使言：‘探马赤军凡九处出征，各奥鲁内复征杂泛徭役，不便’。诏免之，并诏有司毋重役军户。”③ “奥鲁”原意指军人家属，后来又成为管理军人家属（军户）机构的各称。这里所说“各奥鲁内复征杂泛徭役”，就是指军户要承担杂泛差役。军户出兵，广义上说，这也是一种役（军役），又被征杂泛差役。成宗大德三年（1299）正月有关军户待遇的诏令，说得更清楚：“军户和雇和买、杂泛差役，除边远出征军人全行蠲免，其余军户有物［力］之家奥鲁官凭准有司印信文字，官给价钞，和雇和买依例应付，无物［力］之家不得配椿科着。外据人夫、仓官、库子、主首、大户车牛等一切杂泛，并行除免。”④ “人夫”、“大户车牛”属于“杂泛”，“仓官”、“库子”、“主首”属于差役，“社长”本非差役而又类似差役，见前述。这件诏令说明，军户可以免当杂泛差役，而出征军人则连和雇和买都可以蠲免。

站户。忽必烈当政时期，站户应当杂泛差役的情况有过变化。至元二十年（1283）七月，通政院报告：“据大都路良乡等驿申，站户自改法应当杂役，官降首思以来，困乏尤甚。……如将和雇和买、盐折草、车牛、丁匠、社长、主首行例等役奏免，仍令站户自备驿使下马日首思，似为便益。”中书省奏准圣旨：“除免站户和雇和买、一切杂泛差役，仍令自备首思。”⑤ 由此可见，原来站户自备首思（蒙语音译，指供应来往使臣的分例饮食）可免除杂泛差役

① 《元史》卷11，《世祖纪八》。
② 王恽：《便民三十五事·论匠户》，《秋涧先生大全集》卷90。
③ 《元史》卷98，《兵志一·兵制》。
④ 《元典章》卷34，《兵部一·正军·晓谕军人条画》。
⑤ 《经世大典·站赤》，《永乐大典》卷19418。

以及和雇和买。后改为官降首思，站户需应当杂泛差役。此时又恢复至原来的办法。但这一规定大概是专门针对大都上都之间站户而发。至元二十八年（1291）“七月二十一日，通政院奏：随路站赤虽令达鲁花赤、总管府专一提调，而州、府、司、县官司又复椿配站户和雇和买、杂泛差役，比之民户尤甚骚扰，莫若令路、府、州县达鲁花赤、长官、依军户体例兼管站赤奥鲁，非奉通政院明文，不得擅科差役”。得到中书省的同意。同月二十四日，“通政院言：肃州站赤，系边远之地，比年田禾不收，应役频并，请除站户和雇和买、杂泛差役”。中书省认为：“和雇和买已有定例，杂泛差役毋令科配。送兵部行移合属照会。”① 由这两条记事可知地方政府常向站户科派和雇和买、杂泛差役，元朝政府明确认为站户不当杂泛差役，但和雇和买另有规定。至元二十九年（1292）十一月，中书省重申，大都上都站户“自备首思，除免和雇和买、一切杂泛差役”②。至元三十年（1293），江南“站户人等往往赴院陈告，各路、府、州、司、县差充里正、主首杂泛差役，耽误应当站赤”。三月，忽必烈下诏，“站户除当站外，不拣谁休重科差役者”③。可见，总的来说，元朝政府是允许站户免当杂泛差役的，而且上都大都之间自备首思的站户在免当杂泛差役之外还可免除和雇和买。

儒户。窝阔台汗丁酉年（1237）考试儒人，中选者“若有种田者输纳地税，买卖者出纳商税，开张门面营运者依行例供出差发，除外其余差发并行蠲免”④。中选儒人后来都成为儒户。“其余差发”包括杂泛差役在内。至元二十四年（1287）二月元朝政府为了加强教育工作在地方成立儒学提举司，重申丁酉年的规定：儒户“除纳地税、商税外，其余杂泛差徭并行蠲免。”⑤ 至元二十五年十一月，又向江南儒户再次申明上述规定⑥。

医户。中统三年（1262），忽必烈下诏，医户“除丝绵颜色、种田纳税、

---

① 《经世大典·站赤》，《永乐大典》卷19419。
② 《经世大典·站赤》，《永乐大典》卷19419。
③ 《元典章》卷36，《兵部三·站户·禁约差役站户》。
④ 《庙学典礼》卷1，《选试儒人免差》。
⑤ 《庙学典礼》卷2，《左丞叶李奏立太学……儒户免差》。
⑥ 《庙学典礼》卷2，《江南儒户免横枝儿差发》。

买卖纳商税外，其余军需、铺马祗应、递牛人夫、诸科名杂泛差役，并行蠲免”[①]。后来这一规定曾经重申，如至元九年（1272）三月，“诏免医户差徭”[②]。元贞元年（1295）三月，“诏免医工门徭”[③]。大德三年（1299）成宗下旨：“从今已后，汉儿田地里有的系籍的医户每，大差发交纳者，种田呵纳地税者，做买卖呵纳商税者，除那的外别个军需不拣什么休交出者，铺马祗应、夫役、横枝儿差发休与者。蛮子田地里有的系籍的医户每，地税、商税以外别个不拣什么差发休与者。系籍的医户每根底不拣是谁休隐占者。”[④] 元代文献中“差发”的概念比较混乱，有时指赋税，有时指赋役。上面这件诏书中的“大差发”应指科差而言，而“横枝儿差发”、“不拣什么差发”则包括杂泛差役甚至和雇和买在内。

僧、道户。己丑年（1229）十一月，窝阔台汗下令：“其僧、道种田作营运者，依例出纳地税、商税，其余杂泛科差并行免放。”[⑤] 也里可温（基督教士）、答失蛮（伊斯兰教士）也享有同样的待遇[⑥]。这个规定曾多次重申，例如成宗即位后颁布的诏书中说：“成吉思皇帝、月吉合皇帝（即窝阔台——引者）、先皇帝圣旨里，‘和尚、也里可温、先生每不拣什么差发休教着，告天祝寿者’，么道来。如今依着在先圣旨体例，不拣什么差发休教着者，告天祝寿者。”[⑦] 这里的“不拣什么差发”，当然包括杂泛差役在内。

此外，还有一些户也可以免役，如盐户、运粮户、舶商户等。元代诸王、功臣，都有封地封户，称为投下或位下。投下或位下的人户，可以免役。色目中的回回人户，常常可以免役[⑧]。贵族官僚本身不当杂泛差役，还仗势影占人户不当杂泛差役，成为一种普遍的社会现象。如至元二十八年（1291）五月初八日，中书省奏：“桑哥大都的富户每根底自己隐藏着，和买检钞时分不拣

---

① 《元典章》卷32，《礼部五·医学·免医人杂役》。
② 《元史》卷7，《世祖纪四》。
③ 《元史》卷18，《成宗纪一》。
④ 《元典章》卷32，《礼部五·医学·医户免差发事》。
⑤ 《通制条格》卷29，《僧道·商税地税》。
⑥ 《通制条格》卷29，《僧道·商税地税》。
⑦ 《元典章》卷33，《礼部六·释道·僧道休差发例》。
⑧ 王恽：《在都回回户不纳差税事状》，《秋涧先生大全集》卷88。

什么差发不教着，却教穷百姓每生受来。别个的官人每隐藏着来的也多有。"[①]桑哥一度是忽必烈最亲信的权臣，二十八年二月失势，中书省臣才敢揭发此事。同年同月二十六日，尚书省转呈江浙行省报告，其中说："体知得诸衙门及权豪之家，将富上民户恃势影占，不当差役，……凡有公家差役，交无力小民替代，迤渐靠损未便。"[②] 大德三年（1299）的一件文书，则说福建的"官人每、富户有势的人每，将百姓每田地占着，教百姓每佃户，不教当杂泛差役有。"[③] 元朝政府对这种现象屡申禁令，但并没有明显的效果。总起来说，可以认为，元代前期承当杂泛差役的，主要是汉人、南人中的民户，可能还有部分色目人户（如唐兀户）。但在民户中还有相当一部分为权贵豪门影占而不当役。

这种情况在元成宗当政时期发生了变化。由于享有免役权利的人户很多，再加上民户中有不少人"往往投充诸王位下及运粮水手、香莎糯米、财赋、医人、儒道、火佃、舶商等诸项户计，影占不当杂泛差役"，这样就使得应当杂泛差役者愈来愈少。元朝政府本意要富裕户承当里正、主首、仓官、库子等名目的差役（见本章第三节），但是"有力富强之家"纷纷投充投下及各类户之中，不少地方"止令贫难下户承充里正、主首，钱粮不办，偏负生受。"与这些差役有关的政府职能难以很好实施，这对元朝政府是很不利的。因此在元贞元年（1295）十一月，成宗发布诏书，要"不以是何投下、诸名色影蔽有田纳税富豪户计"，与其余民户"一体轮当里正、主首，催办钱粮，应当杂泛差役，永为定例"[④]。同年十二月，"诏大都路，凡和雇和买及一切差役，以诸色户与民均当。"[⑤] 大德五年（1301）八月，成宗下诏，重申元贞元年的规定。"仰不以是何投下及运粮水手、香莎糯米、财赋、医、儒、僧、道、也里可温、答失蛮、火佃、舶商等诸色影蔽有田纳税富豪户计，即与其余富户一例轮当里正、主首，催办钱粮，应当杂泛差役，永为定例。其各管官司，今后再不

---

① 《通制条格》卷4，《户令·均当差役》。《元史》卷173，《崔彧传》。
② 《元典章》卷54，《刑部十六·擅科·禁影占富户不交当差》。
③ 《通制条格》卷2，《户令·官豪影占》。
④ 《元典章》卷25，《户都十一·影避·投下影占户计当差》。
⑤ 《元史》卷18，《成宗纪一》。

得似前推称事故，别行闻奏，并依已降圣旨一例均当。”① 到了大德七年（1303）三月，元朝政府对诸色户的当役免役问题，作出了更为具体明确的规定：

今后除边远出征军人，并大都、上都其间站户，依着在先已了的言语，休当者。其余军、站、人匠、打捕鹰房，并［各］投下诸王驸马不拣是谁的户计，和雇和买、杂泛差役有呵，都交一体均当者。②

根据这一诏令，原来不当役的军、站、匠、打捕鹰房等户和投下户，都要与民户一体承当杂泛差役了。这是元朝役法的一次重大的改革。需要说明的是，《元史》记此事说：大德七年，二月，“丙戌，诏除征边军士及两都站户外，其余人户均当徭役”③。这与上述诏令原意是有一定出入的。诏书中提到的只有“军、站、人匠、打捕鹰房”并各投下人户，并没有将所有“其余人户”都包括在内。例如，儒户在这次诏令发布后仍可免役。就在大德七年十二月，江南浙西道廉访司还专门行下牒文，要所属地区免除儒户的杂泛差役④。僧、道户在这次诏书中未曾提及，但在这一年闰五月，成宗下诏：“僧人与民均当差役。”⑤ 应是对上述诏书的补充规定。

大德七年三月的诏书宣布了役法的重大改革，但事实上并未得到严格的执行。特别是不少投下户，依仗投下主的势力，仍然享有免役的特权。大德十一年（1307），管理皇太子事务的詹事院向皇太子爱育黎拔力八达上奏说，辖下的管领诸路打捕鹰房纳绵等户都总管府“管着的百姓，除本位下合纳的差税外，随处管民官科要和雇和买、杂泛夫役，好生受后头，失散了去也。”而“属皇太后位下徽政院管得军、民、诸色人匠等户，除本位下合纳的差税外，不拣什么差发、和雇和买、杂泛夫役休科要骚扰者，……宣谕把执的圣旨与了

① 《通制条格》卷17，《赋役·主首里正》。按运粮水手即海运漕粮的人户，亦称漕户。香莎糯米指为宫廷生产香莎糯米的人户，财赋即官府所设各财赋总管府所辖人户，舶商指从事海外贸易的人户，火佃待考。

② 《元典章》卷26，《户部十二·户役·编排里正主首例》。

③ 《元史》卷21，《成宗纪四》。

④ 《元嘉兴路儒人免役碑》，《两浙金石志》卷14。

⑤ 《元史》卷21，《成宗纪四》。

也。”詹事院要求本位下人户享受同样的待遇。皇太子爱育黎拔力八达颁布令旨：“依着徽政院体例，……写与执把的令旨者。”① 大德十一年初，元成宗去世，无子，宫廷内部斗争，爱育黎拔力八达夺得皇位，让与其兄海山，商定兄弟相继。海山即位便立爱育黎拔力八达为皇太子，兼尚书令，他的令旨有很高的权威。由此可知，大德七年以后，皇太后位下人户仍可免役，而皇太子位下人户一度当役后又援例免役。皇太后、皇太子位下如此，其他位下、投下必然相继效法。武宗至大三年（1301）十月，“敕谕中外：民户托名诸王、妃主、贵近臣僚，规避差徭，已尝禁止。自今违者俾充军、驿及筑城中都，郡县官不觉察者罢职”②。同年十二月，“谕中外应避役占籍诸王者俾充军、驿”③。均说明位下、投下户逃避杂泛差役是普遍的现象。

元代各种宗教职业人户一般来说，享有同样的待遇。大德七年三月僧人与民均当差役，其他宗教其他职业人户亦应如此。仁宗至大四年颁布圣旨：“今后依着圣旨体例，和尚、先生、也里可温、答失蛮，在前不曾交当的差发，休交当者，管民官休教他每当里正、主首者。”④ 显然，各种宗教职业人户又可以免当杂泛差役。

役法改革是为了政府的长远利益。但是，一些王公贵族看重的只是他们自己的利益，有些特殊的人户（如宗教职业者），也千方百计为自己谋利益。元朝统治者既要考虑政府的长远利益进行役法改革，常常又对王公贵族和特殊人户加以照顾，允许他们享有免役的特权。这样一来，役法改革的效果必然大受影响。延祐三年（1316）十月，中书省上奏说：“俺商量来，和雇和买、一切杂泛差役，众人不协力当呵，只交当差的百姓每当呵，勾当也成就不得，百姓每越生受去也。”建议：“依诏书体例，除边远军人、上都大都其间自备首思站赤外，其余诸王、驸马并各衙门官人每奏了不交当行了文字的，不以是何人等，都交一体均当呵，怎生？”元仁宗批准这一建议⑤。这主要是针对各位下、

① 《元典章》卷25，《户部十一·减差·纳绵府杂泛》。
② 《元史》卷23，《武宗纪二》。
③ 《元史》卷23，《武宗纪二》。
④ 《元典章》卷33，《礼部六·释道·革僧司衙门免差役》。
⑤ 《元典章》卷3，《圣政二·均赋役》。

投下和某些衙门所辖人户的。到了延祐五年（1318）十一月，又颁布诏旨，就僧、道户和边远军人的当役作出了具体规定："诸处寺观，南方自亡宋以前，腹里、云南自元贞元年为格，旧有常住，并上位拨赐田土除差。外据边远军人元籍去处各有赡军产业，那里既已优免了，这军官、军人并僧道人等续置了百姓每的当差田地，及财赋总管府承佃附余地土，并与其余军、站、民、匠、医、儒、灶户、运粮船户，各枝儿不以是何户计，都交随产一例均当"[①]。这就是说，僧寺道观，南方在宋亡以前，北方、云南在元贞元年以前，原有的土地和皇帝赏赐的土地，可以免当杂泛差役，以后买进或信徒捐献的土地，原来要当差的，现在继续要承当杂泛差役。边远出征军人原有供给军需的土地可以免差，添置他人原来当差的土地，亦需承当杂泛差役[②]。这次诏令还明确了各种户（军、站、民、匠、医、儒、灶、运粮船户、投下户）都须承当杂泛差役，比起大德七年三月的诏书来又进了一步。天历二年（1329）正月，又命"回回人户与民均当差役"[③]。

在此以后，当役与免役之争仍未停止。元朝政府一方面继续重申，"不以是何户计，与民一体均当"的命令[④]，但另一方面又不断批准某些户以免役的权利，如泰定元年（1324）十一月"诏免也里可温、答失蛮差役"[⑤]。天历二年（1329）十二月，"诏僧尼徭役一切无有所与"[⑥]。所有僧尼均可免役。至顺二年（1331）九月"免控鹤户杂役"[⑦]。而投下户逃役仍是普遍的现象。延祐七年（1320）四月，"申诏京师势家与民均役"[⑧]。同年五月，又"禁宗戚权贵避徭役及作奸犯科"[⑨]。都是针对投下、位下逃避杂泛差役而发的。元朝最后一个皇帝顺帝上台（1333）后，社会矛盾日趋尖锐化，"赋役不均"成为普

---

① 《元典章》卷3，《圣政二·均赋役》。

② 此次诏令中"财赋总管府承佃附余田土"有待进一步研究。

③ 《元史》卷3，《文宗纪二》。

④ 延祐七年十一月至治改元诏书，见《元典章》卷3，《圣政二·均赋役》。

⑤ 《元史》卷29，《泰定帝纪一》。

⑥ 《元史》卷33，《文宗纪二》。

⑦ 《元史》卷35，《文宗纪四》。

⑧ 《元史》卷27，《英宗纪一》。

⑨ 《元史》卷27，《英宗纪一》。

遍关注的热点问题。元顺帝曾专门下诏“命江浙省臣讲究役法”①，足见他对这一问题的重视。在即位的第二年（元统二年，1334）正月，他便下令“僧道与民一体充役”②。同年五月，又“诏王侯、宗戚、军、站、人匠、鹰房、控鹤，但隶京师诸县者，命所在一体役之”。后至元元年（1335）十月，“诏海道都漕运万户府船户与民一体充役”③。例外的是，儒户则明令免役。元统元年（1333）九月，“诏免儒人役”④。二年三月，又诏：“儒人免役，悉依累朝旧制。”⑤ 儒户得到了特殊的优待。但是，元末政治混乱，这些命令较之以前的同类诏令，更难于实施。赋役不均的现象越演越烈，成为导致全国性农民战争的重要原因之一。

第三节　杂泛差役的差充办法和助役法

上面说明，杂泛差役原来是由民户承担的，元代中期以后，其他各种人户也要承当，与民户一体均役，但其中又有不少变化。现在要讨论的是，杂泛差役的具体差充办法，也就是说，在政府规定应该承当杂泛差役的人户中间，杂泛差役又是怎样摊派的。

至元二十八年（1291）颁布的《至元新格》中规定：“诸差科夫役，先富强后贫弱。贫富等者先多丁后少丁。开具花户姓名，自上而下，置簿挨次。遇有差役，皆须正官当面点定该当人数，出给印押文引，验数勾差，无致公吏、里正人等放富差贫，那移作弊。其差科簿仍须长官封收。长官差故，次官封收。”⑥ 这一条讲的是“夫役”也就是杂泛的差充办法。文中的“遇有差役”，即差科役使之意，并非“杂泛差役”之“差役”。那么，差役又是如何摊派

① 《元史》卷41，《顺帝纪四》。

② 《元史》卷38，《顺帝纪一》。按，天历二年僧尼又可免役，故此时重申僧、道与民一体充役之命。

③ 《元史》卷38，《顺帝纪一》。

④ 《元史》卷38，《顺帝纪一》。

⑤ 《元史》卷38，《顺帝纪一》。

⑥ 《通制条格》卷17，《赋役·科差》。

呢？武宗至大四年（1311）的诏书中说：“民间和雇和买，一切杂泛差役”，“各验丁产，先尽富实，次及下户。”① 延祐七年（1320）十一月发布的《至治改元诏书》中说：“今后但凡科着和雇和买、里正主首、一切杂泛差役”，“州县正官用心综理，验其物力，从公推排，明置文簿，务使高下得宜，民无偏负”②。可见，差役和杂泛（夫役）的差充，都是根据各户的财产状况（贫富、丁产、物力）进行摊派的。但这是总的原则，各地区施行时，往往有很大的区别。

先说杂泛（夫役）。杂泛（夫役）的差充，通常是两种。一种是按户等轮流派充，一种是按田土或税粮数进行摊派。前一种之例如，大德七年（1303），河南省的一件文书中说：“江陵路儹运播州米粮，不行查照鼠尾文册，致令司、县将近上田多人户不曾点差，却将无地消乏下户监勒一概差遣。”③ 鼠尾文册即鼠尾簿，登录居民的户等（见本书第十三章第三节）。这条材料说明，在正常情况下，运送米粮的人夫，是应该按照鼠尾簿上登录的户等，先点差“近上田多人户”的。至元二十九年（1292），监察御史王龙泽针对“各处官府，差拨夫役，有妨农业，废弃生理，”建议“先将见今合差民户，置定鼠尾籍册，官为封记，遇有儹送官物，验籍轮流差拨，依时销铸”。经御史台批准，督令地方政府执行④。后一种之例如，至治三年（1323）修吴松江，官府商议，“令本处所管军、民、站、灶、僧、道诸色有田者，以多寡出夫，自备粮修治，州县正官督役”⑤。“大德间，顺元蛮作乱，朝廷命行省调兵击讨，役湖北诸郡民饷师黄平府，有司计租亩第转输粮数多寡。”⑥ 由于元代户口登记并不严格，不能定期举行，居民财产丁力情况不断变化，鼠尾簿所载户等往往与实际不符，所以后一种方法更为流行。总起来说，按照元朝政府的规定，在摊派杂泛（力役）时，应先差富户，后及贫户，富户多承担，贫

---

① 《元典章》卷3，《圣政二·均赋役》。
② 《元典章》卷3，《圣政二·均赋役》。
③ 《成宪纲要》，《永乐大典》卷15950。
④ 《元典章》卷26，《户部十二·夫役·主簿论差搬运人夫》。
⑤ 《元史》卷65，《河渠志二·吴松江》。
⑥ 宋褧：《吉水州监税谢君墓碣铭》，《燕石集》卷14。

户少承担或不承担。这主要因为力役要长期在外应当，没有一定经济力量难以负担。

再说差役。差役是前代的职役，里正、主首、坊正、隅正，为官府催督赋税，承办各种事务，仓官、库子保管财物，都有一定的责任，涉及政府的利益。因此，地方政府在选择差役对象时，既要求可靠，又要求有一定的经济力量，一旦出现亏空时可赔补。在元朝政府的文书中，一再强调既要选择“廉干无过之人”[①]，又要在“税高富实户”、“税少而有蓄积人户”中间差派里正、主首[②]，从“殷实人户”中差派坊正[③]，从“富实户”中差派库子[④]，等。当时的文人记载也说：“我朝准前代役法，推资产之殷者为里正，以趋走其里之事。”[⑤] 显然，差役主要是由富户来承当的。

差役在摊派时，通常也是两种办法。一种以户等为标准，以上户或上、中户差充。如山西绛州（今绛县）地方官“令推选上上户著甲乙簿，于是里正、社长一定而不移”。有些地方的仓场务官由“上三户”选充，“上三户”应即三等九甲中的上等三甲（上上、上中、上下）。[⑥] 浙西昆山（今江苏昆山）“法以四时役民为坊正、管库”，官吏营利舞弊任意差遣，“民不得宁，多流出境”。知州王世杰根据贫富“厘为三等”，依次承当。[⑦] 另一种办法则是以一定数额的土田或税粮数额为准，在数额以上者充役，以下者免。如江西在大德七年（1303）整顿差充里正、主首办法，规定“并以一石以上为则，一体当役。若有税存产去而无蓄积者及一石之下人户，俱不在当役之限”[⑧]。后来江西又规定：“不以是何户计，当官从公推排，粮多极等上户殷富者充里正，次等户充主首，验力挨次周而复始，亲丁当役。”[⑨]

---

① 《通制条格》卷16，《田令·理民》。
② 《元典章》卷26，《户部十二·户役·编排里正主首例》。
③ 《至顺镇江志》卷2，《地理·坊巷》。
④ 《元典章》卷12，《吏部六·库子·库子满日依旧发充司吏》。
⑤ 陈旅：《刘积甫墓志铭》，《安雅堂文集》卷12。
⑥ 刘尚质：《绛州知州彭侯去思之碑》，《山右石刻丛编》卷38。
⑦ 《王公去思碑》，《名迹录》卷2。
⑧ 《元典章》卷26，《户部十二·户役·编排里正主首例》。
⑨ 《元典章》卷26，《户部十二·户役·编排里正主首例》。

役法在施行过程中产生了尖锐的矛盾（见下节），逃避的人越来越多，摊派越来越困难。有些地方官员便试图进行改革。他们认为，役法“病民”是由于“役不均”造成的。杂泛差役都按居民的资产进行摊派，“户口之贫富无恒业，土田之贸易无恒主”，而元朝政府没有定期的严格的户口资产登记制度，官吏可以上下其手，“虽欲其均卒莫能均”①。他们主张“视田亩之多寡以均役”，亦即核实登记居民的财产（主要是土地），然后根据各户财产的实际情况摊派杂泛差役。这种办法就叫做“均役”。“均役”包括两方面内容，一是清查田土，核实税粮，二是据田土税粮派役。元代中期起，核田均役之事在各地时有发生，如亦邻真在浙东义乌，“田政久废，民或无田而被役，而田连阡陌者乃仅三岁而一役。公奉宪府令，尽括其实，定著于籍，由是民田苗米莫得飞寄诡匿以肆其欺。多田之家则随田之所在验米之多寡受役不一数，而单夫小户，差役俱免，民服其均”②。白景亮在衢州（今浙江衢州），“先是为郡者于民间徭役，不尽较田亩以为则，吏得并缘高下其手，富民或优有余力，而贫弱不能胜者多至破产失业。景亮深知其弊，乃始核验田亩以均之，役之轻重，一视田之多寡，大、小家各使得宜，咸便安之。由是民不劳而事易集，他郡邑皆取以为法”③。其他如刘辉在余姚州④，唐棣在徽州休宁⑤，邹伯颜在福建崇安⑥，都采取过类似的措施。这些“核田”“均役”的地方官员，往往都可博得“良吏”的美誉。“核田”“均役”，并非元朝政府在全国范围内采取的统一政策。起初是少数官员自发采取的改革举措，后来在江浙地区曾经推广。“朝廷令［江浙］行省召八郡守集议便民之法，［赵］琏献议……里正用田赋以均之，民咸以为便。”⑦ 但其他地区并不多见。

这种“核田”“均役”之法，也就是不管各户土田、税粮多少，只要有土田、税粮，就要承当一定的差役。用当时人的话来说，便是：“有一石之田

---

① 王艮：《上海县坊正助役义田记》，《嘉靖上海志》卷8。
② 胡助：《亦邻真儒林公去思碑铭》，《纯白斋类稿》卷19。
③ 《元史》卷192，《白景亮传》。
④ 危素：《余姚州核田记》，《危太朴文集》卷2。
⑤ 危素：《休宁县尹唐君核田记》，《危太朴文集》卷2。
⑥ 虞集：《崇安县尹邹君去思之碑》，《道园学古录》卷41。
⑦ 《元史》卷194，《赵琏传》。

者，当一石之役；有一斗之田者，多一斗之差。”① “受差之家，悉准田之多少，田多者应重差而不可辞，田少者称其出而不得扰。”② 其具体办法，各地往往不同。如广西梧州“将管民户编排上、中、下三等九甲，额定每田一千亩应当里正一季，自上而下，周而复始，行之期年，已有定式。”③ 这里的户等划分，只起前后轮次当役的作用，当役时间是按田土数来确定的。一千亩当役一季，若富户的田土超过千亩，按比例增加当役时间；若中下户不至千亩，则大概是合数户共当一季。浙东龙泉则以税粮为准，“验民粮多寡以定科徭，满六斛者役一月，多则倍之”④。浙东黄岩对少田户采取合并当役的办法，数户共同当役，“以粮多者役首，次为帖（贴）役云”⑤。

“核田”“均役”，也可以称为“随产定役”。上面讲摊派差役原来有两种方法，一是以户等为据，以上、中户充；一种以资产（土田、税粮）为准，以田、粮多者充。“随产定役”是从后一种方法发展而成的，但将以田、粮多者充改成有田、粮者按数均摊，可以说是第三种方法。

以上说的是政府差派杂泛差役的方法。在民间，流行“义役”之法。义役也叫助役，起于宋代。大体来说，义役（助役）就是某一地区的居民按资产多少各出一定数量的田土或钱钞，由专人管理，将田土的出产或钱钞的利息，作为津贴当役者的费用。如江阴陆垕，因患差役不均“分户九等，各出土田若干，以身为率，先后差次。每岁以三、两户应充里正、主首，即以义粟与之”⑥。江西庐陵王思道，“民困徭役，公乃义以济之。首捐田五十亩倡，以次出有差。共得田二百五十亩，岁收粟五百石以供科役”⑦。原来这是民间的自助行为，后来元朝政府认为它有益于役法的推行，积极加以提倡。元仁宗延祐五年（1318），“浙西奏请得旨，令有田百亩之上者出田助役”⑧。到英宗至

① 虞集：《崇安县尹邹君去思之碑》。
② 戴良：《许丞传》，《九灵山房集》卷19。
③ 《冯太守德政碑》，《永乐大典》卷2343引《古藤志》。
④ 宋濂：《叶治中历官记》，《宋文宪公全集》卷43。
⑤ 《万历黄岩县志》卷3，《食货志·元役法》。
⑥ 陆文圭：《陆庄简公家传》，《墙东类稿》卷14。
⑦ 王礼：《照磨王公墓志铭》，《麟原前集》卷2。
⑧ 余卓：《松江府助役田记》，《嘉靖上海县志》卷8。

治三年（1323）四月，元朝政府正式下令："行助役法，遣使考视税籍高下，出田若干亩，使应役之人更掌之，收其岁入以助役费，官不得与。"① 这里所谓"官不得与"是指政府官吏不得参与助役田的管理。根据以上命令，不少地区官员积极推行助役法。如平江路长洲县（今江苏苏州）干文传令民田百亩"以三亩入官，为受役者之助"②。他还曾到上海、华亭、无锡等处协助推行助役法，其中上海共得助役田716顷有奇，每年实得助役粮26000余石③。又如周仔肩在浙东鄞县教民为义役，"县西南五十里林村之民次当受役者三十有五家，首相与谋，眂物力之薄厚，各捐已橐，得钱七千五百缗为子本，推执事者五人操其奇赢，以供百役之费，而存其母常勿绝，复推其五人，日诣有司以听征令，岁终则更休焉"。周仔肩"白状大府，而定其要束，因廷酌父老以为众助。旁乡比井，争慕为之"④。这是以钱助役的例子。

助役（义役）之法，本来是民间自发的行为，后来成为国家鼓励的在官府指导下推行的举动，明显带有一定的强制性。实际上，它已成为政府为保障役法实行的一种措施。从上所述，可见各地"助役"的方法有所不同，有的以户等分摊助田，有的规定百亩以上出田助役，显然都与杂泛差役的摊派方法有密切的关系。

第四节　杂泛差役与元代社会矛盾

杂泛差役是封建国家强加在编户齐民头上的封建义务。摊派杂泛差役必然引起承担者与封建国家之间的矛盾。杂泛与差役两者内容不同，性质有别，两者摊派时引起的后果也有所差别。

前代的力役，一般都有时间的限制，如唐代规定每丁二十天。元代是否有明确的规定，在现有文献中难以说明。从实际情况来看，官府可以任意摊派杂

① 《元史》卷28，《英宗纪二》。
② 黄溍：《礼部尚书干公神道碑》，《金华黄先生文集》卷27。
③ 余卓：《松江府助役田记》。
④ 黄溍：《鄞县义役记》，《金华黄先生文集》卷10。

泛（力役），看不出明显的限制。元朝政府不止一次颁布诏令：“民间杂役”“勿夺农时。”① 其实连这一点也是官样文章，根本做不到。大规模的杂泛（力役），动辄征发丁壮数万或数十万，对农业生产完全置之不顾。成宗大德六年（1302），元朝政府为了边疆战争的需要，在湖北大起丁夫二十余万，运送粮食到播州（今贵州遵义），“正当农时，兴此大役，驱愁苦之人，往回数千里中”，对农业生产的破坏可想而知。② 在此以前，成宗元贞二年（1296），诏修五台山佛寺，“土木既兴，工匠夫役，不下数万，附近数路州县，供亿烦重，男女废耕织，百物踊贵，民有不聊生者矣”③。不仅政府派役，王公贵族也凭藉权势，任意科派。元文宗图帖睦尔即位前曾在集庆（今江苏南京）居住，想盖佛寺，就“令有司起民夫江南”。这种做法遭到监察御史的反对，建议他出钱“募夫”，不要任意“役民”④。图帖睦尔当时政治上失势，尚敢如此，其他贵族可想而知。至元二十九年（1292）监察御史王龙泽在一件文书中说：除了规定的“搬运官物，递送差发”外，地方政府官吏“搬递己物，送递亲旧，建造私宅，应付知识”，也都摊派力役，“江南百姓，见今各处官府差拨夫役，有妨农业，废弃生理，饥饿病困，死于道途，实可悯念”⑤。

摊派杂泛（力役），是官吏们敲诈勒索作威作福的大好机会。王龙泽举婺州路（路治今浙江金华）为例，“司县人吏”，“但遇差夫，不问数目多少，便行一例差拨。其被差人数，或出钱三百、五百，以至一贯之上，与坊正、里正人等买免。每日又于市井辏集去处，拖扯卖买及入市农人，拘留一处，逐旋差拨。虽无差拨，亦三、四日不令还家，索要钞物，才方放免，以此人民失业，田地荒芜”。对于差拨当役的人夫，“司县人吏又行捶楚，系颈累累，相望于道”。简直和俘虏差不多。其他记载亦说差拨的役夫受到种种虐待：“漫村赶丁夫，所在沸官府”；“所经辄绎骚，不若被掠虏。”⑥ “鸠工具畚锸，排户加

① 《元典章》卷3，《圣政二·息徭役》。
② 《元史》卷168，《陈天祥传》。
③ 《元史》卷176，《李元礼传》。
④ 《元史》卷143，《自当传》。
⑤ 《元典章》卷26，《户部十一·夫役·主簿论差搬运人夫》。
⑥ 王恽：《輓漕篇》，《秋涧先生大全集》卷3。

笞鞭。”①

到了元朝末年，“赋役之剧，民不聊生。……一户差徭，动至五、六”。应役的百姓“重则亡躯，轻则坏宅，奔散流离，所在皆是”②。全国农民战争爆发以后，为了镇压江、淮一带起义军，元朝政府从北方调兵南下，同时征发许多农民为军队运送粮饷。有一首诗歌记述了这一次力役承担者的遭遇：

> 漷南有老者，家仅一辆车。王师征淮、蔡，官遣给军储。翁无应门儿，老身当一夫。劳劳千里役，泥雨半道途。到军遭焚烹，翁脱走故闾。车牛力既尽，户籍名不除。府帖星火下，尔乘仍往输。破产不重置，笞箠无完肤。……有司更著役，我实骨髓枯。仰天哭欲死，醉吏方歌呼。③

这位老者因军需差拨，千里应役，车牛已尽，但名字仍在当役簿册之中，而在无法再次应役时，便遭吏人毒打。他的遭遇可以说就是众多应役者遭遇的缩影。

差役的应当情况，和杂泛不一样，要复杂得多。前面已说过，按照元朝政府的规定，差役应是在富户或较富裕的人户中差充的。对于不少富户来说，承当里正、主首、坊正、隅正之类差役，是他们把持地方、鱼肉乡里的机会，可以利用职权，上下其手，为所欲为。例如，福建莆田黄已，“以赀多为闾里之正。……每岁首县，次民赀力多寡，定征敛之籍，众不能决，处士（指黄已——引者）发一言，皆称平。争讼者来质是非，告以理法，举酒饮之，各谢而退。”④摊派赋役由他说了算，地方上的纠纷由他裁决，这个里正的威风可以想见。不少地方，里正和社长、弓手等，“恃为官府所设之人，事不干已，辄为体访，申作事头，当该官司不详事体，依凭勾摄，民皆受苦。”⑤有些地方，“乡正里长”征赋，“随用之不以入官，期既迫，官疏不入赋者逮治

① 贡师泰：《河决》，《玩斋集》卷1。
② 叶颙：《呈县判簿乔公》，《樵云独唱诗集》卷5。
③ 张翥：《漷农叹》，《蜕庵集》卷1。
④ 宋濂：《莆田黄处士墓铭》，《宋文宪公全集》卷34。
⑤ 《元典章》卷53，《刑部十五·听讼·词讼不许里正备申》。

之"[①]。前面引用王龙泽文书，婺州地方政府一例差拨人夫，被差者要出钱与坊、里正买免，说明坊、里正与官府吏人相互勾结谋利。因此，因充任里正、主首、坊正、隅正而发家致富者颇有其人。宋、元之际，吴兴（今浙江湖州）朱坞褚天祐，在动乱之中"家资荡尽"。入元以后，屡当差役，尽管他也说"差役繁重"，"不能一日安居"，但却能"日增田业，坟茔庵宇，无不葺治"。这显然是应当差役带来的好处[②]。

因为承当里正、坊正等名目致富者固然有之，但也有不少人因此倾家荡产，其原因是多方面的。主要是下放摊派的赋税太重，官吏还要从中取利，承当里正等名目不仅无利可图，而且往往要赔补。赋税太重总的来说是因为元朝政治腐败，统治集团奢侈荒淫，挥霍无度，官僚机构日益臃肿，各种经费不断增加，这些负担最后都落到百姓头上。元代中叶，已有人指出，各种赋税比元朝初年增加十倍[③]。到了元朝末年，"课赋无艺"，"增加无算"，逐季都有增添[④]。力役的摊派也很多，已见上述。沉重的赋税和力役，使得许多百姓难以负担，只好逃亡他乡。元代的流民问题一直存在，而且越来越严重，除了天灾以外，赋役是个很重要的原因。但是逃户留下的赋税力役，官府仍着追征摊派，责任便落到里正、主首身上。例如，湖广常宁州（今湖南常宁）由于天灾，许多农民死亡流徙，豪强地主乘机兼并土地，"私取田而虚其赋入之数"，结果有6000多亩田土的赋税没有着落，官府就"按籍坐所指户亩责之方保里正"[⑤]。镇江（今江苏镇江）南宋末贾似道行公田法，强买民田为公田，"民间迫于应命，多有岁输租于官而实无田者"。这样一些"有科无征之粮"，元代照旧征收，而实际上并没有可征收的对象，官府就要里正承当。"岁终，里正往往缺纳。"[⑥] 像这样一类"有额无田"、"产去税存"的现象，在当时是相当普遍存在的。不断加重的赋税和无主的赋税，负责征收的里正、主首通常就分

---

① 虞集：《书堂邑张令去思碑后》，《国朝文类》卷39。
② 《褚公祠碣》，《吴兴金石记》卷10。
③ 程钜夫：《民间利病》，《雪楼集》卷10。
④ 姚桐寿：《乐郊私语》。
⑤ 傅若金：《常宁州义役钱记》，《傅与砺文集》卷3。
⑥ 《至顺镇江志》卷2，《地理·乡都》。

摊在见在人户头上。见在人户因负担过重，往往被迫也加入逃亡的队伍。逃亡日增，征赋愈难，而政府由于支出浩大，经费日绌，对赋税不但不肯减免，反而不断增加，拼命向里正、主首等施加压力，甚至将他们“绯扒吊打，责限陪此，破家荡产，终不能足”①。因此之故，承当里正、主首、坊正、隅正一类差役，“率多隳其产业，至鬻妻子以代责之”②。有人估计镇江地区承当差役的情况时说：“间有桀黠之徒，稍能枝梧，复为细民之蠹。抑肥者不一二，而瘠者已什伯矣。”③ 这一段话表明，应当差役有两种情况，有的因此而“肥”，更多的因此而“瘠”。

还有不少地方，里正与主首职责有别，遭遇亦不同。当里正的是富户，而当主首的则是“力微弱”的小地主或自耕农民④。“率公往役名主首，半是摘箬担柴夫。”⑤ 于是，“事悉取具于主首，而里正坐视其成”⑥。在赋税不断加重而百姓又大量逃亡的情况下，有些里正便把责任都推到主首身上：“课程茶酒率陪闭，所取盐米何锱铢。逃粮递金不须论，职田子粒尤难输。公家督促过星火，唯听捶挞生虫蛆。”⑦ 结果亏空的钱粮“代输者皆主首尔”，“因之破家者又比比有焉”⑧。

以上讲的是承当里正、主首、坊正、隅正一类差役的情况。至于仓官、库子一类差役，更易出现亏空。官府衙门中的官吏常常利用仓库营私舞弊，而仓官、库子的承当者不熟悉其中业务，就成了牺牲品。这些承当者来自“庄农之家，钱谷书算，俱不通晓。其间收支粮斛，出入钱帛浩大，以致亏兑失陷，致将应有财产、房舍、孳畜等物，尽行折剉”⑨。如江西以甲户（上户）主仓库，“民新附，不识法，又恇怯不任事，率为吏卒攘窃，及岁满必破家杀身，

---

① 谢应芳：《上周郎中陈言五事启》，《龟巢稿》卷16。
② 傅若金：《常宁州义役钱记》。
③ 《至顺镇江志》卷2，《地理·乡都》。
④ 危素：《富州蠲金纪事》，《危太朴文续集》卷10。
⑤ 李存：《义役谣》，《俟庵集》卷4。
⑥ 黄溍：《参知政事王公墓志铭》，《金华黄先生文集》卷31。
⑦ 李存：《义役谣》。
⑧ 危素：《富州蠲金纪事》。
⑨ 《元典章》卷12，《吏部六·库子·定差库子事理》。

至其子孙不能偿”[①]。“杭州岁调民司库，或值它为奸利，大折耗，民卖子女，犹不能偿。”[②] 这一类差役“多致破产”，所以无论富户或普遍百姓，“争纳赂祈免代”[③]。

元代的记载说：“中产之家，岁一当徭，即破荡无几。”[④] 既然人们普遍把应当差役（还有力役）视为畏途，于是便出现了逃役现象。当时逃役的方法，一种是投充，投充就是投到贵族、官僚或某些机构名下，或那些可以免役的人户中，利用他们的特权，免除自己应当的差役和力役。元代前期，温州（今浙江温州）发生僧祖杰杀俞生事，轰动一时。祖杰是温州江心寺主持，“有寓民俞生，充里正，不堪科役，投之为僧，名如思”。后因故发生矛盾，祖杰便指使“悍仆”杀害俞生一家[⑤]。这就是因难以忍受差役而投充僧户门下的例子。另一种是诡名析产，就是多立户头，将一户分成几户或十几户向官府申报，这样每户名下的丁力资产有限，可以降低户等，不当或少当杂泛差役。至元二十六年（1289）一件“圣旨条画”中指出：“田多之家，多有诡名分作数家名姓纳税，以避差役，因而靠损贫难下户。”[⑥]“富多田者虑害之及，辄诡析户徙役贫者”，是相当普遍的现象。[⑦] 例如山东济宁，“富家私田跨县邑，赀无算”，但“析其户役为数十，其等在最下”，结果“赋役常不及己，而中、下户反代之供输”[⑧]。还有一种逃役的方法，便是向官吏送上贿赂，请他们在摊派时上下其手，将自己轮空。“淮东富民昔重役者，咸徙家邑中，岁赇吏，幸见容，号白居户。”[⑨] 由于以上种种花样，许多富户不当差役，实际应当差役的，很多是贫苦百姓。大德五年（1301）八月的一件诏书中说：“有力富强之家”为“诸色各项户计影占”，“止令贫难下户承充里正、主首，钱粮不办，

① 虞集：《户部尚书马公墓碑》，《道园学古录》卷15。
② 邓文原：《高公行状》，《巴西文集》。
③ 黄溍：《文昌县尹王君墓志铭》，《金华黄先生文集》卷37。
④ 贡师泰：《余姚州知州刘君墓志铭》，《玩斋集》卷10。
⑤ 周密：《癸辛杂识》别集上，《祖杰》。
⑥ 《元典章》卷19，《户部五·民田·田多诡名当差》。
⑦ 傅若金：《常宁州义役田记》。
⑧ 虞集：《户部尚书马公墓碑》，《道园学古录》卷15。
⑨ 赵汸：《芝山老人李君生墓志铭》，《东山存稿》卷7。

偏负生受。”[①] 元代后期，余阙以监察官员的身份巡行浙东州郡，他说：“其庶人之役于官者，往往闾左之民也，而富人则有田而不役，甚者或不以征，岁终保正称贷而输之，至破产者无算。”[②] 富户逃役，贫难下户当役，他们无力应办征收赋税等事，等待他们的只可能是悲惨的结局：“富民之奸谲者巧于隐避，产税多析于他名，故役轻而益富。贫懦者田虽鬻而额仍存，故役重而益贫。”这些“贫懦者”“物力既殚，官事稽失，荷校受笞，妻孥不保。”[③]

总之，无论杂泛也好，差役也好，其施行和不断加重，都加深了元朝的社会矛盾。元朝末年，苏天爵指出：“诸处盗贼窃发”，“盖有其由矣。始于水旱伤农，而贫穷岁无衣食饱暖之给。次则差役频并，而官吏日有会敛侵渔之害。此其为盗之原也。”[④] 元代不断发生的许多地方性起义和后来爆发的全国性农民战争，都和役法的施行有着密切的关系。

① 《通制条格》卷17，《赋役·主首里正》。
② 余阙：《宪使董公均役记》，《青阳集》卷4。
③ 张世昌：《乌程县尹冯侯均赋役碑》，《［同治］湖州府志》卷49。
④ 苏天爵：《山东建言三事》，《滋溪文稿》卷27。

第十九章　和雇、和买与和籴

“和雇：两顺曰和，庸赁曰雇”。“和买：两平以钱取物也”①。从字面看，和雇和买就是政府以公平合理的价格雇佣百姓的车、船或购买各种物品。但实际上，和雇和买是政府强加于百姓头上的封建义务，变相的赋役。和雇和买古已有之，在元代施行范围更广，影响更大。和籴从广义上说是和买的一种，但又有自己的特点。

第一节　和雇、和买、和籴的内容

元代，宫廷、各级政府所需的各种物资，以及官府手工业需要的各种原料，来源有二。一种是通过各种赋税征收得来，另一种是以和买的方式征购而来。可以说，凡是赋税所得不能满足需要的各种物资，都要通过和买在民间征购。而国家所需各种物资的运输，除了政府所设置的水陆驿站转运之外，便以和雇的方式租用民间的车、船。元朝官方文书中说：“国家应办支持浩大，所用之物，必须百姓每根底和雇和买应办”②。和雇和买对于维持封建国家机构的正常运转，具有重要的作用。

和买的物件名目繁多，主要有：

马匹。军队需要的大量马匹，除了政府的牧场孳养外，还常在民间和买

① 徐元瑞：《习吏幼学指南》。

② 《元典章》卷3，《圣政二·均赋役》。

作为补充。忽必烈即位之初（1260），即在燕京等路和买乘马1万匹。“凡有乘马之家，五匹内存留一匹，本主乘坐”。中统二年（1261），又买马1550匹。至元六年（1269），买马3000匹。二十年（1283），买马5000匹。二十六年（1289），“不以是何军、民、诸色人户所有堪中马匹，尽数和买”。三十年（1293），买马1万匹①。以后诸帝仍时有和买马匹之事发生。

建筑材料。大德六年（1302），建造文庙，“工部议，除木植委本部郎中贾奉政收置，石灰于元运计置灰内从实使用，余物官给之，不敷下大都路和买”②。山东德州等开凿河道，所用白枣木、石材等物，都由和买而来③。

纺织品。江西省每年须置办“木绵八万匹，双线、单线四万匹”。除就“额定已定税粮认依例折收外，有不敷数目”，“验出产之处，对物估体支价收买”④。山东“每年和买段匹，合趁丝蚕收成时分和买织造，官民两便”⑤。海道漕运需用口袋10余万条，每条用布一匹，这布匹都在民间和买⑥。

以上所举，是几种常见而且数量很大的和买物品。此外，如忽必烈征日本时造船“所用木植、铁、炭、麻、灰、桐油等物”，都在民间和买⑦。徽州路（路治今安徽歙县）以产纸著名，每年“岁贡”上供纸（赴北纸、行台纸、廉访司纸）320万张，“又有诸衙门和买纸、常课日纸或和买经文纸，动以百万计，不在常数”⑧。“赴北纸”指供应中央各衙门所需的纸张，“行台纸”、廉访司纸是供应江南行御史台和廉访司的纸张，这些都在“上供”物品之列，“各衙门和买纸”、“和买经文纸”则在和买物品之列。此外如宫廷铸造铜佛所

① 《大元马政记》。
② 《大元画塑记》。
③ 王恽：《论开光济两河事状》，《秋涧先生大全集》卷92。
④ 《元典章》卷26，《户部十二·赋役·和买诸物对物估体支价》。
⑤ 《通制条格》卷18，《关市·和雇和买》。
⑥ 《经世大典·海运》，《永乐大典》卷15949。
⑦ 程钜夫：《民间利病》，《雪楼集》卷15。
⑧ 《嘉靖徽州府志》卷7，《食货·元岁征之式》。

需的铜[1]，印刷书籍所需纸张、木板[2]，制造衣甲所需物料[3]，等等，都是政府和买的对象。至于粮食的和买，称为和籴，下面将另行论述。

和雇主要有二项，一项是雇用车辆，一项是雇用船只，都是用来转运政府的物品。和雇船只有时亦用于运送军队，如元仁宗时“入广镇守军马合用船只”，便由“有司依数应付，令军人照依河例与梢水人等两平和议雇觅，明白立约”[4]。

和雇和买早已有之，元代与前代相比有明显变化：“曰买曰雇，非常法也，前代不测则用之，今一一逐旋雇买”[5]。和买、和雇，本来都是临时性措施，但在元代应用范围非常广泛，而且不断增多。元朝统一以前，各种和雇、和买，为数已相当可观。元朝统一以后，“和雇和买，不绝如流”，比起统一以前“转增数倍”[6]。进入中、后期，更形普遍。为了适应这种情况，元朝政府逐渐建立起了有关的制度。因此，在元代，和雇和买和各种赋役一样，已成为“常法”，亦即百姓必须承担的封建义务的一个重要组成部分。在官方发布的种种文件里，“和雇和买”常与“杂泛差役”相提并论，可见已不讳言其作为封建义务的事实。

和买物件，有的是经常性的，有的是临时性的。前一类是宫廷和中央政府各部门的正常需要，赋税收入不能满足，便以和买来补充。上面引用的江西省和买木绵布匹和徽州路和买纸的情况，就是如此。《至元新格》中还规定：“凡年例必于本处和买之物，如遇物多价少可以趁贱收买者，即具其直，另状飞申”[7]。也就是说经常性和买的物品尽可能争取在价贱时收买，以减少国家的开支。后一类则是应付突发事件的需要，如军事活动需要马匹，饥荒需要粮食等。无论经常性的或是临时性的和买，都由中央政府下达命令。《至元新

① 贡师泰：《义士周光远墓志铭》，《玩斋集》卷10。

② 《文献通考》卷首。

③ 《通制条格》卷18，《关市·和雇和买》。《元典章》卷58，《工部一·造作·杂造物料各局自行收买》。

④ 《元典章》卷59，《工部二·造作·入广船只》。

⑤ 魏初：《奏议》。

⑥ 王恽：《便民三十五事·蠲免军户闪下差发》，《秋涧先生大全集》卷90。

⑦ 《元典章》卷26，《户部十二·赋役·物价·至元新格》。

格》规定，“和买物须验出产停蓄去处，分俵均买”。“和买须于收物处榜示见买物色各该价钱。物既到官，钞即给主。仍须正官监临置簿，凡收物支价，开写某人纳到某物多少，支讫价钱若干，就令物主于上画字。其监临之官，仍以印牌关防，以备检勘”[①]。和买货物的价钱，“司（录事司）、县正官亲行估体实价，开申府、路，请委文资正官、首领官通行比较，开具体覆”，“比照时估无差，方许支价”。“如后照勘，或因事发露，却有冒滥者，着落估体照勘官吏追赔”[②]。监察机构对于和买负有监督纠察的责任，元朝政府建立御史台时规定：“官为和买诸物，如不依时价，冒支官钱，或其中克减给散不实者，委监察纠察。”[③] 立提刑按察司、行御史台时，都把监督“和买”的实施列入工作范围。各路和买货物的价钱，还须报提刑按察司审查。至元二十一年（1284），江东道提刑按察司对建康路上报的造船铁货价钱“体覆相同”，后来行台监察御史发现多支价钱，进行追查。承办人奏差周济因“体察不实情罪，量情拟决二十七下，省会罢役”；签事马某“有失觉察”，“量罚俸钞半月”；副使高某“有失觉察”，但已“因病告闲”，“权且拟免”[④]。从此例可以看出和买价钱的审核是相当严密的。和买价钱的发放办法，各地并不相同，有的地方在买物时先支七分，申报上级体覆后再支三分[⑤]。更多的是先收物件，待上级体覆后再支价钱。

和雇主要为了搬运官物，“凡雇车运物，不分粗细，例验斤重里路，官给脚价”[⑥]。和雇的价钱，是由政府统一规定的，通常以千斤百里为计算单位，旱路、水路又有区别。旱路中山路、平路有别，水路中上水、下水有别。至元二十四年（1287）规定，每千斤百里平川中统钞10两，山路12两；水路上水8钱，下水6钱。但物价连年上涨，中统钞贬值，到了大德五年（1301），便调整为山路15两，平川12两，江南、腹里河道水脚上水8钱，下水6钱；

---

① 《元典章》卷26，《户部十二·赋役·至元新格》。

② 《元典章》卷26，《户部十二·赋役·和买诸物估体完备方许支价》。

③ 《元典章》卷5，《台纲·设立宪台格例》。

④ 《元典章》卷21，《户部七·钱粮·多支官钱体覆不实断罚》。

⑤ 《元典章》卷21，《户部七·钱粮·买物先支七分》。

⑥ 《通制条格》卷18，《关市·和雇和买》。

淮、江、黄河上水1两，下水7钱[①]。关于和雇的具体情况，可以由大都向上都起运米面等物为例：

今后起运上都米面等物，合从宣徽院选委有职役廉干人员长押。先将合起物色，一一亲临秤盘装发，打角完备，如法封记。斟酌合用车辆，令大都路巡院正官如募有抵业信实车户，明立脚契，编立牌甲，递相保管，然后许令揽运。各于契上开写所载箱包衣袋，各各斤重眼同交盘，责付车户收管，及令重护封头，长押官通行管押。如运至上都交收，辨得封记打角俱无损坏，布袋箱包亦不松慢，秤盘斤重又与元揽相同。中间却有短少不堪，盖为押运人员装发之际失于照略，着落追陪相应。若苫盖不如法，装卸不用心，致有损失，虽封记俱全，比元封打角松慢。或去封头，箱包布袋破漏，交出短少不堪者，即是车户不为照略，或因而侵盗，就将行车人监勒，追征不敷之物。照依脚契，先验元雇车户均征，更有追补不足者，着落当该雇车官司补纳，仍以物多寡量情断罪。押运人员回还，须要纳获无欠朱钞销照。[②]

与和买和雇性质相近的，还有和籴。“和籴，谓两平买物也”[③]。“元和籴之名有二，曰市籴粮，曰盐折草，率皆增其直而市于民”[④]。“市籴粮”通常为了备荒或赈济灾民、边境缺粮地区的补给和军队供应的需要。备荒或赈济灾民通常在产粮地和籴，边境缺粮地区的补给和军队供应的需要一般则由商人将粮食运到指定的边境地区或军事活动的地点。“盐折草”之法是：“每年以河间盐，令有司于五月预给京畿郡县之民，至秋成，各验盐数输草，以给京师秣马之用。每盐二斤，折草一束重十斤”[⑤]。盐折草只限于部分地区，数量有限，影响不大，不很引人注意，所以人们往往将“和籴”与“市籴粮”等同起来。提起“和籴”，就想到购买粮食。

① 《元典章》卷26，《户问十二·脚价·添支水旱脚价》。

② 《通制条格》卷18，《关市·和雇和买》。

③ 徐元瑞：《习吏幼学指南》。

④ 《元史》卷96，《食货四·市籴》。

⑤ 《元史》卷96，《食货四·市籴》。

“和籴”（市籴粮）有经常性的，也有临时性的。前者主要是边境地区的补给和备荒。就边境地区的补给来说，上都一地“每年合用米粮不下五十万石”，其中很大部分来自客旅和籴，为此元朝政府专门建立了上都和籴所，负责这一工作①。漠北和林地区，元朝屯驻重兵，世祖时每年政府向当地运粮二十万石，后来不断增多。和林地理遥远，运输艰难，元朝政府在14世纪初实行和籴之法，“募民入粟塞下，……以江淮、长芦盐偿之”。和林每年和籴粮食达20万石左右，和政府运去的粮食大致相等，基本上解决了当地粮食不足的困难②。就备荒来说，元朝政府很重视粮食的贮存，把和籴作为增加粮食储备的重要手段。早在至元八年（1271），便因“田禾好修（收）”，而“增价和籴”。这一年和籴所得计粟39万余石之多。至元十九年（1282）、二十年（1283）都因“田禾好收”，“米粮今岁甚贱”拨钞在上都等处和籴粮食③。至元二十二年（1285），中书省上奏：“自今岁秋成为始，乘其时直价钱，将有粮最多之家，官用钱本，两平收籴。……官仓收贮，次年比及新陈相接之（乏）粮价贵，官为开仓减价粜卖”。具体的收购办法是：“收租一万石之上者，三分中官籴一分；三万石之上者，官籴一半；五万石之上者，三分中官籴二分”。④ 这种做法，和上面所说经常性的和买应在“物多价少”时，“趁贱收买”，是一样的。

后者主要是应付突发性的灾荒和某些军事活动。如中统二年（1261）忽必烈下令：“军前合用米粮”在北京路（路治今内蒙宁城西南）、西京路（路治今山西大同）等处“和籴白米三万石”⑤。至大元年（1308）“以大都艰食，复粜米十万石，减其价以赈之。以其钞于江南和籴”⑥。每当军事活动或饥荒停止，这种临时性的和籴也就不再进行。

国家用来和籴的，有时是通用的货币中统钞，有时则是盐引。以忽必烈时

---

① 魏初：《奏议》。上都和籴所是中统二年（1261）设置的，见《元史》卷4，《世祖纪一》。

② 苏天爵：《郭敬简公神道碑》，《滋溪文稿》卷11。《经世大典·市籴粮草》，《永乐大典》卷11598。

③ 《经世大典·市籴粮草》，《永乐大典》卷11598。

④ 《元典章》卷26，《户部十二·赋役·收籴相接乏粮》。

⑤ 《经世大典·市籴粮草》，《永乐大典》卷11598。

⑥ 《元史》卷22，《武宗纪一》。

期和籴来说，有记载可考的，用钞和籴6次，用盐引和籴5次，同时在上都用钞、盐引和籴1次，可见钞与盐引并重[①]。国家用钞和籴时，照依当地时价，“以十分为率，增一分”，有时“添搭二分”[②]。以盐引和籴时，盐引和粮食有一定的比例。至元二十一年（1284），两淮盐引每引折白米9斗3升、粟1石8斗6升；两浙盐引每引折白米8斗7升、粟1石7斗6升；越支、芦台[③]盐引每盐引每引折白米9斗1升、粟1石8斗2升；山东盐引每引折白米7斗9升、粟1石5斗8升[④]。盐引与米、粟的折合价亦应优惠在内。以盐引易粮，采取自愿的办法，“多出榜文，召募客旅”[⑤]。以钞易粮，有自愿，但亦有强制的成分，如上面所述对粮多之家征购的办法。

和籴与和买有相同的一面，都是政府在民间购物，但亦有一定的区别。(1) 和籴专指粮、草而言，和买则包括粮、草之外的其他多种物品。(2) 和买通常用钞，和籴则钞、盐引并用。(3) 和买一般是“估到实直”付与钱钞，所谓“实直”就是当时当地的通行价格。多数和籴则“验市直价例，约量添加”[⑥]。也就是说和籴较为优惠。(4) 和买一般是由政府摊派的，带有强制性的（见下），和籴则有不同情况。边境和籴，招募客商，一般是自愿的。内地备荒的和籴，常常是政府强行摊派的。

和雇和买通常都由各级地方政府负责。至大三年（1310）尚书省的一件文书中说：“所有今岁和买计置物色，科派到行省、腹里下项路分各该数目，拟合令路、府、州、县见在为长正官色目、汉儿各一员”，负责收买[⑦]。和雇也是一样，前引大都向上都起运米面等物，便是由“大都巡院正官召募”车户的。大都巡院即警巡院，“领民事及供需”[⑧]。但大都另设有专门的机构。元朝设大都留守司，负责宫廷和都城的安全，以及宫廷建筑的营造、设备的管

① 《经世大典·市籴粮草》。
② 《经世大典·市籴粮草》。
③ 越支、芦台是盐场名，原属大都盐司，后并入河间盐司。
④ 《经世大典·市籴粮草》。
⑤ 《经世大典·市籴粮草》。
⑥ 《经世大典·市籴粮草》。
⑦ 《元典章》卷26，《赋役·和买·和买诸物对物估体支价》。
⑧ 《元史》卷90，《百官志六》。

理。大都留守司下属机构中有覆实司和供需府，“凡和雇和买营缮织造工役供亿物色，必令覆实司估其直，而供需府给之”。至顺二年（1331），这两个衙门撤了，另立广谊司“总其务”[①]。先由“大都路定时估，每月朔望送广谊司，以酬物价”[②]。覆实司阶从五品[③]，广谊司则升为正三品，在大都留守司所辖各机构中品秩最高。顺帝元统二年（1334），罢广谊司，复立覆实司[④]。显然，大都留守司所辖各种负责营造、修缮的机构，其原料的供应和运输，都离不开和雇和买，所以有必要设立专门的机构。其品秩的提高，应是随着城市和宫廷建设的发展，和雇和买的数量不断增大所致。和籴的情况有所不同。在一些边境地区，设有专门的和籴机构，除了前面已提到的上都和籴所之外，见于记载的还有甘州（路治今甘肃张掖）和籴提举司[⑤]、应昌（路治今甘肃克什克腾旗西）和籴所[⑥]。但多数地区，并未设置专门的机构，而是由地方政府指定专人负责：“不须别设和籴官，专委本路正官一员，不妨本职，提调勾当”[⑦]。路以下亦如此。

第二节　和雇、和买、和籴的承当办法

元朝政府的诏令，常以和雇和买和杂泛差役相提并论。元朝官修政书《通制条格》卷18《关市》，有“和雇和买”一门，与“关渡盘诘”、“牙保欺蔽”、“滥给文引”、“市舶”、“下番”、“中宝”、“牙行”、“雇船文约”、“私贮”等并列，显然着眼于“雇”、“买”，其实并不恰当。同书卷17《赋役》，有“杂泛差役”一门，共收6条诏令，内4条以和雇和买和杂泛差役并提。而

① 《元史》卷90，《百官志六》，《大元官制杂记》。

② 《元史》卷35，《文宗纪四》。

③ 《元典章》卷7，《吏部·官制》。

④ 《元史》卷38，《顺帝纪一》。

⑤ 《元史》卷10，《世祖纪七》。按，甘州又曾置和中所，以给兵粮。（同上卷11，《世祖纪八》）和中所亦为和籴机构。

⑥ 《元史》卷15，《世祖纪十二》。

⑦ 《经世大典·市籴粮草》，《永乐大典》。

元代民间编纂的法律文书集《元典章》，则在卷26《户部十二·赋役》门中列有“和买”、“脚价”两个子目，收辑有关和雇和买的诏令文书。可以认为，在元代，无论官方或民间，都把和雇和买看成编户齐民必须承担的封建义务，是赋役的组成部分。

忽必烈当政时期，民户要承当和雇和买，军、站户亦不例外。至元十六年（1279）十月，“张融诉西京军户和买和雇，有司匿所给价钞计万八千八锭”。官吏因此坐罪[①]。十八年六月，“安西等处军、站，凡和雇和买，与民均役”[②]。十九年九月，“命军、站户出钱助民和雇和买”[③]。接连发布的命令，足以证明军、站户和民户一样要承担和雇和买。匠户也是一样。至元五年（1268）中都路应办马驼秆草，中书省上奏经忽必烈批准：忙鲁海牙等所管人匠，“并不以是何诸色人等，但种田的都教和买者”[④]。这条命令说明匠户需应当和雇和买，而且各种户只要有土地的都要承当，也就是不限于军、站、匠户。至元二十九年（1292）八月，“奏过事内一件节该：太庙里礼乐户四百余户，弘州纳面的户计，和雇和买事，不分军、站、民户，众人均匀着者。”这段话的实际意思是：“军、站、礼乐户及弘州纳面户计，和雇和买一例均当”[⑤]。

但是，也有几种户是可以免当杂泛差役的。首先是儒户。早在丁酉年（1237）窝阔台汗发布的诏书中规定：“民间应有儒士，都收拾见数。……其中选儒士，若有种田者输纳地税，买卖者出纳商税，开张门面营运者依行例供出差发，除外其余差发并行蠲免”[⑥]。至元二十五年（1288）十月十八日，尚书省奏过事内一件：江南秀才做买卖呵与商税，种田呵与地税者，除外横枝儿不拣什么差发休与者”[⑦]。同年十二月江淮行尚书省据此下达文件：“儒户除纳

---

① 《元史》卷10，《世祖纪七》。

② 《元史》卷11，《世祖纪八》。

③ 《元史》卷12，《世祖纪九》。

④ 《通制条格》卷18，《关市·和雇和买》。

⑤ 《庙学典礼》卷4，《辨明儒人难同诸色户计》。按，《元史》卷17，《世祖纪十四》作：“敕礼乐户作与军、站、民户均输赋。”

⑥ 《庙学典礼》卷1，《选试儒人免差》。

⑦ 《庙学典礼》卷2，《江南儒户免横枝儿差发》。

税粮外，和买和卖、仓场库官大小科差并从除免”[1]。其次是医户。中统三年（1262）忽必烈下诏：“医人每户下差发，除丝绵颜色、种田纳税、买卖纳商税外，其余军需、铺马袛应、递牛人夫诸科名杂泛差役，并行蠲免”[2]。“军需”与和买有密切关系，在以后的同类文件中，把这些统称之为“横枝儿差发”[3]，与上述儒户免当和雇和买的用语相同。至元三十年（1293）浙西廉访司的一份有关免役的文书中说，“医、儒户计，即系一体事理”。这两种户都可以免当和雇和买。此外还有各种宗教职业人户。中统五年（1264）正月，中书省上奏说：“已前成吉思皇帝时，不以是何诸色人等，但种田者俱各出纳地税，外据僧、道、也里可温、答失蛮，种田出纳地税，买卖出纳商税，其余差役蠲免有来。在后哈罕皇帝圣旨里也教这般行来”。这个规定在忽必烈当政时得到重申，“种田呵纳地税，做买卖呵纳商税者，除那的以外不拣什么差发休与者”[4]。“其余差役”，“不拣什么差发”，都包括和雇和买在内。再其次是军户中的出征军人家属。忽必烈时期，有过不少大规模的军事行动，出征军人的家属，可以免当和雇和买，以示优待。至元二十三年（1286），枢密院下文“交趾出征军人奥鲁内合依例除免和雇和买一切杂泛差役”[5]。既说“依例”，可见在此以前已行免除。次年正月，枢密院官上奏说：“年时日本国里出征底军奥鲁里和雇和买除免了有来。如今出征的每更远田地里出征有，……这里落后底家里，依那体例和雇和买、差役不交着呵，怎生”？忽必烈同意这一意见[6]。二十五年六月，尚书省奏：“斡端（今新疆和田）里、金齿（今云南德宏傣族自治州）里、云南里远处出军去了的，奥鲁每根底和雇和买休交着者”。忽必烈同意，而且指出：“别个每根底依体例要者”。也就是说，不是远处出征军人家属仍须承当和雇和买[7]。至元三十年（1293）十一月，忽必烈

---

① 《庙学典礼》卷2，《儒人免役及差役山长正录直学词讼约会》。
② 《元典章》卷32，《礼部五·学校·免医人杂役》。
③ 《元典章》卷32，《礼部五·学校·医户免差发事》。
④ 《见典章》卷33，《礼部六·释道·为法录先生事》。
⑤ 《元典章》卷34，《兵部一·出征·交趾出征军免差役》。
⑥ 《见典章》卷34，《兵部一·出征·交趾出征军免差役》。
⑦ 《见典章》卷34，《兵部一·探马赤军·探马赤军和雇和买》。

“敕中书省：凡出征军，毋以和雇和买烦其家”①。这是再一次申明过去的规定。到了成宗大德三年（1299），发布了《晓谕军人条画》，说得更为清楚：

军户和雇和买、杂泛差役，除边远出征军人全行蠲免，其余军户有物［力］之家，奥鲁官凭准有司印信文字，官给价钞，和雇和买，依例应付。无物［力］之家，不得配桩科着。外据人夫、仓官、库子、社长、主首、大户车牛等一切杂泛，并行除免。②

根据以上所述，可以看出，军户按出征情况，可以分为两类。一类是镇戍军人的家属，另一类是出征军人的家属。元朝军队都有固定的镇戍地点，但有时因军事活动的需要调往边远地区（漠北、西北、云南等）。军户的装备须基本自理，远方出征军人所费更大，所以受到较多的优待。一般军户（镇戍军人的家属）可以免除杂泛差役，但要承当和雇和买。至于远方出征军人的家属，既可以免除杂泛差役，又可以免当和雇和买。

第四种是自备首思的站户。首思是蒙语的音译，原义为汤汁，元代专用来指驿站上供应过往使臣的分例饮食。至元二十三年（1286）七月，主管驿站的通政院上奏：

大都、上都两路当站者告言：在先和雇和买不科站户，止令自备饮膳祗待使臣。去年改定官给祗应，令站户例当和雇和买之役，有司又复欺隐官钱，全不支与，是以困乏。请从先例，站户出备祗应，与免和雇和买及其余差役，庶得官民两便。③

这一建议得到忽必烈批准。其中“祗应”、“饮膳”与“首思”是一个意思。从上可知，自备首思的站户可以免除和雇和买，而“官给祗应”的站户则需承担和雇和买。以后的记载，如成宗元贞二年（1296）正月，“诏蠲两都站户和雇和市”④。大德元年（1297）十二月，中书省官上奏：“上都至大都及宣德府等一十三站，在先站户出备祗应首思，免其差发。去年下议，和雇和买

① 《元史》卷17，《世祖纪十四》。

② 《元典章》卷34，《兵部一·正军·晓谕军人条画》。“力”字据至大四年六月“拯治军官军人条画”补。

③ 《经世大典·站赤》，《永乐大典》卷19418。

④ 《元史》卷19，《成宗纪二》。

军、民、站赤均当，遂令管民官应付各站分例。今站户两有所出，诚为重困。又有司所委干办祗应者非其人，不无耽误使臣首思。若除免一十三站和雇和买之役，仍旧令站户自备祗应，似为便益”。皇帝批准这一建议①。可见两都站户是否应当和雇和买一事先后颇多变化。但总的来说，自备首思时可免当和雇和买，官给祗应时就要承担和雇和买，这个原则一直是明确的。

上面说的是元朝前期政府有关各种户计是否承当和雇和买的规定。但是，这些规定受到多方面的干扰。由于和雇和买负担沉重，凡被指定承当的各种人户都想方设法逃避，有的投靠投下、官僚、寺观、豪强地主，有的则抛弃家业逃亡他乡。而投下、官僚、寺观、豪强地主也都千方百计不仅使自己免当，还要使属下的人户不当国家的和雇和买及其他赋役。其中以投下最为突出，“诸王、公主、驸马各投下军、站、人匠、打捕鹰房、权要等户，倚气力不肯依体例应当和雇和买、杂泛差役的上头”，使得这些负担必然落到其余人户头上②。应当的人户越少，实行起来的困难越大。早在至元十三年（1276），忽必烈已下令：“大都路和雇和买，权豪与民均输”③。说明权豪逃避和雇和买的现象已很严重。元贞元年（1295），新即位的成宗铁穆耳下诏：“大都路凡和雇和买及一切差役，以诸色户与民均当”④。可见逃避承当的现象仍在蔓延。元成宗不断颁布改革役法与和雇和买的法令，其中以大德七年（1303）三月的诏令最为重要，对各种人户承当和雇和买及杂泛差役作出了明确的规定：

> 今后除边远出征军人，并大都、上都其间站户，依着在先已了的言语，休当者。其余军、站、人匠、打捕鹰房，并投下诸王驸马不拣是谁的户计，和雇和买、杂泛差役有呵，都交一体均当者。⑤

大德九年五月，又“诏诸王、驸马部属及各投下，凡市佣徭役与民均输”⑥。“市佣徭役”即和雇和买与杂泛差役。但是，这些诏旨遭到贵族、权豪

---

① 《经世大典·站赤》，《永乐大典》卷19417。

② 《元典章》卷3，《圣政·均赋役》。

③ 《元史》卷9，《世祖纪六》。

④ 《元史》卷18，《成宗纪一》。

⑤ 《元典章》卷26，《户部十二·户役·编排里正主首例》。按，《元史》卷21，《成宗纪四》载，七年二月“丙戌，诏除征边军士及两都站户外，其余人户均当徭役”。时间略有出入。

⑥ 《元史》卷21，《成宗纪四》。

们的抵制，而皇帝、皇太后、皇后常常带头破坏制度，对王公贵族各投下不当和雇和买、杂泛差役采取纵容、支持的态度。例如，皇太后位下徽政院便于大德十一年（1307）得到圣旨，特许所属“军民诸色人匠等户，除本位下合纳的差税外，不拣什么差发、和雇和买、杂泛夫役休科要骚扰者”①。这种情况继续发展越来越严重。大德十一年初，成宗去世，武宗上台。十二月初八日，颁布圣旨：

中书省官人每奏：国家应办支持浩大，所用之物，必须百姓每根底和雇和买应办有。自来不以是何投下军、匠、站赤等诸色户计，一体均当有来。次后间诸王公主驸马各投下军、站、人匠、打捕鹰房、权要等户，倚气力不肯依体例应当和雇和买、杂泛差役的上头，薛禅皇帝、完泽笃皇帝行圣旨，除上都、大都其间有的站赤自备首思有，又，哈剌张、和林、甘州、海北海南、福建等处除边远田地里出征军人每外，其余不以是何户，与民一体均当者，么道，圣旨交行有。如今大都并腹里路分、江南等处诸王公主驸马各投下官人每，各自护回影占百姓，及权豪势要人等，沮坏元立定来的体例，交奏启过圣旨、懿旨、令旨与了，么道，不当和雇和买、杂泛差役的多有。众人叶力合办的差发根底，若只教大数里军、站、民户教应当呵，偏负办不得，生受有。可怜见呵，依着在先行来的圣旨体例里，一体均当呵，怎生，么道，奏呵。

如今依着在先的圣旨体例里，除大都、上都其间有的自备首思的站赤，除边远田地里出征军人外，诸王、公主、驸马不以是何投下军、站、民、匠、打捕鹰房、怯怜口、厨子、控鹤人等诸色人户，与大数目当差的军、站、民户一体均当者。在先教奏的执把着行的圣旨、懿旨、令旨与了的人每，依着这圣旨体例行者。今后不以是何人等，休交奏者。这般宣谕了呵，不当和雇和买、杂泛差役的，隐藏百姓的，隐藏的人沮坏大体例交奏的人有罪过者。监察每、廉访司官人每常切用心体察者。管民官吏人等因着这般宣谕了，么道，百姓每根

① 《元典章》卷25，《户部十一·减差·纳绵府杂泛》。

底和雇和买、杂泛差役偏负多桩配呵，有罪过者。道来。

圣旨。羊儿年十二月十一日大都有时分写来。[1]

这件诏书主要是针对各投下发布的。“大数里”、“大数目”指国家户籍。诏书重申，各投下所属人户，必须和国家直接管理下的百姓一样，承当和雇和买、杂泛差役，原有皇帝、皇太后、皇后诸王发给的免除和雇和买、杂泛差役圣旨、令旨一概无效。只有自备首思的两都站户、边远出征军人才可免当。大德七年和大德十一年的诏书，可以说是标志着和雇和买、杂泛差役应当办法重大变化的两件文书。

尽管如此，仍然不断有贵族、权贵要求给予他们辖下户计以免当和雇和买、杂泛差役的优待。例如，皇庆元年（1312），有人要求“大乐忽儿赤等[2]，教除和雇和买、杂泛差役者”。被中书省否定。延祐元年（1314）三月，中书省上奏：“近间枢密院、徽政院、中政院、会福院、宣徽院等各衙门官人每，将他每所管户计不教当和雇和买、杂泛差役的奏了，俺根底与文书来”[3]。延祐三年十月，中书省奏：“近间中政院、殊祥院、拱卫司等各衙门官人将他每所管户计并控鹤等‘休交当和雇和买者’么道，俺根里与了文书有”[4]。枢密院是最高军事机构，徽政院掌太后位下钱粮人户，中政院掌皇后位下财赋人户，会福院掌大护国仁王寺钱粮人户，宣徽院负责宫廷饮食，殊祥院奉列代皇帝影堂祀事，拱卫司即拱卫直都指挥司，隶属于“掌内廷近侍之事”的侍正府[5]。控鹤则是皇帝的仪仗队。这些机构的官人依仗其重要的地位，要求得到特殊待遇。为此，元朝政府多次反复重申原有的规定，并且指出，“众力不叶力当呵，只交当差的百姓每当呵，勾当也成就不得，百姓每越生受去也”[6]。为了使“勾当”能够“成就”，也就是满足政府和宫廷各项需要的和雇和买能够实现，元朝政府一再强调坚持诸种人户（除两都自备首思站户与边远出征

---

① 《元典章》卷3，《圣政二·均赋役》。

② 忽儿赤，又作虎儿赤，“奏乐者曰虎儿赤”。（《元史》卷97，《兵志二·宿卫》）。

③ 《通制条格》卷17，《赋役·杂泛差役》。

④ 《元典章》卷3，《圣政二·均赋役》。

⑤ 《元史》卷88，《百官志四》。

⑥ 《元典章》卷3，《圣政二·均赋役》。

军人之外）与民户一体承当的制度。

延祐五年（1318）十一月，中书省上奏：

> 今后依着累次行来的圣旨，民间但是和雇和买、里正主首杂泛差役，除边远军人，大都至上都其间自备首思站户，诸处寺观南方自亡宋以前、腹里云南自元贞元年为格，旧有常住并上位拨赐田土除差外，据边远军人元籍去处各有赡军产业，那里既已优免了，这军官、军人并僧、道人等续置了百姓每的当差田地及财赋总管府承佃附余地土，并与其余军、站、民、匠、医、儒、灶户、运粮舡户，各枝儿不以是何户计，都交一例均当呵，怎生？

元仁宗批准了这一建议[①]。这件诏书对原有的规定有所补充修正。从中可以看出：（一）军、站、民、匠、儒、灶（盐）等户，以及运粮船户，各枝儿（各投下）所属各种人户，都要承当和雇和买、杂泛差役。（二）上都至大都自备首思站户，可免当和雇和买与杂泛差役。（三）边远出征军人原籍的“赡军产业”可免和雇和买与杂泛差役，但后来添置的“百姓每的当差田地”和承佃财赋总管府的地土，都要承当。所谓“百姓每的当差田地”主要指民户的土地。民户的土地要纳税粮，同时要按田亩数或税粮数承担和雇和买与杂泛差役，这就叫做“当差田地”。军户的“赡军产业”可以不纳税粮，也可以不当杂泛差役；凡是出征军人的“赡军产业”，还可以免除和雇和买。元朝政府规定，军户“限田四顷，以供军需，余田悉纳赋税”[②]。这四顷地应纳的税粮，便作为军户出军时筹措装备之用，亦即“赡军产业”。军户购买“百姓每的当差田地”，就要交纳税粮，应当杂泛差役与和雇和买，虽然出征军人亦不能免。承佃财赋府地土也是一样。这显然是针对出征军人购买“当差田地”后不承当杂泛差役与和雇和买而发的。（四）僧、道户原有的产业可以免当杂泛差役、和雇和买，但续置的“当差田地”和财赋府田土不能免。具体来说，江南寺观在宋朝灭亡以前已有的土地，腹里（北方其他地区应同）、云南寺观元贞元年（1295）以前原有的土地，以及元朝皇帝拨赐各寺观的土地，都可

---

① 《元典章》卷3，《圣政二·均赋役》。

② 苏天爵：《王宪穆公行状》，《滋溪文稿》卷23。

以免交税粮，免当杂泛差役、和雇和买。在上述时间以后添置的“百姓每的当差田地”和承佃财赋总管府的土地，都要交纳税粮，承当杂泛差役、和雇和买。新的规定，对边远军人免当和雇和买、杂泛差役的优待加以限制，僧、道户却得到了免当的优待，尽管也有一定的限制。这样，免当和雇和买的户实际上扩大了，在两都自备首思的站户、边远出征军人以外，加上了僧户、道户。这种情况，一直继续到元朝末年。

总起来说，在元代，上都大都之间自备首思的站户，以及边远地区出征的军人家属，始终可以免当和雇和买的待遇。但这些军户的免当限于原有的“赡军产业”，后来添置的土地不在数内。其余人户的承当情况前后有较大变化。前期儒、医、僧、道可以免当；中期起各种人户都要承当，除了上面所说两类之外。后来僧、道户的“常住”（原有土地）和皇帝拨赐的田土又获得了免当的特权。前两类免当是因为他们的站役、军役负担较其他人户要重，僧、道户免当则因元朝统治者崇信佛教、道教，给予优厚的待遇。

上面说的是各种人户承当或免当和雇和买的情况。下面再说明承当人户中和雇和买的摊派办法。

至大四年（1311）元成宗的即位诏书中说：“民间和雇和买，一切杂泛差役，除边远出征军人并大都至上都自备首思站户外，其余各验丁产，先尽富实，次及下户”。延祐五年（1318）十一月的圣旨中说：“但是和雇和买、里正主首杂泛差役，……不以是何户计，都交随产一例均当”①。延祐七年（1320）十一月，元英宗《至治改元诏书》中说：“今后但凡科着和雇和买、里正主首一切杂泛差役，……州县正官用心综理，验其物力，从公推排，明置文簿，务使高下得宜，民无偏负”②。这些诏旨都强调，和雇和买与杂泛差役，应以居民的“丁产”即“物力”作为依据，进行摊派，或以富贫安排摊派的先后。这种做法，就叫做“随产均当”。

“随产均当”是一个总的原则，各地在实行时，又有不同的办法。一种是按户等摊派。元代将居民按财产和丁口情况划分为三等九甲，征发各种赋役时

---

① 《元典章》卷3，《圣政二·均赋役》。

② 《元典章新集》，《国典·至治改元诏》。

常以户等为据，已见前述。至大四年诏书中所说“先尽富实，次及下户”，便是按户等摊派之意，下户即上、中、下三等中的最后一等。忽必烈至元年间，山东修河道，和买石材等物，“验户椿俵，上户十段，中户不下五、七余块”①。武宗时，政府置办“匹帛木绵等物”，“将物估体实直，于上、中户计开张门面之家收买”②。都是按户等摊派的例子。另一种是按地亩数或赋税（税粮、包银）数摊派。元朝北方在至元八年，南方在至元二十六年（1289）分别进行户口登记，同时还登记了各户的资产。自此以后，再没有进行过。政府对居民的丁力资产实际上是不很清楚的，户等划分是相当混乱的，在很多地方形同虚设。所以，不少地方改以地亩数或赋税数来分摊和雇和买与杂泛差役。前面所举延祐五年十一月的文书，讲到“随产一体均当”，“产”主要便指土地而言。其中有关边远出征军人和僧、道户部分和雇和买与杂泛差役的规定，也都是以土地为标准的。此外，元代前期北方有些州、县“如遇和雇和买、夫役等事，即验包银分表”③。包银是“验贫富品答均科”的，各户所出数额不等，因而各户分摊的和雇和买也不等，这和按户等或土地分摊的情况是一样的。《至元新格》中还规定：“诸和雇脚力，皆尽于行车之家，少则听于其余近上有车户内和雇。仍置簿轮转立法，无致司吏、里正、公使人等那攒作弊”④。这就是说，和雇车的对象必须是有车之家。

第三节　和雇、和买、和籴的弊端

从上面所述，可以看出，和雇和买与其他赋役一样，都是国家强行摊派的。其摊派范围和方式，与杂泛差役大体相似。但是，和雇和买也有与其他赋役不同的一面，其他赋役是无偿的，而和雇和买是“两平支价”的，也就是说，政府“买”物“雇”用车、船，都要支付一定的代价。

---

① 王恽：《论开光济两河事状》，《秋涧先生全大集》卷92。

② 《元典章》卷26，《户部十二·和买·和买诸物对物估体支价》。

③ 魏初：《奏议》，《青崖集》卷4。

④ 《元典章》卷26，《户部十二·脚价·至元新格》。

实际上，所谓“两平支价”是一种表面现象。和雇和买施行过程中弊端甚多，在大多数场合下，应当的百姓都要吃亏，甚至因此倾家荡产。其弊病主要有以下几个方面：

（一）遍科和桩配。和买本应于产物之地，和雇本应于有车船之家，根据实际需要，出钱买、雇。但实际施行时正好相反。忽必烈时期，程钜夫上奏：“行省每遇和买，不问出产在何地面，件件都是遍行合属。其各道宣慰司承行省文字如此，亦遍行合属总管府，总管府又遍行合属司、县，遂使江南百姓，因遍行二字，处处受害”。例如“自至元十八年至今，打造海船、哨船，行省文字并不问某处有板木，某处无板木，某处近河采伐利便又有船匠，某处在深山采伐不便又无船匠，但概验各道户计敷派船数，遍行合属宣慰司，宣慰司仍前遍行合属总管府。以江东一道言之，溧阳、广德等路，亦就建康打造，信州、铅山等处，亦就饶州打造。勾唤丁夫，远者五、六百里，近者三、二百里，离家远役，辛苦万状，冻死病死，不知其几。……又所用木植、铁、炭、麻、灰、桐油等物，官司只是樁配民户，民户窘急，直一钱物一两买纳。处处一例，不问有无”①。江南如此，北方也是如此，“凡遇和雇、和买、夫役，不问多寡，即行遍科”②。造成的弊病和南方是一样的。

“凡物各有所出所聚处，非其所而谩求，如缘木求鱼，凿冰求火，无益国家，徒扰百姓”③。上级政府“遍科合属”，到了州、县便行“桩配民户”。元朝政府曾多次明令禁止“遍科”、“桩配”，但事实上仍然照此办理。至元十八年（1281）行台治书侍御史王恽曾举例说：“如近日科下真定皮裘皮裤，明该不得桩配百姓。官无见钱，皮无见在，送纳有程，却恐耽误，不免分科民间，其弊依前复作”④。尽管命令中强调“不得樁配”，但实际施行时仍然“遍科”不误。至元十九年或稍后，上都留守贺仁杰上言：“古贡方物，皆其土宜。今者和市，非产其土，一切征之，增直倍蓰，无所于取，吏责后期，从而罪之，

① 程钜夫：《民间利病》，《雪楼集》卷10。
② 胡祗遹：《民间疾苦状》，《紫山大全集》卷23。
③ 程钜夫：《民间利病》，《雪楼集》卷10。
④ 王恽：《便民三十五事·议恤民》，《秋涧先生大全集》卷90。

实病民甚”。忽必烈为此下诏：“物非其土所出，勿和市”①。至元二十一年，合剌奴、脱脱等上言：“今日和买，不随其所有，而强取其所无。和买诸物，不分皂白，一例施行。分文价钞，并不支给，生民受苦，典家卖产，鬻子雇妻，多方寻买，以供官司。而出产之处，为见上司收买其物，他处所无，此处所有，于是高抬价钞。民户唯知应当官司和买，不敢与较，惟命是听。如此受苦，不可胜言”。中书省下令，要各行省“行下合属，勿令于无处和买，若遇和买，当面给价”②。但这些命令都是空文。各处依旧“遍科”、“桩配”。元成宗时，河南府年例成造各色衣甲“合用马牛皮货颜色物件，不系出产，桩配州县，家至户到，或着马皮一斤、二斤，物料或三两、四两”③。至大元年(1308)，刘天孚知许州（今河南许昌）。“凡出钱县官，市物民间，曰和买。民产所有，犹未易供；无之，则估百倍赋官。郡县苦督责，无敢拒，贪肆者亦阴幸渔猎，虽疮痏其民不恤。侯深患之，土有均赋之，苟无之，抗简复陈，不允不止”④。像刘天孚这样的官员在元代是不多见的，而从这一记载可知和买“遍科”之普遍。

和买如此，和雇也是如此。至元十九、二十年间(1282~1283)，江南行御史台接连发布文件，指出：“诸处官司指以雇舡装载官粮官物为名，故纵公吏、祗候、弓手人等强行拘刷捉拿往来舡只，雇一扰百，无所不为。所以客舡特少，以致物价腾贵，盗贼公行，实与官民为害”。强调“若各路起运官物，必须本处就便和雇舡只者，并依例两平和雇，先支价钱，不得以和雇为名，强行桩配拘刷，阻当客旅”⑤。元代中期，刘敏中说：“和买和雇，名件不一，骈至叠出，责办须臾。故和买必至望户科着，贪吏捡人，得缘为奸。……其和雇则十车之运，而为百车之雇，有车之家，阖境追摄，必赂而后免”⑥。可见和雇车、船时“桩配”现象同样是很严重的。

---

① 姚燧：《贺公神道碑》，《牧庵集》卷17。
② 《元典章》卷26，《户部十二·科役·出产和买诸物》。
③ 《元典章》卷58，《工部一·造作·杂造物料各局自行收买》。
④ 孛术鲁翀：《知许州刘侯爱民铭》，《国朝文类》卷17。
⑤ 《元典章》卷59，《工部二·造作·禁治拘刷船只》。
⑥ 《翰林院议事，又二事》，《中庵集》卷15。

为什么和雇和买时“均科”、“桩配”盛行？原因主要有二。一是这样做最简单，既可保证任务的完成，又用不着多费心思，只要层层下达命令，便可奏效。至于百姓的困难，本来就不在大多数官吏考虑之列。二是这样做更有利各级官吏上下其手，营私舞弊。例如，有些地方缺少和买所需物品，“行省、宣慰司、按察司、总管府、各州县官，于他处买到物货，散与人民铺户添价货卖”，“从中渔利”①。

（二）亏价或不支价。和雇和买本应“两平支价”，“随给其主”，但实际上根本不是这样一回事。忽必烈即位的第二年（中统二年，1261），中书省发布的榜文中说：“或有名和买，不支价钱；虽支价钱，却行克减，上下蒙蔽，以致人难，深失朝廷优恤百姓之意”②。忽必烈当政的后期，胡祗遹说：“一切和雇和买造作，并不得钱”③。王恽上奏说：“近年和买造作等事，其弊有三”。一是时间紧促，“不支价钱”。二是“纵降到价钱，止依各处虚报时估，比之百姓实费，不及半价，亏损人户”。三是“其官降不敷价钱内，官吏又行克减，且有全不到民，或三、五年间并不给降者”。而和雇车辆，“官支价钱，十不及二、三，其不敷数，百姓尽行出备，名为和雇，其实分着”④。官吏们克减侵吞价钱比较常见的办法是利用职权，虚造文册，欺上瞒下。“及申到和买诸物，又行移体覆，今日体覆，明日体覆，动辄半年、一年。及上司放支价钱，官吏通同不复给散于民，虚写收管，粘入卷中，以备照刷，公私俱弊”⑤。以上几条记载说的都是元代前期的情况，进入中期以后，更加严重：“京师岁所需物，郡邑例买于民，其直旷久不给，给则大半入贪吏手，名为和而实白”⑥。名为“两平支价”（和）实则一钱不给（白）。文宗至顺年间（1330～1332），上都“官买商旅之货，其直不即酬给，以故商旅不得归，至有饥寒死者”⑦。有些官吏不仅不给和买钞，而且进行刁难。山东堂邑的百姓说：“官买

① 《通制条格》卷28，《杂令·监临营利》。
② 王恽：《中堂事记上》，《秋涧先生大全集》卷80。
③ 《民间疾苦状》，《紫山大全集》卷23。
④ 王恽：《便民三十五事·议恤民》，《秋涧先生大全集》卷90。
⑤ 程钜夫：《民间利病》，《雪楼集》卷10。
⑥ 许有壬：《元公墓志铭》，《至正集》卷54。
⑦ 《元史》卷142，《彻里帖木儿传》。

物数月不予值，民宁不愿待，愿归治生，而县益亟追以来，终不得值。部使者以责吏，而又征我曹，今道路、府吏之费且十倍，吾安用得值”①。官府和买不但不给钱，还不许承当和买的百姓回家生产，强迫他们留在衙门所在地等候发放，实际上是进行刁难，敲榨勒索。“部使者”（廉访司官员）的干预，只是增加了百姓的困苦。

更有甚者，有些地区的和买项目，本是临时性的，竟成了惯例，年年都要无偿照办。例如，元成宗时，因军事需要，在宣德地区和买羊裘帽裤四百余套，上交后“直不下”。这还不算，以后仍“岁输不已”，“民以故弊其资，或立券举债，因不能偿，至鬻妻子”②。

（三）放富差贫。前面已说过，和雇和买的摊派原则是随产均当，但地方官吏在分派时却往往“受赂当买之户而移之下户”③。“吏人既久，人情亦熟，在县分管乡、都科差词讼，公行贿赂。……和雇和买，放富差贫，要一科十”④。和雇和买的负担，实际上主要仍是落在贫苦百姓身上。

（四）发给烂钞。有些地方和雇和买时发给部分价钱，官吏们便“将元降料钞私下换作烂钞，散与百姓”⑤。烂钞（部分或大部破烂的钞）在市场上不能行用，须到政府开设的平准行用库掉换。官吏将好钞换成烂钞散发，从中便获得了很大的好处。元代中期，刘敏中列举和雇和买弊病时也说到：“易新钞为烂钞者有之”⑥。

（五）权贵、官吏非法和雇和买。和雇和买本来限于封建国家的各种需要，但许多权贵和官吏凭借权势，任意在民间和雇和买，肆意掠夺。“诸王阿只吉岁支廪饩和市于民，或不能供，辄为契券。子本相侔，则没入其男女为奴婢”⑦。“和市”（和买）竟成为贵族抑良为奴的手段。不少地方的官吏“于本管地面民户处，但有出产诸物，倚仗官势，委亲戚勒令里正，不依市价，先行

① 虞集：《书堂邑张令去思碑后》，《国朝文类》卷39。
② 王沂：《知宣德府王公遗爱碑》，《伊滨集》卷22。
③ 刘敏中：《翰林院议事，又二事》。
④ 《元典章》卷12，《吏部六·吏制·迁转人吏》。
⑤ 《通制条格》卷18，《关市·和雇和买》。
⑥ 刘敏中：《翰林院议事，又二事》。
⑦ 苏天爵：《王宪穆公行状》，《滋溪文稿》卷23。

给散钱数，然后收敛。若入户无本色送纳，勒迄文契，将人口头匹准折，多有逼令逃窜，别生事端”。所谓“将人口头匹准折”，就是将百姓的子女收为奴婢、牲畜加以没收。元朝政府专门发布命令：“本处做官的人每，百姓根底休和买做买卖”。可见这种情况是普遍存在的[①]。

（六）收物时故意刁难，进行勒索。有的地方官吏“恣意刁蹬，多余取受。少有相违，拣择退换。不收本色，却要轻赍”[②]。“轻赍”就是钱钞。和买本意是购买物料，现在却索取“轻赍”，其用意何在，是很清楚的。有的官吏“缪指其物恶，赂焉而受者有之，预吓以多买而取赂者有之”[③]。至大三年(1310)，尚书省的一件文书中说，和买匹帛等物时，“其所在官司，不详上司恤民之意，一概椿配诸色人民，以高作低，以好作歹，刁蹬抑勒钞两。州县官司风闻和买诸物，暗令所占佃户，或缎匹，或绢布，督逼各户织造。将百姓所纳之物，百般疏驳，须要将己物添价，就买送纳。并其余和买诸物，亦皆恃赖官势，贱买贵卖，损民取利。又将价钱中间克除，好钞移易昏钞，不得实征到民。至如和买和雇递运脚价，打角物色，折收诸物，亦皆作弊”[④]。和买收物成了官吏们营私舞弊的大好机会。

总之，和雇和买弊病甚多，给百姓带来很大的痛苦。正如刘敏中所说：“和买和雇，奸民之利而细民之病也”[⑤]。有的官员建议进行改革，提出各种方案。如王恽认为：“欲革其弊，不过给降见钱，从实支价，责委正官办集其事”。“将一切违错明该止坐正官，不究余者，庶几多方用心，顾恤百姓，不致诸人作弊”[⑥]。刘敏中则主张加强监察部门的工作：“今后一切和买和雇，宪司必须密为体察，仍许诸人首告，似前犯者，痛行追断。监临有失防禁，罚俸标过，甚者降等。宪司不察同坐”。他还建议在大都“将年例和买缎匹丝绢等物，预期张立榜文，各开色样、幅尺、粗细、轻重，添价收买，仍许中买盐

---

① 《通制条格》卷28，《杂令·监临管制》。

② 《元典章》卷58，《工部一·造作·杂造物料各局自行收买》。

③ 刘敏中：《翰林院议事，又二事》。

④ 《元典章》卷26，《户部十二·赋役·和买诸物对物估体支价》。

⑤ 刘敏中：《翰林院议事，又二事》。

⑥ 王恽：《便民三十五事·议恤民》，《秋涧先生大全集》卷90。

引。商旅四集，旬月可办，不惟省减脚力、防押官兵，及免水火盗贼之虞，实永绝奸人因公规利害民之弊”①。刘敏中后一意见，实际上是要和买仿照边境和籴之法。加重地方正官和监察部门的责任，无补于事；仿照边境之法，必然增加国家财政支出，而且难以保证和买和雇的完成。元朝政府也曾从具体操作的角度作过某些改革，如将官府手工业所需物料，由政府和买改为“估体实直，价钱预为放支，责付各局自行收买用度”②。但从总体来说，有元一代和雇和买的制度并无多大改变。至正七年（1347），顺帝的一件诏书中说：“和雇和买，对物两平支价，形于诏旨屡矣。有司失于奉行，亏价强买，或不给其直，或令百姓输钱，有同差税者。生民困苦，殆不能堪”③。可见，一直到元朝末年，和雇和买的种种弊病，仍然严重存在。

至元二十年（1283），刑部尚书崔彧上书言时政，其中之一是建议“江南四省军需，宜量民力，勿强以土产所无”。他的意见是针对“江南盗贼相继而起”提出的④，可见，“遍科”、“桩配”是激起江南百姓反抗的重要原因。就在崔彧上书的次年，“宁国路旌德县民余社等”因和买海船所需物料“作哄”，为崔彧的意见提供了例证⑤。元朝末年，苏天爵分析山东地区“盗贼时起”情况，把和雇和买的频繁作为重要原因之一⑥。和雇和买的推行，直接导致了社会矛盾的尖锐化。

和籴的情况，与和雇和买也有类似之处。边境和籴，招募商旅，一般是自愿的。内地和籴，常常也与和雇和买一样，是按户摊派的。如浙东诸暨州陶朱乡正一都，“止管民户二百余家”，“每遇大小和买、和籴，俱作全都作数科派”⑦。而在和籴时，政府往往少给钱或不给钱，“官钱未给先取将”⑧。官吏们在和籴时上下其手，也是普遍的现象。忽必烈当政时，王恽上言：“近年上

① 刘敏中：《翰林院议事，又二事》。
② 《元典章》卷58，《工部一·造作·杂造物料各局自行收买》。
③ 《宪台通纪续集》，《永乐大典》卷2609。
④ 《元史》卷173，《崔彧传》。
⑤ 程钜夫：《民间利病》。
⑥ 苏天爵：《山东建言三事》，《滋溪文稿》卷27。
⑦ 《告除科派指挥》，《越中金石记》卷8。
⑧ 顾瑛：《官籴粮》，《玉山璞稿·至正甲午》。

都、中兴、西京等处和籴粮斛，所委官吏，往往作弊，官钱既为欺隐，粮斛又不数足”①，“民苦和籴转输，而吏胥得因时为奸”②。盐折草是和籴项目之一，保定等路百姓“桩配和买各位下马驼所用草粟，设立仓场官收支，中间官吏作弊，百姓重并生受”③。

① 王恽：《论宜课折纳米粟实常平仓状》，《秋涧先生大全集》卷89。
② 《元史》卷194，《郭嘉传》。
③ 王恽：《便民三十五事·秋税准喂养马驼草料》，《秋涧先生大全集》卷90。

第二十章　财　政

元代的财政收入，包括税粮、科差和诸色课程等，支出则既有官俸、军费开支和建设开支等日常开支，也有额定的“岁赐”开支，还有超常规的“横赐”和作佛事的巨大开支。元代的财政收支，在元世祖在位期间尚能基本保持收支平衡，其后往往收不敷支，朝廷动辄动用钞本，巨额财政支出成为常年困扰政府的重大问题。

第一节　财政收入

从蒙古建国到成吉思汗去世，由于没有在统治区域内重建赋税征收体系，汗廷尚不存在固定的财政收入。窝阔台汗即位后，“命河北汉民以户计，出赋调，耶律楚材主之；西域人以丁计，出赋调，麻合没的滑剌西迷（牙老瓦赤）主之”①。这项任命出于耶律楚材在中原定额征税、供给国用的建议。按照耶律楚材的建议，“地税、商税、酒、醋、盐、铁、山泽之利，周岁可得银五十万两，绢八万匹，粟四十万石”。窝阔台同意耶律楚材在中原各路试行，于太宗二年（1230）正月，“定各路课税”；十一月，正式设立十路征收课税所。太宗三年，窝阔台至云中，“诸路所贡课额银币及仓廪米谷，薄籍具陈于前”，

① 《元史》卷2，《太宗纪》。

与耶律楚材原奏数目完全符合。[①] 从此，蒙古汗廷开始有了较固定的财政收入。

耶律楚材“自庚申年定课税所额，每岁银一万定（定即锭，每锭五十两）。及河南既下，户口滋息，增至二万二千定”。课税的顺利征收，引起汗廷内商人和权贵的贪欲，“燕京刘忽笃马者，阴结权贵，以银五十万两扑买天下差发。涉猎发丁者，以银二十五万两扑买天下系官廨房、地基、水利、猪鸡。刘庭玉者，以银五万两扑买燕京酒课。又有回鹘以银一百万两扑买天下盐课，至有扑买天下河泊、桥梁者”[②]。用来“扑买”的银两达 180 万两，合 36000 锭，相当于耶律楚材额定课税的 1.5 倍。太宗十一年（1239），回回商人奥都剌合蛮扑买中原银课二万二千锭，不但扑买了中原课税收入的总额，且增加一倍，“以四万四千锭为额”，得到窝阔台的同意。[③] “扑买”的结果是中原课税征收体制又被打乱，朝廷的收入依然处于不稳定状态。

忽必烈即位之后，在建立各级行政机构的同时，确立了稳定的税收机制，使朝廷有了稳定的财政收入来源，并为后来扩大财政收入奠定了基础。

忽必烈在位期间的财政收入数字，在元代文献中只有一些零星记载，我们只能大体估算其收入情况。

税粮收入，在忽必烈即位后已经制度化，至元六年（1269）时有人指出“国家岁计粮储，必须百有余万，方可足用”[④]，税粮总额已应在 100 万石以上。灭宋之后，由于江南产粮区被纳入元朝统治区域，税粮有了成倍增长，从江南漕运粮食的大幅度增加，可以得到证明。至元二十一年漕运粮数为 290500 石，二十六年增至 935000 石，二十七年和二十八年分别为 1595000 石和 1527250 石，是忽必烈在位期间粮食北运的最高年份。[⑤]

科差的收入，中统二年（1261），“周岁包银六万余锭”[⑥]。中统四年为丝

---

① 宋子贞：《中书令耶律公神道碑》，《国朝文类》卷 57。《元史》卷 2，《太宗纪》；卷 85，《百官志一》。

② 《中书令耶律公神道碑》。

③ 《元史》卷 2，《太宗纪》。

④ 王恽：《弹漕司失陷官粮事状》，《秋涧先生大全集》卷 89。

⑤ 《元史》卷 93，《食货志一 · 海运》。

⑥ 王恽：《中堂事记上》，《秋涧先生大全集》卷 80。

706401 斤，包银钞 49487 锭。[①] 至元二年（1265），丝 986288 斤，包银钞 57682 锭。[②] 至元三年，丝 1053226 斤，包银钞 5985 锭。至元四年，丝 1096489 斤，包银钞 78126 锭。[③] 其后，科差数额还应略有上升。

各项课程的收入，以钞计算者，盐课收入所占比例最大，到世祖朝晚期，每年可收入钞 170 万锭。茶课收入，至元十三年为 1200 余锭，其后累年增加，到至元二十六年已增至 4000 锭。[④] 酒醋课收入在 20 万锭至 25 万锭之间，商税收入，至元七年为钞 9 万锭，至元二十六年增为 45 万锭。[⑤]

从以上叙述可以看出，朝廷财政收入中的货币部分，在忽必烈在位的中后期有很大增长。至元十九年，有人称“江南财赋岁可办钞五十万锭”[⑥]。至元二十一年，卢世荣指出天下岁课钞为 932600 锭，并声称可以达到 300 万锭的收入水平[⑦]。实际上到了忽必烈晚年的至元二十九年（1292），“一岁天下所入，凡二百九十七万八千三百五锭”[⑧]，与卢世荣估计的相差无几。

成宗大德二年（1298），“岁入之数，金一万九千两，银六万两，钞三百六十万锭”[⑨]。岁入金的数额合 380 锭，银 1200 锭，钞比忽必烈末年多了 60 余万锭。此后赋税等收入又有所增加。大德十一年（1307），成宗去世，武宗即位，中书省报告常赋岁钞为 400 万锭[⑩]，比十年前增加了 40 万锭。此后为填补巨大的财政亏空，再设尚书省，变换钞法，增加税收，提高盐价，财政收入激增。至大四年（1311）的支出在 1600 万锭以上，时人均称支出倍于收入（详见后述），由此推算，武宗朝后期，货币收入应在 800 万锭左右。收入虽然增加，因过量发行纸钞和急剧提高盐价，造成物价腾涨，货币贬值，使元廷的实

---

① 《元史》卷 5，《世祖纪二》。《元史》卷 93，《食货志一・科差》记为丝 712171 斤，钞 56158 锭。

② 《元史》卷 6，《世祖纪三》。《元史》卷 93，《食货志一・科差》记为丝 986912 斤，钞 56874 锭，布 95412 匹。

③ 《元史》卷 93，《食货志一・科差》。

④ 详见本书第十六章。

⑤ 详见本书第十七章。

⑥ 《元史》卷 12，《世祖纪九》。

⑦ 《元史》卷 205，《卢世荣传》。

⑧ 《元史》卷 17，《世祖纪十四》。

⑨ 《元史》卷 18，《成宗纪一》。

⑩ 《元史》卷 22，《武宗纪一》。

际收入水平大打折扣。

从仁宗到泰定帝（1312～1327），财政收入数字不详。泰定元年（1324），有人说“计今天下所征包银差发，岁入止十一万锭”①。这一数额，比世祖朝初年增加了3万余锭。

元代文献中记载最为明确的是文宗天历元年（1328）和二年的财政收入数字。天历元年的财政收入主要为以下7类：

（1）税粮，总计12114708石，中书省管辖的“腹里”地区为2271449石，各行省为9843258石；江南三省的夏税钞数，为中统钞149273.6锭，其中江浙行省57830.8锭，江西行省52895.2锭，湖广行省19378.04锭。②

（2）科差，包银差发钞989锭，则1133119索，丝1098843斤，绢350530匹，绵72015斤，布211223匹。③

（3）主要课程，金课489.4锭，银课1549.2锭，铜课2380斤，铁课884543斤，铁课钞1879.8锭。

（4）盐课，办盐2564000余引，总计钞7661000余锭。

（5）茶课，与延祐七年相同，应为289211锭。

（6）酒醋课，酒课469159.4锭，201117索；醋课22595.7锭。

（7）商税，939682.1锭。④

也就是说，天历元年的货币收入，至少在9533790锭以上，其中盐课所占比例最大，为80.4%；其次是商税，约占10%；再次是酒醋课，占5%。

需要注意的是，财政收入中的货币部分，比忽必烈末年的300万锭增加了三倍，比武宗时的400万锭增加了550万锭。如此大的增额，正是在武宗至泰定帝朝的19年中实现的。在各种收入中，盐课增额最大，从忽必烈朝末年的170万锭，到文宗朝的766万锭，增加了3.5倍。其次是商税和酒醋课，都比

---

① 《元史》卷175，《张珪传》。

② 见《元史》卷93，《食货志一·税粮》，所记数字单项数额与总数不符，岁入粮各行省数额相加为9843255石，比行省总粮数少3石。行省粮数与腹里粮数相加为12114707石，比总数少1石。以单项相加，岁入粮应为12114704石。夏税钞数，三省单项相加为130104.04锭，比总数少19169.56锭，总数中似还应包括河南等行省的夏税钞数。

③ 《元史》卷93，《食货志一·科差》。科差的钞额记载有误，详见本书第十五章。

④ 此外，还有其他课程收入，详见本书第十七章。

世祖朝末年增加了一倍多。

实物的征收，变化远不及货币收入明显。金的岁入额，天历元年比大德二年多100余锭，银多350锭，增幅均为29%。科差中丝的征收额变化更小，与忽必烈朝初期征收的最高额相比，到天历元年，增幅仅为0.2%。

天历二年的财政收入，由于受到自然灾害的影响，总体水平比天历元年有所下降：

（1）货币收入，9297800锭，比天历元年少235990锭。

（2）金327锭，比天历元年少162.4锭。

（3）银1169锭，比天历元年少380.2锭。

（4）丝884450斤，比天历元年少214393斤。

（5）绵70645斤，比天历元年少1370斤。

（6）绢407500匹，比天历元年多56970匹。

（7）税粮，10960053石，比天历元年少1154655石。①

通过以上叙述，使我们对元代前期和中期的财政收入有了一个基本的认识。元廷的货币收入，在至元二十一年（1284）前在100万锭以下，到至元二十九年（1292）达到接近300万锭的水平。成宗朝基本稳定在400万锭上下，其后历武宗、仁宗、英宗、泰定帝四朝，突飞到900万锭以上，最大的增额应是在武宗朝实现的。实物的征收，则变化不大，其中最为重要的三项指标金、银和丝，金的岁入额在400锭左右，银的岁入额在1100～1500锭之间，丝的岁入额在100万斤左右。

文宗天历年间的财政收入额，可能在一段时间内成为“年例”，并在顺帝朝（1333～1368）前期奉行不缀。至正十一年（1351），红巾军起义爆发，“居官理民者率以甲兵钱谷为务”②。由于中原地区的财赋来源受到严重影响，朝廷不得不主要依赖江南的财赋，正如当时人所说：“方今海内兵争，大军所游，民不得耕，而兵饷之给，亟敛于南土。”③“自两淮兵兴，中吴虽粗完，而

① 《元史》卷33，《文宗纪二》。

② 李祁：《赠王济舟序》，《云阳李先生文集》卷6。

③ 甘复：《山窗余稿》。

飞刍转粟，无晷刻停”[①]。至正十五年（1355）六月，江浙行省官员指出：“至正十五年税课等钞，内除诏书已免税粮等钞，较之年例，海运粮并所支钞不敷”[②]。说明朝廷的收入“年例”在江南地区依然被遵守。此后，随着战乱地区范围的扩大，元廷能够有效控制的区域越来越小，财赋来源逐渐枯竭，国家败亡的局面已无可挽回。

第二节　政府日常财政支出

元代政府的日常财政支出，包括俸禄、宫廷开支、各级官府开支和赈济灾民的支出。

将官员分成若干等级（品阶），并相应发给不同的俸禄，是历代封建王朝人事管理制度的一个重要方面。大蒙古国时期，中央官制简单，“汉地”官制混乱，没有品阶的规定，也没有正式的俸禄制度，民官的收入来自贿赂和对百姓的剥削，军官的收入主要是军事活动中的掳掠和对士兵的榨取。这种情况一直到忽必烈登上汗位以前，并无大的改变。

忽必烈在登位以前，亲信谋士子聪和尚（即刘秉忠）已向他提出政治改革的一系列建议，其中之一就是“官无定次，清洁者无以迁，污滥者无以降。可比附古例，定百官爵禄仪仗，使家足身贵。有犯于民，设条定罪。”[③]另一位幕僚姚枢在陈说“治道”时也指出：“班俸禄，则赃秽塞而公道开。”[④]显然，他们都认为定爵禄是实现政治清明的前提条件，否则就不能抑制官吏贪污、改变百姓穷困的面貌。

1260 年，忽必烈登上汗位。在四月发布的即位诏书中明确宣布：“开国以来，庶事草创，既无俸禄以养廉，故纵贿赂而为蠹蠹，凡事撒花等物，无非取给于民。名为己财，实皆官物，取百散一，长盗滋奸。若不尽更，为害非细。

① 郑元佑：《题两伍阡表后》，《侨吴集》卷 7。
② 《元史》卷 44，《顺帝纪七》。
③ 《元史》卷 157，《刘秉忠传》。
④ 姚燧：《姚文献公神道碑》，《牧庵集》卷 15。

始自朕躬，断绝斯弊。除外用进奉军前克敌之物，并斡脱等拜见、撒花等物，并行禁绝。内外官员，视此为例。”[①] 蒙古、色目官员“问人讨钱，各有名目，所属始参曰拜见钱，无事白要曰撒花钱”[②]。在蒙古国时期，官员向百姓和部属索要拜见钱和撒花钱是公开的、毫不隐晦的，也是无限制的，连蒙古大汗也是如此。忽必烈提出要加以“禁绝”，而且强调过去“既无俸禄以养廉”的不合理，实际上是宣布了他要推行俸禄制度的态度。事实正是如此。从这一年起，便逐步在中央和地方各个系统中逐步实行俸禄制度。“元初未置禄秩，世祖即位之初，首命给之”。“凡朝廷职官，中统元年定之。六部官，二年定之。随路州、县官，是年十月定之”[③]。中统三年（1262）二月，忽必烈命令姚枢制定有关中外官俸的条格。至元元年（1264）八月，“诏新立条格，省并州县，定官吏员数，分品从官职，给俸禄，颁公田”[④]。此次确定的是行政系统官员的品阶和俸禄。军中“将校素无俸禄”，至元三年（1266）到至元七年之间，“始颁将校俸钱，以秩为差”[⑤]。“提刑按察司官吏，六年定之。……转运司官及诸匠官，七年定之”[⑥]。这样，各主要系统官员的品阶和俸禄都已确定下来。平南宋过程中，元朝政府在至元十五年（1278）七月“定江南俸禄职田”[⑦]，从而将南、北的官员品阶、俸禄实现了统一管理。

一般来说，元代的官员有职事和品秩，职事是担任的具体职务，品秩是等级待遇的标准。每种职务都有一定的品阶，官品共分九等十八级，每品又分正、从。县以上的政府机构也都有一定品阶，该机构长官的品阶与机构的品阶相等，以下官员依次递降。元朝官吏都按品阶和职务支给俸禄。官吏的俸禄由俸钞、职田和俸米组成。

俸钱是至元三年（1266）十一月开始正式发给的。[⑧] 到了至元二十二年

---

① 《元典章》卷2，《圣政一·止贡献》。
② 《草木子》卷4下，《杂俎篇》。
③ 《元史》卷96，《食货志四·俸秩》。
④ 《元史》卷5，《世祖纪二》。
⑤ 元明善：《藁城董氏家传》，《国朝文类》卷69。
⑥ 《元史》卷96，《食货志四·俸秩》。
⑦ 《元史》卷10，《世祖纪七》。
⑧ 《元史》卷6，《世祖纪三》。

(1285)二月，因“近年诸物增价，俸禄不能养廉，以致侵渔百姓，公私俱不便益”，于是下令“内外官吏俸给以十分为率，添支五分”①。这是一次规模较大的调整。调整以后的“百官俸”“始于各品分上、中、下三例，视职事有差，事大者依上例，事小者依中例”。也就是说，同一品级的官员，因其职务大小不同，俸禄有所差别，自从一品起，到从九品止共分为三十八等。若除去正从九品不计，其余与文散官品阶基本相同。显然，俸禄是与品阶直接挂钩的。这一次重定的百官俸钱，朝廷内从一品为5锭（250贯）、6锭（300贯），从九品为35贯，相差是颇大的。地方官由于有职田，俸钱要比朝内官员少。朝中正三品官员月俸钱3锭（150贯）至3锭25两（175贯），而同样品级的路总管、达鲁花赤俸钱只有70～80贯；朝中从七品官员月俸50～55贯，而地方下县县尹亦为从七品，月俸17贯②。一般吏员俸钱，比官员要低，如中央秘书监的令史、典书等，在15～30贯之间③。地方政府的吏员，还不及此数。

地方官员在俸钞之外，还有职田，这也是至元三年支给俸钞时定下的，但正式发给则要晚一些，详见本书第六章的叙述。

朝中的官员俸钱高，无职田；外地的官员俸钱低，有职田。这是元朝政府对内外官员俸禄采取的平衡措施。但是元朝的纸币不断贬值，俸钱“不能养廉”的情况越来越严重。元朝政府不得不对无职田的官吏采取补救措施。成宗大德三年（1299）正月，决定对各级衙门的“小吏”发放禄米。大德七年(1303)起，“京朝官月俸外，增给禄米；外任官无公田者，亦量给之”④，具体办法是：

（1）月俸钱10两以下的，每1两给米1斗；

（2）10两以上至25两的，“每员支米1石”；

（3）25两以上的，“不拣请多少俸钱的，十两加与一斗俸米”；

（4）“扣算给付”，俸米要用钱买，米价就在俸钱中扣除，但俸米的米价是官定的，比较便宜，可以说是平价米。过了一段时间，延祐七年（1320）

---

① 《元典章》卷6，《户部一·禄廪》。

② 《元典章》卷6，《户部一·禄廪》。《元史》卷96，《食货志四·俸秩》。

③ 《秘书监志》卷2，《俸秩》。

④ 《元史》卷21，《成宗纪四》。

十一月，“计京官俸钞，给米三分”，即按俸钞的十分之三给平价米，但米价要在俸钞中扣除，这比大德七年的规定简单多了。这时的俸米是按一石至元钞4贯（中统钞20贯）计算的，比京师大都供应市民的平价粮（每石25贯）略低一些[①]。

这样，便形成了地方官员俸禄（俸钱加职田）、朝内官员俸禄（俸钱加俸米）两种形式，内外各衙门的吏员俸禄与朝内官员相同。这种情况，一直到元朝灭亡，没有改变。地方官员止限于路、府、州、司、县的官员，行省、宣慰司以及行台的官员，既无职田，又无禄米，直到顺帝至正元年（1341）才决定“除俸钱外”，发给他们禄米，“一品者十石，二品者八石，三品者六石，四品、五品者四石，六品以下二石，于所在官粮内支给。无粮去处，每石折中统钞二十五贯”[②]。比起朝中官员来，行省等官员的禄米少，但却没有提到“扣算”，很可能是无价发给的。

军官的俸禄，上述二种形式都有。在侍卫亲军中，左、右、前、后、中五卫及其他多数军官实行俸钞加俸米的办法，忠翊侍卫、隆镇卫、右翊蒙右侍卫则实行俸钞加职田的办法，外地驻防军的军官，则是从“大德八年三月为始放支俸米”。但据《至顺镇江志》记载，当地驻军军官自万户以下，只有俸钱，没有俸米和职田，而军官俸钱高出同品级的民官数倍，如路总管、路达鲁花赤俸钱70贯，而万户和万户府达鲁花赤为280贯；路首领官经历17贯，而万户府经历为59贯半。有两种可能，一种是外地军官俸米实行一段时间后停止了，完全实行俸钱制；另一种是某些地区实行俸钱加俸米，有些地区只行俸钱。这个问题还有待研究。

元人及后代常以元朝俸薄为言，认为这是导致贪污横行的一大原因。其实这要作具体分析。享有职田的地方官员，即以正常收入来说，是相当可观的。朝中的高级官员，俸钞俸米亦是不薄。但是朝廷内的中下级官员，特别是闲散衙门的官员，生活都相当窘迫，“江南文士官更寒，灶突无烟薪炭绝”，连吃

① 《元典章》卷6，《户部一·禄廪》。《元史》卷96，《食货志四·俸秩》。
② 《南台备要》，《永乐大典》卷2611。

饭都成了问题[①]。此外，吏员的薪俸确实偏低，以忽必烈时期的情况来说，“府吏月俸六贯，年来米麦价直不下一十贯。日得二百一文，可米二升，仅充匹夫一日之养，衣服、鞍马、奴仆之费必不可缺者，何从而出！父母妻子何以仰事俯畜？……至于私家亲戚故旧吉凶庆吊之费，复何可得！”[②] 后来虽然加上一石俸米，亦解决不了多少问题。

除了部分官吏俸薄之外，元代俸禄制度还有许多弊端。首先是“禄之不均”，南北职田不等，内外官员收入有差别。其次是发放俸禄的随意性。至元十七年（1280）四月，为了定夺俸禄，“凡内外官吏皆住支”，到十八年四月才“复颁中外官吏俸”[③]。但江南官吏直到至元十九年六月仍“不曾支给俸钱”，因此程钜夫说：“真是明白放令吃人肚皮（指受贿——引者），椎剥百姓”[④]。类似的停俸，在武宗至大二年又发生了一次，但时间较短。

和前朝相比，元朝俸禄中实物部分有所减少，货币部分的比重增大。特别是元朝前期，朝内官员都支给俸钱，也就是说，俸禄全部采用货币形式，而且是纸币，这是一项重大的改革，在中国封建社会俸禄的沿革过程中，无疑是具有重要意义的。但是，一则地方官员仍保持职田，二则后来随着纸币的贬值，元朝政府不得不给无职田的官吏发放俸米，说明实物部分在元代俸禄中仍占有很大的比重。而且，纸币在元代的总趋势是不断贬值，在这样的情况下，俸禄中的实物部分实际上成为官吏的主要收入。从支付的方式来看，俸钱和俸米是相同的，都有固定的数量，全国统一，在国家财政中按月支付。

按照至元三十年（1293）的统计，官员的数量为16425人。[⑤] 到元文宗时，官员数量为26690人，增加了10000人以上。[⑥] 俸钱的支付，在最初给官员颁发俸禄时，曾专门向北方民户增收俸钞，“民间科帖，标注俸钞”[⑦]，作为赋税的一种。到至元十八年（1281）时，有人建议，“百姓纳到俸钱，另行收

① 胡助：《苦寒行》，《纯白斋类稿》卷5。
② 胡祗遹：《寄子方郎中书》，《紫山大全集》卷12。
③ 《元史》卷11，《世祖纪八》。
④ 《给江南管理俸钱》，《雪楼集》卷10。
⑤ 《元史》卷17，《世祖纪十四》。
⑥ 《元典章》卷7，《吏部一·官制一》。
⑦ 王恽：《论削去科贴俸名》，《秋涧先生大全集》卷86。

贮，专以按月支付”[1]，说明依然在实行这种作法。元朝中期，赋税中才取消征收俸钞的项目，官员的俸钱从政府财政收入中支付。增发禄米后，到武宗至大元年（1308）时，全国的官员，“止其禄米，岁该四十万石”[2]。这一支出标准，随着官员数量的增加和发放禄米官员的增多，自然会有大幅度增长。

宫廷开支，包括皇帝、后妃的日常衣、食、住、行开销和饮宴、游乐等费用。元朝初期，帝、后的日常支出标准没有记载。文宗天历二年（1329），掌管后宫日常事务的中政院报告皇后的日用所需是“钞十万锭，帛万匹，绵五千斤”，还不包括粮食和肉食等。[3] 掌管皇帝日常事务的机构是宣徽院。至顺元年（1330），御史台官员指出：“宣徽院钱谷，出纳无经，以上供饮膳，冒昧者多。”[4] 由此可以看出，宫廷的开支是相当大的。

各级官府的开支，一是中央各种机构的日常开支，二是行省以下各级机构的日常开支。中央机构和地方官府的开支，一般都有定例。地方的开支，包括地方官员的俸钱，从上缴中央的财赋中预扣出来。至元二十九年，中书省官员已明确说明岁入的钱钞“有就给军旅及织造物料馆传俸禄者”[5]。成宗大德十一年（1307）九月，中书省官员指明“常赋岁钞四百万锭，各省备用之外，入京师者二百八十万锭”[6]。也就是说，当时各省为年度开支的“备用”钞是120万锭，占了朝廷年度货币收入的30%。此前和此后，地方性支出是否都占如此高的比例，由于没有明确记载，尚不清楚。

在中央和地方官府的开支中，应该还包括一批“仰食于官者”的支出。如至元二十八年二月，尚书省官员即指出：“大同仰食于官者七万人，岁用米八十万石”[7]。此外，还有购买“宝货”的费用。有人在泰定元年（1324）六月指出：“中卖宝物，世祖时不闻其事，自成宗以来，始有此弊，分珠寸石，售直数万”；“累朝未酬宝价四十余万锭，较其原价，利已数倍，有事经年远

① 王恽：《关支俸钱事状》，《秋涧先生大全集》。
② 《元史》卷22，《武宗纪一》。
③ 《元史》卷33，《文宗纪二》。
④ 《元史》卷34，《文宗纪三》。
⑤ 《元史》卷17，《世祖纪十四》。
⑥ 《元史》卷22，《武宗纪一》。
⑦ 《元史》卷16，《世祖纪十三》。

者三十余万锭”①。

赈济也是元廷的一项日常重要支出。“赈恤之名有二：曰蠲免者，免其差税，即《周官·大司徒》所谓薄征者也；曰赈贷者，给以米粟，即《周官·大司徒》所谓散利者也。然蠲免有以恩免者，有以灾免者。赈贷有以鳏寡孤独而赈者，有以水旱疾疠而赈者，有以京师人物繁凑而每岁赈粜者”②。恩免和灾免，主要是免除灾区、战乱地区或“供给繁重”地区的税粮、科差和课程等，一般是按比例减免，即减少应缴赋税数额，少的免十分之三以下，多的可以免一半甚至三分之二。对灾祸严重的地区，采取全免差税的办法，少则一年，多则三年。蠲免虽然不从国库直接支钱支粮，但直接影响国家的财政收入，实际上是一种变相的财政支出。赈贷则是政府向灾区和战乱地区直接投放钱粮等，用以救助灾民。赈贷的主项是粮食，或由政府向灾区调运粮食，或由政府组织富户粜粮救济百姓。大灾之年，赈贷的粮食数额很大。如大德十一年(1307)，江浙地区受灾严重，“杭州、平江等处大饥，发粮五十万一千二百石赈之”③，“又劝率富户赈粜粮一百四十余万石，凡施米者，验其数之多寡，而授以院务之官”④。钱钞也是赈贷的重要项目，或由政府直接拨发钱钞给灾区，或拨发灾区盐引，用卖盐所得钱钞赈济灾民。如文宗天历二年（1329）大灾，全国的赈灾钞即高达1349600余锭。⑤

草原游牧地区是蒙古国的肇兴之地，倍受统治者关注，如有灾荒，赈济数额更大。如仁宗延祐五年（1318），“朔漠大风雪，羊马牲畜尽死，人民流散”⑥。次年四月，“命京师诸司官吏运粮输上都、兴和，赈济蒙古饥民”。六月，“诏以驼马牛羊分给朔方蒙古民戍边徼者，俾牧养蕃息以自赡”；“给钞四十万锭，赈合剌赤部贫民；三十万锭，赈诸位怯怜口被灾者”⑦。英宗至治二年（1322)，“岭北戍卒贫乏，赐钞三千二百五十万贯，帛五十万匹”。至治三

① 《元史》卷175，《张珪传》。
② 《元史》卷96，《食货志四·赈恤》。
③ 《元史》卷22，《武宗纪一》。
④ 《元史》卷96，《食货志四·赈恤》。
⑤ 《元史》卷34，《文宗纪三》。
⑥ 《元史》卷136，《拜住传》。
⑦ 《元史》卷26，《仁宗纪三》。

年，“蒙古大千户部，比岁风雪毙畜牧，赈钞二百万贯”[1]。此后诸帝，对漠北、漠南地区的关注一如既往。顺帝至元元年（1335），“诏以钞五十万锭，命徽政院散给达达（即蒙古）兀鲁思、怯薛丹、各爱马（即投下）”[2]，就是很好的一例。

第三节　军费开支与工程建造开支

元代的军费开支和工程建造开支，虽然也属于朝廷的日常开支，但是往往数额巨大，所以应该单列出来加以说明。

军费开支，包括养军、赏赐战功、战争和边备费用四大类别。

元代的军队，分为中央宿卫军队和地方镇戍军队两大系统，中央宿卫军队由怯薛和侍卫亲军各卫组成，兵员应在30万人左右；地方镇戍军队由草原上的蒙古军和分布在中原、江南等地的探马赤军、汉军、新附军等组成，兵员应超过中央宿卫军队[3]。元代实行军户制度，由军户自备武器装备等，并辟有军屯等以解决军队的粮食供应问题。养军的费用，除了拿出一部分用来制造国家掌握的武器装备和救济贫乏军户、支持军屯外，还要支付军官俸禄和怯薛的岁币。军官的俸禄、俸钱部分一年大致在10万锭以上[4]。在养军费用中占了最大比例的，是怯薛每年的开销。

怯薛是皇帝的宿卫，其成员，蒙古语称为“怯薛歹”，复数作“怯薛丹”。蒙古国时期的怯薛歹，为一万人。入元以后，怯薛组织的定额仍为一万人，“然四怯薛歹，自太祖以后，累朝所御斡耳朵，其宿卫未尝废。是故一朝有一朝之怯薛，总而计之，其数滋多”[5]。怯薛歹的实际数额常常超过定额。

世祖朝后期怯薛歹的人数，根据马可·波罗的记载有12000人，分由四怯

① 《元史》卷28，《英宗纪二》。
② 《元史》卷38，《顺帝纪一》。
③ 史卫民：《元代军队的兵员体制与编制系统》，《蒙古史研究》，第3辑。
④ 史卫民：《元代军事史》，第374页，军事科学出版社，1998年版。
⑤ 《元史》卷99，《兵志二·宿卫》。

薛长官掌管，每人掌3000人。[①] 至元三十年（1293）五月，“给四部更番卫士马万匹，又给其必阇赤四百匹”，可以间接地证明马可·波罗所说的数字具有一定的可靠性。至元二十九年十月颁发赏赐时，中书省官员上奏：“今计怯薛带、怯怜口（私属人口）、昔博赤（昔宝赤，鹰坊执役者）、哈剌赤（合剌赤，掌牧养皇家马畜和制造马奶酒，以钦察人为之），凡近侍人，上等以二百户为率，次等半之，下等又半之，于下等择尤贫者岁加赏赐。”[②] 怯怜口和昔宝赤等，显然是不算在怯薛歹（即四部更番卫士）之内的。世祖时怯怜口和昔宝赤的数量不详。由于“诸色人冒充宿卫及诸王、驸马、妃主部属滥请钱粮者”过多，从成宗开始不断淘汰怯薛歹中的“繁冗”者。文宗天历元年（1328）十一月，“命总宿卫官分拣所募勇士，非旧尝宿卫者皆罢去”。二年正月，“命中书省、宣徽院臣稽考近侍、宿卫廪给，定其名籍”。四月，“赐卫士万三千人钞，人八十锭。四番卫士旧以万人为率，至是增三千人”，实际上是对累朝以来卫士人数突破定额的正式承认。五月，“给皇子宿卫之士千人钞，四番宿卫增为万三千人，至是又增千人”。至顺元年（1330）三月，“裕宗及昭献元圣皇后位宿卫三千人，命储政院给其衣粮刍粟”。四月，中书省官员奏报，“各宫分及宿卫士岁赐钱帛，旧额万人，去岁增四千人，迩者增数益广，请依旧额为宜。”文宗诏命裁省卫士。八月，中书省、枢密院、御史台核定怯薛人数，“今定大内四宿卫之士，每宿卫不过四百人；累朝宿卫之士，各不过二百人。鹰坊万四千二十四人，当减者四千人。内飨九百九十人。四怯薛当留者各百人。累朝旧邸宫分飨人三千二百二十四人，当留者千一百二十人。媵臣、怯怜口共万人，当留者六千人。其汰去者，斥归本部著籍应役”。从第二年正月“给卫士万人岁例钞，人八十锭”和二月“给宿卫士岁例钞，诏毋出定额万人之外”[③] 来看，鹰坊等人仍然未计入怯薛歹的定额之中，四怯薛宿卫士和累朝宿卫士的定额仍为10000人，加上鹰坊等21544人，核定的人数应是31555人，宿卫士裁减了4000人，鹰坊等裁减了10694人，原来怯薛组织的总人数

① 《马可·波罗游记》，冯承钧译，第98页。

② 《元史》卷17，《世祖纪十四》。

③ 《元史》卷32~35，《文宗纪一至四》。

应在45000人以上。

怯薛歹除了享受极高的政治待遇外，在经济上也享受很高的待遇，“每岁所赐钞币，动以亿万计，国家大费每敝于此焉”①。成宗大德三年十二月，赐“四怯薛卫士钞五万二千余锭”②。至大四年（1311）四月，“定四宿卫士岁赐钞二十四万二百五锭”③。泰定元年（1324）正月，“定怯薛台岁给钞，人八十锭”④，遂成定制。如上所述，文宗时依然实行每名怯薛歹发放“年例钞”80锭的作法。至顺三年（1332），中书省奏报：“去岁宿卫士给钞者万五千人，今减去千四百人，余当给者万三千六百人。”⑤也就是说，当年支付怯薛歹的钱钞近109万锭，而前一年的支付额则高达120万锭，比至大四年增加了三倍多。

怯薛管属下的怯怜口，另行颁发钱钞。成宗大德九年（1305）二月，“赐宿卫怯怜口钞一百万锭”⑥，即为明证。此外，怯薛的马匹，采取自备和朝廷拨发的办法解决。怯薛马匹的草料，由朝廷定时发放。成宗大德十一年（1307）十一月，中书省上奏，“宿卫廪给及马驼刍料，父子兄弟世相袭者给之，不当给者，请令孛可孙汰之。今会是年十月终，马驼九万三千余，至来春二月，阙刍六百万束、料十五万石。比又增马五万余匹，此国重务，臣等敢以上闻”⑦。怯薛马匹的饲养问题，显然也已成为元廷的一个沉重经济负担，不得不“汰省宿卫士刍粟”，详见本书第八章的叙述。

军官和士兵在战争中创立战功，都要颁发银、钞或币帛等进行赏赐。士兵赏赐略有定额，一般在30两~50两之间（钞）。军官则没有定数，多者可得万锭、千锭，少的也要在几十锭以上。如至元二十五年忽必烈亲征东道叛王胜利后，即赏赐军士钞每人2~3锭，战死者给其家属10锭，共计赐钞41425

① 《元史》卷99，《兵志二·宿卫》。
② 《元史》卷20，《成宗纪三》。
③ 《元史》卷22，《武宗纪一》。
④ 《元史》卷26，《泰定帝纪一》。
⑤ 《元史》卷36，《文宗纪五》。
⑥ 《元史》卷21，《成宗纪四》。
⑦ 《元史》卷22，《武宗纪一》。

锭[1]。成宗大德五年击败西北叛王，共计赏“北师”银20万两（4000锭，相当于元廷岁入银2倍多），钞20万锭，币帛各59000匹[2]。文宗时，两都之间开战，燕铁木儿等助文宗登上帝位，论功行赏，除燕铁木儿、伯颜特别赐赉外，受赏者96人，计用金2400两，银15600两，金腰带91副，币帛1300余匹[3]。

战争费用往往是军费中支出最多的一项费用。每当大军调动出征，准备粮草器械，招募水手工匠，以及战后抚恤伤亡军人及其家属等，都要耗费大量银钞，所以有人指出“军旅一兴，费縻钜万”[4]。忽必烈在位时的对宋战争和进攻日本、占城等，以及与东北、西北叛王的战争，都造成了巨大的财政开支。一些规模较小的战争，用费也不少。如至元二十二年（1285）赐给远征缅国和占城诸军，钞53541锭，马8197匹，羊16634只，牛11头，米22100石，绢81000匹，绵530斤，木绵27279匹，甲1000被，弓1000张，衣179袭[5]。大德五年（1301），“给征八百媳妇军钞，总计九万二千余锭”[6]。

成宗以后，战争逐渐减少，巨额战争费用被巨额边备费用所取代。由于多年西北边疆不靖，岭北和甘肃行省岁用边备费用最高。大德元年（1297）六月，“给和林军需钞十万锭”。三年四月，“赐和林军钞五十万定，帛四十万匹，粮二万石”。五年七月，又给在漠北戍守的诸王出伯军钞四十万锭。七年五月，“给和林军钞三十八万锭”[7]。至大四年时，“北边军需”居然高达“六七百万锭”，占年度财政支出额的三分之一还多，详见后述。英宗至治二年(1322)，“岭北戍卒贫乏，赐钞三千二百五十万贯（65万锭），帛五十万匹”[8]，其他边远地区的军备费用由各行省关支，问题没有岭北行省这么尖锐，但花费显然也是不少的。

① 《元史》卷15，《世祖纪十二》。
② 《元史》卷21，《成宗纪四》。
③ 《元史》卷35，《文宗纪四》。
④ 《元史》卷173，《叶李传》。
⑤ 《元史》卷13，《世祖纪十》。
⑥ 《元史》卷20，《成宗纪三》。
⑦ 《元史》卷19、20、21，《成宗纪二、三、四》。
⑧ 《元史》卷28，《英宗纪二》。

工程建造的开支，主要有都城修建和营建官府、宗教建筑以及水利设施等花费。

世祖时，兴建大都城和扩建上都城，仅至元八年（1271）为修建大都“打造石材、搬运木植及一切营造等处”，就“不下一百五六十万工”[①]，花费应该是相当大的。武宗时，“中都建城，大都建寺，及为诸贵人营私第，军民不得休息”[②]。“比者西山建寺，损军害民，费以亿万计”[③]。至大四年时，“土木营缮百余处，计用数百万锭”（详见后述），营建费用已达到惊人的程度。

兴修水利，是利国利民的事业，但同样要有大量的支出。世祖时开凿运河，沟通南北航运，仅会通河就役工2510748，“出楮币一百五十万缗，米四万石，盐五万斤，以为佣直”。为治理滹沱河，从大德十年（1306）至皇庆元年（1312），“人日佣直不下三五贯，前工未毕，后役迭至”，“官给夫粮备佣直百余万锭”[④]。黄河河堤更是常年修缮，“科桩梢，发丁夫，动至数万，所费不可胜纪”。顺帝至正十一年（1351），由贾鲁主持的黄河复故道工程，发民150万人，士兵2万人，“官吏俸给，军民衣食工钱，医药、祭祀、赈恤、驿置马乘及运竹木、沉船、渡船、下桩等工，铁、石、竹、木、绳索等匠佣直，兼以和买民地为河，并应用杂物等价，通计中统钞百八十四万五千六百三十六锭有奇”[⑤]，是元代后期花费最大的水利工程。

第四节 赐赉

元代的赐赉，主要是岁赐和所谓“朝会赐赉”两大项，颁赐数额之巨大，为前朝所未及。

岁赐，是朝廷每年按定额颁给蒙古宗王和贵族的赐赉，颁发的既有金、银

① 魏初：《奏议》，《青崖集》卷4。
② 《元史》卷22，《武宗纪一》。
③ 《元史》卷175，《张珪传》。
④ 《元史》卷64，《河渠志一》。
⑤ 《元史》卷65、66，《河渠志一、二》。

和钱钞，也有丝、绢等物品。“国朝诸宗戚勋臣，食采分地，凡路府州县得荐其私人以为监，秩禄受命如王官，而不得以岁月通选调。其赋则每五户出丝一斤，不得私征之，皆输诸有司之府，视其所当得之数而给予之。其岁赐则银币各有差，定于太宗之时，而增于宪宗之日”①。

太宗（窝阔台）朝确定的岁赐额，太祖（成吉思汗）子、弟均为银一百锭，段（缎）三百匹；太祖各斡耳朵银50锭，段75匹；太祖叔答里真银30锭，段100匹。合计岁赐总额当为银1130锭，段3100匹。

宪宗（蒙哥）朝除承袭太宗时确定的岁赐额外，增定了以下诸人的岁赐：宪宗弟忽必烈、旭烈兀、阿里不哥三人依照太祖诸子、弟的份额，每人赐银一百锭，段300匹；宪宗的同父异母诸弟末哥、拨绰、岁哥都各赐银五十锭，段300匹。太宗子阔出早死，其子失烈门育于宪宗处，并拟为帝位继承人，故加赐银50锭，段100匹。由此，宪宗朝岁赐总额当增至银1630锭，段5000匹。

中统元年（1260）忽必烈即位，当年的岁赐总额为银1217锭，段3050匹，钞141锭，绢5098匹，绵5148斤。② 诸王、后妃位下岁赐银数，基本依照太宗、宪宗两朝所定数额颁发，段匹则有的人按定额赐给，有的人减赐或未赐。因当时正漠北、漠南二帝并立，凡依附阿里不哥的人岁赐均被黜削，支持忽必烈的东部诸王等，则增加了岁赐。

中统二年到至元十年（1261～1273），都有“赐诸王、后妃金、银、币、帛如岁例”的记载。③ 至元十一、十二两年无岁赐记载，不知是记载脱落，还是因攻宋费用不足而未行颁赐。至元十三年至十五年，复有岁赐如旧例的记载。④ 十五年十二月，“会诸王于大都，以平宋所俘宝玉器币分赐之”⑤。这次分赐当然不是岁赐，可是在其后的至元十六年至二十二年（1279～1285），七年之中，没有关于岁赐的记载。二十三年二月，忽必烈敕中书省：“太府监所

① 《经世大典序录·宗亲岁赐》，《国朝文类》卷40。
② 《元史》卷4，《世祖纪一》。
③ 《元史》卷4～8，《世祖纪一至五》。
④ 《元史》卷9～10，《世祖纪六、七》。
⑤ 《元史》卷10，《世祖纪七》。

储金银，循先朝例分赐诸王。”[1] 可能这七年中所以未颁岁赐，乃是以十五年所赐宝玉器币充当了，至二十三年，始重颁岁赐。

至元二十五年未颁发岁赐，这与当时的政治形势有关。东道蒙古宗王乃颜反叛，东部诸王纷纷响应。平叛中不少人被杀、被贬，所受岁赐亦当同时被黜。支持忽必烈的诸王，都得到了额外的赏赐，所以是年已无再颁岁赐的必要。

至元二十六年，“赐诸王、公主、驸马如岁例，为金二千两，银二十五万二千六百三十两，钞一十一万二百九十锭，币十二万二千八百匹”[2]。这个数字，超出中统元年的岁赐总额甚多，当是在过去确定的岁赐额之上增加了累年的赏赐额。从中统二年到至元二十四年复给和增加了一些人的岁赐。至元二十五年又大加赐赉，各种赏赐的总额加起来为金 1700 两，银 3047 锭，钞 11000 锭，段 43900 匹，绢 9598 匹，绵 8320 斤，丝 10000 两，受赐者临时所得的份额都比往常岁赐定额有所增加。到了二十六年，便改成了以增定额颁发岁赐。

至元二十七、二十八、三十年皆如例岁赐。二十九年无岁赐记载，只有“赐皇子、皇孙、诸王、藩戚、禁卫、边廷将士等，钞四十六万六千七百十三锭”[3]，当包括岁赐数在内。所谓岁赐常例，应该就是至元二十六年的颁赐数额。

世祖朝以后，岁赐常额非但无大幅度的增加，且有逐渐减少或停止的趋势。与此同时，另一种赐赉方法“朝会赐赉”渐次取代了固定岁赐的地位，成为元朝中后期主要的赐赉手段。造成这种情况的原因，主要出于两点原因。一是世祖朝以后，帝位之争越演越烈，皇亲国戚动辄被杀、被贬、被抄没，依例颁发的岁赐随之即行削除。有些岁赐，后来或复赐与本人和其后人，但大多数削除的岁赐难以恢复，也无须恢复，绝嗣者的岁赐亦不再发放。在帝位之争中，诸王、后妃、驸马不断变换自己的政治立场，改为“朝会赐赉”的办法，更有利于新即位者团结、笼络自己的力量，去打击那些异己分子。二是因为

① 《元史》卷 14，《世祖纪十一》。
② 《元史》卷 15，《世祖纪十二》。
③ 《元史》卷 16、17，《世祖纪十三、十四》。

“朝会赐赉”数额巨大，加之另有不断的额外赏赐，使元朝政府府库空虚，许多赏赐无法支给。英宗年间，曾因财政困难暂时停发岁赐；文宗时又以租税所入供给岁赐，可以看出岁赐制度逐渐趋向没落的经济原因[①]。

成宗即位，增加了“朝会赐赉”的数额，“赐金一者加四为五，银一者加二为三”；“承世祖府库充富，比先例，赐金五十两增至二百五十两，银五十两增至百五十两”。诸王赐赉确定了两个级别，一级是金500两（10锭），银5000两（100锭），钞2000锭，币帛各200匹；另一级是金400两（8锭），银4000两（80锭），钞1600锭，币帛各160匹[②]。元贞二年（1296）十二月，正式确定朝会赐赉数额，“太祖位，金千两，银七万五千两；世祖位，金各五百两，银二万五千两；余各有差”[③]。

大德十一年（1307），武宗即位，在和林和上都两次朝会，都大加赏赐，赐赉标准即按照成宗时确定的数额。至当年八月，“以朝会应赐者，为钞总三百五十万锭，已给者百七十万，未给犹百八十万，两都所储已虚”[④]。

至大四年（1311），仁宗即位，按例大会诸王，颁发赐赉，朝会赐金39650两（793锭），银1849050两（36981锭），钞223279锭，币帛472488匹[⑤]。延祐四年，“赐诸王、宗戚朝会者，金三百两，银二千五百两，钞四万三千九百锭”[⑥]。这个标准，已比成宗时的定例大大降低。

延祐七年（1320）英宗即位时的朝会赐赉，应该就是按新定的标准颁发的，共计金5000两（100锭），银780000两（15600锭），钞1211000贯（24220锭），币57364匹，帛49322匹，木绵92672匹，布23398匹，衣359袭[⑦]。

至治三年（1323），泰定帝即位，朝会赐赉金700余锭，银33000锭，另

① 详见史卫民：《元岁赐考实》，《元史论丛》，第3辑。
② 《元史》卷18，《武宗纪一》；卷22，《成宗纪一》。
③ 《元史》卷19，《成宗纪二》。
④ 《元史》卷22，《武宗纪一》。
⑤ 《元史》卷24，《仁宗纪一》。
⑥ 《元史》卷26，《仁宗纪三》。
⑦ 《元史》卷27，《英宗纪一》。

有钱钞和币帛等，似乎又回到了仁宗即位时的赐赉水平。①

文宗即位时，大都、上都间刚爆发过激烈的战争，经费不足，只得降低朝会赐赉的标准，“凡金五铤以上减三之一，五铤以下全畀之，又以七分为率，其二分准时直给钞”②。

至顺三年（1332）八月，文宗去世，为准备新君即位，“中书省臣奉中宫旨，预备大朝会赏赐金银币帛等物”。当年十月，宁宗即位，“赏赉诸王金、币，其数如文宗即位之制”。但当年十一月宁宗即病死。③ 次年六月，顺帝即位，“征集宗室诸王来会”④，同样应有赐赉，其标准应与宁宗即位时相同。

除了岁赐和朝会赐赉以外，元朝的皇帝还不时给后妃、诸王和功臣等赏赐，赐品既有金银钱钞币帛，也有质孙服等。就受赐者个人来说，所赐数额有时不小，但总体上比岁赐和朝会赐赉的数额要少得多。

第五节 财政形势

在分述元朝的财政收入和不同的支出情况之后，可以对元朝不同时期的财政形势有比较清楚的认识。

元朝前期，即忽必烈在位期间（1260～1294），财政收支基本平衡，但是仁宗时任职中书省的李孟所说的“钱粮为国之本，世祖朝量入为出，恒务撙节，故仓库充牣”⑤，实为过分溢美之词，有两点需要特别加以说明。

一是财政收支的平衡，是在收入和支出都大幅度增加状态下的平衡，忽必烈在位期间，“国家宫室廪禄之需，宗藩岁赐之常，加以南图江汉，西镇川蜀，东抚高丽，而来日本，岁不下累万计”⑥，都需要强大的财政支持，所以

① 《元史》卷29，《泰定帝纪一》。
② 《元史》卷33，《文宗纪二》。
③ 《元史》卷37，《宁宗纪》。
④ 《元史》卷38，《顺帝纪一》。
⑤ 《元史》卷24，《仁宗纪一》。
⑥ 魏初：《奏议》，《青崖集》卷4。

两次设立尚书省，都是为了增开财路，增加朝廷的收入，以应付各种支出。如前所述，忽必烈在位的后十年，货币收入从近100万锭飞跃至接近300万锭，增加了3倍，支出的增长也是同步的。至元二十九年（1292），王恽上书忽必烈，指出“今国家财赋方之中统初年，岁入何啻倍蓰，而每岁经费终不阜赡者，岂以事胜于财过有所费故也”①。王恽的评述是很有道理的。

二是支大于收的苗头，在世祖朝后期已经出现。至元二十四年（1287）二月，中书省官员上奏：“自正旦至二月中旬，费钞五十万锭，臣等兼总财赋，自今侍臣奏请赐赉，乞令臣等预议论。”② 至元二十九年十月，中书省官员向忽必烈报告：“自春至今，凡出三百六十三万八千五百四十三锭，出数已逾入数六十六万二百三十八锭矣。”当年的支出中，赐赉466713锭，约占13%；赈济乏军368428锭，约占10%③。所以已有“一岁会计无量入为出之数”的议论④，并且有人尖锐指出：“中统建元以来，三十年间无大旱、大水、虫蝗之灾厄，近年以来谷帛越贵者何也？田蚕者日寡，不田蚕而衣食者日众，所以公私仓廪箧笥皆无蓄积剩余，丰稔则不能支岁用，若遇尧、汤之水旱则人相食矣。”⑤ 王恽也提出建议：“为今之计，正当量入为出，以过有举作为戒，除飨宗庙、供乘舆、给边备、赏战功、救灾荒外，如冗兵妄求浮食冗费及不在常例者，宜检括一切省减，以丰其财。”⑥ 应该说，元代中期财政状况的急剧恶化，与元世祖后期的支出增幅显然有直接的关系。

元朝中期，即成宗朝至宁宗朝（1295～1332），财政收支严重失衡，收不抵支已成为各朝皇帝都要面临的重大问题。

造成财政收支严重失衡的一个最重要因素是巨额朝会赐赉的频繁。元朝中期的37年中，换了8个皇帝，每换一次皇帝，都要穷国库所储在朝会上大加赐赉，并马上造成国家财政的极度紧张。至元三十一年六月，成宗即位后的

① 王恽：《上世祖皇帝论政事书》，《秋涧先生大全文集》卷35。
② 《元史》卷14，《世祖纪十一》。
③ 《元史》卷17，《世祖纪十四》。
④ 胡祗遹：《时政》，《紫山大全集》卷22。
⑤ 胡祗遹：《论积贮》，《紫山大全集》卷22。
⑥ 王恽：《上世祖皇帝论政事书》，《秋涧先生大全文集》卷35。

“朝会赐与之外，余钞止有二十七万锭”。十一月，中书省报告：“今诸王藩戚费耗繁重，余钞止一百十六万二千余锭。上都、隆兴、西京、应昌、甘肃等处籴粮钞计用二十余万锭，诸王五户丝造作颜料钞计用十余万锭，而来会诸王尚多，恐无以给。”[①] 元贞二年（1296）二月，中书省官员更指出了问题的严重性：“陛下自御极以来，所赐诸王、公主、驸马、勋臣，为数不轻，向之所储，散之殆尽”[②]。武宗即位的当年（大德十一年）十月，已经支出420万锭，还有“应求而未支者一百万锭”。在这520万锭中，用于朝会赐赉的就有350万锭，占三分之二。按照中书省的说法，当时年度收入的货币为400万锭，各行省用120万锭，中央的支出为270余万锭，每年只有10万锭的节余，遇到巨额赏赐，当然无法应付[③]。为缓解朝会赐赉带来的财政问题，从仁宗开始，赐赉额略有下降，尤其是文宗和宁宗即位时，下降幅度更为明显，但依然在财政支出中占有很大的比例。

其他支出的不断上扬，也是造成财政收支严重失衡的重要因素。大德二年（1298）二月，成宗命中书省臣：“每岁天下金银钞币所入几何，诸王、驸马赐与及一切营建所出几何，其会计以闻。”中书省官员上报岁入情况后，指明由于不足于用，已于至元钞本中借支20万锭[④]。次年，中书省官员又指出：“比年公帑所费，动辄钜万，岁入之数，不支半岁，自余皆借及钞本。”[⑤] 如前所述，当时朝廷的货币收入已达360万锭。如中书省官员所说属实，则朝廷的年度财政支出总额已在700万锭以上。至大元年（1308）二月，中书省预算年度支出，包括赏赐、养军、边备、赈济、建造等项，“合用钞八百二十余万锭”，而当年的实际支出是“钞至千万锭，粮三百万石”[⑥]。至大四年（1311）仁宗即位，李孟指出：“今每岁支钞六百余万锭，又土木营缮百余处，计用数百万锭，内降旨赏赐复用三百余万锭，北边军需又六七百万锭，今帑藏见贮止

① 《元史》卷18，《成宗纪一》。
② 《元史》卷19，《成宗纪二》。
③ 《元史》卷22、23，《武宗纪一、二》。
④ 《元史》卷19，《成宗纪二》。
⑤ 《元史》卷20，《成宗纪三》。
⑥ 《元史》卷22，《武宗纪一》。

十一万余锭，若此安能周给。”[①] 按照李孟的这个计算，则一年的支出要有1600万锭左右。其中朝廷的日常开支占三分之一，军费占三分之一多，赏赐和建造合占不到三分之一。文宗至顺元年（1330）七月，中书省臣上言：“近岁帑廪空虚，其费有五，曰赏赐，曰作佛事，曰创置衙门，曰滥冒支请，曰续增卫士鹰坊。”[②] 次年二月，中书省官员又指出：“国家钱谷，岁入有额，而所费浩繁，是以不足。”[③]“所费浩繁”，确实是元中期财政的严重问题。

动用钞本和变换钞法，为朝廷填补财政亏空，但给社会造成了严重的问题。成宗为解决朝会赐赉问题，于至元三十一年八月，“诏诸路平准交钞库所贮银九十三万六千九百五十两，除留十九万二千四百五十两为钞母，余悉运至京师”。此后又频繁借用钞本[④]。至大元年，中书省请求支用钞本710万锭救急，得到武宗批准。到至大二年，已经累计借支钞本10603100余锭，而“国用需中统钞五百万锭”，于是用变换钞法的办法来解决“国用”问题。关于钞法问题，我们已在本书第十章中详述，不需缀言。

无论皇帝还是大臣，都已经意识到财政问题的严重性，如英宗即位后，“思所出倍于所入”[⑤]；泰定帝在位时，因国用不足，中书省官员请求罢不急之费和约束滥承恩赏[⑥]；但都只是做出量入为出和谨慎出纳的空洞表示，不但没有彻底解决问题的决心，也没有拿出切实可行的方案。

元朝后期，即顺帝朝（1333～1368），收支的尖锐矛盾依然存在，但是在财政状况紧张的情况下，还是支出钱钞184万锭，完成了黄河的治理。至正十一年（1351）以后，随着农民战争规模的扩大，元廷的财政收入逐渐枯竭。在收入急剧下降的状态下，元朝的统治居然还能支撑十几年，反过来说明财政支出总额也在大大下降，显然已不能与元中期同日而语。

---

① 《元史》卷24，《仁宗纪一》。
② 《元史》卷34，《文宗纪三》。
③ 《元史》卷35，《文宗纪四》。
④ 《元史》卷18，《成宗纪一》。
⑤ 《元史》卷28，《英宗纪二》。
⑥ 《元史》卷29、30，《泰定帝纪一、二》。

简短的结语

上面我们对有元一代的经济状况，作了比较系统的论述。通过这些论述，可以看出：

（1）元朝的统一，有利于商品流通和生产技术的交流，促进了边疆地区的开发。元代社会经济生活中出现的不少具有重要意义的事物，例如纸币作为统一货币在全国流通，南北海运的开辟和全国驿站体系的建立，棉花的推广和棉织业的兴起，等等，都与统一有着密切的关系。

（2）元代地区发展不平衡是很突出的。造成这种不平衡的原因，首先是因为地理环境的差别，其次则是长期的对峙分裂状态，以及战争过程中破坏程度的不同。江淮南北之间，中原与边疆之间，无论生产关系或是生产力，都有显著的差别。元朝政府的某些经济管理制度，便因地区差异而有所区别。有元一代，这种差别始终存在，并无大的改变。

（3）元代社会占主导的生产关系，是封建的生产关系，即地主及其政治代表国家占有大量土地和其他生产资料，对农民和各种劳动者进行剥削和压迫。这和前代基本上是一致的。元代社会也有若干奴隶制的残余，如使用驱口（奴隶）劳动，但并不占重要地位。在元代农业中存在货币地租，手工业中大量使用雇佣劳动。这些都是值得注意的现象，是封建生产关系发生变化的标志。但当时这些现象在经济生活中的影响是微弱的。

（4）元朝的统一，有利于商品的流通，促进了商业的发展。在元代，回回商人活动极其活跃，他们从事国内外贸易，积累了大量财富。但从整体来说，元代仍是自然经济占统治地位的时代。只有少数城市和沿海地区有比较发达的商品经济。对于绝大多数农民来说，过的仍是自给自足的生活，与市场的联系是很少的。海外贸易对手工业的某些部门（如丝织、制瓷）产生了刺激作用，但对农业没有明显的影响。回回商人主要从事珍宝、药物的买卖，对象是宫廷和贵族、官僚，其活动对农业、手工业生产也谈不上影响。

（5）从蒙古国到元朝，国家对社会经济的管理，经历了曲折变化的过程。习惯于游牧生活方式的蒙古族首领，向外扩张旨在掠夺财富，但是他们逐渐认识到中原原有的管理方式会给自己带来更大的利益，于是便开始接受“汉法”。经过多次反复，在忽必烈时代，大体建立起一套以唐、宋、金为模式的经济管理制度，包括赋役制度、生产管理制度和机构设置等几个方面。但是，为了照顾蒙古贵族的特权，大量“国家旧俗”仍被保留了下来，例如五户丝、斡脱等。围绕着推行“汉法”问题，元朝政府上层一直存在着斗争。“汉法”和“国俗”的混杂，造成经济管理的混乱，缺乏效率和贪污成风，加深了社会矛盾，这是导致元朝在统一以后不到百年便趋于灭亡的重要原因。

后记

本书的第一章，第二章一、二、三节，第三章，第八章一、二节，第九章，第二十章，由史卫民撰写，其余部分由陈高华撰写。

北京图书馆的杨讷教授，河北师范大学的孟繁清教授，曾参加本书篇章结构的讨论。后来他们因工作繁忙，未能参加本书的写作。对于他们的帮助，谨致衷心的感谢。

作　者

作者简介

陈高华　1938年生，浙江温岭人。1960年毕业于北京大学历史系，同年到中国科学院历史研究所工作。历任中国社会科学院历史研究所研究员、副所长、所长，为博士生导师。主要著作：《元史研究论稿》《元大都》《宋辽金画家史料》《中国政治制度史·元代》（合著）《中国海外交通史》（合著）《中国古代史史料学》（合著）等。

史卫民　1952年生，湖南新化人。1982年毕业于内蒙古大学历史系，1984年中央民族大学历史系硕士研究生毕业，同年到中国社会科学院历史研究所工作。1995年到中国社会科学院政治学研究所，任研究员、研究室主任。主要著作：《元代社会生活史》《中国军事通史·元代军事史》《都市的游牧民》《中国政治制度史·元代》（合著）等。